DAUSIEN'S GROSSES BUCH DER

FISCHE

Verlag Werner Dausien · Hanau

DAUSIEN'S GROSSES BUCH DER FISCHE
Zweite Auflage, 1995
Text von Dr. Karel Pivnička
und Dr. Karel Černý
Illustrationen von Květoslav Hísek
Übersetzt von Günter Brehmer
Deutsche Bearbeitung von Wolfram Lobin
Graphische Gestaltung von Antonín Chmel
© AVENTINUM NAKLADATELSTVÍ s.r.o. 1990
Erste Auflage bei Artia, Prag 1987
Sämtliche Rechte der Verbreitung, einschließlich der Wiedergabe durch
Film, Funk, Fernsehen, Fotomechanik und andere technische Mittel
- auch in Form von Auszügen - bei Aventinum, Prag
VERLAG WERNER DAUSIEN . HANAU
3/13/11/52-02
ISBN 3-7684-2715-3

Inhalt

Einleitung

Die Fische stellen die artenreichste Wirbeltiergruppe dar, sie umfassen etwa die Hälfte aller Wirbeltiere. Die Lebensräume der Fische sind süße, brackige und salzige Gewässer. Ihre Verbreitung reicht von den Polargebieten bis hin zu den Wüstenoasen. Der Sammelbegriff Fische wird für zwei morphologisch, anatomisch und entwicklungsgeschichtlich verschiedene Gruppen verwendet: Die Knorpelfische und die Knochenfische. Hinzugerechnet werden die evolutionsmäßig ältesten, die Rundmäuler mit den zwei Familien Neunaugen und Inger, die angesichts ihrer Körperform und Lebensweise als Fischähnliche bezeichnet werden.

Von insgesamt rund 20 000 Fischarten leben im Salzwasser ca. 40 %, die übrigen 60 % bewohnen das Süßwasser. Nur wenige Arten sind in der Lage, sowohl im Süßwasser als auch im Salzwasser zu leben (Lachse, Störe, Aale u. a.).

Mehr als drei Viertel der Meeresfischarten sind in den Küstengewässern bis zu einer Tiefe von 200 m zu finden, lediglich ein Zehntel ist an das offene Meer gebunden und ein Zwanzigstel an die Meerestiefen.

In den Binnengewässern nimmt das Artenspektrum in Richtung Äquator zu, jedoch hängt es auch von der Größe des Gewässers und seiner geologischen Vergangenheit ab. In Europa leben die meisten Arten (63) in der Donau, nach der Wolga der größte Wasserlauf dieses Kontinents, die jedoch im Unterschied zur Donau nicht von den Eiszeiten beeinflußt wurde. In den großen Strömen der Tropen kommen allerdings noch mehr Fischarten vor. So sind es im Amazonas ca. 1000, im Kongo über 500. Ein ähnliches Süd-Nord-Gefälle kann man auch in den Meeren beobachten. In den Meeren des nördlichen Polargebietes leben ungefähr 50 Arten, während es in der Nordsee 170 und im Roten Meer bereits 1000 Arten sind.

Fische sind für die Menschen seit Anbeginn eine wichtige Nahrungsquelle. Bisher sind die Möglichkeiten für die Fangquoten der Meeres- und Binnenfischerei nicht überall voll ausgeschöpft. Andererseits nehmen die Gewässer zu, die von Abwässern aus Industrie, Gewerbe und Landwirtschaft belastet werden, so daß Fische in ihnen nicht mehr leben können. Immer mehr Menschen werden sich allmählich bewußt, daß dort, wo keine Fische existieren können, der Lebensraum auch für den Menschen bedroht ist.

In diesem Buch sind insgesamt 370 Meeres- und Süßwasserfischarten Europas beschrieben und abgebildet, 256 davon ausführlich. Die Auswahl der Arten wurde so vorgenommen, daß die wirtschaftlich wichtigen und biologisch interessanten europäischen Fischarten Berücksichtigung fanden. Die Leser erhalten also einen umfassenden Überblick über diese bedeutende Tiergruppe sowie eine Vorstellung über deren Artenvielfalt und -reichtum. Die hier gesammelten Angaben ermöglichen eine zuverlässige Bestimmung der hier beschriebenen Fischarten.

1. Morphologie des Körpers eines Fisches: 1 − Ober- und Unterkiefer, 2 − Nasenlöcher, 3 − Auge, 4 − Vorkiemendeckel, 5 − Kiemendeckel, 6, 15 − unverzweigte Hartstrahlen, 7 − Rückenflosse, 8 − verzweigte Weichstrahlen, 9 − Fettflosse, 10 − Bartfäden, 11 − Kiemenhaut, 12 − Brustflosse, 13 − Bauchflosse, 14 − Afteröffnung, 15 − Hartstrahlen der Afterflosse, 16 − Afterflosse, 17 − Schwanzflosse, 18 − perforierte Schuppen der Seitenlinie

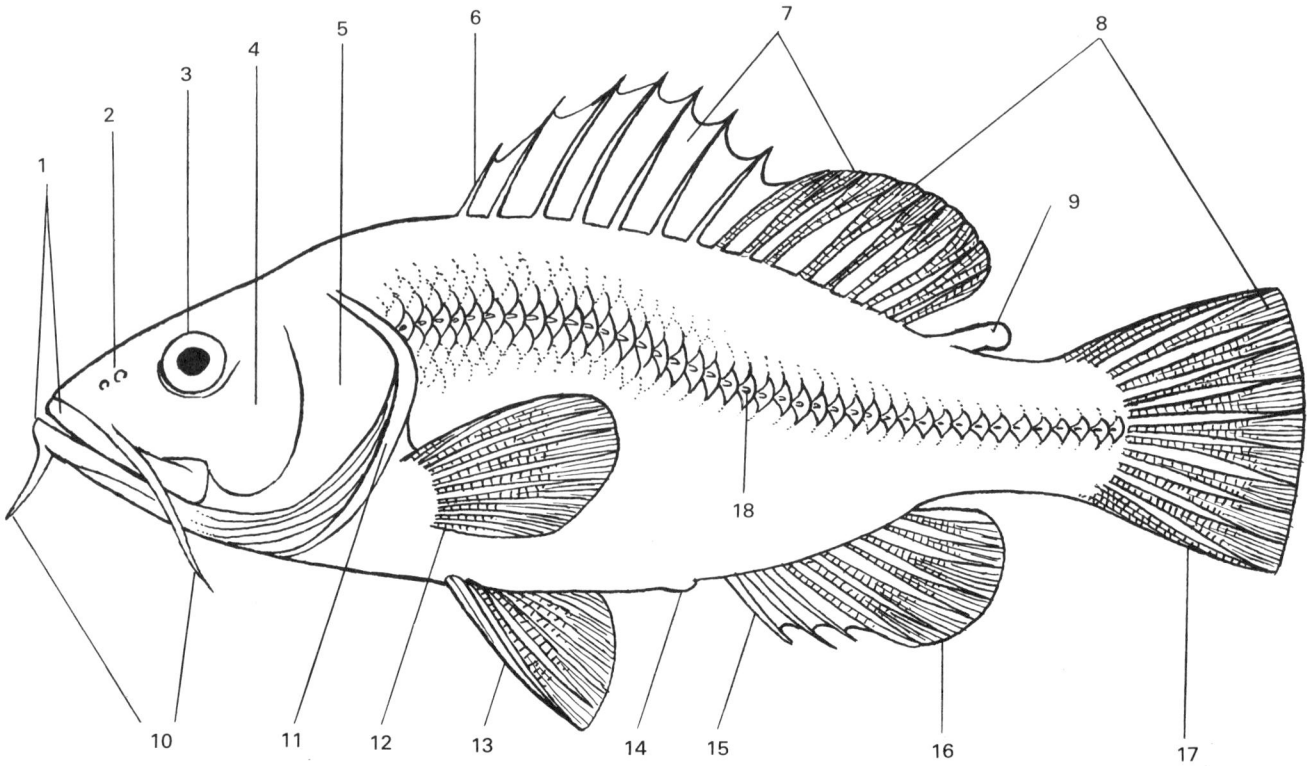

Körperbau der Fische

Auf den ersten Blick lassen sich am Fischkörper Kopf, Rumpf und Schwanz unterscheiden. Bei den Knorpelfischen wird der Kopf vom Rand der ersten Kiemenspalte begrenzt, bei den Knochenfischen endet er mit dem Hinterrand des Kiemendeckels. Durch die Afteröffnung wird die Grenze zwischen Rumpf und Schwanz bestimmt.

Der Kopf beginnt mit der Maulöffnung, die nach vorn (endständiges oder terminales Maul), nach unten (unterständig oder inferior) oder nach oben (oberständig oder superior) weisen kann.

Paarige Nasenöffnungen führen in das blind endende Riechorgan. Lediglich bei den Neunaugen sind die Nasenöffnungen unpaarig und mit dem Kiemenapparat verbunden. Auch bei den lebenden und ausgestorbenen Lungenfischen und bei einigen fossilen Quastenflossern ist eine Verbindung von paarigen Nasenöffnungen und Mundhöhle bekannt. Die Fischaugen besitzen keine Lider und ihre Größe ist im bestimmten Maße von der Lebensweise ihres Trägers abhängig. Des weiteren kann man am Kopf die einzelnen Öffnungen des Seitenlinienorgans erkennen, das bei den meisten Fischen etwa in der Körpermitte bis zum Schwanz weiterführt.

Charakteristisch für den Rumpf der Fische sind die Flossen. Wir unterscheiden die paarigen Brust- und Bauchflossen sowie die unpaaren Rückenflossen. Ist die Rückenflosse langgestreckt, (z. B. Quappe, Seewolf oder Aal), so setzt sie sich auch auf dem Schwanz fort. Ähnlich verhält es sich, wenn der Fisch mehrere Rückenflossen besitzt (so etwa zwei bei Barsch, Meeräsche, drei beim Dorsch). Makrelen, Thunfische und einige weitere Arten weisen auf dem Rücken hinter der zweiten Rückenflosse noch eine Reihe kleiner sogenannter Flössel auf, die wahrscheinlich zur Verringerung des Wasserwiderstandes dicht an der Körperoberfläche beitragen.

Die paarigen Bauch- und Brustflossen sind mit den Extremitäten der übrigen Wirbeltiere homolog und dienen zum Manövrieren. Bei den Knochenfischen sind die Brustflossen mit dem Schädel verbunden, bei den Knorpelfischen sind sie mit speziellen knorpeligen Stützelementen im Muskelfleisch verankert. Dagegen sind die Bauchflossen der meisten Fische frei in der Muskulatur verankert. Bei einigen Fischgruppen, z. B. den Heringsartigen und Karpfenartigen, setzen die Bauchflossen am Bauch an (in abdominaler Position), bei den Barschartigen schoben sich diese nach vorn unter die Brustflosse und bei den Dorschartigen befinden sich die Bauchflossen sogar vor den Brustflossen. Gänzlich fehlen die Bauchflossen zum Beispiel den Aalen.

Außer der Fettflosse werden alle Flossen von knorpeligen oder knöchernen Flossenstrahlen abgestützt. In einigen Fällen sind die Flossen zu Kopulationsorganen umgewandelt, die der inneren Befruchtung dienen (die Bauchflossen zu sogenannten *Myxipterygia* bei den Haifischen), anderswo zu Saugorganen (z. B. die Bauchflossen der Grundel).

Der Fischschwanz beginnt hinter der Afteröffnung und endet für gewöhnlich in einer mächtigen Schwanzflosse. Der muskulöse Teil des Schwanzes wird als Schwanzstiel bezeichnet und ist mit der Schwanzflosse entscheidend an der Vorwärtsbewegung, aber auch an der Richtungsänderung beteiligt. Anhand der Form von Schwanzstiel und -flosse können wir uns eine gute Vorstellung von der Schnelligkeit und Bewegungsfähigkeit der einzelnen Arten machen. Die besten Schwimmer besitzen einen schlanken Schwanzstiel und lange Schwanzflossenlappen (Thunfisch und Schwertfisch), dagegen erkennt man die schlechten Schwimmer am relativ starken und kurzen Schwanzstiel und an der kleinen Schwanzflosse (Grundeln). Außer der Schwanzflosse setzen am Schwanz die unpaare Afterflosse (bei den Lebendgebärenden in ein Gonopodium genanntes Kopulationsorgan verwandelt), und manchmal eine kleine Fettflosse oder ein Teil der Rückenflosse an.

Bei den höheren Knochenfischen endet die Wirbelsäule vor der Schwanzflosse, deren Lappen mehr oder weniger symmetrisch sind, man spricht vom homocerken Schwanz.

2. Schwanzflossentypen: A — Neunauge, B — heterocerke Flosse des Haifisches, C — diphycerke Flosse des Lungenfisches, D — homocerke Karpfenflosse
1 — Chorda, Rückensaite, 2 — obere Dornfortsätze der Wirbel (bei den Neunaugen stäbchenförmige Knorpelstücke), 3 — untere Dornfortsätze der Wirbel, 4 — Wirbelkörper, 5 — Flossenstrahlen im Flossensaum der Neunaugen, im Ceratotrichium der Haifische und im Lepidotrichium der Knochenfische, 6 — Schwanz (Urostyl)

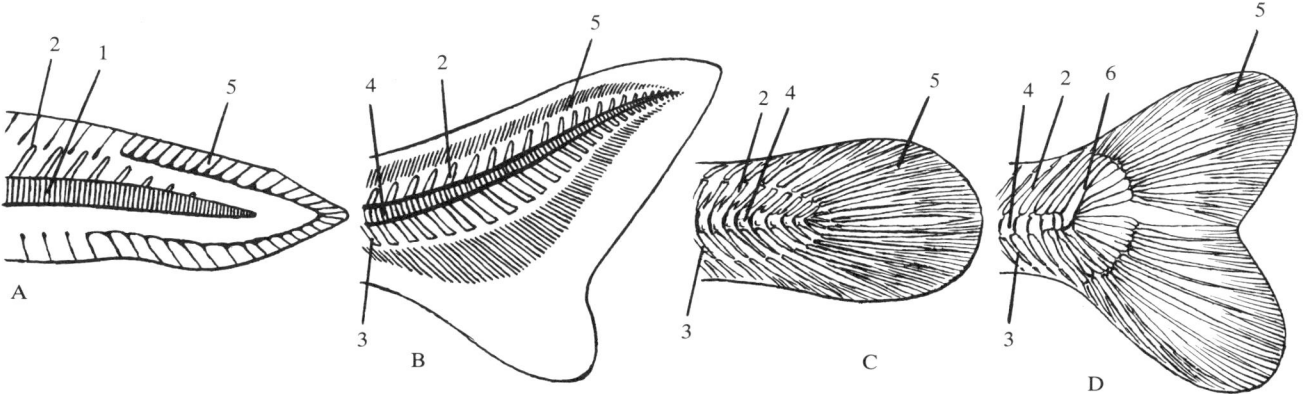

Bei den Knorpelfischen, aber auch bei den Stören, setzt sich die Wirbelsäule in den oberen Schwanzflossenlappen fort, wodurch der sogenannte heterocerke Schwanz entsteht.

Die Haut der Fische setzt sich aus zwei Hauptschichten zusammen – aus der Oberhaut (Epidermis) und der Lederhaut (Corium). Sie schützt den Körper vor schädlichen Einflüssen der Umgebung, besitzt aber auch Atmungs-, Ausscheidungs- und osmotisch-regulierende Funktionen. Zahlreiche Schleimdrüsen verleihen der Haut die charakteristische Schleimschicht, die unter anderem den Reibungswiderstand des Wassers herabsetzt.

Meistens ist der Körper von Schuppen bedeckt, die ihn wirkungsvoll vor Verletzungen schützen. Während der Phylogenese haben sich verschiedene Schuppentypen herausgebildet. Die sogenannten Placoidschuppen der Haie und ihrer Verwandten aus der Gruppe der Knorpelfische *(Chondrichthyes)* sind in Wirklichkeit Hautzähne mit einem Schmelzüberzug und einem Mark aus Zahnbein. In der Mundhöhle bilden vergrößerte Placoidschuppen die in Reihen stehenden Haifischzähne. Die ältesten Fischschuppen sind die Ganoidschuppen und deren Modifikationen, die Kosmoidschuppen. Letztere ähneln den Placoidschuppen, von den heutigen Fischen tragen sie nur die Quastenflosser, *Latimeria chalumnae.* Zusätzlich wären noch die Ganoidschuppen der Störe und Knochenhechte zu nennen. Bei dieser Art ist die Oberschicht der Schuppen mit Ganoin überzogen, was ihnen einen glasähnlichen Glanz verleiht. Das Ganoin ist wie das Dentin (Zahnbein)

mesodermalen Ursprungs. Knochenfische besitzen Schuppen, die dünne ovale Plättchen ohne die Emaille- oder Dentinschicht der oben beschriebenen Schuppentypen darstellen. Sind sie glatt, nennen wir sie Cycloid- oder Rundschuppen, falls sie rauh und hinten mit dornähnlichen Ausläufern ausgestattet sind, bezeichnen wir sie als Ctenoid- oder Kammschuppen. Cycloidschuppen tragen z. B. die Karpfen, Ctenoidschuppen besitzen die Barsche.

Fische bewegen sich ständig in einem Medium, das fast 800mal dichter ist als Luft. Dem großen Widerstand des Wassers entspricht daher ihre Körperform. Für die Fortbewegung im feuchten Element ist die sogenannte relative Länge des Körpers von Bedeutung. Sie wird als Verhältnis des größten senkrechten Körperdurchmessers zur Länge bestimmt. Ist die Körperhöhe des Fisches größer als ein Drittel seiner Länge, setzt er dem Wasser bereits einen zu großen Widerstand entgegen. Allerdings wird die Bewegung im Wasser auch von der Reibung der Körperoberfläche an den Wasserschichten beeinflußt. Dieser Reibungswiderstand steht in direktem Verhältnis zur Körperoberfläche, die jedoch mit wachsender Körperlänge zunimmt. Diese Aspekte spiegeln sich im optimal geformten Fischkörper wieder, der demnach weder zu lang und schlank, noch zu kurz und hochrückig ist.

Ideal ist die Spindelform, der sogenannte fusiforme Körper, über den die schnellsten Schwimmer verfügen, die sich frei im offenen Meer bewegen (die auch pelagisch genannten Arten wie Lachse, Makrelen, Haie oder Meeräschen). Ausdauernde Schwimmer, denen jedoch die Schnelligkeit der Lachse oder Thunfische abgeht, besitzen langgestreckte Körper (anguilliförmig), ähnlich dem Aal oder einigen Haien (z. B. *Chlamydoselachus anguineus),* den Seenadeln der Ordnung *Beloniformes* und den Seequappen. Seitlich kompresse Körper haben Schleie und Seebarsche der Familie *Sparidae;* während dorsoventrale, also an Rücken und Bauch zusammengedrückte Formen am Boden der Meere und Binnengewässer lebende Fische aufweisen (die sog. benthischen Arten – z. B. Rochen, Seeteufel, Drachenköpfe, Groppen). Plattfische (Schollen) besitzen seitenkompresse Körper, die jedoch in waagerechter Lage sind, so daß sie auf den ersten Blick als Fische mit dorsoventral zusammengedrücktem Körper erscheinen. Fast kugelig ist die Körperform einiger Kugelfische aus der Ordnung *Tetraodontiformes,* an eine Scheibe erinnert das Äußere des Mondfisches *(Mola mola).*

3. Schuppentypen der Fische: 1 – Placoidschuppe beim Hai, Hautzähne, 2 – Ganoidschuppe, Schmelzschuppe des Flösselhechtes, 3 – Ctenoidschuppe, Kammschuppe beim Barsch, 4 – Cycloidschuppe, Rundschuppe der Karausche; a – Grenzlinie zwischen eng aneinanderliegenden und weiter auseinanderliegenden Ringleisten (Skleriten), das sogenannte Annulus, 5 – Überlappungsschema der Schuppen bei der Karausche

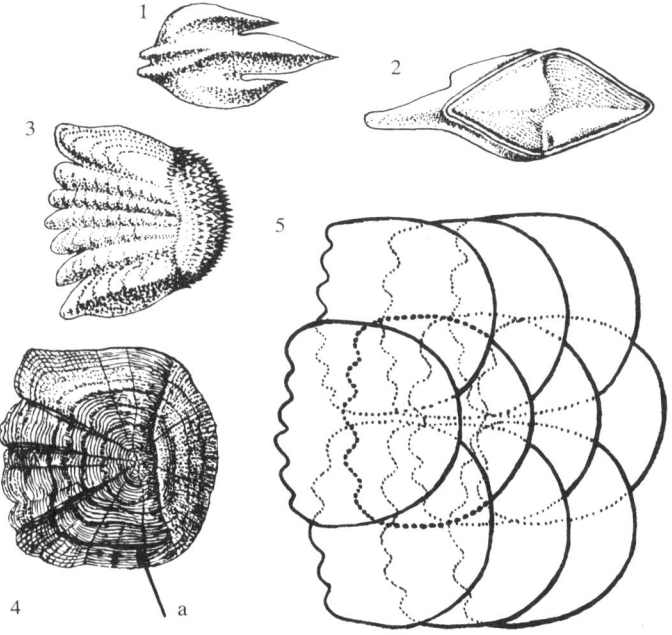

Fortbewegung der Fische

Am häufigsten bewegen sich die Fische im Wasser, indem sie den gesamten Körper oder nur den Schwanzstiel wellenartig hin und her schwenken. Einige Fischarten können die Wellenbewegung ihrer unpaaren Flossen zum Schwimmen nutzen (Rochen, Kugelfische, einige Seenadeln – *Syngnathidae,* Messerfische – *Notopteridae* und

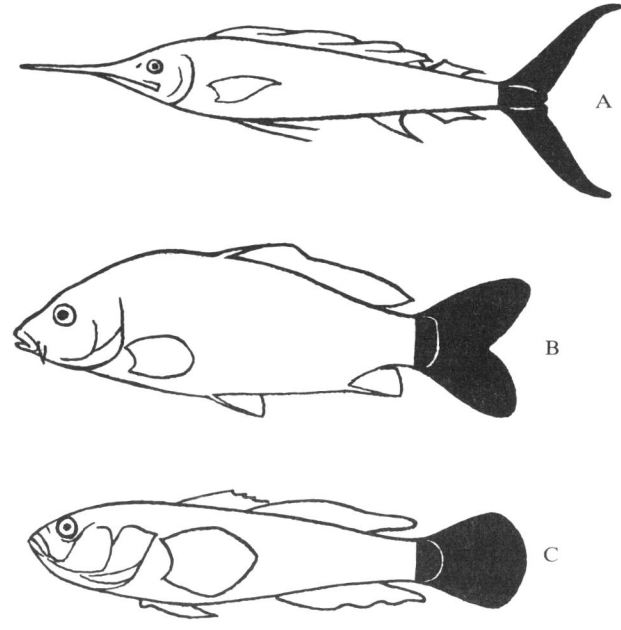

4. Schwanzflossenform: A − guter Schwimmer (Xiphias), B − mittelguter Schwimmer (Cyprinus), C − schlechter Schwimmer (Gobius)

weitere). Bemerkenswert ist die Schwimmwirkung, die durch die asynchrone oder synchrone Bewegung der paarigen Flossen von Fischen aus den Familien *Labridae, Pomacentridae* sowie beim im Süßwasser lebenden Hundsfisch erzeugt wird. Südamerikanische Süßwasserarten der Familie *Gasteropelecidae* sind sogar fähig, ihr Wassermilieu zu verlassen. Im Flug schlagen sie mit den Brustflossen wie mit Flügeln. Demgegenüber ist der Flug der fliegenden Meeresfische der Familien *Exocoetidae* und *Hemirhamphidae* nur ein passives Segeln. Die Brustflossen übernehmen dabei die Rolle der Tragflächen und erreichen bis zu 80 % der Körperlänge. So sind diese Fische in der Lage, je nach Windstärke Entfernungen von 400 m und mehr zu übersegeln.

Den Widerstand des Wassers setzen die Fische nicht nur durch eine geeignete Körperform herab, sondern auch mittels dessen Glätte. Auch die Schwanzflossenform spielt beim Umströmen des Fischkörpers eine Rolle. Bei den ausgezeichneten Schwimmern überragen deren Lappen die hinterhalb des maximalen Körperquerschnitts entstehenden Turbulenzen (hydrodynamische Spur) und können sich so wirkungsvoll an der Richtungsgebung beteiligen.

Die Höchstgeschwindigkeit, deren ein Fisch jedoch nur über eine kurze Zeit fähig ist, erreicht Werte von 1 Meter pro Sekunde (*Gobius batrachocephalus,* Krötengrundel), über 3 Sekundenmeter beim Zander (*Stizostedion lucioperca*), 12 m je Sekunde der Barrakuda (*Sphyraena barracuda*) bis zu 36 m pro Sekunde, das sind 130 Stundenkilometer, beim Schwertfisch (*Xiphias gladius*). Jedoch ist die normale Wandergeschwindigkeit dieser Arten wesentlich geringer.

Farbkleid

Neben den interessanten Formen fesseln die bunten Farben der Fische unsere Aufmerksamkeit. Die Färbung ist keinesfalls ständig so intensiv, wie man es auf Bildern und Fotografien in Büchern oder Zeitschriften oft sieht. Allgemein zielt das Farbschema eher auf Unauffälligkeit. Sich im Freiwasser bewegende Fische (pelagische Arten), zeigen dunkle Rücken und helle Bäuche. So entgehen sie der Aufmerksamkeit des Beobachters von oben und sind gleichzeitig auch von unten schwer auszumachen. Ein ähnliches Schema halten auch die Bodenfische (benthische Arten) ein, nur mit dem Unterschied, daß ihre helle Bauchseite keine Tarnfunktion hat.

Der Reichtum der Farbschattierungen wird durch Pigmente (Biochromen) oder durch die Brechung oder Widerspiegelung des Lichtes verursacht. Untergebracht sind die Biochromen in speziellen Zellen, den Chromatozyten, die sich vor allem in der obersten Hautschicht befinden. Durch Zusammenziehen oder Ausbreiten der Pigmentteilchen in den Chromatozyten werden die verschiedenen Farben und Farbstärken erzielt. In den einzelnen Chromatozyttypen sind verschiedene Pigmente vertreten − hellrote in den Erythrozyten, gelbe Pigmente in den Xanthozyten, dunkelrote, braune bis schwarze in den Melanozyten. Die ersten beiden Pigmentarten gewinnen die Fische aus der Nahrung, das Melanin ist ein Nebenprodukt des Eiweißabbaus. Weitere Zellen, die Iridozyten, beinhalten Guaninkristalle, die ebenfalls als Abfallprodukt der Eiweißverdauung entstehen. Diese Kristalle wirken wie Spiegel und werfen das auf sie fallende Licht zurück. Durch Kombination der einzelnen Pigmente mit der Brechung und Spiegelung des Lichtes entstehen alle bekannten Färbungen bei den Fischen. Brechung und Widerspiegelung des Lichts an den Iridozyten ergeben den bekannten Silberglanz. Sind jedoch die Iridozyten unterhalb der Chromatophoren eingelagert, wird ein metallischer Glanz der betreffenden Farbe erzielt.

Meist lassen sich die Farbkleider der Fische als Kompromiß zwischen Kommunikationsbedürfnis mit den Artgenossen und der Notwendigkeit, Raubfischen unauffällig zu bleiben, erklären. Die augenblickliche Färbung wird

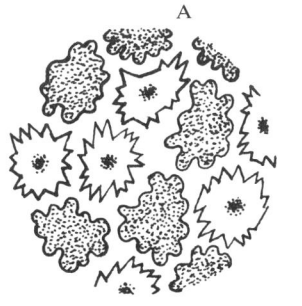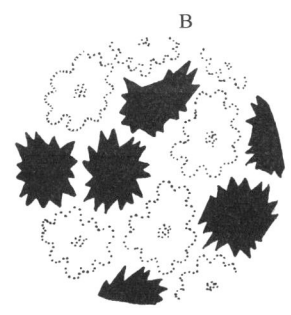

5. Farbwechsel bei Fischen: A − schwarzes Pigment in Zellenmitte zusammengezogen, Farbpigment (gepunktet) verstreut, B − Farbpigment in Zellenmitte und schwarzes Pigment verbreitet − das Farbkleid wird insgesamt dunkler

9

hormonell und nervlich hauptsächlich mittels optischer Eindrücke geregelt. Fische ändern ihre Farbe bei Gefahr, in der Fortpflanzungszeit, bei der Pflege der Jungfische, während ihrer Wanderungen, mit ihrem Wachstum, im Laufe der Saison und in Abhängigkeit von Umweltveränderungen, ihrer Stimmung und Kondition.

Jungfische sind gewöhnlich anders als die erwachsenen Exemplare gefärbt, was vor allem mit dem unterschiedlichen Milieu zusammenhängt, in dem sie sich aufhalten.

Zu den auffälligsten Farbwechseln kommt es in der Laichzeit. Ohne Rücksicht auf den Verlust der Tarnfärbung legen fast alle Männchen ein farbenfrohes Hochzeitskleid an. Man muß sich jedoch dabei vor Augen führen, daß die satten Farben der Männchen nur aus direkter Nähe, also vom Weibchen, zu beobachten sind. Verschiedene Fische können schnell auf eine Farbänderung des Untergrundes reagieren. Dafür sind namentlich die Schollen, Drachenköpfe und Süßwassergroppen bekannt. Optische Eindrücke sind hierbei entscheidend. Plazieren wir zum Beispiel einen Plattfisch über einen zweifarbigen Grund, wird er dieselbe Farbe annehmen wie der Boden unter seinem Kopf. Auch die übrigen Arten respektieren die vorherrschende Farbe ihrer Umgebung. So nehmen sich zwischen Wasserpflanzen aufhaltende Hechte oder Barsche eine deutlichere Querstreifung an als ihre Artgenossen im freien Wasser.

Interessant ist auch die sogenannte Plakatfärbung (auffällige Farben mit abrupten Übergängen) einiger Korallenfische, etwa aus der Familie *Chaetodontidae*. Diesen Farbtyp zeigen vor allem Revierfische, die so einfach durch ihre Anwesenheit anzeigen, daß der Bezirk bereits besetzt ist, aber auch verschiedene giftige Fische und sie nachahmende Arten. Außerdem hängt die auffällige Färbung der Korallenfische mit den grellen Farben der Korallenstöcke ihrer Umgebung zusammen.

Skelett

Wir unterteilen das Fischskelett in Wirbelsäule, Schädel und Flossenstrahlen. Die Wirbelsäule bildet dabei die Körperachse. Bei den Rundmäulern tritt noch die ursprüngliche Rückensaite (Chorda dorsalis) als Vorläufer der Wirbelsäule auf, ein elastischer Achsenstab ohne knorpeliges oder knöchernes Gewebe. Wirbel fehlen in diesem Fall gänzlich, lediglich erscheinen kleine Knorpelstückchen oberhalb der Chorda. Bei den Knorpelfischen sind bereits Knorpelwirbel entwickelt, die die innenliegende Chorda umfassen. Fortsätze verbinden die einzelnen Wirbel. Auf der Rückenseite der Wirbelkörper ist ein Kanal ausgebildet, der das Rückenmark aufnimmt, an die Wirbelunterseite schließen sich die in die Körperhöhle ragenden Rippen an. Im Schwanzteil verlaufen in einem im Wirbelunterteil befindlichen Kanal Schwanzader und Schwanzarterie. Ähnlich gebaute, jedoch knöcherne Wirbel besitzen die meisten Knochenfische, eine Ausnahme bilden u. a. die Störe.

Fische und Rundmäuler sind die ersten Lebewesen mit entwickeltem Schädel. Dieser entwickelte sich nach und nach als schützender Behälter für die einzelnen Sinnesorgane. Am primitivsten ist der Knorpelschädel von Neunaugen und Ingern. Er setzt sich aus dem Hirnschädel und den Kapseln der Sinnesorgane, die Geruchs-, Seh-, Gehör- und statisches Organ schützen, zusammen. Jedoch fehlen den Rundmäulern die Kiefer, sie werden durch die Maulsaugscheibe ersetzt. Über eine selbständige Knorpelstütze verfügen die Kiemendeckel.

6. Skelett eines Karpfens: 1 — Schädel, 2 — zum sog. Weber-Apparat verwachsene erste Wirbel, 3 — die Wirbelsäule bildende Wirbelkörper, 4 — Stützelemente (Pterygiophoren) der Rückenflosse, 5 — gesägter dritter Hartstrahl der Rückenflosse, 6, 7 — oberer und unterer Dornfortsatz der Wirbel, 8 — Rippen, 9 — Bauchflossenknochen, 10 — mit dem Schädel verbundene Brustflossenknochen, 11 — Kiemendeckel (Operculum)

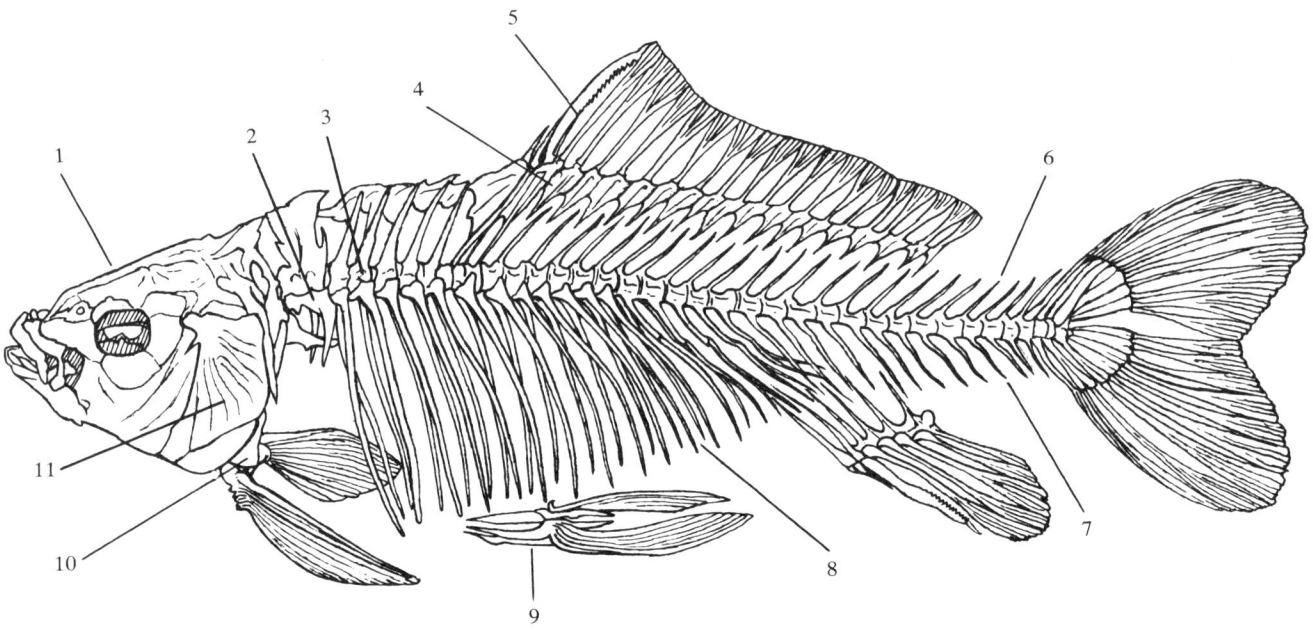

Ebenfalls aus Knorpel besteht der Schädel von Haien, Rochen und Chimären. Bei einigen Arten ist er jedoch durch eingelagerte Kalksalze verhärtet und erinnert an einen Knochenschädel. Gehirn und Sinnesorgane schützt wiederum der Hirnschädel (Neurocranium). Der Gesichtsteil des Schädels (Viscerocranium) setzt sich vorn aus dem Ober- und Unterkiefer sowie aus Stützelementen für 5 und mehr selbständige Kiemenbögen zusammen. Ähnlich angeordnet ist auch der Knorpelschädel der Störe, die wir jedoch dank ihrer Vorfahren mit einem Knochenskelett den Knochenfischen zuordnen.

Echtes Knochengewebe tritt erst bei den Knochenfischen der Überordnung *Teleostei* auf.

Das Stützskelett der unpaaren Flossen wird von knorpeligen oder knöchernen Flossenstrahlen gebildet. Die Brustflossen bei den Knochenfischen sind mit dem Schädel und bei den Knorpelfischen mit dem Kiemenapparat verbunden. Beide Gruppen haben einzeln in der Muskulatur verankerte Bauchflossen, mit Ausnahme etwa der Dorsche, deren Bauchflossen vor den Brustflossen ansetzen und mit dem Schädel verbunden sind.

Muskulatur

Fische besitzen eine nur wenig differenzierte Muskulatur. Am besten kann man den Verlauf der einzelnen Muskelsegmente am gekochten Fisch beobachten. Wie Spitztüten schieben sie sich eine in die andere. Rundmäuler weisen Segmente in Gestalt einer 3 auf, bei Fischen bilden die Muskelsegmente ein mit den Spitzen schwanzwärts weisendes W. Zwischen den Muskeln tritt eine Menge dünner, oft gegabelter Knöchelchen auf, die keine Verbindung mit dem Skelett haben. Sie sind für Fische ganz typisch und entstehen durch Verknöcherung in den Bindegewebshülsen der einzelnen Muskelfasern. Am stärksten differenziert sind die Kopfmuskeln. Selbständige Muskeln besitzen die Augen (sechs Augenmuskeln haben alle Wirbeltiere einschließlich des Menschen), der Kiemenapparat und die Kiefer. Auch die einzelnen Flossen verfügen über eigene Muskeln. Das Rumpfmuskelgewebe konzentriert sich vor allem im Rücken und ist durch eine spezielle Scheidewand (Septum horizontale) in zwei Teile gespalten – die obere, sog. epaxone und die untere oder hypaxone Muskulatur. Ähnlich wie bei den übrigen Wirbeltieren unterscheiden wir quergestreifte Knochenmuskeln, die aktiv vom Tier gesteuert werden, und glatte Darmmuskeln, die unabhängig vom Willen arbeiten sowie den Herzmuskel, der zwar quergestreift ist, aber nicht vom Willen beherrschbar ist. Beim Zerlegen eines Fisches können wir sehen, daß ein Teil der Knochenmuskulatur dunkler und ein Teil heller rotgefärbt ist. Das dunkelrote Muskelgewebe konzentriert sich dicht unter der Haut, etwa in Körpermitte entlang der Muskeltrennwand sowie im Schwanzstiel (oberfläche Muskulatur – Musculus superficialis). Gut zu beobachten ist die Muskulatur am

abgezogenen Fisch. Die Fasern dieser Muskeln weisen eine andere biochemische Zusammensetzung und auch eine andere Kontraktionsfähigkeit auf. Eine höhere Konzentration von Hämoglobin und Myoglobin bewirkt die dunkelrote Färbung. Dunkelrote Muskeln können ohne Ermüdung langfristig arbeiten. Deshalb besitzen Fische, die große Entfernungen zurücklegen (Thunfische, Makrelen, Schwertfische) einen höheren Anteil an dunkelroten Muskeln. Hellrote Muskeln werden schlechter mit Sauerstoff versorgt, ermüden eher, sind jedoch in der Lage, kurzfristig große Leistungen zu vollbringen. Es kommt in diesem Fall zu einem Sauerstoffdefizit, wobei die Konzentration der Milchsäure im Muskel ansteigt. Erst nach dem Abbau der Milchsäure sind die hellen Muskeln zu neuer Arbeit fähig. Der Anteil an hellen Muskeln überwiegt bei wenig beweglichen Fischen.

Atmung

Zur Freisetzung der in der Nahrung enthaltenen chemischen Energie benötigen die Fische Sauerstoff, den sie (bis auf wenige Ausnahmen) gänzlich aus dem Wasser gewinnen.

Neunaugen besitzen sieben Paar Kiementaschen, von denen jede zwei Öffnungen hat. Durch die äußere Öffnung sind die Taschen mit der Wasserumgebung verbunden, während die innere zum Kiemendarm, einem gemeinsamen Atmungs- und Verdauungskanal, führt. Wenn das Neunauge frei schwimmt, saugt es mit dem Maul Wasser an, das von dort über Atemkanälchen zu den Kiementaschen und dann wieder ins freie Wasser gelangt. Hat sich aber das Neunauge an einem Wirt festgesaugt, nimmt es über die äußeren Öffnungen der einzelnen Kiementaschen frisches Wasser auf und gibt es auf demselben Wege wieder ab.

Die Kiemen der Knorpelfische ähneln sehr denen der Knochenfische. Ebenso wie bei den Neunaugen entstehen sie im Vorderteil der Verdauungsröhre. Als Ausflußöffnung des Wassers dienen 5 (ausnahmsweise auch mehr) Kiemenspalten an den Seiten oder unterhalb des vorderen Körperteils. Knorpelige Kiemenbögen stützen die Spalten ab. Zwischen dem ersten und zweiten Kiemenbogen befindet sich bei den rezenten Plattenkiemern (*Elasmobranchii*) eine Spalte, durch die das Wasser zum Maul gelangt und die als kleine Öffnung (Spiraculum) hinter dem Auge sichtbar ist. Durch dieses Spiraculum wird das Wasser in das Maul und die Kiemen gesaugt. Zwischen den Kiemenbögen liegen Scheidewände (Septen), an deren Seiten je eine Halbkieme (Hemibranchie) anschließt. Eigentliche Atmungsorgane sind die Kiemenblättchen, deren feine Strukturen reich durchblutet sind. Außer dem Gasaustausch dienen sie noch zur osmotischen Regulierung. Ähnliche Kiemen besitzen auch die Knochenfische. Die an den Kiemenbögen sitzenden Zwischenkiemenwände sind hier stark verkürzt, so daß beide Halbkiemen nicht

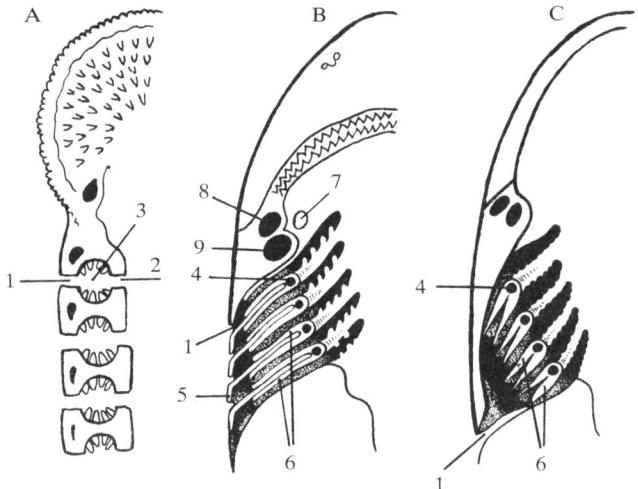

7. Schema der linken Kiemenhälfte: A. Neunauge, B. Haifisch, C. Knochenfisch: 1 – äußere, 2 – innere Kiemenöffnungen, 3 – Kiementaschen, 4 – Querschnitt der Kiemenbögen, 5 – Scheidewände zwischen Kiementaschen, 6 – Kiemenblättchen, 7 – Luftloch (Spiraculum), 8 – Querschnitt des Kieferbogens und 9 – des Zungenbeinbogens

zu unterscheiden sind. Auf jeder Körperseite bedeckt ein gemeinsamer Kiemendeckel (Operculum) den gesamten Kiemenapparat.

Beim Atmen wird durch Vergrößerung der Maulhöhle Wasser angesaugt, wobei die Kiemendeckel geschlossen sind. Das Wasser strömt in die Maulhöhle, von dort an den Kiemenblättchen vorbei und nach Schließen des Mauls durch die geöffneten Kiemendeckel nach draußen. Manche Schwimmer (Thunfische, Makrelen) atmen so, daß sie ständig das Maul offen halten, so daß dank der schnellen Fortbewegung immer wieder frisches Wasser in die Maulöffnung gelangt.

An den ständigen Sauerstoffmangel in Süßgewässern paßte sich eine Reihe von Fischarten durch unterschiedlich ausgebildete Atmungshilfsorgane an. Wir können sie bereits bei den Fischembryos beobachten, die sich oft an Orten entwickeln, wo es zu starken Schwankungen des Sauerstoffgehaltes kommt (etwa zwischen Tag und Nacht), oder wo während der gesamten Entwicklungszeit zu wenig Sauerstoff vorhanden ist. Als Hilfsorgane dienen den Embryos zur Atmung die Adern des Dottersacks und des Flossensaums. Manchen Embryos (z. B. bei den Lungenfischen oder den Schlammpeitzgern) wachsen zusätzliche Fadenanhänge, die die Atmung unterstützen.

Einige Fischarten sind auch in der Lage, den Luftsauerstoff aufzunehmen. So dient z. B. dem Aal die Haut als Atmungshilfsorgan. So ist es möglich, daß er nachts über das feuchte Gras von einem Becken ins andere gleiten kann. Der Schlammpeitzger wiederum verschluckt die atmosphärische Luft und nimmt deren Sauerstoff über seinen mit Blutkapillaren reich versorgten Darm auf. Lungenfische atmen mit Hilfe ihrer in einfache Lungen umgewandelten Schwimmblase. Andere Formen, wie z. B. die Süßwasserbewohner der Unterordnung *Anabantoidei* atmen mit einem oberhalb der Kiemenhöhle liegenden Labyrinthorgan. Zu dieser Unterordnung zählen beliebte

Aquarienfische wie die Paradiesfische, Kampffische u. a. Der Hohlraum des Labyrinths ist mit zahlreichen Kapillaren angefüllt, die einen Gasaustausch (Sauerstoffaufnahme und Kohlendioxidabgabe) ermöglichen.

Schwimmblase

Zu den wichtigen Organen der Knochenfische gehört die Schwimmblase. Sie entsteht als Ausstülpung des Darms, mit dem sie bei einigen Arten in ständiger Verbindung bleibt (etwa bei den Ordnungen *Clupeiformes* und *Cypriniformes*. Bei den *Perciformes* und weiteren Ordnungen wird diese Verbindung im Laufe der Entwicklung wieder abgebrochen. Als hydrostatisches Organ ist es die Hauptaufgabe der Schwimmblase, das Gleichgewicht des Fisches aufrechtzuhalten. Das spezifische Gewicht des Fischgewebes ist nämlich höher als das des Wassers. Die Schwimmblase setzt das spezifische Gewicht herab, so daß der Fisch frei im Wasser schweben kann und keine überflüssige Energie dazu aufwenden muß. Ein solcher neutraler Auftrieb kann allerdings auch durch Ablagern von Fett oder Öl im Körper erreicht werden.

Bei Meeresfischen macht der Inhalt der Schwimmblase etwa 4–6 % des Körperinhalts aus, bei Süßwasserfischen sind es 7–14 %. Dies hängt mit dem höheren spezifischen Gewicht des Salzwassers zusammen, aufgrund dessen die Schwimmblase der Meeresfische kleiner sein kann.

Es haben sich verschiedene Schwimmblasenformen herausgebildet. Lachsartige Fische besitzen Einkammerblasen, Karpfenfische Zweikammer-Organe. Einigen Arten fehlt die Schwimmblase gänzlich (Groppe). Die Vorderkammer der Karpfenfische steht durch ein besonderes Knochengebilde, den Weber-Apparat, mit dem Gehör- und Gleichgewichtsorgan in Verbindung. Aufgrund dieser Einrichtung können die Fische Veränderungen des Luft- oder Wasserdrucks wahrnehmen. Darüber hinaus nehmen Karpfenfische Laute besser und in einem größeren Wellenlängenbereich wahr als andere Fischarten, da ihre Schwimmblase als Resonanzboden und Verstärker der Schallwellen wirkt. So können bei verschiedenen Arten auch die vom Fisch erzeugten Laute verstärkt werden. Kaimanfischen, Kahlhechten, Tarpunen (Gattung *Megalopsis*) und anderen dient die Schwimmblase ebenfalls zur Atmung.

Blutkreislauf

In engem Zusammenhang mit der Atmung steht das Brutkreislaufsystem im Körper. Rote Blutkörperchen sowie der in ihnen gebundene Farbstoff Hämoglobin transportieren den Sauerstoff in alle Körperteile. Mit ihrer enormen Oberfläche ermöglichen es die roten Blutkörperchen, in einem Liter Blut die Sauerstoffmenge von bis zu 25 l Wasser zu binden. Das Hämoglobin selbst ist ein komplizierter organischer Stoff, der sich aus einem Eiweißanteil sowie einem unbeständigen und leicht oxidierbaren nichteiweißhaltigen Eisenkomplex zusammensetzt. Die vom Blut transportierte Sauerstoffmenge hängt von der Zahl der roten Blutkörperchen ab, womit auch die Menge an Eisen im Blut zusammenhängt. Schnelle Schwimmer wie Makrelen und Thunfische besitzen den höchsten Eisenanteil im Blut, während die sich langsam bewegenden Fische (Seeteufel, einige Zwergwelse, Groppen, Opsanus usw.) am wenigsten besitzen.

Das Blut durchströmt das abgeschlossene Adersystem und vermittelt neben dem Gasaustausch (Sauerstoff und Kohlendioxid) auch den Transport von Verdauungsabfällen, Nährstoffen und Hormonen.

Seine unablässige Bewegung verdankt das Blut dem Herzen, daß bei den Fischen − mit Ausnahme der Lungenfische − ausschließlich mit sauerstoffarmem Blut gefüllt ist. Es teilt sich in eine Vorkammer und eine Hauptkammer. Die starkwandige Hauptkammer treibt das Blut mit regelmäßigen Kontraktionen in die Bauchaorta, die sich später verzweigt und in die Kiemen mündet, in denen das Blut mit Sauerstoff angereichert wird. Von hier aus wird das Blut zu den einzelnen Organen transportiert, die den Sauerstoff verbrauchen. Das meist helle, also an Sauerstoff reiche Blut, strömt durch die Rückenaorta vom Kopf zum Schwanz. Auf diesem Wege zweigen von der Aorta einzelne Blutbahnen ab, die die Brustflossen, den Verdauungstrakt und die Geschlechtsorgane, die Nieren, das Muskelgewebe und weitere Organe versorgen. Dem Kopf wird angereichertes Blut über die selbständige Halsschlagader zugeführt. Durch die einzelnen Organe dringt das Blut in alle Zellen, wo es seinen Sauerstoff abgibt und kehrt über die Venen zur Herzvorkammer zurück. Ins Herz führen die paarigen vorderen und hinteren Kardinalvenen, welche noch vor der Herzkammer eine linke und rechte Erweiterung bilden, die Ductus cuvieri genannt wird. Das venöse Blut aus der Leber führt die Lebervene, zur Leber die Pfortader. Schließlich gelangt alles sauerstoffarme Blut in die Vorkammer und von dort in die Hauptkammer, womit der Blutkreislauf geschlossen ist.

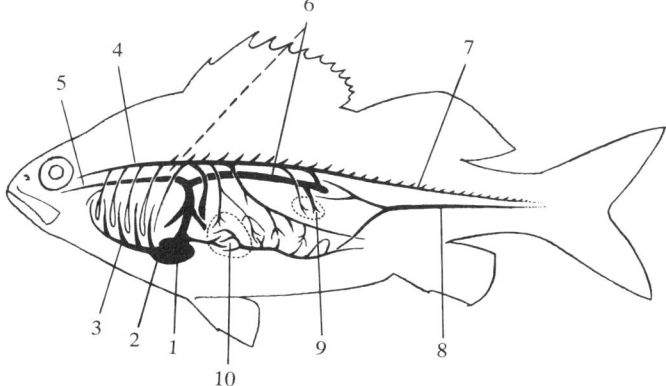

8. Blutkreislaufschema beim Barsch: 1 − Herzvorkammer, 2 − Herzkammer, 3 − Bauchaorta, 4 − Rückenaorta, 5, 6 − vordere und hintere Kardinalvene, 7 − Schwanzarterie, 8 − Schwanzvene, 9 − Pfortadersystem der Niere und 10 − der Leber

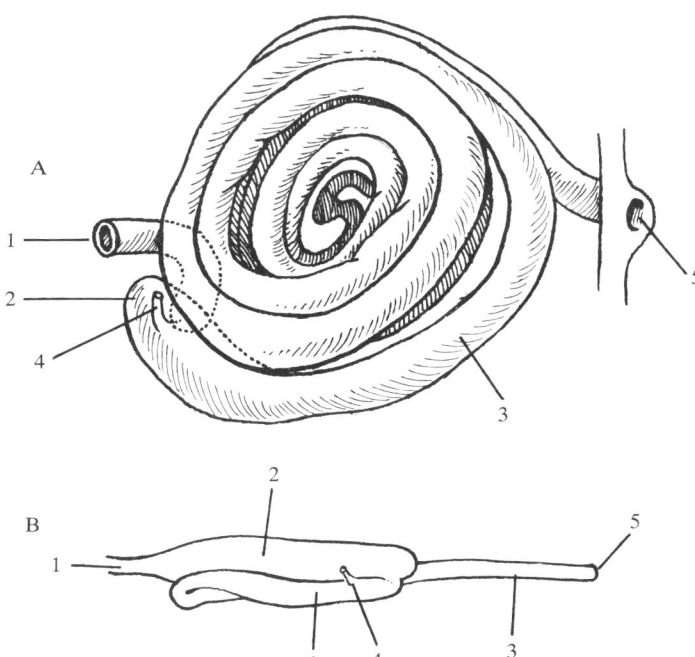

9. Verdauungssystem: A. Pflanzenfressender Fisch mit langem Darm, B. Fleischfressender Fisch; 1 − Schlund, 2 − Magen, 3 − Darm, 4 − Gallengangöffnung, 5 − Afteröffnung

Verdauung

Das Verdauungssystem beginnt mit der Maulöffnung, die in die Mundhöhle führt. Hier befinden sich lediglich Schleimdrüsen, da die Fische keine Speicheldrüse besitzen. Bei den Knochenfischen ist eine Zunge nur schwach ausgebildet, gut entwickelt ist diese dagegen bei den Rundmäulern. An die Mundhöhle schließt sich der Rachen als von den Kiemenbögen seitlich perforierter Kiemendarm an. Dann folgt der stark dehnbare Schlund. In diesem sind Zellen verteilt, deren schleimartige Absonderungen den Transport der Nahrung in den Magen erleichtern. Einige Gruppen, wie zum Beispiel die Karpfenfische, besitzen keinen morphologisch unterscheidbaren Magen. Ihr Schlund geht direkt in den Darm über, wo die Verdauung stattfindet.

Bei Lachsen und Dorschen finden wir eine Menge blinder Darmausstülpungen, die die Verdauungsfläche vergrößern und offensichtlich auch zur Neutralisierung des sauren Magensaftes beitragen. Der Säuregrad im Magen ist nämlich beträchtlich, der pH-Wert des Verdauungssaftes liegt zwischen 2 und 3, und zwar als Folge des Salzsäure-Ausstoßes. Gerade in solch saurer Umgebung ist das als Verdauungsenzym im Magen dienende Pepsin am wirkungsvollsten, während die Verdauungsenzyme des Darms ein leicht basisches Milieu verlangen. Im Magen werden mit Hilfe des Trypsins Eiweißstoffe abgebaut. Weitere Fermente, die Lipasen und Karboxylasen, tragen zur Verdauung von Fetten und Zuckern bei. Ihr Ursprung liegt in der Bauchspeicheldrüse, die auch das wichtige Insulin als inneres Sekret erzeugt. Ohne das Insulin könnte

13

nicht der optimale Blutzuckerspiegel aufrecht erhalten werden.

Zum Verdauungssystem gehört auch die Leber als Bildungsstätte der Galle, die zur Fettverdauung beiträgt und den Säuregrad des Verdauungssaftes erhöht. Weiterhin dient die Leber als Speicherorgan für Blutzucker (Glykogen), Fett und Vitamin A und D.

Für gewöhnlich ist bei den fleischfressenden Arten der Darm kürzer (besonders bei den Raubfischen) und bei den Pflanzenfressern länger.

Ausscheidungssystem

Als Abfallprodukte bei der Verdauung von Zuckern und Fetten entstehen Kohlendioxid und Wasser, bei dem Abbau von Eiweißen noch zusätzlich Stickstoffverbindungen. Bei den Knochenfischen handelt es sich dabei um Ammoniak (NH_3), dessen kleine Moleküle an der Kiemenoberfläche frei aus dem Körper austreten können. Knochenfische scheiden deshalb die meisten stickstoffhaltigen Abfallprodukte über ihre Kiemen aus (etwa 5- bis 10mal mehr als über die Nieren).

Knorpelfische scheiden anstatt Ammoniak Harnstoff aus. Ein Teil des Harnstoffes verbleibt ständig im Körper, was die Salzkonzentration der Körperflüssigkeit gegenüber dem Meerwasser, den sogenannten osmotischen Druck, erhöht.

Außer über die Kiemen werden Verdauungsabfälle auch über die Urnieren abgesetzt, die langgestreckt zu beiden Seiten der Wirbelsäure liegen. Man kann die dunkelroten Organe beim Ausnehmen des Fisches sehen, nachdem alle Innereien einschließlich der Schwimmblase entfernt wurden.

Lediglich die Larven der Neunaugen besitzen noch die primitiven sog. Vornieren (Pronephros), deren Wimpertrichter direkt in die Leibeshöhle führen. Nach dem Larvenstadium bilden sich die Vornieren zurück und werden von den Urnieren ersetzt, bei denen ein im Nierentrichter befindliches Blutkapillarenknäuel die Bowmannsche Kapsel bildet. Dieser Nierentyp hat einen höheren Wirkungsgrad und tritt bei allen echten Fischen auf. Hier werden die Verdauungsabfälle über die Harnleiter direkt aus dem Körper ausgeschieden. Eine echte Harnblase haben nur wenige Süßwasserfische.

Osmotische Regulierung

Die Aufrechterhaltung eines stets gleichen inneren Milieus im Fischkörper nennen wir osmotische Regulierung. Angesichts des unterschiedlichen osmotischen Drucks innerhalb und außerhalb des Fischleibes (der hauptsächlich von der Konzentration der hier aufgelösten Stoffe abhängt) haben sich bei den Fischen vielfältige physiologische Anpassungsmechanismen an den wechselnden Druck herausgebildet. Ohne jegliche Steuerung ihres osmotischen Druckes kommen bis heute die Inger aus. Sie halten sich ständig im Meerwasser auf und der osmotische Druck ihrer Körperflüssigkeit stimmt mit dem des Salzwassers überein.

Knorpelfische (Haie, Rochen, Chimären) halten diesen inneren Druck auf besondere Weise aufrecht. Da ihr Salzgehalt etwa einem Drittel dessen des Meerwassers entspricht, wären diese Arten ständig von einem Wasserentzug in das osmotisch aktivere Meerwasser bedroht. Daher ersetzen sie das fehlende Salz in ihrer Körperflüssigkeit, indem sie aktiv Harnstoff zurückhalten. So erzielen sie einen um weniges höheren osmotischen Druck als den des sie umgebenden Wassers.

Im Meer lebende Knochenfische gleichen ihren zu niedrigen osmotischen Druck dadurch aus, daß sie ständig Meereswasser aufnehmen und den Salzüberschuß über ihre Kiemen ins Meer abgeben. Die Ausscheidung des überflüssigen Salzes muß jedoch größer sein als dessen Aufnahme. Süßwasserfische verfügen dagegen über konzentriertere Körperflüssigkeit als das sie umgebende Wasser. Um sich des Wassers zu entledigen, das aus der Umgebung in sie eindringt, scheiden sie große Mengen stark verdünnten Harns aus (bis zu einem Drittel ihres Körpergewichts täglich).

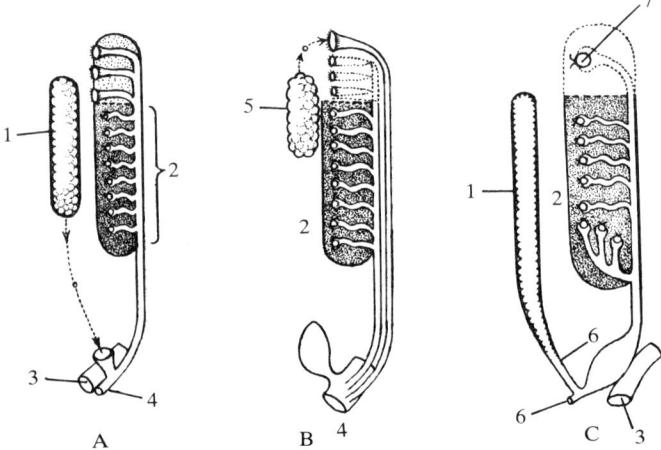

10. Urogenitalsystem: A. Neunauge, B. Haifischweibchen, C. Knochenfisch; 1 – Geschlechtsdrüse, 2 – Urnieren (Mesonephros), 3 – Afteröffnung, 4 – Urogenitalöffnung, 5 – Eierstock, 6 – sekundäre Geschlechtsöffnung der Knochenfische, 7 – Bowmansche Kapsel

Geschlechtsorgane

Die Geschlechtsorgane der Weibchen sind die Eierstöcke, die der Männchen die Hoden. Die meist paarig ausgebildeten Eierstöcke liegen in der Leibeshöhle unterhalb der Nieren und der Schwimmblase (falls diese vorhanden ist). Kurz vor dem Laichen nehmen sie einen Großteil der Körperhöhle ein, so daß sie oft mehr als die Hälfte der Masse des Weibchens ausmachen.

Bei den Rundmäulern gelangen die Eier vom Eierstock direkt in die Bauchhöhle und von hier aus durch die Bauchporen ins Wasser. Knorpelfische verfügen über zwei Eileiter (Ovidukte), durch die die Eier in die Gebärmutter und aus der Kloake ins Wasser wandern. Einigen Knochenfischen fehlen diese Eileiter (z. B. den Lachsfischen), wodurch die Eier ähnlich wie bei den Rundmäulern direkt nach außen gelangen. Meist sind allerdings zumindest verkürzte Ovidukte ausgebildet.

Ähnlich wie die Eierstöcke sind auch die Hoden als paarige Drüsen angelegt und befinden sich an derselben Stelle wie die weiblichen Geschlechtsorgane. Ihre Masse erreicht jedoch höchstens ein Zehntel der Eierstockmasse. Meist sind sie cremeweiß gefärbt, während der Rogen in den Eierstöcken rosa (Lachse), schwarz (Störe) und anders gefärbt sein kann. Die reifen männlichen Geschlechtszellen (Spermien, allgemein als Milch bezeichnet) werden von den Samenleitern (sog. Vasa deferentia), die wiederum bei Lachsen und Rundmäulern fehlen, ins umgebende Wasser verbracht.

Bis auf wenige Ausnahmen sind Fische getrenntgeschlechtig. Zwitter (Hermaphroditen) weisen in ihrem Körper Eierstöcke und Hoden auf. Man findet sie in den Familien *Serranidae, Lutjanidae* und *Sparidae*. Es kommt vor, daß die verschiedenen Geschlechtszellen gleichzeitig heranreifen, so daß es zur Selbstbefruchtung kommt. Oder die beiden Zellentypen reifen nacheinander, so daß eine Eigenbefruchtung ausgeschlossen ist. Bei einigen Lebendgebärenden der Gattung *Xiphophorus* kann man sogar die Umwandlung ins andere Geschlecht beobachten. Häufig geschieht es, daß ein Weibchen, das bereits Junge geboren hat, sich in ein Männchen verwandelt. In einigen Fällen sind solche Männchen sogar fruchtbar. Bisher ist der Umwandlungsmechanismus noch nicht vollständig erforscht.

Nervensystem

Die Konzentrierung der Sinnesorgane in den vorderen Körperteil hatte im Verlauf der Wirbeltierentwicklung starken Einfluß auf die Formierung des Gehirns, das allmählich zum übergeordneten Steuerorgan aller Vorgänge im Organismus wurde. Während bei den Wirbeltieren des Festlandes nach und nach die beiden Halbkugeln des Vorderhirns die Aufgabe des Steuerzentrums übernehmen, stehen bei den Fischen die einzelnen Hirnteile noch in deutlicher Verbindung mit den Sinnesorganen. Das gesamte Gehirn ist in einem knorpeligen oder knöchernen Gehäuse (Neurocranium) eingebettet.

Das Vorderhirn (Telencephalon) steht gänzlich in Diensten des Riechorgans und erreicht bei Fischen mit gut entwickeltem Geruch bedeutende Größe (z. B. bei Haifischen). Ihm entspringt das erste Paar Kopf- oder Hirnnerven, die Riechnerven. Außer der Geruchsfunktion beeinflußt und steuert das Vorderhirn auch das Laichverhalten und das Pflegeverhalten bei der Fürsorge der Fische um

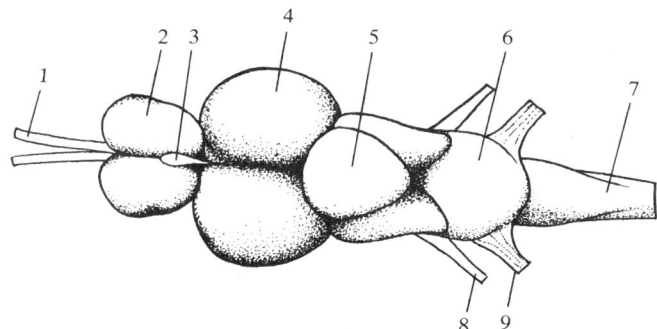

11. Gehirnansicht einer Plötze von oben: 1 – Riechnerv (I. Hirnnerv), 2 – Vorderhirn (Telencephalon), 3 – Epiphyse, 4 – Mittelhirn (Mesencephalon), 5 – Kleinhirn (Cerebellum), 6 – verlängertes Mark (Medulla oblongata), 7 – Rückenmark (Medulla spinalis), 8 – VII. Hirnnerv (Nervus facialis), 9 – X. Hirnnerv (umherschweifender Nerv – Nervus vagus)

ihre Eier und Jungen. Ein weiterer Gehirnteil ist das sogenannte Zwischenhirn (Diencephalon). Es ist ein wichtiges Zentrum des inneren Gleichgewichts und Sitz des Geschmackes. Vermittels der Hypophyse steht es mit dem ganzen endokrinen Drüsensystem in Verbindung. Als Ausstülpung des Zwischenhirns bilden sich die Augenbläschen, aus denen die Netzhaut der Augen entsteht. Aus dem Zwischenhirn tritt der paarige zweite Kopfnerv aus, der Sehnerv.

Als nächstes Hirnteil unterscheidet man das Mittelhirn (Mesencephalon). Es ist verhältnismäßig groß und mit zwei auffälligen Sehhügeln (Lobi optici) ausgestattet. In diesem Teil des Gehirns werden die optischen Eindrücke registriert und koordiniert, d. h. Reaktionen auf eine Beute und die Bewegung zu ihr hin, Richtungsänderungen vor einem Hindernis usw. Fische, die sich mit Hilfe des Gesichtssinns orientieren, besitzen deutlich größere Sehhügel. Ein gut auszumachender Gehirnteil ist auch das Kleinhirn oder Hinterhirn (Cerebellum), das an der Hirnoberseite gleich hinter den Sehhügeln ansetzt. Seine Hauptfunktion ist die Bewegungskoordinierung sowie die Orientierung im Raum. Als letzter Teil des Gehirns unterscheiden wir das Nachhirn oder verlängerte Mark (Medulla oblongata), aus dem die übrigen, also 3.–10. Kopfnerven austreten. Das Nachhirn setzt sich mit dem im neutralen Zentralkanal der Wirbelsäule eingebetteten Rückenmark fort. Von hier spalten sich die einzelnen, die Körperorgane versorgenden Rückenmarksnerven ab.

Drüsen mit innerer Sekretion

Das Nervensystem bildet zusammen mit den Drüsen der inneren Sekretion das sogenannte neurohumorale System, also den Orientierungs- und Steuerungsapparat, der für die Reaktionen des Tieres auf Veränderungen des äußeren und inneren Milieus verantwortlich ist. Drüsen mit innerer Sekretion besitzen keine Austrittsöffnungen und geben ihre Produkte, die Hormone, direkt ins Blut und somit an alle Körperteile ab. Hierzu gehört z. B. die Schilddrüse, die die Entwicklung des Individuums kontrolliert, und die Nebennieren, deren Hormone bei der Steuerung der Verdauung, des Blutdrucks und der Entwicklung der Geschlechtsdrüsen mitwirken. Die Geschlechtsdrüsen wiederum scheiden eine Anzahl von Hormonen aus, die das Sexualverhalten des Tieres, aber auch den Grad der elterlichen Brutpflege und schließlich die Funktion der Gonaden (Eierstöcke und Hoden) selbst regulieren. Eine wichtige Drüse mit innerer Sekretion ist die Hypophyse, die sich am Grund des Zwischenhirns befindet und mit ihren Hormonen die Tätigkeit der übrigen Drüsen mit innerer Sekretion koordiniert.

Sinnesorgane

Fische sind mit hervorragenden Sinnen ausgestattet, die für diese sich schnell im Raum fortbewegenden Tiere von großer Bedeutung sind.

Mit dem Geruchssinn nehmen die Fische im Wasser befindliche Stoffe auf. Die empfindliche Riechschleimhaut ist in einer Riechgrube untergebracht, die über einen kurzen Gang mit den Nasenlöchern verbunden ist und im Vorderteil des Mauls münden. Die Leistungsfähigkeit des Fisch-Geruchsorganes ist erstaunlich, oft genügen bereits einige Moleküle eines Stoffes je Liter Wasser, um vom Fisch registriert werden zu können.

Die Fischaugen sind lidlos, nur ausnahmsweise sind Lidfalten entwickelt (bei den Haien). Das Scharfsehen wird durch Vor- und Zurückziehen der Linse in der Augenkammer ermöglicht und nicht durch Veränderung der Linsenform, wie z. B. bei den Säugern. Der Augapfel wird von drei Paar Augenmuskeln bewegt. Meist sehen die Fische nur auf kurze Entfernungen zwischen 5 und 10 Metern. Außer den Gegenständen unter Wasser nehmen sie jedoch auch solche außerhalb des Wassers wahr, und das in einem Bereich bis ±50° von der durch ihren Körper gehenden Senkrechten. Farbsehen wurde bei rund zwanzig Fischarten nachgewiesen.

Fische besitzen Geschmackrezeptoren in der Oberhaupt um das Maul, in der Mundhöhle, auf den Reusendornen und manche Arten auch an anderen Stellen des Körpers. Bei zahlreichen Fischen konnte nachgewiesen werden, daß sie dieselben Geschmacksreize wahrnehmen wie die Säugetiere. Der Karpfen z. B. unterscheidet alle vier grundlegenden Geschmacksrichtungen (süß, sauer, salzig und bitter).

Das Gehör steht mit dem Gleichgewichtsorgan in Verbindung und wird vom 8. Hauptnerv versorgt, der daher den Namen Statoacusticus trägt. Untergebracht ist das gesamte Organ im Hinterschädel in einer knorpeligen

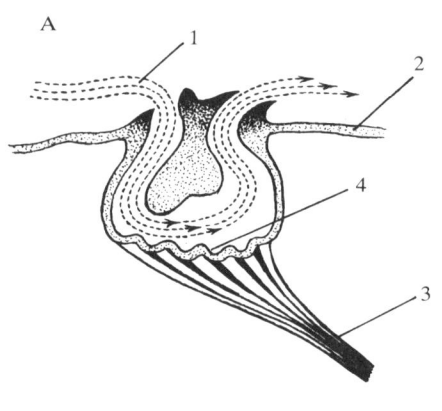

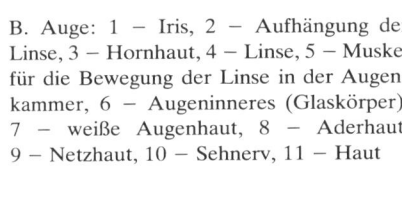

12. A. Geruchsorgan: 1 – Strömungsrichtung des Wassers, 2 – Riechschleimhaut, 3 – Riechnerv, 4 – Lage und Verteilung der Sinneszellen

B. Auge: 1 – Iris, 2 – Aufhängung der Linse, 3 – Hornhaut, 4 – Linse, 5 – Muskel für die Bewegung der Linse in der Augenkammer, 6 – Augeninneres (Glaskörper), 7 – weiße Augenhaut, 8 – Aderhaut, 9 – Netzhaut, 10 – Sehnerv, 11 – Haut

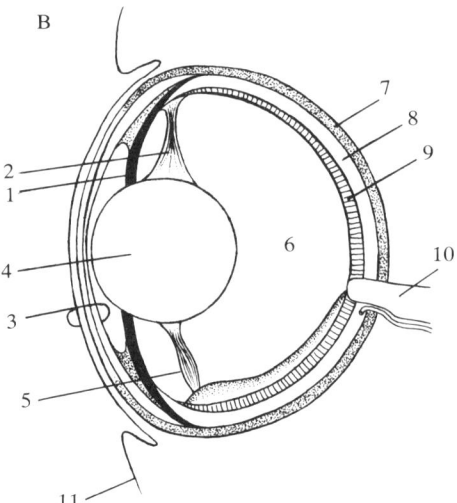

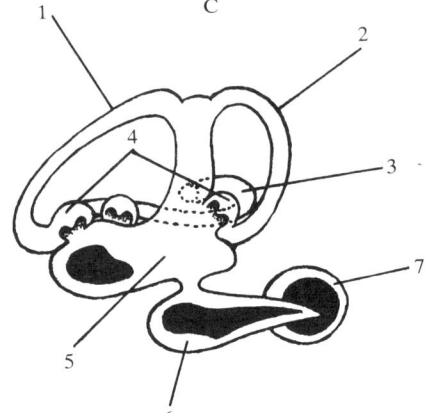

C. Häutchenlabyrinth des inneren Ohres: 1, 2, 3 – vorderer und hinterer senkrechter und waagerechter Kanal (Bogengang), 4 – Ampullen der halbrunden Bogengänge, 5 – Utriculus, 6 – Sacculus (Säckchen), 7 – Lagena (Blindsack) mit zugehörigen Gehörknöchelchen (Statolithen oder Otolithen)

D. Schnitt durch die Haut im Bereich der Seitenlinie sowie eine Schuppe aus der Seitenlinie: 1 – Öffnung in der Haut, 2 – Haut, 3 – Schuppen, 4 – Muskelgewebe, 5 – Nerv, 6 – Sinneszellen

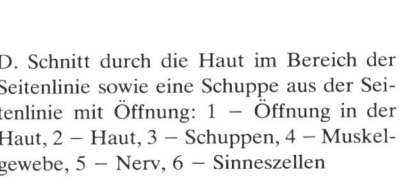

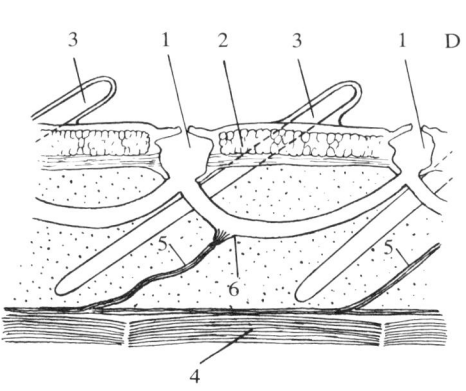

oder knöchernen Kapsel. Entwicklungsgeschichtlich gehört es gemeinsam mit der Nasen- und Augenkapsel zu einem ursprünglichen Schädelteil. Das innere Ohr besteht aus dem sogenannten Labyrinth, von dem drei senkrecht aufeinander stehende Bogengänge ausgehen. Deren Enden weiten sich zu häutigen Bläschen aus, in denen die aus Kalziumkarbonat bestehenden Gehörknöchelchen (Otolithen) auf Sinneszellen lagern. Die Bewegung der Otolithen auf den Sinneszellen nimmt der Fisch als Lageveränderung wahr. Sitz des Gehörs ist eine Ausstülpung (Lagena) des inneren Ohres, die der Ohrschnecke bei den Festlandwirbeltieren entspricht. Für den Empfang der Schallwellen ist auch die Schwimmblase von Bedeutung, da sie als Verstärker dient. Fische können in einem Frequenzbereich zwischen 16 und 5600 Hz Töne wahrnehmen. Eine Reihe von Fischen kann auch selbst Töne erzeugen. Sie entstehen infolge des Reibens von verschiedenen Knochen aneinander oder durch die Arbeit feiner Muskeln, die in Schwingung geraten und deren Ton durch die nahe Schwimmblase noch verstärkt wird. (Töne von Fischschwärmen wurden im Zweiten Weltkrieg oft für das Motorengeräusch feindlicher U-Boote gehalten).

Ein weiteres wichtiges Sinnesorgan der Fische ist der Strömungssinn oder das Seitenlinienorgan, das von einem der Zweige des 10. Hauptnervs (dem sogenannten umherschweifenden Nerv − Nervus vagus) innerviert wird. Die Seitenlinie zieht sich etwa über die Körpermitte und verzweigt sich am Kopf zu einem mehr oder weniger komplizierten Kanalsystem. Bei den schuppenbedeckten Knochenfischen sind die Seitenlinienschuppen durchbohrt, so daß durch die Öffnungen die Wellenbewegungen des Wassers zu den darunter in einem speziellen Kanal befindlichen Sinneszellen gelangen können. Das Seitenlinienorgan informiert den Fisch über die Anwesenheit von Beutefischen, Feinden, Hindernissen, aber auch über einen am Ufer gehenden Menschen.

Evolution der Fische

Die ältesten wasserbewohnenden Wirbeltiere sind die Kieferlosen (Agnatha). Ihre Überreste wurden in Schichten des Ordovizium aus einer Epoche vor etwa 490 Millionen Jahren gefunden. Diese inzwischen ausgestorbenen Arten werden heute zur Klasse Ostracodermi gezählt. Im Silur und zu Beginn des Devon, also vor ungefähr 435−395 Millionen Jahren waren sie die artenreichste Wirbeltiergruppe. Sie lebten am Grund und ähnelten den heutigen Fischen. Der Vorderteil des Körpers einiger Arten war mit einem Knochenpanzer bedeckt. Heutige Vertreter dieser Kieferlosen sind die Neunaugen und Inger mit etwa 25 verschiedenen Arten.

KIEFERMÄULER
Die ersten Kiefermäuler (Gnathostomata) sind uns aus dem Untersilur (aus der Zeit vor 430 Millionen Jahren) bekannt. Sie werden in die Klasse der Acanthodii (Kiefer-

kiemer) eingeordnet. Diese kleinen bis mittelgroßen Süßwasser- und Meeresfische starben im Unterperm (d. h. vor rund 280−250 Millionen Jahren) allmählich aus. Mit einer weiteren zahlenstarken Gruppe, den in der gleichen Zeit lebenden Panzerfischen (Placodermi), hatten die Kieferkiemer den knöchernen Hirnschädel (Neurocranium) gemeinsam. Der Bau ihrer paarigen Flossen ähnelte dem der Vorläufer unserer zeitgenössischen Haifische.

KNORPELFISCHE
Die Knorpelfische (Chondrichthyes) bilden eine stark homogene Gruppe, die in heutiger Zeit etwa 650 Haifischarten und Rochen sowie 24 Arten Seedrachen oder Chimären umfaßt. Ihre charakteristischen Kennzeichen sind ein gut entwickeltes Knorpelskelett, Zähne und paarige Extremitäten. Die rezenten, also heute lebenden Arten zeichnen sich durch innere Befruchtung aus. Erste Knorpelfische sind bereits aus dem mittleren Devon bekannt, also aus einer Periode vor etwa 360 bis 380 Millionen Jahren. Die meisten Funde stammen aus Meeresablagerungen, während paläontologische Knochenfischfunde überwiegend aus Süßwassersedimenten kommen. Es ist nicht auszuschließen, daß die Knorpelfische sich aus den Panzerfischen der Gruppe Placodermi entwickelt haben. Bei den heute lebenden Knorpelfischen unterscheiden wir zwei deutlich voneinander abgegrenzte Entwicklungslinien − Haie und Rochen (Elasmobranchii) und Chimären (Holocephali).

KNOCHENFISCHE
Zahlenstärkste Fischgruppe der Jetztzeit sind die Knochenfische (Osteichthyes), von denen erste paläontologische Funde aus dem Mitteldevon stammen. Zu dieser Zeit treten fast gleichzeitig beinah alle wichtigen Untergruppen der Knochenfische auf, d. h. die Lungenfische (Dipnoi), die Quastenflosser (Crossopterygii), die Flösselhechte (Brachipterygii) und die Strahlenflosser (Actinopterygii).

Die Lungenfische sind Süßwasserbewohner, die erstmals im Unterdevon auftraten und sich über die gesamte Erdkugel verbreiteten. Heute leben ganze 6 Arten dieser Gruppe in den tropischen und subtropischen Gewässern Australiens, Afrikas und Südamerikas. Die bekannteste Art ist der Australische Lungenfisch (Neoceratodus forsteri). Die bei den Knochenfischen erstmals ausgebildete Schwimmblase ist bei den Lungenfischen in eine spezielle, doch gut funktionierende Lunge mit eigener Blutversorgung vom Herzen (wie bei den Landwirbeltieren) umgewandelt.

Die Quastenflosser (Crossopterygii) waren gefürchtete Räuber der Binnengewässer des Devon. Aus einer Untergruppe der Quastenflosser entwickelten sich die ersten Wirbeltiere des Festlands − die Vorfahren der heutigen Amphibien. Erstmals traten sie im unteren Devon auf, um im Mittelkarbon auszusterben. Der einzige heute noch lebende Quastenflosser ist der bekannte Komoren-Qua-

stenflosser *(Latimeria chalumnae)*, der im Jahre 1938 an
der afrikanischen Südostküste entdeckt wurde. Bisher
gefangene Exemplare dieser Art sind bis 180 cm lang,
erreichen ein Gewicht von 80 und mehr Kilogramm. Es
sind fischfressende Räuber.

Im mittleren Devon erschienen die Strahlenflosser, um
im Verlauf des Devon zur zahlenstärksten Fischgruppe zu
werden, zunächst in den Binnengewässern, später auch in
den Meeren. Hierher gehören die ausgestorbenen *Paleonisci*, weiter die Knorpelganoiden *(Chondrostei)*, die
Knochenganoiden *(Holostei)* und die höheren Knochenfische *(Teleostei)*. Für gewöhnlich werden auch die Flösselhechte *(Brachiopterygii)* zu den Strahlenflossern gezählt.

Die *Paleonisci* traten im Devon auf und verschwanden in
der Kreidezeit. Von der Trias an werden in den einzelnen
Fundschichten die Vertreter der *Paleonisci* allmählich von
den Knochenganoiden abgelöst.

Die heutigen Knorpelganoiden werden in die Ordnung
der Störartigen eingereiht *(Acipenseriformes)*. Dazu gehören z. B. die Störe *(Acipenser)* und die Schaufelnasenstöre
(Gattung *Pseudoscaphirhynchus)*, insgesamt ca. 25 meist
große Arten, die in süßen und salzigen Gewässern
Europas, Asiens und Nordamerikas vorkommen.

Die Knochenganoiden dagegen werden in der Jetztzeit
von zwei Ordnungen vertreten, den Kahlhechten *(Amii-
formes)* und den Knochenhechtartigen *(Lepisosteiformes)*.
Zusammen sind es 10 Arten, die in den Binnengewässern
Nordamerikas verbreitet sind. Die größten Tiere erreichen
Längen bis zu 3,5 m, meist werden sie aber nur 2 Meter
lang.

Von den *Brachiopterygii* gibt es heute nur 10 Arten
Flösselhechte und eine Art der Gattung *Calamoichthys*.
Alle leben in Afrika.

Die letzte und wichtigste Gruppe der Strahlenflosser
sind die Echten Knochenfische *(Teleostei)*, die sich
offensichtlich aus den Knochenganoiden entwickelt ha-

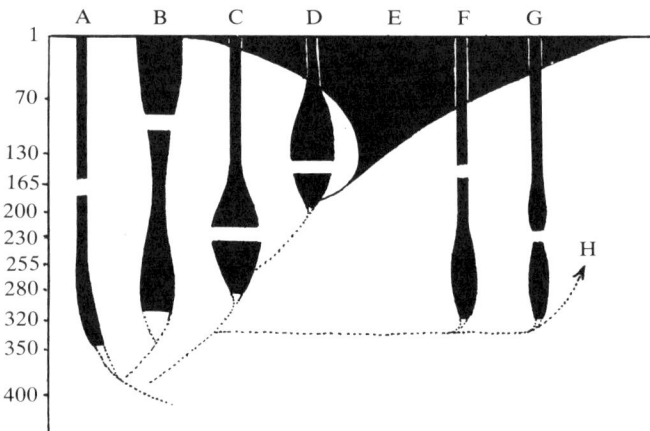

13. Entwicklung der Hauptgruppen der Kieferlosen und Fische im
Verlauf der geologischen Zeitalter (die Zeitskala − in Millionen Jahren):
A − Rundmäuler *(Cyclostomata)*, B − Knorpelfische *(Chondrichthyes)*,
C − Knorpelganoiden *(Chondrostei)*, D − Knochenganoiden *(Holostei)*,
E − Echte Knochenfische *(Teleostei)*, F − Lungenfische *(Dipnoi)*,
G − Quastenflosser *(Crossopterygii)*, H − Entwicklungszweig zu den
Amphibien

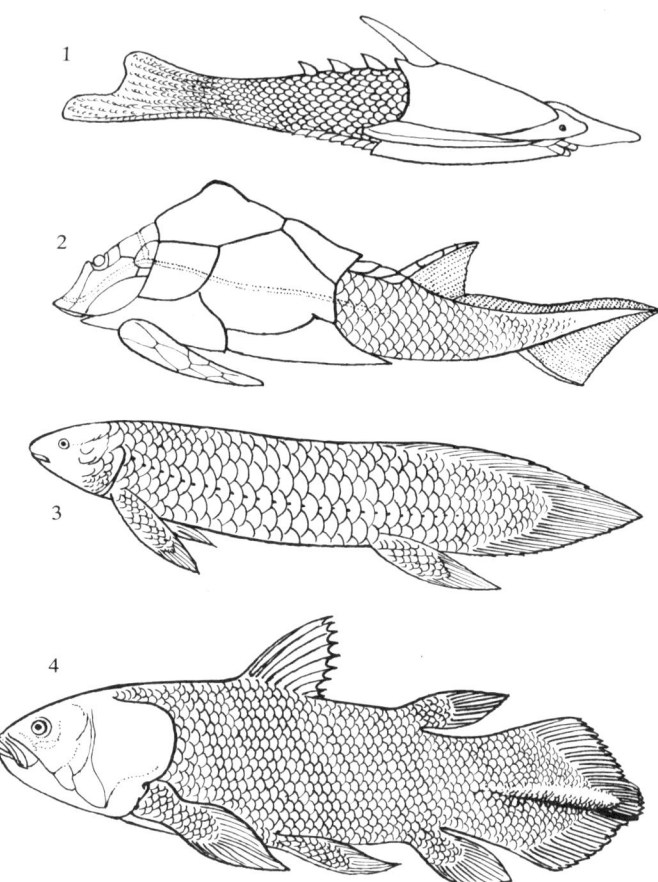

14. Ausgewählte Vertreter der Kieferlosen: (*Ostracodermi* − *Pteropsis
rostrata* [ausgestorben] − 1), der Kiefermäuler (*Placodermi* − ein
Vertreter der Gattung *Remigolepis* − 2) und die altertümlichen
Vertreter der Knochenfische *Neoceratodus forsteri* (Australischer Lungenfisch − 3) und *Latimeria chalumnae* (ein Quastenflosser − 4)

ben. Erstmals traten sie in der Mitteltrias (200−220 Mio
Jahren) auf. Wichtiges Kennzeichen der Echten Knochenfische ist ihr nach außen hin symmetrischer (homocerker)
Schwanz. Ihre Schuppen sind cycloid oder ctenoid gestal-
tet, die Wirbel gänzlich verknöchert, die Schwimmblase
dient vorwiegend als hydrostatisches Organ. Meist handelt
es sich um kleine bis mittelgroße Fische mit einem um die
30 cm langen Körper von äußerst variabler Form.

Die Entwicklung der grundlegenden Fischgruppen im
Laufe der geologischen Erdzeitalter ist im Schema (Abbildung 13) dargestellt, die charakteristischen Vertreter
jeder Gruppe ersieht man aus Abbildung 14.

Die einzelnen Fachwissenschaftler respektieren in ihren
Klassifikationen der Fische die hier angeführte Gliederung, unterscheiden sich jedoch im Verständnis und in der
Einordnung der höheren Sippen − der Klassen, Unter-
klassen und Überordnungen (s. Tabelle Seite 38).

Aufgabe dieses Buches war es nicht, ein neues System
der Fische aufzustellen. Wir haben daher ein vereinfachtes
System verwendet, das von den unten angegebenen
Übersetzungen ausgeht. Es wurden allerdings auch in der
Einordnung der Ordnungen und Familien bestimmte
Vereinheitlichungen vorgenommen.

Systematische Übersicht

Die Systematik oder Taxonomie ist eine Wissenschaftsdisziplin innerhalb der Biologie, die die lebenden Organismen in ein hierarchisch geordnetes System einordnet, wobei die entwicklungsgeschichtliche Verwandtschaft der einzelnen Gruppen berücksichtigt wird. Zur Systematisierung verwendet die Taxonomie morphologische, anatomische, physiologische, ethologische und weitere Merkmale. Die grundlegende Systemeinheit (Taxon) ist die Art, die von den einzelnen Exemplaren und ihren Gesamtheiten (Populationen) gebildet wird, soweit sie sich in freier Natur nicht mit Angehörigen anderer Arten fruchtbar kreuzen. Höhere Taxa sind Gattung, Familie, Ordnung, Klasse und Stamm. Zu einer detaillierteren Beschreibung werden diese Grundkategorien noch weiter aufgeteilt, z. B. in Untergattungen, Übergattungen, Überfamilien usw.

Eine erste Klassifizierung der damals bekannten Lebewesen unternahm Aristoteles, die erste allgemein als wissenschaftlich anerkannte Systematisierung der Tierwelt erarbeitete erst der schwedische Naturwissenschaftler Karl von Linné Mitte des 18. Jahrhunderts. Er knüpfte dabei an die Ergebnisse zahlreicher Vorgänger an, das System der Fische z. B. übernahm er von seinem Freund Peter Ardeti. Die zehnte Ausgabe des Linnéschen Systems, genannt „Systema naturae", wurde zur Grundlage jeder wissenschaftlichen Nomenklatur und wird in ihren Grundzügen bis heute respektiert.

Linné führte die sogenannte binome Nomenklatur ein, die er auch konsequent einhielt. Jede Art erhielt dadurch zwei Namen. Der erste mit großem Anfangsbuchstaben ist der Gattungsname, der zweite kleingeschriebene der Artname. Dem Artnamen folgt in wissenschaftlichen Publikationen der Name des Autors (eventuell dessen Abkürzung), der die Art beschrieb und das Jahr, in dem die Beschreibung veröffentlicht wurde. Wird eine Art zu einer anderen Gattung neu zugeordnet, wird der Autorenname eingeklammert. Das ursprüngliche *Cyprinus rutilus* Linnaeus, 1758 änderte sich in *Rutilus rutilus* (Linnaeus, 1758).

Die lateinischen oder griechischen Fischnamen deuten gewöhnlich auf eine morphologische, anatomische oder andere Besonderheit der betreffenden Art. So bezeichnet die Nase (Ordnung *Chondrostoma*) im Griechischen einen Fisch mit verknorpelten Maulrändern (Griechisch „chondros" bedeutet Knorpel, „stoma" heißt Mund). Der Gattungsname *Pleuronectes* bedeutet im Griechischen auf der Seite schwimmend, die Gattungsbezeichnung *Solea* stammt aus dem Lateinischen und wird als Sandale übersetzt. In den Fischnamen finden sich auch geographische Bezeichnungen oder Fische werden nach den Lokalnamen benannt. Zum Beispiel sind bei den fernöstlichen Lachsen der Gattung *Oncorhynchus* die Artnamen in Wirklichkeit die einheimischen Bezeichnungen dieser Fische (nerca, tschawytscha, keta usw.). Häufig erscheinen in den Art- und Gattungsnamen auch die Nachnamen bedeutender Ichthyologen (z. B. *Novumbra hubbsi* nach dem amerikanischen Ichthyologen C. L. Hubbs, oder *Gobio kessleri* nach dem russischen Ichthyologen K. T. Kessler).

Bei der Beschreibung neuer Arten nutzt die Taxonomie Ergebnisse morphometrischer Messungen sowie deren gegenseitiger Verhältnisse. Es werden einerseits die Anzahl der Schuppen in der Seitenlinie, die Zahl der Wirbel oder der Flossenstrahlen verwertet und andererseits Angaben über proportionale (plastische) Merkmale (z. B. Länge des Kopfes, des Schwanzstieles, Körperhöhe). Anatomische Merkmale werden eher zur Bestimmung höherer Taxa (Familien, Ordnungen, Klassen) verwendet.

In neuerer Zeit nutzt man zur Abgrenzung der einzelnen Fischarten die Anzahl der Chromosomen, ihre Lage und Form. Eine weitere moderne Methode der Taxonomie ist die Elektrophoresie, bei der man mit Hilfe eines elektrischen Feldes die einzelnen artspezifischen Eiweiße (z. B. in Blutseren) voneinander trennt, wobei sie mit einer ihrem Molekulargewicht entsprechenden Geschwindigkeit in einer Lösung schwimmen. Problematisch an der Elektrophoresie ist, daß wir bisher nicht in der Lage sind, die innere Struktur gleich großer und schwerer Moleküle zu unterscheiden.

Bei der Beschreibung der einzelnen Fischarten treffen wir sehr häufig auf die sog. Flossenformeln, mit denen die Anzahl der harten (unverzweigten) Flossenstrahlen in römischen Zahlen und die Zahl der weichen, verzweigten Strahlen mit arabischen Ziffern angegeben werden. z. B. sieht die Flossenformel der Plötze so aus: D III/8−9; A III/10−12; P I/16−17; V II/8−9. Das bedeutet, daß sich in der Rückenflosse (Dorsale, D) drei harte und 8−9 weiche Strahlen befinden, in der Afterflosse (Anale, A) 3 harte und 10−12 weiche Flossenstrahlen usw. P und V bedeuten Brustflosse (Pectoral) und Bauchflosse (Ventral). Weiterhin werden auch die Schuppenzahl in der Seitenlinie (Linea lateralis − l.l.) oder die Anzahl der

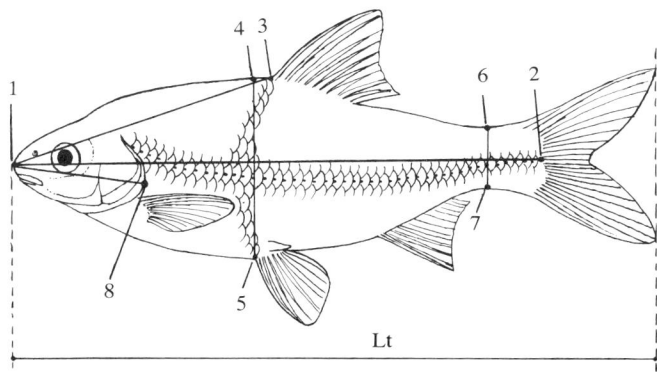

15. Meßschema morphologischer Merkmale: Lt − Totale Körperlänge, 1−2 Körperlänge, 1−3 prädorsaler Abstand, 4−5 maximale Körperhöhe, 6−7 minimale Körperhöhe, 1−8 Kopflänge. Angedeutet sind auch die Schuppen der Seitenlinie und die Flossenstrahlen

Kiemenreusendornen im ersten Kiemenbogen und die Zahl der Wirbel zur Bestimmung herangezogen. Die Plötze besitzt zwischen 44 und 49 Schuppen in ihrer Seitenlinie.

Entstehung neuer Arten

Jede Art besteht aus Einzeltieren und Populationen, also der Gesamtheit der in einem bestimmten Gebiet (Areal) lebenden Tiere. Im Verlauf der historischen Entwicklung änderten sich allmählich die Lebensbedingungen, denen sich dann die Art entweder anpaßte und somit überlebte oder an die sie sich nicht anpassen kann und nach gewisser Zeit ausstirbt. Mit der Anpassung kommt es zu ständigen und dauerhaften Veränderungen der Art, wodurch nach langer Zeit (in Größenordnungen von Hunderttausenden und Millionen Jahren) Exemplare entstehen, die sich von ihren Vorfahren deutlich unterscheiden können. Die ursprüngliche Art entwickelt sich so zu einer anderen, mehr oder weniger verwandten Art. Die Gesamtzahl der Arten nimmt so zwar nicht zu, denn aus einer Ausgangsart entsteht wiederum nur eine „neue" Art. Der Mechanismus der Artenverzweigung könnte so aussehen: Die eine bestimmte Fischart bildenden Populationen können in ihrem Verbreitungsgebiet eine Reihe von Lokalformen bilden, die für längere Zeit durch ein unüberwindbares Hindernis voneinander getrennt werden (z. B. geographisch durch getrennte Einzugsgebiete der Flüsse). Das hindert sie daran, sich gegenseitig zu kreuzen und ihre Gene (die Anlagen) zu übergeben. Falls eine solche Isolierung ausreichend lange andauert (d. h. Zeiträume zwischen Zehntausenden und Millionen Jahren), können sich die getrennten Populationen allmählich in selbständige Arten verwandeln. Diese neuen Arten erhalten sich ihre Eigenständigkeit selbst dann, wenn das Hindernis, das ihnen die Kreuzung mit den anderen Populationen unmöglich gemacht hatte, nicht mehr besteht. Ein schönes Beispiel für diese Art einer Vergrößerung der Artenzahl ist der Flußbarsch *(Perca fluviatilis)*, der heute in Eurasien bis zum Kolymafluß (Ostsibirien) und des weiteren in den östlichen Gebieten der USA und Kanadas vorkommt. Sein ursprünglich zusammenhängendes Verbreitungsareal zerfiel in zwei Gebiete, bewohnt von Populationen, die zu unterschiedlichen Arten gezählt werden *(Perca fluviatilis* in Eurasien und *Perca flavescens* in Amerika).

Neben der geographischen Isolation kennen wir noch die ökologische, wobei zwei oder mehr Arten aus einer Ausgangsart in ein und demselben Gewässer dadurch entstehen, daß die einzelnen Populationen ständig einen anderen Teil des Flusses oder des Sees besiedeln, an verschiedenen Plätzen laichen, unterschiedliche Laichzeiten haben usw. Bei der Entwicklung neuer Arten spielt auch die ethologische Isolation eine Rolle, die durch das unterschiedliche Fortpflanzungsverhalten ein Kreuzen der potentiellen Arten verhindert.

Zoogeographie

Das Auftreten bestimmter Fischarten in den einzelnen Regionen der Erde ist nicht zufällig, sondern wird von den heute bestehenden Milieubedingungen sowie von der historischen Entwicklung der jeweiligen Region beeinflußt. Süßwasserfische unterliegen dem Einfluß der Höhe über dem Meeresspiegel, während das Vorkommen der Seefische von der Meerestiefe abhängt. Diese Zonenteilung wechselt jedoch auch mit der geographischen Breite. In Mitteleuropa sind z.B. die Bereiche über 600–800 m von Kaltwasserfischen besiedelt, die gleichzeitig in Nordeuropa verbreitet sind (Saibling, Maränen). In den Ozeanen beeinflussen die Meeresströmungen die Gleichförmigkeit der Fischarten. So sind die Nordwestküsten Europas so stark vom warmen Golfstrom beeinflußt, daß hier auch Warmwasserfische der Familien *Exocoetidae, Labridae, Mugilidae, Sparidae* und *Mullidae* leben.

Die Weltmeere bedecken etwa 71 % der Erdoberfläche und in ihnen konzentrieren sich mehr als 98 % des gesamten Wassers unseres Planeten. Im Laufe der Eiszeiten wurden allerdings große Wassermengen in Eisbergen gebunden, so daß die Meeresspiegel einst tiefer lagen als heute. Für unsere europäischen Verhältnisse bedeutet das, daß viele Flußsysteme miteinander verbunden waren (z. B. der Rhein mit der Themse, die Donau mit dem Dnjestr, der Don mit dem Dnjepr). Dies ermöglichte eine Verbreitung der Süßwasserfischarten.

Für gewöhnlich setzt sich das Festland auch hinter der Küstenlinie fort und bildet hier den sog. Kontinentalschelf, der durchschnittlich 75 km breit ist, stellenweise aber bis 600 km ins Meer reicht. Im Bereich des Schelfs erreicht das Meer Tiefen um 130 m, gelegentlich auch 500 m. Vor den europäischen Küsten ist besonders die Untiefe der Doggerbank in der Nordsee bekannt geworden. Auch die Ostsee und die Barentssee sind sehr flach. Dem Kontinentalschelf folgt der Kontinentalabfall, in dessen Bereich die Tiefe rasch zunimmt. Daran schließen sich die Tiefsee-Ebenen an, die von den noch tiefer liegenden Gräben und von hochragenden ozeanischen Schwellen unterbrochen werden.

Die Weltmeere werden nach geographischen (horizontalen) Gesichtspunkten und vertikal, also die verschiedenen Tiefen eines Breitengrades berücksichtigend, unterteilt. Bei der geographischen Zoneneinteilung der Meere interessiert uns vor allem die nördliche oder boreale zoogeographische Region, auch Nordreich genannt. Sie gliedert sich in die Arktische, Atlantisch-boreale, Mediterran-atlantische und Sarmatische Unterregion. Die unterschiedliche Artenzusammensetzung der einzelnen Unterregionen ist besonders in der flachen Küstenzone (dem sog. Litoral) sehr auffällig, da sich hier die Temperaturen der Unterregionen deutlich unterscheiden.

Die artenärmste ist die kalte Arktische Unterregion. Hier leben ca. 130 überwiegend benthische (am Boden lebende) Fischarten. Am häufigsten sind die Familien

Cyclopteridae, Cottidae, Gadidae, Anarhichadidae, Agoni-dae. Pleuronectidae, Osmeridae und *Salmonidae* vertreten. Die wirtschaftlich bedeutendsten Fischarten sind *Arctogadus borealis* und *Boreogadus saida*.

An Arten reicher sind die Atlantisch-boreale und die Mediterran-atlantische Unterregion, welche je ca. 600−700 Arten umfassen, wobei die meisten Fischarten in beiden Unterregionen gemeinsam vorkommen. Zur Atlantisch-borealen Unterregion gehören die Randmeere − Barentssee, Europäisches Eismeer, Nordsee und Ostsee. Die Küstengewässer des Atlantiks südlich vom Ärmelkanal bis zu den Küsten Nordafrikas und des Mittelmeers gehören dagegen zur Mediterran-atlantischen Unterregion.

Die Flächenausdehnung der Nord- und Ostsee änderte sich mit dem wiederholt absinkenden Wasserspiegel in den Eiszeiten mehrere Male. In dieser Zeit war die Nordsee lediglich eine Bucht des Atlantischen Ozeans. Die Ostsee wiederum änderte mehrmals ihren Charakter vom Süßwasserbecken zum Salzwasser-Meer, wobei sich jeweils die artenmäßige Zusammensetzung ihrer Fauna grundlegend veränderte. Heute beträgt der Salzgehalt der Ostsee in ihrem Westteil annähernd 15 ‰, was nicht ganz der Hälfte des Wertes in den Ozeanen entspricht.

Sehr interessant ist die Fischfauna des Mittelmeers. Dieses Meer nahm nämlich vom jüngeren Paläozoikum bis zu Beginn des Tertiär eine eigenständige Entwicklung im Rahmen des weitreichenden Meeres Tethys, dessen Ufer sich von Südeuropa und Nordafrika über Kleinasien bis nach Indonesien erstreckten. Überreste der Tethys sind heute das Mittelmeer, das Schwarze Meer und das Kaspische Meer. Zur Zeit leben im Mittelmeer etwa 500 Fischarten. Ein Teil davon drang vom Atlantik nach dessen Verbindung mit dem Mittelmeer vor, der andere Teil sind ursprüngliche Arten, die dann umgekehrt in den Atlantischen Ozean einwanderten (einige Vertreter der Familien *Bleniidae, Gobiidae, Labridae ; Clupea pilchardus, Engraulis encrasicholus*). Man trifft hier auch atlantisch-boreale Elemente an (*Squallus acanthias, Raja clavata, Sparus aurata, Pleuronectes flesus, Pleuronectes platessa, Pollachius virens, Trigla gurnardus, Scomber scomber*). Während der Kaltzeiten lebten hier auch *Salmo salar* und *Salmo trutta* (die Bachforelle kommt bis heute in den Bächen Nordafrikas vor). Im Mittelmeer leben auch Warmwasser liebende, pelagiale, überall auftretende Arten: *Thunnus thynnus, Xiphias gladius* und *Mugil cephalus*. Ebenso findet man hier Fischarten aus dem Schwarzen Meer, die nach der Verbindung beider Meere, gegen Ende des Pleistozän (vor ca. 15 000 Jahren) hierher gelangten (z. B. *Acipenser stellatus, Huso huso*). In neuer Zeit drangen ungefähr 14 Fischarten aus dem Roten Meer in das östliche Mittelmeer, nachdem der Suezkanal fertiggestellt wurde (die sogenannte Lessepsianische Migration, so benannt nach dem Initiator des Kanalprojekts, F. M. Lesseps).

Die heutige Fauna des zur Sarmatischen Unterregion

gehörenden Schwarzen Meeres zählt etwa 140 Fischarten und steht völlig unter dem Einfluß der Mittelmeerfauna. In der Vergangenheit war das Schwarze Meer ähnlich wie die Ostsee ein Binnensee (der sog. Sarmatische See), der sich zur Zeit seiner größten Ausdehnung im Miozän (vor 20−25 Millionen Jahren) von Österreich bis zum mittelasiatischen Balchaschsee erstreckte. Heute hat das Schwarze Meer einen Salzgehalt von 1,8 % und ein Teil seiner ursprünglichen Süßwasser-Tierwelt wurde in die nördlichen, weniger salzhaltigen Buchten des Asowschen Meeres verdrängt. Im Schwarzen Meer sind lediglich die oberen Wasserschichten von 130−200 m Tiefe bewohnbar. Hier sind etwa 30 endemische, also nur hier auftretende Arten vorhanden, meist aus der Familie *Gobiidae*. In größeren Tiefen herrscht eine so große Schwefelwasserstoff-Konzentration, daß ein Überleben unmöglich wird.

Die zoogeographische Gliederung der Binnengewässer ist wesentlich detaillierter als die der Meere. Süßwasserfische dienen uns als ausgezeichnetes Beispiel für den Beweis einer historischen Verbindung der einzelnen Flußsysteme und die Herausbildung der heutigen Süßwasser-Faunakomplexe.

In Europa leben 126 Süßwasserfische, im ebenso großen Kanada sind es 177 Arten. Rechnen wir zu Europa noch das Gebiet Rußlands (d.h. ganz Nordasien), kommen wir auf ungefähr 400 Süßwasser-Fischarten. Das ist sehr wenig im Vergleich zu dem gleichgroßen Nordamerika, wo über 700 Arten in Binnengewässern vorkommen. Die geringe Anzahl der europäischen Arten hängt mit den Eiszeiten zusammen und damit, daß es in Europa kaum große Ströme gibt. Nur die Donau und die Wolga können mit den Weltströmen verglichen werden. Von beiden ist jedoch nur die Donau von den Kaltzeiten unberührt geblieben und wurde so zur Zufluchtsstätte der ursprünglichen tertiären Fischwelt. Die Donau besitz auch in Europa die größte Anzahl an Süßwasserfischen (63 Arten). In Richtung Osten, Westen und Norden sinkt die Artenvielfalt in den europäischen Wasserläufen. In der Nördlichen Dwina und in der Petschora zählte man je 30 Fischarten, die Elbe beheimatet 40, die Themse 20 und die Wolga 60 Fischarten.

Europa wird gemeinsam mit Nordafrika und Nordasien (jenseits des Himalajas) zur Paläarktischen Region gezählt. Dieses Gebiet besitzt besonders in seinem nördlichen Teil viele gemeinsame Arten mit der Nearktischen Region, die sich über Nordamerika erstreckt. Beide Regionen werden manchmal zur Holarktis zusammengefaßt. Die in beiden Regionen gemeinsamen Fischarten gehören zu den Familien *Thymallidae, Salmonidae, Umbridae, Esocidae, Percidae* und den Gattungen *Petromyzon, Lampetra, Cottus* sowie *Lota* an.

Im Rahmen der Paläarktischen Region werden mehrere Unterregionen unterschieden. Die Unterregion des Nordpolarmeers umfaßt alle im Norden Europas und Asiens mündenden Flüsse, in denen ungefähr 80 Fischarten leben. Im Rahmen dieses Buches wurden für diese Unterregion jedoch nur der europäische Teil mit den Flüssen Norwegens, Nordfinnlands, des Halbinsel Kola und den Flüssen Nördliche Dwina und Petschora berücksichtigt. Überall dort kommen Lachse vor, in der Nördlichen Dwina sogar der Blei, die Ukelei und der Döbel.

Den übrigen Teil Europas rechnen wir zur Mediterranen Unterregion, die weiterhin in die Baltische, Mediterrane und Ponto-aralokaspische Provinz gegliedert wird. Die Baltische Provinz umfaßt die in die Nord- und Ostsee fließenden Gewässer, einschließlich der Alpenflüsse und der in den Golf von Biscaya mündenden Wasserläufe. Die Mittelmeerprovinz wird von den ins Mittelmeer abfließenden Flüssen (einschließlich der in den Atlantik mündenden Fließgewässer der Pyrenäenhalbinsel) gebildet und die Ponto-aralokaspische Provinz setzt sich aus den ins Schwarze Meer, ins Kaspische Meer und in den Aralsee mündenden Flüssen zusammen.

In der Baltischen Provinz leben 55 Fischarten. Es kommen hier die meisten Arten des Nordpolarmeers vor, von den Warmwasserarten schließlich Barbe, Zope, Zobel, Ziege und Wels. Die Mittelmeerregion ist arm an Lachsfischen und auch der gesamte Artenreichtum ist hier nicht groß, was sich aus der geringen Länge sowie der Isolierung der einzelnen Zuflüsse erklären läßt. Artenreich ist die Gattung *Chondrostoma*. Ausschließlich hier kommen die Gattungen *Pachychilon* und *Aulopyge* vor.

Für die Ponto-aralokaspische Provinz sind u. a. die Gattungen *Caspiomyzon*, *Clupeonella* und *Proterorhinus* charakteristisch. Die wichtigsten Flüsse der Provinz sind Donau und Wolga. In der Donau fehlt das Flußneunauge, dafür treten aber hier die Endemiten (ausschließlich in diesem Gebiet lebende Fische) *Lampetra danfordi*, *Hucho hucho*, *Acerina schraetzer*, *Aspro streber*, *Aspro zingel* auf. Interessant ist, daß sich der nächste Gattungsangehörige *Aspro asper* erst in der Rhône wiederfindet. Manchmal werden Donau, Rhein und Rhône zu einer selbständigen Provinz zusammengefaßt. Die Flüsse der südeuropäischen Halbinseln sind nicht allzu reich an Fischen. So leben in den Flüssen der Pyrenäenhalbinsel nur 16 verschiedene Arten.

Ökologische Faktoren

Die Ökologie beschäftigt sich als Wissenschaftsdisziplin mit den Beziehungen zwischen Organismen und Umwelt sowie zwischen den Organismen untereinander. Dies gilt auch für die Fische, deren Verbreitung auf unserem Planeten in Raum und Anzahl von einem Komplex physikalischer und chemischer Eigenschaften des Wassers begrenzt wird, wie Salzgehalt, Temperatur, Sauerstoffgehalt, Säuregrad, Nährstoffkonzentration und Lichtverhältnisse. Ständig werden Millionen von Fischeiern abgelegt, die nach erfolgreicher Entwicklung neue Nachkommenschaft hinterlassen. Zwischen den Angehörigen einer Art bestehen komplizierte Beziehungen durch die gegen-seitige Konkurrenz um Futter, Verstecke, Laichplätze oder Geschlechtspartner. Nicht weniger komplex sind die zwischenartlichen Wechselbeziehungen. Das Ergebnis sind ständige Veränderungen der einzelnen Populationsbestände, was in letzter Konsequenz zu einer Ausweitung des Areals und zum Gedeihen der Art oder umgekehrt zu dessen Verminderung bis zum Verschwinden der Art führt.

Der Mensch beeinflußt die Fischpopulationen direkt durch den Fischfang und indirekt dadurch, daß er Laichplätze vernichtet, große Gebiete trockenlegt, die Wasserläufe reguliert u. ä.

Landwirtschaft, Gewerbe und Industrie beeinflussen in großem Maße die Wasserqualität. Dadurch wirken sie verheerend auf die Artenvielfalt und die Zahlenstärke der einzelnen Fischarten ein. Die Fische sind in der Lage, sich bis zu einem gewissen Grad den veränderten Bedingungen anzupassen, jedoch stößt diese Fähigkeit bald auf ihre Grenzen. An der Oberfläche der Flüsse und Meere treibende Fischkadaver werden immer häufiger zum überzeugenden Beweis unseres schlechten Wirtschaftens mit der Natur. Die ökologischen Warnzeichen müssen endlich respektiert werden!

WASSER

Wasser unterscheidet sich von der Luft vor allem durch seine hohe Dichte (es ist annähernd 800mal dichter als Luft). Wasser löst ausgezeichnet lebensnotwendige Mineralien, leider aber auch eine Reihe von Schadstoffen. Dank seiner Dichte verleiht es schwimmenden Gegenständen einen großen Auftrieb, weshalb auch die größten Lebewesen der Erde im Wasser zu finden sind. Das Gewicht eines Wales überschreitet häufig 100 Tonnen, was gegenüber dem größten Landsäugetier (dem Elefanten) etwa das Zwanzigfache ist.

Meerwasser hat einen durchschnittlichen Salzgehalt von 3,3 bis 3,8 %, vor allem an Kochsalz. Den Salzgehalt des Wassers erhöht die atmosphärische Verdampfung und die Eisbildung, der Zufluß süßen Flußwassers verringert ihn wiederum. Meereswasser mit mehr als 15 Promille Salz erhöht mit sinkenden Temperaturen seine Dichte bis hinab zum Gefrierpunkt, der bei −1,9 °C liegt. Dem entgegen erreicht das Süßwasser seine größte Dichte bei +4 °C. Diese Eigenschaft ist von ungemeiner Bedeutung für die Süßwasserorganismen. Sie überstehen den Winter am Grund des Teiches, Sees oder Flusses, wo sich das schwerste, mit 4 °C nicht gefrierende Wasser ansammelt.

Im Wasser sind zahlreiche lebenswichtige Stoffe aufgelöst. Die Eiweißsynthese (Eiweiße sind Grundbausteine des Körpers) kann nicht ohne Stickstoff und Phosphor ablaufen. Stickstoff ist im Wasser in Form von Nitraten, Nitriten und Ammoniak vorhanden. Er kommt hier auch als organische Verbindung in den Aminosäuren vor. Darüber hinaus gelangt mit den Niederschlägen Stickstoff ins Wasser. Phosphor ist ein wichtiger Grenzfaktor für die

Photosynthese der Pflanzen. Im Wasser tritt Phosphor in Phosphaten oder organisch gelöst auf. Wichtig ist auch das Silizium und eine Reihe von Spurenelementen, die in extrem niedrigen Konzentrationen vorhanden sind. Dazu gehören Eisen, Mangan und Zink, die wichtige Bestandteile der Oxidationsenzyme sind, oder Molybdän, Kobalt, Zink und Kupfer, die bei der Wachstumsregulierung der Pflanzen eine Rolle spielen.

TEMPERATUR

Die Wassertemperatur beeinflußt sämtliche Lebensvorgänge der Fische, aber ebenso den Artenreichtum in den einzelnen Gewässertypen. Die durchschnittliche Temperatur der Oberflächenschichten der Ozeane beträgt etwa 17 °C und schwankt von −1,9 °C, dem Gefrierpunkt des Meeresswassers, bis zu 26 °C in den Tropen. Bei 50 Grad nördlicher Breite bewegt sich die Jahresdurchschnittstemperatur des Wassers an der Oberfläche zwischen 5 und 6 Grad. In den Binnengewässern schwankt die Wassertemperatur von 0 °C bis über 50 °C in einigen heißen Quellen. Selbst dort leben noch Fische (z. B. *Cyprinodon macularius* in den warmen Quellen Kaliforniens). Umgekehrt hält die dem Hecht verwandte Art *Dallia pectoralis* aus Sibirien und Alaska auch das Einfrieren im Eis aus. Es sind Fälle bekannt, wo mit gefrorenen Fischen gefütterte Hunde diese wieder hervorbrachen, als sie sich nach dem Auftauen in ihren Mägen zu regen begannen. Binnengewässer − hauptsächlich flache Becken − sind wesentlich stärker von der Lufttemperatur abhängig als das Meereswasser. Daher gilt im allgemeinen, daß Meeresfische weniger anpassungsfähig an Temperaturschwankungen sind als Süßwasserfische. Besonders Tiefseefische sind sehr empfindlich und reagieren oft schon auf Temperaturänderungen von wenigen Zehntel Graden (sog. stenotherme Arten).

Die meisten Fischarten weichen Temperaturen über 30 bis 35 °C aktiv aus. Es erhöht sich nämlich dann der Sauerstoffverbrauch, während dessen Konzentration im warmen Wasser gleichzeitig abnimmt. Eine günstige Temperatur beeinflußt die Verdauung, die Schwimmgeschwindigkeit und die benötigte Nahrungsmenge positiv. Unter europäischen Bedingungen wächst der Karpfen intensiv nur in den Monaten, in denen die Wassertemperatur 15−20 °C übersteigt. Bei diesen Temperaturen laicht er auch. Von der Wärme des Wassers ist auch die Dauer der Embryonalentwicklung abhängig. Beim Flußbarsch beträgt sie bei Temperaturen bis 10 °C vier Wochen, bei 20 °C nur 6 Tage.

SAUERSTOFF UND KOHLENDIOXID

Wichtiger begrenzender Faktor im Wassermilieu ist der Sauerstoff. Der Sauerstoffgehalt wird durch den Austausch mit der Atmosphäre, die Sauerstoffproduktion der grünen Pflanzen (vor allem der Kieselalgen und Grünalgen), die Atmung der Tiere, Mikroorganismen und Pflanzen reguliert. Die im Wasser gelöste Sauerstoffmenge ist indirekt von dessen Temperatur und von der darin gelösten Salzmenge abhängig. In einem Liter Süßwasser sind bei 0 °C 10,29 ml Sauerstoff enthalten, in einem Liter Salzwasser bei gleicher Temperatur nur 8 ml. Bei 30 °C sinkt die Sauerstoffmenge im Süßwasser auf 5,6 ml und im Meeresswasser auf 4,5 ml. Im Meeresswasser gibt es dank seiner riesigen Menge und der unbedeutenden Nährstoffkonzentration ständig genügend gelösten Sauerstoff, dagegen schwankt der Sauerstoffgehalt im Süßwasser erheblich. Er verringert sich durch die Atmung von Pflanzen und Tieren sowie bei der Zersetzung ihrer abgestorbenen Körper. Wenn wir uns die geringen Ausmaße der Binnengewässer bewußt machen und dazu die riesige Menge an Nährstoffen bedenken, die in den dicht bevölkerten Gebieten ins Wasser gelangen, so begreifen wir leicht die Bedeutung des Sauerstoffs in diesen Gewässern. Die großen Mengen organischer Stoffe werden nämlich nach und nach zersetzt, wozu entsprechend viel Sauerstoff notwendig ist (für die Zersetzung 1g organischer Stoffe wird annähernd 1 g Sauerstoff verbraucht). Der Sauerstoff wird also zum bestimmenden Grenzfaktor. Es ist daher kein Wunder, daß sich gerade unter den Süßwasserfischen eine Reihe Adaptionen an Sauerstoffmangel herausgebildet haben.

Auch die Einteilung der Wasserläufe in Fischregionen richtet sich nach dem Sauerstoffbedarf der Fische. Am sauerstoffreichsten sind die Gebirgsabschnitte der Flüsse und Bäche, wo Gefälle zwischen 1 und 13 % erreicht werden. In dieser sogenannten Forellenregion leben u. a. Forellen, Groppen und Schmerlen. Im anschließenden Schleienbereich kommen bei einem Gefälle von 0,5−2 % Schleien, Döbel, Barben, Näslinge, Gründlinge und Ukeleis vor. In der Barbenregion mit einem Gefälle von 0,2 bis 1,5 % leben Barbe, Nase, Zährte, Döbel, aber auch Plötze, Hasel, Schmerle, Gründling und andere Arten. In der Bleiregion schließlich, dem unteren Abschnitt der Flüsse mit minimalem Gefälle, haben Blei, Karpfen, Schleie, Wels, Zander, Ukelei, Bitterling, Kaulbarsch u. a. ihre Heimat. Jedoch sind die einzelnen Regionen nicht scharf voneinander abgegrenzt, vielmehr nimmt die im Wasser aufgelöste Sauerstoffmenge allmählich ab, angefangen von völliger Sättigung in der Forellenregion bis zum Nullwert in der Ebene. In einigen Gewässerabschnitten kommt es auch in den Unterläufen zu einer Wiederholung der Oberlauf-Regionen (so z. B. die Forellenregion hinter Talsperren, aus denen die kühlen Bodenschichten abfließen, so daß das Wasser nach Anreicherung mit Sauerstoff gute Bedingungen für die Forellen und weitere Arten dieser Region bieten).

In stehenden Binnengewässern vermischt sich das Wasser im Laufe des Jahres infolge Windeinwirkung und durch Temperatur- und Dichtewechsel, so gelangt das sauerstoffreiche Wasser auch in die unteren Schichten. Ähnlich kommt es auch in den Meeren zu einer Vermischung der Wassermassen. In den Polgebieten sinkt das kalte und an Sauerstoff reiche Wasser der Oberflächenschichten in die

Tiefe und fließt langsam in Richtung Äquator ab. Es wird geschätzt, daß das Wasser in den Tiefen des Atlantiks vor etwa 500 Jahren sich an der Oberfläche befand, das Pazifikwasser sogar vor 1000 Jahren. In einigen geschlossenen Meeren, wie dem Schwarzen Meer, gelangt das Tiefenwasser jedoch nicht an die Oberfläche und bleibt so ohne Sauerstoff.

Auch das Kohlendioxid (CO_2) ist für das Leben im Wasser von Bedeutung. Bei der Photosynthese entstehen nämlich aus ihm und dem Wasser mit Hilfe der Sonnenenergie organische Verbindungen (Zucker), die für das Leben sämtlicher Organismen unerläßlich sind. Das Kohlendioxid gelangt mit dem Regen in die Gewässer oder entsteht als Abfallprodukt bei der Atmung von Tieren, Pflanzen und Mikroorganismen oder steigt aus dem Bodenschlamm als Zerfallsprodukt des sauren Kalziumkarbonats auf.

VERSAUERUNG DES WASSERS

Der Säuregrad (der sog. pH-Wert – die Abkürzung von potentia Hydrogenii) im Meeres- und Süßwasser wird von Reaktionen zwischen Kohlendioxid, Karbonaten und sauren Karbonaten beeinflußt. In einem Teich mit Überschuß an mineralischen Nährstoffen kommt es in den Schlamm-Bodenschichten zu einer intensiven Photosynthese. Diese verbraucht das Kohlendioxid, wobei sich die Reaktion des Wasser zu basischen Werten verschiebt (die neutrale Reaktion entspricht dem pH-Wert 7, höhere Werte bedeuten basische Reaktion, niedrigere Werte saure Reaktion). Heute droht den Seen jedoch das andere Extrem, nämlich die übermäßige Versauerung des Wassers durch saure Niederschläge, verursacht durch die erhöhte Konzentration des Schwefeldioxids (SO_2) in der Luft und dessen Reaktion mit dem Regenwasser, wobei schweflige Säure (H_2SO_3) und Schwefelsäure (H_2SO_4) entstehen. So erhöht sich heute der Säuregehalt der Seen in Nordamerika, Europa und überall dort, wo schwefelhaltige Kohle verbrannt wird. Die pH-Werte solcher Gewässer sinken bis auf $3-4$ ab, wodurch sie für Fische unbewohnbar werden. In den Weltmeeren schränkt der Säuregehalt des Wassers bisher noch nicht die Verbreitung von Fischen und anderen Lebewesen ein, da hier der hohe Salzgehalt und das riesige Wasservolumen die Wirkung des sauren Regens einschränken. Der pH-Wert des Meereswassers bewegt sich zwischen 8,1 und 8,3.

LICHT

Kein Organismus kann ohne die Energie des Sonnenlichts leben. Die grünen Pflanzen verwerten sie bei der Photosynthese, verwandeln sie in chemische Energie und geben sie in dieser Form nach gewisser Zeit an die Tiere weiter.

In den Tiefen der Gewässer nimmt allerdings die Lichtintensität sehr rasch ab, so daß die Photosynthese nur in den oberen Schichten ($100-200$ m hinab) möglich ist. Fische kommen jedoch in noch weit größeren Tiefen vor, sind hier aber von jenen Nährstoffen abhängig, die in den

höheren Schichten produziert werden (der sog. euphotischen Wasserschicht). In den Binnengewässern erreicht die euphotische Schicht höchstens 40 m, manchmal aber auch nur 20 cm, nämlich in stark verschmutzten und dadurch überaus nährstoffreichen Gewässern.

Für die Fische ist auch der regelmäßige Zyklus der einfallenden Lichtmenge – die Photoperiode – von Bedeutung. Sie beeinflußt den Fortpflanzungszyklus der Fische, wirkt auf ihre jährlichen Wanderungen und die Schwarmbildung ein. Der Wechsel von Tag und Nacht beeinflußt die Aktivität der Wassertiere, ihre Nahrungsaufnahme u.a.m. Die positive Reaktion einer Reihe von Fischarten auf Licht nutzt man in der Meeres- und Binnenfischerei. Die Fische werden vom Licht angelockt und geraten so in die Fanggeräte. Diese Methode findet z.B. bei Heringen, Sprotten, Sardinen und Makrelen Anwendung. In größeren Tiefen lebende Bodenfische reagieren fast gar nicht auf Licht (Störe, Rochen) oder fliehen vor ihm (Tiefseefische).

Mit zunehmender Tiefe erhöht sich auch die Zahl der mit eigenen Leuchtorganen ausgestatteten Fischarten (in 300 Meter Tiefe verfügen 45 % der Fischarten über Leuchtorgane). Fische können sogar in Tiefen von 700 m Spuren von Licht wahrnehmen. Die Augen solcher Tiefenfische sind auffällig groß und nehmen bis zu einem Drittel der Kopfoberfläche ein. In noch größeren Tiefen werden die Augen dann wieder kleiner. Unter 1500 m leben dann alle Organismen in völliger Dunkelheit und falls sie Augen besitzen, dann nur, um das von anderen Fischen ausgehende Leuchten registrieren zu können.

WASSERVERUNREINIGUNG

Die von einer Millionenstadt produzierte Abwassermenge nähert sich einer halben Million Tonnen pro Jahr, was einem Flüßchen mit 5 $m^3 \cdot s^{-1}$ Durchflußmenge entspricht. Dieselbe Abwassermenge wird auch von einer mittelgroßen Zellstofabrik oder einem Nahrungsmittelbetrieb ausgestoßen. Für die Fische und andere Lebewesen sind aber auch die giftigen Abfälle der Industrie gefährlich, die z.B. Schwermetallsalze (Kupfer, Blei, Nickel, Kadmium, Quecksilber u.a.) enthalten. Alle diese Stoffe sind für die Fische bereits in Konzentrationen von einem Tausendstel Milligramm bis zu einem Milligramm je Liter Wasser lebensbedrohend (ein Milligramm ist gleich einem Millionstel Kilogramm, also 10^{-6} kg). Durch die Nahrungsketten sammeln sich die Schadstoffe in den Körpern von Algen, Krebstieren und Fischen an und können so in den menschlichen Organismus gelangen. So starben im Jahre 1956 in der Minamata-Bucht in Japan 40 Menschen, die sich von Fischen ernährten, die in der Nähe der Abwassereinmündung eines Werkes zur Herstellung von Acetaldehyd, bei der Quecksilber als Katalysator verwendet worden war, gefangen wurden.

Die heutige intensive Landwirtschaft reichert die Binnengewässer vor allem mit Stickstoffverbindungen an, die als Kunstdünger zur Anwendung kommen, aber auch in geringerem Maße mit Phosphorverbindungen. Dadurch beschleunigt sich die Entwicklung der Algen. Auf der Wasserfläche verbreitet sich die sogenannte Wasserblüte, eine Ballung verschiedener Blaualgenarten zu mit dem bloßen Auge wahrnehmbaren Flocken. Nach Absterben dieser Kleinpflanzen verbraucht ihre Zersetzung oft den gesamten Sauerstoff des Gewässers, so daß die Fischwelt erstickt. Phosphor als Grenzfaktor der Photosynthese gelangt in neuerer Zeit auch mit den Haushaltwaschmitteln ins Wasser, deren Wirkstoffe meist in Phosphorsalzen gelöst sind.

Im maritimen Bereich sind vor allem die Mündungsgebiete der großen Flüsse gefährdet, da diese riesige Mengen organisch und hygienisch belasteter Stoffe, Schwermetalle, Pestizide und weitere Schadstoffe mit sich führen. Hochgefährlich sind Havarien der riesigen Erdöltanker mit einer Ladung von mehreren Hunderttausenden Tonnen. Erdölprodukte gelangen allerdings auch über die Flüsse aus dem Landesinneren ins Meer. Der Rhein zum Beispiel bringt täglich an die 12 000 Tonnen Erdölprodukte in die Nordsee mit.

In jedem aufeinanderfolgenden Glied der Nahrungskette erhöht sich die Schadstoffkonzentration annähernd auf das Zehnfache. So erreicht bei einer Ausgangskonzentration des DDT von 10^{-9} im Phytoplankton dieser Wert im Zooplankton bereits 10^{-8}, bei der Sprotte 10^{-7} und bei der Makrele 10^{-6}.

Ein weiterer Typ der Verunreinigung von Binnengewässern, aber auch Meeresbuchten, ist die schädliche Erwärmung des Wassers nahe von Wärme- und Atomkraftwerken. Die anfallende Abfallwärmemenge ist so groß, daß sie den Wärmehaushalt des Gewässers wesentlich verändert. Je nach Größe des Kraftwerks erhöht sich die Wassertemperatur um 5 bis 10 Grad. Das Ergebnis ist eine geringere im Wasser gelöste Sauerstoffmenge und die Störung wichtiger biologischer Rhythmen der Fische (Fortpflanzung, Migration, Lebensdauer, Wachstum). Aus solchen Standorten verschwinden für immer Kaltwasserfische.

Fortpflanzung

Dank der immer wiederkehrenden Fortpflanzung verbleiben die einzelnen Fischarten viele Millionen Jahre auf unserem Planeten. Seit Darwin wissen wir, daß die mehr oder weniger große Zahl lebensfähiger Nachkommen über die Überlebenschancen einzelner Tiere, ganzer Populationen oder Arten entscheidet.

Bei den Fischen lassen sich die unterschiedlichsten Fortpflanzungsarten beobachten; jede hat ihre Vor- und Nachteile. Dort, wo die Konkurrenz der Arten gering ist, ist es günstig, große Mengen kleiner Jungtiere auszusetzen, die (falls ihnen dies die Umgebung, besonders die klimatischen Verhältnisse erlauben) schnell den ganzen Lebensraum ausfüllen. Wo jedoch ein scharfer Konkurrenzkampf tobt, ist es unerläßlich, größere und für das Überleben besser ausgestattete Nachkommen zur Welt zu

bringen. Zwischen beiden Grenzfällen kommen eine ganze Anzahl Übergänge vor.

Im Bewußtsein der meisten Menschen sind die Fische für ihre große Fruchtbarkeit bekannt, mit der sie die riesigen Verluste an Rogen und Milch ausgleichen. Doch gibt es auch unter den Fischen Arten mit einer kleineren Anzahl großer Eier, aus denen ziemlich stattliche Fischlarven schlüpfen (z.B. Haifische und Lachse). Wir kennen aber auch lebendgebärende Arten, deren neugeborene Jungen sofort nach der Geburt ein eigenständiges Leben führen. In einer Reihe von Fällen kümmern sich die Eltern um die Fischbrut (Dickköpfe, Stichlinge u.a.).

GESCHLECHTSZELLEN

Zu Beginn der Fortpflanzungszeit bilden sich im Körper der Männchen die männlichen Geschlechtszellen, die Spermien (in einem Spematogenese genannten Prozeß). Bei den Weibchen entwickeln sich die weiblichen Geschlechtszellen, die Eier oder der Rogen durch die Oogenese. Beide Typen von Fortpflanzungszellen sind nur im Besitz des halben Chromosomensatzes, so daß sich erst nach der Befruchtung der für die Art charakteristische Satz Chromosomen ergibt. Die Spermien der einzelnen Fischarten unterscheiden sich in Form und Größe, besitzen jedoch am häufigsten eine Eiform mit einer langen Geißel, die es den Spermien ermöglicht, selbst zu den Rogeneiern zu gelangen. Jedes Ei enthält einerseits gespeicherte Nährstoffe für den Embryo im Eidotter, andererseits die Embryonalhülle selbst, aus der nach der Befruchtung das neue Lebewesen entsteht. Das Ei wird von mehreren Hüllen geschützt – der Dottermembran (Membrana vitelina) und zumindest noch einer Schutzhülle, die durch Umbildung von Nährzellen entsteht (die sekundäre Eihaut). Bei manchen Arten entwickeln sich noch weitere, sogenannte tertiäre Eihäute. Sie bilden sich erst nach der Befruchtung durch die Tätigkeit mehrerer zusätzlicher Drüsen in den weiblichen Geschlechtsorganen. Solche Schutzhüllen sind auch die hornartigen Eikapseln der Haifische.

Die Größe der Fischeier schwankt erheblich. Die größten Eier bringen die lebendgebärenden Haifische (bis zu 6, ja 10 cm) hervor. Relativ große Eier haben auch die lachsartigen Fische (4 bis 7 mm) und die Störe (1 bis 4 mm). Die kleinsten Eier stammen von Arten, die im Verhältnis zu ihrer Körpergröße den meisten Rogen produzieren (bei Heringen etwa sind die Eier höchstens 1 mm groß). Innerhalb einer Art erzeugen die Exemplare mittleren Alters die größten Eier. Mit der Eigröße hängt eng die Menge an Speicherstoffen zusammen, die dem sich entwickelnden Embryo zur Verfügung stehen. Je mehr Nährstoffe vorhanden sind, um so größer, selbständiger und beweglicher schlüpfen schließlich die Larven. Oft sind die großen Eier eine Anpassung an das nahrungsarme Milieu, in dem die Larven schlüpfen.

Die Anzahl der Eier hängt bei den einzelnen Arten von der Größe des Weibchens ab. Die kleinsten Arten bringen die geringste Eierzahl hervor. So ist das Stichlingsweibchen in der Lage, ca. 100 Eier abzulaichen, die Ellritze 500 bis 5000. Der Karpfen laicht je nach Größe 100 000 bis 250 000 Rogeneier je Kilo Körpermasse ab, so daß ein 5 Kilo schweres Weibchen über eine Million Stück Rogen produzieren kann. Die meisten europäischen Süßwasserfische legen jährlich Eier in Stückzahlen von Zehntausenden bis Hunderttausenden ab. Von den Meeresbewohnern ist der Mondfisch *(Mola mola)* mit bis zu 300 Millionen Eiern der fruchtbarste, gefolgt vom Leng *(Molva molva)* mit 60 Millionen, dem Dorsch (2 bis 9 Millionen) und dem Hering (100 000 bis 2 Millionen).

LAICHEN

Die Fortpflanzung der Fische, das Laichen, erfolgt meist in Gruppen. Die Männchen und Weibchen der überwiegenden Mehrheit aller Fischarten geben dabei ihre Geschlechtsprodukte ans freie Wasser ab, ohne zu kopulieren. Zur Befruchtung der Eier kommt es also außerhalb des mütterlichen Organismus (äußere Befruchtung) und Befruchtungsmedium mit den in ihm schwimmenden Spermien ist das umgebende Wasser. Bei dieser Art der Vermehrung entstehen natürlicherweise Verluste, da ein bedeutender Teil des Rogens unbefruchtet bleibt. Arten mit Brutpflege (z.B. Cichliden, Breitköpfe) laichen zu Paaren, daher ist der Prozentsatz der befruchteten Eier wesentlich höher. Haie, Rochen und die Süßwasserfische der Familie *Poecilidae* haben eine innere Befruchtung entwickelt, bei der das Männchen seine Milch direkt in die Geschlechtsöffnung des Weibchens spritzt oder in deren direkte Nähe. Hierzu dient ein spezielles Kopulationsorgan, das bei den Haien und Rochen durch Umbildung der Bauchflossen (Pterygopoden) und bei den lebendgebärenden *Poecilia* aus der Afterflosse (Gonopodium) entstand.

Die meisten europäischen Fische laichen im Jahr nur einmal, einige davon jedoch in Raten (portionsweises Laichen), so Blei, Döbel, Rotfeder und Meerbarbe. Auf Java akklimatisierte Karpfen erlangen nach 1,5 bis 2 Jahren die Geschlechtsreife und laichen etwa alle zwei Monate. Die Schwarzmeer-Rotbarbe *(Mullus barbatulus ponticus)* legt im Laufe dreier Monate täglich mehrere Eier ab. Dieses Portionslaichen ist als Anpassung zur optimalen Nutzung der Nahrungsressourcen zu verstehen, die sich ja in der warmen Jahreszeit mehrmals erneuern. An Standorten mit großen Wasserstandsschwankungen ist das Portionslaichen eine der Möglichkeiten, das vorhergehende und fehlgeschlagene Laichen wettzumachen.

Europäische Fische laichen in der Mehrzahl im Frühling, wenn die Wassertemperatur allmählich steigt und die Tage länger werden. In den Binnengewässern laichen die Hechte als eine der ersten Fischarten sofort nach dem Tauen des Eises. So erhalten die Hechtlarven einen beträchtlichen Vorsprung vor den anderen, viel später ablaichenden Fischen und können sich daher im Frühjahr von deren Larven ernähren. Sehr zeitig laichen auch die

Barsche, die sich schon mit etwa 8 °C Wassertemperatur zufriedengeben. An sie schließen sich die Weißfische an, von denen zuletzt die wärmeliebenden Karpfen und Schleie an die Reihe kommen. Im Herbst und sogar im Winter laichen Forelle, Lachs, Maränen und Quappe. Deren Embryos entwickeln sich an den Laichplätzen erst im folgenden Frühjahr. Von den Meeresfischen laichen im Frühling die Heringe, doch sind auch Heringsrassen bekannt, die im Sommer oder Herbst ihre Eier ablegen. Im zeitigen Frühjahr, von Februar bis April, laicht der Kabeljau, im Winter der Dorsch *(Eleginus navaga)*.

Häufig kommt es vor, daß eine Art an verschiedenen Standorten zu unterschiedlichen Zeiten laicht, was hauptsächlich mit der verschiedenen Wassertemperatur zusammenhängt. So laicht z.B. die Lodde *(Mallotus villosus)* in der westlichen Barentssee von März bis Mai, im östlichen Teil aber von August bis September. Die Ellritze laicht im Kaukasus im April, in der Petschora jedoch erst im Juli. In Australien eingewöhnte Flußbarsche legen dort im Oktober und November ihre Eier ab. Einzelne Rassen einer Art beginnen oft zu verschiedenen Zeiten zu laichen. Bekannt sind Frühjahrs- und Herbstrassen bei Hering, Neunauge, Maräne und bei einigen Lachsarten.

ENTWICKLUNG DER EMBRYOS

Die Entwicklung jedes Lebewesens wird mit der Befruchtung eingeleitet, also dem Verschmelzen der männlichen und weiblichen Geschlechtszelle zu einer einzigen Zelle, der Zygote. Nach dem Eindringen in die Eizelle verlieren die Spermien ihren Schwanz. Der Spermakern dringt etwa bis zur Eimitte vor und vereinigt sich mit dessen Kern. Der Eibefruchtung folgt die Keimlingsentwicklung, die sogenannte Embryogenese, die zum größten Teil innerhalb der Eihäute verläuft. Im Laufe der Embryonalentwicklung ist das neu entstehende Lebewesen gänzlich von den gespeicherten Nährstoffen abhängig, die im Eidotter lagern. Man teilt die Embryonalentwicklung in drei Phasen ein. Bei der ersten, der Furchung (Blastogenese), kommt es zu einer Furchung des Eis und es entstehen die Anlagen der einzelnen Organe. In dieser Phase wächst der Embryo meist nicht. Es folgt die Keimblätterbildung (Organogenese), während der sich die Organanlagen durch Teilung und Wachstum der Zellen vergrößern. Sobald der Embryo sich aus den Eihüllen befreit, setzt die Phase des freien Embryo ein. Der Keimling beginnt dem erwachsenen Tier zu ähneln. Diese letzte Phase dauert sehr lange z.B. bei Lachsen, dagegen ist sie sehr kurz bei den Weißfischen. Die Länge dieser Phase ist direkt proportional der Größe des Dottersacks. Sobald der freie Embryo in der Lage ist, äußere Nahrung aufzunehmen, geht er ins Larvenstadium über, das mit der Bildung des Skeletts und der Resorbierung des Flossensaums seinen Abschluß findet. Es folgt die juvenile Periode (Jugendstadium), in der das Jungtier bereits dem erwachsenen Fisch ähnelt und sich nur durch seine Größe, die unreifen Gonaden und oft auch durch die Färbung unterscheidet. Lachsartige Fische zeigen als

Jungfische dunkle Streifen am Körper. Die Juvenilperiode endet mit dem Heranreifen der Geschlechtsdrüsen. Ihr folgt das Erwachsenenstadium (adulte Periode). Es kann von einigen Monaten (bei einigen Arten der Familien *Gobiidae* oder *Scopelidae*) bis zu mehreren Dutzend Jahren dauern. Nur wenige Tiere erleben das Altersstadium, die sogenannte senile Periode, in der das Wachstum praktisch eingestellt wird, das Laichen ausgesetzt oder völlig beendet wird. Diese Periode verläuft sehr rasch, die pazifischen Lachse etwa verenden kurz nach dem Laichen.

Interessant ist die Entwicklung der unbefruchteten Fischeier (Parthenogenese). So kann sich zum Beispiel beim Hering ein unbefruchtet gebliebenes Ei bis zum Stadium der frei schwimmenden Larve entwickeln. Bei der Silberkarausche kommen in den europäischen Populationen ausschließlich Weibchen vor, Männchen äußerst selten (in ihrer ursprünglichen Heimat Ostasien sind allerdings beide Geschlechter vertreten). Hier kommt es zur sog. Gynogenese, wobei die Spermien einer fremden Art lediglich den Impuls zur Zellteilung geben, aber das Ei nicht befruchten. Hieraus entstehen wiederum nur Weibchen der Silberkarausche.

BRUTPFLEGE

Im Laufe ihrer langen Entwicklung bildeten sich bei den Fischen eine Reihe von Pflegeverhalten gegenüber ihren Eiern und Jungfischen heraus. Die wenigsten Sorgen um ihre Eier machen sich die pelagophilen Fische, die den Rogen direkt ins freie Wasser ablaichen. Hierzu gehören Arten aus der Familie *Scombridae*, Sardinen, Maränen, zahlreiche Dorscharten, Schollen, von den Süßwasserfischen die Ziege u.a. Ihr nichtklebender Laich schwebt während seiner Entwicklung frei im Wasser. Ein Fettröpfchen verhindert das Absinken. Sie treten meist in Gewässern mit genügend Sauerstoff auf. Weder die Embryos noch die Larven der Pelagophilen sind daher dem Sauerstoffmangel angepaßt. Da die Verluste an Laich und Embryonen im Verlaufe der Entwicklung im freien Wasser recht hoch sind, legen diese Arten beträchtliche Mengen Eier ab.

Am Grund laichen die sog. Benthophilen. Zu ihnen gehören Fische, die ihre Eier auf Pflanzen (die Phytophilen), auf Steine (die Lithophilen) oder in den Sand (die Psamophilen) ablegen. Die phytophilen Fische bringen Laich in einer klebrigen Hülle hervor, mit dessen Hilfe die Eier an lebenden oder toten, ganz vom Wasser umspülten Wasserpflanzen haften bleiben. Einige Arten sind an frisch überschwemmte Landpflanzen gebunden (Hecht) und würden ohne solch eine Unterlage am Laichplatz nicht laichen. Ihre Eier und Embryos sind für den vor allem nachts auftretenden Sauerstoffmangel gerüstet. Zum Festhalten an den Pflanzen besitzen die Embryos am Kopf besondere Haftorgane, die sog. Zementdrüsen. In diese Gruppe gehören neben dem Hecht auch Karpfen, Blei, Plötze und Meeresfische der Familie *Labridae*. In den Oberläufen der Flüsse, aber auch an felsigen Meeresküsten hätten die Phytophilen wenig Gelegenheit zum Laichen. Daher verlangen die hier ansässigen Fische als Laichsubstrat nicht Pflanzen, sondern steinigen Grund (verschiedene Lachse, Störe, Spindelbarsche, Barben, die meisten Angehörigen der Familie *Gobiidae*). Ihre Embryos scheuen für gewöhnlich das Licht (sie sind photophob) und verbleiben zwischen den Steinen, bis ihr Dottersack aufgebraucht ist. Auf sandigen Grund legen die psalmophilen Arten ihren Laich ab, so z.B. die Gründlinge, die Meeräsche und die Schmerle. Eine Reihe von Arten können auch über verschiedenem Grund laichen (Plötze, Blei, Rotfeder).

Die einfachste Form der Brutpflege ist das Bewachen der Laichplätze, weiterhin das Beschützen der Fischeier und schließlich auch der geschlüpften Brut. Die erste Stufe elterlicher Fürsorge kann man zum Beispiel bei den Lachsfischen beobachten. Sie suchen sich einen geeigneten Laichplatz in den oberen Flußabschnitten, schlagen mit mächtigen Schwanzschlägen eine einfache Laichgrube in den Grund und beobachten nun eine Weile die Umgebung. Interessant ist der Laichschutz bei den sog. Ostracophilen, die ihre Eier in die Kiemenräume von Muscheln ablegen. Gut bekannt dafür ist der Bitterling. Einige Fische der Familie *Liparidae* verbergen ihre Eier in den Kiemenhöhlen der Krabben.

Die einfachsten Nester, die wirklich ihren Namen verdienen, sind Bodenvertiefungen, die vom Männchen erbaut und bewacht werden. Die Baumeister gehören den nordamerikanischen Sonnenbarschen an, von denen z.B. der Gemeine Sonnenbarsch *(Lepomis gibbosus)* nach Europa eingeführt wurde. Sandlöcher graben auch einige Arten aus der Familie *Sparidae*. Andere Spezies errichten aus Pflanzenteilen ihre Nester (Stichling, Wels, *Crenilabrus ocellatus*). Weiterhin verdienen die sogenannten Schaumnester der Familie *Anabantidae* Erwähnung, etwa die des Kampffisches. Angehörige der Familien *Cottidae* und *Gobiidae* nutzen Hohlräume unter Steinen und Wurzeln zum Nestbau.

In bemerkenswerter Weise kümmern sich die Männchen der Seepferdchen aus der Ordnung *Syngnathiformes* um die Nachkommenschaft. Die Männchen besitzen an der Körperunterseite in Schwanznähe einen speziellen, aus Hautfalten gebildeten Hautsack. Hierein legen die Weibchen ihre Eier, die so bis zum Ausschlüpfen geschützt sind. Die Ränder des Hautsacks verwachsen und sind mit einem dichten Netz von Blutkapillaren versehen, über das die Eier und später die Embryonen mit Sauerstoff versorgt werden.

Eine der vollkommendsten Arten elterlicher Fürsorge ist bei den Lebendgebärenden gewährleistet. Man nennt diese Eigenschaft vivipar. Bei den echten Lebendgebärenden entwickeln sich die Keimlinge im Mutterleib ohne Eihüllen und werden vom Muttertier ernährt. Einige Haifische und Rochen besitzen sogar eine Art Mutterkuchen (Placenta), der den sich entwickelnden Embryo mit aus der Gebärmutterdrüse stammenden Nährstoffen versorgt. Bei der Bildung der Dotterplazenta (Plazentation) schmiegt sich die Dottersackwand eng an die Gebärmutter an oder verbindet sich noch inniger mit ihr durch fadenförmige Ausstülpungen. Anderswo nimmt der Embryo selbst das Gebärmuttersekret auf oder frißt die unbefruchteten Eier. Bei den lebendgebärenden Knochenfischen ist die Eierstockwandung an der Embryoernährung beteiligt oder es kommt zu Kannibalismus usw. Die Embryos der meisten lebendgebärenden Fische entwickeln sich jedoch im mütterlichen Körper ohne andere Nahrungsquelle als den Dottersack. In dem Augenblick, in dem das Ei den Mutterkörper verläßt, spricht man von der Geburt des Jungtiers (ovovivipare Arten). Das ist der Fall bei Haifischen der Ordnung *Squaliformes* und bei der Latimerie, unter den Knochenfischen bei *Sebastes marinus* und *Zoarces viviparus*.

Fischnahrung

Mit der Nahrung nehmen die Fische die notwendige Energie für ihr Wachstum, für Fortpflanzung, Bewegung und schließlich für die weitere Nahrungsaufnahme auf. Wie alle anderen kaltblütigen Wirbeltiere kommen die Fische sehr lange ohne Nahrung aus. Selbst eine mehrmonatige Fastenzeit macht ihnen nichts aus, da sie dann von ihren zuvor angehäuften Körperreserven leben.

Die drei Grundarten fischlicher Nahrung sind Plankton, Benthos und Fisch. Nur einige wenige Fischarten leben parasitisch. Als Plankton bezeichnet man die Gesamtheit aller im Wasser schwebenden Organismen, die über keine oder nur über eine begrenzte Eigenbeweglichkeit verfügen. Der Begriff leitet sich vom griechischen Wort „planktós" ab, was umherirrend, umhergetrieben bedeutet. Den tierischen Teil bezeichnet man als Zooplankton, den pflanzlichen als Phytoplankton. Im Gegensatz zum Plankton ist das Nekton (vom griechischen „nektós" – schwimmend) – die Gesellschaft der sich aktiv bewegenden Wassertiere. Zum Nekton gehören die Fische, Kopffüßer, Schildkröten, Wale u.a.

In den Weltmeeren leben ca. 2000 Phytoplankton-Arten, von denen etwa 1700 Arten auf der nördlichen Hemisphäre verbreitet sind. Zu den wichtigen Vertretern des Phytoplanktons gehören Kieselalgen, Blaualgen und Algen, die alle auch im Süßwasser anzutreffen sind, wenn hier auch die Gattungen und Arten andere sind.

Von den rund 2000 Meerestieren, die zum Zooplankton gerechnet werden, sind etwa 1200 Arten Krustentiere und 400 Arten Larven von Hohltieren und Weichtieren.

Die Reusendornen der phytoplanktonophagen Fische (also der sich von Phytoplankton ernährenden Arten) sind sehr lang und stehen dicht nebeneinander, so daß sie als wirksamer Filter zum Durchseihen des Wassers dienen. Beträchtlich ist die Leistungsfähigkeit eines solchen Kiemenfilters, so „verarbeitet" *Brevortia tyranus* aus dem Westatlantik je Minute bis zu 40 Liter Wasser.

Nur wenige Fische sind in ihrem Erwachsenenstadium auf Phytoplankton als Nahrungsquelle eingestellt. Einer davon ist der aus Südostasien nach Europa eingeführte Silberkarpfen oder Tolstolob, der sich in seiner Jugend von Zooplankton ernährt, um sich später auf Phytoplankton umzustellen.

Sich vom tierischen Plankton ernährende Arten nennen wir Zooplanktonophagen. Sie filtern ähnlich den Phytoplanktonophagen die Nahrung durch ihre dichtstehenden Kiemenreusen. Hierher gehören einige Herings- und Sardinenarten. Von den Süßwasserbewohnern sind Renken, Ukeleis und verschiedene weitere Weißfische auf Zooplankton spezialisiert. Tierisches Plankton ist auch die Nahrungsgrundlage der zwei heute größten Haifische *Rhincodon typus* und *Cetorhinus maximus*. Der Filterapparat der Zooplanktonfresser ist weniger dicht als der der Phytoplanktonfresser, da die Nährtiere im Zooplankton etwa so groß sind wie die verbreitetsten Spezies im Phytoplankton.

Einige Fische fressen überflutete oder schwimmende höhere Pflanzen (Makrophyten), Algenbewuchs und ähnliches. Dabei konsumieren sie mit der Pflanzennahrung auch die darauf lebenden Kleintiere. So nutzen die Meeresfische der Familie *Mugilidae,* indem sie Algenschichten abschaben, auch das organische Detrit und die dort versteckten Lebewesen. In den Binnengewässern kommen die Nase und manchmal auch verschiedene Cichliden auf ähnliche Weise zu ihrer Nahrung. Unter den europäischen Fischen ernähren sich die Rotfeder und der aus Asien stammende Graskarpfen von höheren Pflanzen.

Eine weitere Kategorie der als Fischnahrung dienenden Organismen sind die in unterschiedlichen Tiefen der Meere und Binnengewässer vorkommenden Bodentiere. In ihrer Gesamtheit nennen wir sie Benthos (griechisch „benthos" – Tiefe). Die Artenvielfalt der benthischen Lebewesen ist erstaunlich. Es wurde ermittelt, daß in den Weltmeeren von ihnen ungefähr 180 000 Arten (einschließlich der am Boden lebenden Fische) vorkommen. Fast alle benthischen Meerestiere leben in der flachen Küstenzone. Wie das Plankton unterteilt sich auch das Benthos in eine pflanzliche Komponente (Phytobenthos) und eine tierische Komponente (Zoobenthos). Jedoch macht das Phytobenthos weniger als ein Prozent der von den Meerestieren aufgenommenen Nahrung aus. In den Binnengewässern ist der Anteil des pflanzlichen Benthos etwas höher.

Zum Zoobenthos der Meere gehören Schwämme, Schnecken, Mollusken, verschiedene Krustentiere, Vielborster, Muscheln. In den Binnengewässern besiedeln den Boden der Becken und Wasserläufe Urtierchen, Strudelwürmer, Fadenwürmer, Kleinkrebse, Insektenlarven (z.B. Zuckmückenlarven), Gürtelwürmer und Weichtiere. Vom Benthos sich ernährende Fische nennen wir Benthophagen. Zu ihnen zählen vor allem sich ständig am Grund aufhaltende Arten (Rochen, Flundern, Seeteufel, Knurrhähne im Meer, Schmerlen, Steinbeißer und Groppen in Binnengewässern). Das Benthos dient auch anderen Arten zur Nahrung, nämlich jenen Fischen, die über dem Grund auf Nahrungssuche gehen (Blei, Karpfen).

Von Seeigeln, Seeschlangen, Weichtieren und Krabben leben die Seewölfe aus der Familie *Anarrhichadidae*. Ihre kräftigen, spitzen Zähne zermalmen das Außenskelett der Beutetiere. Fische aus der Ordnung der Kugelfischverwandten *(Tetraodontiformes)* dagegen sprengen Korallen und Schalen der Weichtiere mit flachen, plättchenförmigen Zähnen.

Eine weitere Gruppe sind die fischfressenden Fische oder Raubfische im engeren Sinne. Zu den Räubern zählen Haie, Lachse, Dorsche, Makrelen, Thunfische, Barrakudas und weitere Arten des Meeres. Von den Süßwasserfischen Europas leben z.B. Makrelen, Huchen, Hecht, Rapfen, Zander, Wels und Barsch räuberisch.

Einige Fische ernähren sich auch parasitisch, wofür besonders die Rundmäuler bekannt sind.

Die artenmäßige Zusammensetzung der Fischnahrung ändert sich nicht nur mit dem Alter, sondern auch mit der Jahreszeit. Meist wird jene Nahrungsquelle genutzt, die am reichlichsten zur Verfügung steht und die am einfachsten zugänglich ist. Der Dorsch *Melanogrammus aeglefinus* z.B. ernährt sich im Frühling hauptsächlich von Heringslaich und im Sommer vom Benthos. Ähnlich bevorzugt der Haifisch *Cetorhinus maximus* in den Frühlings- und Sommermonaten Plankton, im Winter aber Benthos. Zahlreiche der sonst als Zooplanktonophagen bekannten Maränen leben in verschiedenen Seen von benthischen Weichtieren.

Der vielfältigen Nahrung entsprechen auch Typ und Form der zum Ergreifen und Zerkleinern dienenden Fischkiefer. Raubfische besitzen auffällig lange, zahnbestückte Kiefer (Zähne finden sich an Ober-, Zwischen- und Unterkiefer). In der Mundhöhle sitzen weitere Zähne an Pflugscharbein, Gaumenbein und Schlundknochen. Schließlich besitzen die Weißfische auf ihrem letzten Kiemenbogen sogenannte Schlundzähne. Sie dienen zum Schaben größerer Beutestücke und zum Abfiltern des überflüssigen Wassers beim Verschlucken der Nahrung. Im Trichtermaul der Neunaugen stehen zahllose Hornzähne, die keine echten Zähne sind.

Charakteristisch für viele benthophage Arten ist das vorstülpbare Maul, mit dem sie die Nahrung vom Grund absaugen und deutliche Fraßtrichter hinterlassen — so der Blei, der Karpfen, Störe und zu den *Mormyridae* zählende Fische. Planktonfresser haben ziemlich große und weit aufsperrbare Kiefer, die Reusendornen dienen ihnen als Sieb für das angesaugte Wasser. Sich von Algenbewuchs ernährende Fische haben häufig ein zur Querspalte geformtes Maul. Die Unterlippe, gelegentlich auch die Oberlippe, ist meist mit einem scharfen Hornrand versehen (Nase, Äsche). Viele benthophage Arten tragen um ihr Maul Bartfäden, an denen der Nahrungssuche dienende Sinnesorgane vorhanden sind.

Die Nahrung wird von der Mehrheit der Fische als Ganzes verschlungen, ohne sie vorher zu zerkleinern. Einige Raubfische können allerdings auch Fleischstücke aus dem Beutefisch reißen, der dann sogar größer als sie selbst sein kann (dies wurde bekannt von Haifischen, vom Afrikanischen Lungenfisch, den südamerikanischen Piranyas).

Von Tieren lebende Fische nutzen im Durchschnitt 80 % der aufgenommenen Nahrung aus, während der Rest als Exkremente den Körper verläßt. Sich überwiegend von pflanzlichen Stoffen ernährende Arten nutzen diese nur zu 50 bis 60 Prozent. Ein bedeutender Anteil der aus der aufgenommenen Nahrung stammenden Energie verbrauchen die physiologischen Abläufe, der kleinere Teil kommt dem Körperzuwachs (der Produktion neuer Biomasse) und der Bildung neuer Geschlechtszellen zugute. Das Verhältnis zwischen der verschlungenen Nahrungsmenge und der Gewichtszunahme des Fisches hängt vom Charakter der Nahrung, der Jahreszeit sowie von der Größe und dem Alter des Fisches ab. Bei Raubfischen schwankt das Verhältnis zwischen $5-10 : 1$, was bedeutet, daß diese Arten 5 bis 10 kg Fisch verbrauchen, um ein Kilo schwerer zu werden. Bei Pflanzenfressern und einigen Fleischfressern (deren Beutetiere, etwa die Weichtiere, zum Großteil unverdaulich sind) bewegt sich das Verhältnis zwischen Futtermenge und eigenem Zuwachs zwischen $10-100 : 1$. Die Schwarzmeer-Seebarbe *(Mullus barbatulus ponticus)* nimmt in 24 Stunden eine Nahrungsmenge auf, die 20 % ihres Körpergewichtes entspricht, wobei 70 % davon ausgenutzt werden. Zwei Drittel werden für physiologische Abläufe verbraucht, nicht ganz ein Drittel für die Heranbildung neuer Geschlechtszellen und lediglich ein Hundertstel für die Zunahme des Körpergewichts. Der tägliche Nahrungsbedarf sinkt mit zunehmender Körpergröße, abfallender Temperatur und erhöht sich bei übermäßigem Nahrungsangebot. Er beträgt bei kleineren Exemplaren im Durchschnitt $10-20$ % der Körpermasse, bei größeren ungefähr 5 %. Bedeutung gewinnt das Studium der Nahrungsmenge und ihres Wirkungsgrades für den Zuwachs besonders in der Teichzucht, wo je nach den Ergebnissen mit natürlicher Nahrung über die Menge des Zusatzfutters entschieden wird.

Wachstum

Das Wachstum jedes Lebewesens drückt sich in der Zunahme an Länge und Gewicht aus. Bei Fischen setzt sich im Unterschied zu anderen Tiergruppen (Vögeln, Säugern oder Insekten) das Längen- und Massenwachstum auch nach Erreichen der Geschlechtsreife fort (man spricht von einem nicht beendeten Wachstum). Auf dieselbe Weise wachsen auch Amphibien, Kriechtiere, Mollusken oder Bäume. Das bedeutet allerdings kein unbegrenztes Wachstum bei Fischen. Nach der erlangten Geschlechtsreife geht die Wachstumsgeschwindigkeit allmählich zurück. Ein weiterer Grenzfaktor ist das vom

Einzeltier erreichbare Alter, das in großem Maße proportional zu seiner Größe ist. Eine Reihe tropischer Süßwasserfische (z.B. die den Aquaristen bekannten Characiniden), aber auch Meeresfische (etwa die Meergrundeln – Gobiidae) werden gewöhnlich nicht älter als ein Jahr. Große Arten erreichen dagegen auch mehr als 100 Jahre. Es gibt Aufzeichnungen über 100- bis 150jährige Störe und Hausen. Doch müssen diese Angaben nicht immer exakt sein. Um vieles genauer sind Daten über das Alter, das Fische in Gefangenschaft erlebten. So gibt es Quellen, die besagen, daß ein Stör 69 Jahre lang in Gefangenschaft (im Aquarium) lebte, ein Karpfen über 38 Jahre, eine Forelle 49 Jahre, ein Aal 68 Jahre. In freier Natur erreichen die Fische jedoch nur selten solch ein hohes Alter. Man schätzt es auf 1 bis 20 Jahre.

Die kleinste Fischart ist *Pandaka pygmea* aus der Familie der *Gobiidae* von den Philippinischen Inseln. Dieser Zwerg erreicht lediglich eine Größe von 8 bis 12 mm. Nicht viel größer sind die Meergrundeln der europäischen Küstengewässer (etwa die Vertreter der Gattung *Crystalogobius*). Andererseits gibt es unter den Fischen solche Riesen wie den Riesenhai *(Cetorhinus maximus)*, der mehr als 15 m lang werden kann, oder den Hai *Rhincodon typus*, der sogar bis 18 m Länge erreicht. Von den Wanderfischen, die im Meer leben, aber zum Laichen in die Binnengewässer ziehen (die sog. anadrome Wanderung im Gegensatz zum umgekehrten kathadromen Zug der Aale), ist der Hausen der mächtigste. Seine Länge beträgt bis zu 9 Metern, sein Gewicht 1,5 bis 2 Tonnen. Auch der Wels als Vertreter der großen Süßwasserfische ist mit seinen maximal 3 m Länge und 200 kg Körpermasse ein Riese. In unserer Zeit haben die Fische allerdings nicht allzu viel Gelegenheit, solche Rekordausmaße zu erreichen. Meist werden sie vorher von den Fischern gefangen. Unter den Funden über die paläolithischen Jäger fanden sich bis zu 3 m lange Gerippe des russischen Störs, heute fängt man höchsten 2,40 m lange Exemplare.

Von den außerbiologischen Faktoren, die das Fischwachstum beeinflussen, besitzt die Wassertemperatur große Bedeutung. Zu niedrige oder zu hohe Temperaturen verlangsamen das Wachstum. Der Karpfen stellt die Nahrungsaufnahme ein, sobald das Wasser kälter als 13−15 °C wird. Aus diesem Grund nimmt er in den meisten Ländern Europas nur in den Sommermonaten zu. Bei Temperaturen über 30−35 °C stellen die meisten Fische jedoch ebenfalls ihr Wachstum ein.

Seit langem ist den Fischern der Einfluß der Bestandsdichte der Fische auf ihren Zuwachs bekannt, da sie seit Menschengedenken gezwungen sind, den Zusammenhang zwischen der Anzahl der im Teich gehaltenen Fische und deren Einzel- und Gesamtwachstum zu respektieren. Bei geringem Fischbesatz sind die Individualzuwachse am größten. Vergrößern wir die Anzahl der Fische im Teich, geht ihr individueller Zuwachs zurück, aber die Erträge steigen an. Bei weiterer Erhöhung der Stückzahl sinken die Zuwachsraten derart ab, das der absolute Ertrag wieder kleiner wird. In der Teichwirtschaft muß man sich also entscheiden, ob man hohe Erträge bei relativ geringen Stückzahlen erzielen will oder einen niedrigeren Ertrag, aber höhere Einzelgewichte der gefangenen Fische. Ähnliche Beziehungen gelten auch in der freien Natur, wo es bei einer Überbevölkerung einer bestimmten Fischart zu ihrem Kleinbleiben, der sog. Verbuttung kommt. Oft wird der Einfluß der Siedlungsdichte aber durch weitere Faktoren markiert, vor allem durch die komplizierten Wechselbeziehungen zwischen den einzelnen Fischarten. Man kann daher oft nur schwer entscheiden, welcher der Faktoren für die Wachstumsverminderung verantwortlich ist.

In einem begrenzten Lebensraum beeinflußt auch die erhöhte Konzentration der Metaboliten (Stoffwechselprodukte) das Wachstum, und zwar in einigen Fällen positiv, in anderen negativ. Bei Forellen und anderen Arten mit Territorialverhalten zwingt die erhöhte Konzentration gleichartiger Tiere die dominierenden Männchen, ständig ihre Vorrangstellung durchzusetzen. Das stellt erhöhte Ansprüche an sie, ihr Energieverbrauch steigt und sie lassen im Wachstum nach. Nach einer gewissen Zeit löst es ein anderes, nun stärkeres Männchen ab und das Ganze wiederholt sich immer von neuem. Das Ergebnis ist das Zurückbleiben aller Mitglieder der Population und dies selbst dann, wenn genügend Nahrung vorhanden ist. Zur Beeinflussung des Wachstums genügen aber auch oft bereits Sicht- oder Geruchskontakte mit den Artgenossen. Experimentell konnte festgestellt werden, daß mehrere *Bleniidae*-Arten, die isoliert von ihren Artgenossen im Aquarium gehalten werden, ein geringeres Wachstum aufweisen als Vergleichstiere, die miteinander in Kontakt waren.

Ein schnelles Wachstum ist unter anderem auch insofern für die Fische von Bedeutung, als sie eher der Gefahr entgehen, von Raubfischen gefressen zu werden, denn diese können ihre Beute nur bis zu einer bestimmten Größe verschlingen. Besonders auffällig ist das bei hochrückigen Arten wie den Bleien. Diese Fische sind von einer bestimmten Körperlänge an (und der ihr entsprechenden Höhe) für die Raubfische praktisch wertlos. Mit dem schnellen Zuwachs geht auch ein früheres Reifen und damit mehr Gelegenheit zur Fortpflanzung der Fische einher. Ebenso erhöht sich die Masse der in den Eiern gespeicherten Stoffe, was die Überlebenschancen von Embryos und Larven verbessert. So kann sich allmählich der Bestand einer Population erhöhen, bis sich durch Überbevölkerung das Wachstum wieder verringert. Wachstumsgeschwindigkeit in Verbindung mit den begrenzten Nahrungsquellen treten so als Regulierungsmechanismus des zahlenmäßigen Bestands einer Fischpopulation auf.

Bestimmung des Alters und der Wachstumsgeschwindigkeit

Nach dem Zweiten Weltkrieg gelangten Fragen der Altersbestimmung bei verschiedenen Tiergruppen in den Mittelpunkt der Aufmerksamkeit vieler Biologen. Man nutzt dazu die sich jährlich wiederholenden Strukturen auf den mineralisierten Stütz- und Schutzelementen des Skeletts (Schalen der Weichtiere, Knochen, Zähne, Ohrsteine der Wirbeltiere). In der Ichthyologie werden bereits seit Beginn des Jahrhunderts Hartteile zur Bestimmung von Alter und Wachstumsgeschwindigkeit der Fische erfolgreich verwendet: Schuppen, Kiemendeckelknochen, Wirbelknochen oder Ohrsteine.

Grundlage für diese Bestimmungen sind die sich wiederholenden, konzentrisch angeordneten Gebilde auf Schuppen und Knochen. Die Schuppen wachsen nämlich so, daß unter eine zentrale Grundplatte (Sklerit) immer wieder neue Plättchen angelegt werden, die jedesmal um etwas größer sind. Deren Ränder bilden bei Betrachtung von oben konzentrische Ringe. In Zeiten langsamen Wuchses liegen die einzelnen Sklerite dicht beieinander; im Frühjahr und Sommer dagegen, wenn der Fisch intensiv zunimmt, werden die Abstände der Skleritplättchen deutlich größer. Die Grenze zwischen eng aneinander liegenden und voneinander entfernteren Skleriten bezeichnen jeweils ein durchlebtes Jahr (Jahresring oder Anulus). Die Entfernung zwischen benachbarten Jahresringen ist proportional dem Längenwachstum des betreffenden Jahres. Man kann aber auch aus den Schuppen eine Verlangsamung des Wachstums herauskennen, nämlich dann, wenn eine Vegetationsperiode durch Abkühlung, Nahrungsmangel oder Krankheit schlechte Lebensbedingungen für den Fisch brachte. Solche unechten Jahresringe muß man von den wirklichen Anulen unterscheiden, um das ermittelte Alter des Fisches nicht zu erhöhen und so seine Wachstumsgeschwindigkeit herabzusetzen.

Der Wechsel von dicht und weniger dicht aneinanderliegenden Skleriten ist für die Fische der gemäßigten Zone charakteristisch. Aber auch in den tropischen und subtropischen Gebieten kommt es periodisch zur Verlangsamung oder auch Einstellung des Wachstums in den Trockenzeiten. An Schuppen, Knochen und Ohrsteinen von Fischen dieser Breiten können ähnliche konzentrische Strukturen beobachtet werden, die durch saisonbedingte Änderungen der Ablagerung von Kalziumphosphat und Kalziumkarbonat – ähnlich wie bei den Fischen der gemäßigten Zone – entstehen.

In der Praxis ist es meist erforderlich, die aus den Jahresringen ermittelten Werte über Alter und Jahreszuwachs mit einer weiteren, von der Schuppenstruktur unabhängigen Methode zu überprüfen. Dazu eignen sich sehr gut markierte Fische, deren Wachstum vom Zeitpunkt der Markierung an, genau zu verfolgen ist. Falls wir so markierte Fische regelmäßig jedes Jahr fangen, können wir direkt den Zuwachs im jeweiligen Jahr messen.

Populationsdynamik

Als Population bezeichnet man eine Gruppe von Angehörigen einer Art, die in einem bestimmten Verbreitungsgebiet leben und sich frei untereinander kreuzen. Zahlenmäßig wird eine Population gekennzeichnet durch Anzahl der Tiere, Sterberate, Geburtsrate, Altersstruktur und Verteilung der Tiere im Lebensraum. Bei wirtschaftlich wichtigen, aber auch bei bedrohten Arten ist die Kenntnis der genannten Kennzahlen notwendig, um die optimale Fangrate festzulegen oder wirkungsvolle Schutzmaßnahmen ergreifen zu können.

Eine weder durch Nahrungsmangel noch durch begrenzten Raum eingeschränkte Population vergrößert rasch ihren zahlenmäßigen Bestand (Realisierung des biotischen Potentials). Der Nahrungsüberschuß kann jedoch nicht lange andauern. Wäre dies immer der Fall, würde unser Planet bald von Pflanzen und Tieren überschwemmt werden, die schließlich weder genügend Nahrung noch Lebensraum vorfänden. Die einzige Art, die bisher auf diese Art ihre Zahlenstärke vergrößert, ist der Mensch. Alle anderen Arten sind außerstande, eine bestimmte Grenzzahl zu überschreiten, die für sie im gegebenen Gebiet und zur gegebenen Zeit die maximal mögliche ist. Diese Maximalstärke wird von der biologischen Kapazität des Milieus bestimmt und um diesen Wert schwankt die Anzahl der Tiere einer Population mit mehr oder weniger großer Amplitude.

Von den Fischen ist bekannt, daß – ebenso wie bei anderen Tier- und Pflanzenarten – bestimmte Jahrgänge zahlenmäßig um das Vielfache stärker sind als andere. So ist der Heringsfang im Nordostatlantik schon immer von starken Jahrgängen abhängig, die langfristig den wesentlichen Teil des Fangs ausmachen. Es wurden kurzfristige Fluktuationen festgestellt, die etwa alle vier Jahre wiederkehren und langfristige, 9–10 jährige Schwankungen. Änderungen der Zahlenstärke von Fischpopulationen sind bedingt durch klimatische Faktoren, wie die Temperatur in der Laichzeit und danach, die Wasserführung in den einzelnen Jahren, weiter durch die Nahrungsmenge, Konkurrenzbeziehungen usw. Die Anzahl der Fische wird weiter auch von der Geburtenrate (Anzahl der geborenen Tiere auf 100 Tiere des Bestands) beeinflußt, die ihrerseits mit der Zahl der von den Weibchen durchschnittlich abgelegten Eier zusammenhängt. Die Stabilität der Populationsstärke hängt in hohem Maße von der Altersstruktur der laichenden Schwärme ab. Am Laichen nehmen für gewöhnlich Fische verschiedenen Alters teil. Bei einigen Arten überwiegen in den Laichschwärmen jene Jahrgänge, die sich zum ersten Mal fortpflanzen (Kaspische Heringe, Europäischer Lachs), meist überwiegen aber jene Fische, die bereits gelaicht haben (Heringe, Schollen,

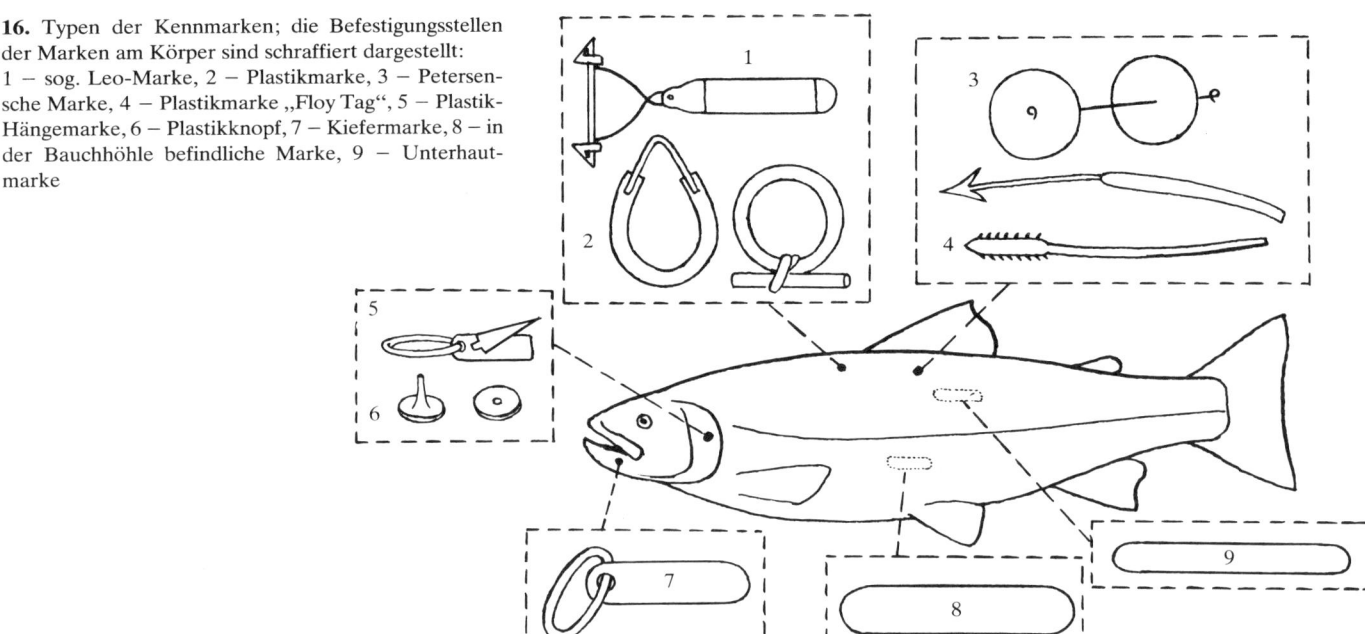

16. Typen der Kennmarken; die Befestigungsstellen der Marken am Körper sind schraffiert dargestellt: 1 – sog. Leo-Marke, 2 – Plastikmarke, 3 – Petersensche Marke, 4 – Plastikmarke „Floy Tag", 5 – Plastik-Hängemarke, 6 – Plastikknopf, 7 – Kiefermarke, 8 – in der Bauchhöhle befindliche Marke, 9 – Unterhautmarke

die meisten Weißfische, Barsche usw.). Der Prozentsatz der wiederholt laichenden Fische im Schwarm ist natürlich bei den älter werdenden Arten am höchsten, wie etwa bei den Stören, deren Populationen früher sehr stabil waren. Sobald der Mensch jedoch mit verstärktem Fischfang und Umweltverschmutzung eingreift, geht ihre Anzahl rasch zurück.

Auch der Nährwert der Eidotter hat auf die Populationsstärke der einzelnen Arten Einfluß. Er hängt vom durchschnittlichen Alter der am Laichen beteiligten Weibchen ab. Die besten Bedingungen für ihr Gedeihen und Überleben haben die Eier mit dem größten Dottersack, der meist von jenen Weibchen stammt, die im ersten Drittel bis zur ersten Hälfte ihrer fruchtbaren Jahre stehen.

MARKIERUNG DER FISCHE

Grundlegende Informationen über Zahlenstärke, Sterberate, Wachstumsrate, Wanderbewegungen, aber auch über das Schicksal der einzelnen ausgesetzten Fische kann man durch ihre Markierung gewinnen. Diese wichtige Untersuchungstechnik wird nicht nur bei Fischen angewandt, denken wir nur an das Beringen der Vögel und Fledermäuse.

Die Fischmarkierung kann heute auf eine mehr als hundertjährige Tradition zurückblicken. In dieser Zeit sind mehrere Millionen Meeres- und Süßwasserfische markiert worden. Erneut gefangene Fische mit Marken halfen dem Menschen, zahlreiche Geheimnisse des Fischlebens zu lüften.

Fische lassen sich auf zwei Arten markieren. Der erste Markierungstyp respektiert nicht die individuelle Kennzeichnung der Exemplare (z.B. Markierung durch Abschneiden einer Flosse), der zweite ermöglicht es, die einzelnen Fische später wiederzuerkennen. Zur individu-

ellen Markierung benutzt man heute eine Reihe von Markentypen, die am Kiemendeckel, am Kiefer oder im Muskelfleisch befestigt werden. Alle Marken sind numeriert, so daß man die gesamte Zeit, in der der Fisch seine Marke trägt, ihn individuell unterscheiden kann.

Wichtigste Voraussetzung für die Verwendung aller Marken ist, daß sie die Fische nicht verletzen, ihre Sterbewahrscheinlichkeit nicht erhöhen und ihren Fang nicht erleichtern. Auch ist es unerläßlich, daß die Handhabung der Fische beim Markieren so schonend wie möglich und vor allem schnell erfolgt.

BESTANDSSCHÄTZUNGEN

Bei Wanderfischen, wie etwa den Lachsen, kann man direkt die Fische zählen, die den Fluß in einer bestimmten Zeitspanne passieren. In der Hochseefischerei begnügt man sich mit relativen Werten des Fischbestandes, die durch Vergleich der Fangmengen unter vergleichbaren Bedingungen gewonnen werden. In einer Reihe von Fällen hat es sich nämlich gezeigt, daß die Fangrate unter bestimmten Umständen proportional zum Bestand der befischten Population ist. Wie bereits erwähnt, kann man auch die Markierung der Fische zu Schätzungen ihrer Bestandsstärke einsetzen.

In den letzten zwei Jahrzehnten entwickelte sich stark eine Methode zur Abschätzung der Fischbestände, bei der Ultraschall-Tiefensonden, sogenannte Echolote, zum Einsatz kommen. Das bringt zahlreiche Vorteile. Die Methode ist unabhängig von den Fangstatistiken, beansprucht wenig Zeit und bringt stabile Ergebnisse. Ihr Nachteil ist, daß wir kaum in der Lage sind, die einzelnen Arten zu unterscheiden, am Boden oder an der Oberfläche schwimmende Fische auszumachen. Darüber hinaus sind die Anschaffungskosten der Geräte bedeutend. Die Grundausstattung besteht aus einer Echosonde, die mit Sender,

Wandler und Empfänger bestückt ist. Der Sender erzeugt elektrische Impulse, die in akustische Signale verwandelt werden. Diese Signale durchdringen die Wasserschichten, bis sie auf ein Hindernis (ein Fischschwarm oder der Grund) stoßen und von diesem reflektiert werden, zum Gerät zurückkommen und wieder in elektrische Signale rückverwandelt werden. Auf einem Bildschirm erkennt man die Gestalt des Hindernisses. Die Zeit, in der die Schallwellen zum Fisch und wieder zurück gelangten, entspricht der Tiefe, in der sich der Fisch bewegt. Außerdem können die Reflektionen der einzelnen Fische von einem eingebauten Zähler registriert werden.

STERBERATE DER FISCHE

Eine wichtige, den Bestand der Fischpopulationen regulierende Kennziffer ist die Sterberate, die ständig von der Geburtsrate ausgeglichen wird. Das Sterben der Fische verursachen Raubfische und andere Räuber, Parasiten, Krankheiten, Altersschwäche, Nahrungsmangel, aber auch extreme Temperaturen, pH-Werte, Schadstoffkonzentrationen usw. All diese Ursachen fassen wir unter dem Begriff der natürlichen Sterblichkeit zusammen. Der Mensch greift, indem er Fischfang betreibt, in die Populationsdynamik ein und verursacht so die sog. Fangsterblichkeit. Am größten ist die natürliche Sterberate des Laichs und der Embryos. Diese verenden besonders häufig während des Übergangs auf äußere Nahrung, wenn sie also den Eidotter verbraucht haben und beginnen, Futter aus ihrer Umgebung aufzunehmen. Nach diesem Übergang sinkt die Sterberate etwas ab, bleibt aber immer noch hoch. Die geringste Sterblichkeit besitzen erwachsene Tiere, mit zunehmendem Alter steigt sie aber wieder an. Bei den meisten nicht Brutpflege betreibenden Arten überleben 95 % bis 99 % des Nachwuchses die ersten Wochen nicht. Die Sterberate der Arten mit mittlerem Alter (z.B. die Karpfenartigen) bewegt sich bei geschlechtsreifen Tieren je nach den örtlichen Gegebenhei-

ten zwischen 30 % und 40 % im Jahr. Bei Teichzucht des Karpfens rechnet man bei zweijährigem Besatz mit etwa 10 % Verlust. Diese Zahl gilt gleichzeitig als minimale Sterberate, da ja hier alle Todesursachen vom Menschen so weit wie möglich zurückgedrängt werden.

Im Verlauf der Evolution entwickelte sich bei den Fischen eine Reihe Schutzmechanismen vor Raubfischen. Die einfachsten sind Schutzfärbung, Schwarmbildung, abwehrende Dornen an Flossen und Kiemendeckeln, Schutz des Nachwuchses oder Ausnutzung von Deckungsmöglichkeiten. Weiterhin gibt es auch Fische mit Giftdrüsen oder giftigem Fleisch. Das Vorkommen solcher schützenden Anpassungen erhöht sich von Norden nach Süden, da in den südlichen Lebensräumen auch mehr Raubfische leben. Im Meer steigt die Zahl der dornbewehrten oder anderswie geschützten Arten einerseits in Richtung Äquator, andererseits im Rahmen einer Breitenzone in Richtung Küste. Auch dieser Zusammenhang erklärt sich aus der größeren Zahl an räuberisch lebenden Fischarten in diesen Gebieten. So sind in Trawlerfängen vor der afrikanischen Küste bei Dakar bis zu 67 % „bewehrte" Arten vertreten, während es weiter von der Küste weg nur 44 % sind. Ähnlich ist die Situation auch in den Binnengewässern, wo in der Regel der Prozentsatz an bewehrten Arten in den Oberläufen niedriger ist als in den mittleren und unteren Abschnitten der Flüsse. Darüber hinaus sind bei den nördlichen Arten einer Gruppe die Schutzdornen kürzer als bei den im Süden verbreiteten Spezies, was sich gut an den Fischen der Familien *Scorpaenidae* und *Cottidae* demonstrieren läßt.

Raubfische jagen in den einzelnen Lebensabschnitten, aber auch im Verlauf der Saison verschiedene Fischarten, meist jene, die gerade am zahlreichsten auftreten, oder solche, die für sie am leichtesten zu haben sind. Stellt sich für einen Raubfisch Futtermangel ein, greift er auch auf die „bewaffneten" Arten zurück (so ernährt sich ein Hecht gelegentlich auch von Stichlingen).

In der Laichzeit wenden die Raubfische ihre Aufmerksamkeit verstärkt den Männchen ihrer Nährfischarten zu, besonders denen, die ihre Nester bewachen. Das betrifft z.B. die Männchen der Grundeln *(Gobius paganellus)* oder die Stichlingsmännchen. Die erhöhte Sterberate der Männchen dieser Arten wird durch ihren stärkeren Anteil in der Brut ausgeglichen.

Indem der Mensch Fischfang betreibt, konkurriert er eigentlich mit der natürlichen Sterblichkeit, also den Raubfischen, Parasiten und Krankheiten der Fische. Je stärker er ein Gewässer abfischt, desto mehr Nahrung steht den übriggebliebenen Tieren zur Verfügung, die so schneller die Fangmindestlängen erreichen können. Im günstigsten Fall fängt der Mensch unter anderm auch all diejenigen Fische, die sonst in nächster Zeit verendet wären.

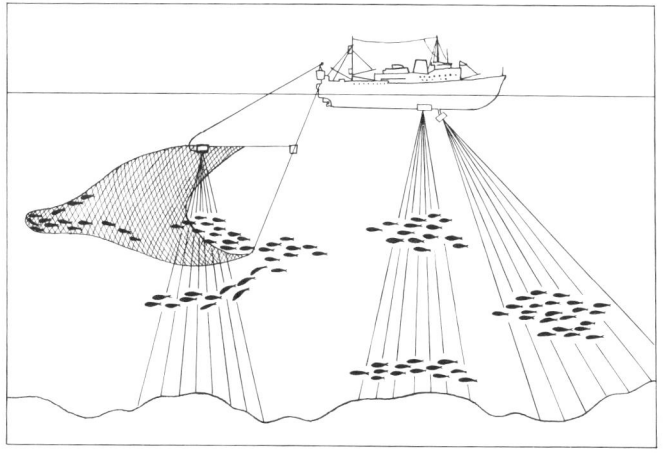

17. Mit Echolot ausgerüstetes Fischereischiff. So können die Fischschwärme geortet und sofort mit Hilfe von Trawlnetzen abgefischt werden

BIOMASSE

Mit dem individuellen Wachstum der Fische und ihrer Bestandsstärke steht die Biomasse in Verbindung, unter der wir die Gesamtmasse aller Fische einer Population oder auch mehrerer Populationen in einer bestimmten Zeitspanne verstehen. Der Mensch, der eine gewisse Population befischt, nutzt auch jenen Teil ihrer Biomasse, der sonst durch die natürliche Sterblichkeit verlorengegangen wäre. Den durch Fang gewonnenen Teil der Biomasse nennen wir Ertrag. Den wirtschaftlich denkenden Menschen interessiert nicht nur die absolute Höhe des Ertrages, also wieviel Kilogramm Fisch er jährlich von jedem Hektar Wasserfläche gewinnt, sondern auch, wie lange er diese Menge abfischen kann. Sicher hätte es keinen Sinn, in einem Jahr so viele Fische zu fangen, daß wir ihre Population damit vernichten würden. Der richtig Wirtschaftende entnimmt jährlich nur einen Teil der Population (etwa ein Viertel bis ein Drittel), und sichert so einen guten Fang auch für die kommenden Jahre.

Bedeutung der Fische für den Menschen

Die Fische sind seit jeher eine wichtige Nahrungsquelle für den Menschen. Bereits die altsteinzeitlichen Jäger nutzten die Wanderungen der Fische zu den Laichplätzen, um Fleischvorräte für die Mangelzeiten anzulegen. Problematisch waren jedoch die Lagerung und Haltbarmachung der Fische. Wahrscheinlich waren Trocknen und Einsalzen die ersten Konservierungsmethoden für Fischfleisch. Aus den Schuppen und Wirbelknochen der Abfallgruben paläolithischer Jagdlager können wir heute ablesen, welche Arten die damaligen Menschen fischten und wie groß ihre Beutestücke waren.

Fischfleisch enthält als Trockenmasse 15–30 % Eiweiße, was mehr ist als der Eiweißgehalt im Muskelfleisch anderer zur Fleischproduktion gehaltener Tiere. Im Fleisch des Fisches sind alle zehn für den Menschen notwendigen Aminosäuren enthalten. Fischfleisch ist weiterhin ein bedeutender Lieferant von Jod, Phosphor, Kalium, Eisen, Kupfer, Vitamin A und D. Wegen seines niedrigen Zuckergehaltes ist Fisch wichtiger Bestandteil der Diätkost.

Meeresfische werden bis auf unbedeutende Ausnahmen lediglich gefischt, ohne daß sich jemand mit ihrer Aufzucht beschäftigen würde. Diese Art Wirtschaft steht damit auf der Stufe der steinzeitlichen Jäger und Sammler. Es ist daher kein Wunder, daß vielen Lokalpopulationen (Heringe, Sardinen, Makrelen) die Gefahr des Überfischens droht.

WELTFISCHFANG

Bis zum Beginn des 19. Jahrhunderts überschritt die weltweite Hochseefischerei nicht die jährliche Fangmenge von 2 bis 3 Millionen Tonnen. Am Anfang unseres Jahrhunderts mochte sie das Niveau von 5–10 Millionen Tonnen erreicht haben, immer noch fehlten im Weltmaßstab Statistiken, die die Fangergebnisse aller beteiligten Staaten in den einzelnen Jahren zusammenfassen würden. Erst nach dem Zweiten Weltkrieg begann eine der Unterorganisationen der Vereinten Nationen, die FAO (Food and Agricultural Organisation – Ernährungs- und Landwirtschaftsorganisation mit Sitz in Rom) ab 1947 das sogenannte Jahrbuch der Fischfangstatistik herauszugeben. Hier findet man Angaben über den Fischfang in Meeren und Binnengewässern der ganzen Welt. Dort, wo genaue Angaben fehlen, sind sie durch Schätzungen von Experten der FAO ersetzt. So wurde für das letzte Vorkriegsjahr 1938 geschätzt, daß aus Meeren und Binnengewässern insgesamt 21 Millionen Tonnen Fische, andere Tiere und Pflanzen gewonnen wurden. Im Jahr 1968 waren es bereits 64,3 Millionen Tonnen, also dreimal mehr als 1938. Jetzt erreicht der jährliche weltweite Fang rund 70 Millionen Tonnen. Davon entfallen auf Mollusken 3–4 Millionen Tonnen, auf Krustentiere etwa 2 Millionen Tonnen und auf Meerespflanzen ungefähr 1,5 Millionen Tonnen. Die Binnengewässer tragen mit 7–9 Millionen Tonnen zum Weltjahresfang bei.

Neueste Schätzungen der Fischproduktion in den Ozeanen gehen von einer Analyse der stufenweisen Energieumwandlung in den Nahrungsketten aus. Grundlage ist die Veranschlagung der primären Phytoplanktonproduktion. Das erzeugte Phytoplankton wird anschließend von den Herbivoren oder auch Konsumenten erster Ordnung (im Meer sind das hauptsächlich zum Zooplankton gehörige Kleintiere) verarbeitet. Das Zooplankton nun bildet die Nahrung der Konsumenten zweiter Ordnung, denen weitere Verbraucher folgen, womit die sogenannte Nahrungskette entsteht. Weiter wissen wir, daß bei der Umwandlung der pflanzlichen Nahrung von den Tieren nur rund 20 % der Biomasse ausgenutzt werden und daß ein ähnliches Verhältnis für die von den Raubfischen gefressenen Tiere besteht.

Anhand der geschätzten primären Pflanzenproduktion, der Anzahl der Glieder in der Nahrungskette und des Wirkungsgrades der Energieübertragung kann man die Produktion der Fischwelt in den Weltmeeren ermitteln, das heißt die jährlich neu gebildete Biomasse und zwar mit dem Wert von $241{,}6 \cdot 10^6$ Tonnen Lebendgewicht. Ein Großteil dieses Zuwachses wird allerdings von fischfressenden Vögeln, Säugetieren und Raubfischen sowie verschiedenen Wirbellosen verbraucht. Darüber hinaus bezieht sich diese Schätzung auf alle Fischarten, während der Mensch nur etwa 1 % dieser Arten nutzt. Daher bewegen sich die Schätzungen des möglichen langfristigen Fischfangs aus den Ozeanen unter der Voraussetzung einer gleichmäßigen Nutzung eines breiteren Artenspektrums um 100 Millionen Tonnen jährlich.

Die Weltmeere wurden von der FAO in 19 Hauptgebiete unterteilt, in denen die Erträge sehr unterschiedlich sind. Am höchsten sind die Fischfangraten in den Gebieten mit der größten Produktion an Phytoplankton und Zooplankton, nämlich der nordwestliche Stille Ozean mit Fängen um 7−9 kg je Hektar Wasserfläche und die nordwestlichen und nordöstlichen Teile des Atlantiks mit 7 kg je ha. Durchschnittlich fängt man aus dem Atlantik 2,5 kg Fisch je Hektar, aus dem Pazifik 2 kg/ha und am wenigsten aus dem Indischen Ozean, etwa 0,5 kg/ha. Wie auch aus der abgebildeten Karte ersichtlich ist, stellt der offene Ozean eigentlich eine Wasserwüste mit verschwindender Produktion an Nährorganismen dar. Die meiste Nahrung für Fische und damit auch die höchsten Fangquoten konzentrieren sich auf die flachen Schelfgebiete vor den Meeresküsten und eventuell noch auf Gegenden, wo aufsteigende Meeresströmungen genügend Nährstoffe an die Oberfläche tragen, wie das an der Westküste Südamerikas der Fall ist.

Der Meeresfischfang orientiert sich auf annähernd 200 Arten. Fast 80 % des Gesamtfanges bilden Vertreter von fünf Ordnungen: *Clupeiformes, Gadiformes, Perciformes, Salmoniformes* und *Pleuronectiformes.* Den Rekord als meistgefischte Art hält bisher die peruanische Anchovis *Engraulis ringers,* von der im Jahr 1970 über 13 Millionen Tonnen gefangen wurden. In den Jahren 1974 bis 1978 überschritt ihr jährlicher Fang nur noch wenig den Wert 2,7 Millionen Tonnen, so daß heute das Primat des meistgefangenen Fisches dem Alaska-Pollack oder Mintai *(Theragra chalcogramma)* zusteht, dessen Fangquoten jährlich 4,5 bis 5 Millionen Tonnen ausmachen.

UNGENUTZTE RESSOURCEN

Es ist sehr wahrscheinlich, daß die Fangraten der wirtschaftlich bedeutendsten Fischarten in Zukunft kaum ihr heutiges Niveau übertreffen werden. Falls wir wesentlich mehr tierisches Eiweiß aus dem Meer gewinnen wollen, müssen wir uns neue Quellen erschließen.

Schon heute ist es möglich, die Fangraten bewährter Arten wirbelloser Meerestiere zu steigern, wie es Krevetten, Krabben und Austern sind. Gleichfalls kann man eine Erhöhung des Fanges verschiedener Kopffüßer annehmen. Die größten Hoffnungen macht man sich mit dem Krill, also den im Plankton schwebenden Kleinkrebsen. In

den nördlichen Meeren bildet den Hauptbestandteil des Krills eine Artengruppe der Gattung *Calanus,* in der Antarktis Arten der Gattung *Euphasia.* Obwohl die meisten dieser Krustentiere kaum zu sehen sind (sie erreichen Zehntelmillimeter bis einige Millimeter), bilden sie riesige Ansammlungen im Meer. Reserven bestehen auch noch bei mehreren Fischgruppen, die bisher aus verschiedenen Gründen wenig genutzt wurden. Als Beispiel dafür können die Fliegenden Fische aus der Ordnung *Beloniformes* dienen, deren Fang in letzter Zeit bereits ansteigt. Eine weitere hoffnungsvolle Fischgruppe sind die den Lachsen ähnlichen Arten aus der Familie der *Myctophidae.* Es sind dies kleine Tiefseefische, die sich tagsüber in Tiefen unter 500 m aufhalten und nachts zu den Oberflächenschichten aufsteigen. Ihre Fangtechnologie ist allerdings bisher noch unvollkommen.

In letzter Zeit werden Meeresfische immer häufiger künstlich gehalten, allerdings ist die Art ihrer Aufzucht eine andere als bei der Teichwirtschaft im Binnenland. Die besten Ergebnisse wurden dabei mit Fischen aus der Familie *Mugilidae* erzielt. Es sind dies euryhaline und erytherme Arten, also Spezies, die verschiedene Salzkonzentrationen des Wassers ebenso gut vertragen wie größere Temperaturschwankungen. Ihr Vorteil besteht weiterhin darin, daß sie sich auf einer niedrigen Stufe der Nahrungskette befinden, sich also von Pflanzen, Plankton und Detrit ernähren. Man züchtet sie u.a. im Mittelmeeraum und in Indien. Eine weitere euryhaline Art ist der pflanzenfressende Heringsverwandte *Chanos chanos.* Er stammt aus den küstennahen Gewässern des Indischen und Stillen Ozeans und wird in Indonesien, auf den Philippinen, auf Taiwan und anderswo gehalten. Intensive Zucht wird auch mit pazifischen Lachsen betrieben, die sich in weiteren Gebieten akklimatisiert haben, so in den nordamerikanischen Großen Seen und auf Neuseeland.

18. Schema der Nahrungskette im Süßwasser-Ökosystem:
1 − Grünalgen (Phytoplankton), 2 − Wasserflöhe (Zooplankton), 3 − planktonfressende Fische (Ukeleis), 4 − Raubfische (Hecht)

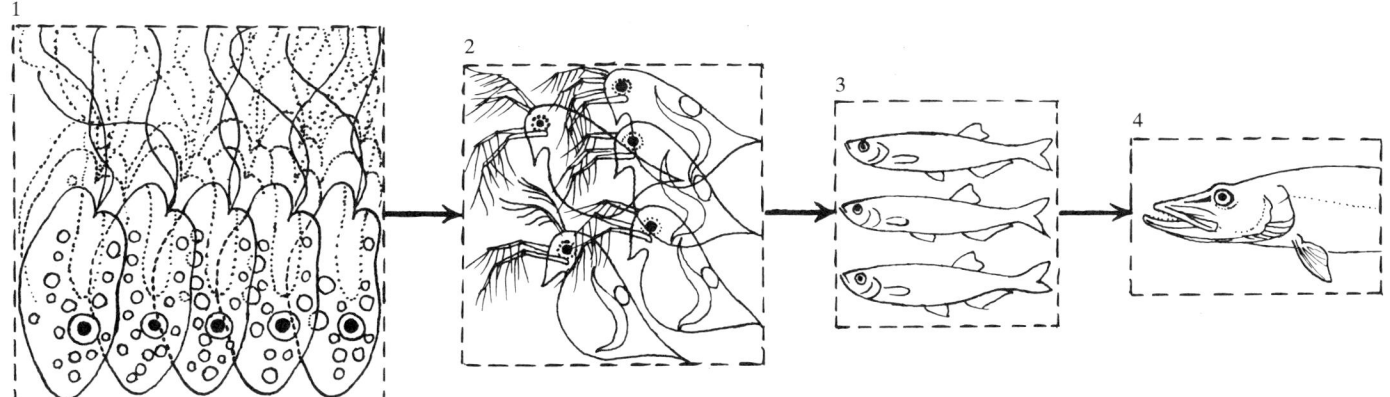

35

Fangmethoden

HOCHSEEFISCHEREI

Die steigenden Ansprüche an die Fangmengen stellen höhere Anforderungen an die Fangflotten und ihre Ausrüstung. Wichtig ist, daß die Fische bald nach ihrem Fang auch verarbeitet werden, um so Verlusten durch Verderb vorzubeugen. Auf den heutigen Fangschiffen ist es möglich, Fischhalbfabrikate oder direkt Fischkonserven herzustellen. Riesige Gefrierkammern können Dutzende Tonnen Fisch fassen. Dank dieser Einrichtungen können die Fangflotten, ohne häufig in ihre Heimathäfen zurückkehren zu müssen, so lange im Fanggebiet auf hoher See verbleiben, bis sich die Vorratsräume mit Fisch gefüllt haben. Ihre Größenordnungen sind wahrlich imposant. So hat z.B. der sowjetische Trawler der Majakowski-Klasse eine Verdrängung von 3700 Tonnen, ist 85 m lang und besitzt eine 110-köpfige Besatzung. Er kann ein 38 m breites Trawlnetz hinter sich herschleppen und bis 30 Tonnen Fisch täglich einfrieren. Die größten Trawler sind heute bis zu 100 m lang und mit einem Schiffsmotor von 6000–7000 PS ausgestattet.

Außer leistungsfähigen Fangschiffen sind auch gute Netze zum Fischfang unerläßlich. Die ursprünglichen Hanfnetze wurden nach dem Zweiten Weltkrieg durch solche aus synthetischen Fasern ersetzt, die leichter, haltbarer und fester sind.

Auf hoher See ist das Trawl, ein Schleppnetz, sehr erfolgreich. Es ist dies eigentlich ein großer Netzsack, der hinter dem Schiff her geschleppt wird, entweder am Boden entlang oder im freien Wasser. Das Trawl durchsiebt das Wasser und hält die Fische in seiner Bahn fest. Dabei hängt die gefangene Menge von der Schleppgeschwindigkeit und von der Größe der Netzöffnung ab. Beide Eigenschaften sind wiederum bedingt durch die Zugkraft der Schiffsdiesel. Seit Ende des 19. Jahrhunderts verwendet man Dampfmaschinen und später Dieselmotoren, die es ermöglichten, die Zugkraft der Schiffe zu vergrößern und damit auch den Umfang der Trawle. Bald wurde es jedoch zum Problem, die Fischschwärme zu finden, also das Netz in jener Wasserschicht zu führen, in der sich die Fische aufhalten. Bis zur Einführung der Echolote waren die Fischer auf indirekte Angaben über das Auftreten von Fischschwärmen angewiesen. Auf Jagd befindliche Seevögel oder das Auftauchen von Delfinschulen zeigten an, das Fischansammlungen in der Nähe sein mußten. Die modernen Echolote orten Fischschwärme bedeutend schneller und verläßlicher und sind sogar in der Lage, anhand der empfangenen Signale die Anzahl der Fische je Flächeneinheit festzustellen.

Auf offenem Meer kommt neben dem Trawl auch das Beutelnetz zum Einsatz. Der Fangerfolg dieses Netztyps fällt und steigt wiederum mit der Schnelligkeit, mit der das Schiff den Schwarm einschließen kann. Für den Thunfischfang muß das Beutelnetz bis zu 2000 m lang und 200 m hoch sein, für Heringe und Makrelen genügen 1500 m

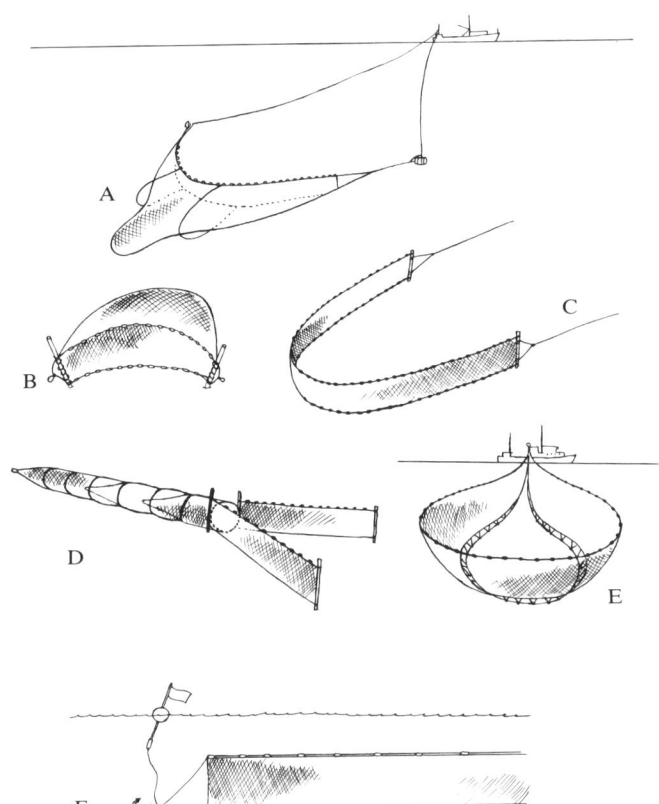

19. Netzarten:
A – Trawlnetz, B – Schleppnetz, C – Zugnetz (Küstenfischerei),
D – Reuse, E – Beutelnetz, F – Kiemennetz

Länge und 150 m Höhe. Ein Fangergebnis von 200 Tonnen auf einen Zug ist dabei keine Seltenheit. Ein Großteil der Fische wird auch in Kiemennetzen und verschiedenen Netzfallen gefangen. Einige Trawler wenden zusätzlich elektrischen Strom, und zwar Stromstöße bis 400 Herz bei 600 V Spannung an. Beim nächtlichen Fang verschiedener Fischarten kommt auch künstliches Licht zur Anwendung. Man lockt damit die Fische ans Schiff, um sie hier in spezielle Netze zu fangen oder mit Pumpen anzusaugen.

BINNENFISCHEREI

Die Binnengewässer unseres Planeten nehmen 5 Millionen km^2 Fläche ein, das ist 70mal weniger als die Oberfläche aller Meere, doch beträgt heute der durchschnittliche Ertrag je Hektar ca. 15 kg im Binnenland, während aus den Ozeanen jährlich 1,5 kg pro Hektar gefischt werden. In den Binnengewässern ist es dem Menschen nämlich ungleich leichter möglich, aktiv in die Natur einzugreifen und so die Fischproduktion zu erhöhen. Besonders in kleineren Becken von 10 bis 100, höchstens 1000 ha lassen sich die Erträge steigern. Hier kann man am besten neue Zucht- und Fangtechnologien einführen, die Fische vor Verlusten schützen, sie zufüttern usw. Unter der Voraussetzung, daß die Fische die natürliche Nahrung voll nutzen und noch zusätzlich gefüttert werden, kann man in warmen subtropischen Gebieten

Erträge von mehreren Tonnen (5 bis 10 Tonnen je Hektar und Jahr) erzielen.

Die Teichwirtschaft zählt zu den typischen landwirtschaftlichen Tätigkeitsgebieten, die auf maximalen Ertrag hinzielen. Dies wird durch eine mehr oder weniger ausgeprägte Monokultur, d.h. die Zucht nur einer bestimmten Art (z.B. des Karpfens) oder mehrerer Fischarten, durch die Beschränkung auf eine Altersgruppe, die Versorgung mit zusätzlicher Energie in Form von Düngemitteln, Melioration, Zufütterung der Fische oder durch Bewegung des Wassers bei Sauerstoffmangel erreicht.

In den europäischen Fischteichen hält man traditionell den Karpfen, dessen Erträge sich zwischen 100 und 1000 kg je Hektar und Jahr bewegen. Eine moderne Methode, die Teichproduktion noch weiter zu erhöhen, ist die sog. Polykultur, d.h. die gleichzeitige Aufzucht mehrerer Fischarten, um so maximal die natürliche Nahrung im Teich auszunutzen. Große Bedeutung gewannen eingeführte Arten, die sich von höheren Wasserpflanzen ernähren (so der Graskarpfen *Ctenopharyngodon idella*).

Ein weiterer Weg zur Ertragssteigerung ist die Kürzung der Wachstumsperiode der Zuchtkarpfen, indem man sie bereits bei niedrigerem Durchschnittsgewicht abfischt. In letzter Zeit gelangen schon dreijährige Karpfen mit 1,5 kg, manchmal sogar zweijährige Tiere von höchstens 1 Kilo zum Verbrauch. Es handelt sich durchweg um noch geschlechtsunreife Tiere, die den größten Teil der aus der Nahrung gewonnenen Energie für ihre Gewichtszunahme verwerten. Werden die Fische in Käfigen, die im fließenden Wasser verankert sind, gehalten, wo sie ausschließlich künstliches Futter erhalten, so erreichen die jährlichen Erträge bei wiederholtem Abfischen beträchtliche Werte: bei der Regenbogenforelle bis zu 2 Millionen kg je Hektar und beim Karpfen 1 bis 4 Millionen kg pro Hektar. Diese riesigen Erträge bringen aber auch eine Reihe von Problemen mit sich. So muß man mit der begrenzten Anpassungsfähigkeit vieler Arten an solch hohe Besatzdichten, an die Konzentration von Abfallstoffen u.ä. rechnen.

Neben Karpfen und Forelle werden noch weitere Fischarten intensiv gezüchtet. In den Vereinigten Staaten werden Zwergwelse der Gattungen *Ictalurus* und *Ictiobus* mit Erfolg gehalten, im Nahen Osten, in Afrika und Südostasien sind Arten der Gattung *Tilapia* aus der Familie *Cichlidae* eine der wichtigsten Nutzfischgruppen. Ihr Vorteil besteht darin, daß sie meist pflanzenfressend sind.

Zum Ablaichen der wenigen Elternfische (bei Karpfen, Schleien, aber auch Welsen) dienen spezielle kleine Laichteiche. Wenige Wochen nach der Eiablage wird der Laich in die sog. Vorstreckteiche gebracht, in denen er ausreichend natürliche Nahrung vorfindet und rasch größer wird. In den Hauptteichen wächst der Besatz zur marktfähigen Größe heran, in den Winterteichen überwintern Brut, Satz- und Zuchtfische. Vorstreckteiche, Haupt- und Winterteiche sind mit Ablaßvorrichtungen

ausgestattet, die so konstruiert sind, daß man sowohl das Oberflächenwasser als auch die unteren Schichten ablassen kann. Wichtig ist ein den Teich umschließender Graben im Damm, mit dem man den Wasserzufluß regulieren kann. In der Nähe des Abflusses wird der tiefer gelegene Fanggrund angelegt, wo sich die Fische beim Abfischen des Teichs nach dessen teilweisem Ablassen ansammeln. Der so konzentrierte Bestand wird dann mit Zugnetzen und Schleppnetzen herausgezogen. Zur Handhabung der gefangenen Fische dienen Kescher, Eimer und Körbe. Fehlen darf natürlich weder die Fischwaage, noch hydraulische Hebevorrichtungen, noch genügend LKW's zum Abtransport des Fangs. Die Speisefische werden in Fischbehälter gebracht, von wo sie in die Geschäfte gebracht werden. Satzfische, Laich und Zuchtfische bringt man in tiefere Winterteiche, wo sie die kalte Jahreszeit überstehen. Im nächsten Frühjahr entnimmt man den Elternfischen ihren Laich. Um die Marktgröße zu erreichen, werden die Satzfische über die Hauptteiche verteilt, und die Fischbrut wird zum Besatz vorgestreckt. So schließt sich der Zuchtkreislauf.

SPORTANGELN
Das Sportfischen entwickelte sich in den letzten Jahren zu einer wichtigen Art der aktiven Erholung, die in den einzelnen Ländern Europas und Nordamerikas von ein bis zehn Prozent der Bevölkerung betrieben wird. Außer den schönen Erlebnissen inmitten der Natur kommt der Angler noch zu 10–70 kg Fisch im Jahr, was ein Viertel bis ein Drittel des Verbrauchs in diesen Ländern ausmacht. Es nimmt daher nicht Wunder, daß die Sportangler das Interesse von Soziologen, Ökonomen und Fischereispezialisten erregen.

In vielen europäischen Ländern werden organisiert Forellen oder Karpfen ausgesetzt, im Bemühen, die durchschnittlichen Jahresfänge der Angler zu erhöhen und ihr Interesse an Fanglizenzen zu erwecken. Man geht dabei davon aus, daß die ausgesetzten Fische noch wachsen, bevor sie geangelt werden, oder es werden solche Exemplare freigesetzt, die sofort gefangen werden können. In beiden Fällen wird sorgfältig die Rückgewinnungsrate der Gesamtbiomasse der Satzfische verfolgt, da sie noch immer recht niedrig ist – sie liegt bei 110–120 %, was bedeutet, daß die Gesamtmasse der geangelten Fische nur um 10 oder 20 % höher ist als das Gewicht aller ausgesetzten Tiere. Im Vergleich dazu ist die Rückgewinnungsrate im Karpfenteich 300–400 %. Aus dem hier Angeführten geht hervor, wieviel bei der Organisation des Sportfischens noch zu verbessern ist.

Zur Grundausstattung jedes Anglers gehört die Angelrute (aus Bambus, Metall oder Kunststofflaminat), meist in mehrere Teile zerlegbar. Die Rute ist mit Führungsösen versehen, durch die die Angelschnur läuft. Zur Aufbewahrung der Schnur dient die Rolle am unteren Rutenende (Fliegen- oder Wurfrolle), die darüber hinaus beim Anlanden hilft, den Widerstand des Fisches zu brechen.

Die eingebaute Bremse ermüdet allmählich den Fisch, der ständig bemüht ist, wieder freizukommen. Auf der Rolle können sich 100 bis 200 m Schnur von 0,2 bis 0,8 mm Stärke befinden. Am Schnurende oder an einem speziellen Vorfach ist der Haken festgeknotet, dessen Größe und Form dem zu angelnden Fisch angepaßt sind. Beim Posen- und Übergrundangeln findet noch ein Schwimmer Verwendung, der den am Haken befestigten Köder in konstanter Tiefe hält. Der Schwimmer (auch Pose) besteht aus leichtem Material und wird an der Angelschnur festgemacht. Sein Zucken oder Untertauchen macht den Angler auf einen Biß aufmerksam. Beim sogenannten Spinnangeln kommen die Blinker − kleine meist Nährfische nachahmende Gegenstände − zur Anwendung, mit deren Hilfe Jagd auf räuberische Fischarten (Hechte, Zander) gemacht wird. Spezielle Köder sind die als Fliegen bezeichneten Nachahmungen über dem Wasser hinfliegender Insekten. Beim Flugangeln locken diese Fliegen Äschen oder Forellen an die Oberfläche.

In den meisten Staaten gelten eigene Anglergesetze, in denen die zulässigen Fangzahlen für einen Angeltag festgelegt sind, für viele Arten (Raubfische, Karpfen) gelten auch gesetzlich Mindestgrößen oder die Fische sind in der Laichzeit geschützt. Ebenso werden verschiedene Fangmethoden eingeschränkt oder ganz verboten (Verwendung von Reusen, Netzen, Kiemennetzen, Paternosterangeln u. ä.). Auch dürfen Sportangler ihren Fang nicht weiterverkaufen.

Überblick über das System der wichtigsten Gruppen der Rundmäuler und Fische nach verschiedenen Autoren

BERG, 1940	NIKOLSKI, 1971	NELSON, 1976
Überklasse *Agnatha* (Kieferlose)	**Überklasse** *Agnatha*	**Überklasse** *Agnatha*
Klasse 1. *Petromyzones* (Neunaugen) 2. *Myxini* (Inger)	**Klasse** *Cyclostomata* (Rundmäuler) **Unterklasse** 1. *Petromyzones* 2. *Myxini*	**Klasse** 1. *Cephalaspidomorphi* **Ordnung** *Petromyzoniformes* (Neunaugen) 2. *Pteraspidomorphi* **Ordnung** *Myxiniformes* (Inger)
Überklasse *Gnathostomata* (Kiefermäuler)	**Überklasse** *Gnathostomata*	**Überklasse** *Gnathostomata*
Klasse 1. *Elastmobranchii* **Unterklasse** *Selachii* (Haie, Rochen)	**Klasse** *Pisces* (Fische) **Zweig** 1. *Chondrichthyes* (Knorpelfische, Haie, Rochen, Chimären)	**Klasse** 1. *Chondrichthyes*
Klasse 2. *Holocephali* **Unterklasse** *Chimaerae* (Chimären) **Klasse** 3. *Dipnoi* (Lungenfische) **Klasse** 4. *Teleostomi*	**Unterklasse** a) *Elasmobranchii* b) *Holocephali* **Zweig** 2. *Osteichthyes* **Unterklasse** a) *Dipnoi* b) *Teleostomi*	**Unterklasse** a) *Elasmobranchii* b) *Holocephali* **Klasse** 2. *Osteichthyes* Knochenfische **Unterklasse** a) *Dipneusti* b) *Brachiopterygii* c) *Crossopterygii* d) *Actinopterygii*
Unterklasse a) *Crossopterygii* b) *Actinopterygii* (Strahlenflosser)	**Gruppe** ab) *Crossopterygii* bb) *Actinopterygii*	**Gruppe** 1. *Chondrostei* (Knorpelfische) 2. *Holostei* 3. *Teleostei* (Echte Knochenfische) Die einzelnen Überordnungen und Ordnungen der höheren Fische
Ordnung 1. *Polypteriformes* 2. *Acipenseriformes* (Störe) 3. *Lepisosteiformes* (Knochenhechtartige) 4. *Amiiformes* (Kahlhechte) 5. *Clupeiformes* (Heringsartige) und weitere Ordnungen	**Überordnung** 1. *Brachiopterygii* 2. *Chondrostei* (Störe) 3. *Holostei* (Kahlhechte und Knochenhechtartige) 4. *Teleostei* (Echte Knochenfische) **Ordnung** *Clupeiformes* (Heringsartige) und weitere Ordnungen	

Bildteil

ERLÄUTERUNGEN

♀ — Weibchen

♂ — Männchen

D — Dorsale (Rücken-)Flossenstrahlen

A — Anale (After-)Flossenstrahlen

P — Pektorale (Brust-)Flossenstrahlen

V — Ventrale (Bauch-)Flossenstrahlen

I, II und weitere römische Ziffern — die Zahl der harten Flossenstrahlen

1, 2 und weitere arabische Ziffern — die Zahl der weichen Flossenstrahlen

l. l. — linea lateralis (Seitenlinie)

Eier — die angeführten Werte stellen einen Wurf oder Ertrag in einer
Saison dar

Zur Ordnung der Neunaugenartigen (PETROMYZONIFORMES), die zur Überklasse AGNATHA − Kieferlose und Klasse CYCLOSTOMATA − Rundmäuler gerechnet wird, gehören Arten mit runden Saugmäulern, unpaarem Flossensaum und einer echten, das ganze Leben über bestehenden Rückensaite (Chorda dorsalis). Ihr Skelett ist knorpelig, das korbähnliche Kiemenskelett ist selbständig im vorderen Körperteil befestigt und wird nicht, wie bei den Fischen, von Kiemenbögen gestützt. Die Haut ist nackt, paarige Flossen sind nicht entwickelt. Vertreter der Neunaugenartigen leben in Meeren und Binnengewässern der gemäßigten Zonen beiderseits des Äquators. Es gehören der Ordnung etwa 8 Gattungen und 20 Arten an.

Kaspisches Neunauge

Caspiomyzon wagneri

Im Oberteil der Kieferplatte des Kaspisches Neunauges befindet sich ein kleiner und stumpfer Zahn, der ausnahmsweise auch zweigeteilt sein kann. Im Unterteil sind fünf Hornzähne verankert. Die Körperfarbe ist einheitlich Grau bis Graugrün mit Ausnahme der helleren Bauchseite. Die Art lebt im Kaspischen Meer, von wo aus sie Wanderungen zu ihren Laichplätzen in den Zuflüssen dieses Meeres (z.B. Wolga) unternimmt. Es haben sich zwei in der Größe unterschiedliche Formen herausgebildet. Anfang September, wenn die Wassertemperatur auf 10−12 °C absinkt, beginnen die Tiere stromaufwärts in die Flüsse zu ziehen, dies dauert bis in den Dezember. Im Verlauf der Laichwanderungen legen die Neunaugen täglich bis zu 10 km zurück, sie magern ab und verbrauchen allmählich ihre Fettreserven. Enthalten die Gewebe zu Beginn der Wanderung an der Wolgamündung bis 34 % Fett, so sind es bei Wolgograd nur noch 20 % und an den Laichplätzen nur 1−2 %. Von März bis Mai finden die Laichspiele auf sandigem oder steinigem Grund statt, in den das Kaspische Neunauge sein Nest baut. Nach dem Ablaichen verenden die meisten erwachsenen Tiere. Das Larvenstadium währt außergewöhnlich lange und zieht sich mindestens drei Jahre hin. Ausgewachsene Neunaugen führen eine räuberische Lebensweise. Zunächst fallen sie Kleintiere an, später saugen sie sich auch an Fischen fest und raspeln mit ihrer rauhen Zunge Muskelfleisch aus der Bauchwand ihrer Opfer und saugen die zerkleinerte Nahrung in sich hinein. Im Verdauungstrakt dieser Tiere wurden auch Algen nachgewiesen.

Größe: 35−55 cm größere Form
    20−30 cm kleinere Form
Gewicht: 0,2−1 kg
Fruchtbarkeit: 20 000−32 000 Eier
Synonym: *Petromyzon wagneri*
Verbreitung: im Kaspischen Meer und in den in dieses Meer
    mündenden Flüssen

Verbreitungskarte von *C. wagneri* (blau) und
Petromyzon marinus (rot)

Meerneunauge, Lamprete, Meerpricke   *Petromyzon marinus*

Im Unterschied zu den Arten der Gattung *Lampetra* besitzt das Meerneunauge im Saugmaul eine kurze Oberplatte mit zwei eng aneinander liegenden Hornzähnen. Im Maul sind zahlreiche starke, strahlenförmig angebrachte Zähne zu erkennen. Die Hautfärbung wechselt, auf dem Rücken sind die Tiere meist gelbbraun bis grünbraun gefärbt und haben dunklere und hellere Flecken. Dagegen ist die Bauchseite des Körpers gewöhnlich hell gefärbt. Das Meerneunauge bewohnt die küstennahen Abschnitte des Meeres, nur selten gelangt die Art in Tiefen unter 500 m. Man kann sie auch im Brackwasser der Flußmündungen antreffen, wohin sie ihre Laichwanderungen unternimmt. Hier graben die Weibchen in der Strömung bis zu 2 m lange und 1 m breite Laichgruben, in die sie ihre Eier ablegen. Bei der Anlage dieser Gruben vermögen die Weibchen selbst kiloschwere Steinbrocken beiseite zu wälzen. Meerneunaugen laichen mehrmals im Leben jeweils im Frühjahr. In dieser Zeit nehmen sie keine Nahrung zu sich und halten sich in kleinen Schwärmen auf. Die Dauer des Larvenstadiums, das die Jungtiere im Süßwasser verbringen, ist nicht bekannt. Nach erfolgter Umwandlung wandern die jungen Neunaugen ins Meer, in dem die erwachsenen Tiere leben. Sie fallen Fische an und heften sich mit ihrem Saugmaul fest. Mit ihren scharfen Zähnen durchschaben sie die Haut ihres Opfers und saugen Blut und zermahlenes Muskelfleisch aus der Wunde. Ein Drüsensekret aus ihrem Saugmaul verhindert das Gerinnen des Blutes. Obwohl das schmackhafte, fette Fleisch der Neunaugen in einigen Ländern als Delikatesse betrachtet wird, haben diese fischähnlichen Tiere keine größere wirtschaftliche Bedeutung, denn ihre Bestände und Fangquoten sind in den letzten Jahren gesunken. Dies ist eine Folge der sich verschlechternden Fortpflanzungsbedingungen, da den Meerneunaugen die Wanderung zu vielen traditionellen Laichplätzen durch Wasserbauten unmöglich gemacht wurde.

Größe: 60–80 cm, max. 100 cm, Larven bis 20 cm
Gewicht: 1,5–2, vereinzelt 2,5 kg
Fruchtbarkeit: 200 000–240 000 Eier
Synonym: *Batymyzon bairdii*
Verbreitung: nördlicher Atlantik mit europäischen und amerikanischen Küstengewässern. In Europa im Norden bis zum Weißen Meer, im Süden bis zur Adria

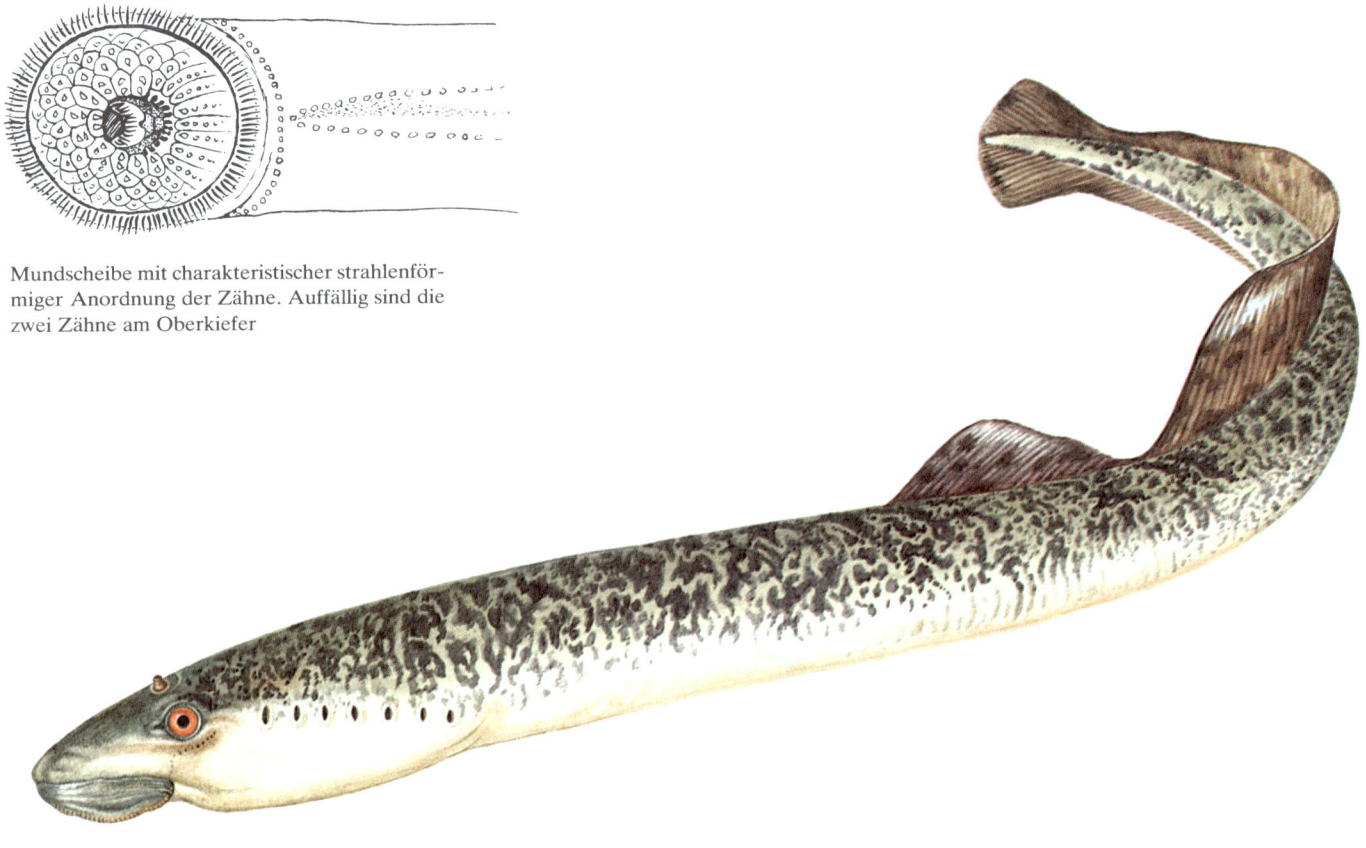

Mundscheibe mit charakteristischer strahlenförmiger Anordnung der Zähne. Auffällig sind die zwei Zähne am Oberkiefer

Flußneunauge, Pricke

Lampetra fluviatilis

Flußneunaugen sind mit den kleineren Bachneunaugen *(Lampetra planeri)* eng verwandt. Während das Bachneunauge schwache und stumpfe Zähne im Saugmaul hat, sind die des Flußneunauges scharf. Außerdem besitzt letzteres auf der oberen Mundplatte zwei scharfe Zähne, während das Bachneunauge eine glatte Platte aufweist. Die beiden Rückenflossen werden beim Flußneunauge durch eine Lücke getrennt. Der Rücken ist grünbraun, die Seiten goldähnlich, die Bauchseite hell gefärbt. In unserem Jahrhundert ist die Zahl der Flußneunaugen zurückgegangen, was auf den Bau von Talsperren und Stauwehren sowie auf die Wasserverschmutzung zurückzuführen ist. Auf ähnliche Weise wie bei den Bachneunaugen verläuft die Eiablage in vorher angelegten Laichgruben in den Flüssen. Aus den rund 1 mm großen Eiern schlüpfen die Larven, während die Elterntiere nach dem Laichen verenden. Während des vier und mehr Jahre dauernden Larvenstadiums leben die Flußneunaugen im Boden eingegraben. Bei einer erreichten Länge von 8,5–15 cm wandern die nunmehr erwachsenen Tiere ins Meer, wo sie an den Küsten verbleiben und sich intensiv mästen. Ihre Nahrung sind Wirbellose, Fischkadaver, aber auch gesunde Fische, an denen sie sich festsaugen. Mit ihren scharfen Zähnchen durchdringen sie die Fischhaut und saugen Blut, Gewebeflüssigkeit und Muskelfleisch. Nach der geschlechtlichen Reife kehren die Flußneunaugen aus dem Meer in die Flüsse zurück, um hier zu laichen. Es sind Herbst- und Frühjahrswanderungen bekannt, die eigentliche Laichzeit ist der Frühling und der Sommeranfang.

Das Fleisch der Flußneunaugen ist fett und wohlschmeckend. Schleim und Blutserum sind aber giftig und deshalb muß das Fleisch vor der Zubereitung gründlich gewaschen und das Blut möglichst entfernt werden. Wirtschaftlich heute nur noch von geringer Bedeutung.

Größe: 30–40 cm, max. 50 cm, Weibchen werden noch größer, Larven bis 13 cm lang
Gewicht: bis 0,7 kg
Fruchtbarkeit: 4000–40 000 Eier
Synonym: *Petromyzon fluviatilis*
Verbreitung: Flüsse Nord-, West- und teilweise auch Südeuropas, angrenzende Meere und nordamerikanische Küsten

Mundscheibe eines Flußneunauges

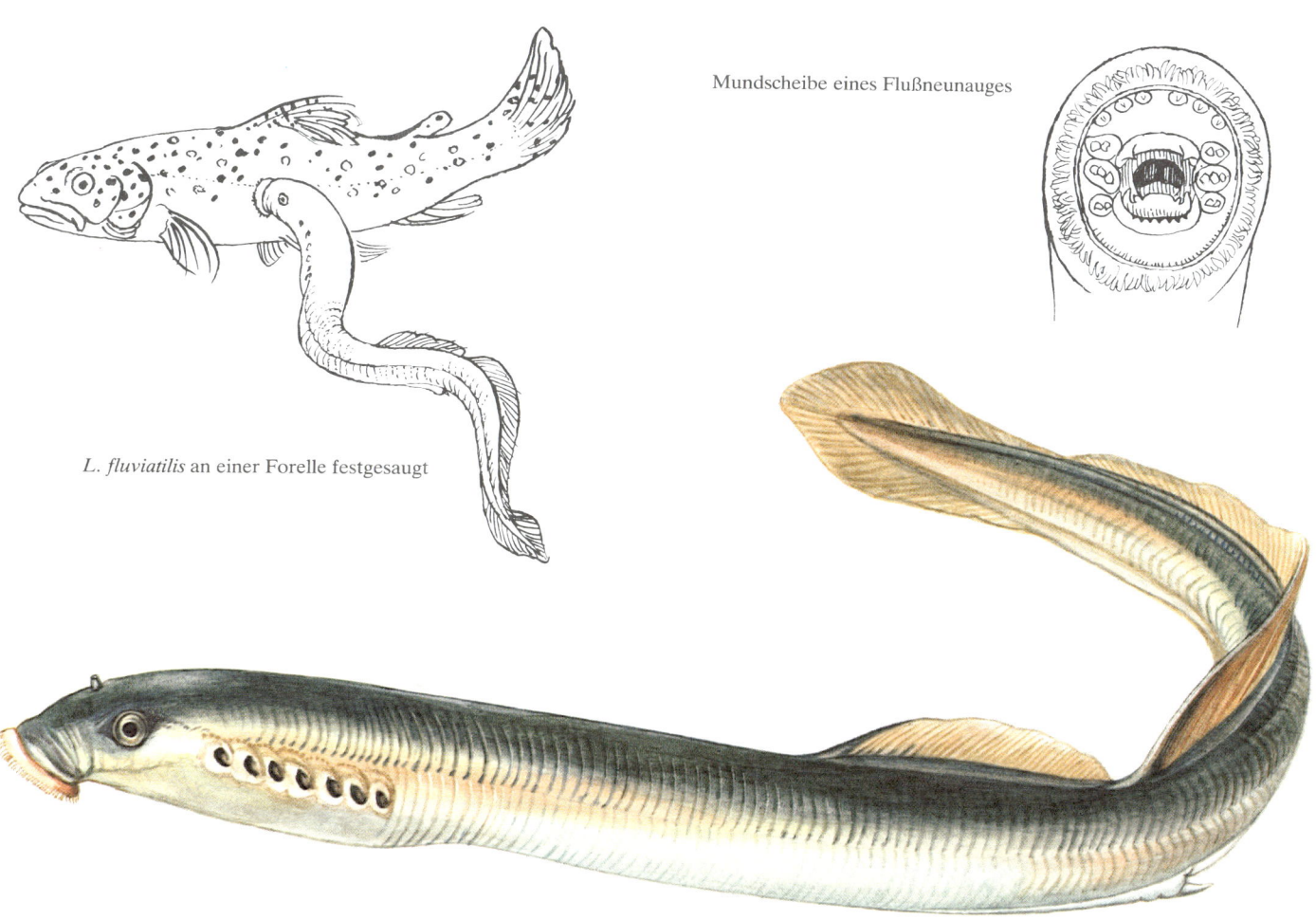

L. *fluviatilis* an einer Forelle festgesaugt

Bachneunauge   *Lampetra planeri*

Die Rückenflossen der erwachsenen Bachneunaugen stoßen aneinander, durch dieses Merkmal unterscheiden sie
sich vom Flußneunauge. Während der Laichzeit verlängert
sich bei den Männchen das Begattungsorgan röhrenartig.
Nur die Weibchen besitzen einen After-Flossensaum. Die
Färbung des Körpers kann graublau, braungrün bis braun
sein, Bauch und Seiten sind heller. Sehr interessant ist die
Fortpflanzung der Bachneunaugen. Nach einem 4 Jahre
dauernden Larvenstadium kommt es vom Herbst bis zum
Frühling zur Metamorphose der Larven. Die erwachsenen
Bachneunaugen graben in der Zeit von April bis Juni mit
dem Schwanz eine Laichgrube in den Sand- oder Kiesbo-
den, aus der sie die größeren Steine mit dem Maul
herauswälzen. Während des Laichvorgangs saugen sich die
Weibchen mit dem Maul an einem Stein fest und die
Männchen winden ihren Schwanzteil um sie. Manchmal
saugen sie sich sogar am Rücken der Weibchen fest. Aus
den Eiern schlüpfen Larven, die dreieckige Mäuler und
hufeisenförmige Oberlippen haben. Die Kiemenöffnungen der Larven liegen in einer gemeinsamen Querrinne,
ihre Augen sind von einem Häutchen überwachsen und
der Flossensaum ist kaum vorhanden. Vier Jahre lang
leben die Larven im sandigen oder schlammigen Boden
eingegraben und leben dort von organischen Resten und
Kleinlebewesen des Bodenschlamms. Erwachsene Bachneunaugen leben nur wenige Monate, da sie das Laichen
nicht lange überleben. In dieser Zeit nehmen sie überhaupt keine Nahrung zu sich, ihr Verdauungssystem ist
verkümmert. Erwachsene Exemplare sind meist kleiner
als die Larven vor der Umwandlung. Wirtschaftliche
Bedeutung haben die Bachneunaugen nicht, manchmal
werden sie als Köder beim Fischfang verwendet.

Größe: 12−16 cm, Larven bis zu 18 cm
Gewicht: 15−25 g, max. 40 g
Fruchtbarkeit: bis 1500 Eier
Synonym: *Petromyzon planeri*
Verbreitung: Einzugsgebiet von Nord- und Ostsee, Frank-
    reich und Irland, besonders in der Forellenregion der
    Fließgewässer, unternimmt keine Wanderungen

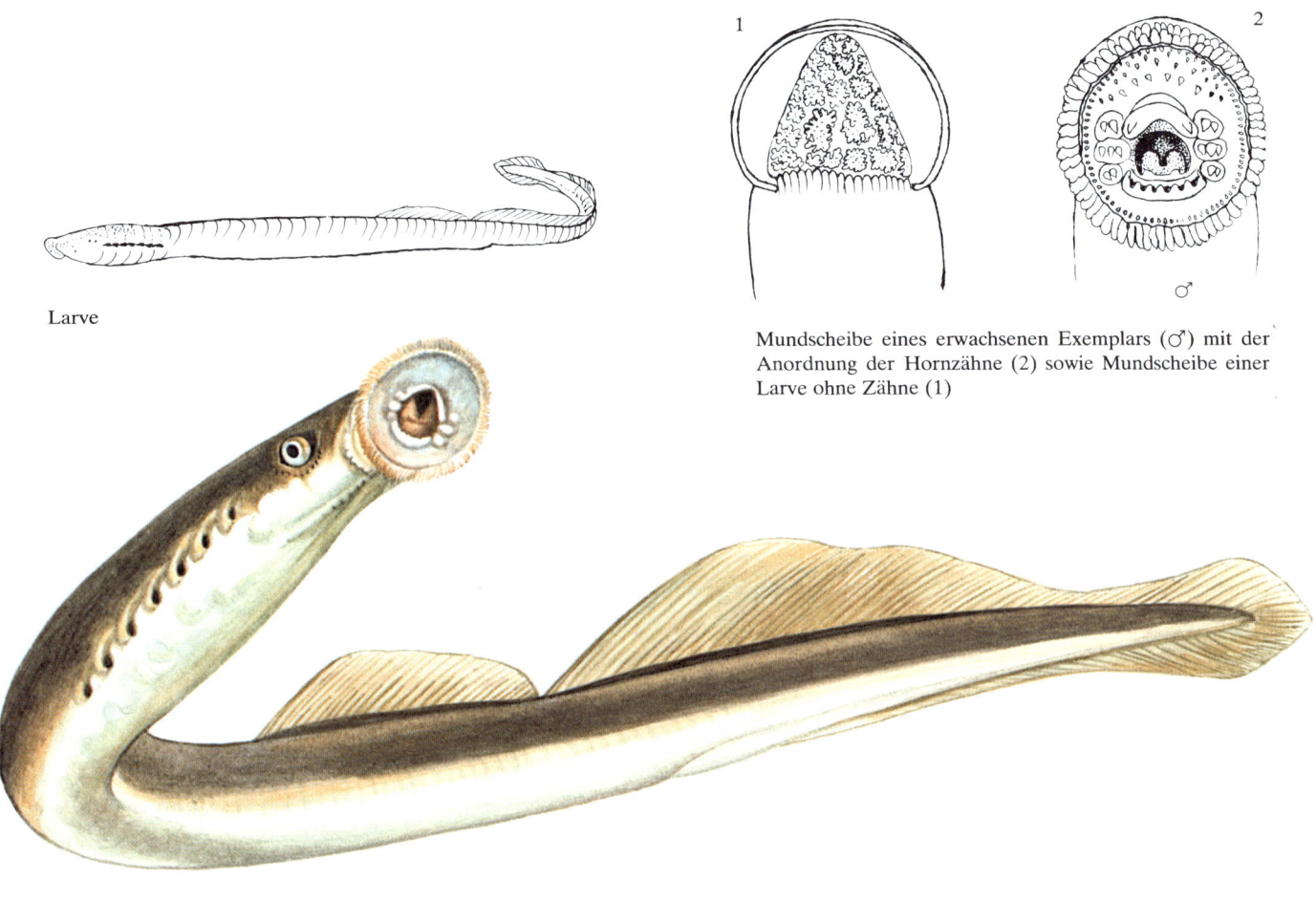

Larve

1

2

♂

Mundscheibe eines erwachsenen Exemplars (♂) mit der
Anordnung der Hornzähne (2) sowie Mundscheibe einer
Larve ohne Zähne (1)

Donauneunauge

Eudontomyzon danfordi

Beim Donauneunauge befinden sich zwischen dem Rand des Saugmaules und den drei Paar seitlich innen gelegener Plättchen zahlreiche kleine Hornzähne. Auf allen drei inneren Plättchenpaaren sind je zwei Zähne. Auf der Oberkieferplatte befinden sich zwei scharfe Zähne, die Unterkieferplatte ist stark gekrümmt. Die Rückenseite trägt eine graublaue, graubraune bis braune Farbe, die Seiten sind gelb mit einem grauen Schimmer, der Bauch ist gelblich bis schmutzig weiß. Die Larven werden Querder genannt, sie haben dreieckige Mäuler und von einem Häutchen bedeckte Augen. Ihr Flossensaum ist nur schwach entwickkelt. Vier bis fünf Jahre dauert das larvale Stadium. Nach der Metamorphose im Juni oder Juli reifen den Jungtieren allmählich die Geschlechtsdrüsen. Erwachsene Exemplare saugen sich an lebenden und toten Fischen fest und ernähren sich von deren Blut und Fleisch. Dazu dienen ihnen scharfe Hornzähne, Kieferplatten und die Zunge, die wie eine Raspel Haut und Muskeln unter der Saugstelle

aufreiben. Im Frühjahr des folgendes Jahres laichen die Donauneunaugen gruppenweise. Nicht erforscht ist, ob sie auch in späteren Jahren erneut laichen. Eher scheint es, daß die Mehrzahl der Tiere nach der ersten Eiablage sterben. Je nach Wassertemperatur dauert die Embryonalentwicklung 3−6 Tage. Die Larven halten sich in Sandschlammablagerungen der Oberläufe von Flüssen und Flüßchen auf, wo sie vom Detrit und den darin versteckten Organismen leben. Das Donauneunauge besitzt keinerlei wirtschaftliche Bedeutung. In manchen Fällen wird es von Anglern als Köder auf Raubfische genommen.

Größe: 15−25 cm
Gewicht : 40−60 g
Fruchtbarkeit: 2000−3000 Eier
Synonym: *Lampetra danfordi*
Verbreitung: Oberlauf der Donau einschließlich ihrer Zuflüsse

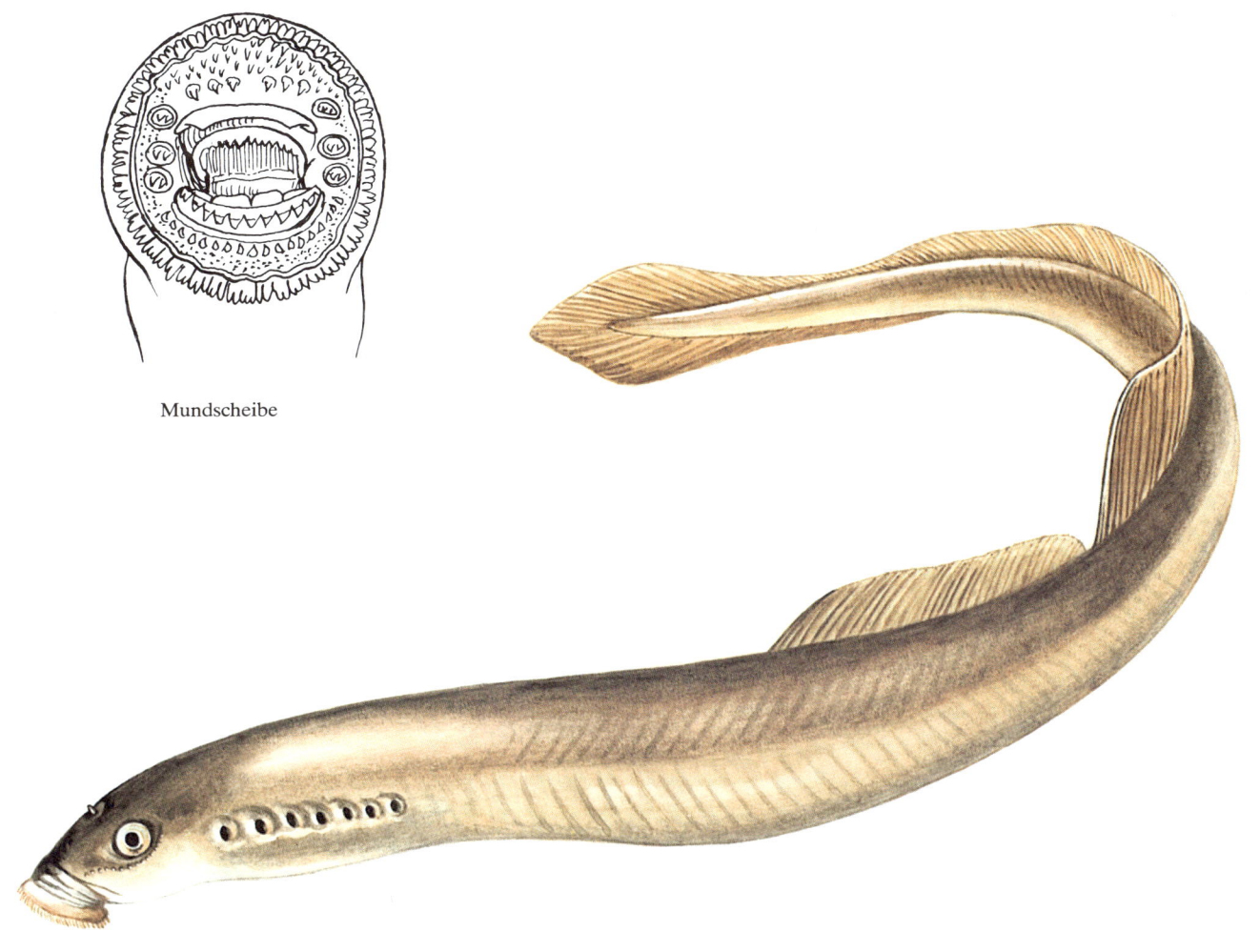

Mundscheibe

Die kieferlosen wasserbewohnenden Wirbeltiere MYXINIFORMES besitzen ein Knorpelskelett, dem die Wirbel fehlen. Sie bewohnen ausschließlich die Meere, ausnahmsweise kommen sie im Brackwasser vor. Ohne paarige Flossen haben sie nur schwach entwickelte unpaare Flossen. Ihre Augen sind reduziert und hautbedeckt, rund um die Maulöffnung stehen fleischige Barteln. Die zur Familie MYXINIDAE (Inger) gehörenden Arten besitzen nur einen gemeinsamen Ausgang für alle Kiementaschen.

Inger, Blind-, Wurm-, Schleimfisch *Myxine glutinosa*

Die Inger zeichnen sich durch einen gestreckten, aalförmigen Körper mit je einer Kiemenöffnung zu beiden Seiten des Vorderkörpers aus. Augen, Kiefern sowie Brust- und Bauchflosse fehlen, der ganze Körper ist mit einer starken Schleimschicht bedeckt. Der Schleim wird besonders bei Berührung und anderen fremden Reizen abgesondert. Ein oder zwei Inger sollen, wenn man sie in einen Eimer voll Wasser steckt, das Wasser in kurzer Zeit in dickflüssiges, schleimiges Gelee verwandeln. Die Hautfärbung der Inger ist wechselnd und schwankt von rosaroten bis rotgrauen Schattierungen.

Inger halten sich in Tiefen von 20 bis 600 m am Grund auf, in den sie sich mit Vorliebe einwühlen, so daß nur ein Teil ihres Kopfes hervorschaut. Es wurden aber auch schon Inger in 1100 m Tiefe angetroffen. Ihre Nahrung bilden wirbellose Bodentiere und Fische. Vorwiegend suchen die Inger tote, kranke oder in Netze verfangene Fische auf.

Inger sind überwiegend nachtaktive Tiere. Mit ihrer zahnbewehrten Zunge bohren sie sich in die Bauchhöhle der Fische hinein und zerfressen ihnen Muskelfleisch und Innereien, wobei in einem Fisch gleichzeitig mehrere Dutzend Inger stecken können. Mit einer Länge von 25–28 cm erreichen sie die Geschlechtsreife, Fortpflanzungszeit ist praktisch das ganze Jahr. In einigen Gebieten verursachen die Inger durch Anfallen von in Netzen gefangenen Fischen Schäden.

Größe: 30–45 cm, max. 60 cm
Gewicht: 0,5–1 kg
Fruchtbarkeit: 20–30 Eier
Verbreitung: europäische Atlantikküste von Murmansk bis Gibraltar, westliches Mittelmeer, nordamerikanische Atlantikküste

Eier mit charakteristischen Faserbündeln an beiden Enden der hornartigen Kapsel. Die Faserauswüchse sind mit kleinen Widerhaken bestückt, mit denen sich die Eier aneinander und am Grund festhalten

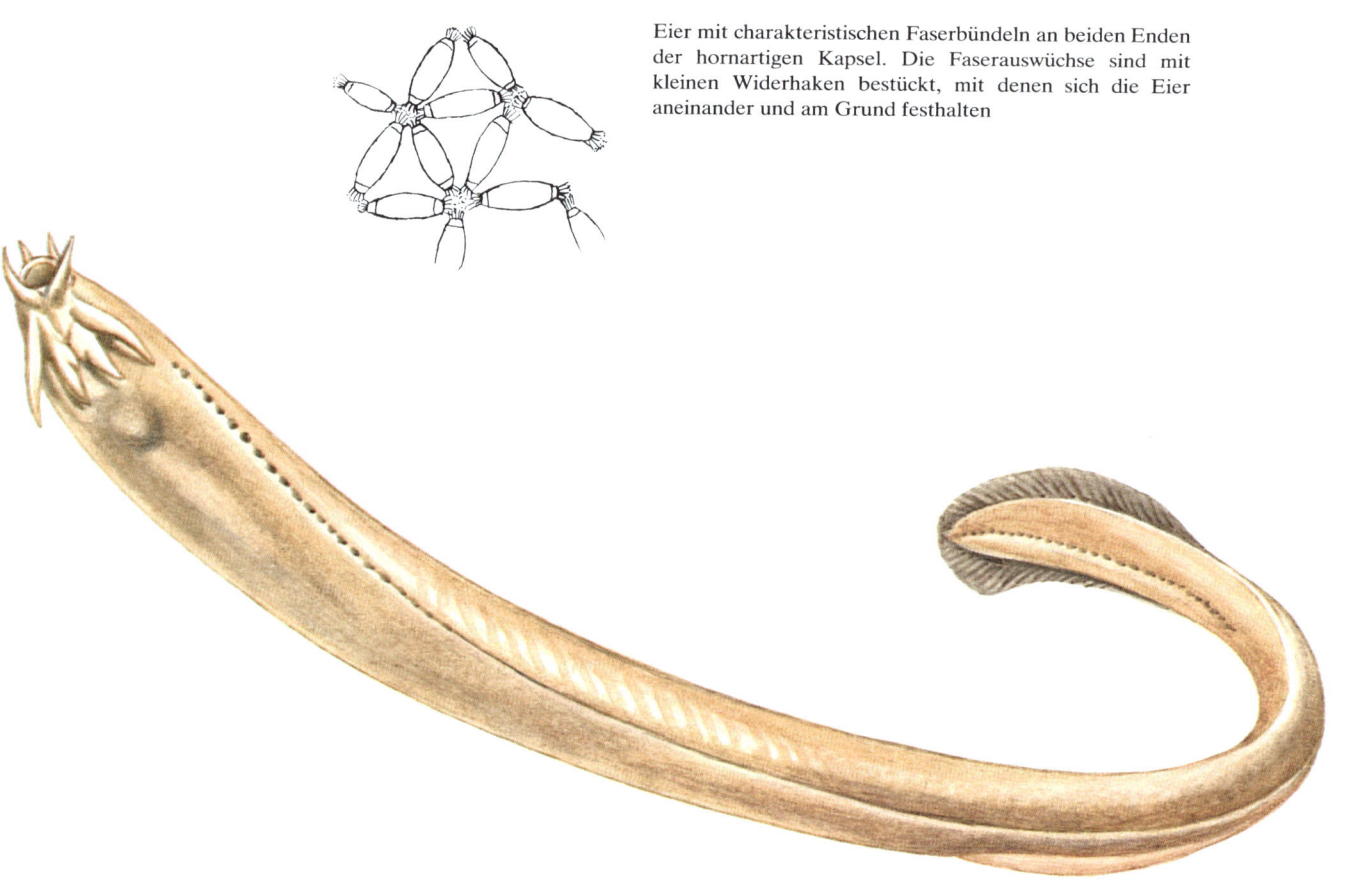

Folgende Wasserwirbeltiere gehören in die Überklasse der Kiefermäuler (GNATHOSTOMATA), Unterklasse der Knorpelfische (CHONDRICHTHYES). Haie und Rochen (ELASMOBRANCHII) besitzen ein Knorpelskelett, ihre Haut ist mit knöchernen Placoidschuppen bedeckt. Beiderseits des Körpers öffnen sich fünf bis sieben Kiemenspalten ungeschützt nach außen. Alle Arten dieser Unterklasse haben gut entwickelte Kiefer, meist mit scharfen Spitzzähnen, die Kiemen werden von knorpeligen Kiemenbögen gestützt. Eine Schwimmblase ist nicht vorhanden. Die Männchen haben zu Hilfskopulationsorganen umgewandelte Bauchflossen (deren Innenränder), sogenannte Pterygopoden. Die Ordnung HEXANCHIFORMES setzt sich aus primitiven Haifischen zusammen, die 6 oder 7 Kiemenöffnungen, eine Rückenflosse sowie eine gut erhaltene Chorda besitzen. Zur Familie HEXANCHIDAE (Grauhaie) gehören insgesamt 6 in Meeren der Warmzonen lebende Arten.

Grauhai *Hexanchus griseus*

Der Grauhai hat sechs Kiemenspalten und lidfaltenlose Augen. Die Rückenflosse setzt erst an der hinteren Körperhälfte an. Rücken und Seitenpartien sind schwarzbraun oder grauschwarz, die Bauchseite ist hell gefärbt. Grauhaie sind in den tropischen und subtropischen Teilen der Ozeane verbreitet. Sehr häufig sind sie auch im Mittelmeer. In Jahren mit verstärkter Wirkung der warmen atlantischen Strömung gelangen sie bis vor die Küste Islands. Der Grauhai ist lebendgebärend, die Jungen werden mit durchschnittlich 50 cm Länge geboren. Seine Nahrung sind Fische (verschiedene Arten Dorsche und Schollen), aber auch große Krustentiere. In mehreren Fällen wurden im Verdauungstrakt gefangener Grauhaie auch Robben festgestellt. Der Lebensraum dieser Art sind warme Gewässer in Tiefen von 200 bis 1000 Meter. In kälteren Meeresteilen hält sich der Grauhai eher an der Oberfläche auf. Wirtschaftliche Bedeutung hat er nicht. In der Nordsee wird er meist in den Herbstmonaten gefangen, man kann dann auch sein Fleisch auf den Fischmärkten kaufen. Es ist aber nicht so gut wie das Fleisch des Heringshais *(Lamna nasus).*

Größe: bis 5 m, meist bis 2 m
Gewicht: 80–200 kg
Fruchtbarkeit: bis zu 100 Jungtiere
Synonym: *Squalus griseus*
Verbreitung: tropische und subtropische Meere

Verbreitungsgebiete der für den Menschen lebensgefährlichen Haie:
blau – das ganze Jahr über gefährdete Gewässer,
rot – nur in der warmen Jahreszeit gefährliche Gewässer

Zur Ordnung der Heringshaiartigen (LAMNIFORMES) gehören zahlreiche rezente Haifische mit zwei Rückenflossen, einer Afterflosse und fünf Paar Kiemenspalten. Alle im Kiefer wurzelnden Zähne sind gleichgroß. Die Charakteristik der Familie LAMNIDAE (Heringshaie) stimmt mit der Ordnung überein. Sie umfaßt große, pelagisch lebende Arten.

Heringshai   *Lamna nasus*

Der recht große Heringshai zeichnet sich durch das Fehlen einer Nickhaut und durch eine fast symmetrische, halbmondförmige Schwanzflosse aus, deren oberer Lappen um ein weniges größer als der untere ist. Die Zähne sind groß, die Kiemenbögen haben keine Reusendornen. Die erste Rückenflosse übertrifft die zweite bei weitem an Größe und ragt beim Schwimmen oft aus dem Wasser heraus. Beide Rückenflossen und die Schwanzflosse sind, ebenso wie der Bauch, am Rand hellgefärbt, während Rücken und Körperseiten blauschwarz bis grau sind. Da der Körper in der Mitte verhältnismäßig hochrückig ist, erinnert der Heringshai in seiner Form an einen Thunfisch. Als schneller Schwimmer besitzt der Heringshai seitlich des Schwanzstiels kielförmige Auswüchse, die eine Wirbelbildung des Wassers verhindern und so die Fortbewegung erleichtern. Meist begleiten 20−30 Haie zählende Gruppen Schwärme von Heringen, Sardinen oder Makrelen, die ihre hauptsächliche Nahrung sind. Dieser unwahrscheinlich gefräßige Hai unternimmt auf der Suche nach Nahrung lange Wanderungen. Heringshaie sind lebendgebärend, im Jahr nach der Befruchtung, meist in den Herbstmonaten, wirft das Weibchen 3−6 Junge, die 50−70 cm lang sind. Diese Größe erlangen sie unter anderem auch dadurch, daß sie während ihrer Entwicklung im Mutterleib die Embryos der unbefruchteten Eier auffressen. Das Fleisch ist recht schmackhaft und geschätzt, es ist unter dem Handelsnamen „Kalbfisch" bekannt. Allerdings sinken in letzter Zeit die Fangzahlen. Da die Heringshaie sich von wirtschaftlich wichtigen Fischen ernähren, Netze beschädigen und von Zeit zu Zeit auch Menschen anfallen, werden sie zu den schädlichen und gefährlichen Haifischen gerechnet.

Größe: 3,5−4 m, max. 5 m
Gewicht: 100−200 kg
Fruchtbarkeit: 3−6 Junge
Synonym: *Lamna cornubica*
Verbreitung: gemäßigte, subtropische und tropische Zonen aller Weltmeere, fehlt lediglich in den kalten Gewässern der Arktis, Antarktis und der nördlichen Gebiete des Stillen und Atlantischen Ozeans. Junge Exemplare dringen manchmal auch in Flußmündungen ein

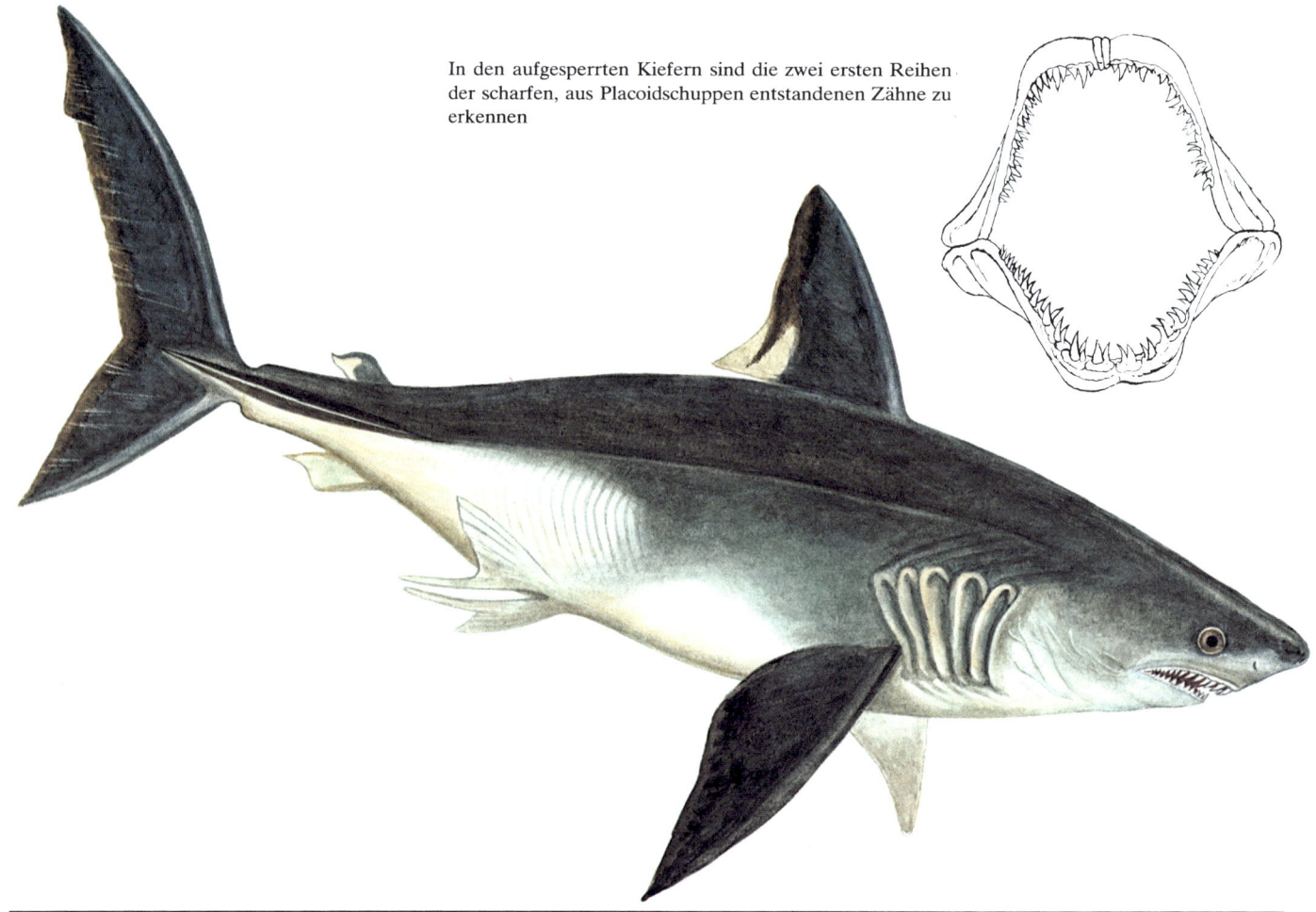

In den aufgesperrten Kiefern sind die zwei ersten Reihen der scharfen, aus Placoidschuppen entstandenen Zähne zu erkennen

Der Familie CETORHINIDAE gehört eine einzige Gattung mit einer Art an.

Riesenhai

Cetorhinus maximus

Außer durch seine Größe fällt der Riesenhai durch die deutlich sichtbaren, langen Kiemenspalten auf, die vom Rücken bis zum Schlund reichen. An der Innenseite der Kiemenbögen sitzen zahlreiche lange Kiemenreusendornen. Im Maul fallen eine Vielzahl kleiner und stumpfer Zähne auf. Die Rückenpartie ist grünlich braun, manchmal fast schwarz gefärbt und hat graue Flecken auf der vorderen Hälfte. Der Riesenhai ist einer der größten lebenden Haifische unserer Erde. Vor den europäischen Küsten werden von Zeit zu Zeit Exemplare von 7,5 m Körperlänge gefischt. Mit großer Wahrscheinlichkeit ist er lebendgebärend, die Tragezeit beträgt drei Jahre. Seine Nahrung gewinnt er aus dem Meerwasser auf dieselbe Art wie die Bartwale, d.h. er schwimmt mit geöffnetem Maul und durchfiltert das Wasser mit seinen dichtstehenden Reusendornen nach schwebendem Plankton. Es wurde festgestellt, daß die Reusendornen jeden Winter ver-

schwinden und im Frühjahr neu nachwachsen, was mit dem niedrigen Planktonaufkommen im Winter zusammenhängen kann. Der Riesenhai lebt meist als Einzelgänger im vorwiegend offenen Meer. Von Zeit zu Zeit kann man während der Nahrungswanderungen auch Schwärme mit 50–250 Exemplaren beobachten. In Norwegen wurden diese Haie noch vor 100–150 Jahren wegen des aus ihren Lebern gewonnenen Öls (Lebertran) gejagt. Die Leber großer Tiere kann 500–700 kg wiegen, was ein Drittel des Gesamtgewichts ausmacht. Größere wirtschaftliche Bedeutung hatte diese Haifischart allerdings nie.

Größe: max. 14 m
Gewicht: 3,5–4 Tonnen
Verbreitung: Kosmopolit. Kommt lediglich in den tropischen Gebieten nicht vor

Die häufigste Nahrung sind die Krustentiere der Familien *Euphasiidae* (1) und *Gamaridae* (2), aber auch kleine Arten frei schwimmender Krebstiere (3)

Die langen und dichtstehenden Kiemenreusendornen dienen der Filterung des Wassers, aus dem der Riesenhai seine Nahrung bezieht.

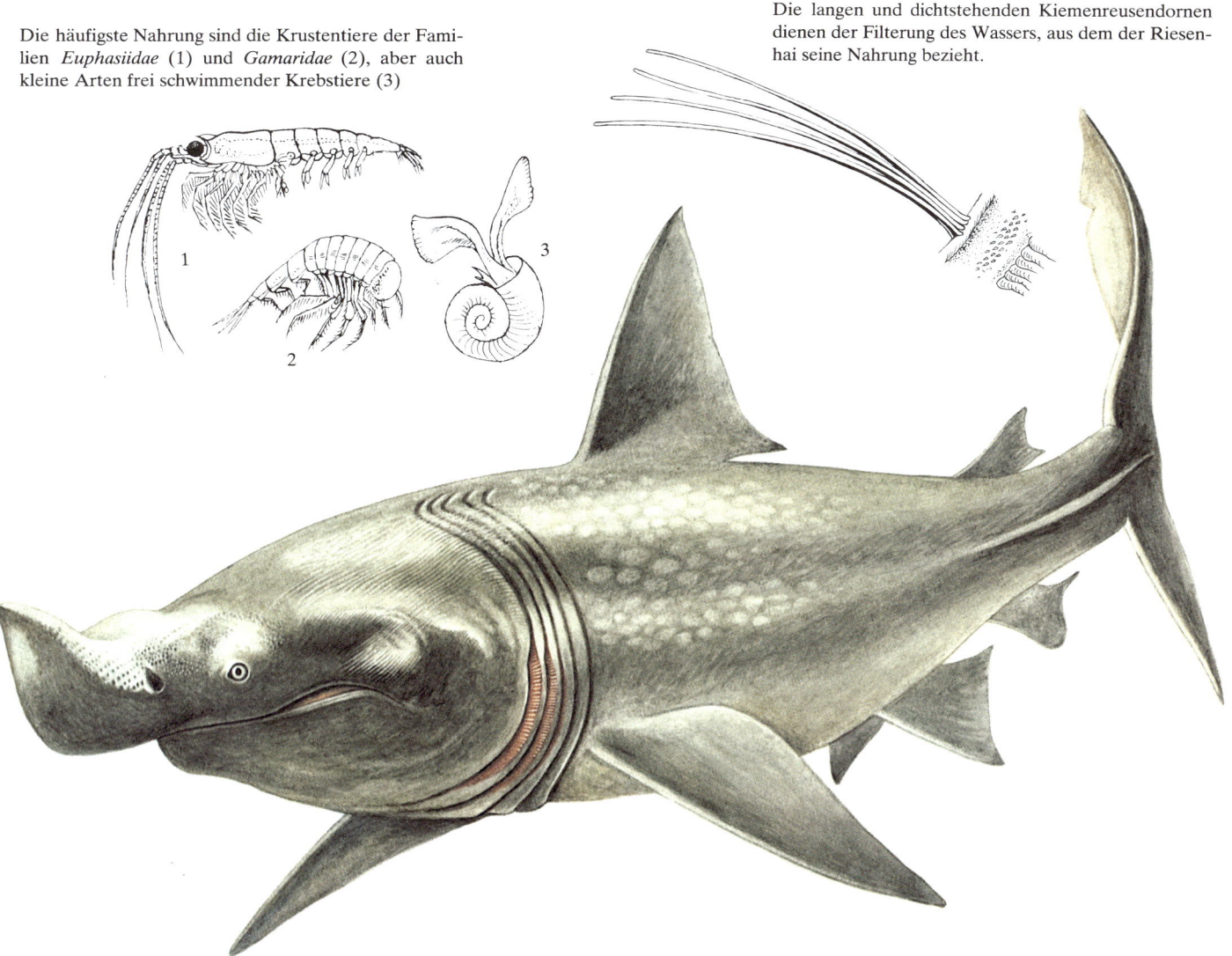

Die Familie der Drescherhaie (ALOPIIDAE) besteht nur aus einer Gattung mit vier Arten. Drescherhaie besitzen einen auffällig langen oberen Schwanzflossenlappen sowie ungewöhnlich große Brustflossen. Sie kommen in allen Meeren der tropischen, subtropischen und gemäßigten Zone vor.

Fuchshai, Drescher   *Alopias vulpinus*

Der Rücken des Fuchshaies ist graublau bis schwarz gefärbt, die Seiten sind ein wenig heller und manchmal marmoriert, die Brustflossen sind graublau, der Bauch ist grauweiß. Der Fuchshai ist ein Kosmopolit, der relativ häufig auch im Mittelmeer und in den gemäßigten sowie subtropischen Teilen des Atlantischen Ozeans anzutreffen ist. Manchmal kommt er zur Sommerzeit auch in der Nordsee vor. Diese Art wird mittelgroß. Männchen wie Weibchen erreichen mit etwa 4 m Länge die Geschlechtsreife. Die lebendgebärenden Fuchshaie bringen ihre Jungen für gewöhnlich in den Sommermonaten zur Welt. Wieviel Junge auf einen Wurf kommen, ist nicht bekannt. Fuchshaie leben vorwiegend von pelagischen Fischen wie Heringen und Makrelen. Früher behauptete man von ihnen, daß sie mit Hilfe ihres langen Schwanzflossenlappens zunächst ihre Nahrungsfische zum Schwarm zusammentreiben und sich erst dann ihre Beute auswählen würden. Meist halten sich die Fuchshaie in den Oberflächenschichten des offenen Meeres auf. Hier und da kann man sie auch am Ufer beobachten. Das Fleisch dieses Haifisches ist etwas zäh und wurde früher unter der Bezeichnung „Weißer Thunfisch" angeboten. Heute besitzen die Fuchshaie kaum wirtschaftliche Bedeutung und sind auch für den Menschen ungefährlich.

Größe: bis 6 Meter
Gewicht: bis zu 300 kg
Verbreitung: über die ganze Welt verbreitet

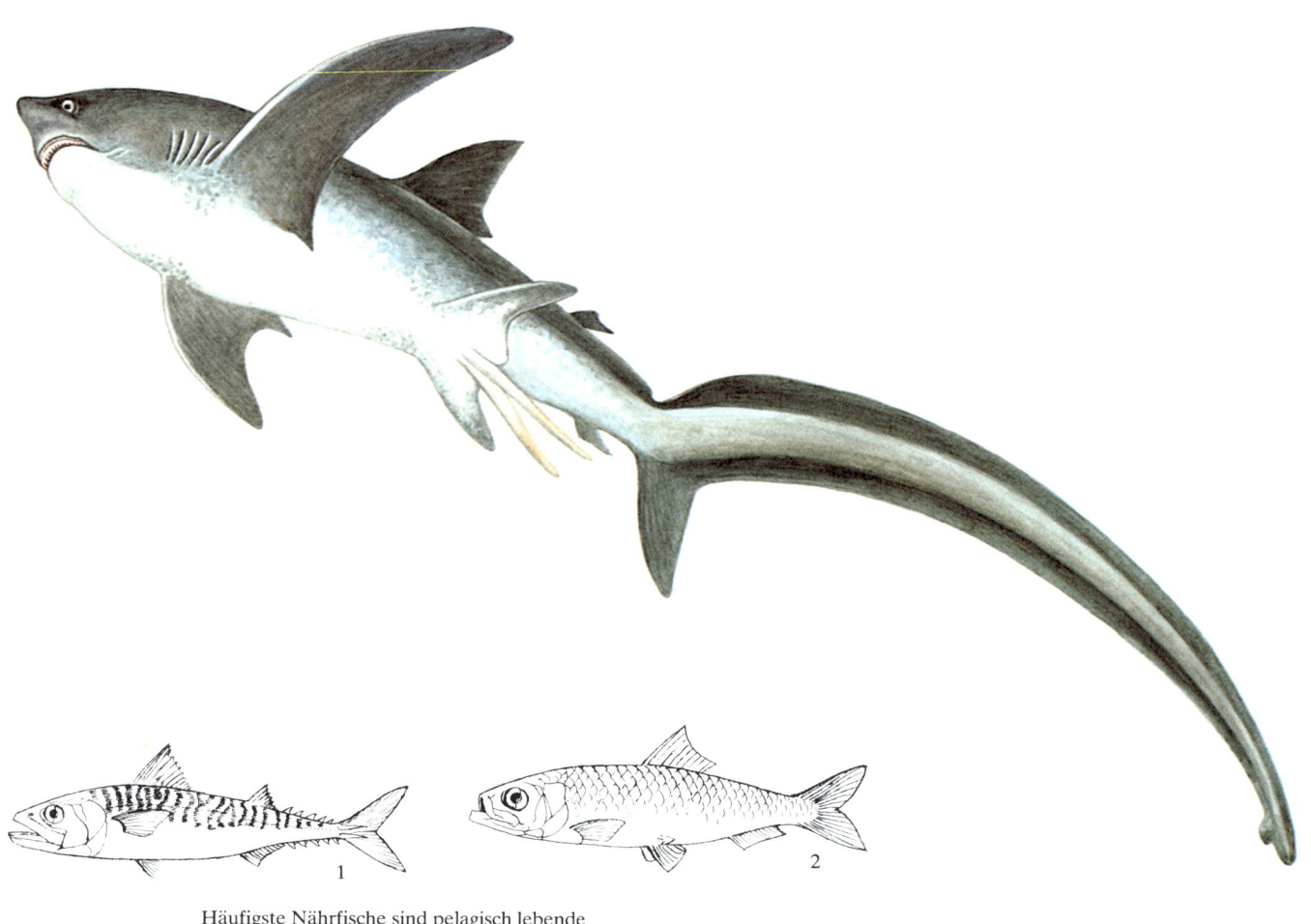

Häufigste Nährfische sind pelagisch lebende Arten, besonders Makrelen (1) und Heringe (2)

Für die Angehörigen der Familie der Katzenhaie (SCYLIORHINIDAE) sind folgende Kennzeichen charakteristisch: Vorhandensein einer Lidfalte, ovovivipar, weit nach hinten verschobene erste Rückenflosse, die erst hinterhalb der Bauchflosse ansetzt.

Kleingefleckter Katzenhai   *Scyliorhinus caniculus*

Der Kleingefleckte Katzenhai ist ein typischer Vertreter der kleinen, die Küstenzone des Meeres bewohnenden Haifischarten. Seine Färbung ist gelbbraun bis graurot mit einer Vielzahl kleiner dunkler Flecken sowie wenigen großen Flecken auf Rücken und Flossen. Der Bauch ist hell und ohne Flecken.

Am liebsten hält sich der Kleingefleckte Katzenhai über sandigem oder schlammigem Grund in Tiefen von 15 bis 20 m auf, steigt aber auch bis auf 100 m herab. Diese Art ernährt sich besonders von bodenbewohnenden Weichtieren, Krustentieren und Würmern, in geringerem Maße auch von Kleinfischen. Nach der inneren Befruchtung legen die Weibchen in einem Zeitraum von ein oder zwei Wochen bis zu zwanzig etwa 6 cm lange Eier ab, die in eine harte, hornartige Kapsel eingeschlossen sind, von denen 4 lange, fadenförmige, reich spiralenartig verdrehte, aber feste Auswüchse ausgehen. Mit diesen Fäden halten sich

die Eikapseln an Pflanzen oder am Grund fest. Nach 8–9 Monaten Entwicklungszeit schlüpfen außerhalb des Mutterleibs aus den Eiern kleine Katzenhaie mit einem Dottersack. Wegen seiner geringen Größe und der ansprechenden Färbung wird der Kleingefleckte Katzenhai mit Vorliebe in öffentlichen Meeresaquarien gehalten, in manchen Ländern konsumiert man auch sein Fleisch oder benutzt es als Fischköder. Wirtschaftliche Bedeutung hat er jedoch nicht.

Größe: 60–80 cm, max. 1 m
Gewicht: 5–10 kg
Fruchtbarkeit: 2–20 Eier
Verbreitung: im Atlantik an den europäischen und afrikanischen Küsten von Mittelnorwegen bis zum Äquator, Mittelmeer und Schwarzes Meer

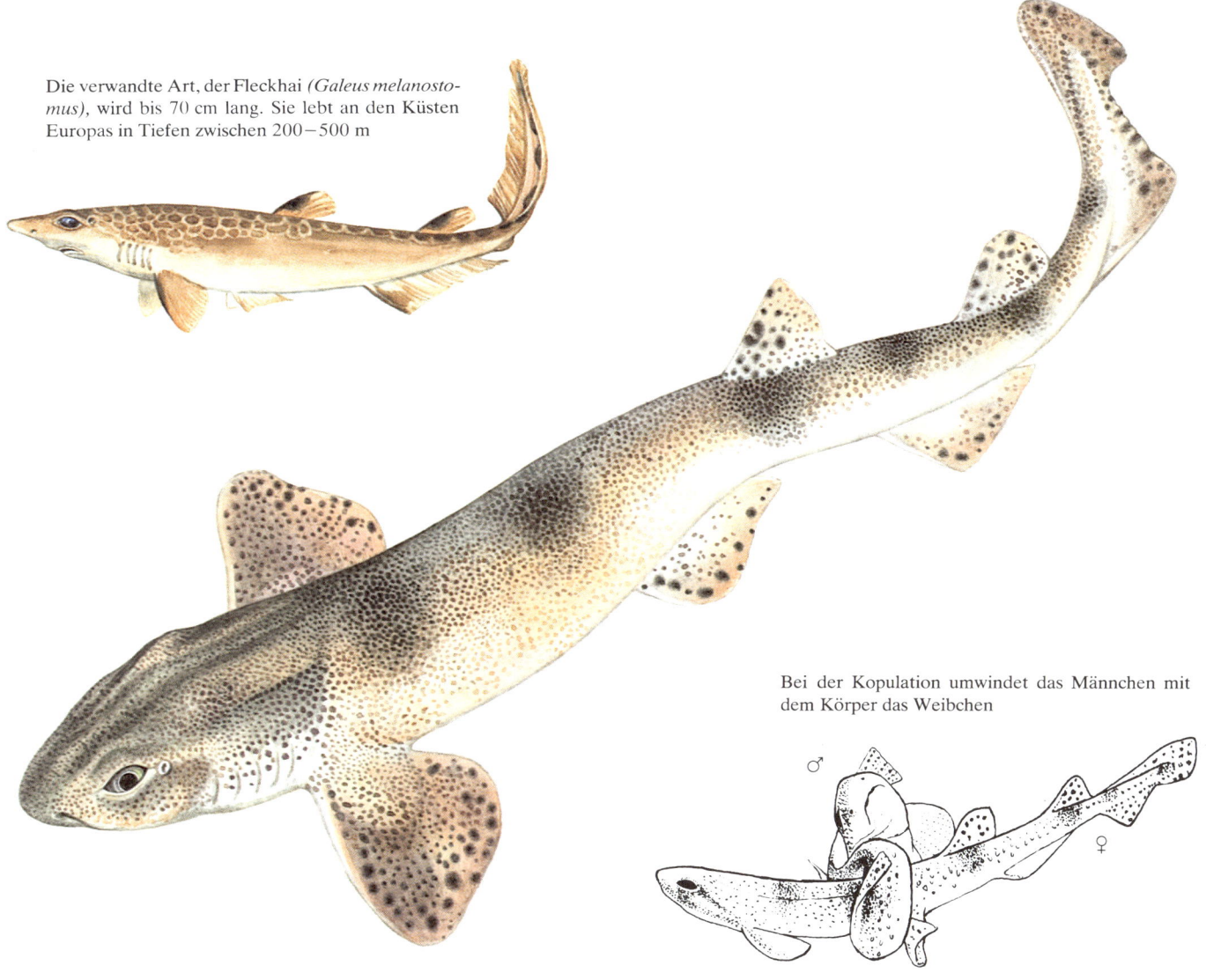

Die verwandte Art, der Fleckhai *(Galeus melanostomus)*, wird bis 70 cm lang. Sie lebt an den Küsten Europas in Tiefen zwischen 200–500 m

Bei der Kopulation umwindet das Männchen mit dem Körper das Weibchen

Großgefleckter Katzenhai   *Scyliorhinus stellaris*

Der Großgeflecker Katzenhai ist ein naher Verwandter des Kleingefleckten Katzenhais. Er unterscheidet sich von ihm durch die abgerundete Form der Bauchflossen und durch die unterschiedliche Stellung der zweiten Rückenflosse und der Afterflosse. Beim Kleingefleckten Katzenhai setzt nämlich die 2. Rückenflosse am Schwanzstiel erst hinter dem Hinterrand der Afterflosse an, während die Ansatzstelle beim Großgefleckten Katzenhai etwa über der Mitte der Afterflosse liegt. Auch durch die verschiedene Form der Kopfunterseite unterscheiden sich beide Arten. Beim Großgefleckten Katzenhai reicht die Rinne der Nasenöffnungen nicht bis zu den Oberkieferzähnen, wie das beim Kleingefleckten Katzenhai der Fall ist. Schließlich ist auch die Färbung verschieden, denn die dunklen Flecken auf Rücken, Seitenpartien und Flossen sind bei der großgefleckten Art deutlich größer. Das Verbreitungsareal ist kleiner als beim Kleingefleckten Katzenhai. Es reicht vor Afrika nur bis Dakar und umfaßt auch das Schwarze Meer nicht. In ihrer Lebensweise ähneln sich beide Arten, der Großgefleckte Katzenhai sucht sich eher harten, steinigen Grund aus und bevorzugt in größerem Maße Fischnahrung. Die im Körper der Weibchen befruchteten Eier machen nach der Eiablage eine neunmonatige Entwicklungzeit außerhalb des Mutterleibs durch. Interessant ist, daß die Weibchen beider Katzenhaiarten noch im Jahr nach der Paarung befruchtete Eier legen können. Bei der Kopulation umfängt das Männchen mit seinem Schwanzstiel das Weibchen und hält es so fest. Den Großgefleckten Katzenhai finden die Fischer nicht oft in ihren Netzen, auch ist sein Fleisch von geringer Qualität. Angesichts seiner für Haifische kleinen Ausmaße ist er für die Haltung in Meereswasseraquarien sehr geeignet.

Größe: 60–100 cm, ausnahmsweise bis 150 cm
Fruchtbarkeit: 20 Eier
Verbreitung: atlantische Küstengebiete Europas und Afrikas, Mittelmeer

Kopf von *S. caniculus* (1) und *S. stellaris* (2) von unten gesehen. Die Nasenöffnungen der ersten Art sind durch Rinnen mit dem Lippenrand verbunden

Die Blauhaie (CARCHARHINIDAE) sind eine der artenreichsten Haifischfamilien, zu ihnen gehören 80 bis 100 Haiarten aus den tropischen, subtropischen und gemäßigten Breiten der Weltmeere. Das Unterscheidungsmerkmal der Familie ist die fünfte Kiemenspalte, die über dem Vorderrand der Brustflosse oder noch weiter zurück liegt, der vergrößerte obere Schwanzflossenlappen und das Fehlen der Hautkiele seitlich des Schwanzstiels.

Blauhai
Carcharhinus glaucus

Der Blauhai besitzt einen langen, kräftigen Körper mit auffällig langen und gebogenen Brustflossen. Die obere Hälfte seines Körpers ist dunkelblau, die Seiten sind etwas heller, die Flossen bläulich und der Bauch ist weiß gefärbt. Verendete Tiere verlieren rasch ihre herrlich satte blaue Farbe. Der Blauhai ist ein in allen warmen Meeren vertretener Kosmopolit. Nach Norden dringt er bis zur südskandinavischen Küste vor. Er zählt zu den mittelgroßen Haifischen. Über eine Art Mutterkuchen sind die embryonalen Dottersäcke mit der Gebärmutterwand verbunden und werden von hier aus ernährt. In einem Wurf werden mehrere Dutzend 30—50 cm langer Jungtiere geboren. Überwiegend halten sich die Blauhaie im Oberflächenwasser auf. Im Sommer unternehmen sie lange Wanderungen nordwärts, bei denen sie oft vom Lotsenfisch *(Naucrates ductor)* begleitet werden. Die Länge dieser Wanderungen schwankt je nach Wassertemperatur. In Jahren mit erhöhter Sonneneinstrahlung gelangen die Blauhaie bis in die Nordsee. Häufig folgen sie Fangschiffen und anderen Schiffen, um die von Bord geworfenen Abfälle und Fischreste zu verzehren, ansonsten fangen sie Fische und fressen auch verschiedene andere Haifischarten.

Wirtschaftlich ist der Blauhai von geringer Bedeutung, er wird allerdings von Sportfischern mit der Angel als Trophäe gefangen. In den britischen Gewässern werden jährlich 3000 bis 5000 Stück aufgebracht. Auch in Japan zum Beispiel wird dieser Hai intensiv gejagt. Manchmal wird er als Menschenfresser bezeichnet, seine Gefährlichkeit wird jedoch stark überschätzt.

Größe: bis 4 Meter
Gewicht: bis 150 kg
Fruchtbarkeit: etwa 60 Junge
Synonyme: *Prionace glauca, Carcharias glauca*
Verbreitung: warme Meere der gesamten Erde

Der verwandte Hundshai *(Galeorhinus galeus)* lebt ebenfalls in allen warmen Meeren. Er wird bis zu 1,5 m lang, ist ovovivipar und die Tragzeit währt etwa 10 Monate. Er wird gern von Sportfischern mit der Angel gejagt

Südlicher Glatthai   *Mustelus mustelus*

Beim Südlichen Glatthai sind beide Rückenflossen fast gleich groß. Die erste ist geringfügig größer und beginnt hinter den Brustflossen, die zweite setzt vor der kleinen Afterflosse an. Er ist grau gefärbt und hat einen helleren Bauch, besonders bei jungen Tieren treten auf dem Rücken und an den Seiten schmutzigweiße Flecken auf. Die Art ist in den Küstengewässern des Atlantischen Ozeans verbreitet. In Europa reicht die Nordgrenze ihres Verbreitungsgebietes bis Südnorwegen, wohin die Tiere aber nur im Sommer kommen. Die Südlichen Glatthaie leben auch im Mittelmeer, verbreitet sind sie jedoch hauptsächlich in tropischen Gewässern. Im Gegensatz zu anderen Haifischarten sind sie weniger beweglich und unternehmen auch keine größeren Wanderungen. Ihre Nahrung besteht überwiegend aus Weichtieren und am Boden lebenden Krabben, deren Schalen und Panzer sie mit ihren flachen Zähnen zertrümmern. Fische nehmen einen weniger bedeutenden Platz als Nahrung ein. Wie alle Haie besitzen die Südlichen Glatthaie keine Schwimmblase, so daß ihre große Leber, die mit an Vitamin A reichem Öl gesättigt ist, das hauptsächliche hydrostatische Organ darstellt. Schon Aristoteles wußte, daß diese Art lebendgebärend ist. Die Weibchen werfen bei einer Geburt bis zu 20 Junge, die etwa 15 cm lang sind. Während der Entwicklung im Mutterkörper werden sie über eine Art Dotter-Plazenta ernährt, die an den echten Mutterkuchen der Säugetiere erinnert. Das Fleisch wird wenig geschätzt und nur in geringerem Maße im Mittelmeergebiet konsumiert.

Größe: 1–1,8 m, höchstens 2 m
Fruchtbarkeit: 20 Junge
Verbreitung: im Atlantischen Ozean

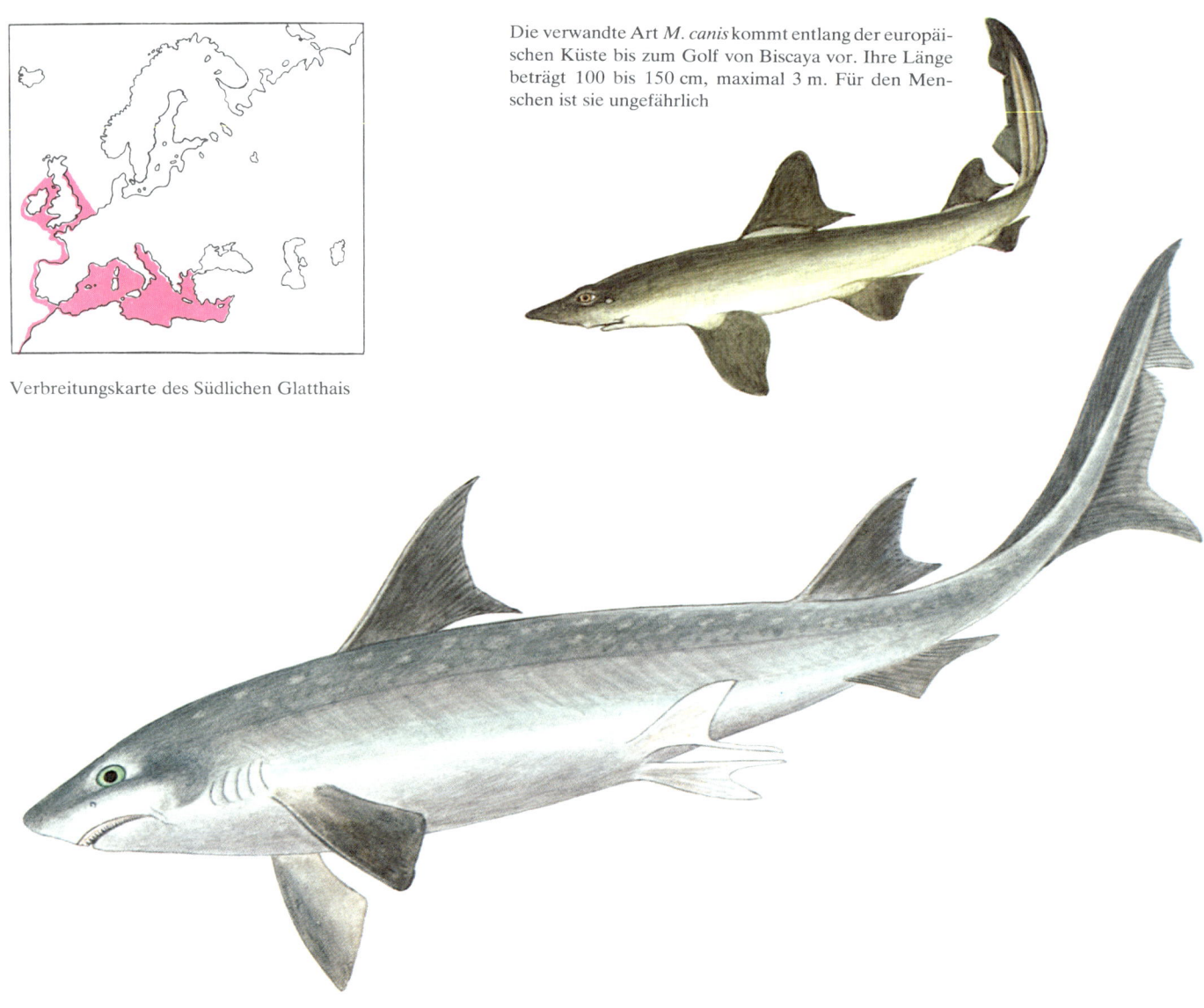

Verbreitungskarte des Südlichen Glatthais

Die verwandte Art *M. canis* kommt entlang der europäischen Küste bis zum Golf von Biscaya vor. Ihre Länge beträgt 100 bis 150 cm, maximal 3 m. Für den Menschen ist sie ungefährlich

Die Familie der Hammerhaie (SPHYRNIDAE) vereint etwa 6 große Arten, für die der an einen Hammer erinnernde, seitlich stark verbreiterte Kopf charakteristisch ist.

Glatter Hammerhai

Sphyrna zygaena

Der Glatte Hammerhai hat seine Augen an den Seiten des hammerförmig ausladenden Kopfes, die Maulspalte ist entsprechend breit. Nach der Meinung verschiedener Fachleute dienen die seitlichen Ausläufer des Kopfes als zusätzliche Stabilisatoren beim Schwimmen, anderen Experten zufolge verbessern sie die Richtungsorientierung des Geruchssinns. Die Nahrung der Hammerhaie wird vorwiegend von Fischen gebildet, kleinere Exemplare bevorzugen allerdings auch wirbellose Tiere, vor allem Krustentiere. Hammerhaie zählen zu den lebendgebärenden Arten. Der Embryo ist im Körper der Mutter durch den Dottersack fest mit deren Organismus verbunden. Diese Ernährungsart erinnert an die Ernährung über den echten Mutterkuchen bei den Säugern. Meist werden die Jungen im Spätsommer oder im Herbst geboren. Die wirtschaftliche Bedeutung ist minimal, da das Fleisch der Hammerhaie für gewöhnlich nicht für Speisezwecke und auch nicht als Grundlage für die Fischmehlproduktion (wie auch bei der Mehrheit der übrigen Haifischarten) verwendet wird. Die harte und grobe Haifischhaut nutzt nämlich die zur Fischmehlherstellung eingesetzten Mühlen schnell ab. Da bereits mehrere Fälle registriert wurden, in denen Hammerhaie Menschen angriffen, wird diese Art zu den gefährlichen Haiarten gezählt.

Größe: 3,5–4 m, vereinzelt bis 5 m
Gewicht: 150–300 kg, in Ausnahmefällen bis 500 kg
Fruchtbarkeit: bis 40 Jungtiere
Synonyme: *Squalus zygaena, Zygaena malleus*
Verbreitung: in allen Ozeanen, vor allem in tropischen Gewässern. Vor der europäischen Küste grenzt sein Areal nach Norden hin an die Nordsee, lebt auch im Mittelmeer

Die verwandte Art *S. tiburo* entstammt den subtropischen und tropischen Gewässern des Westatlantiks. Sie wird 80 bis 120 cm lang, maximal bis 2 m. Im Unterschied zu *S. zygaena* sind die hammerähnlichen Auswüchse weniger groß

Den Vertretern der Ordnung SQUALIFORMES fehlt die Afterflosse. Beide Rückenflossen sind mit starken Dornen versehen. Zur Familie der Dornhaie (SQUALIDAE) gehören Arten mit einem langgestreckten, schlanken Körper, dem die Afterflosse fehlt. Als Unterscheidungsmerkmal gelten jedoch vor allem die frei vor jeder der beiden Rückenflossen stehenden Dornen.

Gemeiner Dornhai, Gefleckter Dornhai   *Squalus acanthias*

Beim Gemeinen Dornhai sind die beiden großen Dornen mit Giftdrüsen verbunden. Die Schnauze ist langgestreckt und zugespitzt, die Augen sind groß, der Oberlappen der mächtigen Schwanzflosse ist deutlich größer als der untere. Rücken und Seiten sind dunkelgrau bis bräunlich gefärbt, der Bauch ist hell. An den Seiten treten oft einzelstehende helle Flecken auf.

Im Norden des Atlantiks ist der Gemeine Dornhai der häufigste Haifisch, er tritt an den europäischen, afrikanischen und amerikanischen Küsten dieses Ozeans auf, und zwar nach Norden hin im Weißen Meer, um Island, Südgrönland und Labrador. Man trifft ihn auch im Mittelmeer, im Schwarzen und Asowschen Meer an. Im Stillen Ozean und auf der südlichen Halbkugel leben verwandte Unterarten. Der Gemeine Dornhai lebt in Schwärmen gewöhnlich am Boden, aber auch im Pelagial in Tiefen zwischen 10 und 200 m, nachts nähert er sich der Oberfläche. Im Frühjahr wandern die Haie zur Begattung in Richtung Küste und kehren im Herbst wieder in die tiefen Wasserschichten des offenen Meeres zurück. Die

Schwärme setzen sich meist aus Exemplaren nur eines Geschlechts zusammen. Der Gemeine Dornhai lebt hauptsächlich von Schwarmfischen. Sie sind ovovivipar, nach einer Tragzeit von 18 bis 22 Monaten gebären die Weibchen meist an die 10 Junge von 20 bis 30 cm Länge. In früheren Zeiten wurden die Dornhaie verfolgt, denn sie fallen in Netzen gefangene Fische an und zerstören dabei die Netze. Später fing man sie wegen ihres guten Lebertrans, der bis zu 20 % des Körpergewichts ausmachen kann. Heute werden jährlich 30 000 bis 40 000 t gefangen und zu Fischmehl verarbeitet, ein Teil des relativ schmackhaften Fleisches kommt auch auf den Fischmarkt.

Größe: 80–100 cm, in Ausnahmefällen bis 120 cm
  (Weibchen)
Gewicht: 5–8 kg, max. 10 kg
Fruchtbarkeit: 3–25 Junge
Verbreitung: Kosmopolit

Vor kurzem geborenes Jungtier mit dem Rest seines Dottersacks

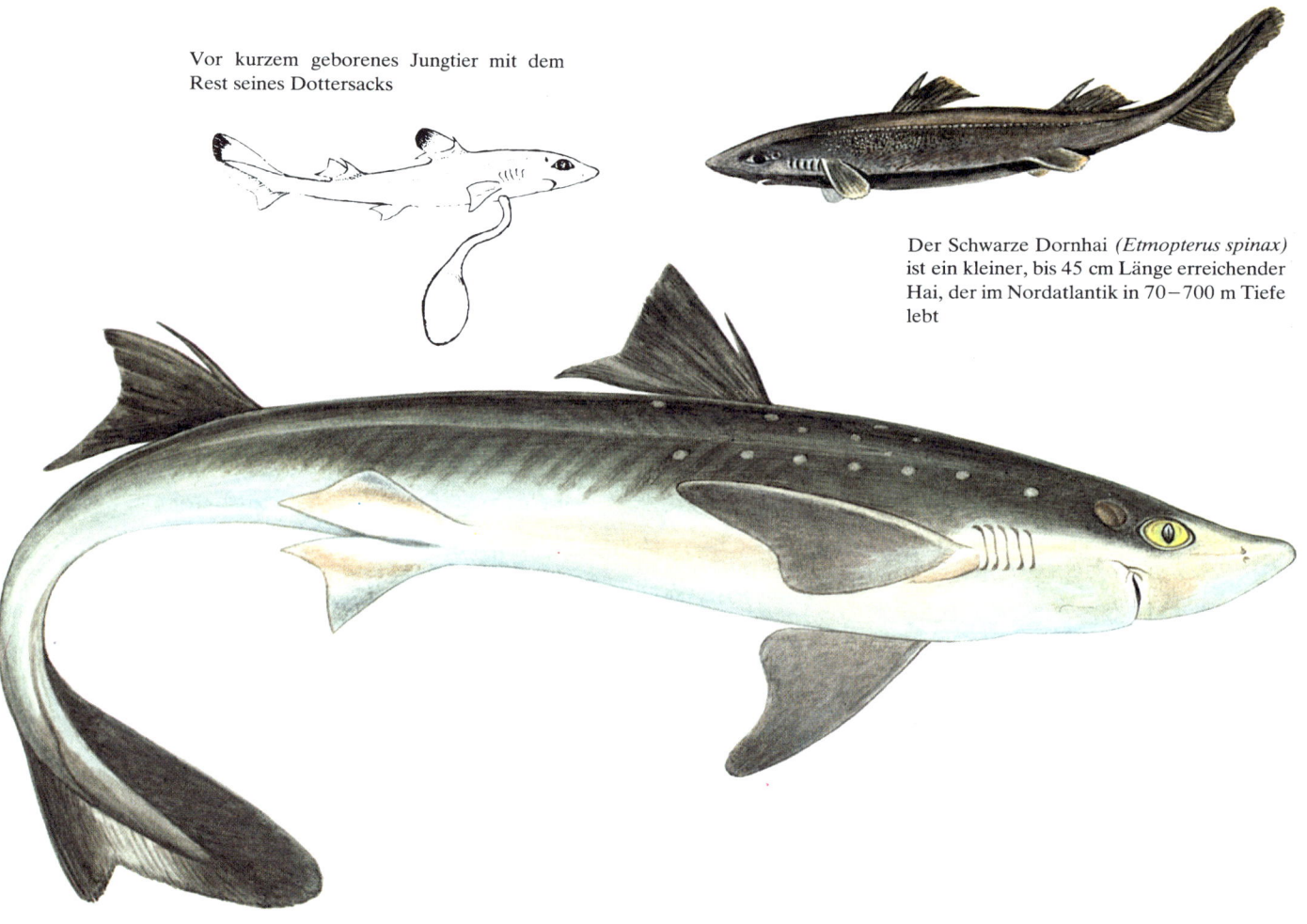

Der Schwarze Dornhai *(Etmopterus spinax)* ist ein kleiner, bis 45 cm Länge erreichender Hai, der im Nordatlantik in 70–700 m Tiefe lebt

Im Unterschied zu den SQUALIDAE-Arten besitzen die Arten der Familie der Eishaie (DALATIIDAE) keine selbständigen Dornen vor den Rückenflossen. Ihnen gehören 7 Gattungen mit insgesamt 12 Arten an, die in allen Weltmeeren vom Nördlichen Eismeer bis zur Antarktis heimisch sind.

Grönlandhai, Eishai   *Somniosus microcephalus*

Der Grönlandhai gehört zu den großen Haien, er hat zwei kleine Rückenflossen, von denen die erste annähernd in der Körpermitte ansetzt. Auch Augen und Kiemenspalten sind im Vergleich zur Körperlänge klein. Der ganze Körper ist dunkel gefärbt, meist schwarzbraun. Tote Tiere verfärben sich grau. Grönlandhaie bevorzugen die Bodengewässer, auf der Jagd nach einer Beute steigen sie allerdings häufig bis zur Oberfläche auf. Deshalb können sie auch von den Eskimos mit der Harpune gejagt oder mit kurzen Schnüren (18−20 m) geangelt werden. Meist halten sie sich aber in 150−500 m Tiefe auf, doch wurden sie auch schon bei 1200 Metern angetroffen. Der praktisch alles fressende Grönlandhai erreicht ein hohes Alter. Bei einigen Exemplaren wurden im Magen Überreste von Menschen, wahrscheinlich Reste von ertrunkenen Fischern oder Seeleuten, gefunden. Die Grönlandhaie sind eine Art „Müllabfuhr der Meere", denn sie verfolgen Walflotten und Fischverarbeitungsschiffe, um gierig die verschiedensten Abfälle zu verschlucken. Angaben über die Fortpflanzungsbiologie gibt es nur sehr spärlich. Nach einigen Autoren legen die Weibchen im Frühjahr in großen Tiefen 300−500 hornartige Eikapseln von etwa 8 cm Größe auf dem Grund ab, nach anderen Literaturquellen ist der Grönlandhai lebendgebärend und bringt in einem Wurf an die 10 Junge von ungefähr 70 cm auf die Welt. In der Vergangenheit wurde dieser Hai wegen seiner reichlich Vitamin A enthaltenen Leber stark bejagt, sein Fleisch aß man eher getrocknet oder gesalzen als frisch. In diesem Jahrhundert gingen die Fänge zurück und heute stellt man aus den gefangenen Grönlandhaien hauptsächlich Fischmehl her. Das Fleisch soll unter Umständen giftige Wirkung besitzen.

Größe: 4−6 m, höchstens 8 m
Gewicht: 250−500 kg, vereinzelt bis 1400 kg
Verbreitung: im gesamten Nordatlantik, in einigen Teilen des nördlichen Eismeers, im Nordpazifik. Im Atlantik dringt er südlich bis zur Seinemündung vor

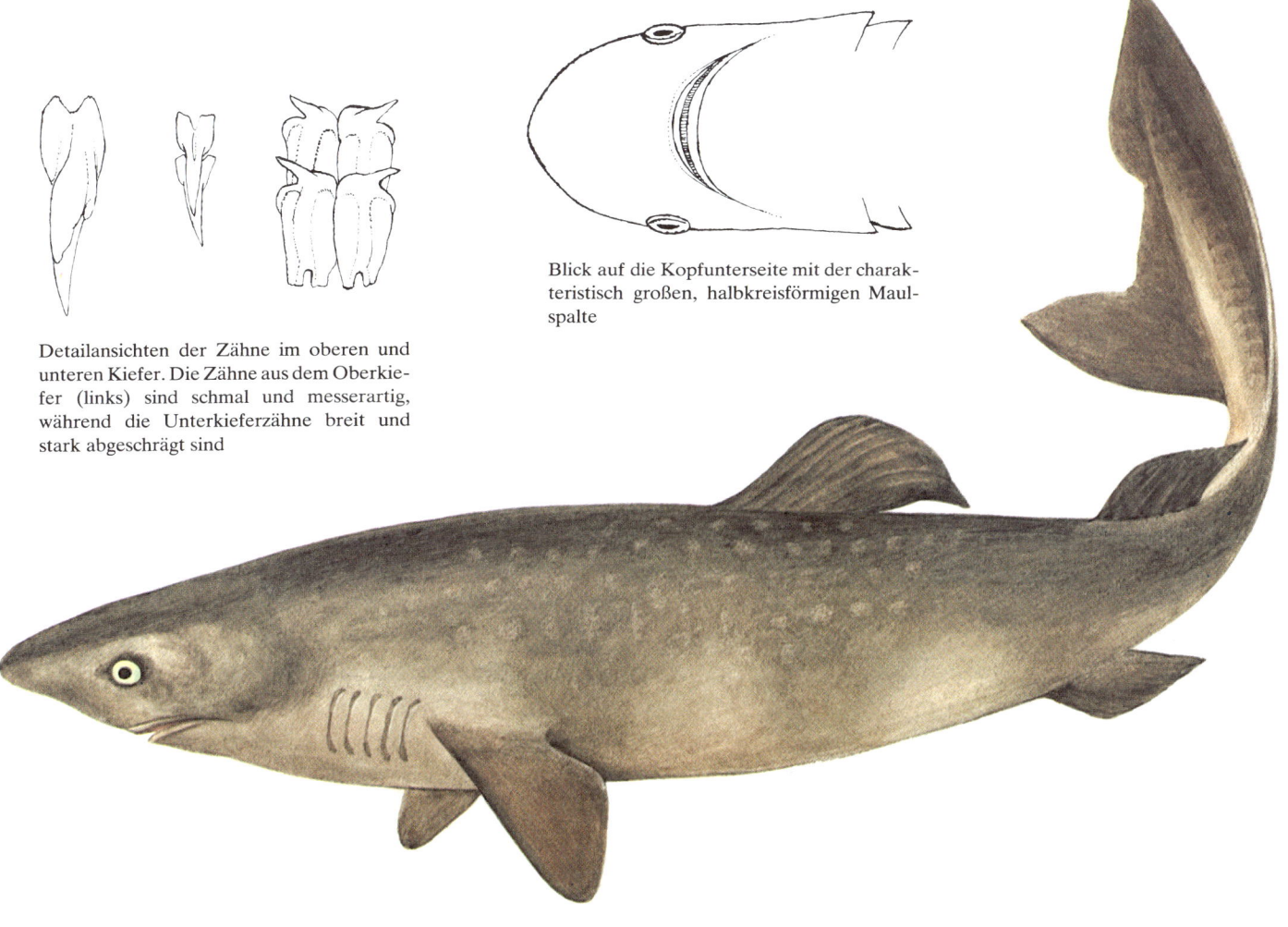

Blick auf die Kopfunterseite mit der charakteristisch großen, halbkreisförmigen Maulspalte

Detailansichten der Zähne im oberen und unteren Kiefer. Die Zähne aus dem Oberkiefer (links) sind schmal und messerartig, während die Unterkieferzähne breit und stark abgeschrägt sind

Die Familie der Engelhaie oder Engelfische (SQUATINIDAE) wird zwar zu den Haien gerechnet, doch erinnern sie in vielem an die Rochen. Vor allem in der Körperform, die in dorsoventraler Richtung stark verflacht ist, sowie die flache Lage der Brust- und Bauchflossen. Wie die anderen Haifische haben die Engelhaie aber Kiemenspalten an den Kopfseiten sowie eine Maulöffnung am Kopfende und nicht an dessen Unterseite wie die Rochen.

Gemeiner Meerengel *Squatina squatina*

Der Gemeine Meerengel ist der einzige Vertreter seiner Familie, der vor den europäischen Atlantikküsten vorkommt. Im Mittelmeer kommen hingegen noch andere Arten vor. Die Rückenseite seines Körpers ist graugrün bis graubraun mit kleinen, dunklen Flecken, der Bauch ist hell gefärbt. Neben den zwei Rückenflossen und den im Kopfoberteil steckenden Augen fällt das große Spritzloch auf. Die Gemeinen Meerengel leben am Grund in Tiefen von 5–90 Metern, oft sind sie fast zur Hälfte im sandigen oder lehmigen Boden eingegraben. Trotz seines flachen Körperbaus ist diese Art ein guter Schwimmer, der auch große Entfernungen überwindet. Seine Nahrung besteht aus Bodenfischen, vorwiegend Schollen, Flundern und Rochen sowie aus Krabben und Weichtieren. Im Mittel-

meer laicht der Gemeine Meerengel von Februar bis April, vor der französischen und britischen Küste etwas später. Die Weibchen dieser ovoviviparen Art werfen nach einer bisher noch nicht festgestellten Entwicklungszeit, gewöhnlich im Mai oder Juni, ihre Jungen, deren Größe zwischen 20 und 25 cm schwankt. Die Fische haben keine wirtschaftliche Bedeutung. Falls Gemeine Meerengel ins Netz gelangen, werden sie zu Fischmehl verarbeitet. Ihr Fleisch ist zwar genießbar, doch von geringer Qualität.

Größe: 1,2–2 Meter, ausnahmsweise bis 2,5 m
Gewicht: 25–50 kg, max. 80 kg
Fruchtbarkeit: 10–25 Junge
Verbreitung: im östlichen Atlantik, Mittelmeer

Verbreitungskarte
des Gemeinen Meerengels

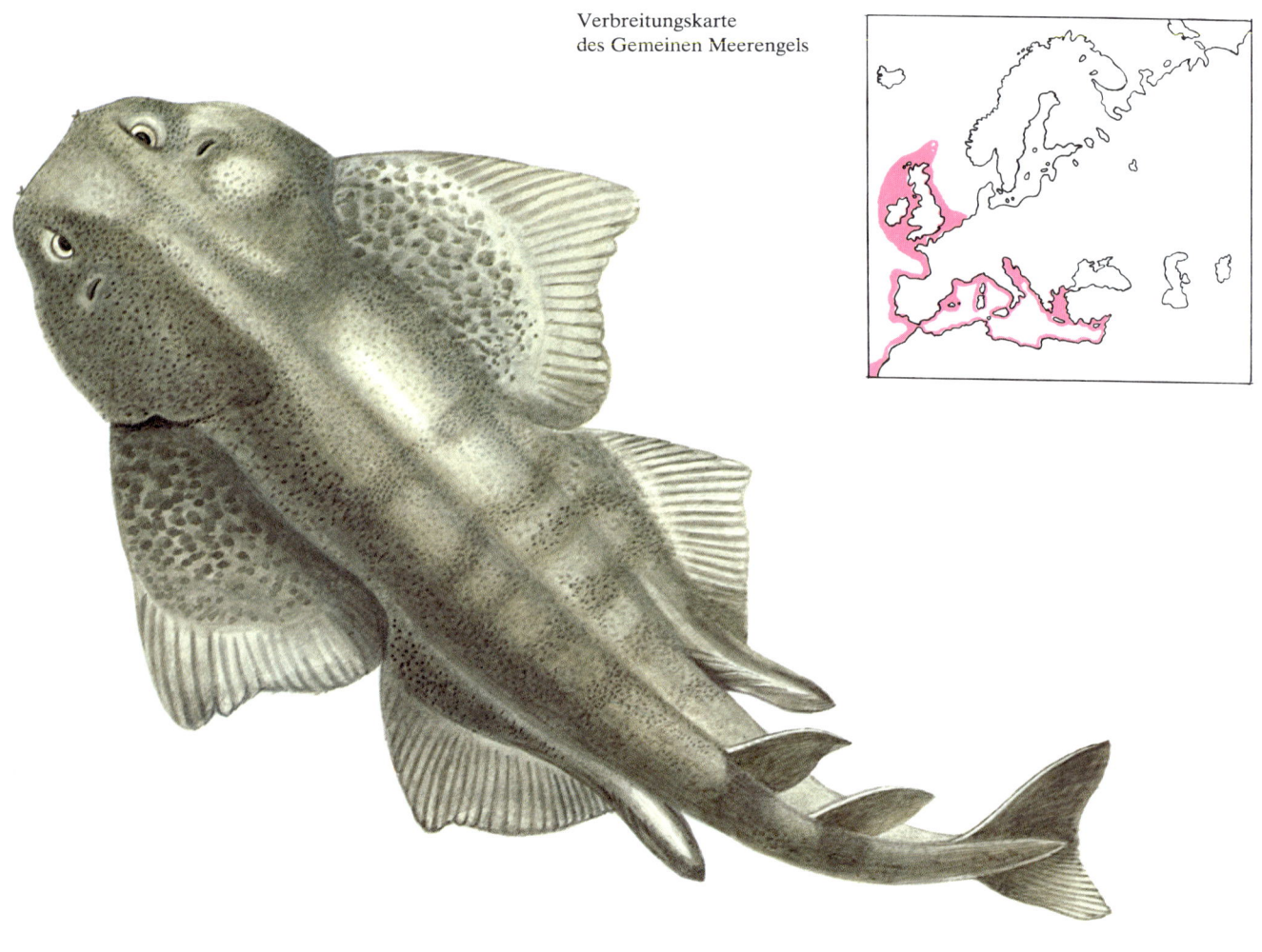

Der Körper der Rochen (Ordnung RAJIFORMES) ist dorsoventral abgeflacht, die Brustflosse ist stark vergrößert. Die fünf Paar Kiemenspalten öffnen sich zur Bauchseite hin. Die meisten Arten sind Meeresbewohner. Die Familie der Echten Rochen (RAJIDAE) vereint flachgebaute, knorpelige Fische, denen die breiten Brustflossen eine Rautenform verleihen. Charakteristisches Merkmal der meisten Echten Rochen sind die Rückendornen. Elektrische Organe und eine Afterflosse fehlen.

Nagelrochen, Keulenrochen, Steinrochen   *Raja clavata*

Auf dem Rücken des Nagelrochens befinden sich zahlreiche kleinere Hautdornen sowie einige größere Stacheln, die entlang der Mittellinie des Körpers und auf dem langen, deutlich getrennten Schwanzstiel verteilt sind. Die Stacheln besitzen runde, knopfartige Basalplatten und sie sind besonders groß bei geschlechtsreifen Männchen ausgebildet. Nagelrochen weisen eine stark variable Färbung auf, die von zimtgrau bis hellgrau schwankt, die Bauchseite ist hell cremefarben. Die Tiere leben meist über lehmigem oder sandigem Grund in 10−60 Meter Tiefe, in Ausnahmefällen bis in Tiefen um 400 m.

Im Frühling wandern die geschlechtsreifen Weibchen zu den flachen Gewässern vor der Küste, wohin ihnen die Männchen folgen. Nach einer inneren Befruchtung legen die Weibchen in 6 bis 10 cm langen Hornkapseln geschützte Eier ab, aus denen nach 16−20 Wochen die den erwachsenen Tieren ähnlichen Jungtiere schlüpfen. Die leeren Eikapseln werden oft vom Meer in Massen ans Ufer geworfen. Nach Verzehr des Dottersacks ernähren sich die Jungen von Kleinkrebsen, die erwachsenen Tiere später neben Wirbellosen auch von Fischen. Nagelrochen finden sich verhältnismäßig oft in den Schleppnetzen, manchmal auch an der Angel eines Sportfischers. Ihr Fleisch ist von mittlerer Qualität, wirtschaftliche Bedeutung besitzen diese Rochen nicht.

Größe: 60−80 cm, Weibchen bis 110 cm lang
    und 75 cm breit
Gewicht: 6−10 kg, ausnahmsweise bis 17 kg
Fruchtbarkeit: 5 bis 20 Eier
Verbreitung: Küstengewässer fast ganz Europas, von Island und Norwegen bis zum Schwarzen Meer, entlang fast der gesamten Atlantikküste Afrikas

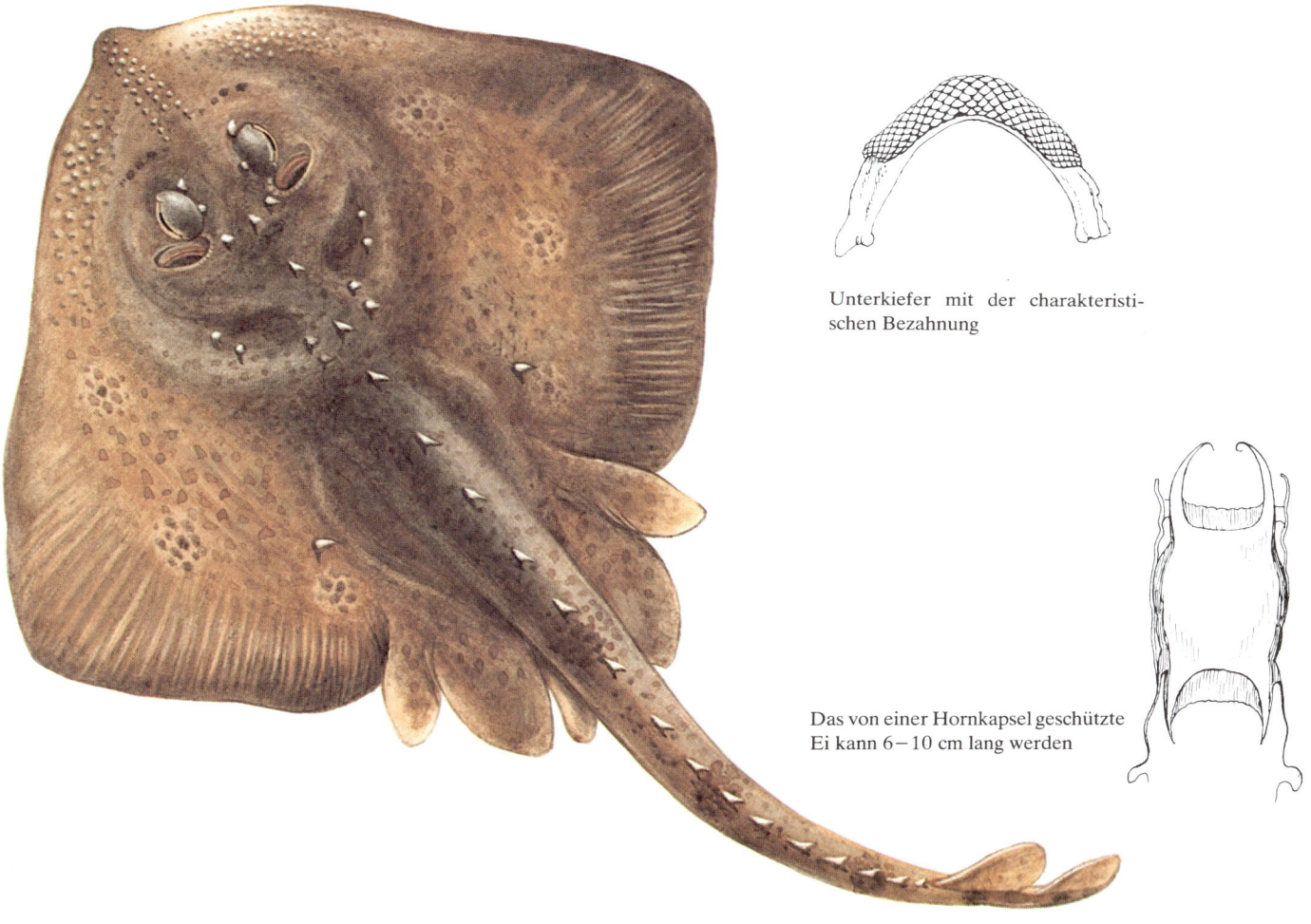

Unterkiefer mit der charakteristischen Bezahnung

Das von einer Hornkapsel geschützte Ei kann 6−10 cm lang werden

Sternrochen   *Raja radiata*

Die großen Brustflossenlappen des Sternrochens sind nicht so sehr zugespitzt wie beim Nagel- und Glattrochen, sondern eher abgerundet. Von den anderen Rochenarten unterscheidet sich der Sternrochen auch darin, daß sich 12−19 größere Stacheln entlang der Mittellinie von Körper und Schwanz befinden und daß eine Großzahl etwas kleinerer Stacheln über den Rücken verteilt sind, die eine breite, sternartig gerippte Basalplatte besitzen (was auch Anlaß für ihre Benennung war). Sternrochen weisen eine wechselnde Färbung auf, meist ist aber der Rücken hell zimtbraun gefärbt und hat zahlreiche creme- oder dunkelzimtfarbene Flecken, der Bauch ist weißlich. Vom Nagelrochen unterscheidet sich der Sternrochen auch durch das Verbreitungsgebiet, er stößt viel weiter nördlich vor und lebt auch an der nordamerikanischen Küste. Die Südgrenze seines Areals führt durch den Ärmelkanal. Nur selten wird er auch im Golf von Biscaya angetroffen. Der Sternrochen dringt in größere Tiefen vor. Zwar hält er sich meist über dem Grund in 50−100 m Tiefe auf, doch kommt er in den nördlichen Gebieten auch in Tiefen von 200−1000 m vor. Er bevorzugt als Nahrung verschiedene Fischarten, besonders Dorsch, Flunder und Hering, die er über dem Grund mit seinem hervorragenden Geruchssinn ausmacht. In Lebensweise und Fortpflanzung ähnelt er den übrigen Rochenarten. Die Weibchen reifen mit 40 cm Länge heran, die Männchen werden mit 42 cm geschlechtsreif. Eier und Eikapseln sind etwas kleiner als beim Nagelrochen (4 cm) und werden vor allem von Februar bis Juni abgelegt, doch kann man sie im Laufe des ganzen Jahres finden. Die Eikapseln sind mit zahlreichen dünnen, fadenartigen Auswüchsen bedeckt. Wieviel Eier produziert werden, ist nicht bekannt. Das Fleisch ist nicht von allzu gutem Geschmack und wird kaum in frischem Zustand konsumiert. Teils wird es konserviert, meist werden jedoch die Sternrochen-Beifänge zu Fischmehl verarbeitet.

Größe: 40−60 cm, max. 100 cm
Gewicht: 4−8 kg, max. 10−14 kg
Verbreitung: im nordwestlichen und nordöstlichen Atlantik, Küstengebiete von Island, Nordsee

Verbreitungskarte des Sternrochens

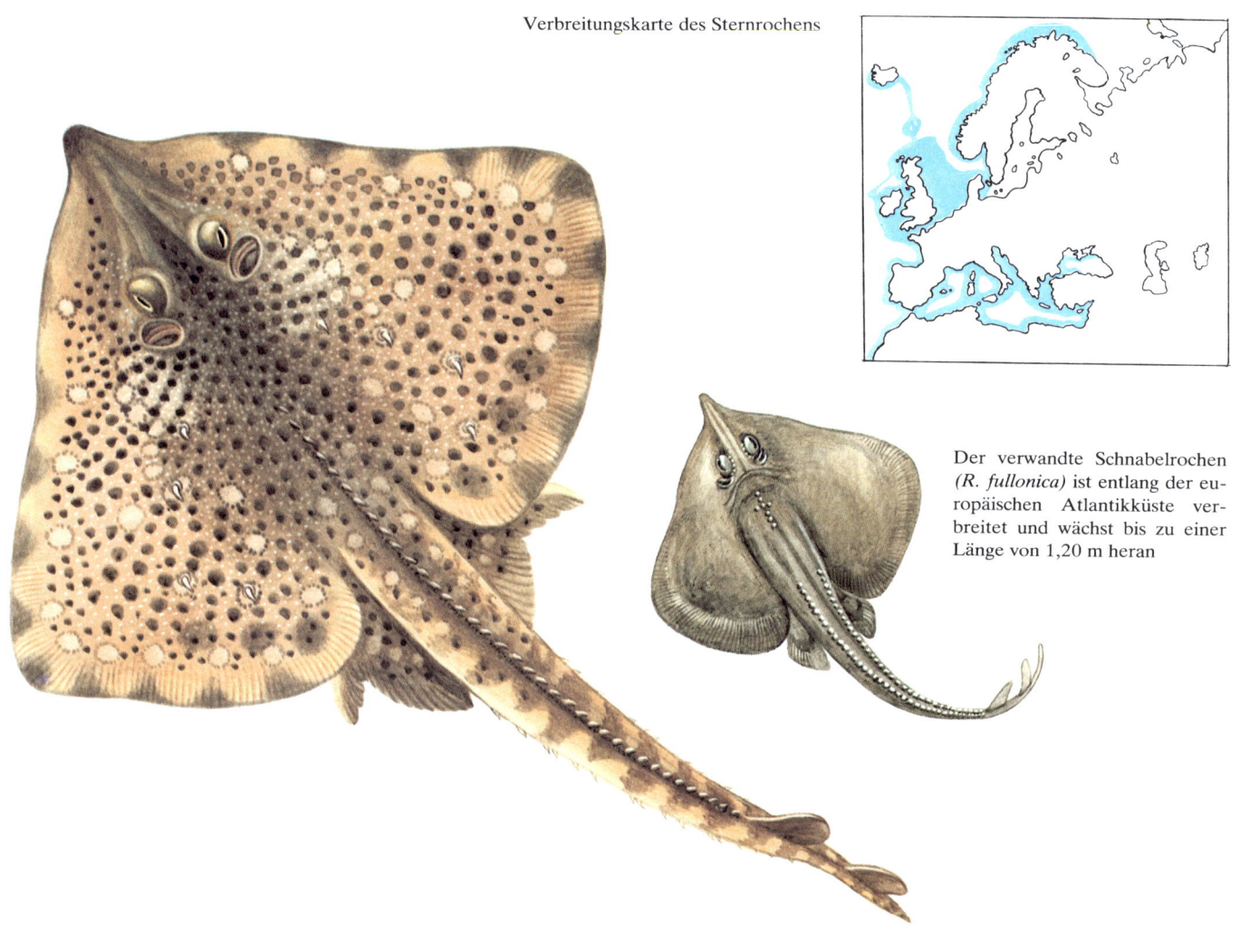

Der verwandte Schnabelrochen (*R. fullonica*) ist entlang der europäischen Atlantikküste verbreitet und wächst bis zu einer Länge von 1,20 m heran

Glattrochen, Spiegelrochen   *Raja batis*

Der Glattrochen ist die größte Rochenart der europäischen Gewässer und eine der größten lebenden überhaupt. Er hat eine spitze Schnauze, die zwei bis dreimal so lang wie der Augenabstand ist. Junge Tiere tragen eine glatte Haut mit Ausnahme der vor und hinter den Augen stehenden Dornen. Bei erwachsenen Exemplaren ist die Rückenseite mit winzigen Hautzähnen übersät. Auf der Schwanzmitte befinden sich bei erwachsenen Fischen 12−20 größere Dornen. Die Körperfarbe schwankt beträchtlich, sie reicht von oliven- bis dunkelzimttarben, fast stets ist sie mit unregelmäßigen dunkleren oder helleren Flecken versehen. Junge Tiere besitzen auf dem Rücken ein Paar ovaler, augenähnlicher Flecken mit dunkler Mitte.

Glattrochen leben in Tiefen von 30−600 m, junge Exemplare kann man auch im flachen Uferwasser antreffen. Dieser recht aktive Raubfisch ernährt sich in der Hauptsache von Dorschen und Heringen, verschmäht aber auch andere Rochenarten und selbst verschiedene Haiarten

nicht. Die Weibchen legen meist von Februar bis August eine noch nicht genau festgestellte Zahl von Eiern ab. Sie sind in 14−29 cm langen Hornkapseln geschützt, an deren Enden zwei Bündel langer und dünner Haftfäden sitzen. Nach 5−9 Monaten schlüpfen die bis 21 cm langen Jungen. Ihre Geschlechtsreife erlangen sie bei einer Körperlänge von 1,5 m. Der Glattrochen hat gut schmeckendes Fleisch, das frisch oder konserviert zubereitet wird, aus der Leber wird Tran gewonnen. Gefangen wird er vor allem mit Schleppnetzen (Trawle). Seine Fangquoten bewegen sich in den letzten Jahren zwischen 2000 und 3000 t. Große Exemplare werden heute nur noch selten aufgebracht, anders vor 40 bis 50 Jahren.

Größe: 1,5−2,5 m, max. 2,85 m, Breite bis 2 m
Gewicht: 75−100 kg, im Höchstfalle 113 kg
Verbreitung: Atlantik von Island und Nordnorwegen bis ins
  westliche Mittelmeer

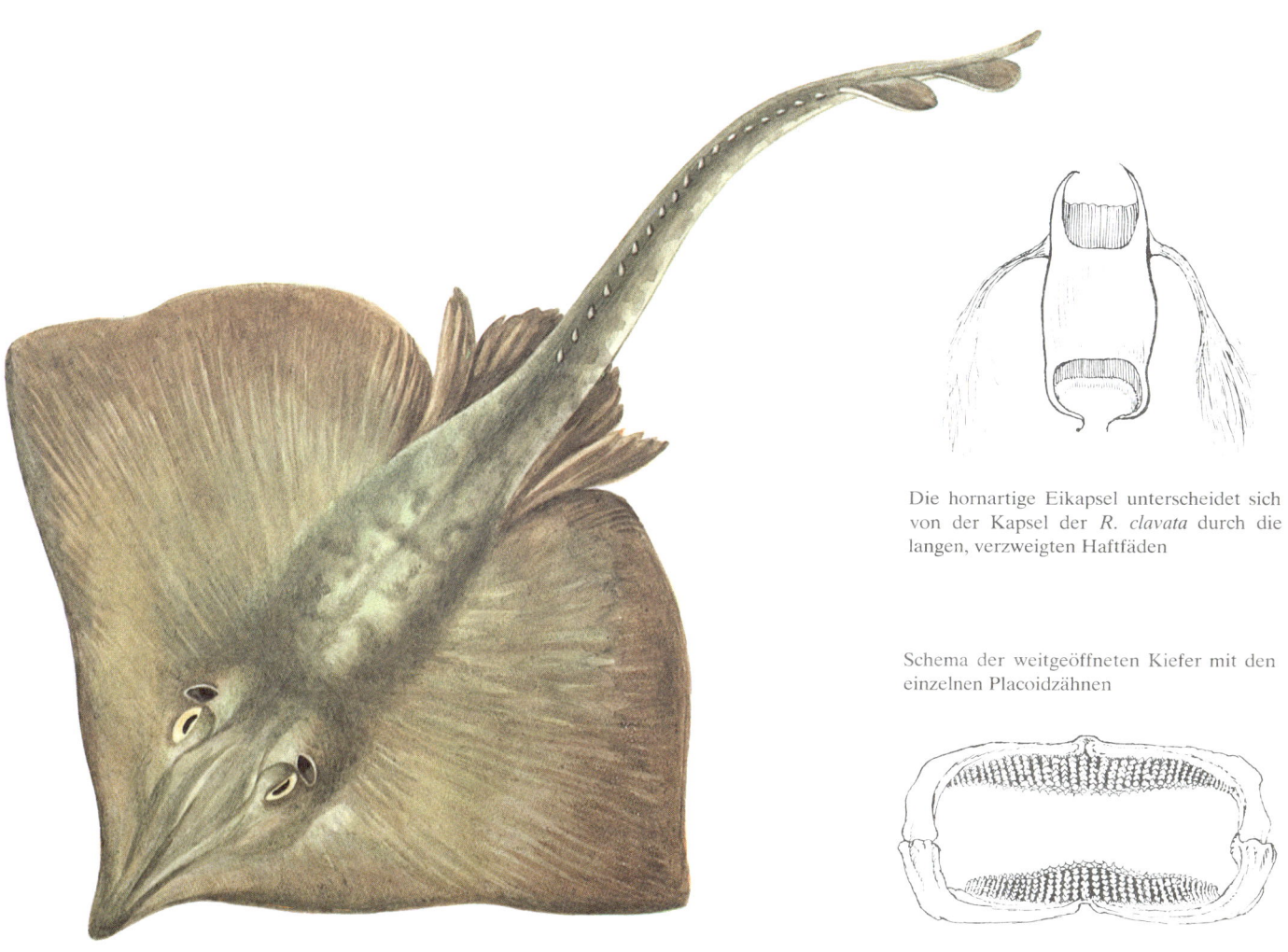

Die hornartige Eikapsel unterscheidet sich von der Kapsel der *R. clavata* durch die langen, verzweigten Haftfäden

Schema der weitgeöffneten Kiefer mit den einzelnen Placoidzähnen

Spitzschnauziger Rochen, Spitzrochen   *Raja oxyrhynchus*

Beim Spitzschnauzigen Rochen beträgt die Länge der Schnauze das 2,5−3 fache der Breite der Körperscheibe. Auf dem Rücken ist die Haut mit Ausnahme einiger Dornen auf der Schnauze glatt. Weitere Dornen befinden sich erst auf dem Schwanz. Der Unterkiefer trägt 32−42 Reihen scharfer, etwa gleichgroßer Zähne. Die Oberseite der Körperscheibe ist recht variabel gefärbt, sie reicht von grau über braun bis fast schwarz und ist mit hellbraunen, zuweilen milchweißen Flecken versehen. Die Unterseite ist grau und besitzt zahlreiche kleine Flecken am Rand. Wie die meisten Rochen hält sich auch diese Art am Boden in 100−1000 m Tiefe auf, am häufigsten wird sie aus Tiefen zwischen 130 und 275 m über weichem Lehmboden gefischt. Vorn und hinten befinden sich an der doppelt gewölbten Eikapsel kurze Hornauswüchse. Ohne diese sind die Kapseln 12−13 cm lang und 7−10 cm breit. Im Mittelmeer sind die Eikapseln etwas größer. Die Eiablage fällt je nach Wassertemperatur in verschiedene Monate, im Mittelmeer sind es Februar bis April, in der Nordsee Juni und Juli. Jungtiere jagen Krustentiere und stellen sich dann nach und nach auf Fischnahrung um. Die Jagdbeute stellen kleinere Fische der Gattungen *Sebastes, Trigla, Callionymus* u.a. dar. Geschlechtsreif werden die Rochen mit rund einem Meter Körperlange. Der Spitzschnauzige Rochen ist eine verbreitete Rochenart, über deren Verhalten jedoch bisher nichts bekannt ist. Wirtschaftlich ist sie ohne Bedeutung, doch gelangt sie hier und da als Beifang in die Trawlnetze.

Größe: bis 150 cm, Körperscheibe bis 1 m breit
Synonym: *Raja vomer*
Verbreitung: Ostgebiete des Atlantischen Ozeans von Senegal bis Norwegen, Nordsee und Mittelmeer

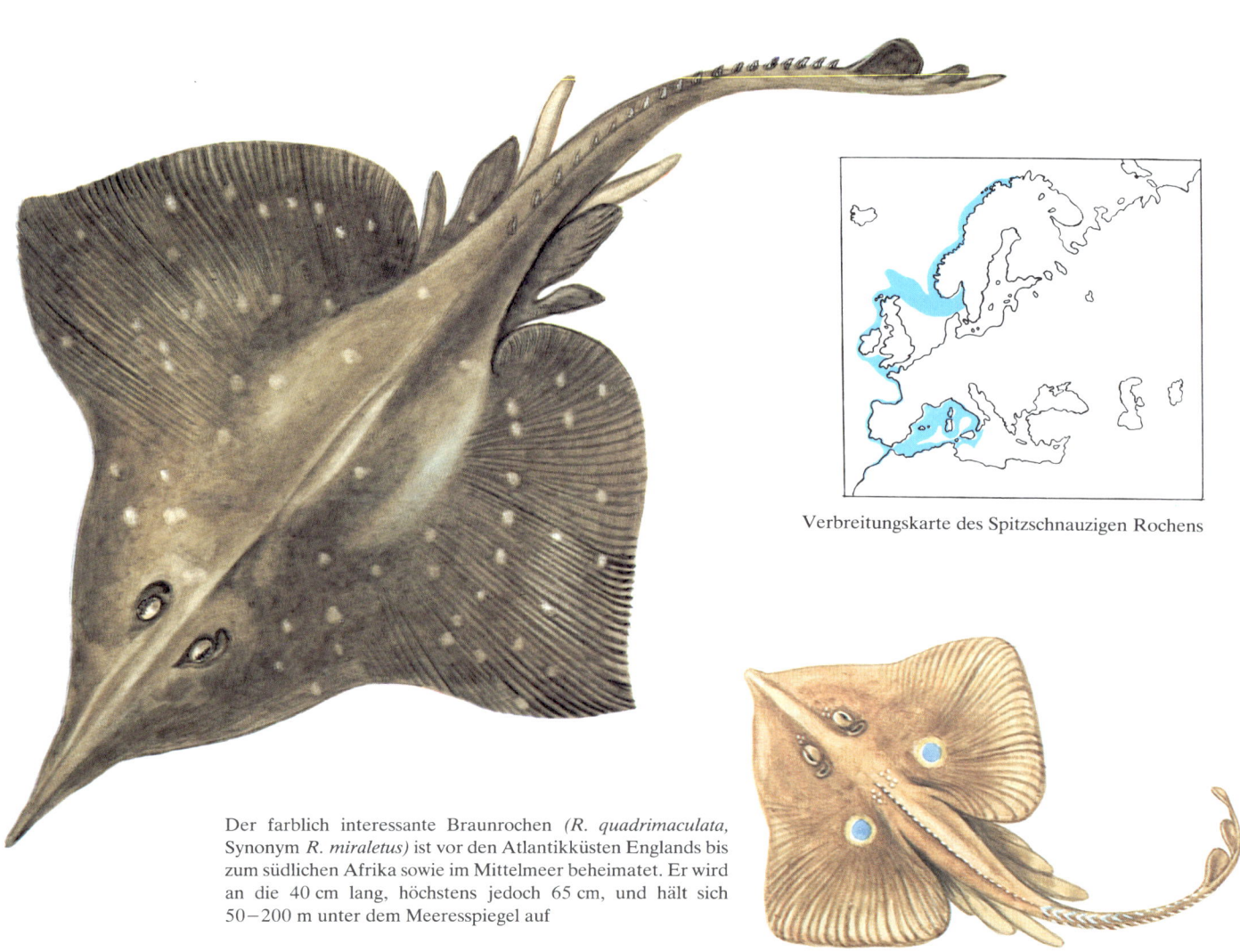

Verbreitungskarte des Spitzschnauzigen Rochens

Der farblich interessante Braunrochen *(R. quadrimaculata,* Synonym *R. miraletus)* ist vor den Atlantikküsten Englands bis zum südlichen Afrika sowie im Mittelmeer beheimatet. Er wird an die 40 cm lang, höchstens jedoch 65 cm, und hält sich 50−200 m unter dem Meeresspiegel auf

Raja hyperborea

In seiner Körperform erinnert dieser Rochen an den Sternrochen. Unterschiede bestehen jedoch in der längeren und spitzeren Schnauze, der breiteren Stirn und der wesentlich größeren Dornenzahl (22–30) am mittleren Rücken, wo der Sternrochen nur 12–19 aufzuweisen hat. Die Rückenseite der Körperscheibe ist blaugrau, manchmal braungrau gefärbt und hat kleine, helle und dunkle Flecken. Bei jungen Rochen ist der Bauch schmutziggelbweiß, erwachsene Tiere tragen dazu dunkle Flecken, die bisweilen zu Streifen zusammenfließen. Die dunklen Streifen nehmen dann oft einen größeren Teil der Körperunterseite ein als der gelbweiße Grundton.

Die kälteliebende Art bevorzugt Lehmboden in etwa 500–800 m Tiefe. Selten wird sie in Tiefen unter 2000 m oder über 300 m gefangen. Die Eikapseln ähneln von der Form her denen vom Sternrochen, sie sind aber größer. Ihre Länge bewegt sich zwischen 8–12 cm, die Breite zwischen 5–8 cm. Frisch geschlüpfte Jungtiere sind 15–16 cm lang. Nach Aufzehren des Dottersacks sind diese recht selbständig und können schon ihrer Körpergröße angemessene Beutetiere jagen. Die Zahl der von einem Weibchen gelegten Eier ist nicht bekannt. Als Nahrung dienen diesem Rochen Krustentiere aus der Familie *Euphasiidae,* aber auch Fische. Über die Lebensweise ist vor allem deshalb nur wenig bekannt, weil diese Art in großen Tiefen lebt und nur selten gefangen wird. Das Fleisch ist ungenießbar und die Art wirtschaftlich bedeutungslos.

Größe: 65–70 cm, max. 1 m
Synonym: *Raja borea*
Verbreitung: nördlicher Teil des Atlantischen Ozeans ungefähr ab der Linie von Südnorwegen und Island bis Spitzbergen und Nowaja Semlja, auch an der Küste Grönlands verbreitet auftretend

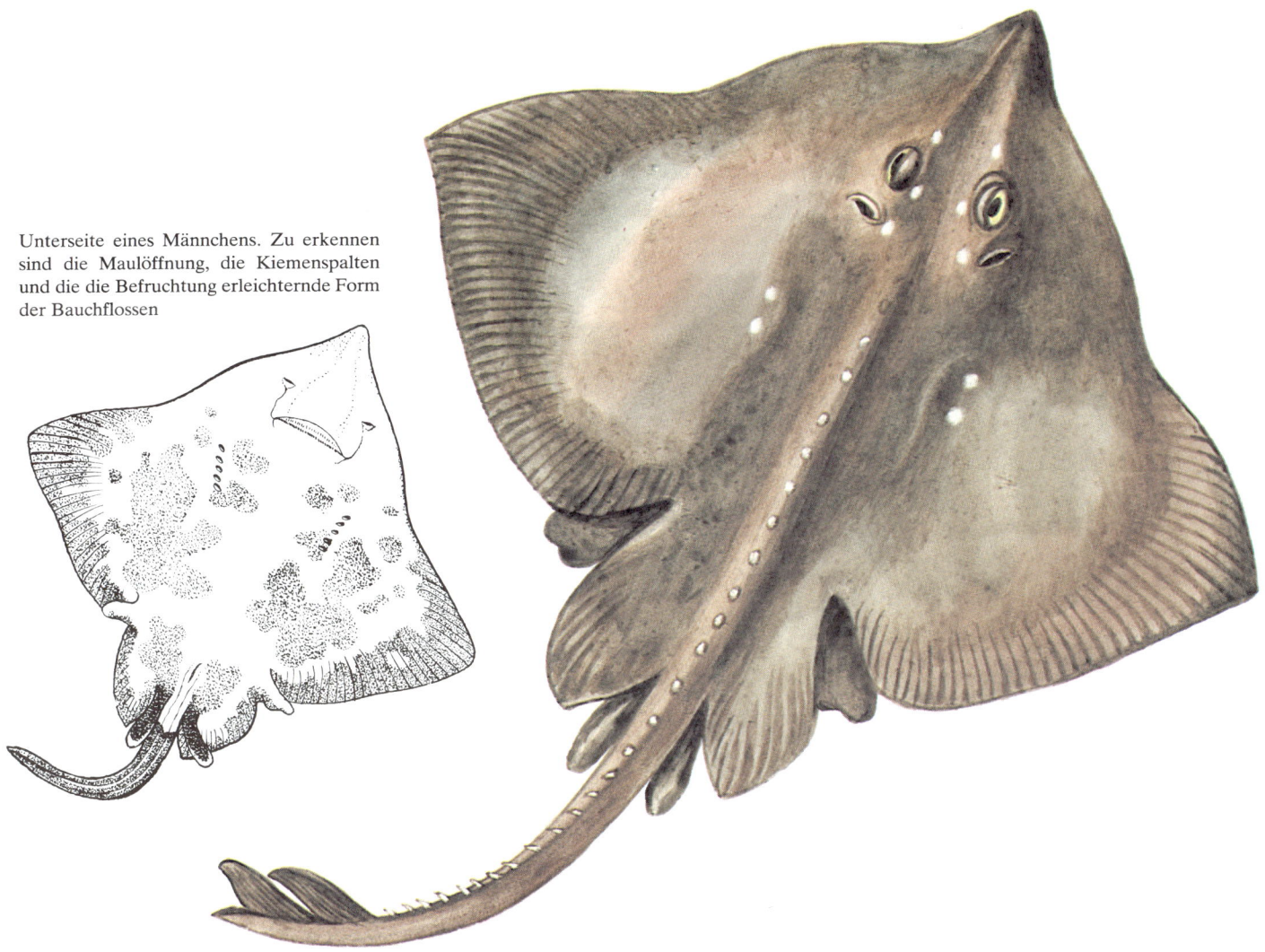

Unterseite eines Männchens. Zu erkennen sind die Maulöffnung, die Kiemenspalten und die die Befruchtung erleichternde Form der Bauchflossen

Bei den Arten der Familie Stachelrochen oder Stechrochen (DASYATIDAE) sind die Brustflossen vor dem Kopf zusammengewachsen. Auf dem Schwanz ragen mehrere scharfe, nadelartige Auswüchse nach oben, die eine Länge bis 30 cm erreichen können. Diese sollen die Rochen vor Haien schützen. Der Familie gehören 4 Gattungen mit etwa 35 Arten an, die überwiegend in Küstengewässern der gemäßigten und warmen Meereszonen heimisch sind.

Gewöhnlicher Stechrochen   *Dasyatis pastinaca*

Die Körperscheibe ist rund und wesentlich kürzer als der Peitschenschwanz. Die Rücken- und die Schwanzflosse fehlen. Der Körper ist nackt, jedoch wachsen großen Exemplaren auf der Mittellinie des Rückens kleine Zähne. Erkennungsmerkmal ist der 8–35 cm lange, wie eine Säge gezahnte Stachel im ersten Drittel des Schwanzrückens, an dessen Basis mit Giftdrüsen angefüllte Rinnen liegen. Mit einem kräftigen Schwanzschlag kann der Stechrochen den Giftstachel in den Körper seiner Beute oder eines Angreifers eindringen lassen. Diese Giftstacheln können beim Menschen sehr schmerzhafte und schwerheilende Wunden hinterlassen und sind durch die neurotoxische und hämotoxische Wirkung lebensgefährlich. Einige wenige Exemplare haben auch 2 und mehr Schwanzstacheln. Die Rückenseite des Gemeinen Stechrochens ist grauoliv bis bräunlich, der Bauch ist hell gefärbt. Oft halten sich die Tiere über sandigem Grund 5–75 m tief auf und graben sich dabei in den Sand ein. Mit Vorliebe suchen sie ruhige Meeresbuchten auf und dringen sogar bis ins Brackwasser der Flußmündungen vor. Ihre Nahrung sind Kleinfische, Mollusken und Krabben. Stechrochen sind ovovivipar, höchstwahrscheinlich mit innerer Befruchtung. Die Embryos entwickeln sich im dazu erweiterten Eileiter und ernähren sich in ihren fortgeschritteneren Stadien von einem Sekret der Eileiterwand. In der Sommerzeit werden wenige Junge geboren, weitere 12 bis 32 sich noch entwickelnde Eier verbleiben jedoch im weiblichen Eileiter. Das Fleisch des Stechrochens ist genießbar. Aus der Leber (bei Weibchen stellt sie ein Drittel des Körpergewichts) wird Öl mit hohem Anteil an Vitamin D gewonnen.

Größe: 1–2 m, max. 2,5 m (Weibchen)
Gewicht: 10–25 kg, vereinzelt bis 40 kg
Fruchtbarkeit: 4 bis 12 Junge
Verbreitung: Atlantikküste Europas und Afrikas von Südnorwegen bis zum Kap der Guten Hoffnung, Mittelmeer, Schwarzes und Asowsches Meer

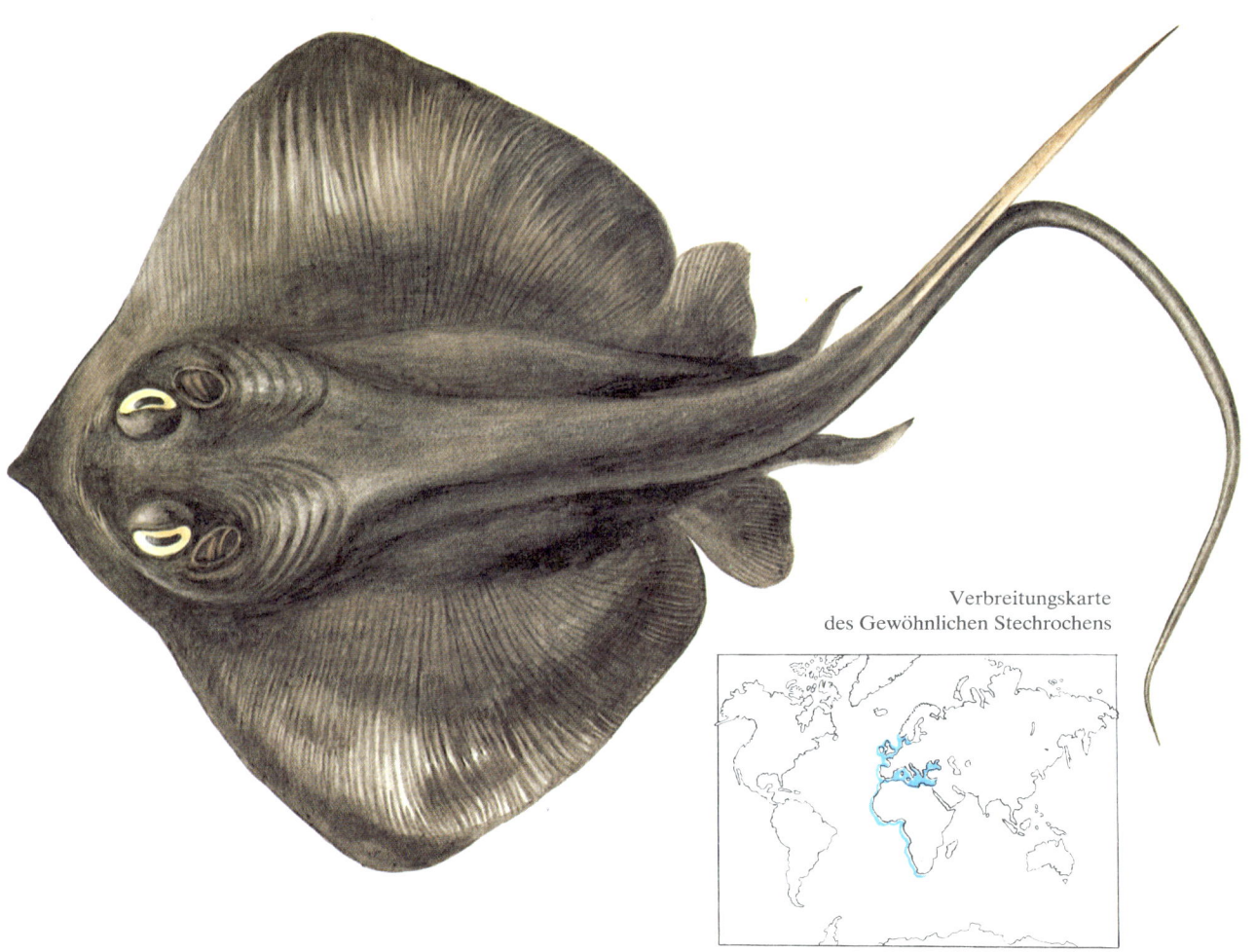

Verbreitungskarte
des Gewöhnlichen Stechrochens

Der Kopf der Adlerrochen (Familie MYLIOBATIDAE) ragt frei aus der durch die zusammengewachsenen Brustflossen entstandenen Körperscheibe hervor. Die Brustflossen sind an den Enden zugespitzt, der Schwanz ist außergewöhnlich lang und in einigen Fällen mit einem nadelartigen Auswuchs bewehrt. Der Familie gehören 5 Gattungen und 25 Arten an, die in warmen Küstengewässern aller Ozeane verbreitet sind.

Gewöhnlicher Adlerrochen   *Myliobatis aquila*

Beim Gewöhnlichen Adlerrochen umspannen die Brustflossen den Kopf nicht, so daß dessen Vorderteil frei aus der Körperscheibe hervorragt. Ähnlich wie beim Stechrochen ist der Schwanz langgestreckt peitschenförmig, aber ohne Schwanzflosse. Auf dem Schwanzrücken befindet sich eine kleine Fettflosse, hinter der ein, seltener auch zwei, gezähnte, mit Giftdrüsen versehene Stacheln sitzen. Die Giftstacheln haben bereits vielen Fischern schmerzhafte Wunden zugefügt. Die langen Brustflossen bilden spitze Winkel, so daß sie besonders von oben gesehen dem Rochen die Silhouette eines Raubvogels verleihen. Daher trägt diese Art in zahlreichen Sprachen der Welt die Bezeichnung Adlerrochen oder Meeradler. Auf dem Rücken ist der Körper des Adlerrochens graugrün bis graubraun, im Jugendstadium mit hellen Flecken versehen. Der Bauch ist grauweiß. Als Lebensraum dienen Wasserschichten über sandigem und lehmigem Grund bis 100 m Tiefe, und zwar gern in warmen Meeren. Gelegentlich werden die Tiere auch an der Oberfläche beobachtet. Ihre Nahrung besteht hauptsächlich aus Krab-

ben und Weichtieren, deren harte Schalen sie mit ihren pflastersteinartigen Zähnen zermalmen, die beiderseits der Mundhöhle in je drei Reihen angeordnet sind. Die Embryos der ovoviviparen Tiere werden im fortgeschrittenen Entwicklungsstadium von einem von der Eileiterwand ausgeschiedenen Sekret ernährt. Im Vergleich zu anderen Rochen schwimmen die Adlerrochen recht gut und schnell, weshalb sie manchmal von Sporttauchern mit der Harpune gejagt werden. Sie sind ohne wirtschaftliche Bedeutung.

Größe: 1,5−2 m, mit dem langen Schwanz bis 4,5 m
Gewicht: 20−25 kg
Fruchtbarkeit: 5−7 Junge
Synonyme: *Raja aquila, Myliobatias noctula*
Verbreitung: Atlantik von der südnorwegischen Küste und dem Norden Großbritanniens bis zur Südafrikanischen Republik, auch an der irischen Südwestküste und im Ärmelkanal

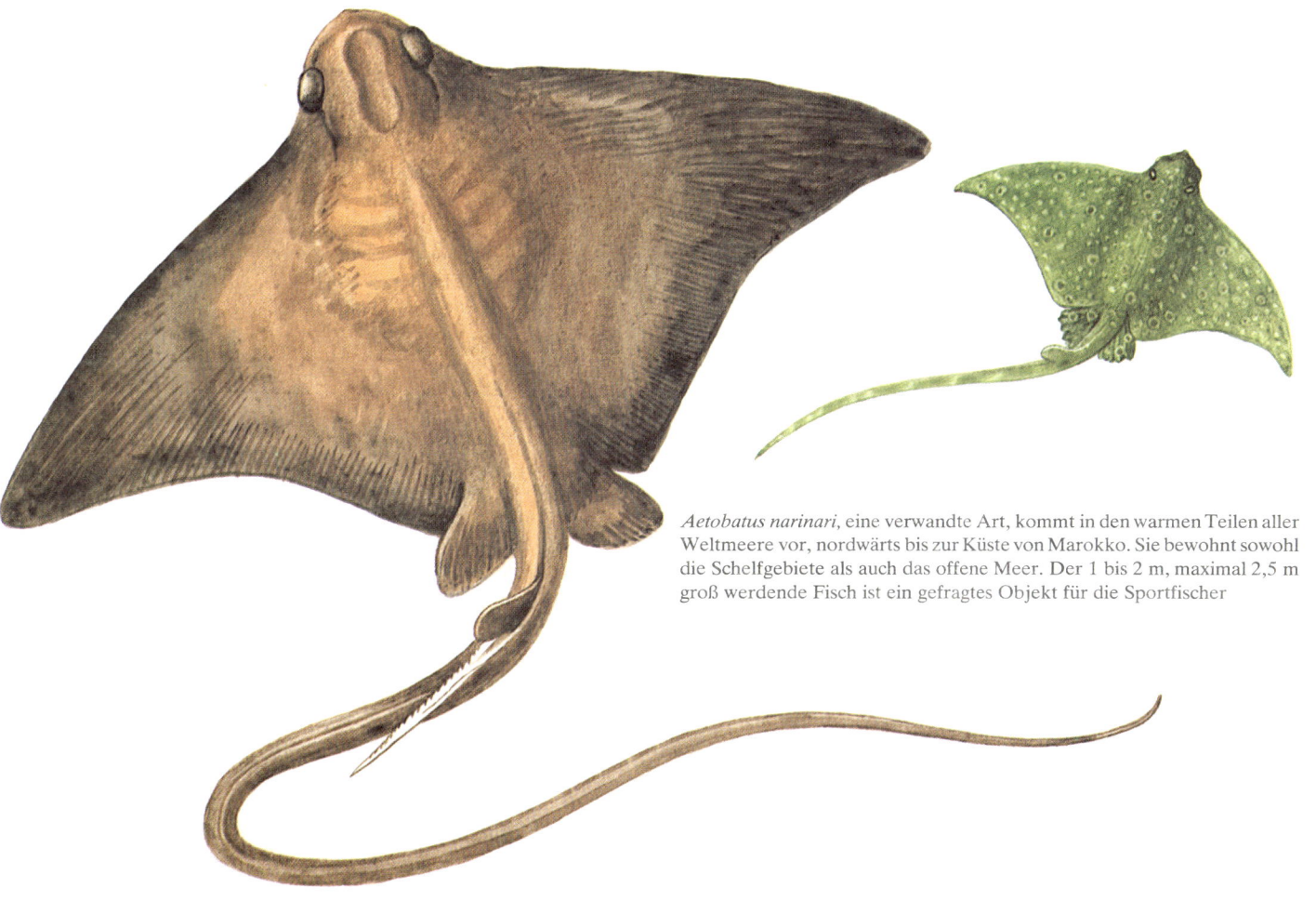

Aetobatus narinari, eine verwandte Art, kommt in den warmen Teilen aller Weltmeere vor, nordwärts bis zur Küste von Marokko. Sie bewohnt sowohl die Schelfgebiete als auch das offene Meer. Der 1 bis 2 m, maximal 2,5 m groß werdende Fisch ist ein gefragtes Objekt für die Sportfischer

Für die Vertreter der Ordnung TORPEDINIFORMES und der Familie der Zitterrochen oder Elektrischen Rochen (TORPEDINIDAE) sind eine glatte Haut, eine gut entwickelte Schwanzflosse und besonders die symmetrisch im Vorderteil des Rumpfes angebrachten elektrischen Organe charakteristisch.

Marmor-Zitterrochen   *Torpedo marmorata*

Der scheibenförmige Körper trägt einen starken Schwanz mit zwei kurz hintereinander ansetzenden, etwa gleich großen Rückenflossen. Hinter den Augen befinden sich zwei gefranste Spritzlöcher.

Die Rückenseite des Marmor-Zitterrochens ist dunkel zimtfarben mit heller Marmorierung, der Bauch ist cremefarben. Marmor-Zitterrochen leben meist in direkter Nähe des Meeresbodens über sandigem und manchmal auch über lehmigem Untergrund in 10–30 Meter Tiefe, in Ausnahmefällen bis in 100 m Tiefe. Dank seiner Tarnfärbung ist er über dem gleichfarbigen Grund nur schwer auszumachen, zumal er sich gelegentlich auch in den Sandboden eingräbt. Seine Nahrung bilden Wirbellose und Kleinfische der Bodenwasserschichten, die er oft mit elektrischen Schlägen betäubt. Die paarigen elektrischen Organe sind nierenförmig und aus Muskelfleisch entstanden. Die einzelnen Muskelfasern sind in elektrische Elemente verwandelt, deren Spannung zwar gering ist, durch Summierung jedoch Werte von 45–200 Volt erreichen kann, und das bei einer Stromstärke von 3–7 Ampere. Eigentlich dienen diese elektrischen Schläge der Verteidigung. Der Marmor-Zitterrochen ist lebendgebärend, und zwar ovovivipar. Ein Wurf kann je nach Größe des Muttertiers bis zu 35 Junge enthalten. Manchmal gelangen diese Rochen als Beifang in die Schleppnetze, jedoch besitzen sie keine wirtschaftliche Bedeutung. Zwar ist das Fleisch genießbar, aber von geringer Qualität.

Größe: 60–80 cm, max. 1,5 m
Gewicht: 2–5 kg
Fruchtbarkeit: bis 35 Junge
Verbreitung: Mittelmeer, Atlantik nach Norden bis zur dänischen Küste, an der afrikanischen Küste entlang bis zum Kap

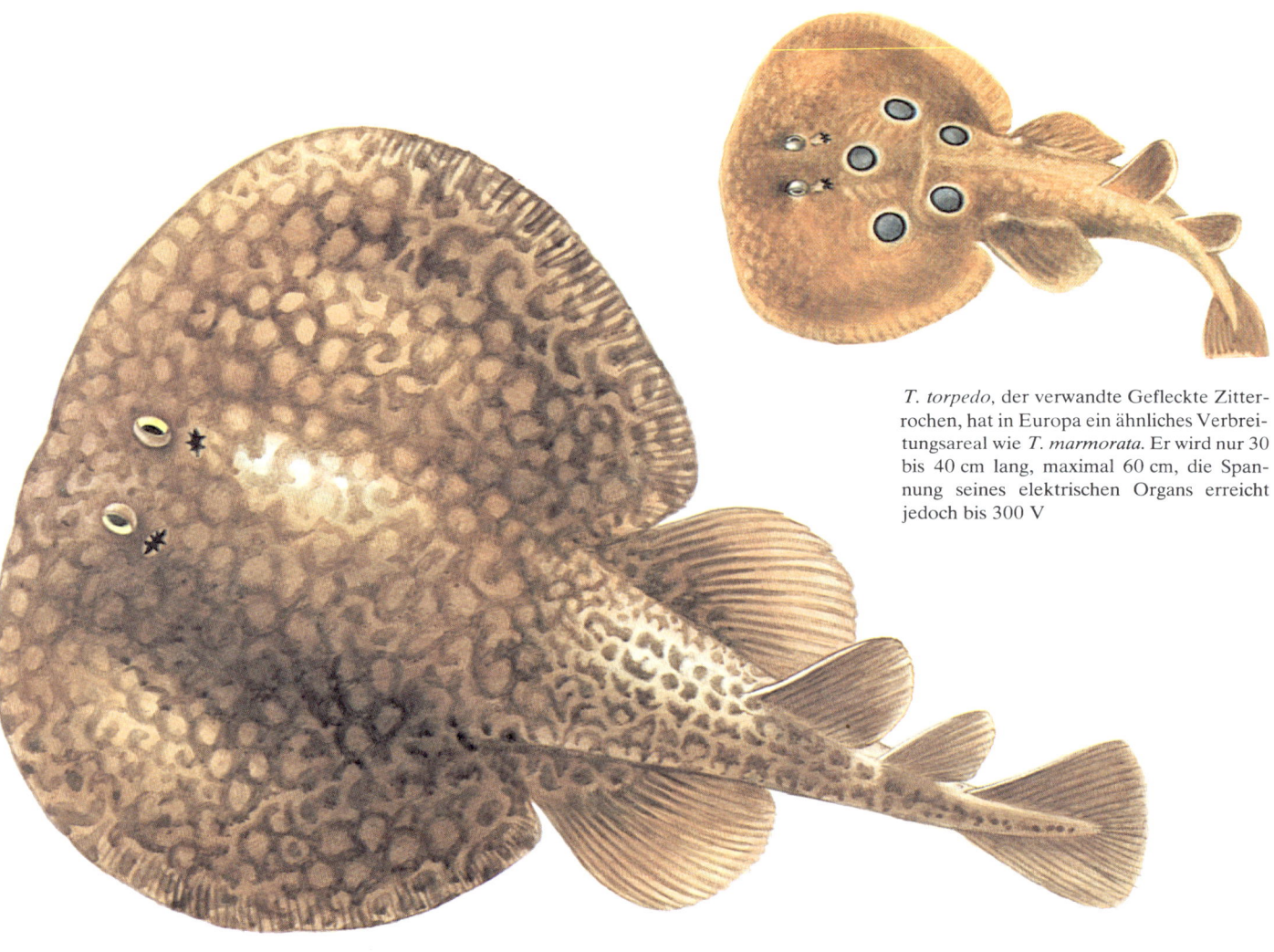

T. torpedo, der verwandte Gefleckte Zitterrochen, hat in Europa ein ähnliches Verbreitungsareal wie *T. marmorata*. Er wird nur 30 bis 40 cm lang, maximal 60 cm, die Spannung seines elektrischen Organs erreicht jedoch bis 300 V

Schwarzer Zitterrochen

Torpedo nobiliana

Die Körperscheibe des Schwarzen Zitterrochens ist fast kreisrund und glatt. Auf dem Schwanzstiel stehen zwei Rückenflossen, von denen die erstere deutlich größer ist. Ihr Abstand ist wesentlich größer als beim Marmor-Zitterrochen. Die Spritzlöcher sind tröpfchenförmig und mit glattem Rand. Die Färbung ist dunkler als beim Marmor-Zitterrochen und der Rücken ist meist graubraun, dunkel zimtfarben bis blauschwarz, während die Bauchseite weiß-rosa angehaucht ist. In europäischen Gewässern deckt sich das Verbreitungsgebiet des Schwarzen Zitterrochens praktisch mit dem des Marmor-Zitterrochens, allerdings kommt ersterer häufiger vor, besonders im Ärmelkanal und vor der Westküste der Britischen Inseln. Der Schwarze Zitterrochen lebt über sandigem oder schlammigem Grund in Tiefen von 10—150 m, selten auch tiefer (bis zu 350 m). Er bringt lebende Junge zur Welt. Seine Nahrung setzt sich überwiegend aus Bodenfischen zusammen, jedoch wurden in den Mägen gefangener Schwarzer Zitterrochen auch Dorsche oder Reste von Haifischen gefunden. Genauere Studien über die Nährfische sind bislang noch nicht durchgeführt worden. Es wurde beobachtet, daß der Rochen seine Beute mit den Brustflossen umklammert, mit elektrischen Schlägen lähmt oder tötet und sie erst dann auffrißt. Angesichts seiner größeren Ausmaße ist auch die Leistung seines elektrischen Organs höher als beim Marmor-Zitterrochen. Bei einer Stromstärke von 8 A erreichen die einzelnen Schläge eine Spannung bis zu 220 V, die dem Angriff auf Beutetiere oder der Verteidigung dient. Wirtschaftliche Bedeutung hat der Schwarze Zitterrochen nicht, da er sich in den Fängen der Fischer nur sporadisch findet. Sein Blutserum hat giftige Wirkung.

Größe: 150—180 cm
Gewicht: 40—50 kg, max. 70 kg
Verbreitung: europäische und afrikanische Atlantikküsten, Mittelmeer

Den Großteil der Nahrung von *T. nobiliana* bilden vor allem Fische. In ihren Mägen wurden verschiedene Dorscharten gefunden, z. B. Jungtiere des Pollacks *(Pollachius pollachius* — 1) und vom *Gadicullus argenteus* (2)

Die Fische der Unterklasse der Seedrachen oder Chimären (HOLOCEPHALI) sind enge Verwandte der Haifische und Rochen. Sie unterscheiden sich von ihnen durch den Zusammenwuchs von Oberkiefer und Schädel, und daß sie nur je eine Kiemenöffnung zu beiden Seiten des Kopfes haben, die von einem Hautdeckel verschlossen wird, sowie durch das Fehlen der Kloake. Die einzige Ordnung der Seedrachenartigen (CHIMAERIFORMES) umfaßt drei Familien mit rund 25 Arten.

Seekatze, Seeratte, Spöke   *Chimaera monstrosa*

Der nackte Körper ist seitlich gepreßt, gestreckt und in Schwanzrichtung stark verjüngt. Der eigentliche Schwanz endet in einen fadenartigen Anhang, der meist ebenso lang ist wie die große und langgestreckte Brustflosse. Bei den Männchen sind die Bauchflossen in Paarungshilfsorgane, die Pterygopoden verwandelt. Die kürzere erste Rückenflosse ist vorn mit einem langen Stachel bewehrt, der mit einer Giftdrüse in Verbindung steht. Sein Stich ist schmerzhaft, aber nicht lebensgefährlich. Die Männchen tragen auf der Stirn einen fingrigen Fortsatz, der ihnen angeblich bei der Paarung dazu dient, sich am Weibchen festzuklammern.

Der Rücken sowie die Seitenpartien sind rot bis graubraun gefärbt und mit dunkelbraunen Flecken versehen, die Bauchseite ist hell. An beiden Seiten zieht sich die auffällige Seitenlinie hin, deren Kanälchen auch am Kopf gut auszumachen sind. Der Lebensbereich der Seekatzen sind bodennahe Wasserschichten 300–500 Meter unter dem Wasserspiegel, manchmal auch um 100 m tief. Im Winter halten sie sich näher zum Ufer hin auf. Seesterne, Krabben, Krevetten und Weichtiere sind ihre bevorzugte Nahrung, wobei sie die einzelnen Happen aus dem Beutetier herausbeißen und die Schalen mit ihren plattenförmigen Kauzähnen zermalmen. Die Fortpflanzung mit innerer Befruchtung findet hauptsächlich im Frühjahr und Sommer statt. Mit einem Zug werden häufig 100 und mehr Seekatzen mit dem Trawl an Bord gehievt, industriell lassen sich diese Fische allerdings nicht verwerten. Manchmal wird aus ihnen Lebertran gewonnen.

Größe: 80–100 cm, max. 150 cm (einschließlich Schwanzfaden)
Gewicht: 10–15, max. 25 kg
Fruchtbarkeit: 100–200 Eier
Verbreitung: Atlantik von Nordnorwegen die ganze europäische Küste entlang bis Nordafrika, um Island und im Westen des Mittelmeers

Chimäreneier in der 15–18 cm langen Hornkapsel. Im Eileiter reifen gleichzeitig immer nur zwei Eier heran. Für kurze Zeit sind die Eikapseln mit ihren langen Haftfäden an der Geschlechtsöffnung des Weibchens festgeklebt

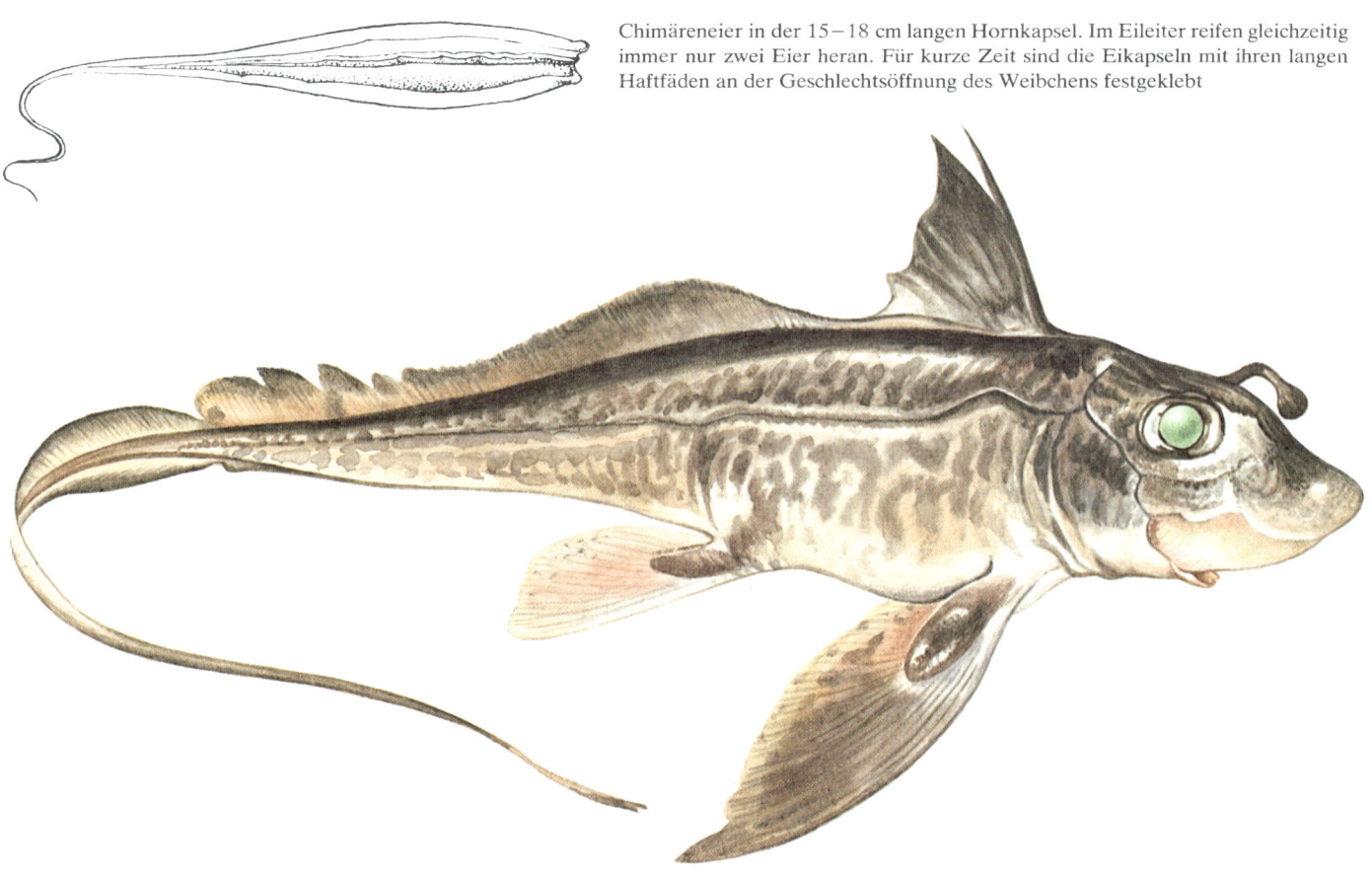

Zur Unterklasse der Strahlenflosser (ACTINOPTERYGII) gehören Süßwasser- und Meeresfische mit einem primär knöchernen Skelett, mit von gemeinsamen Kiemendeckeln verschlossenen Kiemen und einer Schwimmblase. Störe (Ordnung ACIPENSERIFOR-MES – Störartige Fische, Überordnung CHONDROSTEI – Knorpelganoiden) besitzen ein sekundär aus Knorpeln gebildetes Skelett mit voll erhaltener Chorda (Rückensaite), einen heterocerken Schwanz wie die Haifische sowie eine nackte Haut, die nur stellenweise von Knochenschildreihen geschützt ist. Der Familie ACIPENSERIDAE gehören 4 Störgattungen an, die im Süßwasser oder als Wanderfische auf der nördlichen Halbkugel leben. Sie tragen die Kennzeichen der Ordnung.

Hausen

Huso huso

Der Hausen unterscheidet sich als größte Art seiner Familie von der Gattung der Störe *(Acipenser)* durch die Anordnung der Maulgegend. Er besitzt 11–14 knöcherne Rückenschilde, 40–52 Seitenschilde und 9–11 Bauchschilde. Sein Rücken ist grauschwarz, manchmal auch braunschwarz bis grünbraun, der Bauch ist weiß oder gelblich, die Knochenschilde schimmern etwas gelblich. Hausen wachsen schnell, mit 10 Jahren erreichen sie etwa einen Meter Körperlänge, sie werden bis zu 100 Jahren alt. Die Geschlechtsreife wird bei den Weibchen mit etwa 10 Jahren, bei den Männchen mit etwa 15 Jahren erreicht. Zum Laichen zieht der Hausen die großen Ströme flußaufwärts (Donau, Wolga, Don) und laicht im Mai. Angesichts seiner Ausmaße ist die Fruchtbarkeit riesengroß, wobei die Hausenweibchen bis zu mehreren Millionen Eiern ablegen. Bei einer Temperatur von 13 °C dauert die Inkubation 8 Tage. Der Laich ernährt sich von benthischen Wirbellosen und geht dann allmählich zur Fischnahrung über. Bei sehr großen Exemplaren wurden auch schon Jungtiere der Kaspi-Ringelrobbe gefunden. Außerhalb der Laichzeit hält sich der Hausen im Meer auf, wo er ausreichend Nährfische findet. Einige Populationen steigen bereits im Herbst die Flüsse hinauf (die sog. Herbstrasse), andere im zeitigen Frühjahr (Frühlingsrasse). Die Herbstrasse überwintert im Fluß. Der Hausen ist von großer wirtschaftlicher Bedeutung, allerdings gehen die Fangzahlen ständig zurück, weil die Elterntiere überfischt werden. Das Fleisch ist stark fetthaltig und wohlschmeckend, aus dem Rogen wird der bekannte Kaviar hergestellt.

Größe: 5–8 m, meist bis 2,5 m
Gewicht: bis 1500 kg, meist 150–200 kg und weniger
Fruchtbarkeit: 360 000–7 700 000 Eier
D 62–75; A 28–42
Verbreitung: Einzugsgebiet des Schwarzen, Kaspischen und Asowschen Meeres sowie der Adria

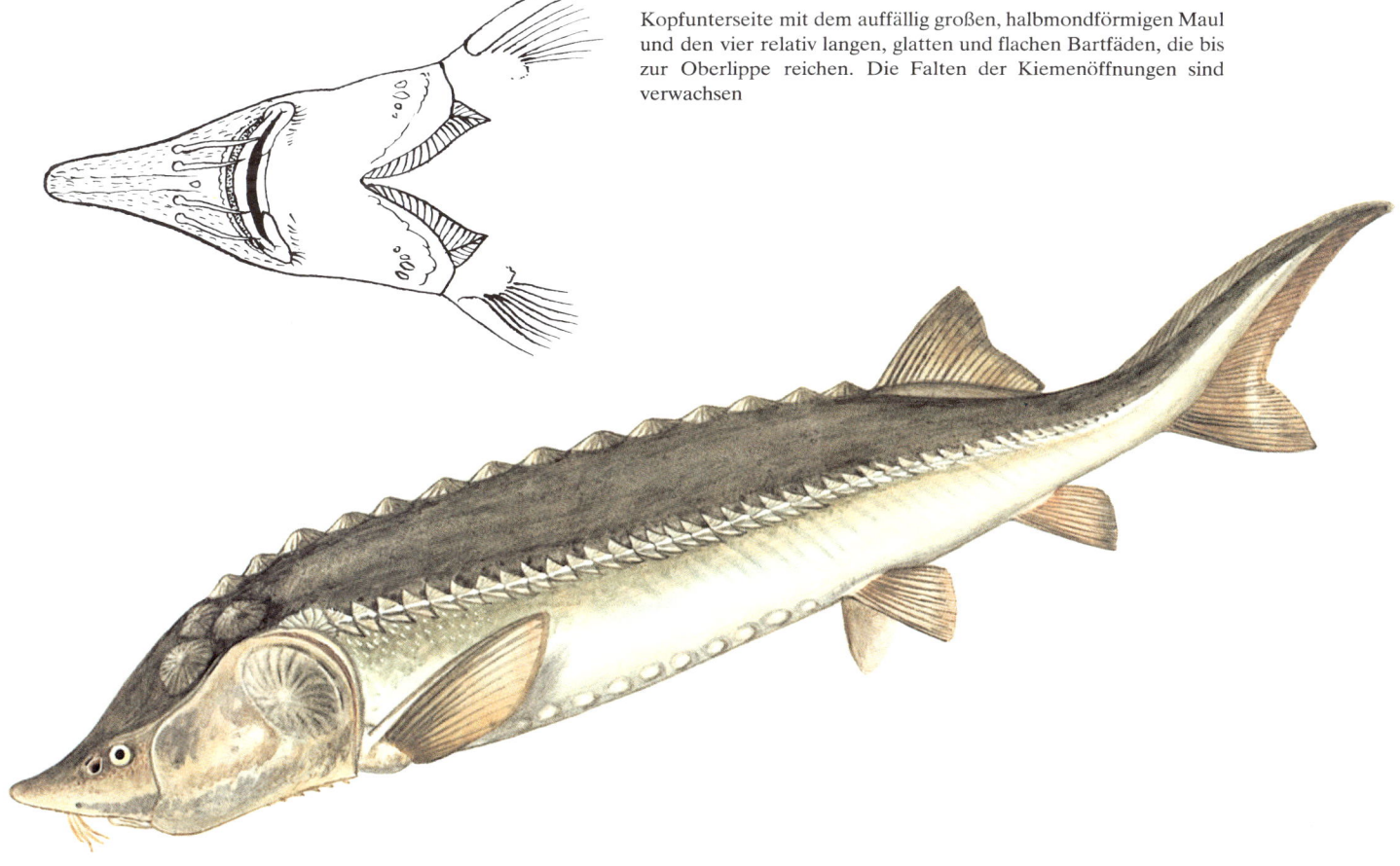

Kopfunterseite mit dem auffällig großen, halbmondförmigen Maul und den vier relativ langen, glatten und flachen Bartfäden, die bis zur Oberlippe reichen. Die Falten der Kiemenöffnungen sind verwachsen

Stör, Gemeiner oder Baltischer Stör   *Acipenser sturio*

Insgesamt umfaßt die Gattung *Acipenser* 16 in Eurasien und Nordamerika lebende Arten. Außer der Maulform und den runden Bartfäden unterscheiden sie sich vom Hausen durch die Tatsache, daß die Ränder ihrer Kiemendeckel an der Kopfunterseite nicht zu einer Querfalte verwachsen sind. Unter der langgestreckten Schnauze stehen die Barteln näher zum Maul als zur Schnauzenspitze. Die Unterlippe ist gespalten. Der erste Strahl der Bauchflosse ist besonders kräftig. Die Zahl der Schilde beträgt auf dem Rücken 9—13, an den Seiten je 24—44 und auf der Bauchseite 9—11. Die Rückenseite des Störs ist graugrün bis graubraun, der Bauch weißlich, die Schilde schmutzigweiß und die Flossen bräunlich. Ursprünglich kamen Störe entlang der gesamten europäischen Küste und an der Ostküste Nordamerikas vor. Heute werden sie in Westeuropa nur noch selten gefangen. Während er im Schwarzen Meer und seinen Zuflüssen noch vorkommt, ist er im Rhein und in der Elbe ausgestorben. Der Gemeine Stör gehört zu den größten Arten seiner Gattung. Er wächst verhältnismäßig schnell, so daß zehnjährige Tiere Längen um 1,5 m erreichen. Männchen reifen mit 7—9 Jahren heran, Weibchen mit 8—14 Jahren. Störe sind Wanderfische, die sich im Süßwasser nur zum Laichen aufhalten. Ihre Fruchtbarkeit ist erstaunlich, ein Weibchen erzeugt zwischen einer und zwei Millionen Eier. Während der Laich sich von benthischen wirbellosen Tieren ernährt, stellen sich die erwachsenen Störe auf Fischjagd um. Doch verschmähen sie auch keine Weichtiere, Würmer wie Vielborster oder Krabben. Im Meer bevorzugen sie wahrscheinlich sandigen oder lehmigen Grund, zur Laichzeit ziehen sie so weit flußaufwärts wie der Hausen. In den letzten Jahren sind die Bestände so stark gesunken, daß die wirtschaftliche Bedeutung der Störe minimal ist. Schuld daran tragen neben der Überfischung auch die Vernichtung oder Verunreinigung der Laichplätze sowie der Bau von Talsperren.

Größe: bis 350 cm
Gewicht: bis 300 kg
Fruchtbarkeit: 800 000—2 400 000 Eier
D 31—47; A 21—34
Verbreitung: Atlantikküste Europas, Mittelmeer und Schwarzes Meer, Ostsee, Ladogasee und Onegasee

Verbreitungskarte von *A. sturio* (blau) und *A. ruthenus* (Sterlet, rot)

Der verwandte Waxdick *(A. gueldenstaedti)*, auch Dick oder Russischer Stör genannt, ist im Schwarzen und Kaspischen Meer heimisch. Er wird bis 2,5 Meter lang und erreicht 100 kg Körpergewicht. An seiner auffällig kurzen Schnauze stehen glatte Bartfäden. Vor dem Zweiten Weltkrieg wurden an die 9000 Tonnen jährlich gefangen, heute sind die Fangzahlen minimal

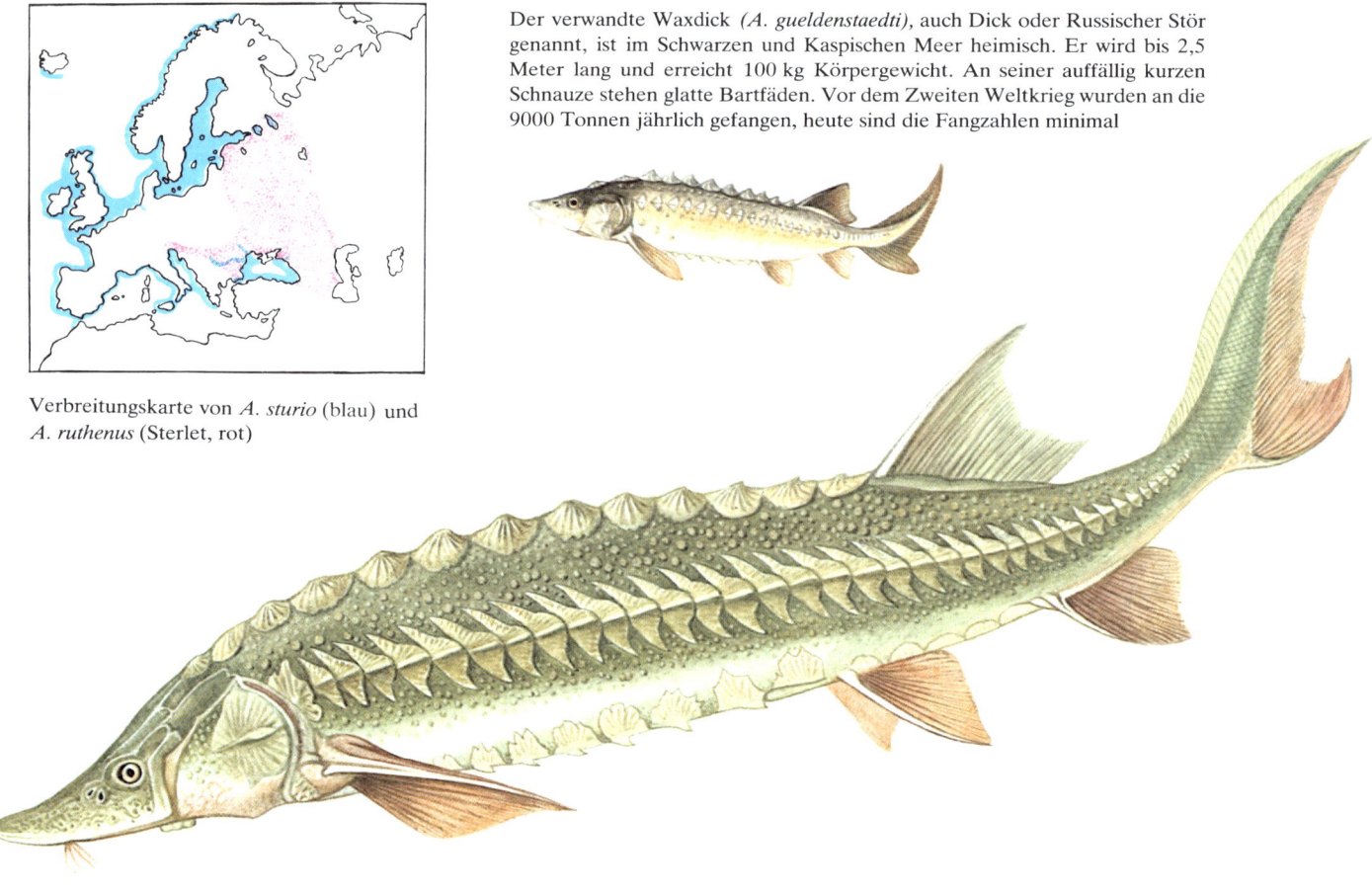

Sternhausen, Scherg   *Acipenser stellatus*

Die auffällig lange und schmale Schnauze dieses Störs macht zwei Drittel seiner gesamten Kopflänge aus. Die Unterlippe ist in zwei Hälften gespalten. Glatte Bartfäden setzen wie beim Gemeinen Stör näher zur Oberlippe als zur Schnauzenspitze an. Zwischen den Schildreihen bedecken die Seitenpartien winzige Sternplättchen. Rückenschilde sind 11−14 vorhanden, Seitenschilde 30−36 und Bauchschilde 10−11. Oberhalb der Seitenlinie und auf dem Rücken ist der Sternhausen schwarzbraun gefärbt, während der Bauch heller ist. Nach 10 Jahren erreichen die Tiere etwa einen Meter Länge. Die Geschlechtsreife tritt mit 10−15 Jahren ein. Ähnlich wie beim Hausen ziehen die Frühjahrsformen von März bis Juni zu den Laichplätzen, die Herbstformen aber im Oktober und November. Letztere verbleiben den Winter über im Fluß und laichen im nächsten Frühjahr. Die befruchteten Eier kleben an Steinen fest, wo sie bei einer Wassertemperatur von 20 °C nach fünf Tagen schlüpfen. Sternhausen ernähren sich von Wirbellosen, aber auch von Fischen. Ähnlich wie die zuvor beschriebenen Störe sind die Sternhausen stark ans Meer gebunden. Binnengewässer besuchen sie nur in der Laichzeit. Zwei oder drei Monate hält sich der Laich im Fluß auf und dann noch eine bestimmte Zeit in dessen Mündung. Im Meer bevorzugen die Tiere wohl die gleichen Plätze wie der Gemeine Stör. Der Fang des Sternhausen geht ständig zurück. Trotzdem ist er einer der wichtigsten Störarten, die gefischt werden. Nach dem Zweiten Weltkrieg ging man zum Schutz der Leichplätze und Jungtiere über. Inzwischen hat er sich auch im Einzugsgebiet des Aralsees akklimatisiert.

Größe: bis 220 cm, durchschnittlich 100−150 cm
Gewicht: meist 15−25 kg, max. 70 kg
Fruchtbarkeit: 20 000−360 000 Eier
D 38−49; A 20−30
Verbreitung: Schwarzes und Kaspisches Meer mit Einzugsgebieten

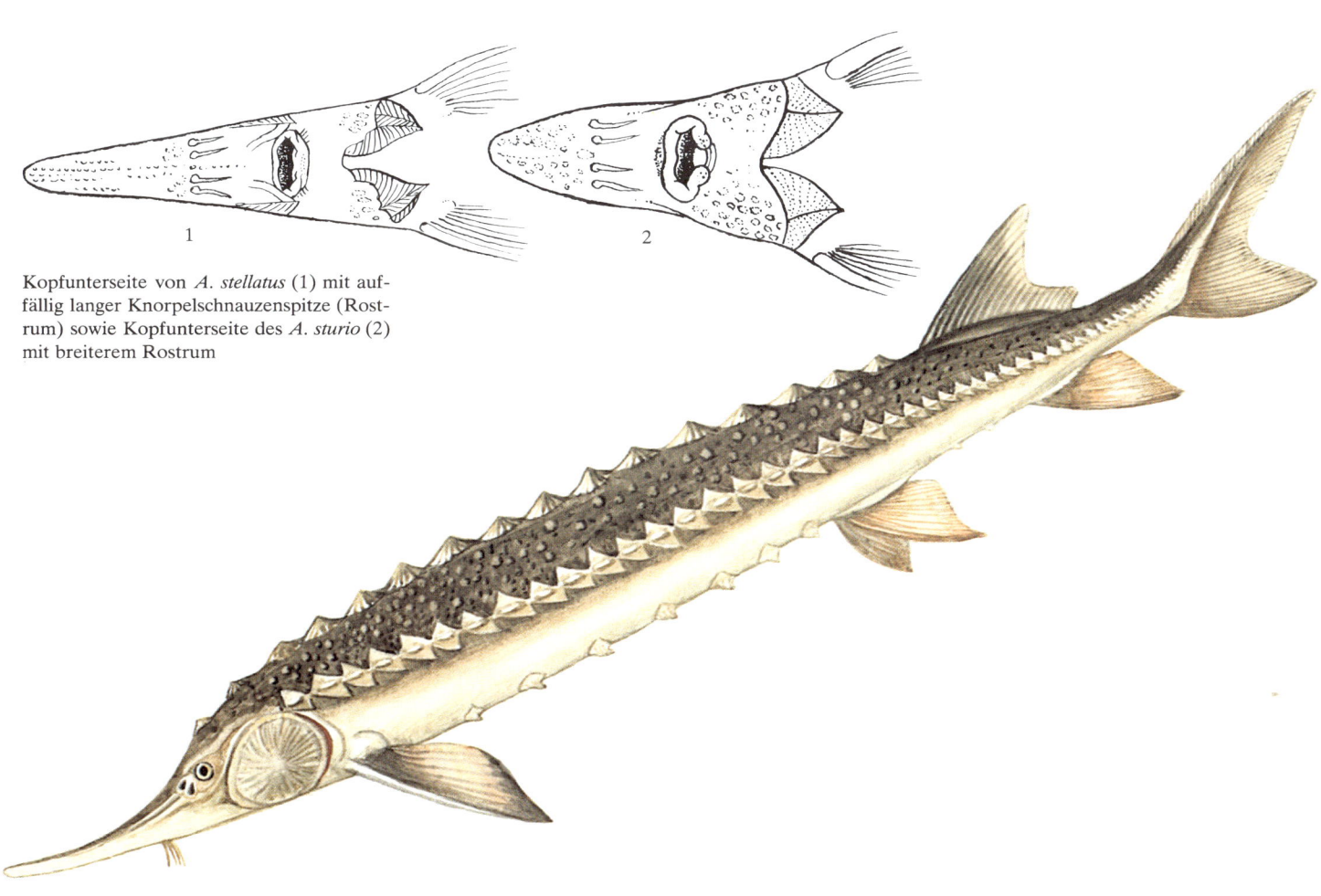

Kopfunterseite von *A. stellatus* (1) mit auffällig langer Knorpelschnauzenspitze (Rostrum) sowie Kopfunterseite des *A. sturio* (2) mit breiterem Rostrum

Sterlet

Acipenser ruthenus

Er ist der kleinste aller Störe. Seine Knochenschilde sind klein und stehen eng aneinander. Er besitzt 58—71 Seitenschilde, 12—14 Rückenschilde und 12—16 Bauchschilde. Wie bei den vorher beschriebenen zwei Arten ist die Unterlippe gekielt (eine durchgehende Unterlippe besitzt nur der Glattdick — *A. nudiventris*). Auf dem Rücken ist der Sterlet dunkelgraugrün gefärbt, manchmal bräunlich rosa, der helle Bauch ist leicht gelblich angehaucht. Die Seitenschilde sind heller als ihre Umgebung und verursachen bei jungen Exemplaren den Eindruck eines die Körpermitte durchlaufenden weißen Streifens. Sterlets halten sich ständig im Süßwasser der Flüsse auf. Zwischen dem 8. und 10. Lebensjahr erreichen die Tiere einen halben Meter Körperlänge. Männchen reifen mit 4—5 Jahren heran, Weibchen mit 5—9 Jahren. Gewöhnlich im Mai laichen sie über steinigem Grund. Die Larven verbleiben im Flußbecken und ernähren sich von Insektenlarven sowie von ins Wasser gefallenen Landinsekten. Später fressen größere Tiere auch Fische. Erwachsene Sterlets leben in größeren Flüssen und schwimmen nur nachts in Ufernähe, wo sie dann mit Schleppnetzen gefischt werden können. Zum Laichen ziehen sie stromaufwärts, bis ein geeigneter Laichplatz gefunden ist. Der Sterlet ist ein sehr geschätzter Nutzfisch, dessen Bestände in den letzten Jahren allmählich kleiner geworden sind. Dafür sind ähnliche Faktoren verantwortlich wie bei den übrigen Stören: Überfischen der Jungtiere und starke Verschmutzung der Flüsse einschließlich der Laichplätze. Wie andere Störe kreuzt sich der Sterlet mit verwandten Arten. Sterletbastarde haben den Vorteil, daß sie sich ständig im Süßwasser aufhalten und man sie zum Besatz großer Talsperren und Teiche verwenden kann.

Größe: bis 120 cm, meist 50—60 cm
Gewicht: meist 2—3 kg, max. 19 kg
Fruchtbarkeit: 11 000—140 000 Eier
D 38—49;   A 11—18
Verbreitung: Zuflüsse des Kaspischen und Schwarzen Meers, kommt aber auch in der Nördlichen Dwina, im Ob und in den Zuflüssen von Ladoga- und Onegasee vor

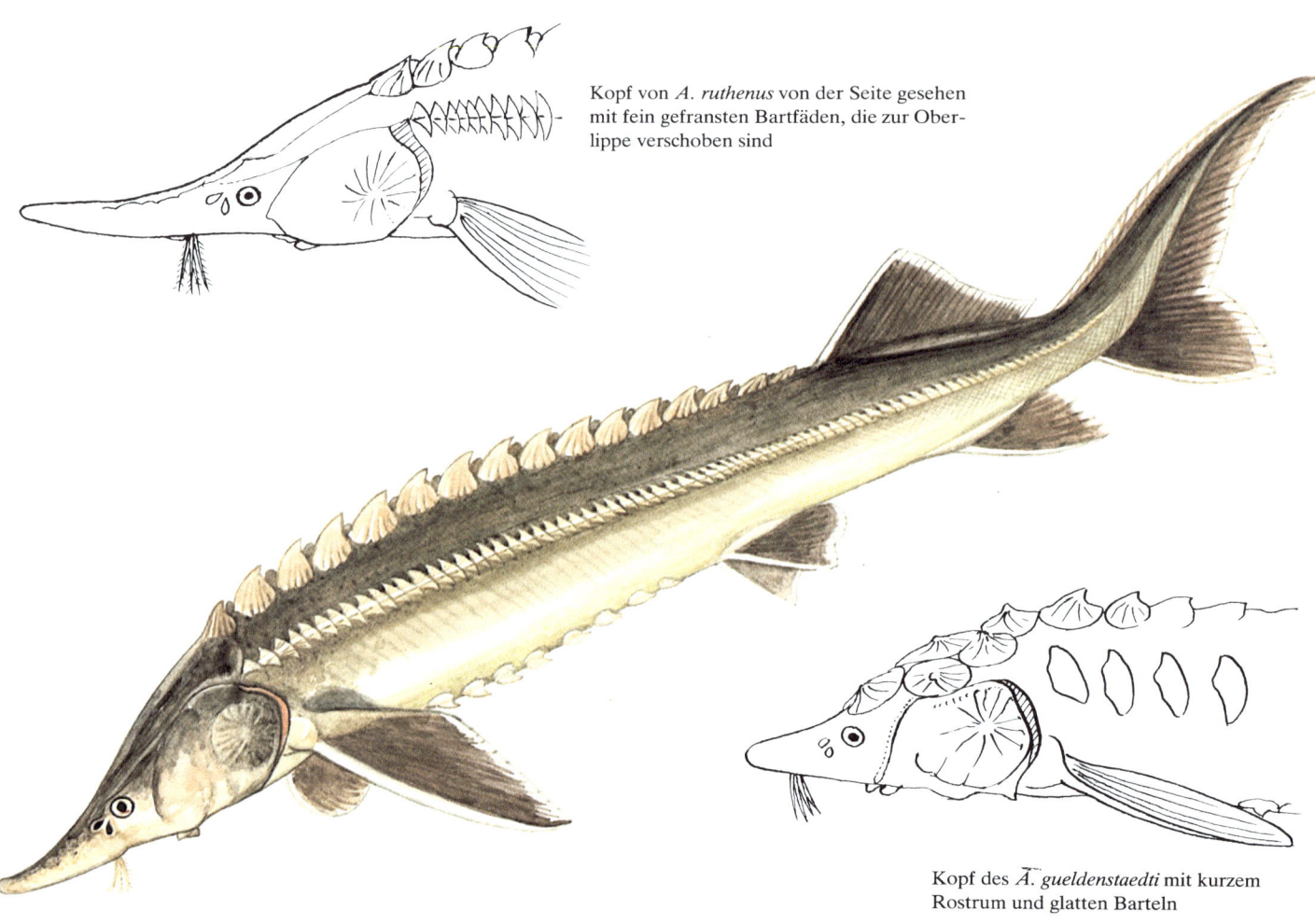

Kopf von *A. ruthenus* von der Seite gesehen mit fein gefransten Bartfäden, die zur Oberlippe verschoben sind

Kopf des *A. gueldenstaedti* mit kurzem Rostrum und glatten Barteln

Am Artenreichtum gemessen, sind die Echten Knochenfische (Unterordnung TELEOSTEI) die größte in sich geschlossene Gruppe unter den Fischen und unter den Chordatieren überhaupt. Ihre Schwanzflosse ist homocerk, das Skelett besteht aus Knochengewebe, Wirbelkörper sind ausgebildet. Die Schuppen bestehen aus dünnen Knochenplättchen. Zur Ordnung der Heringsartigen (CLUPEIFORMES) gehören primitive und pelagisch lebende Fische, deren Schwimmblase mit der Verdauungsröhre in Verbindung steht. Die Ordnung zählt ca. 20 Familien. In der Familie der Heringe (CLUPEIDAE) befinden sich ökonomisch wichtige Meeres- und Wanderfische mit endständigem Maul und langer Afterflosse. Alle Arten leben in Schwärmen und ernähren sich von Plankton.

Hering   *Clupea harengus*

Der Hering hat einen seitlich zusammengedrückten Körper mit abgerundetem Bauch (im Unterschied zur Gattung *Alosa*). Sein Unterkiefer steht ein wenig vor, während der Oberkiefer ohne Einschnitt ist. Der Schwanzflossenansatz ist schuppenlos. Der Rücken ist dunkel mit einem grünlichen oder bläulichen Schimmer. Die Seiten sind hell und der Bauch silbrig. Die Kiemendeckel und die Seitenpartien sind manchmal von goldener Schattierung. Zum Laichen schwimmen die Heringe zur Küste (die Hauptplätze befinden sich entlang der norwegischen Küste). Laichzeit ist von März bis April. In Tiefen von 130–250 m wird der Laich bei Wassertemperaturen von 4–7 °C auf sandigem oder lehmigem Grund abgelegt. Nach 2–3 Wochen werden die Larven ausgebrütet. Nach dem Laichen kehren die Elterntiere ins offene Meer zurück. Eier und Larven sind pelagisch und gelangen mit den Meeresströmungen weit weg von ihren Geburtsplätzen. Gegen Ende der ersten Saison im Herbst kehren die

Heringe mit 4–6 cm Länge zur Küste zurück. Außer den Frühjahrs- oder Küstenheringen gibt es auch Herbstformen, die als Hochseeheringe über Sandbänken weit entfernt von der Küste laichen. Heringe werden bis zu 25 Jahre alt. Sie zählen zu den wirtschaftlich bedeutendsten Nutzfischen, deren Fangquoten früher 1,3–2 Millionen Tonnen erreichten. Heute gehen die Fänge rasant zurück.

Größe: bis 45 cm
Gewicht: bis 0,7 kg
Fruchtbarkeit: 10 000–100 000 Eier
D 16–22;   A 13–20;   l.l. 60–70
Verbreitung: nördlicher Atlantik, teilweise auch in anliegenden arktischen Gewässern. Vor Europa bis zum Golf von Biscaya, Küste vor Südgrönland und Labrador bis 40 Grad nördlicher Breite, nördlicher Teil des Stillen Ozeans

Der Hering bildet eine Reihe lokaler Formen, beispielsweise die Unterart *Clupea harengus pallasi*, die östlich des Weißen Meeres und im nordöstlichen Pazifik vorkommt

Sprotte

Sprattus sprattus

Eine kleine, pelagisch lebende Fischart, dem Hering eng verwandt, von dem sie vor allem die scharfen Kielschuppen und der zusammengedrückte Bauch unterscheiden. Lebt vor den europäischen Küsten von den Lofoten bis Gibraltar und kommt auch im Mittelmeer sowie im Schwarzen Meer vor. Meist liegen die Standorte in der Uferzone oder im Brackwasser um die Mündung eines Flusses. Im Schwarzen Meer wurde die Sprotte allerdings auch im offenen Meer angetroffen. Weiter vom Ufer weg leben meist die größeren Exemplare. Die Farbe des Rückens ist metallblau bis grünlich, die der Seiten und des Bauches silbrigweiß mit gelbschimmernden Stellen.

Sprotten sind kurzlebige, in größeren Schwärmen auftretende Fische, die höchstens 6, gewöhnlich nur 4 Jahre alt werden. In den einzelnen Schwärmen sind die Sprotten von ziemlich einheitlichem Wuchs. Schon im zweiten Lebensjahr erlangen sie die Geschlechtsreife. Die Fortpflanzungsperiode ist recht lang, so dauert z. B. die Laichzeit in der Nordsee von Januar bis Juli, im Schwarzen Meer erreicht sie ihre Höhepunkte zum Sommeranfang und im Oktober. Die Eiablage erfolgt portionsweise, während mehrerer Tage laichen die Fische 8—10mal. Neben tierischem Plankton gehören auch fremder Laich (bei größeren Sprotten) zu ihrer Nahrung. Sprotten sind von wesentlicher wirtschaftlicher Bedeutung. Mehrmals erreichte der Jahresfang 800 000 Tonnen, woran in Europa Dänemark, Norwegen und die ehemalige Sowjetunion den größten Anteil haben. In frischem Zustand ist das Sprottenfleisch nicht sehr schmackhaft, meist wird es gesalzen oder mariniert. Ein Leckerbissen stellen aber die geräucherten Sprotten dar.

Größe: 13—16 cm, ausnahmsweise 18 cm
Gewicht: 50 g, ausnahmsweise 60—70 g
Fruchtbarkeit: 6000—40 000 Eier
D 15—19;   A 17—23;   l.l. 45—50
Synonym: *Clupea sprattus*
Verbreitung: Ostgebiete des Atlantischen Ozeans von den Lofoten bis Gibraltar, Mittelmeer, Ostsee und Schwarzes Meer

Verbreitungskarte der Sprotte, aus der ersichtlich ist, daß sie der flachen Uferzone den Vorzug gibt. Sie scheut auch vor Brackwasser nicht zurück. In der Ostsee bildet die Ostsee-Sprotte *(S. sprattus balticus)* eine selbständige Unterart

Maifisch, Alse

Alosa alosa

Von den übrigen Gattungen der Heringsfamilie unterscheidet sich *Alosa* durch zwei große blattartig verlängerte Schuppen am Schwanzflossenansatz. Der Oberkiefer hat eine tiefe Kerbe, die sog. Hasenscharte. Der Körper ist hochrückig, seitlich zusammengedrückt, die Bauchkante mit scharfen Kielschuppen versehen. Zur Unterscheidung der einzelnen Arten ist die Anzahl der Kiemenreusendornen wichtig. Sie sind dünn und länger als die Kiemenblätter und dienen, wie bei allen Heringen, zum Auffangen des Planktons. Auf dem Rücken ist der Maifisch dunkelblaugrün, an den Seiten silbrig, gelegentlich auch leicht golden gefärbt. Auffällig ist der große dunkle Fleck am Kiemendeckelrand. Auch an den Seiten befinden sich noch mehrere dunkle Flecken, die besonders bei verendeten Tieren ins Auge fallen. Der anadrome Wanderfisch zieht zum Laichen ins Binnenland. Im Mai finden in Flußabschnitten mit starker Strömung und sandigem oder steinigem Grund die Laichspiele statt. Danach kehren die Elternfische ins Meer zurück, der Laich bleibt bis zum Herbst im Süßwasser. Dann läßt er sich passiv vom Fluß ins Meer tragen. Hier ernährt sich der Maifisch vom Zooplankton, im Brackwasser der großen Flußmündungen lebt er auch von verschiedenen Krustentieren. Mit hoher Wahrscheinlichkeit fangen große Exemplare auch Kleinfische. Das Fleisch ist von ausgezeichnetem Geschmack. Vor Jahren wurden Maifische regelmäßig in französischen Flüssen und im Rhein gefischt, ihre Bestände nahmen aber nach dem Zweiten Weltkrieg rapid ab. Neben der Überfischung tragen an den extrem niedrigen Beständen auch die Flußverschmutzung und die Vernichtung geeigneter Laichplätze bei.

Größe: bis 75 cm, meist 30−40 cm
Gewicht: bis 3, meist 0,7−1,5 kg
Fruchtbarkeit: 250 000−350 000 Eier
D IV−V/13−17; A III/17−22; l.l. 70−87;
  88−130 Kiemenreusendornen
Synonym: *Clupea alosa*
Verbreitung: Atlantikküste Europas, Westgebiete des Mittelmeeres

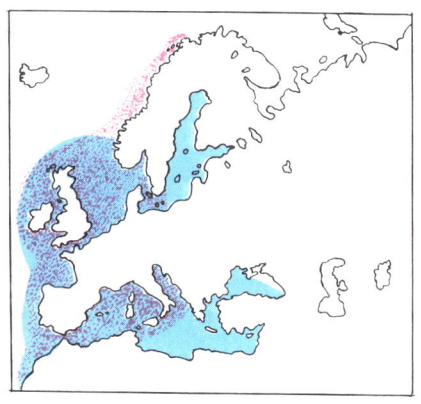

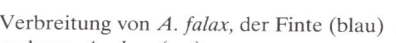

Verbreitung von *A. falax*, der Finte (blau)
und von *A. alosa* (rot)

Der verwandte *A. sapidissima* lebt an der atlantischen und pazifischen Küste Nordamerikas und erreicht 70 cm Körperlänge (meist nur 30−50 cm) bei einem Gewicht von 3−4 kg. In letzter Zeit sanken die Fänge auf jährlich 3000−5000 t. Sein Fleisch hat guten Geschmack, aus den Fischeiern wird Kaviarersatz erzeugt

Finte

Alosa fallax

Ähnlich dem Maifisch ist die Finte hochrückig, doch unterscheidet sie sich von ihm durch die geringere Anzahl Reusendornen, die noch dazu kräftiger sind und ebenso lang wie die Kiemenblätter. Auch die Zahl der Seitenlinienschuppen ist kleiner. Wie allen Heringen fallen der Finte die Schuppen leicht ab. In der Färbung ähnelt die Finte dem Maifisch, die dunklen Flecken an den Seiten sind allerdings kleiner. Finten wachsen relativ schnell, nach fünf Jahren messen sie bereits 40 cm. Ihre Laichzüge führen ins Binnenland. Allerdings laicht die Finte einen Monat später als der Maifisch. Im Alter von 2 oder 3 Jahren werden die Männchen geschlechtsreif, mit 4−5 Jahren die Weibchen. Die Finte dringt nicht soweit stromaufwärts vor wie der Maifisch, der einst den Rhein 500−700 km weit hinaufzog. Sie bleiben vielmehr im unteren Flußabschnitt 100−120 km von der Mündung entfernt. Während der Laichwanderung nehmen die Fische keinerlei Nahrung zu sich. Täglich legen sie so etwa 5 km zurück, und das über 20−40 Tage. Bis 19 °C dauert die Entwicklung zur Larve vier oder fünf Tage. Bis zum Herbst spült die Strömung die Larven zur Flußmündung, wo diese sich bis zum nächsten Frühling aufhalten und dann ins Meer schwimmen, in dem sie die Geschlechtsreife erlangen. Finten leben von Zooplankton und fressen als erwachsene Tiere auch kleinere Fische.

Angesichts der niedrigen Bestände der einzelnen Populationen besitzt die Art in heutiger Zeit keine wesentliche Bedeutung für den Menschen. Im Vergleich mit dem Maifisch ist das Fintenfleisch recht trocken und fettarm. Gelegentlich werden die Finten mit der Angel gejagt.

Größe: bis 55 cm, meist 25−40 cm
Gewicht: bis 1,5 kg
Fruchtbarkeit: 140 000−180 000 Eier
 D IV−V/14−16;   A III/17−23;   l.l. 60−70;
    40−65 Kiemenreusendornen
Synonyme: *Clupea fallax, Clupea finta*
Verbreitung: entlang der europäischen Atlantikküste von Südskandinavien bis zur Pyrenäen-Halbinsel, Ostsee und Mittelmeer

Die verwandte Art *A. aestivalis* ist an der Westküste des Atlantiks von Florida bis Neuschottland verbreitet. Sie erreicht höchstens 35 cm Körperlänge, ist jedoch meist 25−30 cm lang. An den Seiten trägt sie mehrere Reihen winziger dunkler Flecken

Schwarzrücken

Alosa kessleri

Manchmal werden sieben *Alosa*-Arten, die kaspisch-pontischen Heringe zu einer selbständigen Gattung *Caspialosa* zusammengefaßt. Hierhin gehört auch der Schwarzrücken, der weiterhin zwei Unterarten bildet, und zwar *A. kessleri pontica* im Schwarzen Meer und *A. kessleri kessleri* im Kaspischen Meer. Neben der verschiedenen Anzahl Reusendornen unterscheidet sie die Form und Größe der Zähne. Die kräftigen Kiemenreusendornen sind ein wenig kürzer als die Kiemenblätter. An beiden Kiemen sind die Zähne gut entwickelt.

Kopf, Rücken, Rückenflosse und Brustflosse sind schwarz gefärbt, jedoch im Frühjahr dunkelviolett. Auf den Kiemendeckeln ist meist ein dunkler Fleck. Der Bauch ist hell gefärbt. Die Unterart *A. kessleri kessleri* zieht im Frühjahr von März bis Mai in die Zuflüsse des Kaspischen Meeres. Zehn bis zwanzig Tage lang wandern die Fische täglich bis zu 35 km flußaufwärts. Die Laichspiele finden in den Nachmittags- und Abendstunden statt und ziehen sich bis zum August hin. Bei einer Wassertemperatur von 20 °C schlüpfen die Larven schon nach zwei Tagen. Sie verbleiben noch einen oder zwei Monate im Fluß und lassen sich dann mit der Strömung ins Meer tragen. Im Vergleich zu den übrigen kaspischen Heringen wachsen die Schwarzrücken recht schnell. Mit vier Jahren messen sie 36 cm und mit sechs Jahren etwa 45 cm. Die Geschlechtsreife erreichen sie im fünften Lebensjahr. Trotz der niedrigen Fangquoten besitzt der Schwarzrücken immer noch wirtschaftliche Bedeutung. Besonders während der Laichwanderungen im Wolgadelta werden beträchtliche Fangerfolge erzielt. Sein Fleisch schmeckt von allen Heringen des Kaspischen Meeres am besten.

Größe: bis zu 52 cm, meist 20−40 cm
Gewicht: bis 1,8 kg
Fruchtbarkeit: 135 000−218 000 Eier
D III−IV/12−16;   A III/16−20;   l.l. 52−58;
   59−92 Kiemenreusendornen
Synonym: *Caspialosa kessleri*
Verbreitung: Schwarzes und Kaspisches Meer

Erwachsene Tiere leben von Kleinfischen (z. B. Kilkas − 1), jüngere Exemplare fangen größere Planktontiere, wie z. B. die räuberischen Wasserflöhe der Gattung *Leptodora* (2)

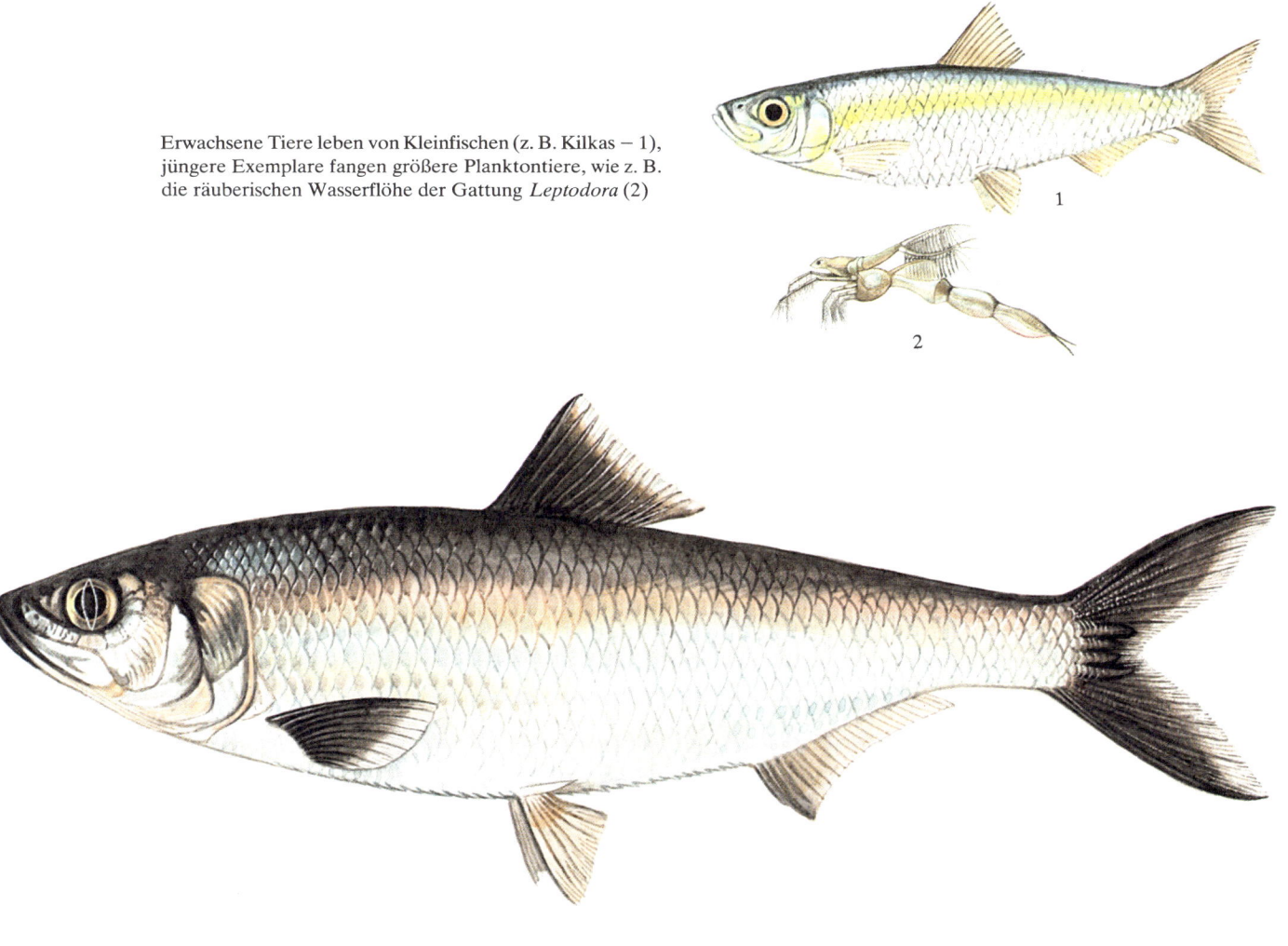

Kaspischer Dickwanst

Alosa caspia

Im Gegensatz zur vorher beschriebenen Art sind die Reusendornen des Kaspischen Dickwanstes dünn und fein, etwa anderthalb mal so lang wie die Kiemenblätter. Der Körper ist hochrückig, seitlich zusammengedrückt und trägt einen kurzen Schwanzstiel sowie lange Brustflossen. Der Rücken des Kaspischen Dickwanstes ist dunkel gefärbt und blaugrün angehaucht. Hinter dem Kiemendeckel befindet sich oft ein dunkler Fleck, während die dahinterliegenden Flecken manchmal fehlen. Die Bauchseite ist hellgefärbt. Auch diese Art gliedert sich in mehrere Unterarten. Wesentlich kleiner als der Schwarzrücken, erzielt der Kaspische Dickwanst im dritten Lebensjahr 20 cm Körperlänge. Die Laichzeit des anadromen Fisches beginnt Ende April und währt bis in den Juni. Die Donau zieht er bisweilen bis zur jugoslawischen Grenze (Eisernes Tor) hinauf, meist bleiben die Fische aber im Delta. Im Kaspischen Meer beginnt die Laichwanderung in der zweiten Aprilhälfte bei 7–10 °C Wassertemperatur. Andere Populationen warten etwas ab und gehen erst im Mai bei 10–15 °C auf Wanderung. Die eigentliche Fortpflanzung spielt sich zum Beispiel in der Wolga bei 18–20 °C Wärme ab. Unter solchen Temperaturen schlüpfen die Larven nach 2–3 Tagen. Nach einer gewissen Verweilzeit an den Laichplätzen werden die Larven vom Strom ins Meer geschwemmt, wo sie aufwachsen. Schon im zweiten Lebensjahr sind die Dickwanste geschlechtsreif. Als Nahrung dienen ihnen bevorzugt Krebstiere des Planktons, aber auch Wasserpflanzen und Algen. Sie selbst sind wiederum wichtige Nährtiere für die Raubfische. Die ökonomische Bedeutung ist nicht groß. Bei der kaspischen Unterart werden die ertragsreichen Fänge gemacht, vor dem Zweiten Weltkrieg machten sie noch an die 40 000 Tonnen pro Jahr aus, in den sechziger Jahren waren es 32 000 t. Heute sind die Zahlen auf 10 000–12 000 Tonnen gesunken.

Größe: bis 23 cm, durchschnittlich 20 cm
Gewicht: bis 0,1 kg
Fruchtbarkeit: 12 000–40 000 Eier
D III–IV/13–15; A III/16–21; l.l. 48–56;
  68–135 Kiemenreusendornen
Synonym: *Caspialosa caspia*
Verbreitung: Schwarzes, Asowsches und Kaspisches Meer

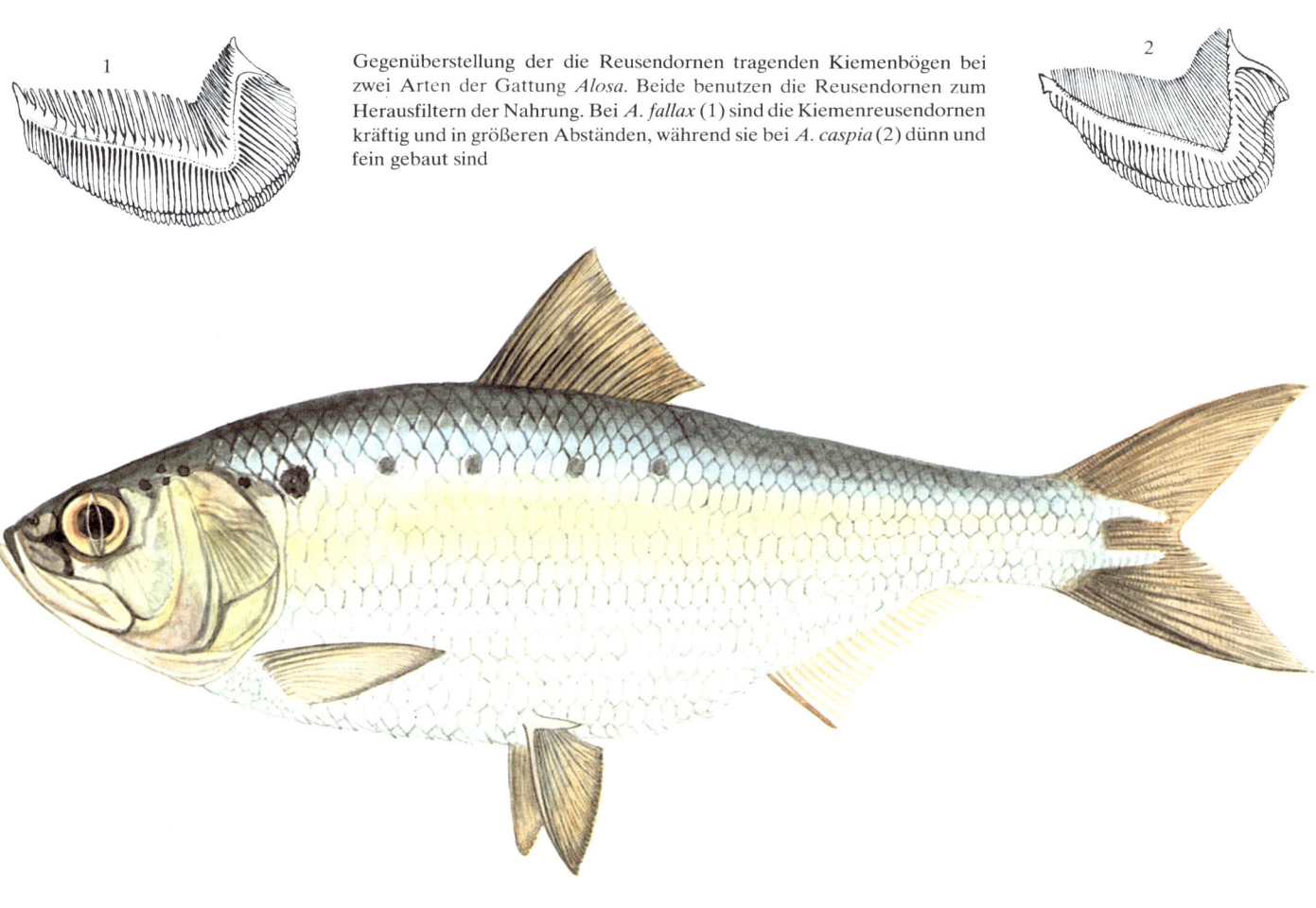

Gegenüberstellung der die Reusendornen tragenden Kiemenbögen bei zwei Arten der Gattung *Alosa*. Beide benutzen die Reusendornen zum Herausfiltern der Nahrung. Bei *A. fallax* (1) sind die Kiemenreusendornen kräftig und in größeren Abständen, während sie bei *A. caspia* (2) dünn und fein gebaut sind

Gewöhnliche Kilka

Clupeonella delicatula

Die Kilka besitzt einen gestreckten, seitlich zusammenge-drückten Körperbau. Der zugespitzte Bauch endet in gut entwickelte Kielschuppen. Die Art hat einen breiten und langgestreckten Kopf und relativ große Augen. Der Rücken und die Kopfoberseite sind graugrün bis blaugrün, während der Bauch und die Seiten silbrigweiß oder goldfarben sind. Rücken und Schwanzflosse sind dunkel gefärbt, die übrigen Flossen sind von heller Farbe. Im ersten Lebensjahr erreicht dieser kleine Fisch 4−6 cm, im vierten bis 11 cm. Von April bis Juni laichen die Kilkas bei 5−24 °C Wassertemperatur, wobei die Laichspiele im Mai ihren Höhepunkt erreichen. Finden sie im Fluß statt, trägt die Strömung den Laich allmählich zurück ins Meer. Zwischen den einzelnen Etappen des portionsweisen Laichens liegen nur wenige Tage. Bei 10 °C warmem Wasser dauert die Entwicklung des Laichs etwa 5 Tage, bei 14 °C nur 3 Tage und im 22 °C warmen Wasser gar nur einen Tag. Die Jungtiere halten sich im gesamten Asow-schen Meer oder in den Mündungen großer Zuflüsse auf.

Erwachsene Tiere leben von Zooplankton, die Larven bevorzugen pflanzliches Plankton. Kilkas sind euryhaline Fische und leben und vermehren sich im Süßwasser wie im Salzwasser bis zu einem Salzgehalt von 1,3 %. In manchen Gegenden verbleiben die Tiere ständig im Süßwasser. Sie sind die wichtigsten Planktonkonsumenten im Asowschen Meer und ebenso eine bedeutende Nahrungsquelle für die Raubfische. Ihre wirtschaftliche Bedeutung ist trotz der geringen Größe dieser Art beachtlich. Im Asowschen Meer stellen die Kilkas eine der Hauptfangarten dar.

Größe: bis 15 cm, meist 10 cm
Fruchtbarkeit: 5000−20 000 Stück
D III−IV/11−13;   A III/14−18;
   49−62 Kiemenreusendornen
Verbreitung: Asowsches und Kaspisches Meer, salzarme Teile des nordwestlichen Schwarzen Meeres einschließlich der Unterläufe ihrer Zuflüsse

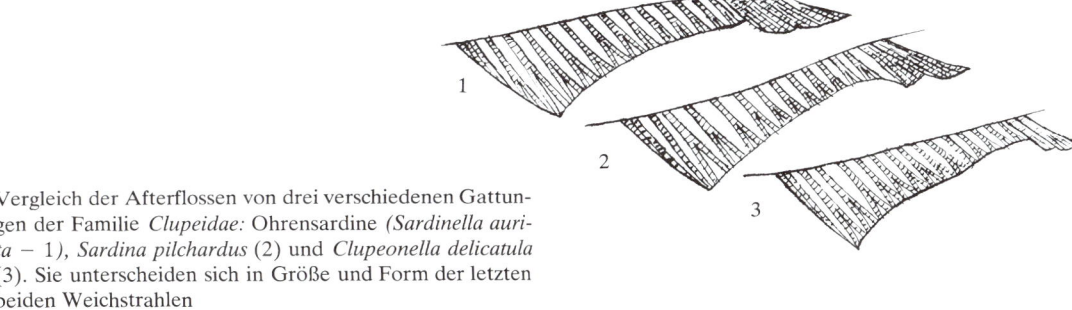

Vergleich der Afterflossen von drei verschiedenen Gattungen der Familie *Clupeidae:* Ohrensardine *(Sardinella aurita* − 1), *Sardina pilchardus* (2) und *Clupeonella delicatula* (3). Sie unterscheiden sich in Größe und Form der letzten beiden Weichstrahlen

Sardine, Pilchard

Sardina pilchardus

Unter der Bezeichnung Sardine faßt man in zahlreichen Sprachen die Angehörigen der eng verwandten Gattungen *Sardina, Sardinops* und *Sardinella* zusammen, für die besonders die bis über die Schwanzflosse reichenden großen Schuppen charakteristisch sind, die beidseitig der Schwanzflosse in zwei Spitzen auslaufen. Die Rückenflosse liegt in einer Art Schuppenrinne, so daß ihr hinteres Ende fast gänzlich verdeckt ist. Ein weiteres Erkennungszeichen der Sardinen sind die beiden letzten, stark verlängerten Strahlen der Afterflosse sowie die Fettlider an Vorder- und Hinterseite des Auges. Der Gattung *Sardina* gehört nur eine einzige Art an, die Sardine (*S. pilchardus*). Ihren Körper bedecken große, sich leicht lösende Schuppen, unter denen sich eine zweite Schicht kleiner Schuppen versteckt. Die Rückenpartie der Sardine ist blaugrün gefärbt, die Seiten sind goldschimmernd und der Bauch ist silbrig weiß. Einem dunklen Fleck auf dem Kiemendeckel folgen seitlich noch weitere. Die in zwei geographische Rassen zerfallende Art lebt in großen Schwärmen in den oberen Schichten von 10 bis 20 °C warmen Küstengewässern. Im Jugendstadium ernährt sie sich von Phytoplankton, später von Zooplankton und dem pelagischen Laich anderer Fischarten. Sardinen laichen im offenen Meer bei Temperaturen von 10−18 °C und zwar je nach Laichgebiet zu verschiedenen Jahreszeiten. Die ausgeschlüpften Larven ziehen in Richtung Küste, vor der sie sich bis zum Winter aufhalten, um dann wieder auf hohe See zurückzukehren. Im Frühjahr kehren sie wieder in die nahrungsergiebigeren Küstenstriche zurück. Die bis zu 14 Jahre alt werdenden Tiere erreichen ihre Geschlechtsreife bereits mit zwei Jahren. Ihr Jahresfang bewegt sich in letzter Zeit im Bereich von 700 000 bis 1 000 000 t, wobei überwiegend Fische im Alter von 2 ¹/₂−4 ¹/₂ Jahren gefangen werden. Es werden große Ringwade genannte Netze eingesetzt. Man lockt die Sardinen mit Dorscheiern, in Italien, Kroatien und Slowenien mit Hilfe von Äthylenlampen ins Netz.

Größe: 20−25 cm, max. 30 cm
Gewicht: 0,2−0,5 kg
Fruchtbarkeit: 50 000−80 000 Eier
D III−IV/13−16; A III/13−17;
   70−98 Kiemenreusendornen
Synonyme: *Clupea pilchardus, Clupea sardina*
Verbreitung: vom südlichen Teil der Nordsee bis zur Nordwestküste Afrikas, Mittelmeer und Schwarzes Meer

Von der Westküste Nordamerikas stammt die verwandte Art *Sardinops caerulea*. Vor dem Zweiten Weltkrieg betrugen ihre Fänge 600 000−800 000 t, doch kam es später zu einem katastrophalen Rückgang der Fangquoten auf ganze 20 000 t

Ohrensardine

Sardinella aurita

Das Verbreitungsareal der zur Gattung *Sardinella* gehörenden Ohrensardine reicht bis in die Gewässer der gemäßigten Zone, während die übrigen Vertreter der Gattung tropische Gewässer bewohnen. Von ihnen unterscheidet sich die Ohrensardine durch einen querschnittsrunden, niedrigen Körper, durch die größere Anzahl der Bauchflossenstrahlen und durch die häufige Anwesenheit eines dunklen Fleckes auf dem Oberteil des Kiemendeckels. Im Unterschied zu den Sardinen der Gattungen *Sardina* und *Sardinops* fehlen ihr die dunklen Flecken hinter dem Kiemendeckel. Der Rücken des Körpers ist stahlblau gefärbt, die Seiten sind goldfarben, der Bauch weißlich. Gewöhnlich leben die Fische in großen Schwärmen in bis zu 150 m Tiefe in 15−30 °C warmem Wasser mit einem Salzgehalt von mindestens 34 ‰. Ihr Höchstalter kann bis 6 Jahre betragen. Im Mittelmeer laichen sie in Küstengewässern von Juni bis September, nachdem sie mit zwei Jahren geschlechtsreif geworden sind. Die tagsüber sich in tiefem Wasser aufhaltenden Sardinen steigen erst in der Nacht zum Wasserspiegel auf. Beim Zug des Schwarmes entsteht ein Geräusch, das an das Rauschen des Regens erinnert. Stößt der Schwarm plötzlich in die Tiefe, so verraten zahlreiche kleine aufsteigende Luftblasen diese Bewegung. Ihre Nahrung ist Zooplankton und Phytoplankton. Jährlich werden 300 000−800 000 Tonnen Ohrensardinen gefangen und teils zu Fischmehl verarbeitet, teils als Ölsardinen in Konserven auf den Markt gebracht. Dazu werden Kopf und Innereien entfernt, die Fische gewaschen und etwa zwei Stunden in eine konzentrierte Salzlake gelegt. Anschließend werden sie erneut gewaschen, getrocknet und 2 Minuten in siedendes Öl getaucht, schließlich in die Konservenbüchsen gelegt und mit frischem Öl übergossen. Die verschlossenen Konserven sterilisiert man zwei Stunden lang bei 115 °C.

Größe: 25−30 cm, selten 38 cm
Gewicht: bis 0,6 kg
Fruchtbarkeit: 10 000−110 000 Eier
D III−IV/14−16; A III/13−15;
    Kiemenreusendornen 201−228
Synonym: *Clupea aurita*
Verbreitung: Westpazifik vom südlichen Japan bis Indonesien, amerikanische Atlantikküste von Kap Cod bis Rio de Janeiro, gesamte afrikanische Westküste, Mittelmeer und Schwarzes Meer

Die wirtschaftlich wichtige verwandte Art *Sardinops sagax* von der Pazifikküste Kanadas und der USA. Vor dem Zweiten Weltkrieg wurden jährlich bis zu 700 000 t gefischt, heute sind es nur noch 20 000−50 000 t

Zur Familie der Sardellen (ENGRAULIDAE) gehören kleine Fische mit auffällig langen Kiefern, großen Schuppen. Etwa 13 Gattungen dieser Schwarmfische leben in tropischen und subtropischen Meeren.

Sardelle, Anchovis   *Engraulius encrasicholus*

Sardellen besitzen einen langgestrecken Körper mit rundem, kiellosem Bauchprofil. Ihr Rücken ist grün oder dunkelblau bis schwarz, die Seiten sind kräftig silbrig, der Bauch silberweiß und die Kiemendeckel gelb schimmernd. Die einzelnen Unterarten sind sehr verschieden gefärbt. Die typische Form *(E. encrasicholus encrasicholus)* lebt im Atlantischen Ozean, weitere Unterarten im Mittelmeer, im Schwarzen und Asowschen Meer. Die kleinen Anchovis reifen bereits am Ende ihres ersten Lebensjahres geschlechtlich heran, und zwar mit einer Länge von 7 oder 8 cm. Vierjährige bringen es auf 12−14 cm Länge. Ihre Laichzeit zieht sich vom Mai bis zum September hin und unterteilt sich in Etappen. Bei 18 °C Wassertemperatur entwickeln sich die Embryos in 24−48 Stunden. Im Laufe ihres Lebens laichen die Tiere zwei- bis dreimal. Eier und Larven leben pelagisch. Als Nahrung dienen der Sardelle Kleinarten des Zooplanktons und Phytoplanktons. Am intensivsten nimmt sie ihre Nahrung während der Vegetationsperiode auf. Bei den Frühlings- und Herbstwanderungen, während der die Fische sich dem Ufer nähern oder sich von ihm entfernen, nehmen sie weniger Nahrung zu sich. Im Winter halten sie sich 80−140 m unter dem Wasserspiegel auf. Sobald sich das Wasser auf 7−10 °C erwärmt, ziehen sie in Tiefen von 6−10 m um. Im Norden ihres Areals besitzt die Sardelle praktisch keine wirtschaftliche Bedeutung, um so mehr jedoch im Süden einschließlich des Schwarzen Meeres.

Größe: bis 20 cm
Gewicht: bis 100 g
Fruchtbarkeit: 9000−30 000 Eier
D III/14−18; A III/16−20; l.l. 46−50
Verbreitung: Atlantikküste von Südnorwegen bis Nordafrika, Azoren, Mittelmeer und Schwarzes Meer

Die vor der südamerikanischen Küste des Stillen Ozeans lebende verwandte Art *E. ringens.* Der Fang dieser 10−18 cm, maximal 22 cm langen Fische erreichte mit mehr als 13 Millionen Tonnen im Jahr 1970 einen absoluten Höhepunkt unter allen gefischten Arten

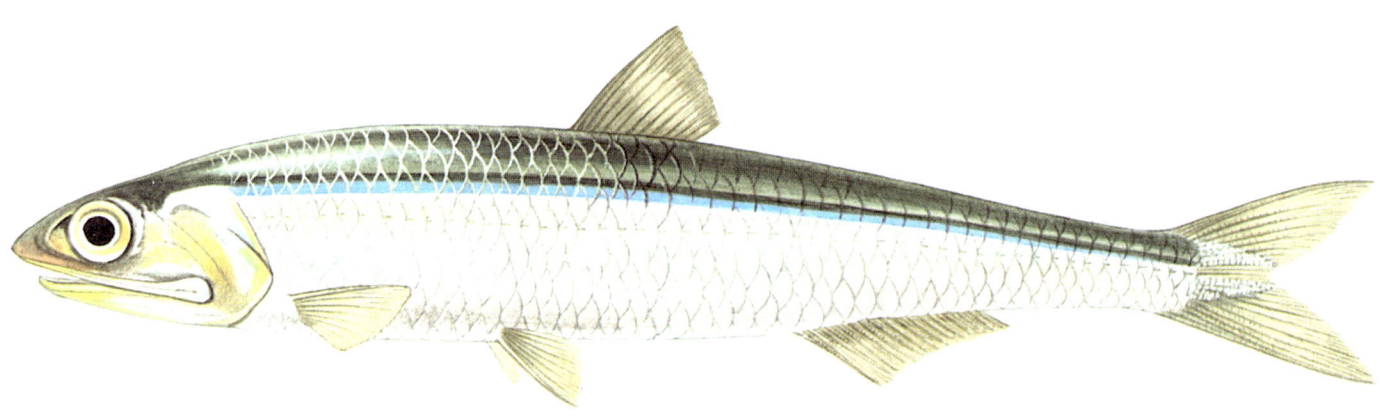

Die Ordnung SALMONIFORMES (Lachsfische) vereint Meeres-, Wander- und Süßwasserfische ohne Eileiter und mit Fettflosse. Zur Familie SALMONIDAE (Lachse und Verwandte) gehören Süßwasser- und Wanderfische der nördlichen Halbkugel, die sämtlich wirtschaftlich wichtig sind. Sie besitzen einen spindelförmigen Körperbau, ihr Oberkiefer reicht bis hinter den Hinterrand des Auges. Sehr kleine Schuppen bedecken den Körper, die Afterflosse ist auffällig lang.

Buckellachs   *Oncorhynchus gorbuscha*

Diese Art ist der kleinste, aber gleichzeitig der wichtigste Vertreter der als Pazifiklachse bekannten Gattung *Oncorhynchus*. Männchen haben als Hochzeitskleid Kopf und Rücken dunkel gefärbt, während die Seiten hellrot mit braungrünen Flecken sind. In der Laichzeit wechselt auch die Körperform beträchtlich. Ober- und Unterkiefer verlängern sich und enden im sog. Laichhaken, vor der Rückenflosse bildet sich ein Buckel, der dem Fisch seinen Namen in vielen Sprachen eingebracht hat, wie auch den wissenschaftlichen Artnamen, der vom russischen Namen abgeleitet wurde. Vor Jahren wurde der Buckellachs in die Barentssee gebracht, lebte sich dort ein und drang wahrscheinlich von dort aus in mehreren Exemplaren auch in den nördlichen Atlantik, denn es wurden verhältnismäßig viele Buckellachse in norwegischen, isländischen und britischen Gewässern gefangen. Mit zwei bis drei Jahren sind die Fische geschlechtsreif und steigen zum Sommeranfang die Flüsse hinauf zu ihren Laichplätzen. Die Weibchen legen ihre Eier in im Flußgrund angelegte Laichgruben und verscharren sie. Dazu suchen sie sich die Stellen mit der stärksten Strömung aus, wo das Wasser auch den meisten Sauerstoff enthält. Nach dem Laichen gehen die Elternfische ein, ihre Nachkommen werden nach 110−130 Tagen schlüpfen. Bis zum Frühjahr leben sie in den Laichgruben, dann werden sie ins Meer gespült, wo sie sich intensiv mästen und wachsen. Die Fänge der Buckellachse erreichen insgesamt 150 000−200 000 t jährlich. Ihr rosarotes Fleisch ist von ausgezeichnetem Geschmack und gilt als Delikatesse.

Größe: 40−50 cm, max. 70 cm
Gewicht: 2−4 kg, vereinzelt 5−6,5 kg
Fruchtbarkeit: etwa 1500 Eier
D III−IV/9−12; A II−IV/12−16; l.l. 145−212
Verbreitung: nördlicher Stiller Ozean und Nördliches Polarmeer

Männchen des verwandten *O. keta* in der Laichzeit. Sein Verbreitungsgebiet deckt sich fast mit dem von *O. gorbuscha*. Von den beiden selbständigen Formen, der Frühjahrs- und der Herbstrasse, ist die letztere größer und fruchtbarer. Sie erreicht bis zu 1 m Länge und wird jährlich in großem Umfang (100 000 Tonnen) gefangen

Atlantischer Lachs   *Salmo salar*

Den Atlantischen Lachs erkennt man an der schwächeren Schwanzwurzel und der schwach ausgebuchteten Schwanzflosse, dem kürzeren Oberkiefer, der den hinteren Augenrand nicht erreicht, der größeren Anzahl Reusendornen am ersten Kiemenbogen, der Zahl der Zähne im oberen Gaumen und am Pflugscharbein sowie an der Länge der Afterflossenstrahlen und an der Färbung, die jedoch stark veränderlich ist. Während der Laichzeit erscheinen seitlich am Kopf rote und orangefarbene Flecken, der Bauch färbt sich rosa. Der Atlantische Lachs kommt nicht nur in Küstennähe vor, er unternimmt auch lange Wanderungen auf der Suche nach Nahrung. Zur Fortpflanzung benötigt er Süßwasser und steigt daher nach Erreichen der Geschlechtsreife vier- bis fünfjährig seinen Geburtsfluß hinauf und zieht stromaufwärts bis in die Oberläufe, weiter noch als die Forelle. Auf seinem Weg ist er in der Lage, bis zu 2 m hohe Hindernisse zu überspringen. An den Laichplätzen angekommen, schlagen die Weibchen mit mächtigen Schwanzschlägen schüsselförmige Laichgruben in den Grund, in die sie ihre Eier ablegen. Nach dem von Oktober bis Dezember dauernden Laichen gehen vor allem die Männchen oft ein. Einige Tiere nehmen aber sogar mehrmals am Laichen teil. Im Frühjahr schlüpfen die Larven aus den Eiern. In kleineren Schwärmen schwimmen sie allmählich ins Meer zurück. Manchmal dauert diese Reise bis zu drei Jahren. Unterwegs ernähren sie sich hauptsächlich von Krustentieren und Fischen. Lachse werden auf die verschiedenste Weise im Meer und auf ihrem Laichzug gefischt. Ihr Fleisch wird sehr geschätzt, der Weltfang überschritt in den letzten Jahren 12 000 t. Wegen Überfischung, der Wasserverschmutzung und der Anlage hoher Wehre und Staumauern, die den Lachs bei seinem Laichzug behindern, gehen in letzter Zeit die Bestände immer mehr zurück.

Größe: 60−100 cm, max. 150 cm
Gewicht: 3−15 kg, vereinzelt bis 35 kg
Fruchtbarkeit: 6000−26 000 orangenfarbene Eier von
    5−6 mm Durchmesser
D III−IV/9−11; A III/7−8; l.l. 120−130
Verbreitung: europäische Küsten des Nordpolarmeers und
    des Atlantiks, vor Island, Südgrönland und der Ostküste
    Nordamerikas

Weibchen im Hochzeitskleid. Die Farbe ist silbergrau, der Laichhaken am Unterkiefer fehlt. Ähnlich sehen die Männchen außerhalb der Laichzeit aus

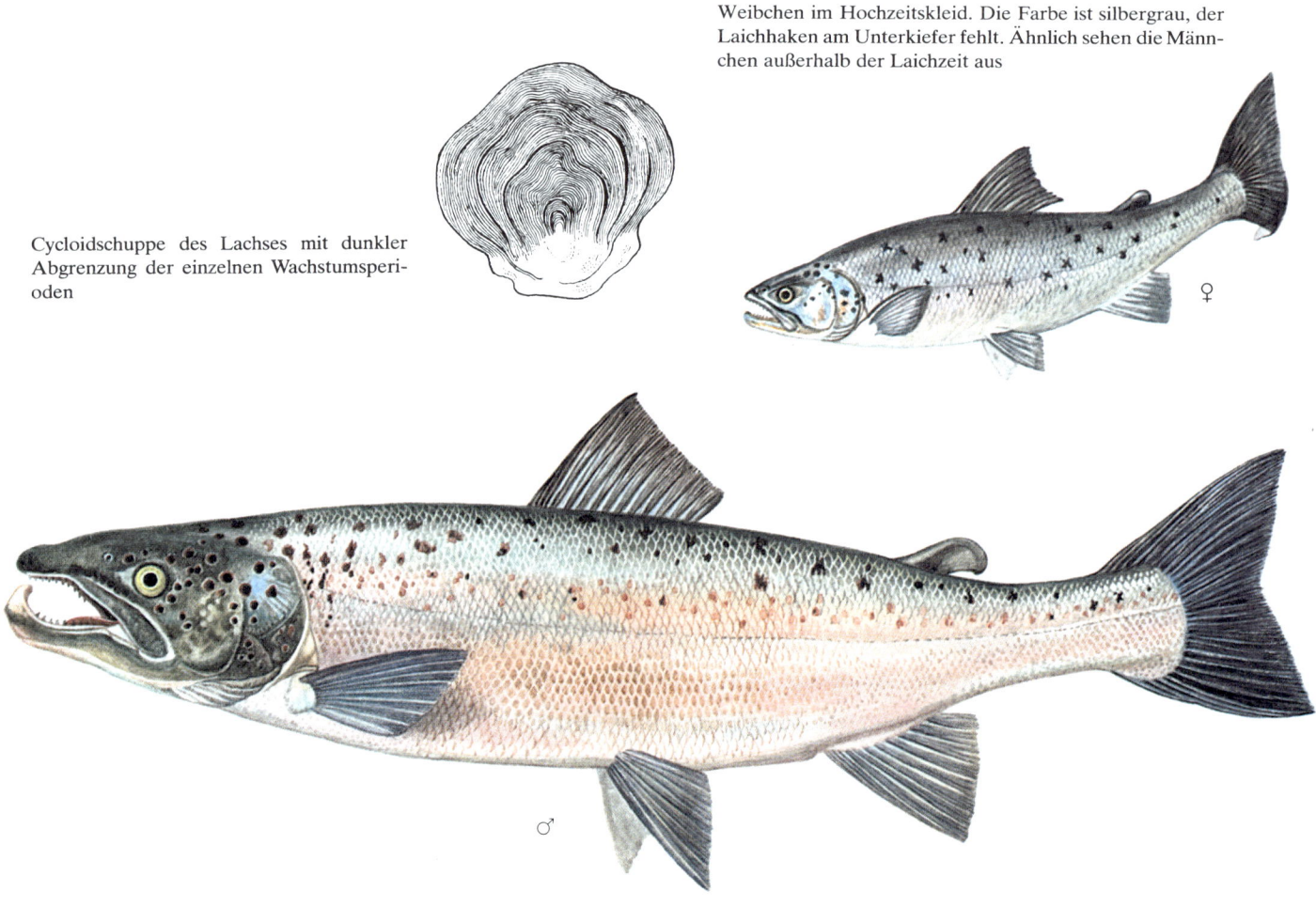

Cycloidschuppe des Lachses mit dunkler Abgrenzung der einzelnen Wachstumsperioden

♂

Meerforelle, Forelle, Lachsforelle   *Salmo trutta*

Die Meerforelle schwimmt meist im Frühjahr in die Flüsse ein und zieht gegen den Strom bis in den oberen Flußlauf, wo sie von Oktober bis Januar laicht, nachdem sie ähnlich dem Lachs Laichgruben in den Grund geschlagen hat. Die Entwicklung des Laichs geht im Süßwasser vor sich. Allmählich steigt die junge Meerforelle mit der Strömung zum Meer hinab, was Ende des 2. bis Anfang des 4. Lebensjahres erreicht wird. Die Meerforelle erlangt ihre Geschlechtsreife mit 3–4 Jahren. Im Meer halten sich die Forellen ein bis drei Jahre in Ufernähe auf, wachsen dank ihrer Gefräßigkeit rasch heran und ziehen mit erreichter Geschlechtsreife von neuem die Flüsse stromaufwärts zu den Laichplätzen. Ein Teil des Bestandes − besonders die Männchen − gehen nach dem Laichen wegen des hohen Substanzverlustes ein, dem die Fische während der Laichwanderung ausgesetzt waren. Der größte Teil der Population nimmt aber zwei- oder dreimal am Laichen teil, einige Exemplare sogar noch öfter. Die Meerforelle hat eine gerade abgeschnittene Schwanzflosse und kann unterschiedlich gefärbt sein. Rote Flecken tragen nur wenige Fische der Wanderform, in Ausnahmefällen treten diese Flecken auch unterhalb der Seitenlinie auf. In der Vergangenheit drangen die Forellen in alle Flüsse ihres Verbreitungsgebietes ein. Heute ist das in einer Reihe von Gewässern wegen deren Verschmutzung und der Anlage von unüberwindbaren Hindernissen (Talsperren, hohe Wehre) unmöglich, so daß die Zahlenstärke der Art ständig zurückgeht. Forellenfleisch ist von sehr guter Qualität und ähnelt in seinem Geschmack dem Lachsfleisch. Versperrt sich den Meerforellen der Rückweg ins Meer, so verwandeln sie sich innerhalb einer oder zwei Generationen in Bachforellen, eine selbständige Form der Art.

Größe: 50−80 cm, max. bis 110 cm
Gewicht: 10−18 kg, vereinzelt bis 25 kg
Fruchtbarkeit: 2000−16 000 Eier
D III−IV/9−11; A III/7−9;
  P I/12−13 V I/8 l.l. 120−135
Verbreitung: vor der Nordwestküste Europas von der Pyrenäenhalbinsel bis zur Karasee, Einzugsgebiet des Schwarzen Meeres

Die Seeform der Forelle *S. trutta* f. *lacustris* entsteht beim Verbleiben der Meeres- oder Binnenform der Forelle im stehenden Gewässer. Seeforellen sind kleiner als Meerforellen, aber größer als Bachforellen und unterscheiden sich von beiden in Form und Farbkleid

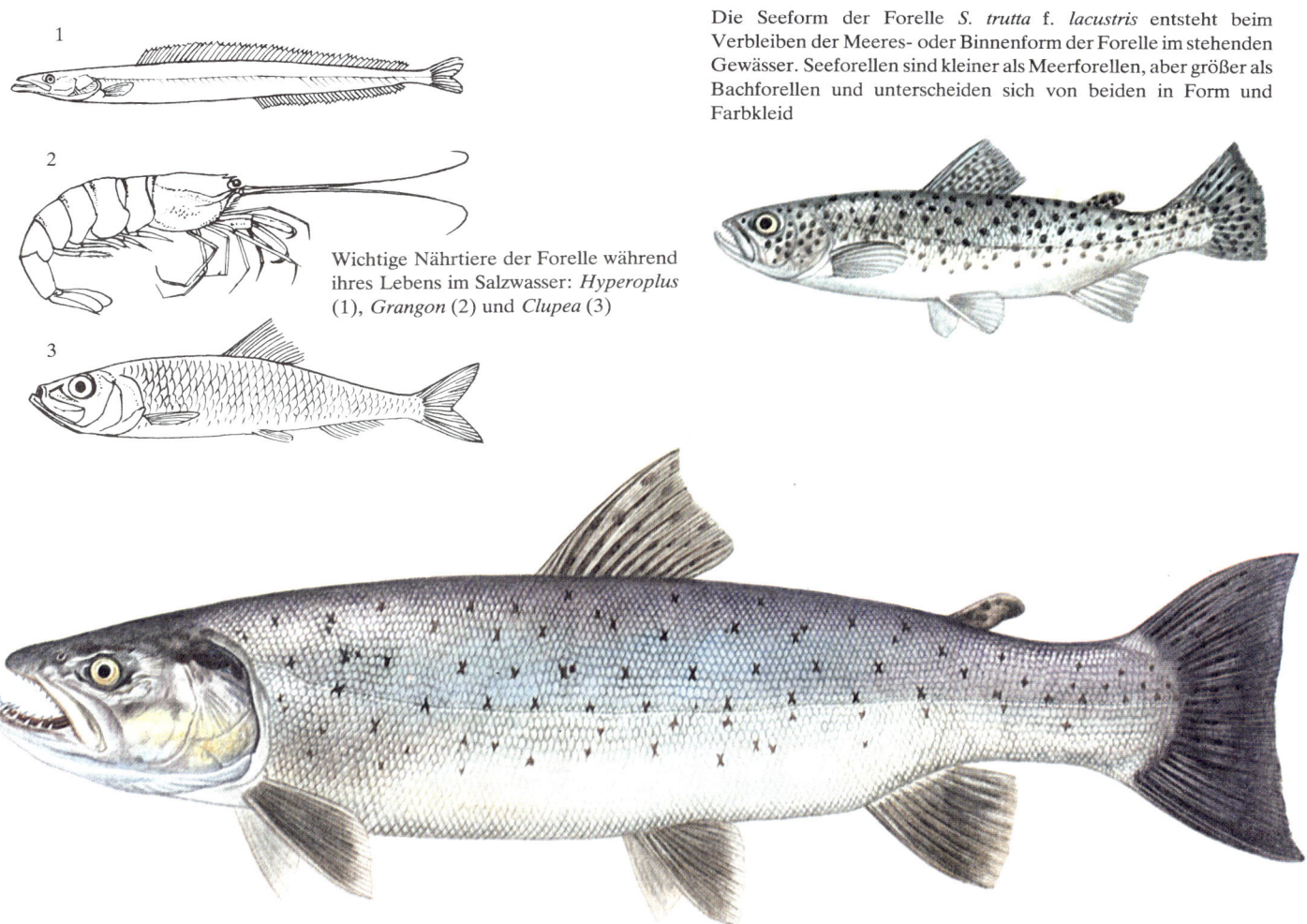

Wichtige Nährtiere der Forelle während ihres Lebens im Salzwasser: *Hyperoplus* (1), *Grangon* (2) und *Clupea* (3)

Bachforelle

Salmo trutta m. *fario*

Die Bachforelle besitzt einen sehr muskulösen Körper, der dem Leben in fließenden Gewässern angepaßt ist. Entweder endet die Schwanzflosse gerade oder sie besitzt einen leichten Einschnitt. Bei älteren Männchen ist der Unterkiefer hakenähnlich gekrümmt und der Kopf länger als bei den Weibchen. Die Färbung variiert sehr stark. Meist ist der Rücken grünbraun bis graugrün, gelegentlich auch schwarzgelb. Die Seiten und die Bauchpartie sind stets heller. Auf Kopf, Rücken, Seiten sowie Rücken- und Fettflosse befinden sich fast immer schwarze und rote Flecken, die hell umrandet sein können. Unerläßlich ist für die Bachforelle kaltes, reines Wasser mit hohem Sauerstoffgehalt. Besonders bevorzugen sie reichgegliederte Wasserläufe mit zahlreichen Verstecken bis in eine Höhe von etwa 1500 m ü. d. M. Bachforellen besetzen und verteidigen ein Revier, dessen Grenzen vor allem von der Sichtweite bestimmt werden. Sie leben vorwiegend von Wasserinsektenlarven, auf das Wasser gefallenen Landinsekten, Fischeiern, Kleinfischen und Fröschen. Ihre Geschlechtsreife tritt im zweiten bis vierten Lebensjahr ein, bei Männchen meist ein Jahr früher als bei Weibchen. Zum Laichen, das von Oktober bis Januar währt, ziehen die Bachforellen stromaufwärts in höher gelegene Flußab-schnitte, wobei sie bis 1,5 m hohe Hindernisse überwinden. An den Laichplätzen angekommen, schlagen die Weibchen schüsselartige Laichgruben in den Grund und legen ihre Eier ab, deren Entwicklung 100−120 Tage dauert. Die gute Bestandssituation der Bachforelle in den europäischen Gewässern verdanken wir vor allem der künstlichen Aufzucht von Satzforellen. Die Bachforelle gehört zu den wirtschaftlich wichtigsten Süßwasserfischen und besitzt Fleisch von ausgezeichneter Qualität, das hervorragend für eine gesunde Ernährung geeignet ist. Man fängt die Bachforelle mit der Fliegenangel oder der Schleppangel, wobei als Köder Blinker oder tote Fische genommen werden.

Größe: 40−60 cm, vereinzelt auch 1 m
Gewicht: meist 0,5−2 kg, ausnahmsweise bis 10 kg und mehr
Fruchtbarkeit: je Kilo Körpermasse des Weibchens 2000−3000 Eier
Verbreitung: mittlere und obere Abschnitte der Flüsse ganz Europas, des Kaukasus, Kleinasiens, Marokkos und Algeriens. Des weiteren in Australien, Neuseeland, Indien, Nordamerika und Zentralafrika eingeführt

Pflugscharbeinformen bei verschiedenen Salmoniden. Das inmitten des Vorderteils des Oberkiefers (1) befindliche Pflugscharbein wird zur Bestimmung der einzelnen Arten der Familie *Salmonidae* verwendet: Huchen (2), Meerforelle (3) und Süßwasserform der Forelle (4).

Salmo apache ist eine verwandte endemitische Forellenart aus den Rocky Mountains in den USA

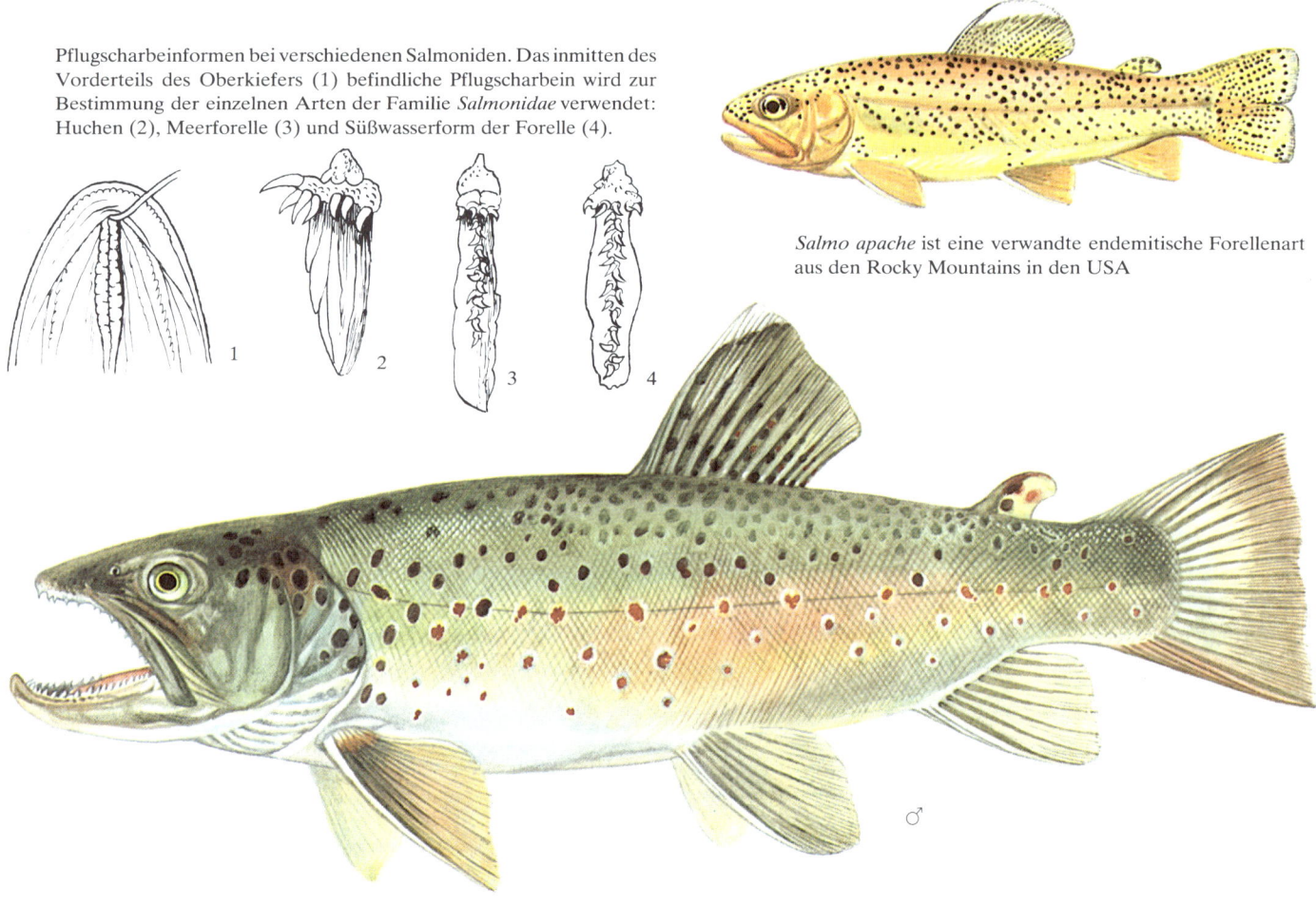

Regenbogenforelle

Salmo gairdneri

Der Körper der Regenbogenforelle ist hochrückig, der lange Oberkiefer reicht bis hinter das Auge, die Schwanzflosse ist leicht eingebuchtet. Ursprünglich war die Heimat dieser Art die Pazifikküste Nordamerikas. Von dort aus wurde sie zunächst in die übrigen Teile Nordamerikas, im Jahr 1880 nach Europa und dann nach und nach in alle Erdteile gebracht und eingewöhnt. Ursprünglich sollte die Fauna des Zielgebietes um eine wirtschaftlich interessante Art bereichert werden, später spielte die gute Eignung der Regenbogenforelle für die künstliche Zucht die Hauptrolle. Trotz langjähriger Bemühungen der Angler bildeten sich nur in wenigen Gebieten Populationen, die auch ohne Aussetzen künstlich aufgezogener Fische lebensfähig sind. Durch die intensive Zuchtveredlung entstanden viele farblich unterschiedene Formen. Gemeinsam blieb jedoch allen der rosafarbene bis rötliche Längsstreifen, der auf der Körpermitte bis zum Schwanzansatz verläuft. Kopf, Rücken, Seiten sowie Rücken- und Schwanzflosse sind dicht mit schwarzen Flecken bedeckt. Ausdruck eines Geschlechtsdimorphismus ist die intensivere Färbung der Männchen, die besonders im Alter einen Laichhaken am Unterkiefer tragen. Regenbogenforellen sind gegen Wasserverunreinigung empfindlicher als Bachforellen, stellen jedoch geringere Ansprüche an den Sauerstoffgehalt und die Wassertemperatur. Auch benötigen sie die zahlreichen Unterwasserverstecke nicht. Ihre Nahrung sind Larven von Wasserinsekten, Zooplankton, Weichtiere und kleinere Fische. Mit 2—3 Jahren sind sie geschlechtsreif, in freier Natur werden sie 5—6 Jahre alt, in Ausnahmefällen 18 Jahre und mehr. In Europa laichen die Fische von November bis Mai. Sie legen im schnellfließenden Wasser ihre Eier in Laichgruben ab, die meist von den Weibchen angelegt werden. Wegen ihres wohlschmeckenden Fleisches werden diese Forellen intensiv in Fischteichen und speziellen künstlichen Zuchtanlagen gehalten und mit Vorliebe von Sportfischern geangelt. In letzter Zeit wird auch die Aufzucht in Käfigen, die in Talsperrenbecken verankert sind, forciert.

Größe: 60—90 cm, max. 120 cm
Gewicht: gewöhnlich 1—3 kg, vereinzelt 6—10 kg,
    max. 24 kg
Fruchtbarkeit: je kg Gewicht des Weibchens 2500—8500
    Eier, durchschnittlich 4500
D IV/10—11; A III/10—11; l.l. 125—160; P I/12 V I/8
Verbreitung: ursprünglich Pazifikküste Nordamerikas, dank
    der Introduktion fast in der ganzen Welt

Ursprüngliche (rot) und heutige (blau) Verbreitung der Regenbogenforelle in Europa

Goldfarbene Abart der Regenbogenforelle, wie sie in einigen Forellenzuchten vorkommt

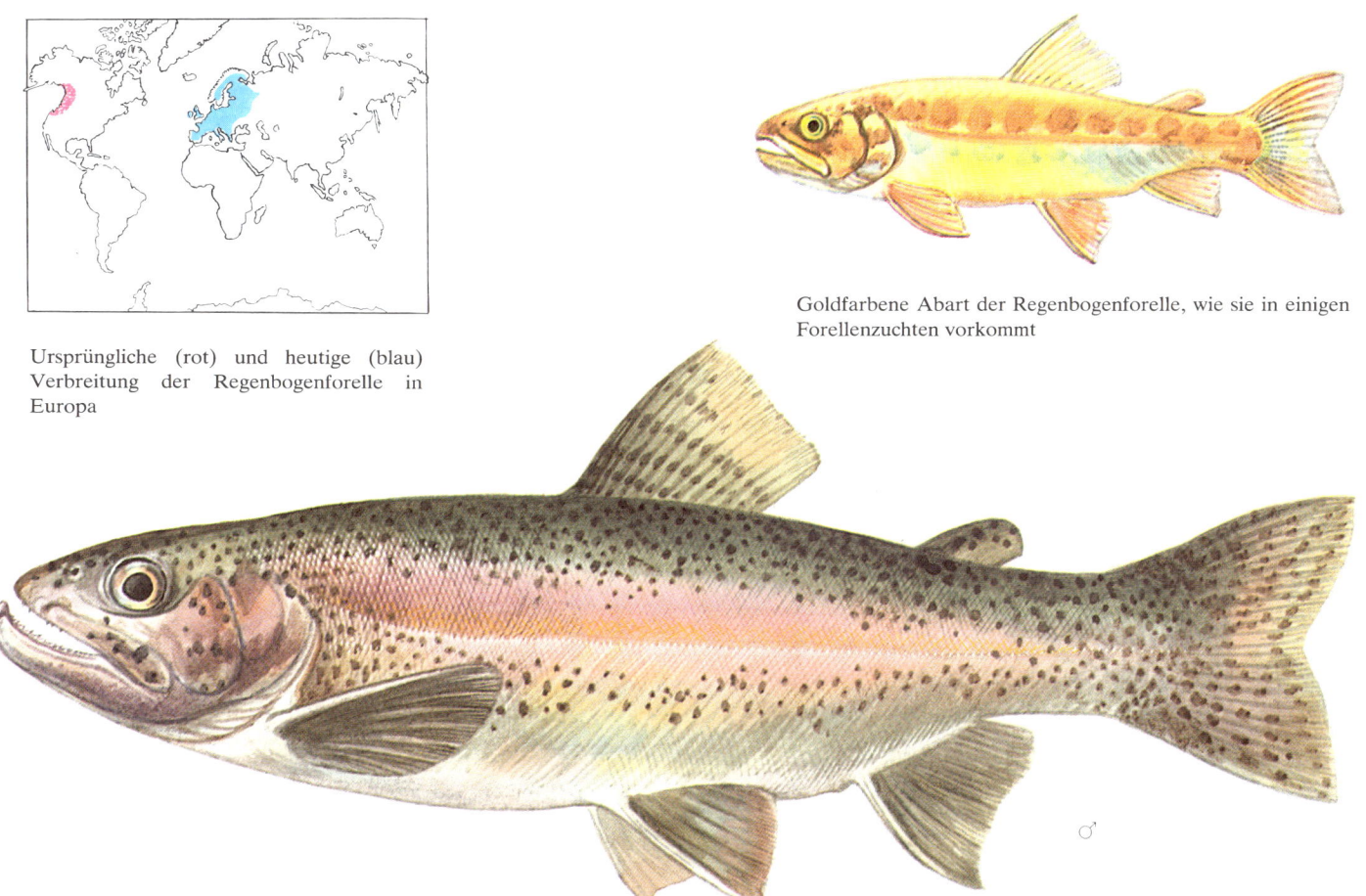

Wandersaibling   *Salvelinus alpinus*

Diese Art ähnelt stark dem verwandten Bachsaibling, jedoch ist die Schwanzflosse fast gerade abgeschnitten und der Oberkiefer reicht bei jungen Tieren sowie bei nichtwandernden Formen nur bis zum hinteren Augenrand. Bei der Wanderform reicht der Kiefer ein wenig hinter das Auge. Beide Saiblingsarten haben auch verschieden viele Flossenstrahlen in den unpaaren Flossen und unterscheiden sich in noch weiteren Merkmalen. Das Farbkleid ist stark veränderlich und ist bei beiden Formen verschieden. Der Rücken ist bei der Wanderform meist stahlblau, bei der Binnenform eher grünbraun. In der Laichzeit nimmt die Färbung an Intensität zu und die Männchen sind dann die buntesten Fische in Europa überhaupt. Die Wanderform ist nur in den arktischen Gewässern des Atlantischen und Stillen Ozeans und Nördlichen Eismeers verbreitet, vor den europäischen Küsten kommt sie bis Island und dem norwegischen Oslofjord vor. An verschiedenen Stellen in Europa, Asien und Nordamerika lebt die stehende Form. Als Überbleibsel der letzten Eiszeit sind diese Saiblinge z. B. in den Bergseen der Alpen verbreitet. Die Laichzeit fällt meist in den Winter, an manchen Lokalitä-

ten auch in das Frühjahr. Die Wanderform steigt im Alter von 3–4 Jahren die Flüsse hinauf, gelegentlich auch erst mit 6–8 Jahren. Beide Formen legen ihre Eier in Gruben ab, die sie meist unter einer Eisdecke, in kiesigen Grund geschürft haben. Die Wanderform lebt 2–4 Jahre im Süßwasser und ernährt sich dort vorwiegend von Wirbellosen. Im Meer besteht ihre Nahrung vor allem aus kleinen Fischen. Ihre ökonomische Bedeutung ist nicht groß, doch stellen sie in einigen arktischen Gebieten eine wichtige Fischart dar. Meist wird der Wandersaibling nur von den Sportanglern gefangen, die ihn wegen seines sportlichen Werts, der herrlichen Färbung und des wohlschmeckenden Fleisches sehr schätzen.

Größe: gewöhnlich 40–60 cm, max. 1 m (Wanderform)
Gewicht: 1–3 kg, vereinzelt bis 14 kg
Fruchtbarkeit: durchschnittlich 3500 Eier
D III–IV/9–10;   A III/8–10;   l.l. 190–240
Verbreitung: arktische Gewässer des Atlantischen, Pazifischen Ozeans und der Nordsee, stellenweise in kalten Gewässern der Seen Europas, Asiens und Nordamerikas

Das Weibchen ist weniger bunt gefärbt als das Männchen

♀

♂

Bachsaibling

Salvelinus fontinalis

Die Heimat dieser farblich attraktiven Art ist Nordamerika, wo sie von Nordkanada bis zum südlichen USA – Staat Georgia verbreitet ist. Ursprünglich bildeten die Großen Seen und der Oberlauf des Mississippi die Westgrenze ihres Lebensraumes. Heute ist der Bachsaibling auch im Westen der USA, in Südamerika, Asien und auf Neuseeland verbreitet. Nach Europa wurde er Ende des vorigen Jahrhunderts eingeführt. Sein Körper ist hochrückiger als der der Forelle, das Maul ist endständig und weit aufsperrbar. Der Oberkiefer ist länger als beim Wandersaibling und reicht deutlich bis hinter das Auge, die Mundhöhle ist schwarz gefärbt. Bachsaiblinge gehören zu den farbenprächtigsten Süßwasserfischen, jedoch wechseln die Farben von Population zu Population und verändern sich auch im Laufe des Jahres. Sie leben an ähnlichen Plätzen wie die Bachforelle, auch ihre Nahrungsansprüche sind die gleichen. Daher konkurrieren sie miteinander, was zur Folge hat, daß die Forelle meist den Bachsaibling verdrängt. Bachsaiblinge vertragen auch das sauerstoffärmere Wasser in den Quellgebieten und saures Wasser mit niedrigem pH-Wert, falls es nur genügend kalt ist (bis 16 °C). An manchen Abschnitten ist er daher der einzige Fisch. Im Unterschied zur Forelle benötigt er auch keinen gegliederten Grund mit Verstecken und kann auch in regulierten Wasserläufen leben. Mit zwei oder drei Jahren erreicht er seine Geschlechtsreife und laicht meist von Oktober bis Dezember. Ähnlich den Forellen schlägt er eine Laichgrube in den Grund, die zur Eiablage dient. Die Eier werden durch die Wirbelbewegung des Elternpaars in den Grund eingewühlt. Ihre Entwicklung dauert ca. 100 Tage. Da Saiblinge und Forellen ähnliche Laichplätze aufsuchen, kommt es zuweilen zur Entstehung von unfruchtbaren Kreuzungen mit einem marmorierten Farbkleid.

Größe: in Europa 30–50 cm, in ihrer Heimat bis 90 cm
Gewicht: in Europa 1–3 kg, in Kanada und USA bis 7 kg
Fruchtbarkeit: ca. 2000 Eier auf jedes Kilo Gewicht des Muttertiers
D III/9–10; A III/8–11; V II/8–9; l.l. 160–225; P I/10–13
Verbreitung: ursprünglich Nordamerika, eingebürgert in zahlreichen Gebieten der Erde

S. namaycush wird manchmal zur selbständigen Gattung *Cristivomer* gerechnet. Er gehört zu den größten Süßwasserlachsen und wird bis zu 45 kg schwer. Seine Heimat sind die kanadischen Seen und Flüsse, wo er ein geschätzter Nutzfisch ist. In den Großen Seen werden seine Bestände vom vordringenden Meerneunauge, aber auch von der anwachsenden Verschmutzung reduziert

Huchen, Donaulachs   *Hucho hucho*

Der langgestreckte, im Querschnitt fast runde Körper des Huchens trägt einen großen Kopf mit auffällig bezahnten Kiefern. Auf dem rotbraunen Rücken befinden sich zahlreiche dunkle Flecken in der Form eines X oder eines Halbmondes. Die hellgrauen, rotgepunkteten Seiten besitzen in der Laichzeit einen kupfernen Glanz, während der Bauch weißlich ist. Dieser größte, ständig im Süßwasser lebende Lachsfisch wächst sehr rasch und wird meist im 5. Jahr schon 60 cm lang. Seine Geschlechtsreife erlangt er mit 4−6 Jahren (je nach Wachstum). Meist laicht er im April, gelegentlich auch im Mai, wobei das Wasser Temperaturen von 6−9 °C haben muß. Vor dem Laichen tritt der Huchen eine kurze Wanderung gegen den Strom größerer Flüsse an. Die Weibchen schlagen eine Grube in den Kiesgrund, in der das Männchen die abgelaichten Eier befruchtet. Nach 25−35 Tagen schlüpfen die Larven. Heute werden die Huchen künstlich vermehrt. Die Elterntiere werden kurz vor dem Laichen eingefangen oder man hält sie in speziellen Becken bereit. Mit 4−10 cm wird die Brut an geeigneten Stellen ausgesetzt. Kleine Exemplare ernähren sich ähnlich den Forellen von Larven der Wasserinsekten oder von ins Wasser gefallenen Insekten, die größeren Exemplare gehen auf Fischraub. Angesichts seiner Ausmaße muß sich der Huchen in den Mittelläufen der Flüsse im Grenzgebiet zwischen Äschen- und Barbenregion aufhalten. Er stellt hohe Ansprüche an die Qualität des Wassers und seinen Sauerstoffgehalt. Huchen verlangen unregulierte Wasserläufe mit einer Vielzahl von Verstecken (großen Steinen, Baumwurzeln, umgestürzten Bäumen usw.). Aus diesem Grund, aber auch wegen der zunehmenden Flußverschmutzung sinken die Bestände des Huchens. Man angelt ihn mit Blinker und toten Fischen. Das Fleisch des geschätzten Trophäenfisches ist von ausgezeichnetem Geschmack.

Größe: bis 1,50 m, meist 50−80 cm
Gewicht: bis 50 kg
Fruchtbarkeit: 15 000−30 000 Eier
D III−IV/9−11; A IV−V/7−9; l.l. 180−200
Synonym: *Salmo hucho*
Verbreitung: nur in der Donau und ihren Zuflüssen. In Sibirien lebt vom Jenissei bis zum Amur die verwandte Art *Hucho taimen*. Eine Reihe von Akklimatisierungsversuchen endeten bisher erfolglos

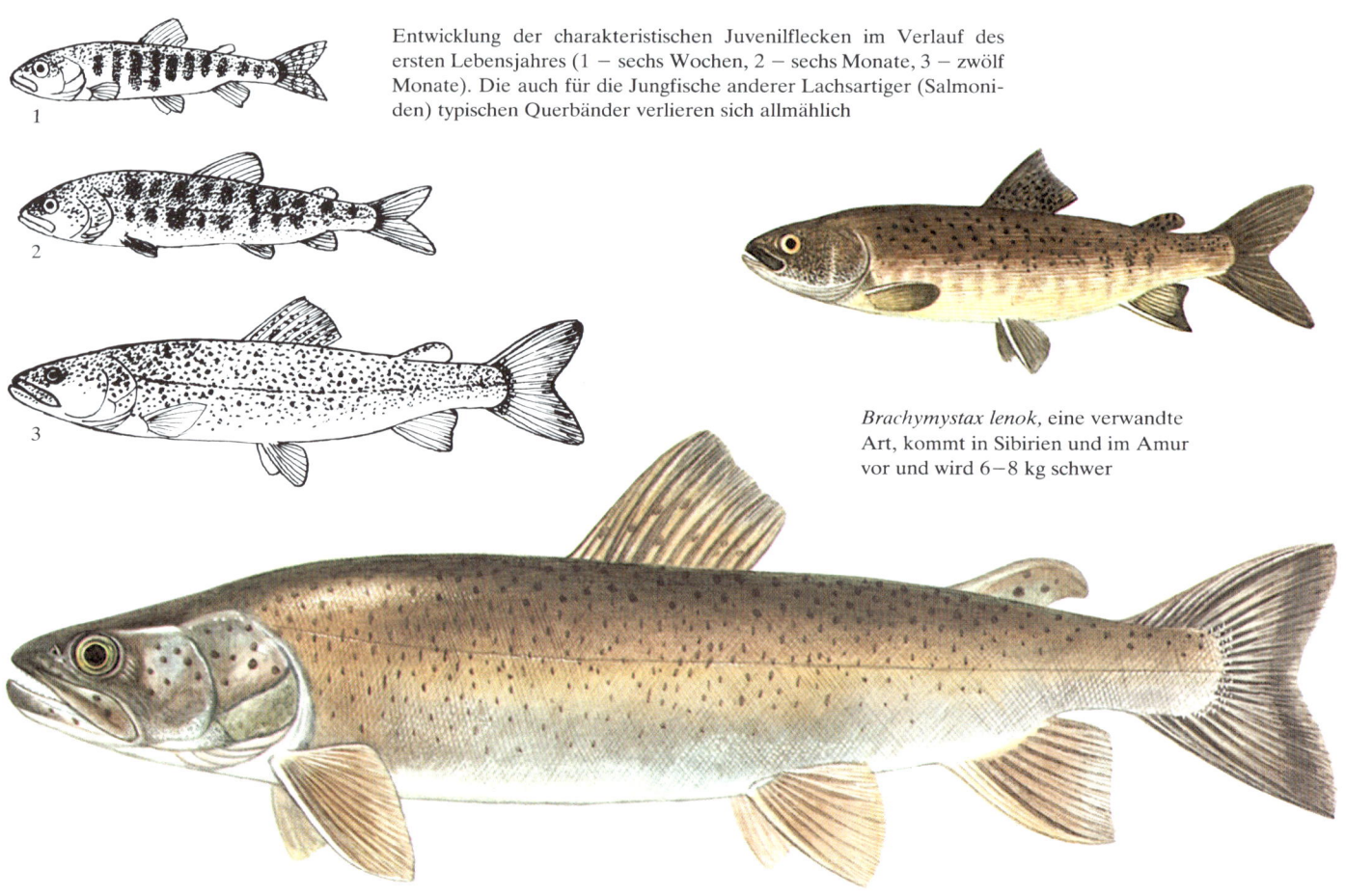

Entwicklung der charakteristischen Juvenilflecken im Verlauf des ersten Lebensjahres (1 − sechs Wochen, 2 − sechs Monate, 3 − zwölf Monate). Die auch für die Jungfische anderer Lachsartiger (Salmoniden) typischen Querbänder verlieren sich allmählich

Brachymystax lenok, eine verwandte Art, kommt in Sibirien und im Amur vor und wird 6−8 kg schwer

Weißlachs

Der einzige Vertreter der Gattung *Stenodus* unterscheidet sich von den Maränen (Gattung *Coregonus*) durch den Schädelbau und das endständige Maul. Sein Körper ist silberfarben ohne dunkle oder helle Flecken. Es gibt zwei Unterarten. *S. leucichthys nelma* kommt im Nördlichen Eismeer vor der Onegabucht bis zur Beaufortsee vor. Der Weißlachs hält sich in Küstennähe im Brackwasser nahe der Flußmündungen auf. Frühestens mit 7 Jahren (Männchen), erlangt er die Geschlechtsreife, oft auch erst mit 9—12 Jahren. Zum Laichen schwimmen sie die Flüsse stromaufwärts zu den Laichplätzen im Oberlauf. Die Wanderung beginnt im Juni, die eigentliche Fortpflanzung dauert aber von Oktober bis Dezember. In einigen sibirischen Strömen, wie dem Ob, legen die Fische Entfernungen bis zu 3500 km zurück. Der Laich wird auf den Grund abgelegt, wo er zwischen den Steinen liegenbleibt. Nach dem Schlüpfen gelangen die Larven mit der Strömung allmählich ins Meer, in das auch ein Teil der Elterntiere zurückgekehrt ist. Manche Fische halten sich aber längere Zeit im Fluß auf. Weißlachse leben anfangs von Plankton, später von verschiedenen Fischarten. Im Kaspischen Meer lebt die zweite Unterart *S. leucichthys*

leucichthys, die im Alter von 5—7 Jahren heranreift und sich im Süßwasser nicht allzu lange aufhält. Beide Unterarten laichen höchstens dreimal in ihrem Leben, jeweils mit 2—4 Jahre langen Pausen. Während des Laichzuges nehmen sie keinerlei Nahrung auf und zehren von den Fettreserven, die sie im Meer angelegt haben. In Rußland und in Alaska hat der Weißlachs beträchtliche Bedeutung und wird mit verschiedenen Netzarten und der Angel gefangen. Allerdings sind die Fänge in den letzten Jahren etwas zurückgegangen, da sich wegen der Wasserverunreinigung und dem Talsperrenbau die Bedingungen für ein natürliches Ablaichen verschlechtern. Daher gewinnt die künstliche Aufzucht dieser Art an Bedeutung.

Größe: 1 m, selten bis 1,40 m
Gewicht: gewöhnlich 6—15 kg, vereinzelt 35—40 kg
Fruchtbarkeit: 100 000—325 000 Eier
D II—V/10—13; A III—IV/12—16; l.l. 88—118
Synonym: *Salmo leucichthys*
Verbreitung: Flußgebiet der Nordsee, Kaspisches Meer, die
    Flüsse Wolga und Ural

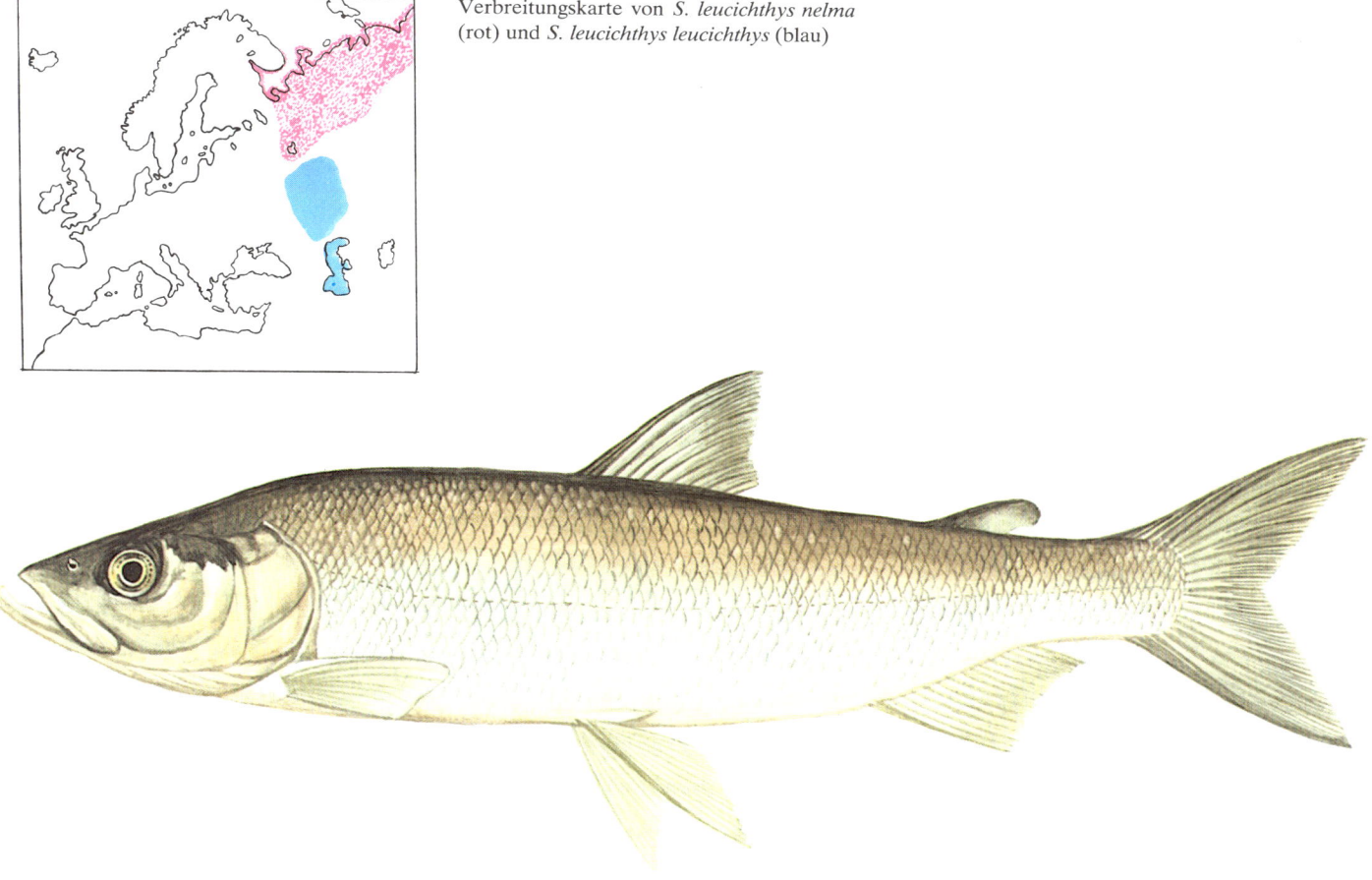

Verbreitungskarte von *S. leucichthys nelma*
(rot) und *S. leucichthys leucichthys* (blau)

Die Familie COREGONIDAE ist der Familie SALMONIDAE ähnlich. Die Arten beider Familien besitzen eine Fettflosse, die Arten der Familie COREGONIDAE haben jedoch größere Schuppen und kürzere zahnlose Kiefer, tief ausgeschnittene Schwanzflossen und sind meistens silbrig gefärbt. Sie sind in Borealflüssen der nördlichen Halbkugel, in Meeren mit niedrigem Salzgehalt, Bergflüssen und Seen in Nordeuropa, Asien und Nordamerika verbreitet.

Kleine Maräne   *Coregonus albula*

Der Gattung *Coregonus* gehören Fische mit relativ großen Schuppen und kleinem Maul an, die kleine Eier hervorbringen. Allerdings ist die genaue Abgrenzung der einzelnen Arten nur schwer möglich. Die Kleine Maräne gehört zu den kleinsten ihrer Gattung und reift in einigen Populationen bereits mit 8 cm Länge geschlechtlich heran. Ihr Körper ist schlank, der Unterkiefer ist länger als der Oberkiefer und steht etwas vor, so daß das Maul oberständig ist. Der Rücken ist blau angehaucht, Bauch und Seiten sind silberglänzend. Rücken-, Schwanz- und Brustflosse sind dunkler, die übrigen fast farblos. Kleine Maränen werden mit 2–3 Jahren geschlechtsreif. Bei den Seepopulationen verläuft das Laichen an flachen Stellen in den Zuflüssen der Seen bei 4–6 °C im November und Dezember. Daher ist die embryonale Entwicklungsphase sehr lang und dauert 100–130 Tage. Zahlreiche ökologische Faktoren dezimieren die Embryos, wie etwa Sauerstoffmangel, niedriger Wasserstand und anschließende Vereisung. Daher schwankt die Zahlenstärke der einzelnen Jahrgänge beträchtlich. Die Kleine Maräne wurde auch in

die europäische Teichwirtschaft eingeführt, da man annahm, daß sie die kleinen Planktonarten verwertet und so die natürliche Produktivität der Teiche erhöht. Diese Erwartungen erfüllten sich jedoch nicht, da es sich um einen pelagischen Fisch handelt, der sich überwiegend von Zooplankton ernährt. In einigen der in letzter Zeit immer mehr eutrophen Seen, aber auch in Teichen, orientierte sich die Kleine Maräne auch auf benthische Tiere (Mollusken) um. Man fängt sie mit Kiemennetzen, Waden und Fischfallen.

Größe: 30–40 cm, meist 15–25 cm
Gewicht: bis 1,2 kg, meist 100–400 g
Fruchtbarkeit: 1700–4800 Eier
D IV/8–9;   A IV/11–13;   l.l. 70–93
Synonym: *Salmo albula*
Verbreitung: Flußgebiet der Ostsee, die Umgebung von Murmansk, Oberlauf der Wolga, Flüsse Englands und Schottlands

Verbreitungskarte von *C. albula* (rot) und *C. lavaretus,* der Großen Schwebrenke (blau). Die gepunkteten Gebiete bezeichnen die Hauptbereiche ihrer künstlichen Verbreitung (Introduktion)

Große Bodenrenke, Sandfelchen   *Coregonus nasus*

Charakteristisch für diese Art ist der einen Buckel bildende hohe Rücken. Am unterständigen Maul reicht der Oberkiefer über den Unterkiefer hinaus und ist zudem hoch und kurz, meist mehr als halb so breit wie lang. Die Augen sind klein. Während der Rücken olivbraun bis dunkelbraun ist, sind die Seiten silbrig, der Bauch silberweiß. An den Schuppen sind silbriggelbe Streifen zu erkennen. Rücken-, Schwanz- und Brustflosse sind hellgrau, Bauch- und Afterflosse heller. Die zu den größten Maränen gehörende Art wird in Sibirien in der Kolyma bis zu 16 kg schwer, sonst wird sie etwa ebenso groß wie die Große Schwebrenke. Mit sieben Jahren wird sie geschlechtsreif, ihr Höchstalter ist etwa 15 Jahre. Im Oktober und November laichen die Tiere bei 0 °C Wassertemperatur. Ihre Fruchtbarkeit bleibt hinter der anderer Maränen zurück, jedoch sind die Eier ziemlich groß (bis 4 mm im Durchmesser). Nach 4 bis 5 Monaten schlüpfen die Larven. Meist lebt die Art in Flüssen, jedoch halten sie sich auch in Seen an der Mündung ihrer Zuflüsse auf. Von der Mündung sibirischer Ströme schwimmen die Fische oft ins Brackwasser. Im Herbst verlassen junge wie erwachsene Tiere die kleineren Seen, um im Flußbecken zu überwintern. In größeren Seen verbleiben sie das ganze Jahr. Man fängt sie überwiegend mit dem Schleppnetz. In der Vorkriegszeit beliefen sich die Fänge auf etwa 800 Tonnen pro Jahr, heute sind sie bedeutend niedriger. Zur Zeit wird erwogen, diese Art in die Zuflüsse des Weißen Meeres zu übersiedeln.

Größe: 120−130 cm
Gewicht: bis 16 kg
Fruchtbarkeit: 10 000−140 000 Eier
D III−IV/9−11; A III/10−13; l.l. 85−106
Verbreitung: Einzugsbereich des Nördlichen Eismeeres von der Petschora bis zur Tschuktschen-Halbinsel, Alaska und Kanada

Hauptnahrung der Larven und der erwachsenen Tiere ist Zooplankton der Gattungen *Cyclops* (1), *Leptodora* (2), im Herbst auch der Laich verschiedener Fischarten

Die verwandte Kleine Schwebrenke (*C. oxyrhynchus*) lebt in Europa und Sibirien

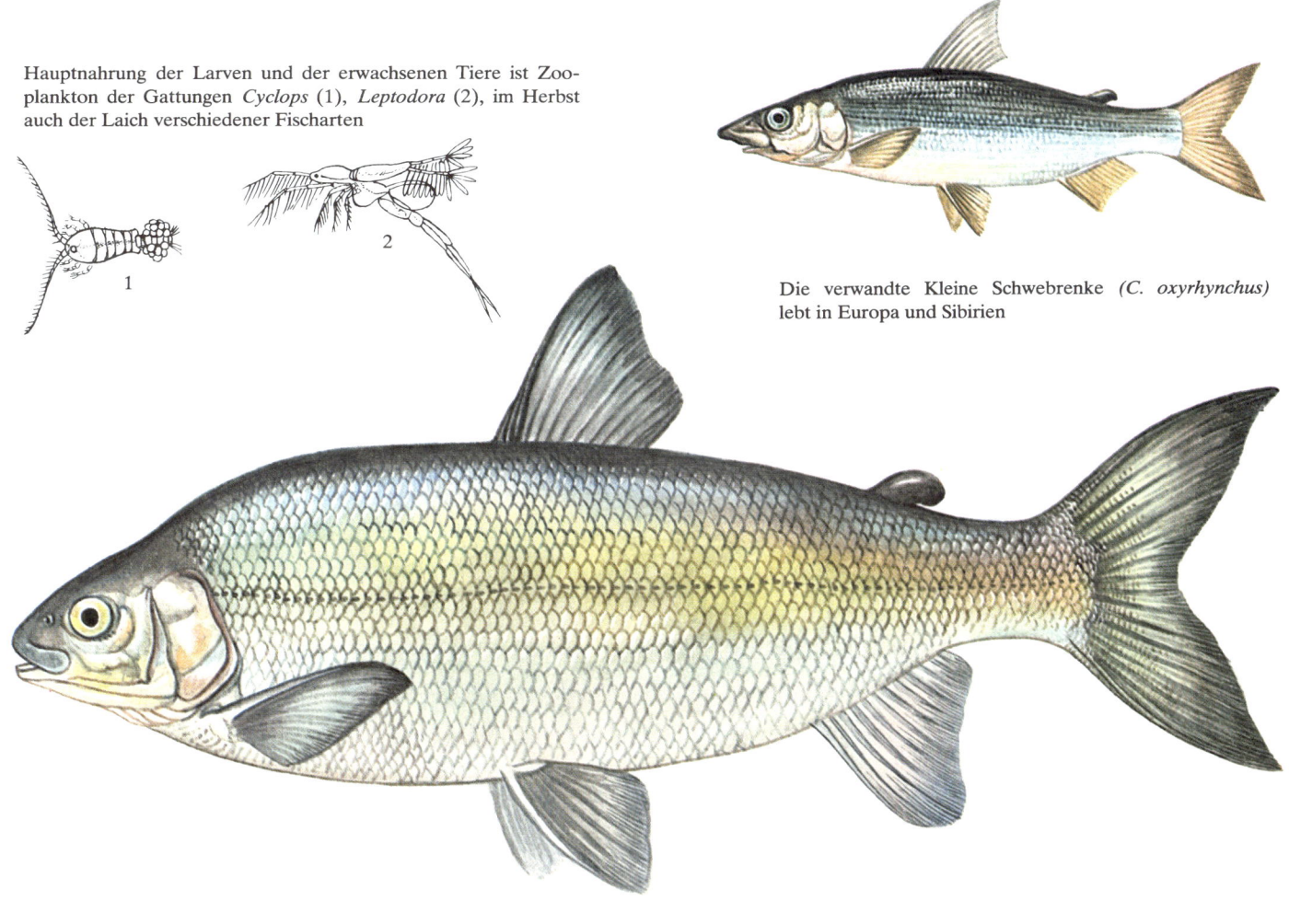

Peledmaräne

Coregonus peled

Wie die Große Bodenrenke hat die Peledmaräne einen kräftigen Buckel. Der Oberkiefer reicht über den Unterkiefer. Kopf und Rückenflosse sind mit kleinen schwarzen Flecken bedeckt, und die Seiten und Bauch sind hell graublau gefärbt. Die zu den großen Maränen zählende Peledmaräne wächst in den Teichen der BRD, Polens und der Tschechischen Republik sehr gut, im zweiten Jahr erreicht sie Längen von 35–40 cm und etwa 600 g Körpermasse. Mit drei Jahren wiegt sie bereits ein Kilo. In den Teichen erlangt sie mit zwei bis drei Jahren die Geschlechtsreife, in freier Natur zwei Jahre später. Bevorzugte Laichplätze sind Flußbecken mit steinigem oder sandigem Grund. Ihre Eier sind kleiner als die anderer Maränen. Einige Populationen laichen auch in Seen. Im Oktober und November wanderen die Fische stromaufwärts zu ihren Laichplätzen. Man kennt drei Formen der Peledmaräne. Eine davon lebt ständig in Flüssen, die beiden anderen in Seen (die kleine und die große Seeform). Ihre Nahrung sind Planktonkrebstiere. Sie sind widerstandsfähig gegen höhere Temperaturen und niedrigeren Sauerstoffgehalt. Da sie in Wasser mit 0 °C bis 28 °C leben können, wurden sie mit Erfolg in Flüsse, vor allem aber in Teiche der nord-und mitteleuropäischen Länder eingeführt. Häufig ersetzen sie hier die Große Schwebrenke. Die Peledmaräne ist also eine wirtschaftlich bedeutsame Fischart.

Größe: bis 60 cm (meist 30–40 cm)
Gewicht: bis 5 kg, meist bis 1 kg
Fruchtbarkeit: 5000–105 000 Eier
D III/8–12;   A III/12–16;   l.l. 76–98
Verbreitung: Flüsse und Seen im Einzugsgebiet des Nördlichen Eismeeres von der Mesen bis zur Kolyma in Ostsibirien. Heute auch an weiteren Stellen in Nord- und Mitteleuropa, wohin die Art wiederholt eingeführt wurde

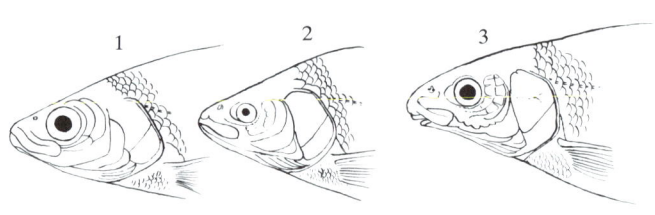

Köpfe verschiedener Arten der Gattung *Coregonus*:
1 – *C. sardinella* mit oberständigem Maul
2 – *C. autumnalis* mit endständigem Maul
3 – *C. lavaretus* mit halbunterständigem Maul

Arktische Wandermaräne
Coregonus autumnalis

Die Arktische Wandermaräne besitzt ein endständiges Maul und ziemlich gleichlange Kiefer. Ihr Rücken ist bräunlich, manchmal ins Grüne schimmernd, die Seiten silbrig und der Bauch schmutzigweiß. In der Vermehrungsperiode haben die Männchen einen starken Laichausschlag. Die wandernde Unterart *C. autumnalis migratorius* verbringt den Großteil ihres Lebens im Meer oder in den Flußmündungen, zum Laichen zieht sie aber stromaufwärts. Die Geschlechtsreife tritt je nach der Wachstumsgeschwindigkeit mit 5–10 Jahren ein. Im Jenissei beginnt die Laichwanderung Mitte Juli, in Ob und Jana ziehen die Fische überhaupt nicht, in die Lena Ende Juli. Während dieser Zeit wird keine Nahrung aufgenommen, wobei die Fische schnell abmagern. Im Herbst spielt sich der Laichvorgang ab, oft bis 1000 km von der Flußmündung entfernt. Anschließend kehren die erwachsenen Tiere ins Meer zurück. Die Larven schlüpfen erst im Frühjahr. Sie lassen sich vom Wasser stromabwärts bis zur Mündung tragen, wo sie intensiv Nahrung aufnehmen. Die Hauptstandorte der Arktischen Wandermaränen liegen vor den Mündungen der sibirischen Ströme, wo sie von Krustentieren und fremdem Laich leben. Von allen Maränenarten vertragen sie am besten Salzwasser, so daß man sie weitab vom Ufer fangen kann. Im Baikalsee lebt ganzjährig die Süßwasser-Unterart *C. a. baicalensis,* die größer als die zuvor beschriebene Unterart ist. Sie bildet drei verschiedene Populationen, die sich durch ihren Standort und die Richtung der Laichwanderung unterscheiden. Grundlegende Nährtiere sind pelagische Krustentiere. Weiterhin leben sie von benthischen Organismen, Larven und Laich der anderen Fischarten.

Größe: Wanderform bis 60 cm, Baikalform bis 1 m
Gewicht: Wanderform bis 2,5 kg, Baikalform bis 7 kg
Fruchtbarkeit: Wanderform 8000–40 000 Eier
              Baikalform 15 000–50 000 Eier
D III–V/8–13;   A III–IV/10–14;   l.l. 80–111
Verbreitung: Einzugsgebiet der Nordsee und des Nördlichen Eismeeres

Verbreitungsgebiete von *C. autumnalis autumnalis* (rot) und *C. a. migratorius* (blau)

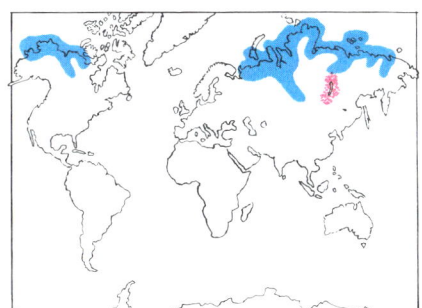

Große Schwebrenke, Wander-, Madümaräne,
Blaufelchen, Schlei-, Ostseeschnäpel   *Coregonus lavaretus*

Der Rücken der Großen Schwebrenke ist blaugrün, die Seiten silbrig und nach vorn hin eher grau, die grauen Flossen haben einen grünlichen Hauch. Um die Seitenlinie und die Afteröffnung erkennt man einen rosa Schimmer. Die zu den großen Maränen gehörende Art wächst sehr schnell, besonders in den Fischteichen, wo sie als Beifisch des Karpfens lebt. Ende des ersten Jahres erreicht sie 20 oder 25 cm und ein Gewicht von ca. 100 g, im zweiten Jahr an die 30 cm Länge und im fünften Jahr 55 cm und über 3 kg Gewicht. Flußpopulationen unternehmen regelmäßig Laichwanderungen gegen die Strömung, Seepopulationen laichen dagegen teils an Ort und Stelle in ziemlich großer Tiefe, teils ziehen sie in die Zuflüsse. Laichzeit ist von Oktober bis Dezember. Die Embryos entwickeln sich durchschnittlich in 100 Tagen. Dort, wo die Große Schwebrenke künstlich eingeführt wurde, kann man sich nicht auf den Erfolg des Laichens verlassen und muß die Bestände jedes Jahr mit Satzfischen auffüllen. Als Nah-

rung dient vor allem Zooplankton, wobei größere Tiere auch die Bodenfauna und gelegentlich Laich oder kleine Fische fressen. Die Großen Schwebrenken besitzen hohe wirtschaftliche Bedeutung. In den Teichen erhöhen sie die natürliche Produktion, da sie mit dem hauptsächlich gezüchteten Karpfen nicht in scharfer Futterkonkurrenz stehen. Man fängt sie mit Schlepp- und Kiemennetzen. Ungünstig ist, daß die gefangenen Fische rasch verenden. Ihr Fleisch ist sehr schmackhaft.

Größe: bis 130 cm, meist 50−70 cm
Gewicht: bis 10 kg, gewöhnlich 2−4 kg
Fruchtbarkeit: 10 000−50 000 Eier
D II−IV/9−11; A III−IV/10−12; l.l. 80−110
Verbreitung: Einzugsgebiet der Ostsee und Nordsee sowie des Nördlichen Eismeeres bis zur Kolyma, in einigen Seen als Eiszeitrelikt (Polen, Alpenseen)

Zu den wichtigen Erkennungsmerkmalen der einzelnen Maränenarten gehört die Anzahl der Wirbel. Um ihre Zahl festzustellen, muß man wissen, daß der erste Wirbel mit den Schädelknochen verwachsen ist (1) und nicht mitgezählt wird. Die letzten drei Wirbel sind nach oben gebogen und dem dritten entspringt ein stäbchenförmiger Auswuchs (2), der ebenfalls nicht mitgezählt wird

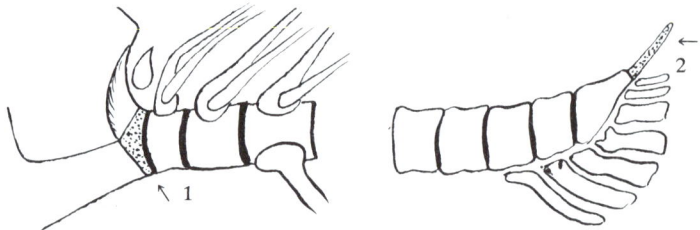

Die Familie THYMALLIDAE umfaßt eine einzige Gattung, die Äschen. Es sind Süßwasserfische der Vorgebirgsflüsse und kühler Seen auf der nördlichen Halbkugel. Sie besitzen eine hohe Rückenflosse und eine Fettflosse.

Äsche
Thymallus thymallus

In Körperform und Äußerem ähnelt die Äsche den Maränen und einigen Karpfenartigen, ihr Erkennungsmerkmal ist die breite und hohe Rückenflosse der Männchen. Jüngere Exemplare sind silbrigweiß gefärbt und haben einen graugrünen bis dunkelblauen Rücken und einen regenbogenfarbenen Schimmer auf den Seiten. Geschlechtsreife Tiere sind dunkler und tragen schwarze Flecken auf Körper und unpaaren Flossen. In der Fortpflanzungszeit zeigen besonders die Männchen ein intensiv bunt gefärbtes Kleid, die Rückenflosse glänzt in Rotviolett und anderen Farben des Regenbogens. Äschen benötigen keine Verstecke, da sie in Schwärmen das offene Wasser bewohnen und ihren Standort selten wechseln. In den Flüssen bevorzugen sie solche Stellen, an denen träge fließendes Wasser mit Stromschnellen abwechselt. Dieser Flußabschnitt wird Äschenregion genannt. Hier fangen sie Larven von Wasserinsekten, Weichtiere und auf das Wasser gefallene Landinsekten. Die mit zwei oder drei Jahren geschlechtsreifen Fische werden 5−6 Jahre alt, in Ausnahmen auch 10 Jahre. Von

März bis Mai laichen die Äschen paarweise in großen Gruppen über kiesigem Grund. Tagsüber verteidigen die Männchen ihre Laichplätze vor ihren Konkurrenten und lassen auch keine unreifen Weibchen ins Revier. Die Larven wachsen schnell heran, so daß sie Ende des ersten Lebensjahres 8−15 cm lang sind. Angesichts der sich verschlechternden Bedingungen für eine natürliche Fortpflanzung vermehrt man die Äschen in einigen Ländern Europas künstlich. Sportfischer stellen der Äsche mit der Angel gern nach. Ihr gut schmeckendes Qualitätsfleisch duftet in frischem Zustand nach Thymian.

Größe: 30−50 cm, ausnahmsweise 50−60 cm
Gewicht: 0,5−1,5 kg, vereinzelt bis 4,7 kg
Fruchtbarkeit: 1000−20 000 Eier
D V−VIII/14−17;   A III−V/8−11;   l.l. 75−96
Synonym: *Salmo thymallus*
Verbreitung: in den meisten Ländern des europäischen Kontinents etwa ab 45° nördlicher Breite, nach Osten bis zum Ural

Jungtiere unterscheiden sich in ihrer Färbung deutlich von den erwachsenen Äschen. Sie besitzen ähnlich wie verschiedene Lachsartige sogenannte juvenile Querstreifen

♂

Von den übrigen Familien der Ordnung SALMONIFORMES unterscheiden sich die Angehörigen der Familie OSMERIDAE dadurch, daß ihr Magen eine sackähnliche, blinde Ausbuchtung bildet. Der Familie gehören Meeresfische, Wander- und Süßwasserarten an.

Stint, Wanderstint, Seestint   *Osmerus eperlanus*

Der Stint ist einer von 6 Arten der Gattung *Osmerus* und lebt pelagisch vor den Meeresküsten Europas. Er hat auch Binnenformen gebildet, die in Flüssen, Seen und Staubekken leben. An asiatischen und nordamerikanischen Küsten ist die Unterart *O. eperlanus dentex* verbreitet. Während der Rücken dunkel- bis stahlblau ist, sind Seiten und Bauch grausilbrig. Verhältnismäßig große, leicht ausfallende Schuppen bedecken den Körper. Die Seitenlinie ist unvollständig und nur hinter dem Kopf deutlich auszumachen. Gegen Winterende versammeln sich die Stinte in den Flußmündungen, von wo aus sie im Frühling zu ihren Laichplätzen im Binnenland vordringen. Von März bis Mai laichen sie in den Unterläufen der Flüsse und legen die klebrigen Eier auf Steine und andere Gegenstände am Boden ab. Die nach 3−4 Jahren geschlechtsreifen Tiere werden maximal 9 Jahre alt. In der Laichzeit verlieren sie ihre gewohnte Scheu und bei beiden Ge-

schlechtern tritt neben einer intensiveren Färbung ein Laichausschlag auf Rücken und Seiten auf. Kiemendeckel und Kopfoberseite werden schwarz, die Männchen sind etwas bunter gefärbt. Hauptnahrungsquelle ist Zooplankton, benthische Wirbellose, aber auch Larven anderer Fischarten. Ebenso wie die verwandte Lodde ist der Stint ein bedeutender Industriefisch, dessen jährliche Fänge sich auf 8000−10 000 Tonnen belaufen. Sein Fleisch ist sehr fett.

Größe: 16−18 cm, max. 25 cm
Fruchtbarkeit: 8000−55 000 Eier
D III/7−8;   A III/10−13;   l.l. 60−66
Synonym: *Salmo eperlanus*
Verbreitung: Küstengebiete Europas von der Biscaya bis zur
    Mündung der Petschora, stellenweise in Binnengewässern

Verbreitungskarte des Stints

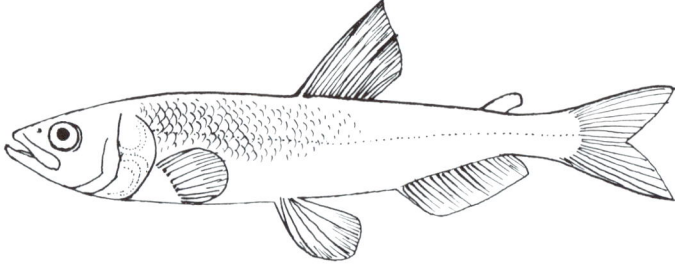

Der Verwandte des Stintes, *Thaleichthys pacificus*, lebt vor der Pazifikküste Nordamerikas. Wegen seines öligen Fleisches steckten die Indianer Dochte in die getrockneten Fische und verwendeten sie als Kerzen. Sie nannten sie candle fish

Lodde   *Mallotus villosus*

Die einzige Art der Gattung *Mallotus* ist ein kleiner, in großen Schwärmen lebender Meeresfisch. Sein Rücken ist stahlblau bis dunkelblau, die Seiten sind silbrigweiß und besitzen einen hellen Mittelstreifen. Die Unterseite von Kopf und Körper weist einen gelblichen und stellenweise bläulichen Hauch auf. Lodden leben im offenen Meer weit entfernt von der Küste, manchmal auch in bodennahen Wasserschichten, wo sie Jagd auf Leuchtkrebse und andere Krustentiere machen. Zum Laichen steigen sie zur Oberfläche auf und schwimmen ans Ufer, wo sie in 30–100 m Tiefe über Sandbänken laichen. Meist werden sie im dritten Jahr geschlechtsreif, manchmal bereits im zweiten. In den Laichschwärmen sind 2–6 Jahre alte Tiere vertreten. Die Fortpflanzungszeit ist je nach geographischer Lage im März bis September, da die Wassertemperatur 2–4 °C betragen muß. Laichen die Fische nahe dem Ufer bei starkem Seegang, so tragen die Wellen nicht selten die Fische bis auf den Strand, der dann auf mehreren Kilometern mit verendeten Fischen übersät ist. Bei der Laichwanderung begleiten zahlreiche Freßfeinde die riesigen Loddenschwärme, zu denen vor allem Dorsche, Möwen und Finnwale zählen. Auch die Fischereiflotillen haben dann Hochsaison. In den vergangenen Jahren wurden durchschnittlich fast drei Millionen Tonnen dieses Fisches gefangen, so daß die Lodde die zweitwichtigste Nutzfischart überhaupt ist. Ihr Fleisch ist sehr wohlschmeckend, besonders als Räucherfleisch. Hauptsächlich werden die riesigen Fänge allerdings zu Fischmehlfutter verarbeitet.

Größe: 12–18 cm, max. 23 cm
Fruchtbarkeit: 20 000–50 000 Eier
D II–III/10–13;   A III–V/17–21;   l.l. 148–165
Verbreitung: nördliche Teile des Atlantiks und Pazifiks, vor allem aber im Nördlichen Eismeer

Das Weibchen ist kleiner und nicht so hochrückig wie das Männchen, auch ist seine Afterflosse weniger entwickelt. In der Laichzeit haben die Männchen an den Schuppen um die Seitenlinie fadenförmige Auswüchse

Der Familie ARGENTINIDAE gehören ungefähr zwanzig kleine pelagische Meeresfische an, die zum Teil sehr tief leben. Für sie sind kleine Mäuler und große Augen charakteristisch. An den Kiefern tragen sie keine Zähne.

Glasauge

Argentina sphyraena

Diese Art hat einen langgestreckten Körper und große Augen. Das Glasauge besitzt kleine Zähne auf der Zunge und am Mauldach. Der durchscheinende Körper ist auf dem Rücken olivgrün, an den Seiten heller mit einem schwachsilbrigen Streifen, am Bauch silberweiß. Die Verbreitung führt entlang der gesamten Küste Westeuropas von Island bis zum Mittelmeer. Das Glasauge ist kleiner als der verwandte Goldlachs *(A. silus)*, von dem es sich auch durch die niedrigere Zahl der Schuppen in der Seitenlinie unterscheidet (*A. silus* besitzt 64−69 davon). Laichzeit ist im Frühjahr vom März bis Juni. Die Larven haben charakteristisch angeordnete dunkle Flecken. Sie leben zunächst pelagisch, mehr an der Oberfläche, und steigen später in größere Tiefen hinab. Als Nahrung dienen ihnen kleine Krustentiere, Weichtiere und den

größeren Exemplaren auch Kleinfische. Sie halten sich in Tiefen von 50−200 m auf, wurden aber auch schon tiefer angetroffen. Der Goldlachs dagegen lebt in Tiefen von 300−400 bis 1000 m unter dem Meeresspiegel. An manchen Orten wird er gefangen und zu Fischmehl verarbeitet. Sein Fleisch schmeckt ausgezeichnet, weshalb man in den letzten Jahren bemüht war, die Fänge zu erhöhen.

Größe: bis 26 cm
Fruchtbarkeit: 2000−3000 Eier
D/8;   A/12−13;   l.l. 50−54
Verbreitung: europäische Westküste von Island bis zum Mittelmeer

Die verwandte Art, der Goldlachs *(A. silus)*, ist im Norden des Atlantischen Ozeans vor den europäischen und amerikanischen Küsten verbreitet und wird maximal 50 cm lang

Angehörige der Familie STERNOPTYCHIDAE zeichnen sich durch Leuchtorgane und große Augen aus. Diese Tiefseefische leben bis in 2000 m. An der Wasseroberfläche kann man nur verendete Tiere vorfinden, die von Strömungen nach oben gerissen wurden.

Silberbeil   *Argyropelecus olfersi*

Der hohe, seitlich zusammengedrückte Körper erinnert in der Form an ein Beil. An der Bauchkante befinden sich 18 Leuchtorgane (Photophoren), die grünliches Licht nach unten abstrahlen. Die für die Lachsfische typische Fettflosse ist hier sehr klein, während die Bauchkante einen scharfen Kiel bildet. Beide Kiefer weisen mit scharfem Winkel nach oben. Die Oberteile von Kopf und Rumpf sind graublau bis schwarz, die Seiten und der Bauch silbrig. Silberbeile sind im Atlantik verbreitet, wurden aber auch im Indischen und im Pazifischen Ozean festgestellt (wobei es sich auch um die verwandte Art *A. lynchus* gehandelt haben kann). Im Mittelmeer ist ein Vorkommen dieser Art nicht nachgewiesen. Über die Vermehrung ist nichts bekannt. Die bathypelagische Art hält sich in Tiefen bis 1000 m auf. In der Nacht steigt sie bis auf 200 bis 300 m unter dem Meeresspiegel auf. Am häufigsten wird sie im Randgebiet des Kontinentalschelfs gefangen. Silberbeile sind wirtschaftlich bedeutungslos. Hier und da werden sie im Verdauungstrakt eines Raubfisches, etwa eines Dorsches, entdeckt.

Größe: bis 7 cm
Synonym: *Sternoptyx olfersi*
Verbreitung: Atlantik, Pazifik und Indischer Ozean

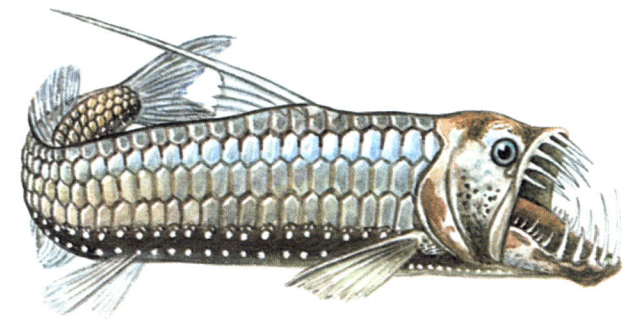

Chauliodus sloani ist ein Tiefseefisch der gemäßigten und tropischen Zone und lebt meist in 500–1000 m Tiefe. Er ist ein Raubfisch, der erstaunlich große Beutestücke verschlingen kann

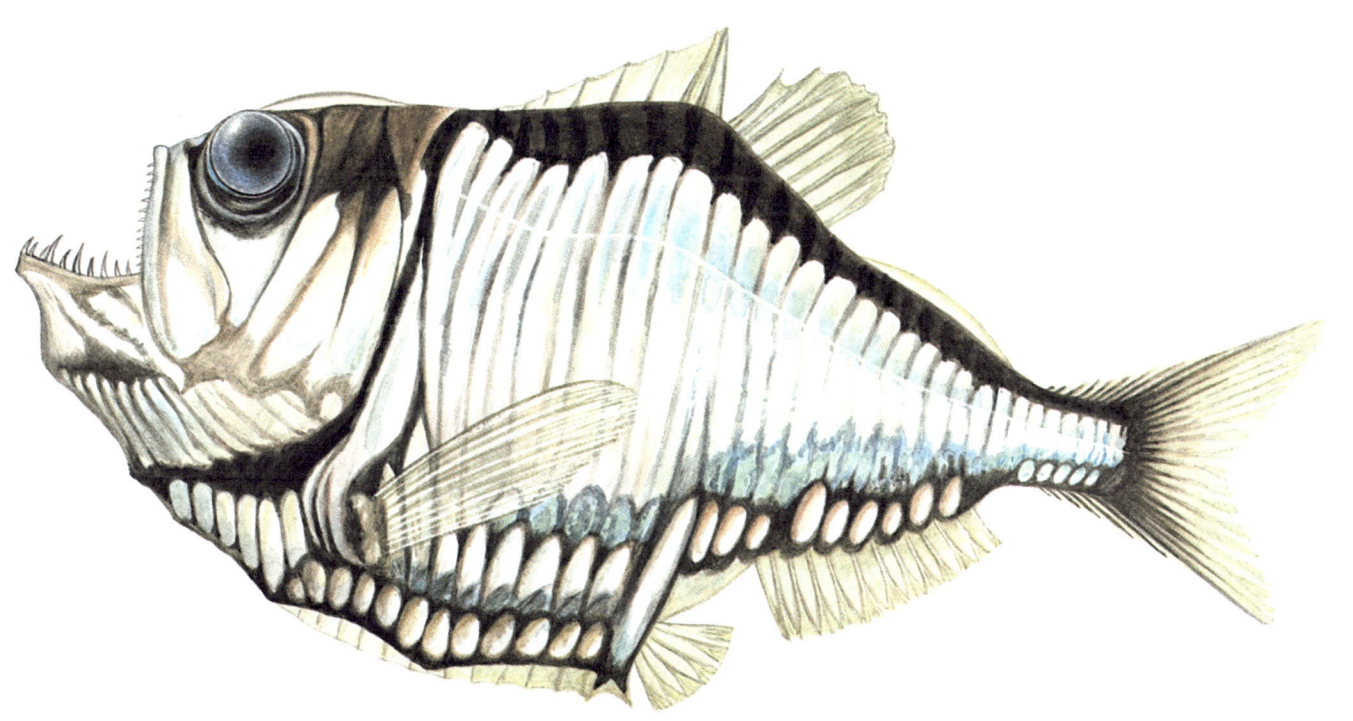

Die Familie ESOCIDAE vereint Süßwasserfische der träge fließenden und stehenden Gewässer Eurasiens und Nordamerikas. Der langgestreckte Körper ist muskulös, Rücken- und Afterflosse sind bis über den Schwanzstiel verschoben. Der Kopf ist abgeflacht, das Maul und der Rachen reich bezahnt. Die recht kleinen Schuppen sind fest in der Haut verankert. Die einzige Gattung zählt fünf Arten.

Hecht   *Esox lucius*

Der Rücken des Hechtes ist graugrün bis kräftig dunkel (oft auch leicht rötlich oder bräunlich), die Seiten grünlich mit gelben Flecken, die sich manchmal zu Streifen vereinen, der Bauch ist meistens schmutzigweiß mit grauen Punkten. Dieser äußerst gefräßige Fisch wächst ebenso schnell. Je Kilo Gewichtszunahme muß er 5−8 kg Fisch fressen. Je nach dem Nahrungsangebot erreicht der Hecht im ersten Jahr 12−50 cm, im fünften dann 50−75 cm und im zehnten Lebensjahr 80−110 cm. Seine Geschlechtsreife tritt im ersten oder zweiten Jahr ein. Hechte legen ihren Laich nur auf Pflanzen ab und sind also typisch phytophil. Die Fortpflanzungszeit ist sehr früh im Jahr, gleich nach Abschwemmen des Eises, wenn das Wasser am Ufer 4−10 °C warm ist. Nach 10−15 Tagen schlüpfen bereits die Larven. Dieser Standortfisch zeigt ausgeprägtes Territorialverhalten, indem er sein Jagdre-

vier gegen alle Konkurrenten verteidigt. Fast immer hält er sich in der Uferzone stehender Gewässer auf. Oft setzt man ihn in Karpfenteiche als Beifisch, wo er unerwünschte Nahrungskonkurrenten dezimieren soll. Für den Sportangler ist der Hecht eines der beliebtesten Fangobjekte. Da er relativ leicht zu angeln ist, sind seine Bestände nicht sehr hoch.

Größe: bis 1,50 m (meist 50 cm−1 m)
Gewicht: bis 35 kg (gewöhnlich 2−10 kg)
Fruchtbarkeit: 40 000−300 000 Eier
D VI−X/12−16; A IV−VIII/10−12; l.l. 125−145
Verbreitung: Gewässer ganz Europas, ausgenommen Südhalbinseln, in Asien in das Nördliche Eismeer mündende Flüsse, in Amerika von Alaska bis Ohio und Labrador

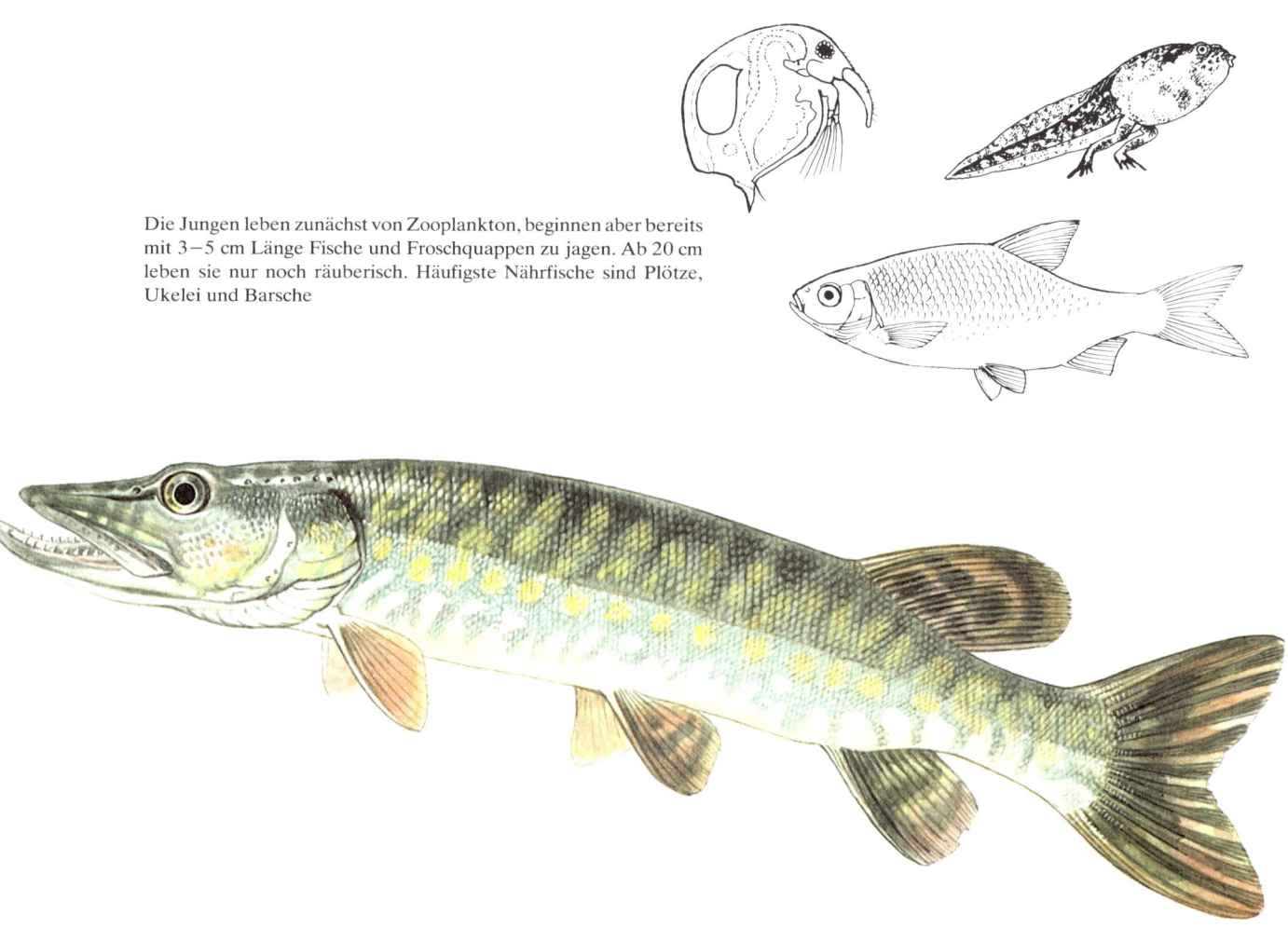

Die Jungen leben zunächst von Zooplankton, beginnen aber bereits mit 3−5 cm Länge Fische und Froschquappen zu jagen. Ab 20 cm leben sie nur noch räuberisch. Häufigste Nährfische sind Plötze, Ukelei und Barsche

Der Familie UMBRIDAE gehören kleine Fische an, die in dicht bewachsenen stehenden Gewässern leben. Rumpf und Oberseite wie Seiten des Kopfes bedecken kleine Cykloidschuppen. Die Seitenlinie ist als heller Längsstreifen zu erkennen, Öffnungen in den Schuppen fehlen allerdings. Alle Arten haben eine typisch abgerundete Schwanzflosse. Zwei Arten leben in Nordamerika und eine in Europa.

Hundsfisch   *Umbra krameri*

Die Hundsfische sind rotbraungefärbte Fische mit zahlreichen, unregelmäßig verteilten dunklen Flecken. Sie gehören zu den schönsten Süßwasserfischen Europas. In der Vergangenheit traten sie in toten Flußarmen, Entwässerungskanälen sowie im Einzugsgebiet der Donau von Wien bis zur Mündung ins Schwarze Meer auf. In letzter Zeit geht der Hundsfisch infolge Flußregulierung, Melioration und Wasserverunreinigung stark zurück, so daß er in mehreren Ländern ganzjährig geschützt ist. Trotz seiner geringen Größe ist es ein beweglicher und räuberischer Fisch, der praktisch das ganze Jahr über aktiv ist. In seiner Nahrung überwiegen niedere Krustentiere und Larven von Wasserinsekten. Seiner Beute nähert er sich oft auf Umwegen mit langsamen paddelartigen Schwimmbewegungen der Brustflossen. Hundsfische werden nur drei Jahre alt und mit einem Jahr geschlechtsreif. Sie laichen

von März bis Mai, wobei die Eier in flache Gruben gelegt werden, die die Weibchen mit den Flossen graben. Manchmal dauert der Nestbau bis zu zwei Tage, währenddessen das Weibchen keine fremden Fische in seiner Nähe duldet. Dem eigentlichen Laichen wohnen je zwei bis drei Männchen bei. Danach wird das Weibchen erneut aggressiv und beschützt ihr Nest mit den befruchteten Eiern noch 10 Tage lang.

Größe: 8—10 cm, max. 13 cm
Fruchtbarkeit: 100—200 Eier
D III—IV/12—13;   A II/5—6;   l.l. 33—36
Verbreitung: nicht sehr häufig in der Donau und dem Dnestr, sein früher angegebenes Vorkommen im Plattensee und Neusiedler See ist in der letzten Zeit nicht belegt

Im Osten der USA lebt die verwandte Art *U. pygmaea*, die im Unterschied zum europäischen Hundsfisch seitliche Längsstreifen hat. Sie wurde gebietsweise auch in Westeuropa eingeführt, wo sie 10 cm lang wird

Die Ordnung CYPRINIFORMES (Karpfenartige) ist eine sehr artenreiche Gruppe der Süßwasserfische. Von den insgesamt 6000 Arten gehören ca. 3500 der Unterordnung CYPRINOIDEI (Karpfenähnliche) und die meisten übrigen der Unterordnung SILUROIDEI (Welsartige) an. Für alle Arten ist charakteristisch, daß sie über den sog. Weber-Apparat verfügen und ihre Schwimmblase mit der Verdauungsröhre in Verbindung steht. Der Körper ist entweder nackt oder mit Cykloidschuppen bedeckt.

Plötze, Rotauge   *Rutilus rutilus*

Die Plötze ist einer der verbreitetsten Fische der europäischen Binnengewässer. Der schlanke, seitlich zusammengedrückte Körper mit leicht gewölbtem Rücken ist mit recht großen Schuppen bedeckt. Oberhalb der Ansatzstelle der Bauchflossen beginnt auch die Rückenflosse. Die Regenbogenhaut des Auges ist besonders in der oberen Hälfte rot gefärbt. Der Rücken ist dunkel mit einem bläulichen bis grünbraunen Glanz, die Seiten sind silbrig bis silberblau, der Bauch hell. Außer den orange bis rot gefärbten Bauch- und Afterflossen sind die Flossen rosagrau. Plötzen kommen im langsam fließenden und stehenden Gewässer vor, aber auch in den vom Süßwasser beeinflußten Buchten der Ostsee, des Schwarzen und Kaspischen Meeres sowie der Aralsee. In manchen Talsperren tritt die Plötze 5–15 Jahre nach dem Aussetzen in diesem Gewässer massenhaft auf. Die zwanzig Jahre alt werdenden Fische erreichen mit zwei oder drei Jahren die Geschlechtsreife. Sie laichen von April bis Juni über Untiefen oder am Ufer. In dieser Zeit bekommen die Männchen an Kopf und Rumpf einen grießähnlichen Laichausschlag. Plötzen laichen in großen Schwärmen und legen ihre Eier auf Pflanzen, Wurzeln und den steinigen oder kiesigen Grund ab. Da an den gleichen Plätzen häufig noch andere Karpfenfische laichen, kommt es zu gegenseitigen Kreuzungen. Als Nahrung dient den Plötzen hauptsächlich Zooplankton, in geringerem Maße auch Insekten, Pflanzenteile und Detrit, die sie besonders tagsüber sammeln. Sie selbst sind wichtige Nährfische für räuberische Fische und Vögel und werden auch gern von den Sportfischern geangelt. In manchen Ländern, wie im Rußland, Ukraine und Polen, werden sie mit Netzen gefischt.

Größe: meist bis 25 cm, ausnahmsweise bis 35 cm, höchstens 50 cm
Gewicht: 100–300 g, vereinzelt bis 1 kg, max. 2 kg
Fruchtbarkeit: 200 000–400 000 Eier je Kilo Gewicht des Weibchens
D III 9–11; A III 9–10; l.l. 41–48
Synonym: *Cyprinus rutilus*
Verbreitung: europäische Gewässer ausgenommen die südlichen Halbinseln und der überwiegende Teil von Norwegen, asiatischer Teil Rußlands, Brackwasser der Ostsee, des Schwarzen Meeres, der Aralsee und des Kaspischen Meeres

Verbreitungskarte der Plötze

Der verwandte Frauenfisch *(R. pigus)* ist in den Flüssen Norditaliens sowie im mittleren und oberen Lauf der Donau und ihrer Zuflüsse heimisch. Von der Plötze unterscheiden ihn die höhere Schuppenzahl an der Seitenlinie und das halbunterständige Maul

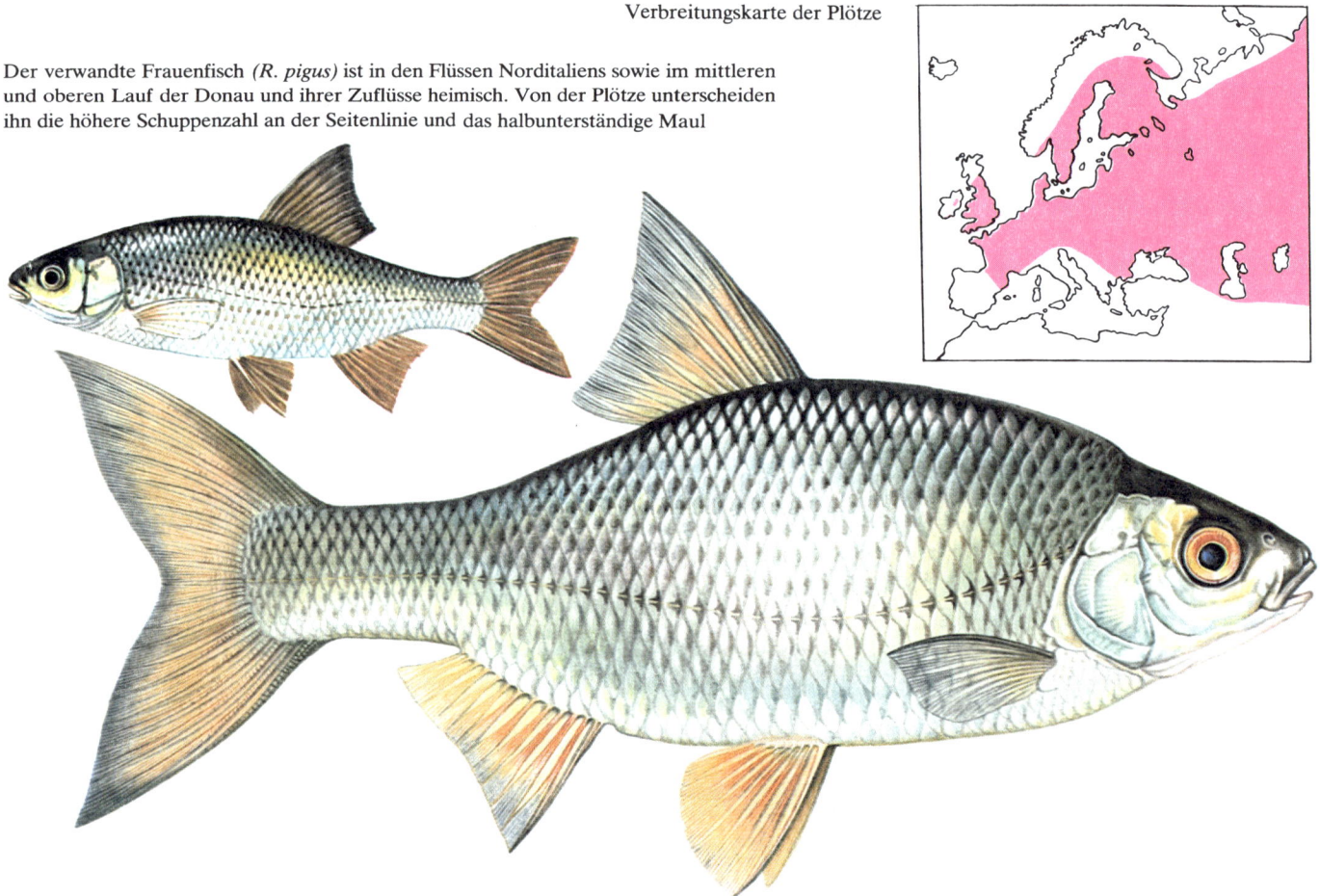

Hasel, Häsling, Zinnfisch, Spitzalet   *Leuciscus leuciscus*

Im Vergleich zum verwandten Döbel ist der gesamte Körperbau des Hasels viel graziler. Sein deutlich schmalerer, kleinerer und etwas zugespitzter Kopf hat große Augen und ein kleineres unterständiges Maul. Der Rücken ist graublau, die Seiten silbrig, der Bauch weißlich und die Flossen gelblich. Die Afterflosse ist schmutzig orange bis rötlich und deutlich eingebuchtet, was ein wichtiges Erkennungsmerkmal ist, da diese Flosse beim Döbel konkav und kräftig rot ist. Den Schuppen fehlt die vom Döbel bekannte dunkle Umrandung, auch sind sie nicht allzu fest in der Oberhaut verankert. Hasel bevorzugen schnellströmende, saubere Wasserläufe in der Barben- und Äschenregion. Vereinzelt kommen sie auch in Talsperren und toten Flußarmen vor, in die sie wohl mit Hochwasser gelangten. Hasel werden gewöhnlich 7—10 Jahre alt und wachsen langsam. Im dritten Lebensjahr werden sie geschlechtsreif und laichen im Unterschied zum Döbel nur einmal in der Zeit von März bis Mai auf sandigem oder steinigem Grund, eventuell auch auf Wasserpflanzen ab. Weibchen gängiger Größe legen Zehntausende Eier ab. Bei den Milchnern erscheinen in dieser Zeit an Körper und paarigen Flossen Laichwarzen, die auch bei Kreuzungen mit dem Döbel auftreten. Der Hasel ernährt sich überwiegend von Larven der Wasserinsekten, die er am Gewässergrund sammelt. In den Abendstunden schwimmt er zur Oberfläche, von der er die ins Wasser gefallenen Insekten absammelt. An heißen Tagen halten sich die Fische in schnellströmendem Wasser auf, Schwärme bilden sie nicht. Im Winter ziehen sie sich zu kleinen Gruppen in tiefe Wasserlöcher zurück. Ihr Fleisch ist von geringer Qualität und enthält viele feine Gräten.

Größe: 25—30 cm, in Ausnahmefällen bis 40 cm
Gewicht: 0,3—0,7 kg, vereinzelt bis 1 kg
Fruchtbarkeit: 55 000—130 000 Eier je Kilo Körpergewicht des Rogners
D III/7—8; A III/7—9; l.l. 47—55
Verbreitung: ganz Europa mit Ausnahme des Balkans, der Apenninen- und der Pyrenäenhalbinsel

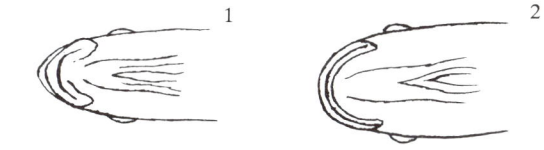

Formunterschied der Maulspalte bei *L. leuciscus* (1) und *L. cephalus* (2)

Döbel, Aitel, Dickkopf, Alet   *Leuciscus cephalus*

Der walzenförmige, robuste Körper des Döbels geht in einen niedrigeren, breit abgerundeten Kopf über, der in einem großen, endständigen Maul endet, das im Profil gesehen leicht nach oben strebt. Der Rücken hat eine graue bis schwarzgrüne Farbe, die Seiten sind goldgelb und der Bauch ist hellgelb bis silbrig. Die Rücken- und Schwanzflosse sind dunkel, die Bauch- und Afterflosse orangerot bis dunkelrot. Große dunkel umrandete Schuppen ergeben eine Netzstruktur. Döbel treten vom unteren Abschnitt der Forellenregion bis zu den schneller fließenden Teilen der Bleiregion auf, bewohnen aber auch stehende Gewässer, besonders Staubecken. Mit zwei bis vier Jahren sind die Döbel geschlechtsreif. Sie laichen in kleinen Schwärmen bevorzugt in der Strömung oder nahe dem Ufer größerer Talsperren. Zuerst besetzen die Männchen die Laichplätze, dann stoßen die reifen Weibchen zu ihnen. Sie legen ihre klebrigen Eier an überspülten Zweigen, Holzstücken oder auf steinigem Grund ab. Im Abstand von 10–20 Tagen laichen sie zwei- bis dreimal. Bei den Männchen (seltener auch bei Weibchen) tritt in dieser Zeit Laichausschlag auf. In fließenden wie in stehenden Gewässern bevorzugen die Fische Plätze mit gegliedertem Grund und ebensolchem Ufer. Die typischen Allesfresser verlieren ihre Aktivität auch nicht im Winter. Sie werden 8–10 Jahre alt, in Ausnahmefällen auch 15 Jahre und mehr. Der zu den gefräßigsten Fischen gehörende Döbel ist aus diesem Grund ein geschätzter Sportfisch, obwohl sein Fleisch keine allzu gute Qualität aufweist. Die Angler fangen ihn auf die verschiedenste Weise. Größere Exemplare werden aber äußerst vorsichtig und sind nur schwer an den Haken zu bekommen. Da er relativ widerstandsfähig ist, was die Wasserreinheit betrifft, kommt er häufig auch vor der Mündung eines Abwasserkanals in den Fluß vor.

Größe: 60 cm, vereinzelt bis 80 cm, meist 20–40 cm
Gewicht: 3–5 kg, vereinzelt bis 8 kg, meist 0,2–0,6 kg
Fruchtbarkeit: 20 000–200 000 Eier
D III/7–9;   A II–III/7–10;   l.l. 43–47
Verbreitung: Gewässer ganz Europas ausgenommen Irland, Schottland und ein Teil Nordskandinaviens. Kommt auch in Kleinasien vor

Wichtiges Unterscheidungsmerkmal zwischen *L. leuciscus* (1) und *L. cephalus* (2) ist die Form der Afterflosse. Bei *L. leuciscus* ist sie eingebuchtet, während sie bei *L. cephalus* hinten gewölbt ist

Die verwandte Art *L. borysthenicus* ist in der südlichen Ukraine, im Kuban sowie im westlichen Transkaukasien beheimatet

Aland, Orfe, Nerfling, Jeese, Geese   *Leuciscus idus*

Der Aland ist eine Fischart mit hohem Rücken und einem relativ kleinen Kopf. Sein Maul ist endständig und seine Augen besitzen eine messinggelbe Iris. In nahrungsreichen Gewässern wölbt sich der Rücken hinter dem Kopf bogenförmig. Meist ist der Rücken bis zur Seitenlinie dunkel graublau, die Seiten sind silbrig, der Bauch weißlich. Rücken- und Schwanzflosse sind graublau, die Afterflosse ist braunrot, die paarigen Flossen sind rötlich. Die dunklere Schwanzflosse ist tief eingeschnitten. Alande halten sich schwarmweise in den Unterläufen größerer Flüsse, in Talsperren und Seen auf, wurden aber auch in einigen Teichen ausgesetzt. Häufig sind sie besonders in der Donau und den großen Flüssen des europäischen Teils der Sowjetunion, wo sie ein wichtiger Industriefisch sind. Sie erreichen ein Alter von 10–15 Jahren und sind mit 3–5 Jahren geschlechtsreif. Erwachsene Tiere unternehmen im Frühling in Schwärmen Laichwanderungen. Zur eigentlichen Fortpflanzung kommt es von April bis Juni, wobei die Eier auf Kies, Sand, Wasserpflanzen oder feine Baumwurzeln abgelaicht werden. Auffallend dabei ist das stürmisch plätschernde und schwanzschlagende Verhalten der Fische in ihrem goldglänzenden Hochzeitskleid. Die Männchen haben zu dieser Zeit kleine Laichwarzen an Kopf, Rumpf und Brustflossen. Alande ernähren sich von tierischem Plankton, Wasserinsekten und auf dem Wasser schwimmenden Landinsekten, Weichtieren, Fischlaich, Algen und Pflanzenteilen. Sie sind ein gerngesehener Fang und besitzen auch recht gut schmeckendes Fleisch.

Größe: 30–40 cm, selten bis 60 cm
Gewicht: 0,5–2,5 kg, einzeln auch 4 kg
Fruchtbarkeit: 70 000–120 000 Eier je kg Gewicht des Weibchens (im Durchschnitt 85 000 je Tier)
D III/7–9; A III/9–10; l.l. 55–61
Verbreitung: vom Rhein bis zur Lena in Sibirien

In Parkteichen und Gartenbassins wird mit Vorliebe die Goldform des Alands gehalten. Die Goldorfen haben eine orangefarbene bis rote Farbe und halten sich gern unter der Oberfläche auf, so daß sie gut zu sehen sind

Aland, Orfe, Nerfling, Jeese, Geese

Strömer

Leuciscus souffia

Diese kleine, schlanke Karpfenfischart ähnelt dem Hasel, mit dem er oft auch von erfahrenen Anglern verwechselt wird. Auf den ersten Blick sind die Unterscheidungsmerkmale nicht auszumachen, so daß früher die Selbständigkeit des Strömers als Art abgestritten wurde. Strömer und Hasel unterscheiden sich durch verschieden viele Flossenstrahlen in Rücken- und Brustflosse sowie durch die Schuppenzahl der Seitenlinie. Beim Strömer setzt die Rückenflosse im Vergleich zur Bauchflossenwurzel etwas weiter hinten an als beim Hasel und auch das Farbkleid der beiden ist nicht ganz identisch. Die Rückenseite des Strömers ist grau bis graublau, an den Seiten zieht sich oberhalb der Seitenlinie vom Auge bis zum Ende der Schwanzwurzel ein breiter dunkelblauer bis schwarzer Streifen, der bei den Männchen in der Laichzeit besonders stark hervortritt. Nach dem Laichen verbleicht er, doch verschwindet er nie ganz. In der Fortpflanzungszeit sind die Flossen am Ansatz orangegelb, später hellen sie auf. Die Kanälchen unter der Seitenlinie sind orangegelb, die

Seitenpartie darunter silberfarben, der Bauch weiß. In den Flüssen bevorzugen die Fische vor zu starker Strömung geschützte Stellen. Sie laichen von April bis Juni, an höher gelegenen Standorten auch später, in schnellströmendem Wasser auf steinigen Grund. Beide Geschlechter haben in dieser Zeit an Kopf und Rumpf Laichwarzen. Strömer leben von kleinen wirbellosen Tieren und auf das Wasser gefallenen Insekten. Angesichts ihrer geringen Größe sind sie ohne Bedeutung für den Menschen.

Größe: 12−18 cm, max. 25 cm
Gewicht: 50−100 g, max. 200 g
Fruchtbarkeit: 5000−8000 Eier
D II−III/8−9;   A III/8−9;   l.l. 51−58
Verbreitung: Einzugsgebiet von Donau, Rhein und Rhône. Lebt in Schwärmen im schnellströmenden Wasser der Zuflüsse ihrer Oberläufe und mittleren Abschnitte sowie in einigen Seen. Steigt bis in Höhen von 2000 m ü. M.

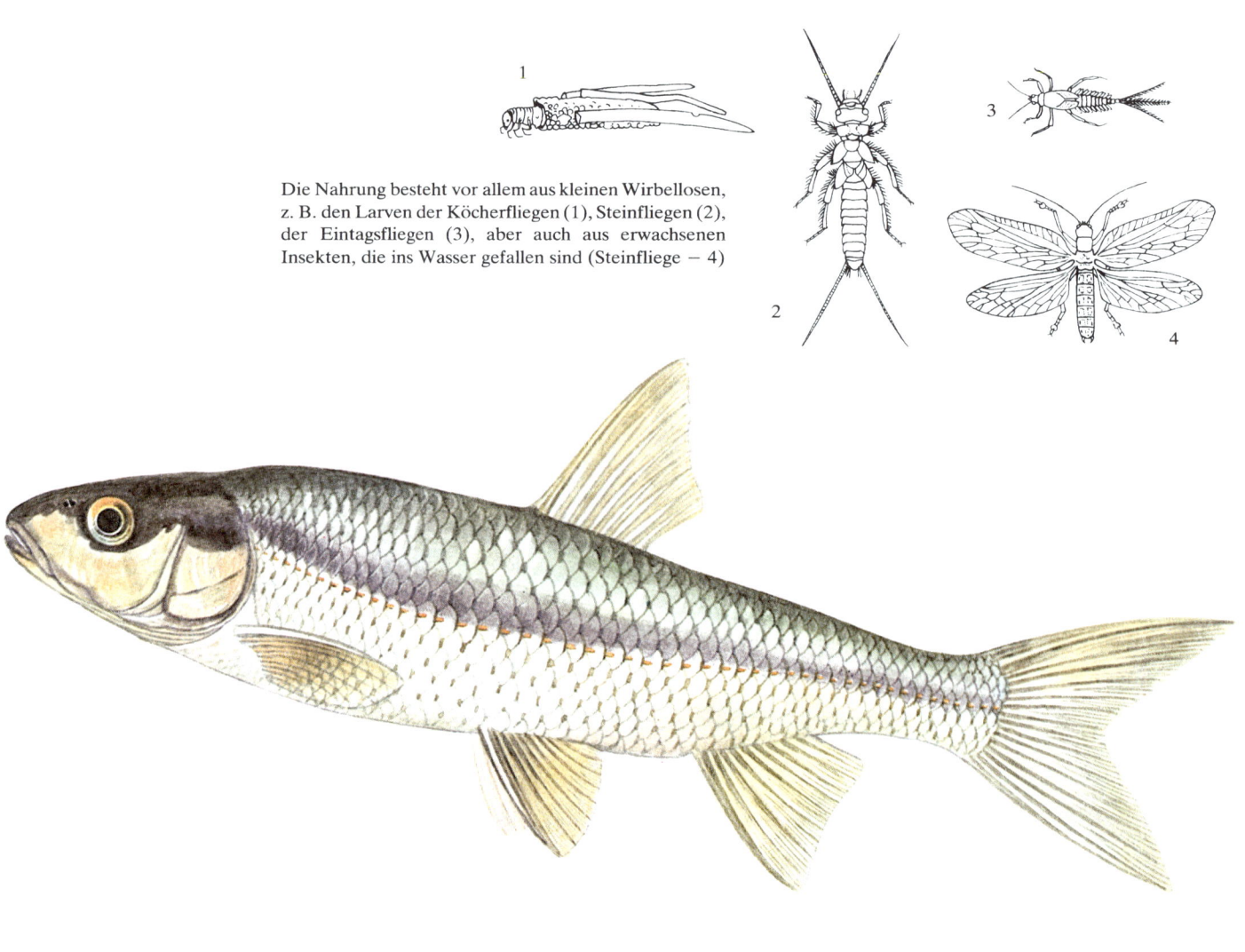

Die Nahrung besteht vor allem aus kleinen Wirbellosen, z. B. den Larven der Köcherfliegen (1), Steinfliegen (2), der Eintagsfliegen (3), aber auch aus erwachsenen Insekten, die ins Wasser gefallen sind (Steinfliege − 4)

Ellritze, Ellering, Pfrille, Bitterfisch *Phoxinus phoxinus*

Diese kleine Fischart zeichnet eine unvollständige Seitenlinie, deutlich abgerundete Flossenränder und winzige, mit dem bloßen Auge nur schwer wahrnehmbare Schuppen aus. Das Farbkleid ist sehr veränderlich, mit dunklen Flecken oder Streifen auf Rücken und Seiten. In der Laichzeit sind die Männchen sehr bunt gefärbt und zählen dann zu den schönsten Süßwasserfischen Europas. Rücken und Seiten sind dann dunkel bis schwarz und kontrastieren scharf mit dem Rot der vorderen Bauchhälfte, der Lippenränder, der Ansatzstellen der paarigen Flossen und der Afterflosse. Auf dem Kopf, den Brustflossen und den Schuppen des Vorderkörpers tragen sie einen deutlich sichtbaren, hellen Laichausschlag. Die langsam wachsenden und kurzlebigen Fische werden nur selten mehr als 5 Jahre alt. Sie bevorzugen sauberes, schnellfließendes und sauerstoffreiches Wasser. Ihre Nahrung sind meist Larven von Wasserinsekten, Krustentiere und Würmer. Im dritten Lebensjahr sind sie geschlechtsreif und laichen in großen Schwärmen von April bis Juli an flachen Stellen mit kiesigem Grund. Ihre Eier legen sie auf den Boden oder auf Pflanzenbestände ab, für gewöhnlich in zwei Portionen. In der Vegetationszeit halten sie sich in Ufernähe und dicht unter der Oberfläche auf, bei Gefahr verstecken sie sich unter Wurzeln und Steinen am Grund, wohin sie sich auch in der kalten Jahreszeit zurückziehen. Als Bewohner von Forellengewässern sind die Ellritzen wichtige Nahrungsquelle für die Forellen, ansonsten haben sie keine besondere Bedeutung. Gelegentlich nehmen sie die Angler als Köderfisch, selten werden sie in Aquarien gehalten. Vor Jahren wurden sie als Versuchsfische verwendet.

Größe: 6−8 cm, selten bis 12 cm
Fruchtbarkeit: 800−4500 Eier
D II−III/7; A III/6−7; l.l. 75−90
Verbreitung: Bäche und Oberläufe von Flüssen in Europa und Nordasien mit Ausnahme von Süditalien, Spanien, Portugal, dem südlichen Balkan, Nordschottland und Nordskandinavien

♀

Das Farbkleid des Weibchens ist weniger auffällig

Eine verwandte Art, die Sumpfellritze *(P. percnurus)*, ist von Polen bis zur fernöstlichen Tschuktschen-Halbinsel verbreitet. Der 10−12 cm groß werdende Fisch lebt in kleinen Schwärmen in stehenden Gewässern

♂

Ellritze,

Graskarpfen, Grasfisch, Weißer Amur   *Ctenopharyngodon idella*

Der Körper des Graskarpfens ist kräftig und langge-streckt-spindelförmig, die Augen sind weit voneinander entfernt, so daß die Stirn auffällig breit wirkt (aber nicht so sehr wie beim Silberkarpfen), das Maul ist unterständig. Das Aussehen erinnert an den Döbel. Der Rücken ist graugrün, während die Seiten golden schimmern. Die Rücken- und Schwanzflosse sind dunkel, die anderen hellgrau, die Schuppen sind dunkel umrandet. Der Gras-karpfen ist ein stattlicher Fisch, der unter europäischen Bedingungen jedoch nur mäßige Ausmaße annimmt. Mit fünf Jahren erreicht er über einen halben Meter Länge. Geschlechtsreif wird er mit 6−7 Jahren. Der im Flußbek-ken abgelegte Laich ist pelagisch und wird im Laufe seiner Entwicklung von der Strömung fortgetragen. Bei einer Wassertemperatur von 27−29 °C schlüpfen die Larven bereits nach nicht ganz zwei Tagen. In Europa müssen die Fische künstlich vermehrt werden, wobei die befruchteten Eier in einem Inkubator bei 25 °C ausgebrütet werden. Anfangs ernähren sich die Larven von Zooplankton, stellen sich dann aber schnell auf pflanzliche Nahrung um, insbesondere auf höhere Pflanzen. Er wird deshalb als biologischer Wächter überall dort ausgesetzt, wo ein zu dichter Bewuchs der Wasserpflanzen stört. Er ist ein Bewohner der großen Flüsse, besonders ihrer Unterläufe, doch bekommt ihm auch träge fließendes und stehendes Wasser, wenn es genügend warm ist und dichten Pflanzen-wuchs aufweist. Diese perspektivreiche Art wird als Bei-fisch zum Karpfen gesetzt, um die Fischteiche besser auszulasten (in China wird er schon über 2000 Jahre zusammen mit dem Karpfen gezüchtet). In einigen Län-dern, wie etwa den USA, bringt man ihm Mißtrauen entgegen. Da die Art in Europa sich nicht natürlich vermehrt, besteht auch nicht die Gefahr einer ökologi-schen Überlastung durch sie.

Größe: 40−80 cm, max. 120 cm
Gewicht: 2−5 kg, max. 30 kg
Fruchtbarkeit: 50 000−150 000 Eier je Kilo Körpergewicht
    des Rogners
D III/7;   A III/7−8;   l.l. 43−46
Verbreitung: ursprünglich im Einzugsgebiet des Amurs bis
    Kanton und Taiwan im Süden. Dann in ganz China, Ruß-
    land und Ukraine akklimatisiert, heute auch in Ost-, Mit-
    tel- und Westeuropa sowie in den USA.

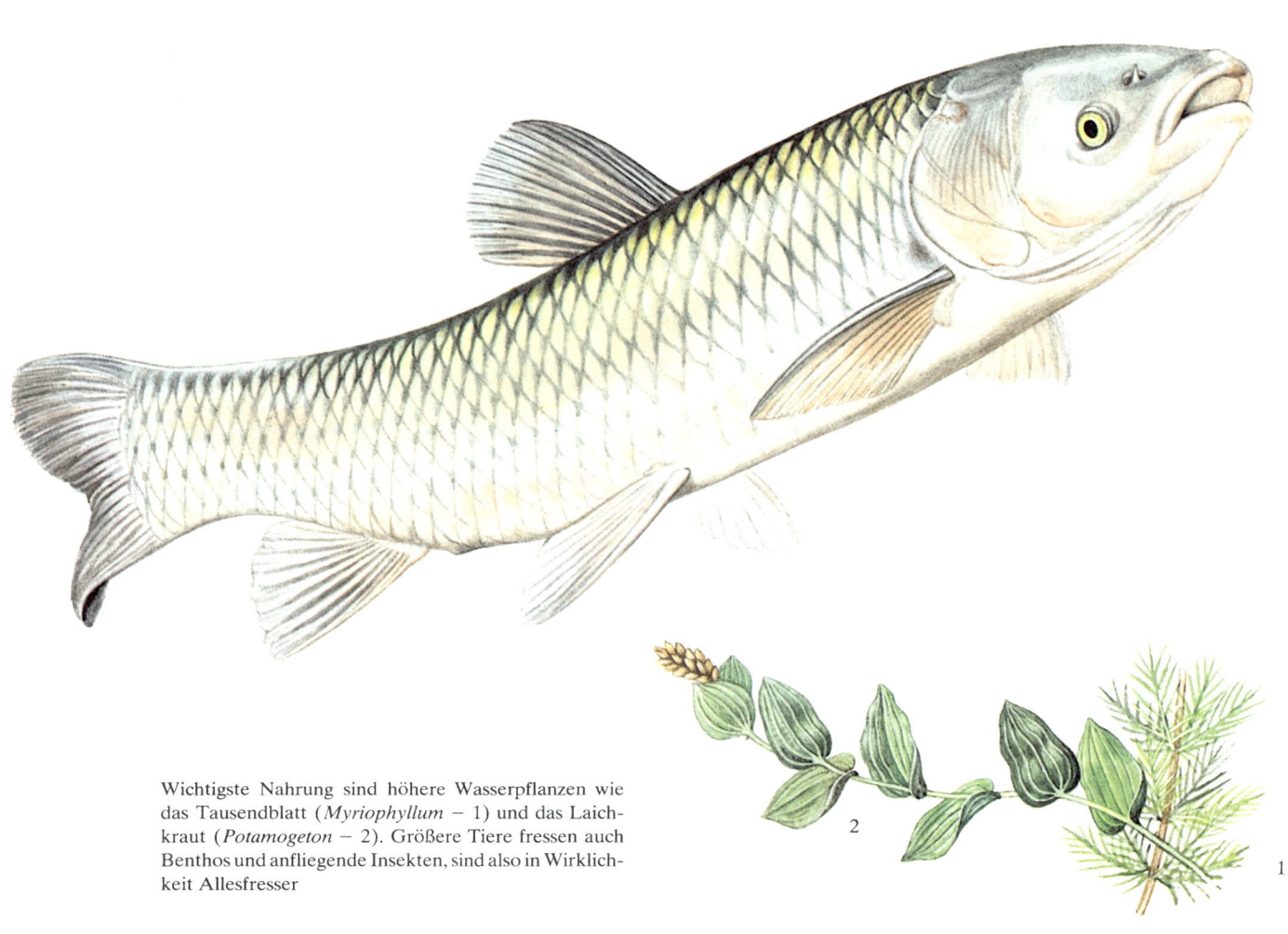

Wichtigste Nahrung sind höhere Wasserpflanzen wie das Tausendblatt (*Myriophyllum* − 1) und das Laich-kraut (*Potamogeton* − 2). Größere Tiere fressen auch Benthos und anfliegende Insekten, sind also in Wirklich-keit Allesfresser

Rotfeder

Scardinius erythrophthalmus

Die hochrückigen Rotfedern haben kleine, schräg nach oben gerichtete Mäuler und eine scharfe Bauchkante mit Kielschuppen. Der Vorderrand der Rückenflosse liegt hinter dem Ansatzende der Bauchflossen. Die Iris des Auges ist gelb und nicht rot wie die der Plötze. Auch die Körperfarbe ist verschieden. Während der Rücken grün bis grünbraun ist, sind die Seiten grüngelb mit einem goldenen Glanz und der Bauch hell. Rücken- und Brustflossen sind gelbrot bis rotgrau, die übrigen Flossen sind besonders zur Laichzeit blutrot. Rotfedern leben vor allem in stehenden und langsam fließenden Gewässern, wo sie sich in Schwärmen nahe der Oberfläche oder in mittleren Tiefen bewegen. Sie ernähren sich von Zooplankton und Phytoplankton, Weichtieren, Wasserinsekten und verschmähen selbst die Larven und den Laich verwandter Arten nicht. Gern gefressen werden auch Pflanzen und deren Reste. Mit 2–3 Jahren erreichen sie die Geschlechtsreife und laichen in kleineren Schwärmen von Mai bis Juli. Meist laichen sie ein- oder zweimal auf Wasserpflanzen, Steine und anderes. Sie kreuzen sich mit Plötzen, Güstern und Ukeleis. Im Vergleich zur Plötze ist die Rotfeder an den meisten Standorten mit wesentlich niedrigeren Beständen vertreten. Trotzdem ist sie ein wichtiger Nährfisch der Raubfischarten, weshalb sie früher in geringem Maße in Zuchtteichen ausgesetzt wurde. Ihr Fleisch schmeckt besser als das der Plötze, hat aber ebenso viele feine Gräten.

Größe: 25–30 cm, höchstens 50 cm
Gewicht: 0,3–1 kg, vereinzelt bis 2 kg
Fruchtbarkeit: 90 000–230 000 Eier
D II–III/8–9; A III/9–12; l.l. 37–43
Verbreitung: Nordasien und Europa außer der Pyrenäenhalbinsel, dem Balkan, Nordschottland und dem größten Teil Skandinaviens

Oft wird die Rotfeder mit der Plötze verwechselt, doch ist sie robuster, hat einen kürzeren und hochrückigeren Körper und eine andere Stellung der Rücken- und Afterflosse sowie ein oberständiges Maul. Weitere Unterschiede bestehen in der Färbung
Die Kreuzung zwischen Rotfeder und Plötze besitzt Flossen in einem intensiveren Rot als die Plötze und gelbe Augen wie die Rotfeder

Rapfen, Schied   *Aspius aspius*

Der Rapfen ist ein großer, räuberischer Karpfenfisch mit langgestrecktem Körper und scharfem, beschupptem Kiel vom Bauchflossenende bis zum After. Ein Buckel auf dem Unterkiefer paßt sich in eine Vertiefung des Oberkiefers ein. Das große Maul reicht bis unter das Auge. Der Rücken ist graublau, oft graubraun, die paarigen Flossen und die Afterflosse haben eine rötliche Färbung, die übrigen Flossen sind grau gefärbt. Rapfen sind ziemlich schnellwüchsige Fische und erreichen je nach Standort 50−60 cm Länge innerhalb von 8−10 Jahren. Mit 3−4 Jahren erreichen sie die Geschlechtsreife. Laichzeit ist bereits im April, wenn das Wasser 5−10 °C hat. In kleinen Gruppen laichen die Rapfen in schnellströmendem Wasser, wobei ihre Eier im Sand oder am Geröll kleben bleiben. In Abhängigkeit von der Wärme des Wassers schlüpfen die Larven nach 15−20 Tagen und ernähren sich anfangs von Zooplankton, später von Larven der Wasserinsekten und dem Laich anderer Fische. Ausgewachsene Tiere sind Fleischfresser und ernähren sich von Fischen und ins Wasser gefallenen Insekten. Sie halten sich an der Oberfläche oder in den oberen Wasserschichten auf. In Flüssen suchen sie Standorte unterhalb von Wehren oder an Brückenpfeilern auf. Rapfen wurden auch in Talsperren ausgesetzt, in denen sie lange Wanderungen unternehmen. Sie besitzen besonders in großen Staubecken lokale wirtschaftliche Bedeutung. Bei sportlichen Anglern sind sie beliebt, da sie ausdauernd im Kampf am Haken sind. Ihr Fleisch ist von mittlerer Qualität. In letzter Zeit wurden Versuche unternommen, die Fische künstlich zu vermehren, wobei der Laich bis zum einjährigen Fisch, also mit 5−10 cm aufgezogen wird und dann in freie Gewässer ausgesetzt wird. In den Talsperren soll mit Hilfe des Rapfens der Bestand an unerwünschten Fischarten reguliert werden.

Größe: 60−80 cm, max. 1 m
Gewicht: 2−4 kg, max. 10 kg
Fruchtbarkeit: 80 000−100 000 Eier
D III/8−9; A III/12−14; l.l. 64−74
Verbreitung: in den Zuflüssen von Nordsee, Ostsee, Schwarzem und Kaspischem Meer. Fehlt in England und Frankreich.

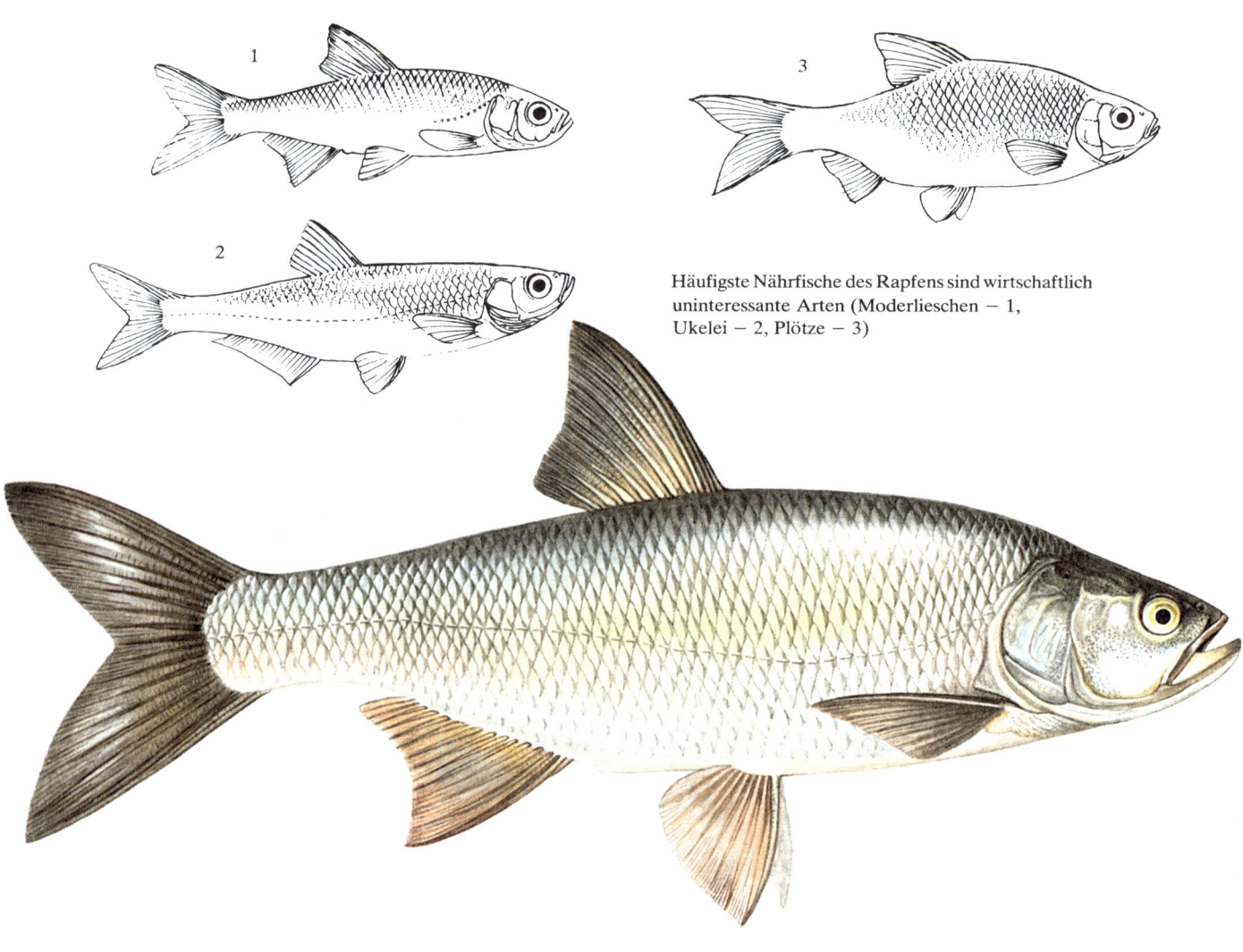

Häufigste Nährfische des Rapfens sind wirtschaftlich uninteressante Arten (Moderlieschen − 1, Ukelei − 2, Plötze − 3)

Moderlieschen,
Zwerglaube, Schneiderkarpfen, Mutterloseken   *Leucaspius delineatus*

Das Moderlieschen ist eine kleine, schlanke Fischart mit leicht abfallenden, mittelgroßen Cycloidschuppen. Der Rücken ist braungrün, die Seiten silberfarben. Manchmal trägt das Moderlieschen an den Seiten vom Auge bis zum Schwanz einen mehr oder weniger sichtbaren bläulichen oder grauen Streifen, der nach oben hin hell abschließt. Die Ansatzstellen der paarigen Flossen sind meist leicht rötlich, die Flossen selbst aber durchscheinend. Nur selten werden die kurzlebigen Fische älter als drei Jahre. Sie bewohnen stehende und träge dahinfließende Gewässer und kommen auch in Überschwemmungstümpeln und Wasserlöchern vor, da sie relativ widerstandsfähig gegen Sauerstoffmangel sind. Mancherorts treten sie in großen Mengen auf und bewegen sich dann schwarmweise rege hin und her. Ihre Nahrung ist Phyto- und Zooplankton, das sie nahe der Oberfläche einfangen. Die Geschlechter kann man anhand der Afteröffnung (Urogenitalöffnung) unterscheiden, die beim Männchen tiefliegend ist, während sie beim Weibchen drei Auswüchse besitzt. Moderlieschen laichen von April bis Juni bei über 18 °C Wassertemperatur in 3−5 Etappen. Ihre Eier sind winzig klein (etwa von der Größe eines Mohnkorns), farblos und werden als Laichbänder vom Weibchen auf vorher gesäuberte Blattunterseiten von Wasserpflanzen, Holzstücke oder Wurzeln nahe der Wasseroberfläche abgelegt. Das Männchen schützt den Laich 5−12 Tage lang, bis er fortgeschwemmt wird. Praktische Bedeutung haben die Moderlieschen nicht, ab und zu werden sie als Köderfische genommen.

Größe: 7−9 cm
Fruchtbarkeit: 100−2300 Eier
D II−III/7−8; A II−III/10−13
Verbreitung: Mittel- und Osteuropa, vom Einzugsgebiet des Rheins bis zur Wolga, teils auch in Dänemark und Südschweden. Fehlt in England, Frankreich, Italien und auf der Pyrenäenhalbinsel.

Das winzige Moderlieschen ernährt sich von Ruderfüßerlarven (1), ausgewachsenen Krustentieren der Familie *Cyclopidae* (2), Wasserflöhen aus der Familie *Daphniidae* und weiteren Bestandteilen des Planktons

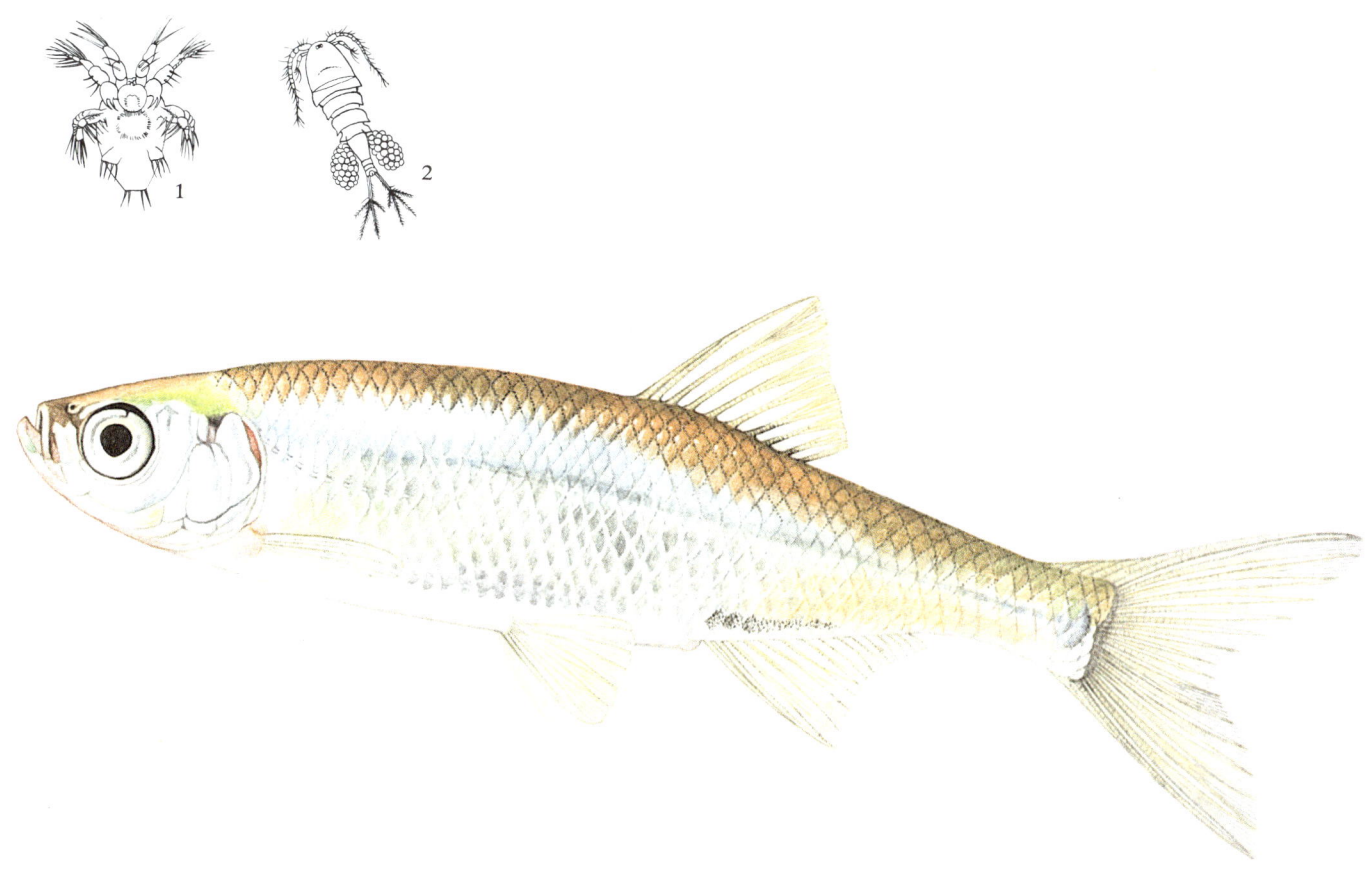

Ukelei, Laube, Ückelei, Blecke   *Alburnus alburnus*

Im Gegensatz zum Schneider ist die Seitenlinie der Ukelei nicht von einem doppelten, dunklen Streifen umrahmt. Ukeleis haben 17–22 Kiemenreusendornen, während der Schneider nie mehr als 15 hat. Auch die Afterflosse ist ein wenig länger als beim verwandten Schneider und besitzt mehr weiche Strahlen. Die verhältnismäßig großen Schuppen fallen leicht aus. Der Rücken ist grünlich grau, manchmal in einem blauen Ton, die Seiten sind silbrig, der Bauch schmutzigweiß. Afterflosse und paarige Flossen sind leicht gelblich gefärbt. Ukeleis werden 5–6 Jahre alt und wachsen am schnellsten in den Staubecken, wo sie durch ihre pelagische Lebensweise nicht in Futterkonkurrenz mit anderen Arten geraten. Geschlechtlich reifen sie mit drei Jahren heran, ihre Laichzeit ist im Mai und Juni. Die Weibchen kleben den Laich an Pflanzen oder auf den sauberen Kiesgrund. Ukeleis gehören zu den häufigsten Fischen im Mittel- und Unterlauf der Flüsse und in den meisten Talsperren. Die Schwarmfische halten sich unter der Wasseroberfläche auf und meiden Stellen mit Pflanzenbewuchs. Für Raubfische sind sie eine wichtige Nahrungsquelle. In einigen Stauseen werden sie mit Netzen gefangen. Vereinzelt werden sie auch geangelt, denn ihr Fleisch ist zart und von gutem Geschmack. Die Schuppen dienten früher zur Herstellung von künstlichem Perlmutt.

Größe: 15–20 cm
Gewicht: 30–50 g
Fruchtbarkeit: 1500–12 000 Eier
D II–III/7–9;   A III/16–20;   l.l. 46–55
Verbreitung: Europa mit Ausnahme der südlichen Halbinseln, Nordskandinavien, Irland und Schottland

Die Ukeleis ernähren sich von Zooplankton, von aufs Wasser gefallenen Insekten und springen den niedrig fliegenden Insekten nach (z. B. den Steinfliegen – 1 und Eintagsfliegen – 2)

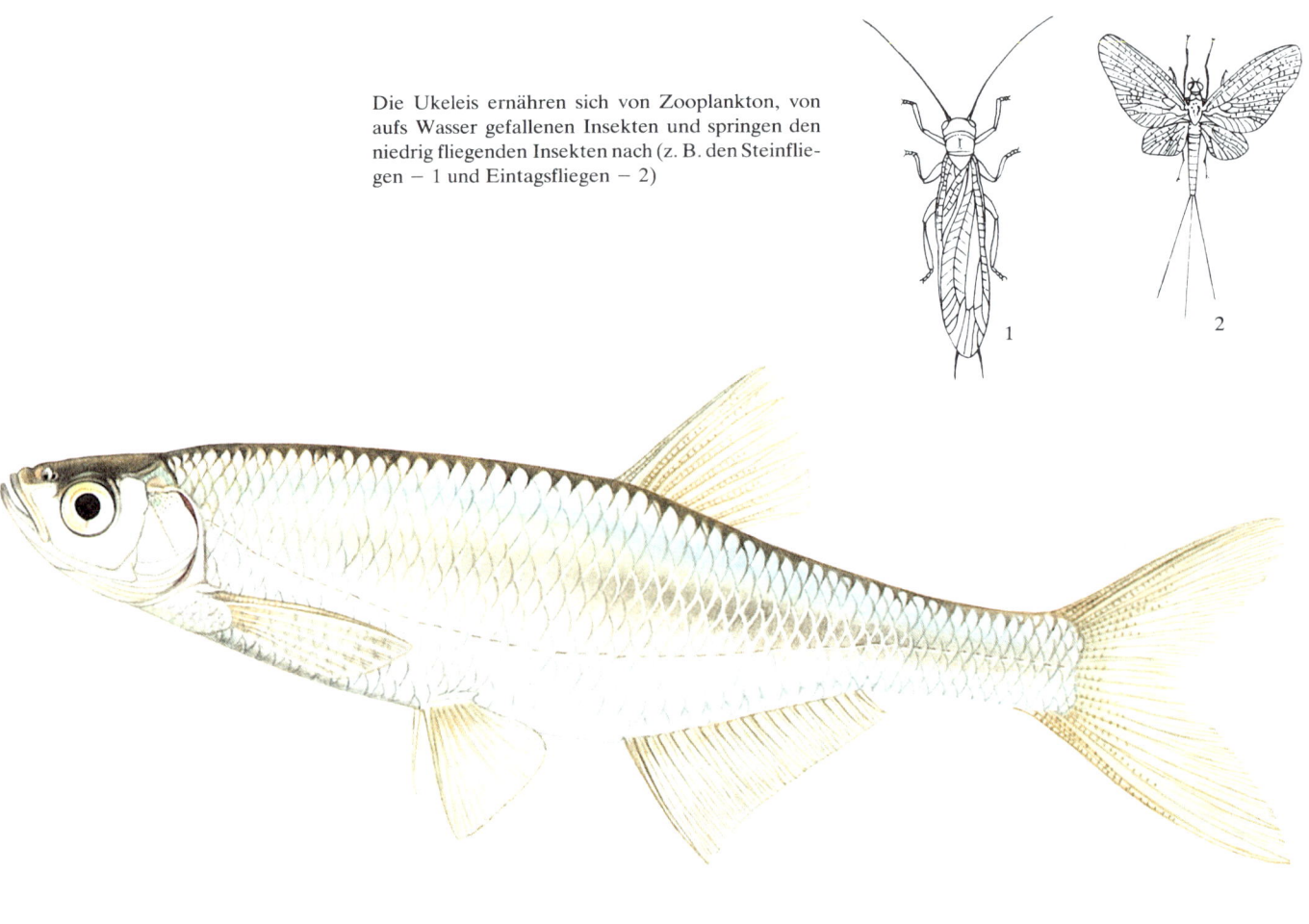

Schneider, Alandblecke, Breitblecke   *Alburnoides bipunctatus*

Für diesen kleinen Fisch ist eine dunkle doppelte Punktreihe beiderseits der Seitenlinie charakteristisch. Von der Ukelei unterscheidet er sich durch die glatten Schlundzähne (bei der Ukelei sind sie schwach gesägt). Die Afterflosse ist lang, aber doch kürzer als z. B. die der Bleie. Meist ist der Rücken höher als bei der Ukelei. Die Farbe ist dunkelgrün, wobei die Seiten leicht silbrig sind. Im Vergleich zur Ukelei überwiegen die dunklen Töne. Die Ansatzstellen der Bauchflossen sind rosa, die übrigen Flossen grau. Schneider werden 5−6 Jahre alt und erreichen im dritten Lebensjahr die Geschlechtsreife. Im Mai und Juni laichen sie in Flußabschnitten mit stärkerer Strömung und größeren Bächen über steinigem oder kiesigem Grund. Die Entwicklung des Laichs dauert je nach Wassertemperatur 4−10 Tage. Hauptnahrung ist das Zoobenthos, besonders Larven der Köcherfliegen, dazu kommen noch auf das Wasser gefallene Fluginsekten. Wir finden den Schneider an seichteren Stellen in der Strömung mittlerer und größerer Wasserläufe, wo er zusammen mit der Ellritze, dem Gründling und anderen Bewohnern dieser Region lebt. Man kann aber auch im ruhigen Wasser der Flußunterläufe, in sauberen Seen und in einigen Stauseen auf ihn treffen. Wirtschaftliche Bedeutung hat er nicht, dient aber größeren Forellen, Quappen oder Aalen als Nährfisch. Beim Angeln auf Hechte oder Zander werden Schneider auch als Köderfisch verwendet.

Größe: 10−15 cm
Gewicht: 20−30 g
Fruchtbarkeit: 3000−8000 Eier
D II−III/7−8; A III/12−17; l.l. 44−51
Verbreitung: Flüsse Frankreichs und Belgiens, Flußgebiet der Nordsee und der Ostsee, des Schwarzen Meeres, Ostgebiete des Mittelmeeres

Das Verbreitungsgebiet des Schneiders (rot) reicht nicht so weit nach Norden wie das der Ukelei (blau)

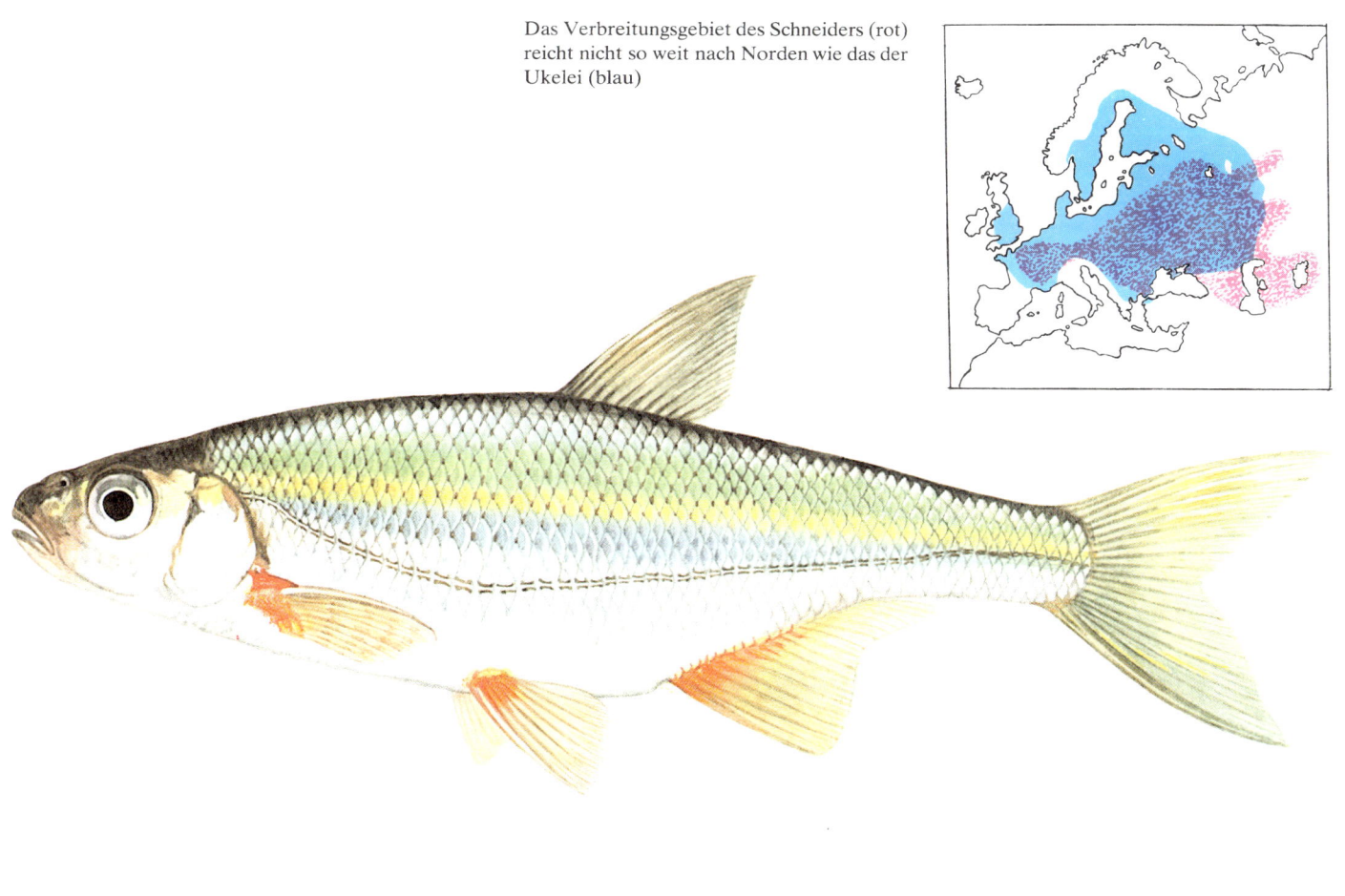

Schneider, Alandblecke, Breitblecke

Blei, Brassen, Brachsen   *Abramis brama*

Zur Gattung *Abramis* gehören drei verschiedene Karpfenfische mit hochrückigem Körper und langer Afterflosse. Der wichtigste von ihnen ist der Blei mit einem hohen, seitlich stark einfallenden Körper. Sein hervorstülpbares, unterständiges Maul ermöglicht ihm, seine Nahrung vom Boden aufzusammeln. Der Rücken ist hellgrau, manchmal blauschwarz, die Seiten grau, bisweilen mit einem gelbgrünen Schimmer, der Bauch grau oder graugelb. Außer den helleren paarigen Flossen sind alle grauschwarz. Das Wachstum dieses großen Fisches hängt wie immer von der zahlenmäßigen Stärke der Population und von der Anzahl seiner Nahrungskonkurrenten ab. Bei zahlenstarken Beständen und Futtermangel bilden sich Verbuttungen, also langsam wachsende Populationen mit an ein Blatt Papier erinnernden Körpern. Die Geschlechtsreife tritt im vierten bis fünften Lebensjahr ein. Bleie laichen wiederholt von April bis Juli. Ihren Laich legen sie auf Steine oder Kies, aber je nach Laichplatz auch auf Wasserpflanzen ab. Bei 18−20 °C dauert es drei Tage, ehe die Larven schlüpfen. Sie fressen überwiegend Zooplankton, größere Tiere gehen auf benthische Nährtiere über (Mollusken, Larven der roten Zuckmückenarten, Schlammröhrenwürmer). Bei den übervermehrten Beständen überwiegen Detrit, Pflanzenstückchen und Schlamm. Bleie halten sich im langsam fließenden Wasser, aber auch in Teichen, Stauseen und größeren Weihern auf. Auch Brackwasser vertragen sie. Die Bleie werden als wichtige Wirtschafts- und Sportfische angesehen. In den freien Gewässern bilden sie einen wesentlichen Teil der Biomasse. In manchen Staubecken werden jährlich mit der Angel 100 kg Blei je Hektar angelandet.

Größe: 35−45 cm, max. 80 cm
Gewicht: 1−2 kg, max. 10 kg
Fruchtbarkeit: 50 000−350 000 Eier, je Kilo Körpergewicht
    des Weibchens sind das 60 000−100 000
D II−III/7−10;   A III/23−29;   l.l. 48−60
Verbreitung: ganz Europa außer Skandinavien, Schottland,
    der Pyrenäen- und der Apenninenhalbinsel sowie des
    westlichen und südlichen Balkans

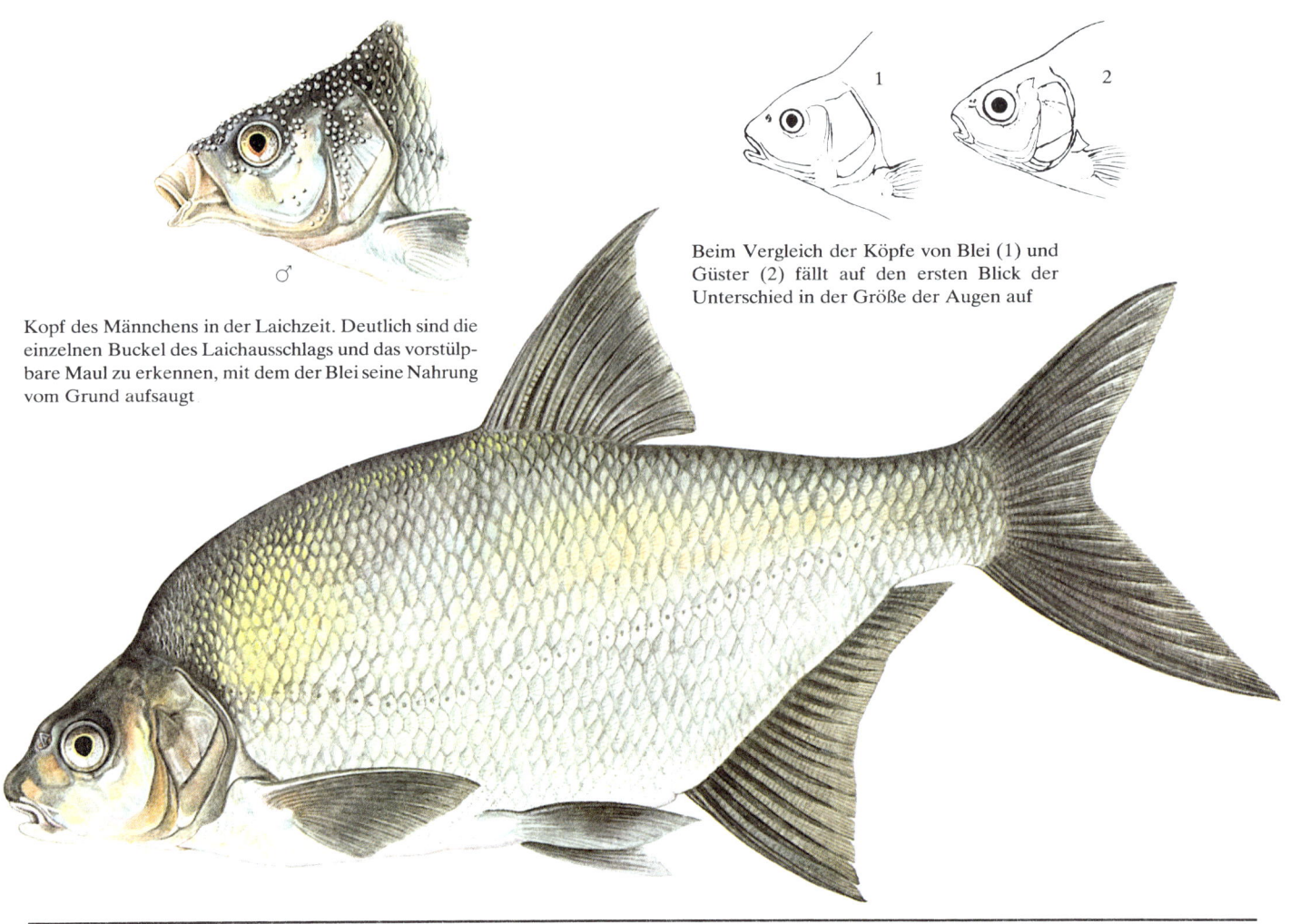

Kopf des Männchens in der Laichzeit. Deutlich sind die einzelnen Buckel des Laichausschlags und das vorstülpbare Maul zu erkennen, mit dem der Blei seine Nahrung vom Grund aufsaugt

Beim Vergleich der Köpfe von Blei (1) und Güster (2) fällt auf den ersten Blick der Unterschied in der Größe der Augen auf

Zobel, Scheibpleinzen, Halbbrachsen, Donaubrachsen   *Abramis sapa*

Vom Blei unterscheidet sich der Zobel durch seine auffällig lange Afterflosse mit mehr als 30 weichen Strahlen und durch das unterständige Maul. Markant sind auch die großen hellen Augen des Zobels. Sein Rücken ist dunkelblau und gelegentlich mit einem Stich ins Grüne. Seine Seiten sind silbergrau, die Flossen silberfarben, die paarigen Flossen jedoch heller. Es existiert eine Reihe von Unterarten, die sich in Körperform und Strahlenzahl der Afterflosse sowie in der Zahl der Seitenlinienschuppen gegenseitig unterscheiden. Das Wachstum dieses zu den kleineren Arten gehörenden Fisches ist auch unter guten Bedingungen langsamer als das des Bleis. Mit 3—4 Jahren wird er geschlechtsreif, die Zahl der Eier steigt mit der Größe des Weibchens und bewegt sich in der Größenordnung von mehreren Zehntausenden. Im Mai laichen die Zobel über kiesigem Flußgrund. Zuvor wandern sie aus dem Flußdelta und dem vorgelagerten Meeresgebiet stromaufwärts zu den Laichplätzen. Nach dem Laichen kehren die Elterntiere meist wieder zurück ins Delta und ins Meer, wo sie sich intensiv mästen. Die Maulstellung verrät uns, daß sie sich von Bodentieren ernähren (Mollusken, Larven der Zuckmücken), sie verschmähen aber auch Pflanzen und Detrit nicht. Die sich meist in den Unterläufen der Flüsse aufhaltenden Fische bilden niemals stärkere Bestände. Im Schwarzen und Kaspischen Meer haben sie eine gewisse wirschaftliche Bedeutung. Man fängt sie mit Schleppnetzen und Kiemennetzen. Ihr sehr fettreiches Fleisch ist von ausgezeichnetem Geschmack und wird gesalzen oder geräuchert. Für den Angler ist der Zobel bedeutungslos.

Größe: 15—20 cm, max. 30 cm
Gewicht: 200—500 g, max. 1 kg
Fruchtbarkeit: 10 000—40 000
D II—III/7—8; A III/33—45; l.l. 48—54
Verbreitung: Einzugsgebiet der Ostsee, des Kaspischen und des Schwarzen Meeres sowie des Aralsees

Zobel (1) und Zope (*A. ballerus* — 2) lassen sich an der Maulstellung voneinander unterscheiden (*A. ballerus* hat ein oberständiges Maul, *A. sapa* ein unterständiges). Von *A. brama* und *Blicca bjoerkna* (4) unterscheiden sich die beiden Arten durch ihre besonders lange Afterflosse, die mehr als 30 Strahlen (3) hat

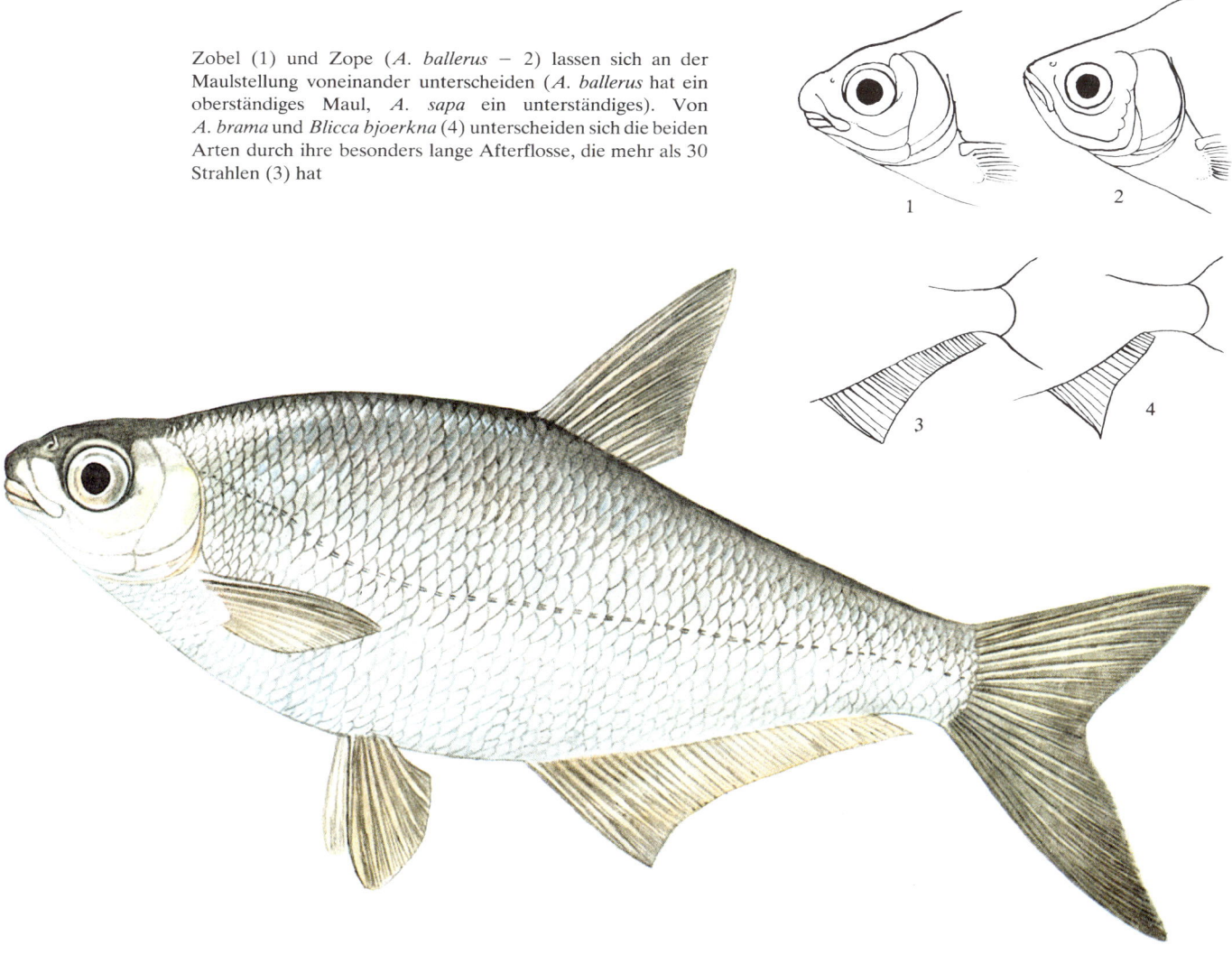

Zope, Spitzpleinzen, Schwuppe   *Abramis ballerus*

Vom Blei unterscheiden die schlanke, seitlich eingedrück-
te Zope wiederum die lange Afterflosse mit meist mehr als
30 weichen Strahlen, vom Zobel die obere Maulstellung.
Von den kleinen Schuppen kann man in der Seitenlinie
über 60 zählen. Der untere Lappen der Schwanzflosse ist
deutlich länger als der obere. Der Körper ist silbrig
grauweiß, der Rücken dunkelgrün bis dunkelblau, oft mit
metallischem Glanz. Die unpaaren Flossen sind grau, die
paarigen gelbgrau, manchmal auch rötlich mit dunklen
Rändern. Die mittelgroße Karpfenfischart wird bis zu 18
Jahre alt. Sie wächst langsam, mit 3−4 Jahren ist sie 16 cm
lang, mit 8−10 Jahren erst 30 cm. Geschlechtsreif ist sie im
dritten oder vierten Lebensjahr, die Männchen meist ein
Jahr früher als die Weibchen. Ende April bis Mai laichen
die Zopen über Kiesgrund oder auf Wasserpflanzen. Bei
rund 15 °C Wassertemperatur dauert die Embryonalentwicklung 3−5 Tage. Zopen leben in den Unterläufen der
Flüsse, in Überschwemmungstümpeln und haben sich in
letzter Zeit in verschiedenen Talsperren stark vermehrt,
besonders in Rußland. Erwachsene Tiere halten sich im
Freiwasser auf, die Larven an seichten Stellen. Nur selten
schwimmt eine Zope bis ins Meer. Lokale Bedeutung
besitzen die Zopen in der Wolga und besonders in den
Stauseen der Wolgakaskade. Sie werden hier in der
Laichzeit mit Schleppnetzen gefangen. Das Fleisch wird
getrocknet oder gesalzen.

Größe: 20−30 cm, max. 45 cm
Gewicht: 0,3−0,6 kg, max. 1,5 kg
Fruchtbarkeit: 15 000−25 000 Eier
D II−III/8−9;   A III/26−44;   l.l. 62−77
Verbreitung: Einzugsgebiete von Nordsee, Ostsee, Schwar-
zem und Kaspischem Meer, vom Rhein bis zur Newa und
von der Donau bis zum Ural. In den Zuflüssen des Weißen
Meeres kommt die Zope heute nicht vor

Im Unterschied zu den übrigen Arten der
Gattung ist die Zope überwiegend zoo-
planktonophag und lebt vor allem von Krustentieren der Gattungen *Daphnia* (1) und
Cyclops (2)

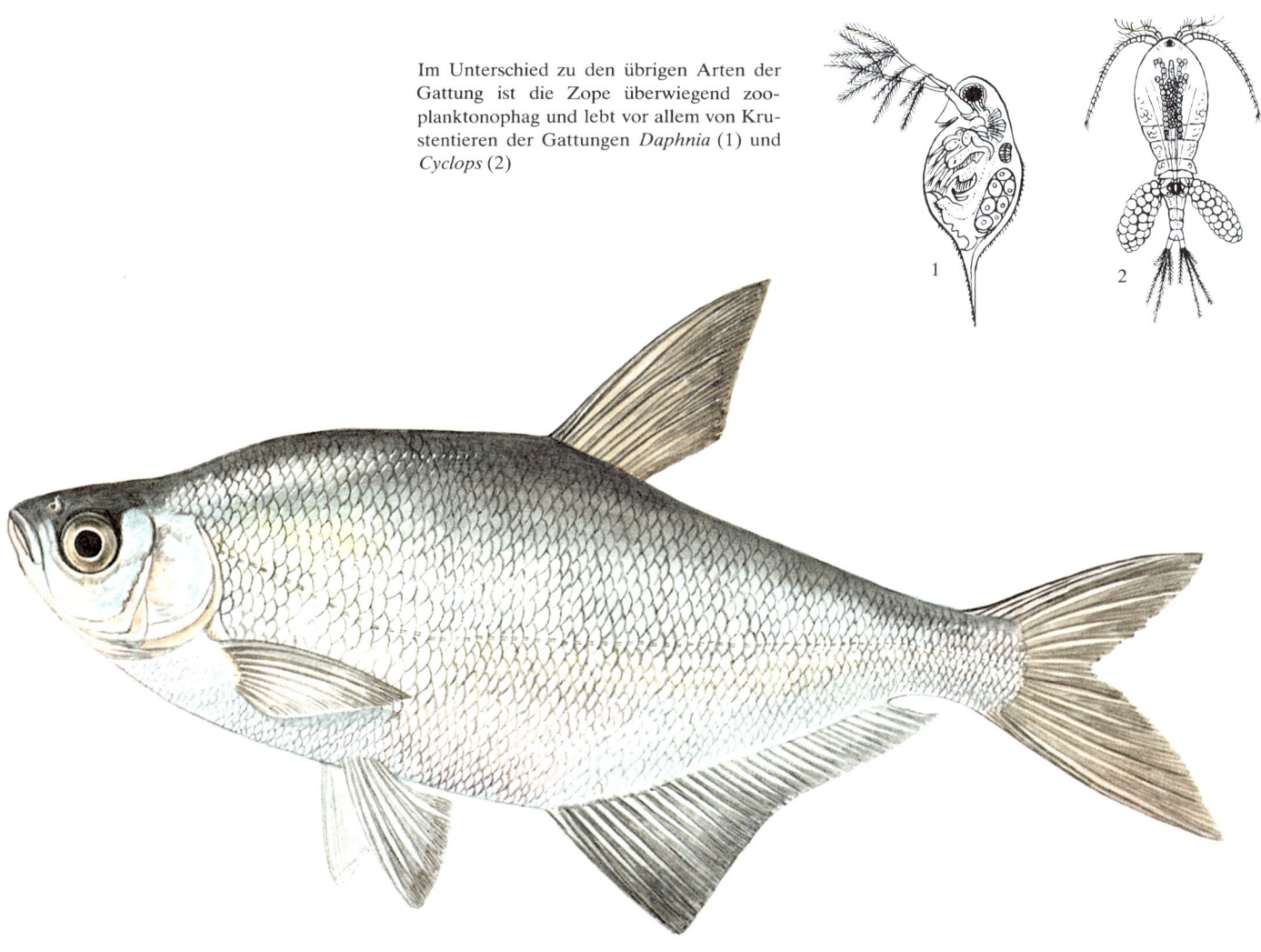

Güster, Blicke, Pliete   *Blicca bjoerkna*

Von der Gattung *Abramis* unterscheidet sich *Blicca* durch die zweireihigen Schlundzähne (Bleie haben einreihige Schlundzähne). Auf den ersten Blick läßt sich die Güster vom Blei anhand ihrer großen Augen und der farbenfrohen paarigen Flossen unterscheiden. Die Afterflosse ist kürzer als beim Blei und beginnt erst hinter dem letzten Strahl der Rückenflosse. Die Güster hat einen grauschwarzen Rücken, silberfarbene Seiten mit einem typischen metall-bläulichen bis grünlichen Glanz. Die unpaaren Flossen sind grau, die Ansatzstellen der paarigen Flossen sind rötlich oder orangerot gefärbt. Die sonst zu den mittelgroßen Arten gehörende Güster wird in manchen Karpfenteichen bis über ein Kilo schwer. Sie wächst langsamer als der Blei und erreicht mit 5 oder 6 Jahren 15 cm Länge, mit 8–10 Jahren 25 cm je nach dem Futterangebot. Ein Teil der Tiere wird schon im zweiten Lebensjahr geschlechtsreif (vor allem die Männchen), der Rest im dritten. Von Mai bis Ende Juni laichen sie portionsweise oft an den gleichen Laichplätzen wie die anderen Weißfische (vor allem Plötzen, Rotfedern und Bleie, mit denen sie Bastarde bilden). In manchen Gewässern entstehen durch Überbevölkerung langsam wachsende Populationen. Güstern bewohnen die Unterläufe der Flüsse, Durchflußteiche, neu entstandene Staubecken, Weiher in Überschwemmungsgebieten großer Flüsse. Ihre wirtschaftliche Bedeutung ist gering. Während der Laichwanderungen im Frühjahr treten sie als Beifang in Schleppnetzen auf. Für den Sportfischer sind sie uninteressant. Doch stellen sie ernste Futterkonkurrenten für die Nutzfische dar.

Größe: 15–25 cm, max. 35 cm
Gewicht: 200 g–500 g, max. 1 kg
Fruchtbarkeit: 15 000–110 000 Eier
D III/8–9;   A III/19–24;   l.l. 41–52
Verbreitung: Loire, Rhône, Zuflüsse der Nord- und Ostsee, des Schwarzen und Kaspischen Meeres bis zum Ural

Verbreitungskarte der Güster

Zu den wichtigsten Nährtieren gehören Mollusken (*Lymnea stagnalis* – 1), Insektenlarven der Wasserflorfliegen (*Sialis* – 2) oder Larven der Familie *Chironomidae*, wie z. B. die Gattung *Chaoborus* (3)

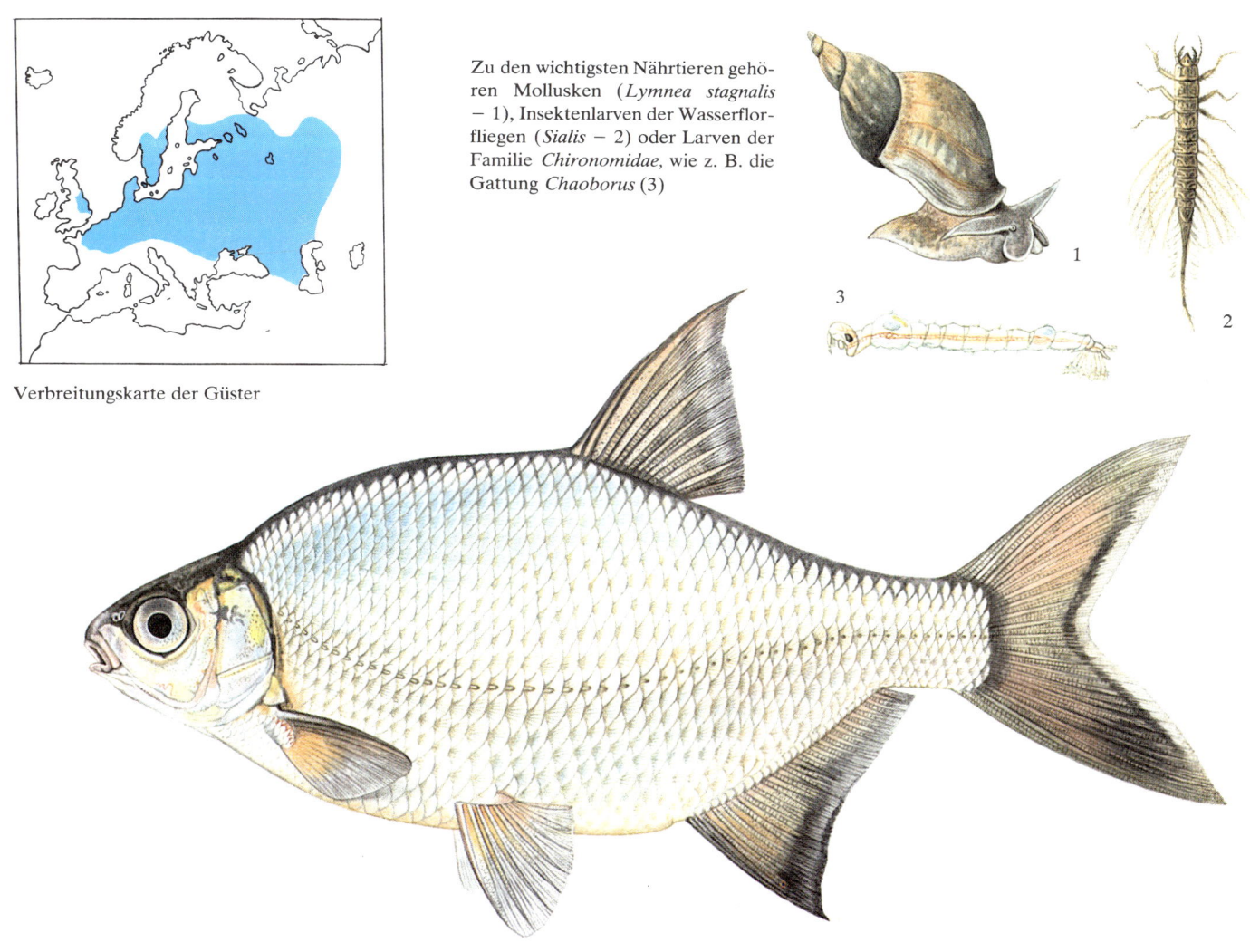

Zährte, Rußnase, Seerüßling   *Vimba vimba*

Die Zährte wird manchmal mit dem Blei oder der Nase verwechselt. Von der Gattung *Abramis* unterscheidet sie der deutlich niedrigere, gestrecktere Körperbau, von der Nase wiederum die viel längere Afterflosse und die Maulform. Charakteristisch für sie sind die scharfen Kielschuppen hinter der Rückenflosse und besonders der in einen fleischigen Rüssel endende Kopf, wonach die Art in vielen Sprachen ihren Namen erhielt. Unterhalb des Rüssels steht das bogenförmige Maul im Unterschied zur geraden Maulspalte der Nasen. Der Rücken ist graublau gefärbt, der Bauch orangeweiß. Zährten sind halbwandernde Fische, die vor allem in den unteren, ruhigeren Flußabschnitten leben, aber auch bis in die Mittelläufe aufsteigen. Oft wandern sie über Hunderte Kilometer weit. Sie kommen auch in stehenden Gewässern und im Meer vor den Flußmündungen vor, in die sie zum Laichen vordringen. Den Großteil ihrer Nahrung bilden Bodentiere, was auch der Maulform entspricht. Auf die stromaufwärts führenden Laichzüge begeben sie sich in Schwär-

men. Von Ende April bis zum Juli legen sie ihre Eier in mäßiger Strömung in meist 2–3 Portionen auf steinigem Grund ab. Obwohl die Zährtenbestände nicht allzu zahlreich sind, werden diese Fische gern geangelt. Zum Fang muß leichtes Gerät genommen werden. Besonders in der kühleren Jahreszeit ist ihr Fleisch von ausgezeichnetem Geschmack.

Größe: 25–35 cm, ausnahmsweise bis 40 cm
Gewicht: 0,5–1,5 kg, vereinzelt bis 3 kg
Fruchtbarkeit: 20 000–50 000 Eier, bei Trophäen bis 300 000 Eier
D III/8–9; A III/17–22; l.l. 51–64
Verbreitung: Einzugsgebiet von Nordsee und Ostsee in den Flüssen von der Weser bis zur Newa. In Südschweden und Finnland kommt die Art bis zum 62. Grad nördlicher Breite vor. In den Zuflüssen des Schwarzen Meeres tritt von der Donau bis zum Kuban *V. vimba natio carinata* auf, deren fleischiger Rüssel noch weiter nach vorn gezogen ist

In der Laichzeit ist bei beiden Geschlechtern der Rücken dunkel und der Bauch orangerot. Bei den Männchen ist die Färbung intensiver und wird weiterhin von einem deutlichen Laichausschlag auf Kopf und Rücken begleitet

Ziege, Sichling   *Pelecus cultratus*

Auf den ersten Blick erinnert die Ziege an einen fliegenden Fisch der Ozeane. Ihr gestreckter, seitlich stark zusammengedrückter Körper hat nämlich eine fast gerade Rückenlinie, während der Bauch tief ausgewölbt ist und einen verhältnismäßig scharfen Kiel bildet. Die Brustflossen sind sehr lang und enden in einer Spitze, das Maul ist oberständig und öffnet sich schräg nach oben. Charakteristisch sind auch die leicht abfallenden Schuppen und besonders die wellenförmig geführte Seitenlinie. Der Rücken hat eine silbergraue bis blaugraue Farbe, Seiten und Bauch sind silbrigweiß. Die Ziege ist im Brackwasser der Buchten und Lagunen der Ostsee und des Schwarzen und Kaspischen Meeres sowie des Aralsees verbreitet. Zum Laichen schwimmt sie schwarmweise die Flüsse stromaufwärts und dringt besonders in den großen Strömen weit vor. Einige Bestände leben ständig im Süßwasser. Aus der Ostsee dringen die Fische in deren Zuflüsse an der Südostküste ein (von der Oder bis zur Newa), in der Donau gelangen sie bis Bratislava (Preßburg) und weiter.

Der Bau von Staumauern und die fortschreitende Wasserverschmutzung sind jedoch offensichtlich die Ursache des ständigen Zurückgehens dieser Art. Ziegen leben in Schwärmen nahe der Wasseroberfläche im Süßwasser ebenso wie im Brackwasser. Meist werden sie drei Jahre alt, im Mai und Juni laichen sie in der Flußströmung. Die pelagischen Eier werden nach der Befruchtung von der Strömung ebenso getragen wie die geschlüpften Larven. Zunächst lebt der Nachwuchs von Plankton, ab dem zweiten Lebensjahr werden kleine Fische und auf das Wasser gefallene Insekten die Hauptnahrung. Das Fleisch ist weich, voller Gräten und frisch wenig schmackhaft.

Größe: 25−40 cm, max. 60 cm
Gewicht: 0,5−1 kg, selten bis 2 kg
Fruchtbarkeit: durchschnittlich 30 000 Eier, max. 50 000
D II−III/6−8; A II−III/25−29; l.l. 90−115
Verbreitung: in der Ostsee, dem Aralsee, im Schwarzen und
   Kaspischen Meer

Verbreitungskarte der Ziege:
Von ihrer Verbreitung her gehört die Ziege zu den ponto-aralo-kaspischen Elementen, die sowohl in den Zuflüssen der drei Meere als auch in ihren Brackwassern lebt

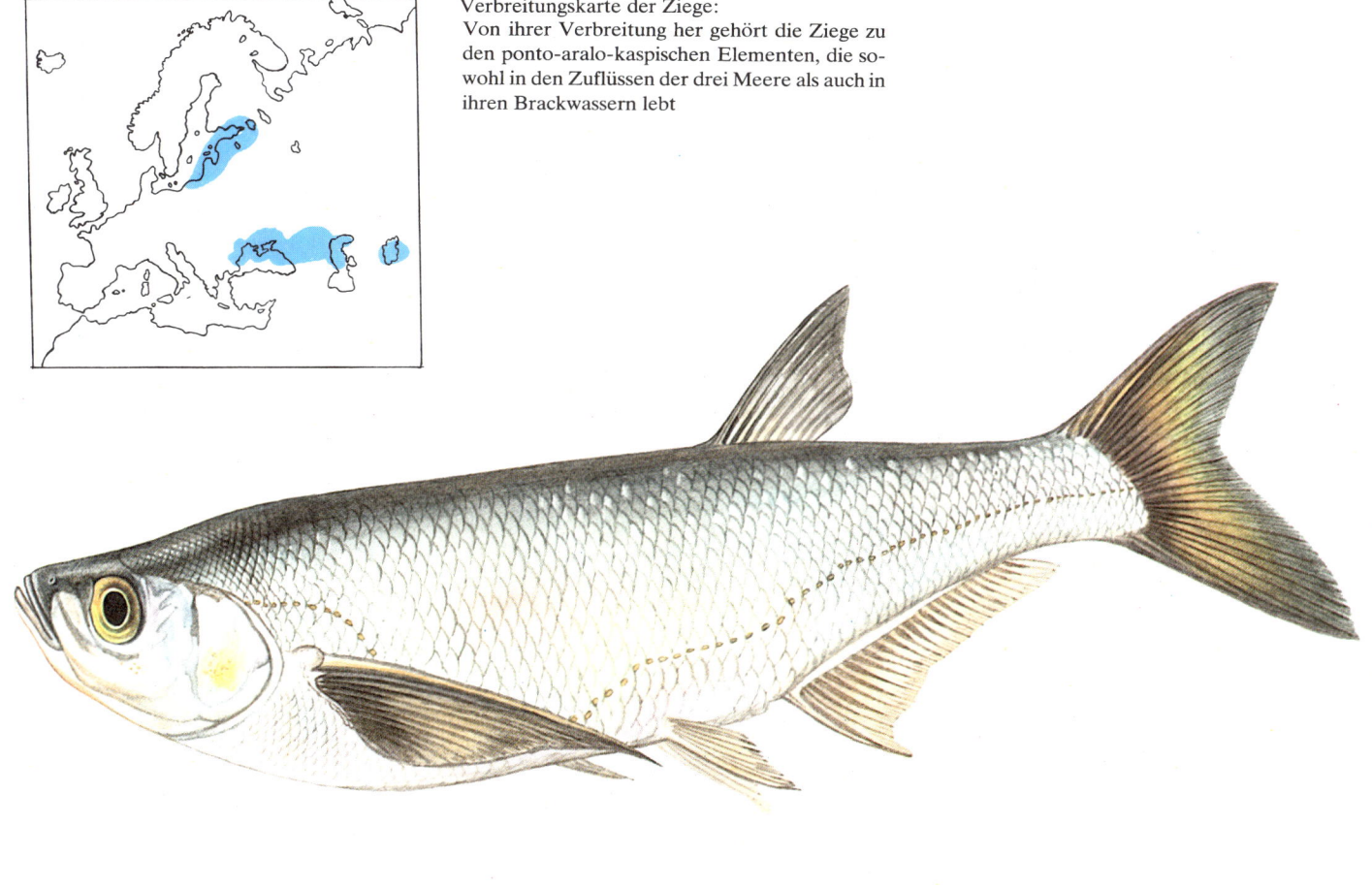

Ziege, Sichling

Schleie, Schlei   *Tinca tinca*

Die Schleien haben relativ kurze und hochrückige Körper, die mit winzigen Schuppen bedeckt sind. Diese grünlichen Schuppen sind tief in die Lederhaut eingelassen und mit einer dicken geleeartigen Schicht überzogen. Ganz vereinzelt finden sich auch Exemplare mit nackten Partien. Der Rücken der Schleien ist meist dunkelgrün, die Seiten grünbraun bis graugrün und goldfarben unterlaufen. Die Bauchseite dagegen ist ziemlich hell. Die Flossen sind dunkel gefärbt. In Fischteichen kommen selten auch goldfarbene und rote Exemplare vor. Schleien leben im unteren und mittleren Abschnitt von Flüssen, in Teichen, Weihern, Stauseen und anderen geeigneten Lokalitäten. Sie vertragen auch das schwach salzige Wasser der östlichen Ostsee. Ihr Lebensraum ist der Gewässerboden, von dessen Tieren sie hauptsächlich leben. Von Ende Mai bis Anfang August laichen sie portionsweise auf Wasserpflanzen, sind also phytophil. Schleien zeichnen sich durch ihre große Widerstandsfähigkeit gegen Sauerstoffmangel und saures Moorwasser aus. Den Winter überdauern sie an den tiefsten Stellen schwarmweise dicht am Grund oder in den Schlamm und Lehm eingegraben. Bei starker Erwärmung des Wassers im Sommer verfallen sie in einen vorübergehenden, dem Winterschlaf ähnlichen Ruhezustand. Die Schleien gehören zu den wichtigsten Nutzfischen. Wegen ihres guten, fetten, weiß gefärbten Fleisches werden sie als bedeutender Beifisch in den Teichen und Stauseen vieler Länder Europas gehalten.

Größe: 30−45 cm, max. 60 cm
Gewicht: 1−3 kg, ausnahmsweise bis 7 kg
Fruchtbarkeit: 80 000−500 000 Eier, vereinzelt bis 900 000 Eier
D III−IV/8−9; A III−IV/6−8; l.l. 87−116
Verbreitung: in fast ganz Europa. Nach Norden bis zum 61. Breitengrad, im Süden fehlt sie auf der Krim und in Dalmatien. Auch auf anderen Erdteilen eingeführt

Körperunterseite vom Weibchen und Männchen. Der Geschlechtsdimorphismus ist an den Bauchflossen zu erkennen, deren erste Flossenstrahlen bei den Männchen stark verdickt sind. Darüber hinaus reicht die Bauchflosse bei den Männchen über die Afteröffnung hinaus

Hauptnährtiere: Larven der After-Frühlingsfliegen der Gattung *Nemura* (1), Schlammschnecken (*Lymnea stagnalis* − 2) und Mückenlarven der Gattung *Culex* (3)

Nase

Chondrostoma nasus

Der Körper der Nase ist dem Leben in der Strömung angepaßt, ihr charakteristisch geformtes Maul hat eine gerade Spalte. Die Körperfarbe ist gräulich bis silbrigweiß, während der Rücken manchmal einen bläulichen Schimmer besitzt. Mit Ausnahme der Rückenflosse sind die Flossen rötlich bis rot, die Bauchhöhle ist innen schwarz. Nasen leben in schnellströmenden Abschnitten der Flußmittelläufe, können sich aber auch an das Leben im stehenden Wasser verschiedener Staubecken anpassen. Sie bilden große, mehrere Hundert Tiere zählende Schwärme, die vom Ufer aus gut auszumachen sind. Beim Sammeln der Nahrung am Grund drehen sich die Fische nämlich häufig auf die Seite und verraten sich durch das Aufblitzen ihrer Silberflanken. Mit Ausnahme des Jugendstadiums ernähren sie sich fast ausschließlich von Algen und Kieselalgen, die sie das ganze Jahr über fressen. An den „Weideplätzen" dieser Fische bleiben auf den Steinen gut erkennbare helle Streifen zurück. Im dritten oder vierten Lebensjahr erlangen sie die Geschlechtsreife. Sie laichen in den Stromschnellen der Oberläufe von Flüssen und Bächen von März bis Mai. Zu den Laichplätzen unternehmen die Fische mehr oder weniger lange Wanderungen, wobei die Laichschwärme recht groß sind. Der Laichvorgang selbst verläuft sehr stürmisch. Zu Beginn besitzt der Nachwuchs hufeisenförmige Mäuler, die erst im Laufe der Entwicklung die Form einer Querspalte bekommen. Das Fleisch der Nasen ist nicht von besonders gutem Geschmack und ist sehr grätenreich. Trotzdem wird die Art gern von Sportfischern geangelt und gehört mit Recht zu den Nutzfischen.

Größe: 25–40 cm, max. 50 cm
Gewicht: 0,3–1 kg, selten bis 2 kg
Fruchtbarkeit: auf 1 kg Gewicht 2500–6500 Eier
D II–IV/8–10; A II–IV/9–12; l.l. 56–66
Verbreitung: in den europäischen Flüssen von Frankreich bis Rußland. Fehlt auf den Halbinseln Südeuropas, in Großbritannien, Dänemark, Skandinavien, Litauen, Lettland, Estland und im Norden Rußlands. Bis vor kurzem kam die Nase auch nicht im Einzugsgebiet der Elbe vor, doch dringt sie jetzt über Kanäle in deren Unterlauf ein

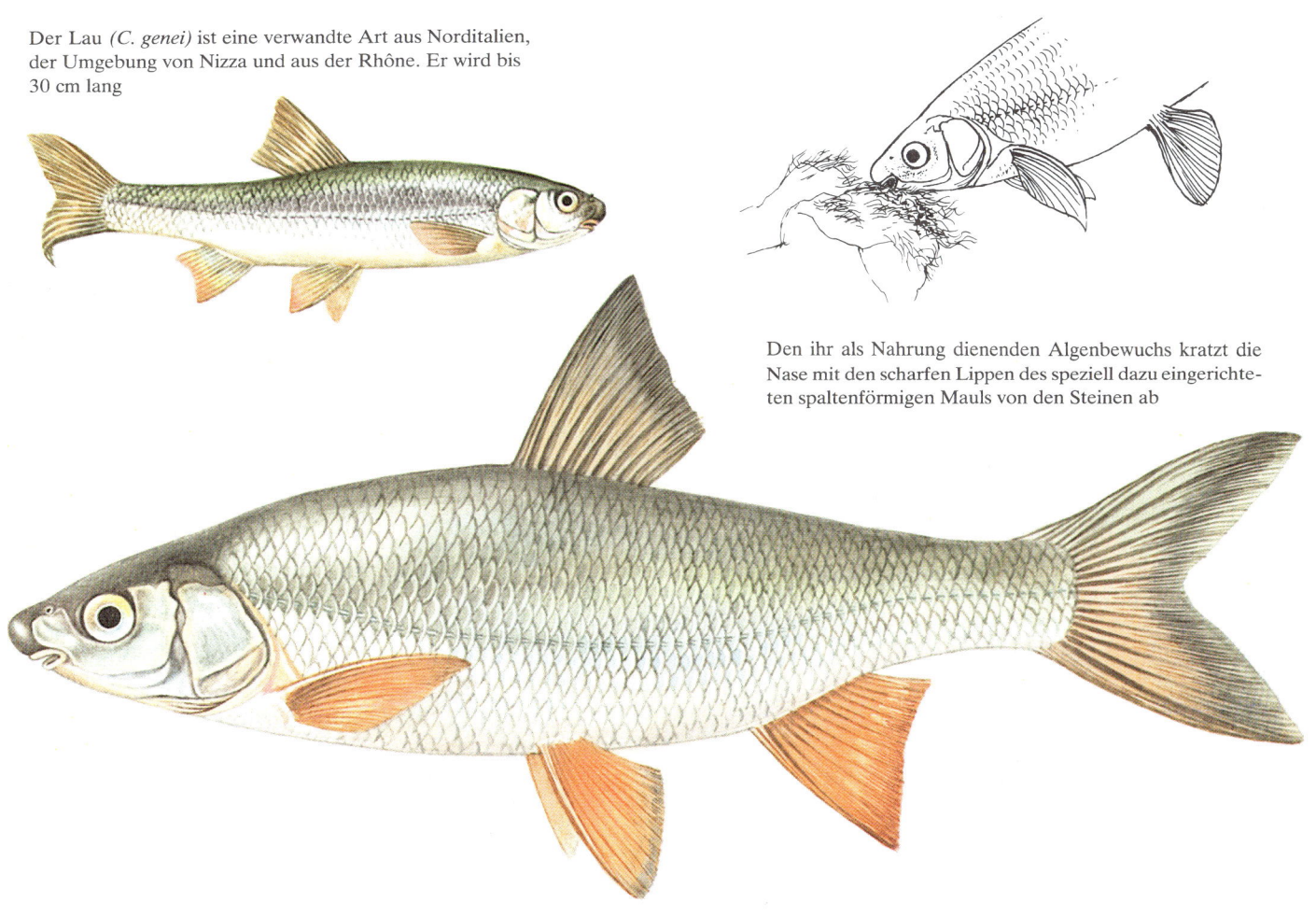

Der Lau *(C. genei)* ist eine verwandte Art aus Norditalien, der Umgebung von Nizza und aus der Rhône. Er wird bis 30 cm lang

Den ihr als Nahrung dienenden Algenbewuchs kratzt die Nase mit den scharfen Lippen des speziell dazu eingerichteten spaltenförmigen Mauls von den Steinen ab

Südwesteuropäischer Näsling

Chondrostoma toxostoma

In Körperform und Gesamteindruck ähnelt der Südwesteuropäische Näsling stark der Nase, doch ist er kleiner und lebt in höheren Abschnitten der Flüsse. Auch einige anatomische und morphologische Merkmale unterscheiden die beiden Arten. So hat z. B. der Näsling weniger verzweigte Flossenstrahlen in der Afterflosse und meist auch weniger Schuppen an der Seitenlinie. Vor allem aber ist seine Maulöffnung hufeisenförmig. Meist ist der Rücken olivgrün, auf den silbrigweißen Seiten befindet sich oberhalb der Seitenlinie für gewöhnlich ein dunkler, graugoldener Längsstreifen. Der Näsling kommt nur in den Flüssen Südwestfrankreichs und Nordspaniens vor. Die spanischen Populationen stellen nach einigen Systematikern eine selbständige Unterart *C. toxostoma arrigonus* dar und haben einige unterschiedliche Merkmale im Vergleich mit den französischen Beständen, die in einigen Flüssen gemeinsam mit *C. nasus* leben. Der Südwesteuropäische Näsling sucht eher kleine Flüsse mit mäßiger Strömung und reinem Wasser auf. Seine Schwärme sind besonders zahlreich im Winter, wenn er sich zu den tiefsten Stellen zurückzieht. Mit Frühlingsbeginn zieht er schwarmweise zu den Laichplätzen, die sich in den schnellströmenden oberen Flußabschnitten mit steinigem Grund befinden. Der Näsling steigt höher in die Flüsse hinauf als die Nase. Seine Nahrung bilden ebenso wie bei der zuvor behandelten Art Bewüchse von Algen, Kieselalgen und Wasserpflanzen auf den Steinen des Flußgrundes. In ihren Heimatgebieten besitzt diese Art als Nährfisch für Forellen und in der Sportfischerei eine gewisse Bedeutung. Das wenig schmackhafte Fleisch ist fettig und grätenreich. Von den übrigen Vertretern der Gattung ist die in Norditalien verbreitete Art *C. genei* am ähnlichsten.

Größe: 20—25 cm, max. 30 cm
Gewicht: 300—500 g
Fruchtbarkeit: 500—8000 Eier
D III/8; A III/9; l.l. 57—62
Verbreitung: südwestliches und westliches Europa

In Europa wurden mehrere Arten der Gattung *Chondrostoma* beschrieben, von denen die Nase (*C. nasus* — blau gekennzeichnet) am verbreitetsten ist. Im Westen und Südwesten Europas wird sie von *C. toxostoma* (rot) abgelöst

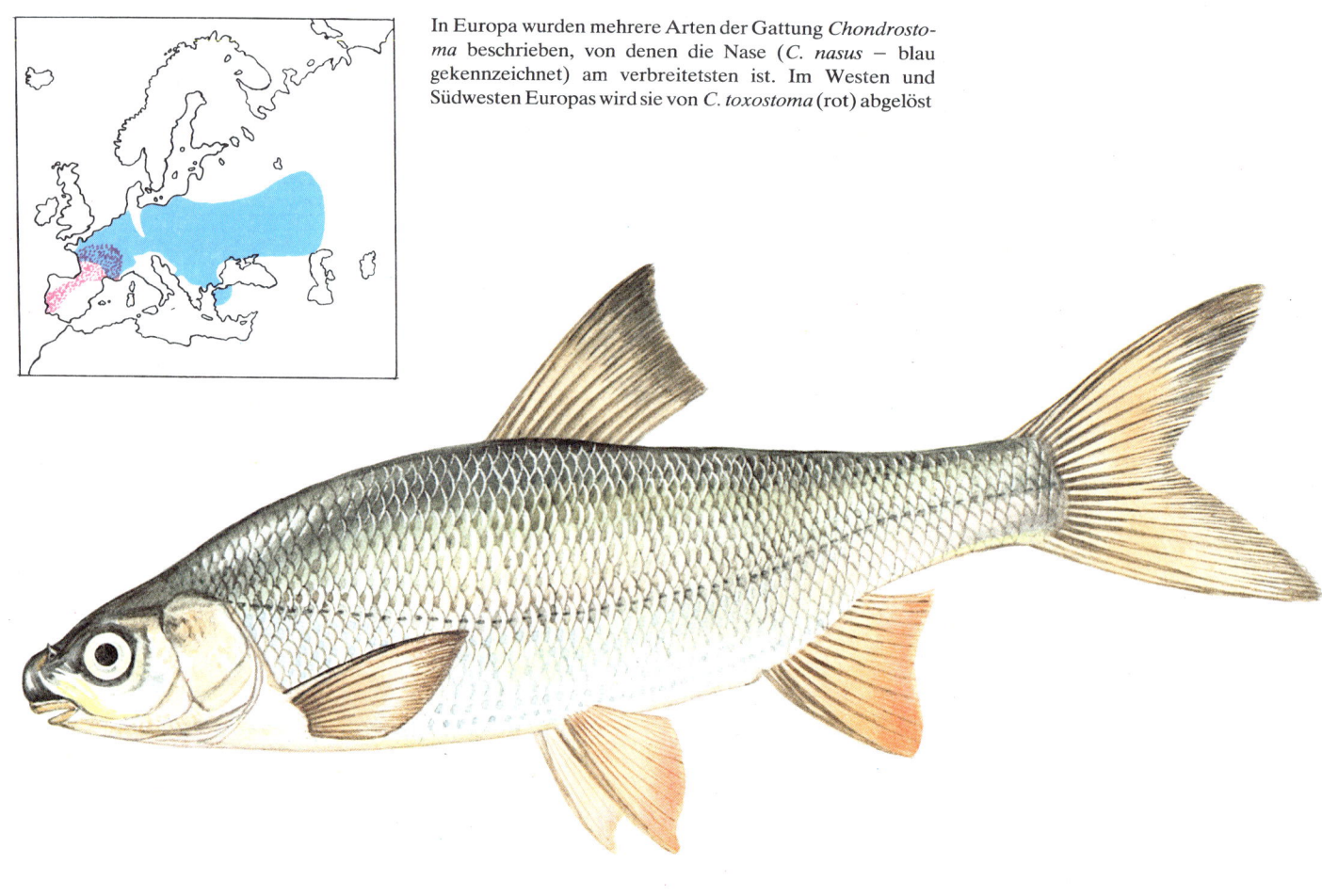

Barbe, Flußbarbe   *Barbus barbus*

Der Körper der Barbe ist fast walzenförmig, mit hoher, aber kurzer Rückenflosse. Das unterständige Maul hat fleischige Lippen und vier dicke Bartfäden. Die Schlundzähne sind zweireihig angeordnet. Während der Rücken olivgrün bis braungrün gefärbt ist, sind die Seiten goldfarben, der Bauch gelblich bis schmutzigweiß, die Afterflosse und die paarigen Flossen rötlich, die Rücken- und Schwanzflosse dunkler. Barben zählen zu den größeren Arten, wobei die Weibchen deutlich schneller wachsen als die Männchen. Im Alter von 4−6 Jahren tritt die Geschlechtsreife ein. Die Fische laichen von Mai bis Juli in belebter Strömung und über Kiesgrund. In den Eierstökken kann man zwei oder drei Rogentypen unterscheiden, was bedeutet, daß die Eier portionsweise abgelaicht werden. Ihre Zahl schwankt zwischen 35−60 Tausend je Kilo Körpergewicht des Muttertiers. Nach 5−10 Tagen schlüpfen die Larven. Barben ernähren sich hauptsächlich von benthischen Wirbellosen, aber auch von Algen und Kleinfischen. Barben sind typische rheophile Fische,

lieben also Gewässer mit starker Strömung. Nach ihnen werden die Oberläufe mit Stein- oder Kiesgrund Barbenregion genannt. Sie leben in Schwärmen am Grund, wo sie sich ihre Nahrung suchen. Dabei wenden sie mit der fleischigen Schnauze liegende Steine um. Im Winter verringern sie ihre Aktivität und machen eine Zeit der Winterruhe durch. Barben werden besonders von Sportanglern gefangen, die sie als Sportfisch hoch schätzen. Am besten lassen sie sich abends angeln oder im vom Regen getrübten Wasser, in dem sie eifrig nach Nahrung suchen.

Größe: 30−60 cm, max. 90 cm
Gewicht: 0,5−2 kg, max. 6 kg
Fruchtbarkeit: 20 000−150 000 Eier
D III−IV/8−9; A II−III/5; l.l. 55−66
Verbreitung: West- und Mitteleuropa einschließlich des Donaugebietes. Fehlt in Irland, Skandinavien und auf den südeuropäischen Halbinseln

Bei der Barbe (*B. barbus*) ist der dritte Flossenstrahl der Rückenflosse deutlich gezähnt, bei der Hundsbarbe (*B. meridionalis*) aber glatt

Barbe, Flußbarbe

Aralbarbe

Barbus brachycephalus

Die Aralbarbe hat einen dunklen Rücken mit dunkelgrünem Schimmer, die Seiten sind nach unten heller gefärbt, die Flossen grau. Diese Wanderbarbe steigt zum Laichen in die Flüsse auf. Ein Teil der Populationen lebt im Süden und Westen des Kaspischen Meers, von wo aus sie in die Kura, Sefid Rud, Terek, Wolga und Ural ziehen. Der andere Teil ist über den gesamten Aralsee verbreitet, von wo aus die Barben in die Flüsse Syrdarja und Amudarja ziehen. Im Syrdarja z.B. beginnt die Wanderung im Juni und endet Anfang Oktober. In manchen Jahren kann man auch einen kurzen Frühjahrs-Laichzug im März beobachten. Durchschnittlich wiegen die Barben auf der Wanderung 6 kg, während der sie gewöhnlich keine Nahrung zu sich nehmen. Mit Einsetzen der Laichwanderung besitzen die Fische noch keine reifen Laichprodukte. Sie reifen erst im Verlaufe des Zuges. Im April und im Mai findet das Laichen in den Oberläufen der Flüsse statt. Im Syrdarja-Delta erscheinen die Larven dann stets im August. Die jungen Männchen bleiben oft bis zu ihrem ersten Laichen im Fluß, also bis zum dritten oder vierten Lebensjahr. Weibchen reifen ca. ein oder zwei Jahre später heran. Die schnellwüchsigen Fische erreichen mit 5 Jahren über

50 cm und im 10. Jahr 80−90 cm. Ihre Nahrung besteht hauptsächlich aus Meeresmuscheln der Gattung *Adacna*. Die kaspischen Barben, die in der Kura gefischt werden, sind robuster als ihre Artgenossen aus dem Aralsee. Von August bis September treten die Fische ihre Sommerlaichwanderung an, ohne schon reife Laichprodukte zu haben, bleiben dann in den Flüssen und laichen erst im nächsten Jahr. Die Frühjahrswanderung unternehmen allerdings Exemplare mit fast reifen Laichprodukten, die noch im selben Jahr laichen. Große Weibchen mit etwa 1 m Länge erzeugen bis über eine Million Eier. Vor dem Kriege beliefen sich die Fänge im Aralsee auf rund 1000 Tonnen, in der Kura auf etwa 300 Tonnen. In unserer Zeit sind sie bedeutend niedriger.

Größe: 50 cm bis 1 m, max. 120 cm
Gewicht: 2−6 kg, max. 25 kg
Fruchtbarkeit: 150 000−1 500 000 Eier
D III−IV/7; A II−III/5−6; l.l. 64−80
Verbreitung: Einzugsgebiet des Aralsees und das Kaspische Meer

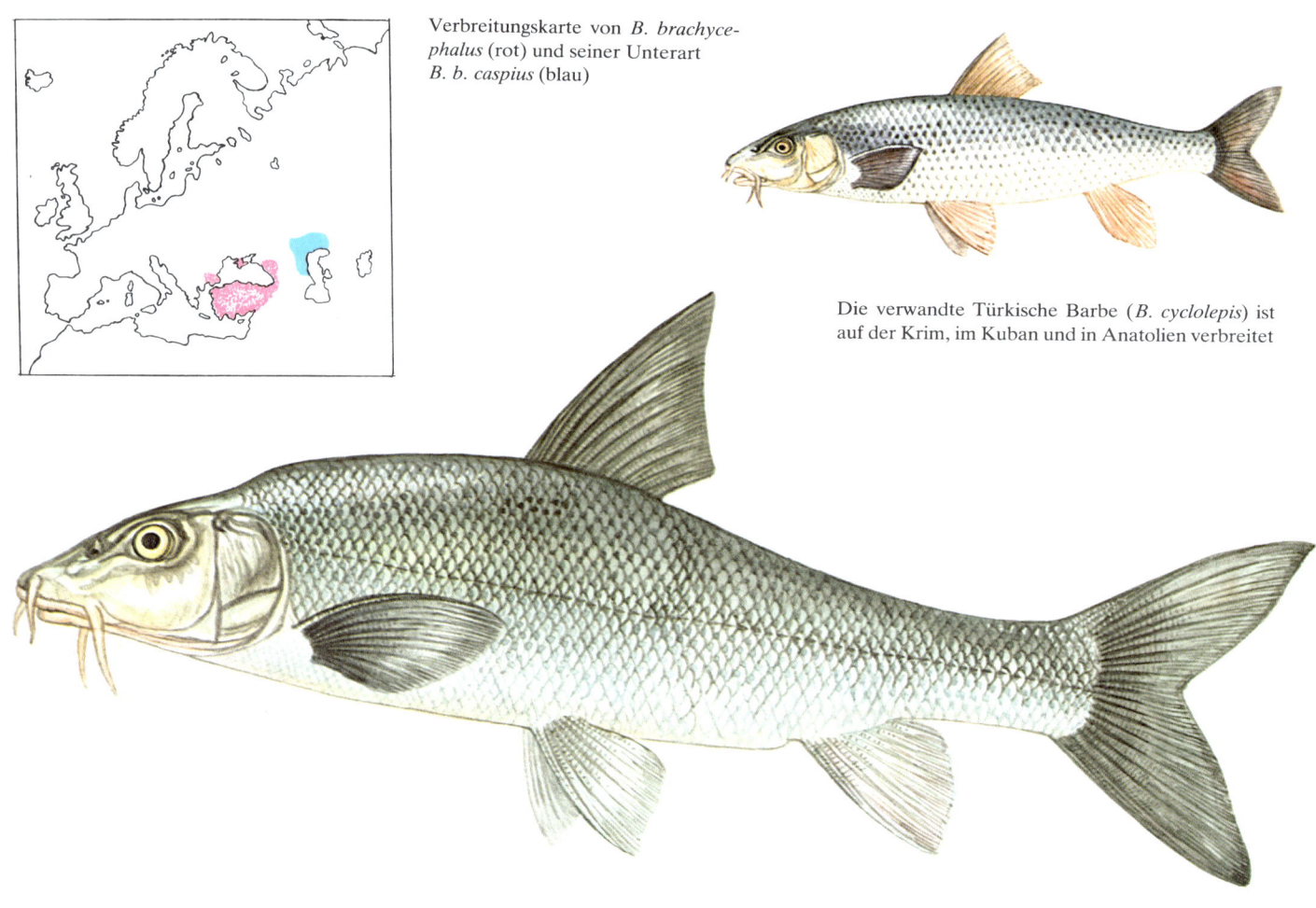

Verbreitungskarte von *B. brachycephalus* (rot) und seiner Unterart *B. b. caspius* (blau)

Die verwandte Türkische Barbe (*B. cyclolepis*) ist auf der Krim, im Kuban und in Anatolien verbreitet

Hundsbarbe

Barbus meridionalis

Die Hundsbarbe ist kleiner als die Barbe, ihre Rückenflosse ist niedriger, oben nicht ausgebuchtet und der dritte Hartstrahl ist glatt. Ihre Afterflosse ist länger als die der Barbe und reicht umgeklappt bis zum Ansatz der Schwanzflosse. Auch die Schuppen sind größer. Der Rücken ist braungrün, die Seiten schmutziggelb, der Bauch schmutzigweiß und die paarigen Flossen gelblich. Über den gesamten Körper sind dunkelbraune Flecken verteilt. Ebenso wie die zuvor beschriebene Barbenart laicht die Hundsbarbe in schnellfließenden Flußabschnitten. In der Fortpflanzungszeit steigt sie gegen die Strömung auf und verteilt den Laich an flachen Stellen in Buchten mit ruhigerem Wasser. Die Jungtiere ernähren sich ebenso wie die erwachsenen Tiere von Bodenlebewesen. Hundsbarben leben in der Strömung in kleineren Schwärmen in der Nähe des Grundes, hauptsächlich in der Äschenregion, weniger häufig in der Barbenregion. Er-

wachsene Fische verstecken sich die meiste Zeit zwischen Steinen oder im unterspülten Ufer. In der hochgelegenen Äschenregion verbleiben sie auch den Winter über, ohne in die tiefere Barbenregion herabzusteigen. Oft bilden sich sehr zahlenstarke Populationen. Hundsbarben dienen den Raubfischen als Futter, vor allen den Salmoniden (den größeren Forellen und in Osteuropa den Huchen). An Standorten, wo sie mit der Barbe zusammenleben, kommt es zur Kreuzung dieser beiden Arten.

Größe: 25−35 cm, max. 40 cm
Gewicht: 200−400 g, max. 0,6 kg
D II−III/8−9;   A II−III/5;   l.l. 49−60
Verbreitung: Südfrankreich, Norditalien, Balkanhalbinsel, Nordgebiete des Karpatenzuges, in der Weichsel, Donau und im Dnestr

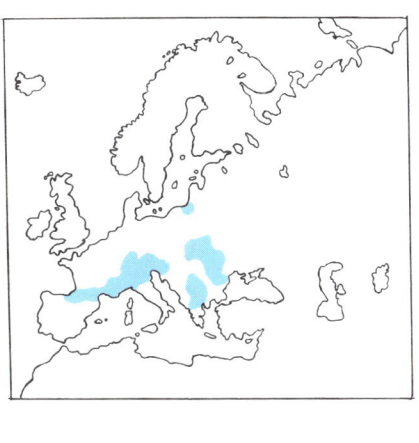

Das Areal der Hundsbarbe zerfällt in mehrere eigenständige Teilgebiete in Südwest-, Süd- und Mitteleuropa. Es handelt sich offensichtlich um die Überreste eines einst zusammenhängenden Verbreitungsgebietes

Gründling, Grundel, Greßling

Gobio gobio

Der Gründling ist der zahlenstärkste und verbreitetste Fisch seiner Gattung. Er hat einen kleinen, langgezogen spindelförmigen Körper, ein unterständiges Maul mit zwei Bartfäden. Sein Rücken ist braun, manchmal grünlich, die Seiten schmutzig grauweiß, zuweilen mit einem leichten gelben Schimmer. Rücken-, Schwanz- und Brustflossen sind graugelb mit mehreren Reihen dunkler, scharf abgegrenzter Flecken. Gründlinge wachsen nur langsam, mit 5 oder 6 Jahren sind sie 10—15 cm lang. Geschlechtlich reifen sie im zweiten bis dritten Lebensjahr heran. Sie laichen von April bis Juni bei einer Wassertemperatur von 12—18 °C in schnellfließendem, aber auch in stehendem Wasser über sandigem Grund. Die Männchen haben in dieser Zeit einen kräftigen Laichausschlag. Gelaicht wird in 3—4 Raten mit jeweils etwa einer Woche Pause. Meist ist der Laich zu kleinen Klumpen verklebt. Je nach Temperatur schlüpfen die Larven nach 6—10 Tagen. Sie leben am Grund, wo sie sich auch ihre Nahrung suchen (Mikroorganismen, Strudelwürmer, Larven von Krustentieren). Im Laufe ihres Wachstums gehen die Larven auf größere Nährtiere über, erwachsene Fische ernähren sich von Larven der Köcherfliegen und Zuckmücken, in geringerem Maße auch von Pflanzen. Gründlinge leben in Schwärmen in allen Flußabschnitten, in Weihern, Teichen und Staubecken. Sie tolerieren auch das leicht salzige Wasser der östlichen und nördlichen Ostsee. Ihnen genügen selbst unscheinbare Tümpel und Bächlein zum Leben. Werden sie aufgestört, so verstecken sie sich unter ausgespülten Ufern, zwischen Steinen und Wurzeln. In Karpfenteichen können sie sehr zahlenstarke Bestände bilden, die dann dem Karpfenbesatz als Futterkonkurrenten entgegentreten. Gründlinge dienen als Futterfische und Köderfische.

Größe: 10—12 cm, max. 22 cm
Fruchtbarkeit: 1000—3000 Eier
D II—III/7;   A II—III/6—7;   l.l. 40—46
Verbreitung: in Europa ausgenommen der südlichen Halbinseln und des nordwestlichen Skandinaviens, Nordasien bis zum Jenissei, China, Flußgebiet vom Amur

Verbreitungskarte von *Gobio gobio* (blau) und dem Steingreßling (*G. uranoscopus* — violett)

Die dunklen Flecken auf der Schwanzflosse des Weißflossengründlings sind in zwei Reihen angeordnet, die in etwa den Flosseneinschnitt verfolgen (1), während sie beim Gründling unregelmäßig über die Schwanzflosse verstreut sind (2)

Weißflossengründling

Gobio albipinnatus

Die Körperform des Weißflossengründlings ist spindelähnlich, die Bartfäden reichen bis unter den Hinterrand der Augen. Sein Hals ist ähnlich wie bei der vorigen Art schuppenlos und nackt. Wie beim Schneider, doch weniger markant, ist die Seitenlinie von dunklen Flecken gesäumt. Auch an den Seiten befinden sich dunkle Flecken. Weißflossengründlinge kommen im Einzugsgebiet des Dnepr und Don, der Wolga und Donau vor. Sie suchen tiefere, schwach strömende Flußabschnitte auf, halten sich aber auch in den Verbindungsarmen von Überschwemmungsseen auf. Angaben über Wachstum, Vermehrung und Nahrung fehlen bisher. Die Fische sind ohne wirtschaftliche Bedeutung, dienen aber den Raubfischen als Nahrung. Manchmal werden sie als Köderfische verwendet. Aus dem Donaugebiet ist auch der Steingreßling *(Gobio uranoscopus)* bekannt, der als einziger europäischer Gründling einen beschuppten Hals besitzt. Seine Barteln reichen bis zum hinteren Rand des vorderen Kiemendeckels. Er hält sich in den Oberläufen besonders in der Äschen- und Barbenregion in Strömungen und

Stromschnellen dicht über steinigem Grund auf. Wegen seiner Kleinheit und der versteckten Lebensweise entgeht er im Allgemeinen unserer Aufmerksamkeit. Seine Bestände gehen zurück und man kann ihn als gefährdete Art bezeichnen. In einer Reihe von Ländern ist der Steingreßling geschützt. Aus dem Einzugsgebiet von Donau und Dnestr ist uns auch der Kessler-Gründling *(Gobio kessleri)* bekannt, der als einziger 8 Weichstrahlen in der Rückenflosse hat (alle anderen haben 7). Seine Bartfäden sind etwas kürzer als die des Steingreßlings, auch hat er im Unterschied zu diesem einen kahlen Hals.

Größe: 8—10 cm, max. 13 cm
D II—III/6—7; A II—III/5—6; l.l. 40—46
Verbreitung: *G. albipinnatus* — Dnestr, Don, Donau und Wolga mit ihren Nebenflüssen
G. uranoscopus — Einflußgebiet der Donau
G. kessleri — Donau und Dnestr einschließlich ihrer Nebenflüsse

Die verwandten *G. uranoscopus* (1) und *G. kessleri* (2)

Weißflossengründling

Bitterling, Bitterfisch *Rhodeus sericeus*

Der Bitterling ist eine kleine Fischart mit relativ hohem Rücken und halbunterständigem Maul. Den Körper schützen große Schuppen, die Poren der unvollständigen Seitenlinie sind nur auf den ersten 4−7 Schuppen hinter dem Kopf erkennbar. Den größten Teil des Jahres ist der Rücken graugrün gefärbt, Seiten und Bauch sind silbrig. Über die Mitte der Seiten zieht sich ein opalisierender Streifen blaugrüner Farbe. In der Laichzeit intensivieren sich die Farben der Männchen und auf zwei Stellen über den Augen und dem Maul erscheinen Laichwarzen. Gleichzeitig sind die Seiten rotviolett und hinter den Kiemendeckeln erscheint ein blauer Fleck. Bitterlinge leben meist in Flußunterläufen, alten Flußarmen und einigen Seen, wo sie sich Buchten mit schlammigem Grund aussuchen, in denen Muscheln *(Anodonta)* und Malermuscheln *(Unio)* vorkommen. Diese brauchen sie nämlich unbedingt zu ihrer erfolgreichen Vermehrung, die sich von April bis August abspielt. In dieser Zeit wächst den Weibchen hinter der Afteröffnung eine 5−6 cm lange Legeröhre. Die Männchen suchen sich im Frühjahr eine Muschel aus und vertreiben anfangs auch die Weibchen von ihr. Nähert sich aber ein geschlechtsreifes Weibchen, beginnen sie, es in einem komplizierten Ritual zu ihrer Muschel zu locken. Schließlich schiebt das Weibchen die Legeröhre in den Kiemenraum der Muschel und legt dort ihre Eier ab. Das Männchen aber läßt über der Einsaugöffnung des Weichtieres seine Milch ab, die mit dem Wasser zum Rogen gelangt. Die befruchteten Eier entwickeln sich im Innern der Muschel und verlassen nach 3−4 Wochen diese als kleine Bitterlinge. Das Männchen lockt sogar gelegentlich mehrere Weibchen zu seiner Muschel. Dieselbe Muschel nutzen oft auch andere Fischpaare, so daß man in ihr oft über 100 verschiedene Entwicklungsstadien der kleinen Bitterlinge zählen kann. Die vier bis fünf Jahre alt werdenden Fische erlangen im 2. Lebensjahr die Geschlechtsreife. Ihre Nahrung ist überwiegend Phytoplankton und Zooplankton. Die früher großen Bestände gehen zurück, da mit zunehmender Wasserverunreinigung die Muscheln abnehmen.

Größe: 6−9 cm
Fruchtbarkeit: 40−100 Eier mit bis zu 3 mm Durchmesser
D II−IV/8−11;   A II−III/8−10
Verbreitung: nördlich der Alpen, fehlt aber in Skandinavien, Dänemark und einem Großteil Großbritanniens. Nach Westen bis zum Rhônegebiet, nach Osten bis zum Kaspischen Meer

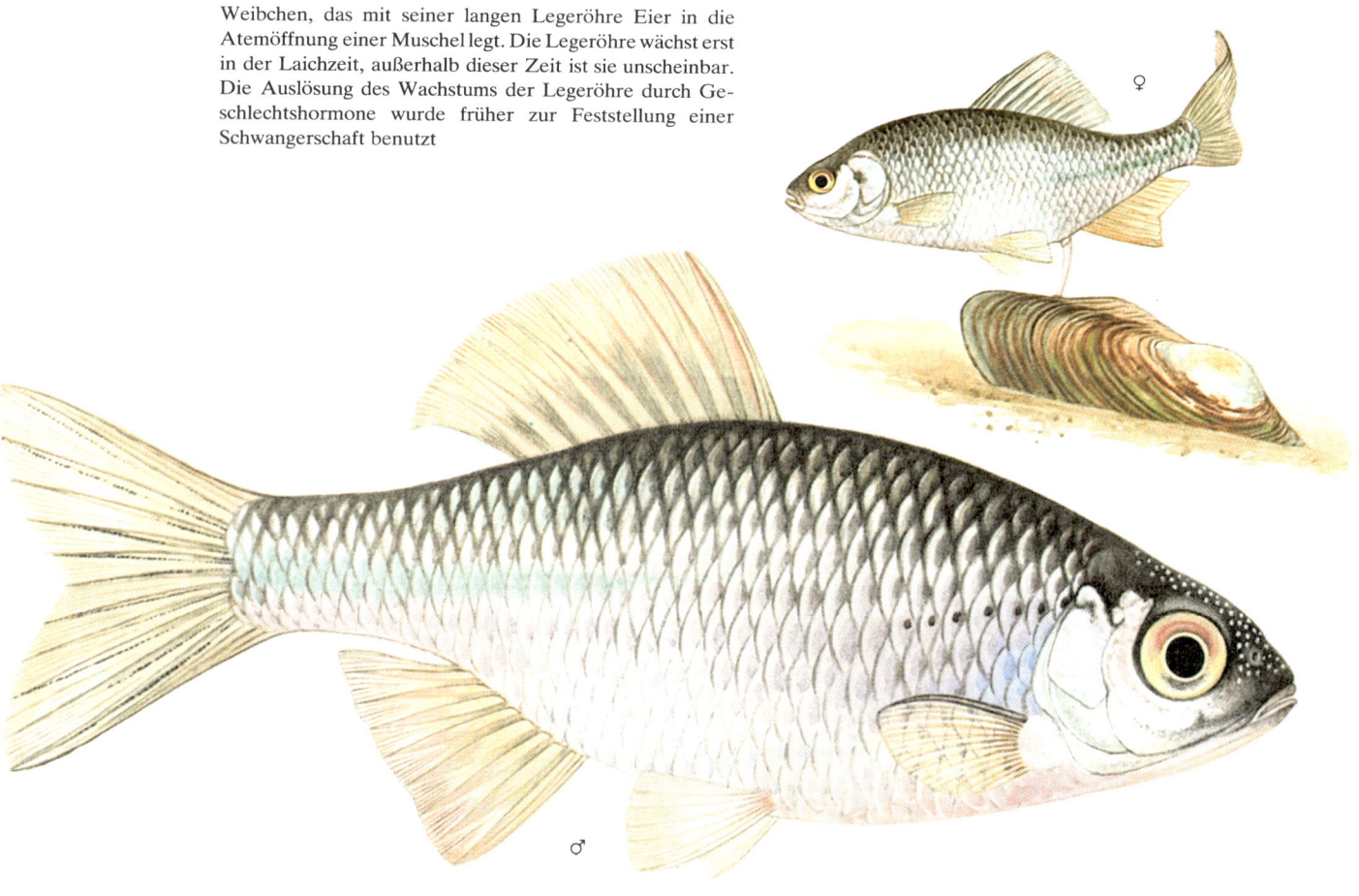

Weibchen, das mit seiner langen Legeröhre Eier in die Atemöffnung einer Muschel legt. Die Legeröhre wächst erst in der Laichzeit, außerhalb dieser Zeit ist sie unscheinbar. Die Auslösung des Wachstums der Legeröhre durch Geschlechtshormone wurde früher zur Feststellung einer Schwangerschaft benutzt

Bitterling, Bitterfisch

Karausche, Bauernkarpfen, Moorkarpfen   *Carassius carassius*

Der Körper der Karausche ist sehr hochrückig und erreicht etwa die Hälfte der Gesamtkörperlänge. Ähnlich wie beim Karpfen ist die Rückenflosse lang. Die schmalen, glattgeränderten Schlundzähne sind einreihig angeordnet. Die Grundfarbe der Karausche ist golden oder grünlich, der Rücken ist dunkler. Rücken- und Schwanzflosse sind bräunlich, die paarigen Flossen gelbbraun, manchmal rötlich. Am Schwanzstiel jüngerer Tiere befindet sich vor der Schwanzflosse ein dunkler Fleck. Karauschen sind wesentlich kleiner als Karpfen und haben am Maul keine Barteln. Auch haben sie Tendenz, zahlenstarke verbuttete Bestände zu bilden, in denen die Tiere nur 10−15 cm lang sind. Die langsamwachsenden Fische erreichen mit 2−3 Jahren die Geschlechtsreife und laichen dann im Mai und Juni. Sie legen ihre Eier in zwei oder drei Portionen auf Wasserpflanzen oder im Wasser befindliche Teile von Landpflanzen ab. Nach 4−7 Tagen schlüpfen die Larven, die von Zooplankton, Benthos und Pflanzenresten leben.

Karauschen leben in stehenden Gewässern oft unter extremen Bedingungen. Sie können völlig ohne Sauerstoff überwintern und lange fasten. Niedrige Kümmerformen können sich bei Verbesserung der Lebensbedingungen zu normalen hochrückigen Formen entwickeln. In Osteuropa haben sie lokal größere Bedeutung, vor allem in Gewässern, wo sie nur eine von wenigen existierenden Arten sind. Sie dienen als Futterfisch für Raubfische und als Anglerköder. Örtlich werden Karauschen auch geangelt.

Größe: 20−30 cm, max. 50 cm
Gewicht: 200−500 g, max. 1,5 kg
Fruchtbarkeit: 30 000−300 000 Eier
D III−IV/14−21; A II−III/6−8; l.l. 31−36
Verbreitung: ursprünglich im Flußgebiet des Schwarzen Meeres, der Nord- und Ostsee, in Zuflüssen des Nördlichen Eismeeres bis zur Lena. Mit dem Karpfen in weitere Lokalitäten introduziert

Wichtiges Unterscheidungsmerkmal zwischen Karausche und Giebel ist die Form des dritten Hartstrahls der Rückenflosse. Bei der Karausche sind die Zähne etwa gleichgroß, beim Giebel nimmt ihre Größe zum Ende hin deutlich zu

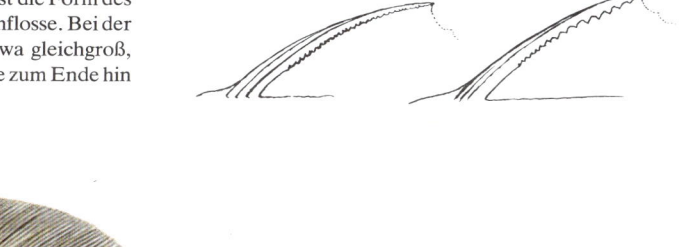

Karausche,

Giebel, Silberkarausche   *Carassius auratus*

Der Körperbau des Giebels ist der vorher beschriebenen Art ähnlich. Am letzten Hartstrahl der Rückenflosse sitzen 10–15 Zähne, die in Richtung Flossenende größer werden. Der Giebel hat auf dem ersten Kiemenbogen mehr Kiemenreusendornen (39–50) als die Karausche (23–33). Sein Rücken ist schwarz, ähnlich sind auch die Rücken und Schwanzflosse gefärbt. Die Seiten sind silbergrau, die paarigen Flossen und Afterflosse etwas heller. Er lebt in Mittel- und Osteuropa überall da, wo die Karausche vorkommt, dringt aber bis in den Fernen Osten vor. Der in China gezüchtete dekorative Goldfisch stammt von einer Unterart der Silberkarausche *(C. auratus gibelio)* ab. Heutzutage wird der Giebel in ganz Europa eingeführt, unter anderem im Zuge der Verbreitung der pflanzenfressenden Fische. Beginnend mit dem zweiten bis vierten Lebensjahr laicht er von Mai bis Juli. In einigen osteuropäischen und asiatischen Populationen kommen nur Weibchen vor. Gelaicht wird in 2 bis 4 Rationen.

Giebel leben von Benthos, Zooplankton, Landinsekten und Pflanzenresten. Die 8–12 Jahre alt werdenden Fische sind an größere Flüsse und Seen gebunden. Sie wachsen schneller als die Karauschen. Dank ihrer Expansion nach Westen wächst auch ihre wirtschaftliche Bedeutung entweder in negativer Hinsicht (dort, wo sie nur Futterkonkurrenten des Karpfens sind) oder im positiven Sinne (dort, wo sie im wachsenden Maße gefischt werden). In vielen Teichen werden jährlich 50–100 kg abgefischt, obwohl sie nur zufällig dort auftreten. Im Fernen Osten und im europäischen Teil Rußlands werden sie regelmäßig gefischt.

Größe: 20–25 cm, max. 30–45 cm
Gewicht: 200–300 g, max. 1–2 kg
Fruchtbarkeit: 160 000–360 000 Eier
D III–IV/14–19; A II–III/5–7; l.l. 27–34
Verbreitung: ein Teil Europas und Asiens

Die Goldform von *C. auratus* wird oft in Gartenteichen gehalten

Karpfen (Stammform)   *Cyprinus carpio*

Die Stammform des Karpfens hat einen kräftigen, walzenförmigen Körper und eine lange Rückenflosse, während die Afterflosse kurz ist. Um das Maul stehen vier fleischige Bartfäden. Kreuzungen zwischen Karpfen und Karausche haben meist nur zwei Barteln. Seitlich ist er goldgelb bis braun, auf dem Rücken dunkler, am Bauch weißgelb. Paarige Flossen und Schwanzflosse sind gewöhnlich rötlich, die Rückenflosse ist graublau. Der Wildkarpfen wächst wesentlich langsamer als seine Kulturformen, doch hängt das ebenfalls von der Temperatur und der Länge der Vegetationsperiode ab. Unter mitteleuropäischen Bedingungen erreicht er im vierten Lebensjahr etwa 35 cm Länge und ein Gewicht von einem Kilo, mit 15 Jahren wird er 60 cm lang und wiegt 4 kg. Er erreicht seine Geschlechtsreife mit 4–5 Jahren. Ende Mai und im Juni laicht er in den Uferzonen bei mindestens 15 °C Wassertemperatur, die optimale Temperatur ist 18 °C. Dazu müssen Wasserpflanzen vorhanden sein, an denen die Eier klebenbleiben. Bei 15 °C entwickelt sich der Laich etwa 5 Tage, bei 20 °C nur 3 Tage. Die Larven sind an die 5 mm lang und kleben in der ersten Zeit, bis sie den Dottersack aufgebraucht haben, an den Pflanzen. Sie ernähren sich von Kleinplankton und stellen sich rasch auf Bodenorganismen um. Eine andere wichtige Nahrungsquelle sind auch Pflanzen und ihre Samen. Karpfen sind Schwarmfische, die den Winter an den tiefsten Stellen überdauern und in dieser Zeit keine Nahrung aufnehmen. Karpfen sind wertvolle Nutzfische, doch wird die Wildform heute kaum noch gefangen, da ihre Bestände sehr niedrig sind. Doch ist ihre Erhaltung wichtig für eventuelle Kreuzungen mit den Kulturformen.

Größe: 40–80 cm, max. 1 m
Gewicht: 2–4 kg, max. 30 kg
Fruchtbarkeit: 50 000–1 500 000 Eier
D III–IV/15–22;   A III/5–6;   l.l. 33–40
Verbreitung: ursprünglich in den Zuflüssen des Mittelmeeres, des Schwarzen und Kaspischen Meeres sowie des Aralsees. Weiter östlich tritt er erst wieder im Amur- und Cherlengebiet auf und kommt nach Süden bis Burma vor

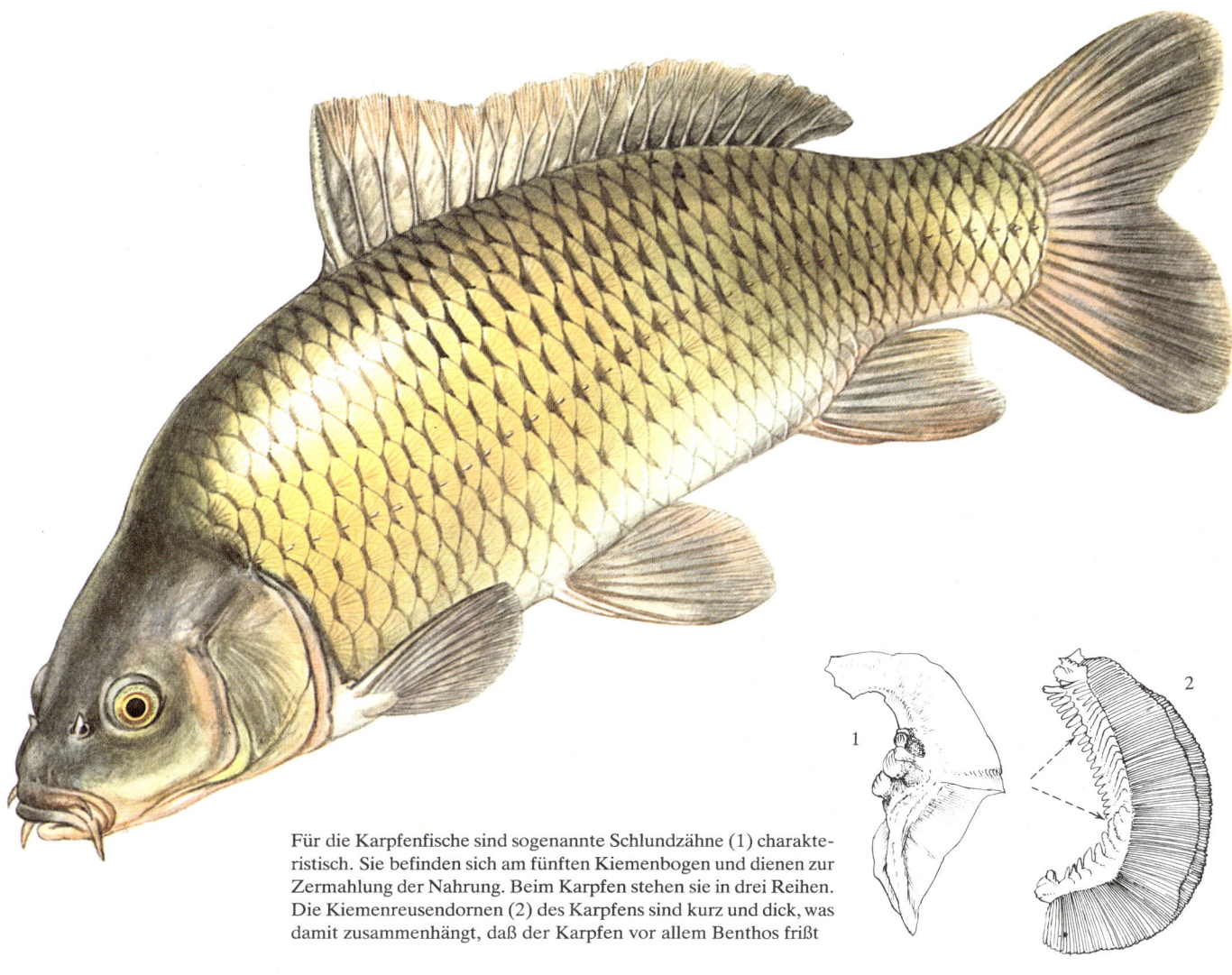

Für die Karpfenfische sind sogenannte Schlundzähne (1) charakteristisch. Sie befinden sich am fünften Kiemenbogen und dienen zur Zermahlung der Nahrung. Beim Karpfen stehen sie in drei Reihen. Die Kiemenreusendornen (2) des Karpfens sind kurz und dick, was damit zusammenhängt, daß der Karpfen vor allem Benthos frißt

Karpfen (Zuchtform)   *Cyprinus carpio*

Wegen der ausgezeichneten Qualität seines Fleisches wurde der Karpfen in Europa schon zur Zeit der Römer in künstlichen Teichen gehalten. Die Kenntnisse über die Karpfenzucht übernahmen die Mönche, die seine Zucht in ganz Europa weiterführten. Gegen Ende des Mittelalters ließ auch der Adel Karpfenteiche anlegen. In den stehenden, von der Sonne erwärmten Gewässern wurden die Karpfen bei reichlich Nahrung allmählich hochrückiger. Diese günstige Körperform wurde durch Züchtung bis heute ständig gefestigt. Karpfen wurden mit der Zeit auf der ganzen Welt gezüchtet und gehören heute zu den wichtigsten Süßwasserfischen. Mit zwei bis vier Jahren ist der Karpfen marktfähig und wiegt 1–3 kg. Die Fortpflanzung verläuft in speziellen Laichteichen, den Dubischteichen. In letzter Zeit kommen immer mehr die Brutapparate in Gebrauch, in denen der Laich künstlich ausgebrütet

wird. In sogenannten Brutstreckteichen werden die Fische im ersten Lebensjahr gehalten. Bis Ende Herbst erreichen sie 20–100 g. Der zweijährige Besatz hat im nächsten Herbst bereits 400–800 g und wird in die Abwachsteiche übergesetzt, wo er im nächsten Herbst, also gegen Ende der dritten Vegetationsperiode, als Marktkarpfen abgefischt wird. Neben der natürlichen Nahrung erhält der Karpfen auch Futtermittel wie Getreideabfall, Lupine, Melasse usw. Die Wachstumsgeschwindigkeit hängt nicht nur vom Nahrungsangebot, sondern auch von der Wassertemperatur ab. Für ein gutes Wachstum sind Temperaturen über 20 °C nötig, am schnellsten nimmt der Karpfen bei 25–29 °C zu. Daher rechnet man in Zukunft mit der Aufzucht im warmen Abwasser der Wärmekraftwerke. Karpfen sind auch in Talsperren sehr häufig, wo die Sportfischer auf sie Jagd machen.

Im Verlaufe der Jahrhunderte wurden nach und nach vier Formen des Edelkarpfens gezüchtet: Schuppenkarpfen (1), Nacktkarpfen (2), Zeilkarpfen (3) und Spiegelkarpfen (4)

Silberkarpfen, Tolstolob   *Hypophthalmichthys molitrix*

Diese Art hat einen gedrungenen und recht hohen Körper, der von kleinen Schuppen geschützt wird. Die Augen stehen auffällig niedrig. Die Färbung der Rückenseite ist graugrün, Bauch und Seitenpartien sind silbrig, die Flossen dunkel, After- und paarige Flossen zuweilen mit einem goldenen Schimmer. Ursprünglich war der Silberkarpfen vom Amur bis Südchina verbreitet. Nach und nach wurde er jedoch in eine Reihe asiatischer und europäischer Länder eingeführt. Er wächst schnell und mißt im vierten bis fünften Jahr bereits 50 cm. Im Süden seines Verbreitungsgebietes wird er mit drei Jahren geschlechtsreif, im Norden erst später. In seiner Urheimat wandert er zum Laichen die Flüsse stromaufwärts, die Laichplätze befinden sich auf Sandbänken am Rande der Strömung. Meist laicht er im Sommer bei Hochwasser, denn der Laich schwimmt eine gewisse Zeit. Nach Verzehren des Dottersacks ziehen sich die Larven ins ruhige Wasser zurück, wo sie sich von Zooplankton ernähren. Mit 2 cm Länge stellen sie sich auf Pflanzennahrung um und fressen vor allem einzellige Algen. Darin liegt auch ihre Bedeutung, denn sie konkurrieren nicht mit den anderen Nutzfischen. In Europa pflanzt sich der Silberkarpfen nicht fort und muß jedes Jahr durch künstliches Ablaichen vermehrt werden. Man nutzt ihn hier als Beifisch in Karpfenteichen. Sehr nützlich ist er auch bei der Bekämpfung von überhandnehmendem Phytoplankton in einigen Talsperren. In den freien Gewässern läßt er sich kaum einsetzen, da er sehr schwer zu angeln ist. Sein Fleisch ist von mittlerer Qualität, doch müssen getötete Silberkarpfen rasch ausgenommen werden, da sonst ihr Fleisch einen bitteren Beigeschmack bekommt.

Größe: 40−60 cm, max. 1 m
Gewicht: 2−4 kg, max. 10 kg
Fruchtbarkeit: 60 000−80 000 Eier je Kilo Gewicht
D II−III/6−7;   A II−III/11−14;   l.l. 110−129
Verbreitung: Einzugsgebiet des Amurs bis Südchina

Aus China wurde auch die verwandte Art, der Marmorkarpfen *(Aristichthys nobilis),* nach Europa eingeführt, der neben tierischer Nahrung auch Phytoplankton frißt (Blaualgen und Algen). Er wächst sehr schnell, weshalb man mit ihm in Zukunft als Beifisch in Karpfenteichen rechnet

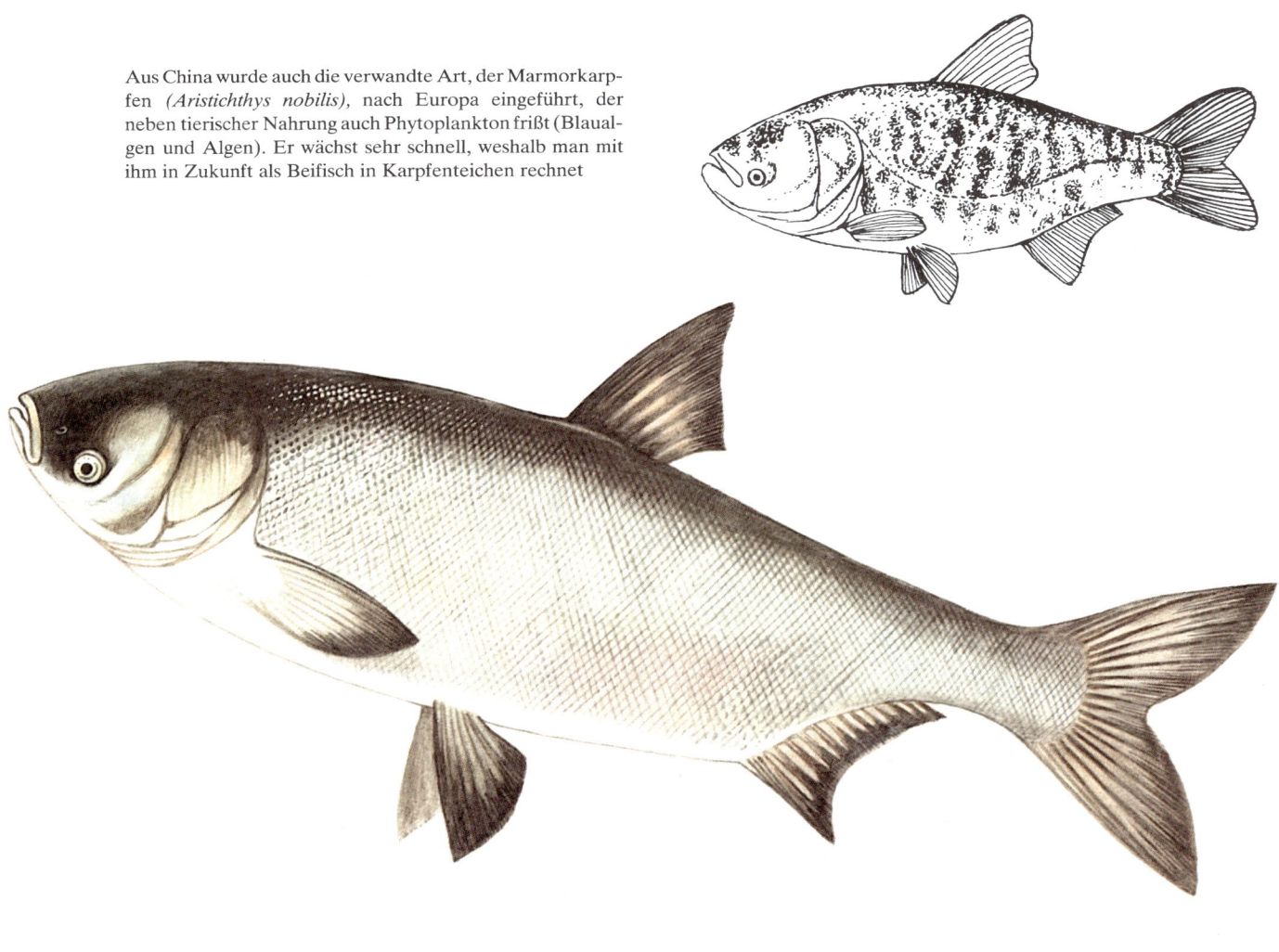

Silberkarpfen, Tolstolob

Zur Familie COBITIDAE gehören etwa 150 Süßwasserarten Europas und Asiens. Es sind kleine Fische mit vielerlei Adaptionen (Anpassungen) an das Leben auf dem Grund. Der Vorderteil der Schwimmblase wird von einer Knochenkapsel geschützt.

Steinbeißer   *Cobitis taenia*

Der Steinbeißer gehört zu den schönsten Arten dieser Familie. Die Grundfarbe des Rückens ist gelbbraun und wird von vielen kleinen dunklen Flecken unterbrochen. Am Bauch ist das Schuppenkleid blaßgelb bis orange. Auf dem Kamm des Rückens zieht sich eine Reihe von 12−20 dunkler, schwarzgrauer, runder Flecken, zwei weitere dunkle Fleckenreihen schmücken die Seiten. In der oberen Reihe sind die Flecken klein, länglich und vereinen sich meist, unten sind sie größer und wiederum 12−20 an der Zahl. Rücken- und Schwanzflosse bedecken je 2−3 Querreihen winziger graubrauner Flecken. Der seitlich abgeflachte Körper ist sehr langgezogen. Um das kleine unterständige Maul befinden sich sechs Barteln. Charakteristisch für den Steinbeißer ist ein kräftiger Knochendorn unterhalb des Auges, der von einem besonderen Muskel aufgerichtet wird. Seine Spitze ist zweigeteilt und der Fisch kann damit, besonders wenn man ihn in der Hand hält, schmerzhafte Stiche ausführen. Was seinen Lebensraum betrifft, so ist er nicht besonders anspruchsvoll. Steinbeißer bewohnen vor allem flache Stellen der Binnengewässer mit sandigem, seltener schlammigem oder steinigem Grund, in den sie sich gern eingraben, so daß nur Kopf und Schwanz herausragen. Wegen seiner versteckten, meist nächtlichen Lebensweise ist er für Raubfische schwer erreichbar. Öfter wird er nur von Quappen, Welsen und Aalen aufgestöbert, die auch die Schlammschichten absuchen. Selbst lebt er vorwiegend von Kleinlebewesen der Bodenschicht. Steinbeißer werden 3−5 Jahre alt, wachsen langsam und laichen von April bis Juni in Bodennähe in mehreren Portionen. Nach 4−6 Tagen schlüpfen die Larven.

Größe: 8−10 cm, vereinzelt bis 12 cm
Gewicht: 20−60 g
Fruchtbarkeit: 1000−1500 Eier
D II−III/6−7;   A II−III/5−6
Verbreitung: ganz Europa mit Ausnahme von Irland, Schottland, Wales und Nordskandinavien, kommt auch in Sibirien vor. In diesem riesigen Areal bildet der Steinbeißer zahlreiche Lokalformen

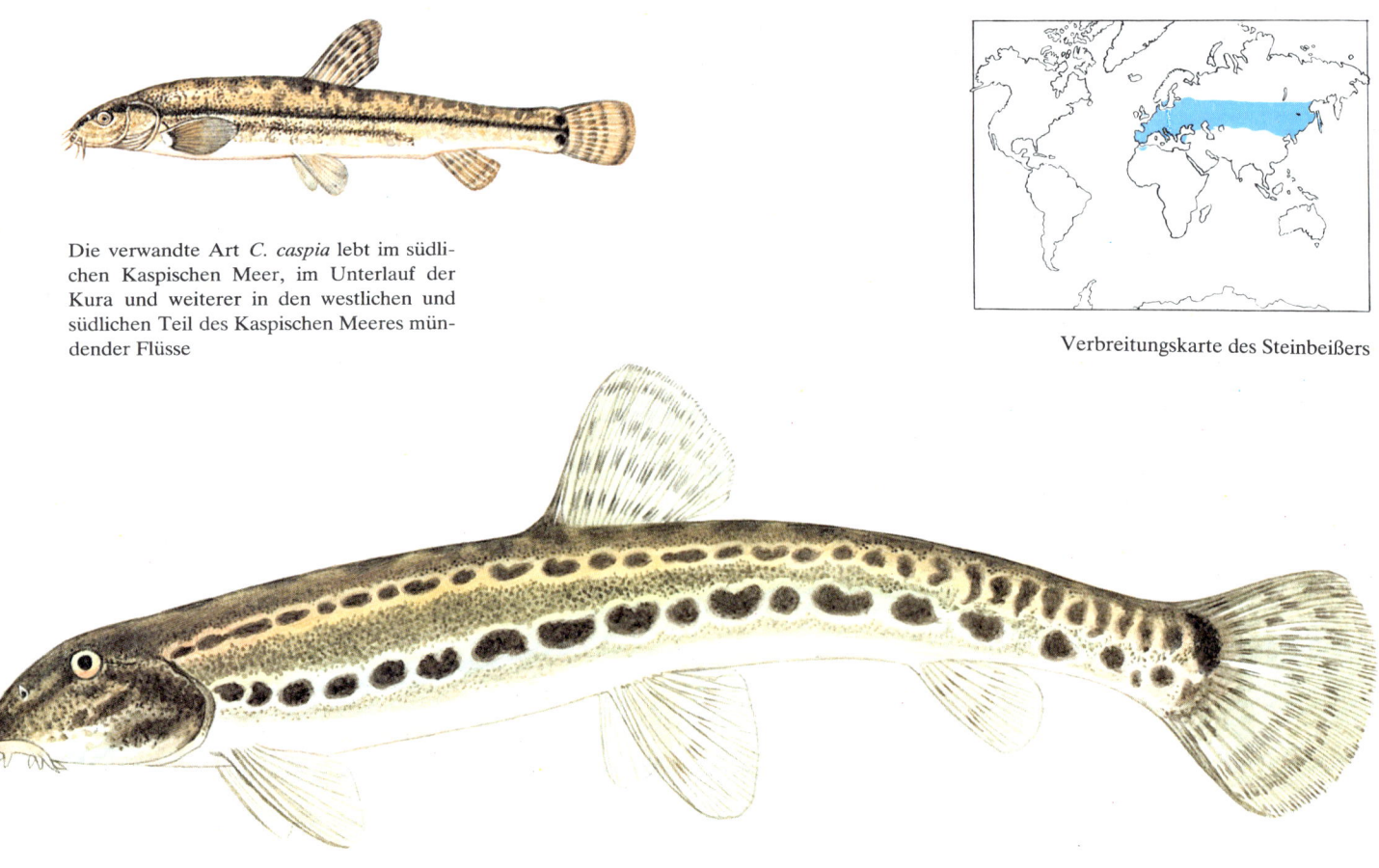

Die verwandte Art *C. caspia* lebt im südlichen Kaspischen Meer, im Unterlauf der Kura und weiterer in den westlichen und südlichen Teil des Kaspischen Meeres mündender Flüsse

Verbreitungskarte des Steinbeißers

Goldsteinbeißer

Cobitis aurata

Der Goldsteinbeißer hat einen langgestreckten, seitlich einfallenden Körper und erinnert stark an den Steinbeißer. Er hat einen stärkeren knöchernen Dorn unter den Augen und längere Bartfäden, von denen das hintere Paar bis zum hinteren Augenrand reicht, während es beim Steinbeißer höchstens zum Vorderrand reicht. Beide Arten unterscheiden sich auch in der Färbung. Der Goldsteinbeißer hat auf der Oberseite des Rückens nur 4–12 unregelmäßige, dunkelbraune Flecken, an den Seiten 8–15 rotbraune oder dunkelviolette Flecken in einer Längsreihe. Die Grundfarbe der Haut ist grauweiß, an den Seiten und am Bauch gelblich. Am Ansatz der Schwanzflosse sind stets zwei dunkle Flecken übereinander, die sich manchmal zu einem Querstreifen vereinen, während der Steinbeißer einen einzigen charakteristischen schwarzen Fleck eher am Oberrand des Schwanzes hat. Auch der Goldsteinbeißer lebt versteckt und ist meist nachts aktiv, wenn er auf die Suche nach kleinen Bodentieren geht. Doch bewohnt er meist die Oberläufe der Flüsse mit Kies- oder Steinboden und versteckt sich unter Steinen. In den Boden wühlt er sich also nicht ein, da es in seinem Lebensraum keinen Schlamm gibt. Sein Versteck zwischen Steinen verläßt er nur, wenn er aufgestöbert wird. Laichzeit ist von April bis Mai. Die Weibchen legen wenige Eier auf den Sand oder die Steine des Gewässergrundes. Nähere Angaben über die Lebensweise fehlen.

Größe: 8–11 cm
Gewicht: bis 50 g
Fruchtbarkeit: 100–400 Eier
D II–III/6–8;   A II–III/5–6
Synonym: _Sabanejewia aurata_
Verbreitung: seltener im Fluß- und Bachgebiet von Donau, Weichsel und Don, in einigen Flüssen der Balkanhalbinsel und von Vorder- und Kleinasien

Die verwandte Art, der Balkansteinbeißer _(C. elongata),_ kommt im zentralen Teil der Balkanhalbinsel vor. Sie wird 17 cm lang und hält sich vorwiegend in schnellfließendem Wasser auf

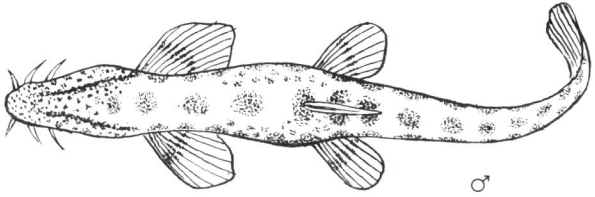

Die Männchen haben im Unterschied zu den Weibchen geschwulstartig aufgeblähte Seiten unterhalb des Rückenflossenansatzes

Schlammpeitzger

Der Schlammpeitzger ist ein kleiner bis mittelgroßer Fisch mit aalähnlichem, langgezogenem Körper mit kreisrundem Querschnitt, im hinteren Teil seitlich zusammengedrückt. Am vorderen Ende des kleinen Kopfes befinden sich 10 Bartfäden. Zwei Paare längerer Barteln setzen am Oberrand des Oberkiefers an, ein anderes Paar in den Maulwinkeln und zwei Paare sehr kurzer Barteln befinden sich an der Unterlippe. Die schleimige Haut wird von sehr kleinen Schuppen bedeckt. Weibchen haben kürzere und rundere Brustflossen als die Männchen. Die Farbgebung von Schlammpeitzgern unterschiedlicher Lokalitäten ist leicht verschieden. Der Kopf ist meist bräunlich bis rötlich mit kleinen Punkten. Seiten und Bauch sind gelb, seltener rötlich mit einem breiteren und zwei schmaleren dunklen Streifen, die sich vom Kopf bis zur Schwanzwurzel ziehen. Die Flossen sind gewöhnlich gelbbraun mit dunklen Flecken. Schlammpeitzger leben in verschlammten Teichen, Tümpeln und alten Flußarmen meist am Grund, in den sie sich zuweilen einbohren. Sie sind besonders in der Nacht aktiv. An manchen Standorten mit akutem Sauerstoffmangel sind sie nicht selten die einzigen lebenden Fische, denn sie können – nachdem sie an die Oberfläche geschwommen sind – Luft verschlucken. Ihr Darm ist so angepaßt, daß er die Luft ans Blut weitergeben kann. Beim Luftschlucken gibt der Schlammpeitzger gut hörbare Töne von sich, die seine Anwesenheit im sonst unbewohnt erscheinenden Gewässer verraten. Er lebt von Weichtieren und anderen Wirbellosen des Bodens. Seine Laichzeit währt von April bis Juni. Er reagiert empfindlich auf Luftdruckschwankungen und wird z.B. vor einem Gewitter sehr unruhig. Nach einigen Quellen können sie im Schlamm vergraben sogar das kurzfristige Austrocknen ihres Gewässers überstehen. Der wirtschaftlich bedeutungslose Fisch wird manchmal wegen seiner interessanten Lebensweise in Aquarien gehalten.

Größe: 20–25 cm, max. 35 cm
Gewicht: 100–150 g
Fruchtbarkeit: 5000–30 000 Eier
D II–IV/5–7; A III–V/5–6
Verbreitung: in einem Teil Europas. Fehlt in England, Skandinavien, im Norden des europäischen Teils Rußlands, auf den südeuropäischen Halbinseln und auf der Krim. Dann erscheint er wieder im Amur und Nordostchina

Larve mit fadenförmigen äußeren Kiemen, die ihr das Überleben auch in Gewässern mit minimalem Sauerstoffgehalt oder nachts an Stellen mit dichtem Pflanzenbewuchs ermöglichen

Schmerle, Bartgrundel   *Noemacheilus barbatulus*

Die Schmerle ist ein kleiner, langgestreckter Fisch mit abgerundetem Kopf und rundem Körper. Sie wird manchmal mit dem Schlammpeitzger verwechselt, sie unterscheidet sich von diesem jedoch in Farbe, Form der Schwanzflosse und vor allem durch die geringere Zahl an Barteln. Die Seiten sind mit kleinen, sich nicht überlappenden Schuppen bedeckt, Rücken und Bauch bleiben kahl. Der Rücken der Schmerle ist graubraun oder grünlich gefärbt, die Seiten sind gelbbraun mit einer unregelmäßigen dunklen Marmorierung. Grauweiß bis gelblich ist die Farbe der Bauchseite. Schmerlen leben am Boden in der Strömung von Bächen, Flüssen und Durchflußteichen. Sie bevorzugen sandig-steinigen Grund, wo sie sich tagsüber unter Wurzeln und größeren Steinen oft in Grüppchen zu 3–5 Exemplaren verstecken. Wenn sie nicht gestört werden, bewegen sie sich nur sehr träge oder verharren sogar regungslos am Boden. In der Dämmerung und nachts werden sie aktiv. Als Nahrung dienen ihnen kleine Bodentiere, besonders Zuckmückenlarven. Sie stürzen sich plötzlich aus ihren Verstecken auf die Beute und verschlingen sie gierig. Mit einem Jahr sind die Schmerlen geschlechtsreif, fünf bis sieben Jahre werden sie alt. An beiden Geschlechtern erscheint in der Laichzeit an Rumpf und Flossen ein Laichausschlag (bei Männchen auch auf der Innenseite der Brust- und Bauchflossen). Von April bis Juli laichen sie 2- bis 3mal und legen ihre Eier dabei auf Wurzeln von Wasserpflanzen oder direkt auf den Gewässergrund ab. Obwohl die Art relativ widerstandsfähig gegen organische Fremdstoffe im Wasser ist, so gehen ihre Bestände doch in den letzten Jahren an einer Reihe von Standorten zurück. Schmerlen sind wichtige Futterfische für die Forellen, bisweilen nehmen sie Angler als Köder. Früher wurden sie oft in Butter gebraten gegessen.

Größe: 10–15 cm, max. 18 cm
Gewicht: 80–150 g, in Ausnahmefällen bis 200 g
Fruchtbarkeit: 3000–25 000 Eier
D II–IV/7–8;   A II–IV/5–6
Verbreitung: im größten Teil Europas und in großen Gebieten des asiatischen Teils Rußlands sowie in süßwasserhaltigen Buchten der Ostsee. Fehlt auf der Pyrenäenhalbinsel, in Süditalien und Griechenland, Nordschottland und dem größten Teil Skandinaviens

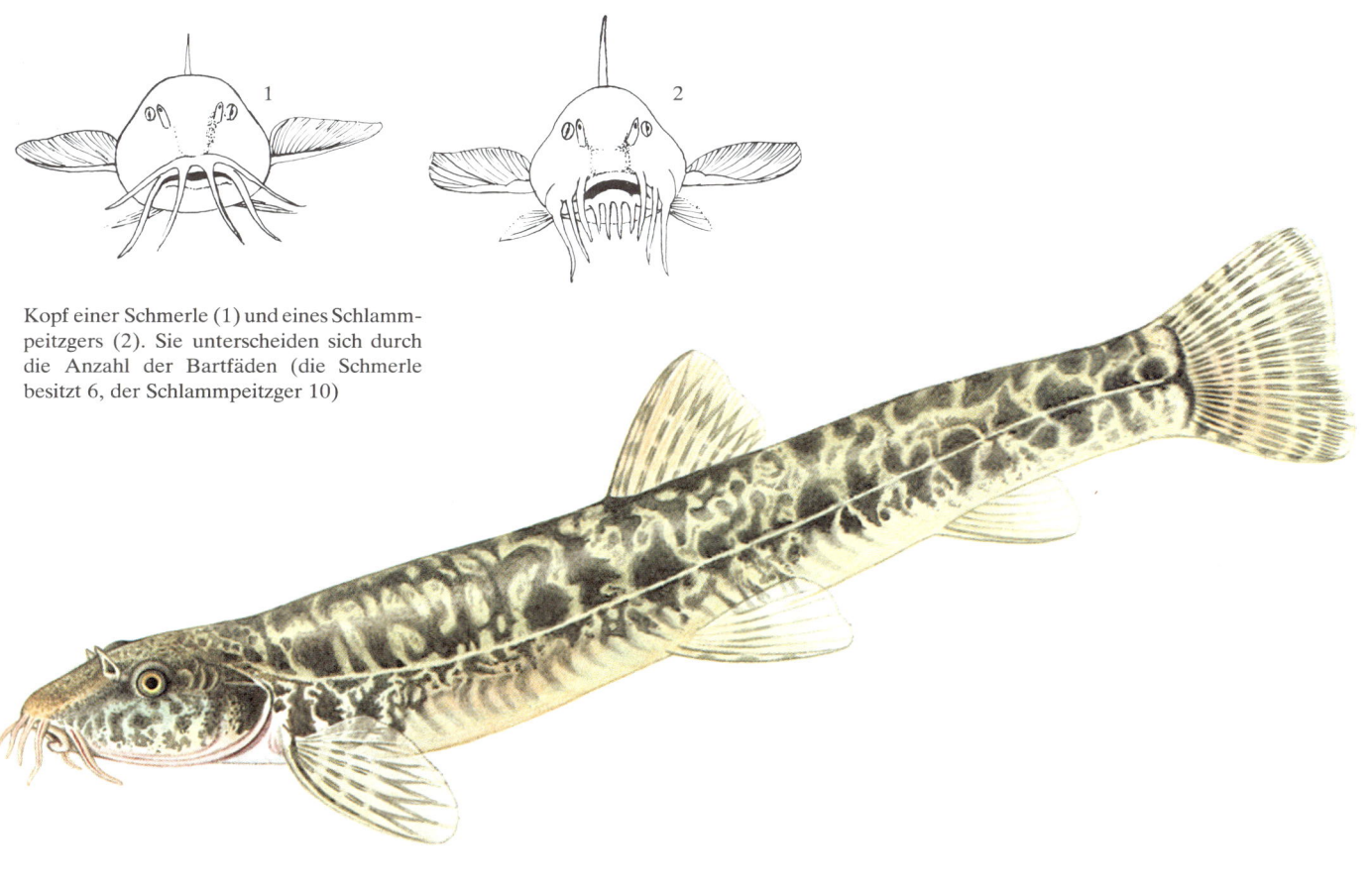

Kopf einer Schmerle (1) und eines Schlammpeitzgers (2). Sie unterscheiden sich durch die Anzahl der Bartfäden (die Schmerle besitzt 6, der Schlammpeitzger 10)

Die Familie SILURIDAE vereint große Süßwasserfische Europas und Asiens. Ihre Vertreter haben schuppenlose, langgestreckte Körper, lange Bartfäden und eine lange Afterflosse.

Wels, Waller   *Silurus glanis*

Der Wels hat einen langen, mächtigen Körper mit einem breiten flachen Kopf und einem großen, gut bezahnten Maul, in dessen Winkeln ein Paar langer, gut beweglicher und mit Knorpel verstärkter Bartfäden steht. Zwei weitere Paare kurzer und unbeweglicher Barteln sitzen am Kinn. Rücken und Seiten sind olivgrün bis blaugrau gefärbt und sind seitlich marmoriert. Der Bauch ist cremeweiß bis grauweiß. Es sind aber auch weiß, golden und rötlich gefärbte Exemplare bekannt. Welse kommen in langsam fließenden und stehenden Gewässern wie Flußunterläufen, Seen und Stauseen vor. Sie werden auch in Fischteichen gehalten. Sie leben mit Vorliebe am Boden im tiefen Wasser, unter Wehren, in Bodenlöchern oder versteckt im Wurzelgeflecht alter Bäume. Sie sind nachts und während der Dämmerung aktiv, tagsüber liegen sie meist am Grund. Im Winter ziehen sie sich an tiefe Stellen zurück, nehmen keine Nahrung mehr auf und verfallen in einen Ruhezustand. Ihre Geschlechtsreife tritt mit 3−5 Jahren ein. Welse laichen paarweise sehr stürmisch von Mai bis Juni in den Abend- und Nachtstunden. Das Weibchen legt die Eier in primitive Nester, die am Grund aus Pflanzenre-

sten und abgezogenen Wurzelstücken von Weiden und Erlen gebaut werden. Das Männchen bewacht die klebrigen Eierklümpchen bis zum Schlüpfen. Welse können 30 bis 40 oder mehr Jahre alt werden. Es handelt sich um einen wichtigen Nutzfisch, mit dessen künstlicher Aufzucht in verschiedenen Ländern begonnen wurde. Beliebt ist der Wels als Sportfisch. Sein Fleisch besitzt gute Qualität, doch ist es bei über 10 kg schweren Stücken ziemlich fettig. Ein besonderer Leckerbissen ist geräucherter Wels.

Größe: 1−2 m, vereinzelt 3 m und mehr
Gewicht: 50−100 kg, vereinzelt bis 200 kg
Fruchtbarkeit: je Kilo Körpergewicht des Weibchens 7000−25 000 Eier
D 3−5; A 77−92
Verbreitung: Einzugsgebiet des Rheins bis zu den Zuflüssen des Kaspischen Meeres, nach Süden bis zu den Alpen, in Skandinavien nur in Südschweden. Kommt auch in den Buchten der Ostsee, des Schwarzen und Kaspischen Meeres vor

Die wichtigste Nahrung der Welse sind kleine Karpfenfische (Plötzen, Güstern), doch jagen sie auch Jungtiere der Wasservögel (z.B. Entenküken)und Kleinsäuger sowie Frösche und Molche

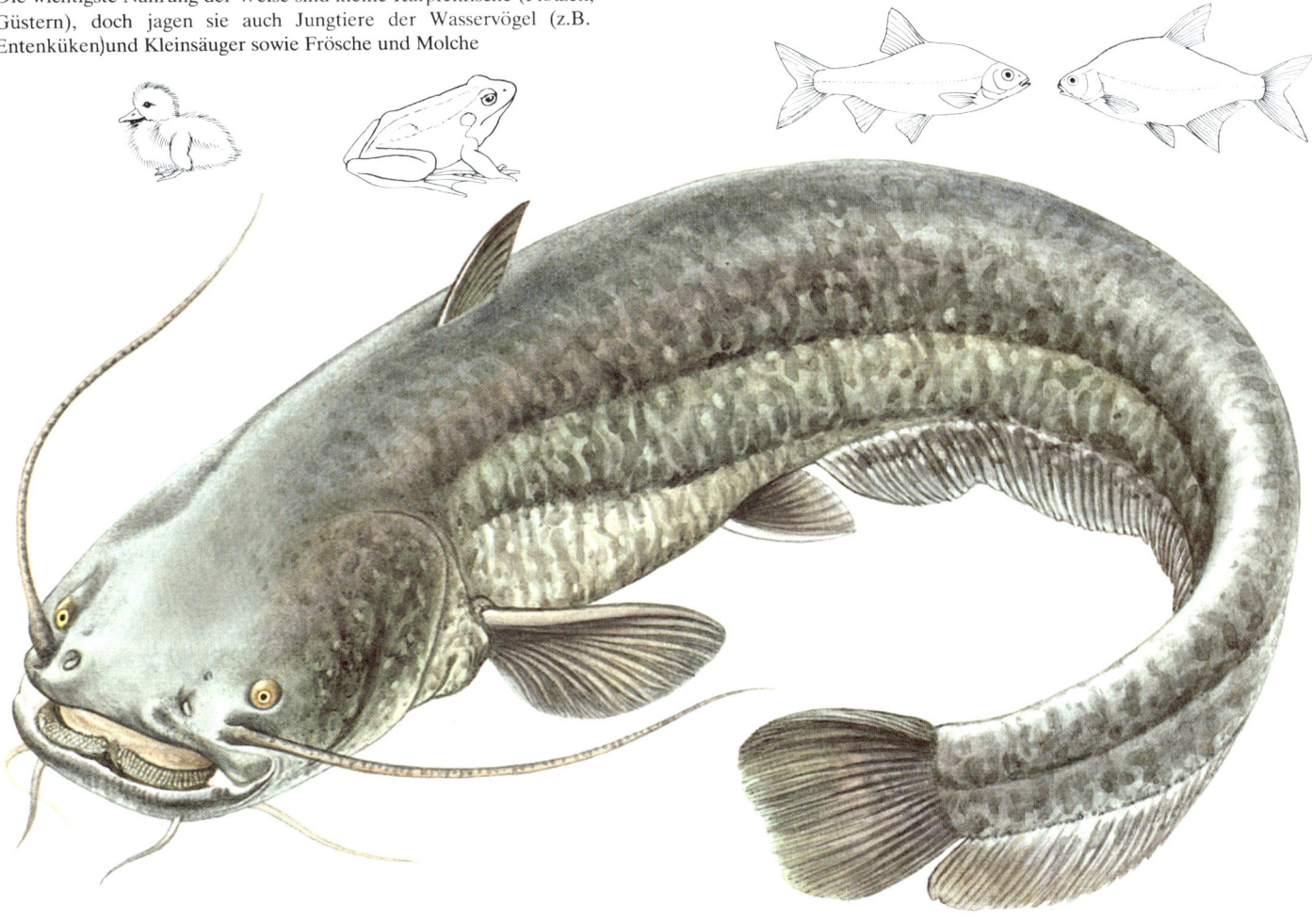

Die nordamerikanische Familie ICTALURIDAE umfaßt Zwergwelse mit einer deutlich sichtbaren Fettflosse zwischen Rücken- und Schwanzflosse.

Zwergwels, Katzenwels   *Ictalurus nebulosus*

Im Unterschied zum Wels trägt der Zwergwels acht Bartfäden um das Maul und hat eine recht kurze Afterflosse. Sein Rücken ist braungrün, manchmal fast schwarzgefärbt, die marmorierten Seiten sind heller. Der weißliche Bauch ist in der Laichzeit gelblich bis orangerot. Ursprünglich waren die Zwergwelse im Südosten Kanadas und in den Oststaaten der USA verbreitet. Ende vorigen Jahrhunderts und in diesem Jahrhundert wurden sie in Europa eingeführt, wo sie in einigen Gebieten auch in freier Natur Fuß fassen konnten. Auf unserem Kontinent wachsen sie jedoch langsamer als in ihrer Heimat. Im zweiten bis dritten Lebensjahr sind sie geschlechtsreif und laichen Ende April und im Mai. Zwergwelse bauen sich primitive Nester im Sandboden. Das Männchen bewacht die Eier und den Laich. Der Zwergwels, eine allesfressende Art, vernichtet Eier und Larven anderer Fischarten und steht mit einer Reihe einheimischer Fische in scharfer Futterkonkurrenz. Gleichzeitig ist er äußerst unempfindlich gegen Mangel an Sauerstoff und Nahrung und hält auch dort aus, wo andere Fischarten bereits verenden. Die Larven leben von kleinen Wasserflöhen, später von Insektenlarven, aber auch von pflanzlicher Nahrung. Ursprünglich hielt man die Zwergwelse in Fischteichen mit der Absicht, sie als Nebenfische bis auf 1−2 kg zu mästen. Diese Pläne gingen aber unter mitteleuropäischen Bedingungen nicht in Erfüllung. Heute werden sie erneut intensiv gezüchtet, und zwar vorwiegend in den südlichen Gebieten der Ukraine und Rußlands. In freier Natur kommen sie im stehenden Wasser vor sowie in Tümpeln der Überschwemmungsgebiete größerer Flüsse. In beschränktem Maße werden sie auch mit der Angel gefangen. Ihr grätenloses Fleisch schmeckt sehr gut.

Größe: 15−25 cm, max. 35 cm
Gewicht: 100−300 g, max. 600 g
Fruchtbarkeit: 1000−5000 Eier
D I/6; A III/17−24
Verbreitung: Südosten Kanadas und Osten der USA, in Europa eingeführt, gelegentlich verwildert

Als Nahrung dienen dem Zwergwels sowohl wirbellose Tiere (z.B. Larven von Zuckmücken) als auch kleinere Fische (wie die Karauschen)

Für die Arten der Ordnung der Aalartigen (ANGUILLIFORMES) ist die Schlangenform des Körpers, das Fehlen der Bauchflosse und der am Schwanz-, After- und Rückenflosse zusammenhängende Flossensaum charakteristisch. Die Schwimmblase ist mit dem Darm verbunden, in einigen Fällen auch reduziert. Im Blut mehrerer Arten sind toxische Stoffe enthalten, die nur gefährlich sind, wenn sie direkt ins Blut wechselwarmer Tiere gelangen. Die Familie der Flußaale (ANGUILLIDAE) vereint etwa 10 Aalarten. Mit Ausnahme des Flußaals, der sich eine gewisse Zeit im Süßwasser aufhält, sind alle Meeresbewohner.

Europäischer Aal   *Anguilla anguilla*

Der langgestreckte Körper des Aales ist fast sprichwörtlich bekannt, die kleinen Schuppen sind tief in der schleimigen Haut versteckt. Bei geschlechtsunreifen Tieren ist der Rücken dunkelbraun bis dunkelgrün, die Seiten und der Bauch sind gelblich, zuweilen goldfarben. Bei erwachsenen Exemplaren wird der Rücken nach und nach fast schwarz und der Bauch silbrig. Weißliche Aale leben als erwachsene Tiere in den Flußsystemen ganz Europas und Nordafrikas. Werden sie an der Rückkehr ins Meer gehindert, so wachsen sie im Süßwasser sehr schnell und das Weibchen erreicht im 10. Lebensjahr 70−90 cm Länge. Weibchen werden mit 5−10 Jahren geschlechtsreif und schwimmen − falls sie ins Meer zurückgelangt sind − gemeinsam mit den in den Flußmündungen verbleibenden Männchen zu den Laichplätzen, von denen man annimmt, daß sie sich im Saragassomeer zwischen den Bermudas und den Bahamas befinden. Die Leptocephali genannten Larven sind hochrückig und gänzlich verschieden von ihren Eltern gebaut. Drei Jahre dauert ihre Wanderung zurück zu den europäischen Küsten. Im Verlauf dieser Reise kommt es zu einer Metamorphose, die Larven erhalten den aalförmigen Körperbau und streben in die Flüsse, wo sie bis zum Erwachsenenstadium verbleiben. Aale ernähren sich vor allem von Fischen, die sie in der Nacht jagen. Tagsüber verstecken sie sich unter Steinen oder Wurzeln. Die Hautatmung ermöglicht es ihnen, auch im Schlamm mit völlig sauerstofffreiem Wasser zu überleben sowie nachts über nasses Gras von einem Gewässer bis zum nahen anderen zu gelangen. Wegen seines ausgezeichneten, grätenlosen und fettreichen Fleisches wird der Aal als Speisefisch hochgeschätzt. Im Süßwasser müssen seine Bestände heute allerdings durch Besatz aufgefrischt werden.

Größe: bis 2 m, meist 50−150 cm
Gewicht: 4−6 kg, meist 600 g−2 kg
D 245−275;   A 205−235
Verbreitung: Europa, Nordafrika

Entwicklung der Aallarve von 7 mm Länge nach dem Schlüpfen über 25 und 75 mm lange Stadien. In der weiteren Entwicklung verkürzt sich der Körper (70 mm)

7 mm

7 mm (vergrößert)

25 mm

75 mm

70 mm

Der Jungaal mißt dann 65 mm

In den europäischen Gewässern leben zwei Formen: Der Breitkopfaal (1) und der Schmalkopfaal (2). Die Zeichnungen verdeutlichen die unterschiedlichen Kopfformen

1

2

Der Familie der Muränen (MURAENIDAE) gehören etwa 100 Arten an, die eng mit den Fischen der Familien der Flußaale (ANGUILLIDAE) und der Meeraale (CONGRIDAE) verwandt sind. Ähnlich wie diese haben die Muränen einen langgestreckten Körper mit sehr langem Schwanz, der nicht von Schuppen, sondern von einer dicken, schleimigen Haut geschützt wird. Rücken-, After- und Schwanzflosse haben sich zu einem zusammenhängenden Flossensaum vereinigt.

Mittelmeermuräne

Muraena helena

Die Mittelmeermuränen haben einen aalähnlichen, aber recht hohen Körper und eine zugespitzte Schnauze. In der großen Maulöffnung sitzen lange und scharfe Zähne in je einer Reihe an Ober- und Unterkiefer. Die niedrige Rückenflosse beginnt dicht hinter dem Kopf, die kleine Kiemenöffnung befindet sich ungefähr in der Mitte des hinteren Kopfrandes. Die Nasenöffnungen sind röhrenartig verbunden. Rücken und Seiten sind dunkelbraun bis purpurbraun gefärbt und tragen zahlreiche große und unregelmäßige gelbe Flecken mit dunkler Marmorierung. Die Bauchseite ist ebenso wie der Kopf heller, letzterer hat nur winzige Flecken. Mittelmeermuränen leben in Küstennähe, bevorzugt an Stellen mit reichgegliedertem, felsigem Grund, wo sie zahlreiche Versteckmöglichkeiten finden. Die vor allem nachtaktiven Tiere leben meist von Fischen und Mollusken. Ihr Blutserum ist giftig und bereits Galenus berichtete von zahlreichen Vergiftungen durch den Genuß von mit frischem Muränenblut gewürzten Speisen. Die Bisse dieser aggressiven Tiere sind äußerst schmerzhaft und in bestimmten Fällen auch gefährlich, wovon Sporttaucher zu berichten wissen. Bei der Zubereitung des Fleisches mit mindestens 75 °C verliert sich die Giftigkeit des Blutserums und das Muränenfleisch ist in einigen Mittelmeerländern sehr beliebt. Hoch geschätzt wurde es bereits im antiken Rom, wo die Muränen in besonderen Becken (piscinae) gehalten wurden.

Größe: 80–120 cm, max. 140 cm
Verbreitung: Mittelmeer und östlicher Atlantik vor den europäischen und afrikanischen Küsten

Die verwandte Art *Gymnothorax moringa* stammt aus den subtropischen und tropischen Küstengewässern des Atlantiks. Sie wird 30–50 cm, maximal 80 cm lang und wird von Sportfischern mit Harpunen gejagt

Die Meeraale der Familie CONGRIDAE leben in allen Weltmeeren und teilen sich in mehr als zwanzig Gattungen auf. Ihre Rückenflosse beginnt oberhalb des Ansatzes der Bauchflossen (beim Flußaal ist sie weiter nach hinten verschoben). Bauchflossen fehlen überhaupt, die Nasenlöcher sind röhrenförmig.

Meeraal, Seeaal   *Conger conger*

Der Meeraal ist ein graublau bis schwarz gefärbter Fisch mit cremefarbener Bauchseite, dessen unpaare Flossen und Bauchflosse dunkel umrandet sind. Der Meeraal ist wesentlich größer als der Flußaal. Er laicht im östlichen Atlantik zwischen 30 und 40 Grad nördlicher Breite in 3–4 Tausend Meter Tiefe. Auch die Mittelmeer-Population vermehrt sich hier, von der auch zahlreiche Larven durch die Straße von Gibraltar hierher gelangen. Früher wurden die Larven ähnlich wie beim Flußaal als selbständige Art angesehen, sie sind aber bedeutend größer als jene, vor der Umwandlung erreichen sie bis 16 cm Länge. Meeraale leben von einer Reihe von Meeresfischarten, hauptsächlich Heringen und Dorschartigen. Außerdem fangen sie noch große Krebstiere wie Hummer und Krabben. Sie halten sich entlang felsiger Küsten, aber auch im offenen Meer auf. Noch ist nicht klar, ob sie längere Wanderungen zum Laichen oder auf der Suche nach Nahrung unternehmen oder nicht. Ihre wirtschaftliche Bedeutung ist nur gering. Die meisten Meeraale werden vor der Südwestküste Europas gefangen, in der Nordsee fängt man sie nur selten. Sportangler verfolgen sie auch mit der Angel. Insgesamt beläuft sich der Jahresfang auf 11 300 Tonnen.

Größe: bis 3 m, Männchen bis 1,50 m
Gewicht: bis 65 kg
Fruchtbarkeit: 3–8 Millionen Eier
D 270–300; A 205–230
Verbreitung: Atlantikküste Europas und Nordafrikas, Mittelmeer

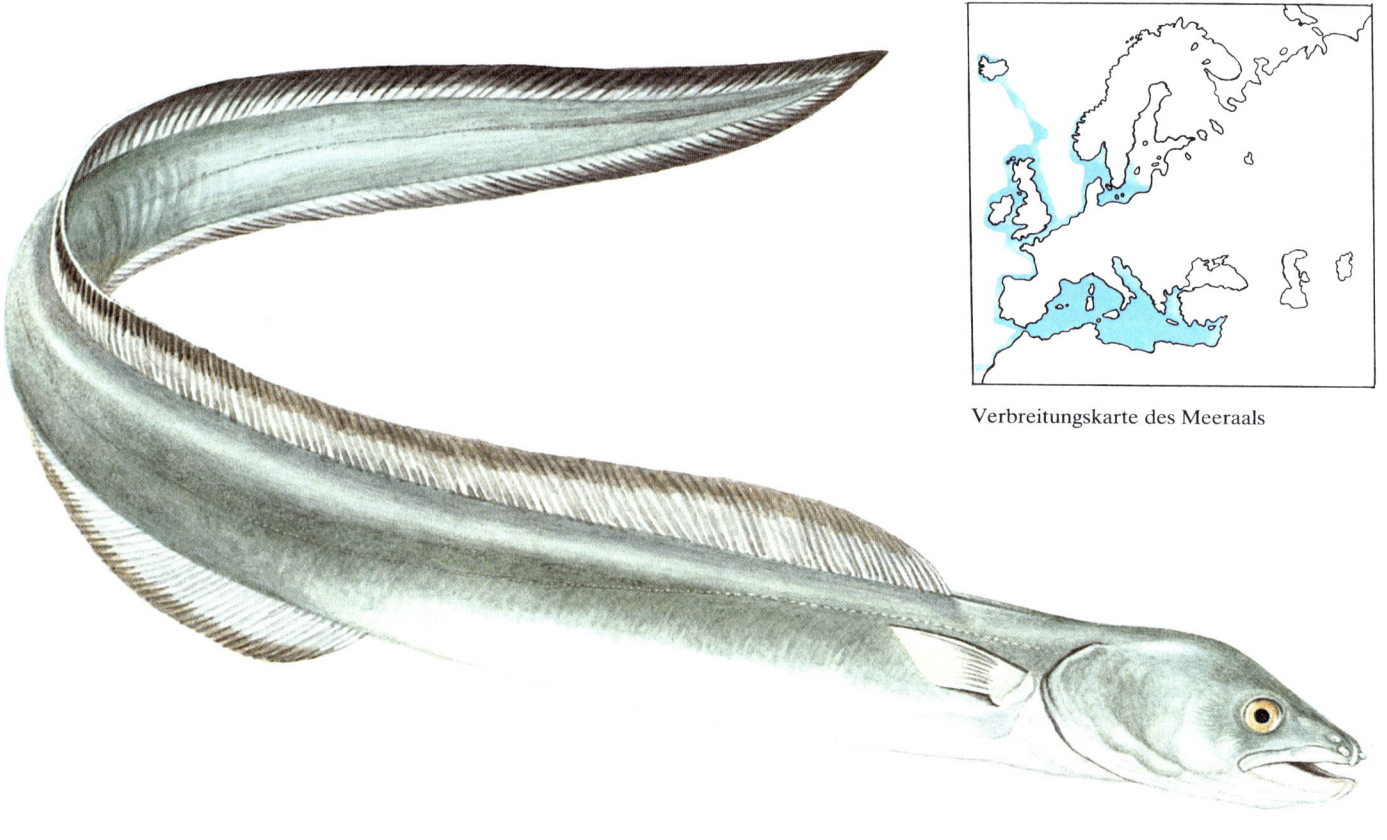

Verbreitungskarte des Meeraals

Etwa 400 kleine Arten aus allen Erdteilen außer Australien gehören zur Ordnung der Zahnkarpfenartigen (CYPRINODONTIFOR-MES). Meist leben sie im Binnenland, doch bewohnen einige Arten auch Meeres- und Brackwasser. Vorwiegend halten sie sich an der Wasseroberfläche auf, wo sie ihre Nahrung suchen. Eine Seitenlinie fehlt ganz oder ist nur schwach ausgebildet. Zwischen Schwimmblase und Darm besteht keine Verbindung. Die Familie CYPRINODONTIDAE umfaßt eierlegende Zahnkarpfen, bei denen die Afterflosse der Männchen in ein Kopulationshilfsorgan umgewandelt ist.

Spanienkärpfling   *Aphanius iberus*

Der Spanienkärpfling ist ein kleiner Fisch mit seitlich leicht zusammengedrücktem Körper und einer rundlichen Schwanzflosse. Das Männchen ist grünblau bis kräftigblau gefärbt und hat einen olivgrünen Rücken sowie einen hellen Bauch. Über die Seiten ziehen sich etwa 15 hellblaue Querstreifen, die auch ineinander verlaufen können. Die Schwanzflosse ist blaugrau mit dunklen Querlinien, der Rand der Rückenflosse ist oft hellblau, die Bauchflossen gelblich bis bräunlich gefärbt und haben manchmal dunkle Flecken. Das braungefleckte Weibchen ist olivbraun und hat farblose Flossen. Ihre Laichzeit zieht sich über die ganze warme Jahreszeit hin. Die Eier werden an feine Blättchen oder an Algen geklebt und nach 10 Tagen schlüpfen bei 24 °C die Larven. Die kleinen Fische fressen winzige Planktonkrebstiere, einzellige Algen und Teile höherer Pflanzen. Die Spanienkärpflinge leben in flachen, häufig sehr kleinen Gewässern. Sie sind, wie viele weitere Vertreter der Ordnung, beliebte Aquarienfische.

Größe: bis 5 cm
D III/9−10;   A III/9−10;   l.l. 26−28
Verbreitung: westliche Küste der Pyrenäenhalbinsel und die
    gegenüberliegende Küste

Der verwandte Zebrakärpfling *(A. fasciatus)* ist in Süßwasser und brakkigen Gewässern entlang den Küsten ganz Südeuropas und der Türkei verbreitet

Der Familie POECILIDAE gehören lebendgebärende und ovovivipare Zahnkarpfen an, bei deren Männchen die Afterflossenstrahlen in ein Kopulationsorgan, das Gonopodium, umfunktioniert sind.

Koboldkärpfling

Gambusia affinis

Der Koboldkärpfling ist die einzige Art dieser Familie, die in Europa mit Erfolg eingebürgert wurde. Er ist extrem anpassungsfähig gegenüber unterschiedlichen Temperaturen. Der kleine Fisch hat ein oberständiges Maul und Cycloidschuppen. Der Rücken ist graubraun, die Seiten heller, der Bauch weißlich gefärbt. Für die Unterart *G. a. holbrooki* ist ein dunkler, sich über das Auge erstreckender Fleck charakteristisch. Die Flossen sind farblos, manchmal auch gelblich. Auf Rücken- und Schwanzflossen stehen dunkle Flecken in Reihen. Alte Männchen sind sehr dunkel, zuweilen fast schwarz gefärbt. Befruchtete Weibchen zeigen am Bauch in der Afterflossengegend einen schwarzen Fleck. Dies sind die Augen der sich entwickelnden Embryonen, die durch die Bauchwand scheinen. Bereits nach 3—4 Monaten, je nach Wassertemperatur, sind die Fische geschlechtsreif. In Europa werden die Weibchen das erste Mal im April befruchtet und werfen die ersten Jungen einen Monat später. Jährlich wirft ein Weibchen bis zu fünfmal. Die Entwicklung der Jungen im Mutterleib dauert 20—40 Tage. Zwei bis drei Würfe können ohne weitere Befruchtung erfolgen. Die Anzahl der lebend geborenen Jungfische hängt von der Größe des Weibchens ab und bewegt sich von einigen wenigen bis zu mehreren Dutzend. Die frisch geborenen Jungtiere sind sofort aktiv und beginnen, Plankton zu sammeln. Erwachsene Koboldkärpflinge dezimieren mit Erfolg Mückenlarven, weshalb sie praktisch in der ganzen Welt verbreitet wurden, um die Malaria bekämpfen zu helfen.

Größe: 3,5—7,5 cm
Fruchtbarkeit: 10—30 Junge
D III/7;   A II—III/10—11;   l.l. 30—32
Verbreitung: ursprünglich in den Gewässern Nordamerikas von New Jersey bis nach Florida, in die andere Weltteile eingeführt

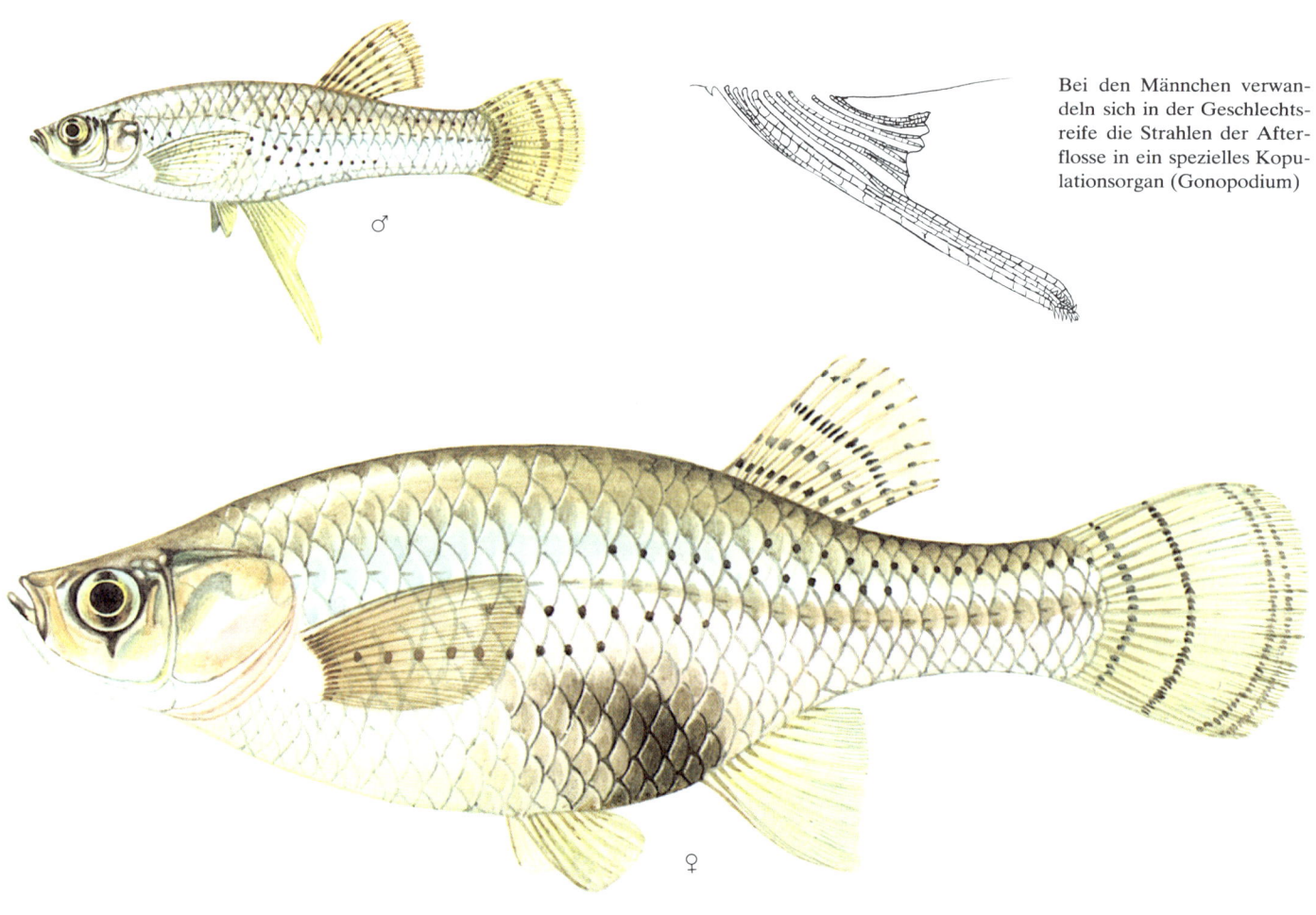

Bei den Männchen verwandeln sich in der Geschlechtsreife die Strahlen der Afterflosse in ein spezielles Kopulationsorgan (Gonopodium)

*Zur Ordnung der Hornhechtartigen (BELONIFORMES) zählt man Fische gestreckter Körperform mit Cycloidschuppen. Rücken-
und Afterflosse sind nach hinten verschoben und liegen übereinander. Der Darm ist gerade, sein vorderer Abschnitt etwas erweitert
und bildet den Magen. Pylorische Anhängsel fehlen. Die Arten sind in den warmen und gemäßigten Zonen der Meere in deren
Oberflächenschichten verbreitet, selten auch in Binnengewässern. Alle Arten reagieren aktiv auf Licht. Die Familie BELONIDAE
vereint etwa 25 dieser Arten.*

Hornhecht   *Belone belone*

Der Hornhecht hat einen langgestreckten Körper mit
langen Kiefern, an denen kleine Zähne sitzen. Die
Seitenlinie liegt sehr tief. Sein Rücken ist dunkel grünlich
gefärbt, die Seiten sind heller und mit einer silbrigen
Schattierung und gelblichen Flecken versehen. Zu beiden
Seiten zieht sich eine dunklere Längsbinde. Hornhechte
laichen von Ende April bis zum Oktober mit einem
Höhepunkt von Mai bis August. Meistens laichen die
Weibchen in drei Portionen je Saison in 12−18 m Tiefe.
Die langen Eierfäden bleiben an Algen und schwimmen-
den Gegenständen kleben. Bei 20−21 °C entwickeln sie
sich in 14 Tagen, bei 12−13 °C jedoch in 4−5 Wochen.
Die Larven leben ähnlich den erwachsenen Tieren pela-
gisch und ernähren sich vom kleinsten Plankton, später
von Fischlaich und als erwachsene Exemplare auch von
Kleinfischen. Bei 35−45 cm werden sie im zweiten bis

vierten Lebensjahr geschlechtsreif. Bei den gefangenen
Tieren überwiegen 5−9jährige Stücke. Sie werden von
Sportfischern geangelt, im Schwarzen Meer jährlich an die
200 t. Ihr sehr gut schmeckendes Fleisch hat den Nachteil,
daß es sich nach dem Kochen grün färbt. Es sieht dann
verdorben aus.

Größe: 30−60 cm, max. 90 cm
Gewicht: bis 1,3 kg
Fruchtbarkeit: 10 000−45 000 Eier
D II/14−17;   A II/17−21
Verbreitung: atlantische Küste Europas von Portugal bis zur
    Ostsee, ausnahmsweise bis zur Südküste Islands, vor
    Norwegen bis Trondheim, im Mittelmeer und im Schwar-
    zen Meer

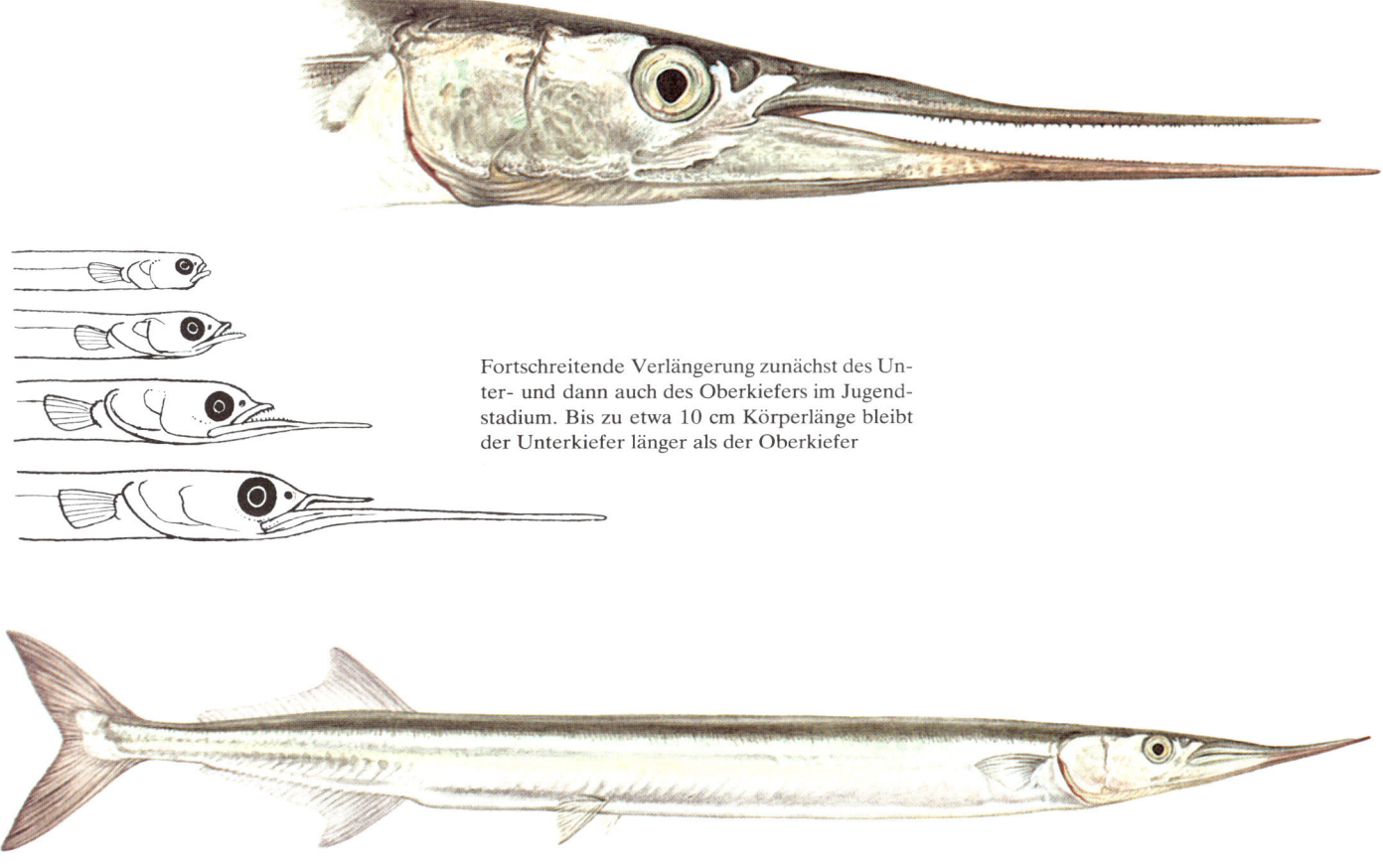

Fortschreitende Verlängerung zunächst des Un-
ter- und dann auch des Oberkiefers im Jugendstadium. Bis zu etwa 10 cm Körperlänge bleibt
der Unterkiefer länger als der Oberkiefer

Makrelenhechtarten (Familie SCOMBERESOCIDAE) sind den Angehörigen der Familie BELONIDAE ähnlich, haben jedoch feinere, zahnlose Kiefer und besitzen hinter der Rücken- und Afterflosse eine Reihe kleiner Flössel. Meist ernähren sie sich von Plankton.

Makrelenhecht   *Scomberesox saurus*

Der Makrelenhecht, ein pelagischer Fisch, lebt im offenen Ozean. Er hat einen grünen Rücken, grünsilbrige Seiten und einen gelblichen Bauch. Er lebt häufig in großen Schwärmen, die in den Sommermonaten nordwärts, der Nahrung nachziehen. Charakteristisch sind vor allem die langen, schnabelähnlichen Kiefer, die sich bereits bei den Larven zu strecken beginnen. Erst entwickelt sich der Unterkiefer und dann der Oberkiefer. Makrelenhechte halten sich bevorzugt an der Oberfläche und in den oberen Wasserschichten auf. Ihr Laichspiel geht im freien Meer in großer Entfernung von der Küste vor sich. Mit zwei Jahren sind die Fische geschlechtsreif. Ihre Eier sind pelagisch und tragen kurze Auswüchse. Als Nahrung dienen vor allem pelagisch lebende Krebstiere und Kleinfische. Sie selbst sind wichtige Nährfische für pelagische Raubfische, hauptsächlich Thunfische. Von Räubern verfolgt, springen sie oft in die Luft. Die 3−4 Jahre alt werdenden Tiere haben sehr schmackhaftes Fleisch, das vor allem in Konserven auf den Markt kommt. Man fängt sie mit Schleppnetzen, Hakenschnüren, aber am meisten mit Hilfe von Lichtfallen. Zuerst werden sie mit starkem, blauem Licht seitlich des Schiffes angelockt, dann werden rote Lampen angeschaltet, unter denen sich die Schwärme versammeln, die dann in Netzen heraufgezogen werden. Jährlich kommen 5000−10 000 Tonnen Makrelenhechte an Land.

Größe: 25−45 cm, max. 60 cm
Gewicht: 0,5−1,6 kg
Fruchtbarkeit: 20 000−30 000 Eier
D II/9−10;   A II/10
Verbreitung: im Atlantischen Ozean, Schwarzes und Mittelmeer und in der Nordsee

Cololabis saira ist ein enger Verwandter von *S. saurus* und kommt im Stillen Ozean vor. Der bis zu 35 cm lange Fisch wird meist bei einer Länge von 20−30 cm gefangen

Verbreitungskarte des Makrelenhechtes

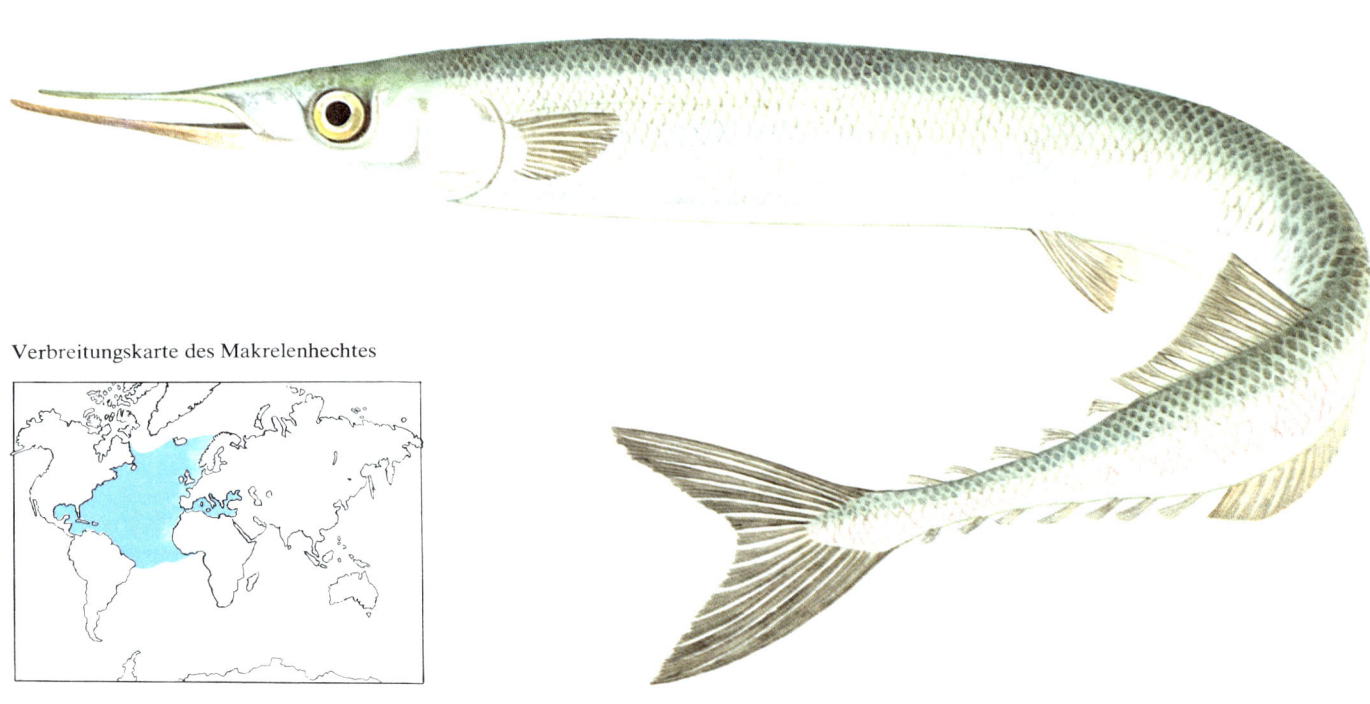

Zur Familie EXOCOETIDAE, in den meisten europäischen Ländern Fliegende Fische genannt, gehören mehr als 60 Arten kleiner Fische des offenen Meeres. Meist leben sie im Indischen Ozean und im Westen des Pazifiks. Im Atlantik kommen nur 16 Arten vor. Sie benötigen eine Wassertemperatur von mindestens 20 °C. Am schlanken, mit wenigen großen Schuppen bedeckten Körper fallen besonders Form und Größe der einzelnen Flossen auf. After- und Rückenflosse sind relativ klein und zur Schwanzwurzel verschoben, die Schwanzflosse hat einen besonders großen unteren Lappen. Maximale Größe besitzen die Brustflossen.

Atlantischer Flugfisch
Cypselurus heterurus

Der Rücken des Atlantischen Flugfisches ist ähnlich wie bei den meisten fliegenden Fischen stahlblau, die Seiten und der Bauch hingegen sind silbrig gefärbt. Ihr Lebensraum sind die Oberflächengewässer. Werden sie von Feinden − Thunfischen, Schwertfischen und Delphinen verfolgt, dann fliehen sie, in dem sie „fliegen“. Eine schnelle Bewegung der Schwanzflosse verleiht ihnen die Anfangsgeschwindigkeit, die sie zum Verlassen des Wassers benötigen. Eine gewisse Zeit gleiten sie auf der Oberfläche hin und schlagen angestrengt mit dem unter Wasser befindlichen Schwanz. Vollständig verlassen sie das Wasser meist nur für 1−3 Sekunden, in denen sie 10−25 m weit ungefähr einen Meter über dem Wasser segeln. Bei günstigem Wind können sie sich bis zu 10 Sekunden in der Luft halten und fliegen in dieser Zeit etwa

100 m weit in einer Höhe von ungefähr 5 m. Die langen spreizbaren Brust- und Bauchflossen wirken bei der Gleitbewegung auf dem Wasser und beim Flug durch die Luft wie die Flügel eines Segelflugzeuges. Die Fische bewegen sie auch während des Segelns nicht. Flugfische ernähren sich überwiegend von Plankton und laichen in den Frühlingsmonaten. Ihr Laich steckt in einer mit zahlreichen fadenförmigen Auswüchsen versehenen Hülle.

Größe: 10−25 cm, max. 35 cm
Gewicht: 0,1−0,3 kg, max. 1 kg
D 13−14; A 8−10
Verbreitung: im Atlantischen, Stillen und wahrscheinlich auch im Indischen Ozean, im Mittelmeer

Die Arten der Gattung *Cypselurus* zählen zu den besten „Fliegern“, dagegen die der Gattungen *Oxyporhamphus* (1) und *Fodiator* (2) zu den schlechten, da ihre Brustflossen wesentlich weniger entwickelt sind

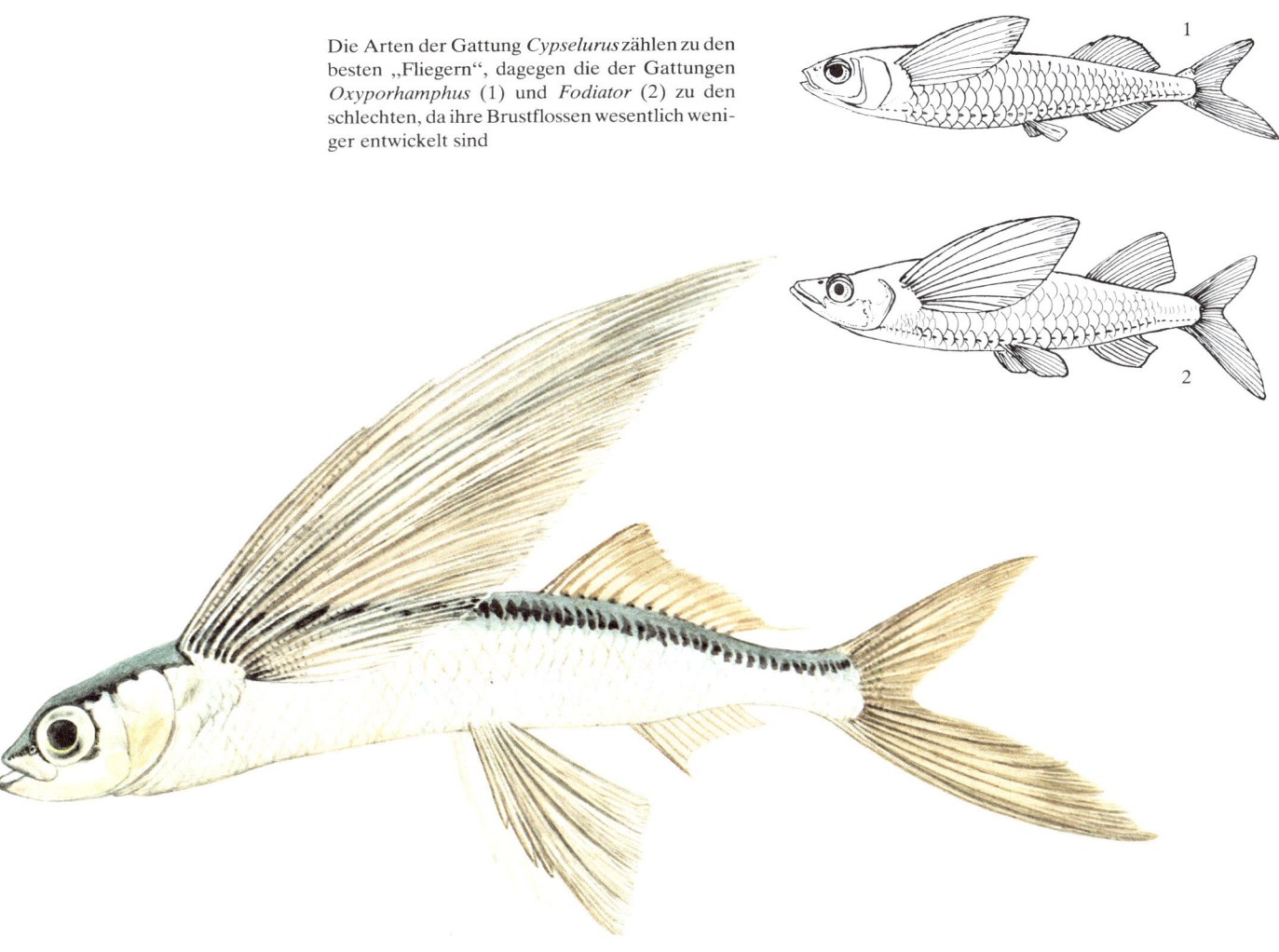

Der Ordnung GADIFORMES (Dorschartige) gehören etwa 700 Meeresfische an, die einzige Ausnahme ist die Quappe (LOTA LOTA), die im Süßwasser lebt. Ihre Flossen besitzen nur Weichstrahlen, die Bauchflossen sind vor die Brustflossen geschoben. Die Familie GADIDAE vereint 53 wirtschaftlich wichtige Arten, die zum größten Teil auf der nördlichen Halbkugel leben. Der Körper der Dorsche verengt sich auffällig zum Schwanzstiel hin und trägt 2−3 Rücken- und 1−2 Afterflossen. Alle sind selbständig und meist durch Lücken getrennt. Die Schwanzflosse hat einen tiefen Einschnitt.

Arktischer Dorsch   *Boreogadus saida*

Der Rücken des Arktischen Dorsches ist grau- bis hellbraun gefärbt, die Seiten sind heller und haben eine violette oder gelbe Schattierung. Über den ganzen Körper sind feine dunkle Flecken verteilt. Die Flossen sind dunkel. Er lebt zirkumpolar und nähert sich Europa nur im Gebiet von Nordskandinavien und weiter östlich sowie im Bereich von Island. Er gehört zu den kleinen Dorschen und erreicht mit vier Jahren die Geschlechtsreife. Vor allem im Januar und Februar laicht er nahe der Küste unter dem Eis. Von allen Dorschen erzeugt er die größten Eier, legt aber auch gleichzeitig die geringste Anzahl ab. Den 5−9 mm großen Laich kann man schon im Mai finden, im Herbst erreichen die Larven 2−3 cm, mit fünf Jahren 21−23 cm und 55−65 g Gewicht. Sie leben von den häufigsten Arten des Zoo- und Phytoplanktons, aber auch von benthischen Krebstieren und dem Laich verschiede-

ner Fischarten. Er ist der Haupt- und außerhalb der Küstenzone auch der einzige Konsument von Plankton in den arktischen Gewässern. Er dient vielen Meeressäugetieren als Nahrung (Robben, Wale), aber auch Vögeln (Eiderenten, Möwen) und in einigen Gebieten auch Fischen (Kabeljau, Shollen). In vielen Bereichen seines Lebensraumes ist der Arktische Dorsch sehr zahlreich verbreitet und wird wohl in Zukunft auch vom Menschen gefangen werden.

Größe: 13−27 cm, max. 30−40 cm
Gewicht: 50−150 g, max. 0,5−1 kg
Fruchtbarkeit: 9000−12 000 Eier
D_1 11−14; D_2 14−17; D_3 18−23; A_1 15−17; A_2 18−22
Verbreitung: Arktischer Ozean

Als Nahrung dienen vor allem Krustentiere, häufig ist es *Euphasia pellucida*

Kabeljau, Dorsch   *Gadus morrhua*

Der Kabeljau besitzt einen kräftigen und gestreckten Körper und hat am Kinn einen auf den ersten Blick auffallenden, kurzen Bartfaden. Rücken und Seiten sind olivfarben mit zahlreichen gelblichen oder bräunlichen Tupfen. Die Seitenlinie tritt deutlich als hellerer Streifen längs des Körpers hervor. Der Bauch ist schmutzigweiß, der Oberkiefer reicht etwas über den Unterkiefer hinaus. Kabeljaue gehören zu den größten Arten ihrer Familie. Sie wachsen relativ schnell und erreichen im fünften Jahr 40–50 cm, im zehnten Jahr 90–100 cm. Von Anfang Februar bis Ende Juni laichen sie, im April und Mai massenhaft in Tiefen von 30–400 m. Bedeutende Laichplätze befinden sich vor den Lofoten, wo die Kabeljaue bei einer Wassertemperatur von 4–7 °C laichen. Etwa einen Monat später schlüpfen die Larven und führen eine pelagische Lebensweise. Erst mit 6–10 Jahren werden die Kabeljaue geschlechtsreif. Sie ziehen nach dem Laichen nach Norden zu ihren Nahrungsquellen, die zum Großteil aus Fischen bestehen. Für die kleineren Kabeljaue sind auch Zooplankton, Weichtiere, Vielborster und andere Würmer wichtige Nahrungslieferanten. Die erwachsenen Exemplare halten sich in den oberen Wasserschichten über dem Kontinentalschelf auf, gewöhnlich in Tiefen von 250–300 m, höchstens aber 500 m und leben auch in stark mit Süßwasser vermischten Gewässern. Es sind sogar Züge der Kabeljaue in Flüsse bekannt. Seitdem der Mensch Hochseefischfang betreibt, ist der Kabeljau ein wirtschaftlich bedeutender Fisch. Heute werden jährlich rund 2,5 Millionen Tonnen dieser Art mit Trawls, Schleppnetzen und auch mit der Angel gefangen.

Größe: 40–80 cm, max. 150–180 cm
Gewicht: 2–4 kg, max. 40 kg (ausnahmsweise 90 kg)
Fruchtbarkeit: 0,5–9 Millionen Eier
D_1 14–15; D_2 18–22; D_3 17–20; A_1 19–23;
  A_2 16–19
Verbreitung: nördlicher Atlantik, Ostsee, Weißes Meer und
  Barentssee, Norden des Pazifiks

Einige Entwicklungsstadien des Kabeljaus:
Embryo in der Eihaut (1), Larve mit Flossensaum (2) und Jugendstadium mit differenzierten Flossen (3)

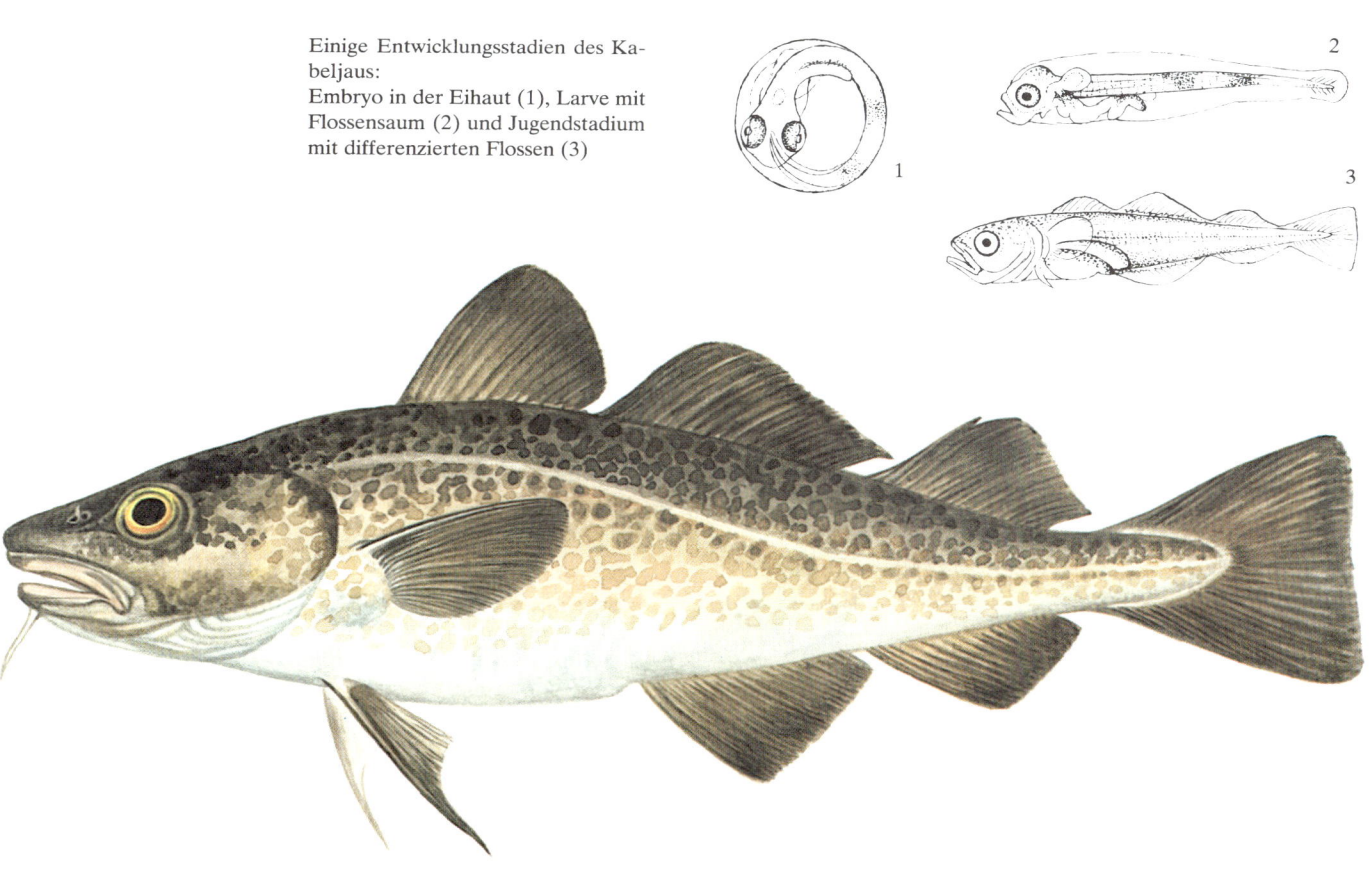

Schellfisch

Gadus aeglefinus

Beim Schellfisch ist die erste Rückenflosse ziemlich kurz ausgebildet und am Ansatz kürzer als die Kopflänge, die Augen sind groß und der Bartfaden am Kinn ist kurz. Der Körper ist oben dunkelgrau mit einer violetten Schattierung, an den Seiten silbergrau und am Bauch milchweiß. Unter der ersten Rückenflosse befindet sich seitlich je ein charakteristischer dunkler Fleck, die Seitenlinie ist auffallend dunkel. Schellfische beschränken sich auf Gewässer mit einem Salzgehalt von 32−33 ‰. In weniger salzigen Meeren, wie der Ostsee, kommen sie nicht vor. Sie sind langsamwüchsig, 50 cm Länge erreichen sie im fünften bis sechsten Lebensjahr, 70−80 cm mit 14 oder 15 Jahren. Im Norden ihres Verbreitungsgebietes werden sie mit 6 Jahren geschlechtsreif, im Süden mit 4 oder 5 Jahren. Die Laichzeit setzt im März ein und dauert bis in den Juni. Nach zwei oder drei Wochen schlüpfen die Larven, die sich ständig im Oberflächenwasser aufhalten und von den Meeresströmungen weit fortgetragen werden. Man findet sie häufig unter dem Schirm von Medusen. Mit etwa zwei Jahren orientieren sie sich allmählich auf eine benthische

Lebensweise und unternehmen regelmäßig Wanderungen. Im Sommer halten sie sich vor der Küste im flachen Wasser auf, im Winter ziehen sie sich in größere Tiefen zurück. Anfangs leben die Schellfische von Zooplankton, ab dem zweiten Lebensjahr stellen sie sich auf benthische Wirbellose um. Am intensivsten gehen sie bei 100−150 m und 1−5 °C Wassertemperatur auf Nahrungssuche. Sie sind wichtige Industriefische und ihr Fleisch ist sogar von noch besserer Qualität als das der Kabeljaue. Jährlich werden etwa 500 000 Tonnen gefischt, wozu Trawls, Schleppnetze und auch Angeln eingesetzt werden.

Größe: 60−70 cm, max. 100−110 cm
Gewicht: 2−4 kg, max. 17 kg
Fruchtbarkeit: 0,5−3 Millionen Eier
D_1 14−17; D_2 19−24; D_3 19−24; A_1 21−25;
    A_2 19−21
Verbreitung: im Atlantischen Ozean entlang den europäischen Küsten vom Golf von Biscaya bis zur Barentssee, Gewässer vor Island und Nowaja Semlja

Nahrungsarten: Kleinfische (1), Vielborster (2), Flohkrebse (3) und Mollusken (4)

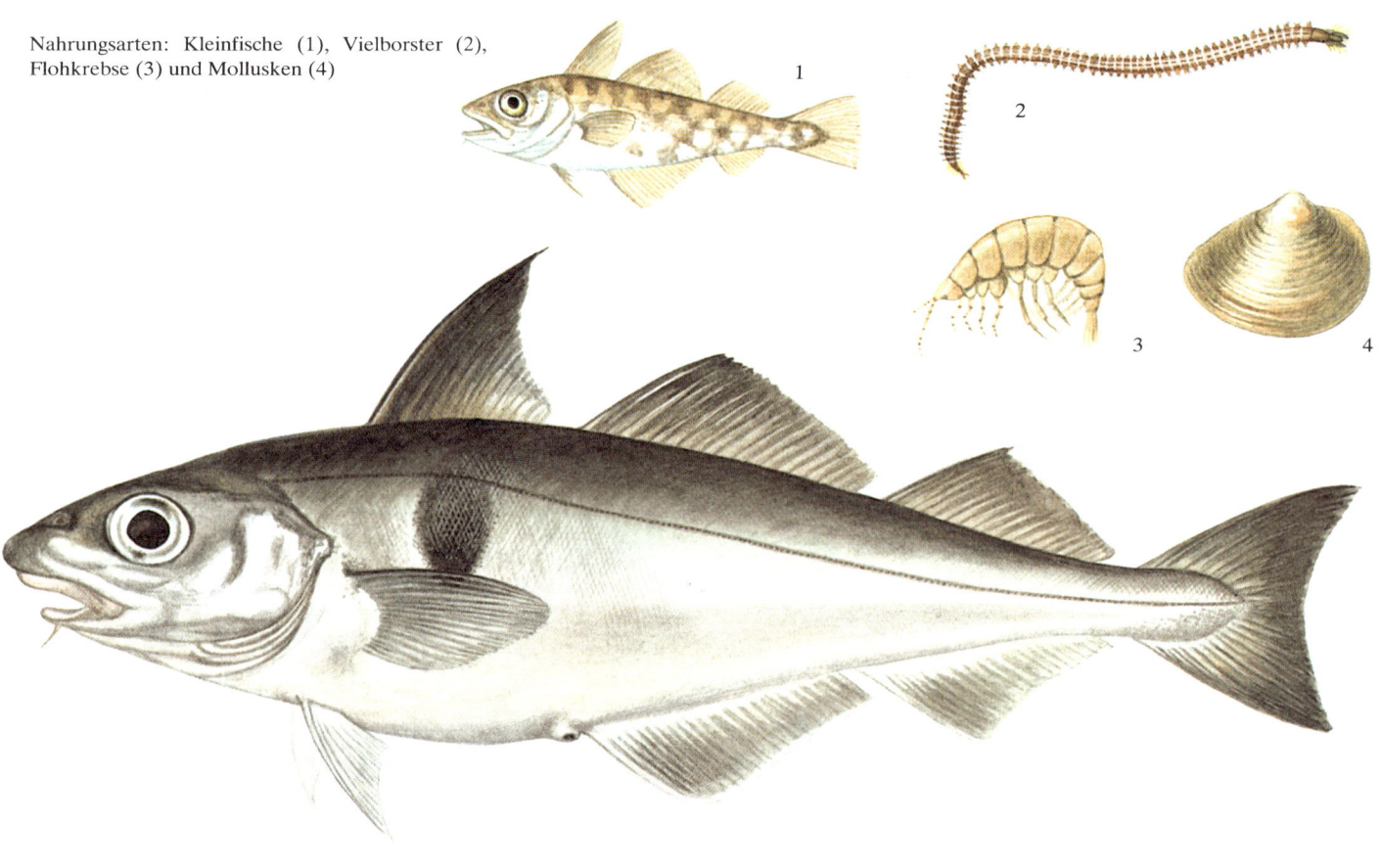

Wittling   *Gadus merlangus*

Der Wittling hat drei Rückenflossen und zwei Afterflossen, die dicht hintereinander stehen, und eine fast ausbuchtungslose Schwanzflosse. Der Kinnbartfaden ist nur kurz und fehlt bei erwachsenen Tieren ganz. Der Rükken ist blaugrün, die Seiten gelbgrün und der Bauch leuchtend weiß gefärbt und hat bei lebenden Tieren einen Silberhauch. Am Ansatz der Brustflosse befindet sich ein schwarzer Fleck. Am schnellwüchsigsten und am größten sind die Wittlinge vor den isländischen Küsten, am kleinsten im Schwarzen Meer, wo die mit längeren paarigen Flossen ausgestattete Unterart *G. m. euxini* lebt. Laichzeit ist das ganze Jahr über, am intensivsten von Januar bis Juli; im Winter findet das Laichen in 100−150 m Tiefe statt, im Sommer in etwa 80 m Tiefe. Die Eier werden in vier bis sechs Schüben abgelegt. Die Gesamtzahl der produzierten Eier kann daher nur geschätzt werden. Die Larven verbleiben am Ufer bis zu 100 m Wassertiefe. Nach Verzehren des Dottersacks leben sie pelagisch bis in 60 m Tiefe und zwar in den zentralen Meeresteilen mit 1000−2000 m Wassertiefe. Nach dem ersten Lebensjahr wechseln sie ihre Lebensweise, schwimmen zur Küste und führen hier ein benthisches Leben. Mit 2−4 Jahren erlangen sie ihre Geschlechtsreife und ernähren sich nun hauptsächlich von Fischen (Sprotten, Sardinen), aber auch von verschiedenen Wirbellosen. Die meiste Nahrung nehmen sie zwischen 10 und 14 Uhr auf, nachts ist die Nahrungsaufnahme am geringsten. Wittlinge sind kälteliebende Fische, die sich in Küstennähe über sandigem oder lehmigem Grund aufhalten und nur auf kurze Wanderungen gehen. Ihre Bedeutung für die Wirtschaft ist beachtlich, jährlich werden an die 200 000 Tonnen gefangen, wobei unter den größeren Tieren die Weibchen überwiegen. Auch Sportfischer fangen sie gern mit der Angel.

Größe: 30−40 cm, max. 70 cm, im Schwarzen Meer bis 20 cm
Gewicht: bis zu 3 kg
Fruchtbarkeit: 100 000−1 000 000 Eier
D_1 12−15; D_2 18−25; D_3 19−22; A_1 30−35; A_2 21−23
Synonym: *Merlangius merlangus*
Verbreitung: Küste Europas von der Barentssee und Island bis nach Gibraltar, Westteil der Ostsee, das Schwarze und Mittelmeer

Verbreitungskarte des Wittlings

Seelachs, Köhler

Pollachius virens

Der Seelachs hat 35−40 Kiemenreusendornen, wodurch er sich von seinem Verwandten *P. pollachius,* dem Pollack, unterscheidet, der nur 26−27 Reusendornen besitzt. Die Kinnbartel ist zwar klein, aber gut zu erkennen. Die Schwanzflosse ist leicht eingeschnitten. Die Oberseite von Rücken und Kopf ist dunkel olivgrün, bisweilen auch dunkelbraun bis schwarz gefärbt, die Seiten sind graugelb und der Bauch ist silberweiß. Der Seelachs zählt zu den großen Dorschen und laicht im gesamten Areal bis nach Island und den Lofoten im Norden. Er laicht von Januar und Februar bis Mai und Juni in 100−200 m Tiefe über lehmigem Grund bei 6−10 °C Wassertemperatur und 35 ‰ Salzgehalt. Seine Fruchtbarkeit ist beachtlich. Nach 10−15 Tagen Entwicklungszeit schlüpfen die 3−4 mm langen Larven. Meeresströme tragen sie weit weg von den Laichplätzen. Ende des Herbstes messen sie 15−20 mm und mit sechs Jahren erreicht der Seelachs 60−70 cm, mit zehn dann 70−80 cm. Seine Geschlechtsreife erreicht er

mit 5−6 Jahren. Seelachse sind pelagische Schwarmfische, die sich im Bereich des Kontinentalschelfs sowohl am Boden als auch im freien Wasser aufhalten. Regelmäßig unternehmen sie lange Wanderungen, im Sommer nordwärts, um sich zu mästen und im Herbst dann wieder zurück in den Süden. Jährlich fängt man rund 600 000 t dieses wertvollen Speisefisches.

Größe: 60−90 cm, max. 130 cm
Gewicht: 2−5 kg, max. 12−14 kg
Fruchtbarkeit: 5−8 Millionen Eier
D_1 13−15; D_2 19−24; D_3 19−24; A_1 25−30; A_2 17−24
Synonym: *Gadus virens*
Verbreitung: Norden des Atlantiks entlang der Küsten Europas vom Golf von Biscaya bis zur Barentssee, an der Südküste Grönlands bis zum 67. Breitengrad, Westküste des Atlantiks von der Hudsonbucht bis New York

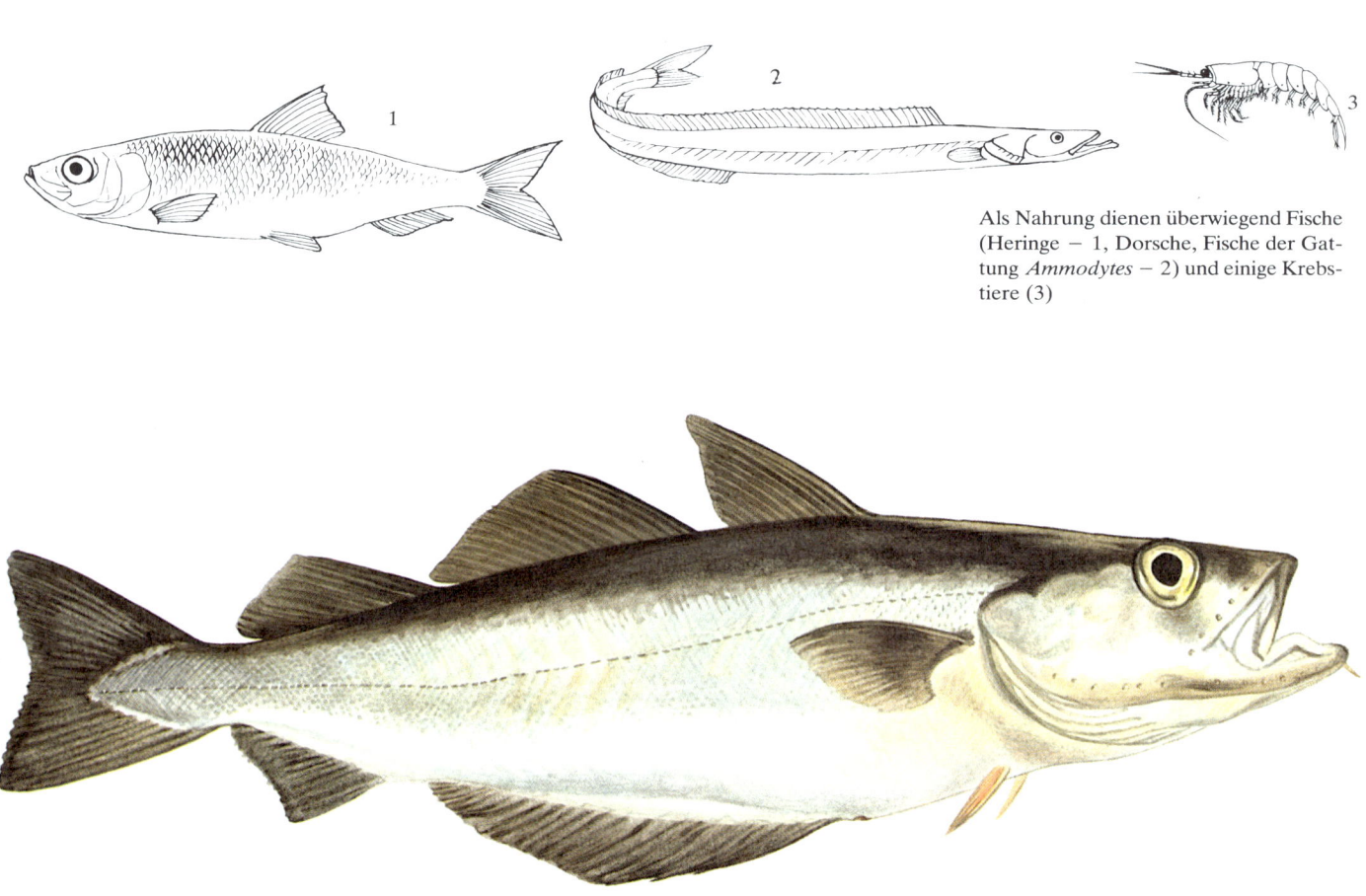

Als Nahrung dienen überwiegend Fische (Heringe − 1, Dorsche, Fische der Gattung *Ammodytes* − 2) und einige Krebstiere (3)

Pollack
Pollachius pollachius

Die erste Afterflosse des Pollacks beginnt ungefähr unter der Mitte der ersten Rückenflosse, die Schwanzflosse ist nur sehr schwach eingeschnitten. Erkennungsmerkmale sind das Fehlen der Kinnbarteln, die sonst typisch für die Dorsche ist, und die auffällig über der Brustflosse nach oben gebogene Seitenlinie. Der Unterkiefer ist länger als der Oberkiefer, die Bauchflossen sind sehr kurz. Auf dem Rücken ist der Pollack dunkel zimtfarben bis olivgrün, an den Seiten geht die Färbung ins Gelbgrün bis Grau über, und ist mit einem unregelmäßigen Netz bräunlicher bis gelber Flecken versehen. Der Bauch ist weiß gefärbt, die Seitenlinie ist dunkel. Pollacks leben im Pelagial in kleineren Schwärmen in der Küstenzone bis 200 m Tiefe. Größere Exemplare kommen häufig an Riffen über hartem Grund vor, während die kleineren Exemplare Sandboden bevorzugen. Die Laichzeit dauert von Januar bis Juni, gelaicht wird bei 8−10 °C warmem Wasser, meist in Tiefen bis 100 m. Die Larven sind pelagisch und leben von in Ufernähe schwimmendem Plankton. Erwachsene Pollacks jagen Kleinfische. Die jährlichen Fänge erreichen in letzter Zeit Höhen von 6−12 000 Tonnen, woran vor allem die skandinavischen Länder, Großbritannien und Spanien beteiligt sind. Das Fleisch ist trocken, von keiner besonders guten Qualität, stark gefärbt und wird frisch sowie getrocknet konsumiert.

Größe: 40−80 cm, max. 1,30 m
Gewicht: 1−8 kg, in Ausnahmefällen bis 11 kg
Fruchtbarkeit: bis 2,8 Millionen Eier von 1,1−1,2 mm Durchmesser
D_1 11−14; D_2 11−21; D_3 15−20; A_1 24−34; A_2 16−21; P 16−20; V 6
Synonyme: *Gadus pollachius, Merlangus pollachius*
Verbreitung: im Atlantischen Ozean von der Küste Islands und Nordnorwegens bis vor Nordafrika, im westlichen Teil der Ostsee und des Mittelmeers

Kennzeichen des Gehirns der Dorschartigen sind die Riechverdickungen (Bulbi olfaktorii), die sich dicht an die Riechkapseln (1) anschließen. Bei anderen Fischarten sitzen sie direkt am Vorderhirn (2)

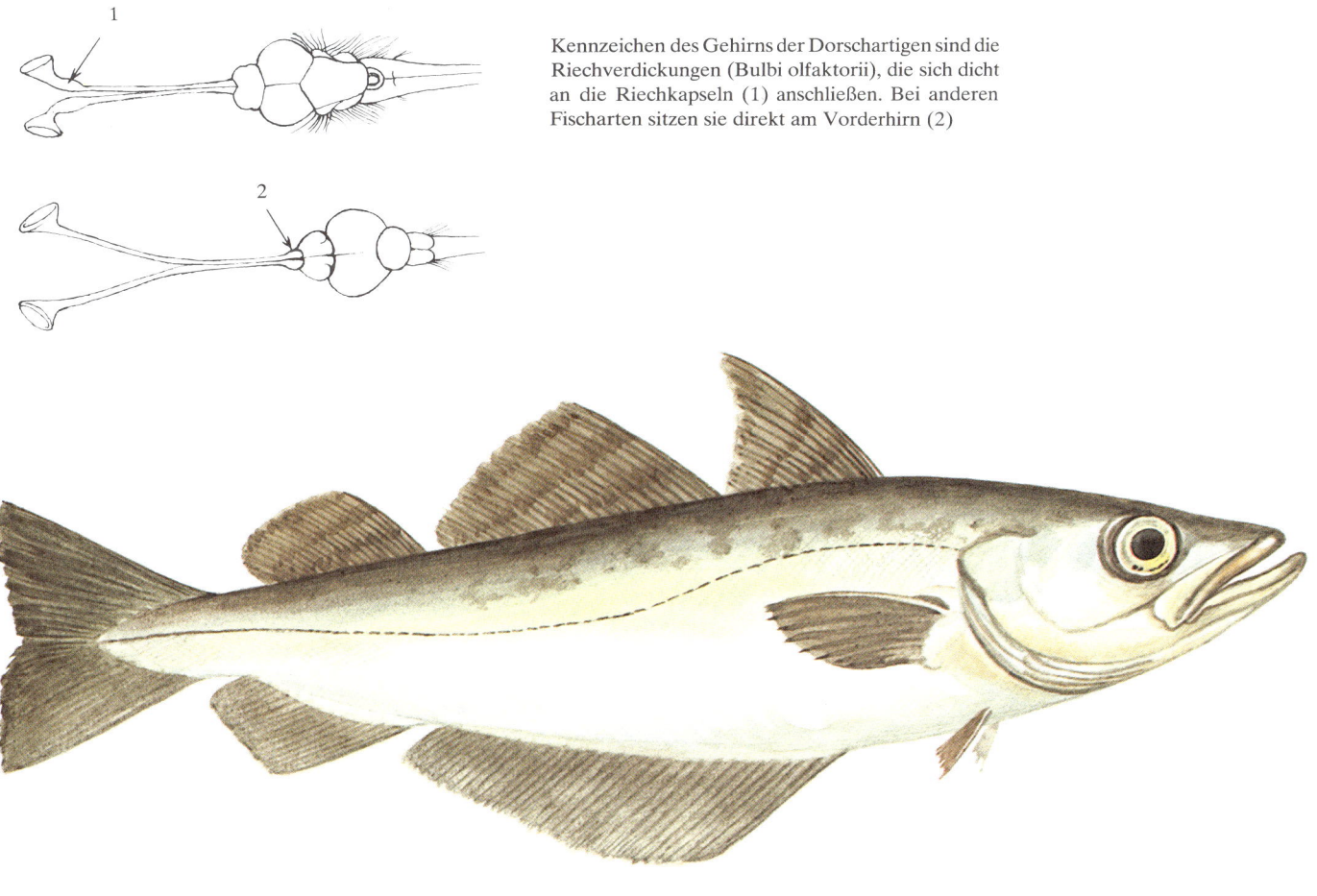

Blauer Wittling   *Micromesistius poutassou*

Die drei Rückenflossen des Blauen Wittlings stehen weit voneinander ab, wobei der größte Abstand zwischen der zweiten und dritten besteht. Von den beiden Afterflossen ist die erste sehr lang, die zweite wesentlich kürzer. Eine Kinnbartel fehlt, der Unterkiefer steht etwas vor. In seiner Färbung erinnert der Blaue Wittling an einen Hering. Der Rücken ist blaugrau bis grau, Seiten und Bauch sind silberweiß gefärbt. Die Art ist mäßig schnellwüchsig. Ende des vierten Jahres erreichen die Fische eine Länge von 30 cm. Mit 20−30 cm werden sie geschlechtsreif. Sie laichen in den ersten Frühlingsmonaten im Süden des Areals, wo sie die notwendigen 8−9 °C und 35 ‰ Salzgehalt vorfinden. Laich und Larven halten sich über Tiefen um 1000 m auf. Als Nahrung der Larven dienen Krebstiere und auch Kleinfische. Die Blauen Wittlinge sind Bewohner des offenen Meeres, die sich außerhalb des Kontinentalschelfs meist in 100−300 m Tiefe in bis 1000 m tiefen Gewässern aufhalten. Hier und da kann man sie aber auch vor der Küste finden. An der Küste Patagoniens lebt eine größere verwandte Art, *M. australis,* die etwa 50 cm Länge und 1 kg Gewicht erreicht. Hauptlaichgebiet dieser Art sind die Falklandinseln. Wirtschaftlich ist der Blaue Wittling wenig bedeutend. Gerät er als Beifang in die Netze, wird er zu Fischmehl verarbeitet oder direkt verbraucht. In der Leber befinden sich bis zu 50 % Tran, der eine wichtige Quelle der Vitamine A und D ist. Die Fische stellen häufig die Nahrung größerer Raubfische, vor allem aus der Gattung *Merluccius* dar.

Größe: 30−35 cm, max. 45 cm
D_1 12−14; D_2 12−15; D_3 23−26; A_1 33−39;
   A_2 24−27
Synonym: *Gadus poutassou*
Verbreitung: im Atlantischen Ozean an den europäischen Küsten, beginnend mit der Barentssee im Norden bis nach Gibraltar im Süden, vor Island, Grönland und Neufundland, im Westen des Mittelmeers

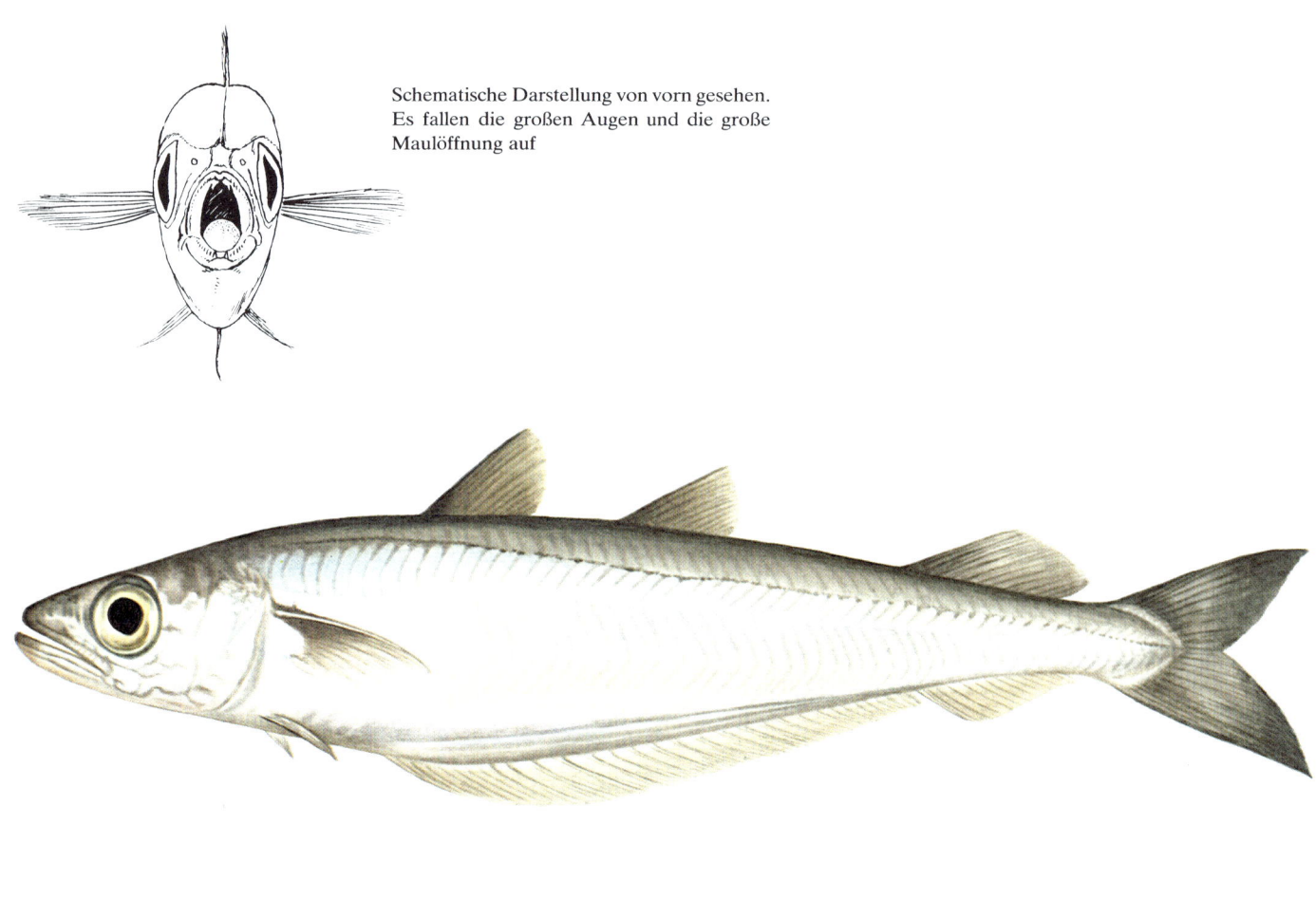

Schematische Darstellung von vorn gesehen. Es fallen die großen Augen und die große Maulöffnung auf

Franzosendorsch

Trisopterus luscus

Der Franzosendorsch, ein naher Verwandter des Zwergdorsches, unterscheidet sich von diesem außer durch die
deutlich hochrückigere Körperform auch durch die langen
Bauchflossen, die über die Afteröffnung hinausreichen.
Auch die Bartel am Kinn ist länger als die des Zwergdor-
sches, während der Augendurchmesser bei beiden gleich
der Maullänge ist. Die erste Afterflosse setzt weiter an und
zwar etwa unter der Mitte der ersten Rückenflosse.
Rücken- und Afterflossen stoßen jeweils aneinander, so
daß sie zwischen sich keine Lücke lassen. Das Ende der
Schwanzflosse ist gerade abgeschnitten. Durch den hohen
Rücken ist der Verlauf der Seitenlinie stärker gekrümmt.
Der Rücken ist zimtbraun gefärbt, mit 4 oder 5 dunklen
Schrägbinden, die Seiten sind gelb bis gelbbraun und der
Bauch ist weiß. Am Ansatz der Bauchflossen ist ein
dunkler Fleck sichtbar. Franzosendorsche schwimmen in
großen Schwärmen in Küstengewässern in 3−300 m Tiefe
und kommen näher ans Ufer als die Zwergdorsche. Mit
Vorliebe bewegen sie sich über steinigem Grund, zwischen
Riffs oder Felsbrocken. Sie laichen in Untiefen im März
und April, ihr Laich ist pelagisch. Bis ein Jahr alte Fische
kommen sehr verbreitet in den Untiefen mit sandigem
Grund vor. Sie leben von den verschiedensten Wirbellosen, größere Exemplare auch von Kleinfischen. Meist
werden die Franzosendorsche mit Schlepp- und Zugnetzen gefangen, in den letzten Jahren an die 15 000 t pro
Jahr. Zwar ist das Fleisch von recht gutem Geschmack,
doch verdirbt es rasch. Es wird daher vor allem zu
Fischmehl verarbeitet. Von den drei in europäischen
Gewässern vorkommenden Arten der Gattung *Trisopterus* wird *T. esmarki* (Stintdorsch) am stärksten gefischt.

Größe: 20−30 cm, max. 40 cm
Gewicht: bis 2,5 kg
Fruchtbarkeit: bis zu 390 000 Eier
D_1 11−14; D_2 20−24; D_3 18−20; A_1 30−31;
   A_2 19−22
Synonyme: *Gadus luscus, Morhua lusca*
Verbreitung: Atlantikküste Europas von Mittelnorwegen bis
   Gibraltar, Westteil des Mittelmeeres

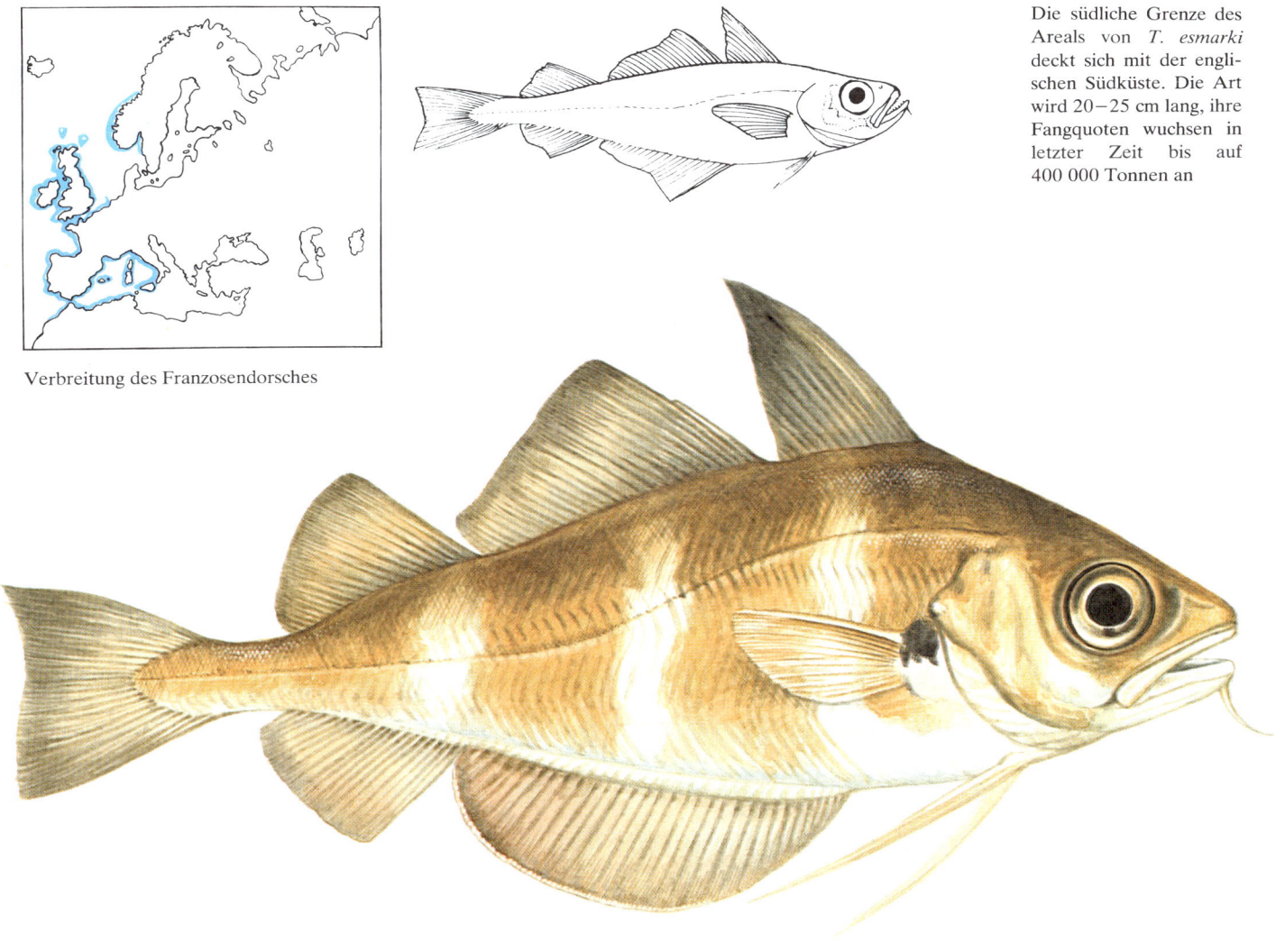

Verbreitung des Franzosendorsches

Die südliche Grenze des
Areals von *T. esmarki*
deckt sich mit der engli-
schen Südküste. Die Art
wird 20−25 cm lang, ihre
Fangquoten wuchsen in
letzter Zeit bis auf
400 000 Tonnen an

Zwergdorsch

Trisopterus minutus

Beim Zwergdorsch berühren sich die Rückenflossen, zwischen den Afterflossen besteht eine kleine Lücke. Über dem Ansatz der ersten Afterflosse beginnt die zweite Rückenflosse. Ähnlich wie bei den übrigen Dorscharten sind die Bauchflossen bis zum Hals vorgeschoben, das Kinn trägt einen Bartfaden, dessen Länge 3/4 des Augendurchmessers ausmacht, der wiederum der Schnauzenlänge gleichkommt. Der Oberkiefer ist länger als der Unterkiefer, die Schwanzflosse ist kaum merklich gewölbt. Im vorderen Körperteil senkt sich die Seitenlinie schräg nach unten zur Körpermitte hin, dort verläuft sie dann bis zum Schwanzende. Gelbbraun ist die Farbe des Rückens, grausilbrig die des Bauches und die Seiten sind hell mit einer kupfernen Schattierung. Zwergdorsche leben in Schwärmen in Küstengewässern 30–300 m tief und zwar sowohl am Boden als auch im freien Wasser. Sie leben von Krustentieren und Weichtieren, große Exemplare auch von kleinen Fischarten. Häufig dienen sie selbst großen Raubfischen oder Delphinen als Nahrung. Ihre Laichzeit ist im südlichen Areal im Winter, im Norden zu Frühjahrsbeginn. Die Weibchen bringen relativ viele, pelagisch lebende Eier hervor. Angesichts seiner kleinen Bestände und der geringen Körpergröße ist der Zwergdorsch ohne größere Bedeutung, obwohl sein Fleisch von gutem Geschmack ist. Gefangene Fische werden zu Mehl gemahlen.

Größe: 15–20 cm, vereinzelt bis 28 cm
Gewicht: 0,2–0,4 kg
Fruchtbarkeit: 50 000–350 000 Eier
D_1 13; D_2 23–26; D_3 22–24; A_1 28–29; A_2 23–25
Synonyme: *Gadus minutus, Gadus capelanus*
Verbreitung: Atlantikküste Europas, von Mittelnorwegen bis nach Gibraltar, Marokko, Nordteil des Mittelmeeres, Adria

Verbreitungskarte des Zwergdorsches

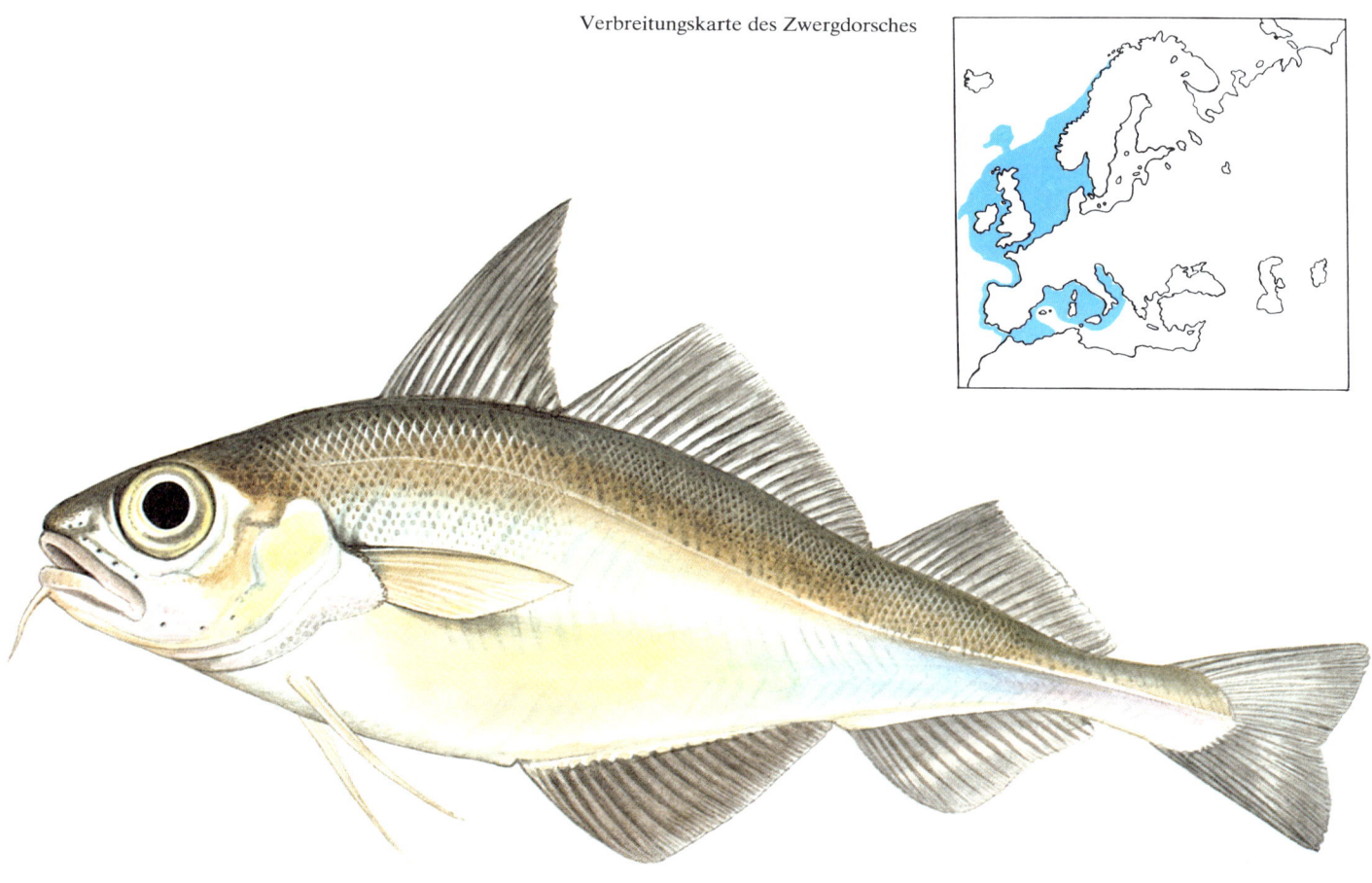

Europäische Nawaga   *Eleginus navaga*

In der Körperform ähnelt die Europäische Nawaga dem Kabeljau, doch sind die Rückenflossen weiter voneinander entfernt. Beide Afterflossen sind etwa gleichlang, die Schwanzflosse ist fast gerade abgeschnitten. Am Kinn steht eine kurze Bartel. Der Rücken ist dunkelbraun mit einer Schattierung ins Graue und hat dunkle Flecken. An den Seiten ist die Färbung heller, der Bauch ist silberweiß. Die Art gehört zu den mittelgroßen Dorschen. Im Dezember und Januar laichen die Fische in etwa 10 Meter Tiefe an Stellen mit starker Strömung über Stein- oder Sandgrund. Die in mehreren Teilen abgelaichten Eier schwimmen in den unteren Wasserschichten, ohne am Boden klebenzubleiben. Am Laichspiel nehmen zwei bis fünf Jahre alte Tiere teil. Sie wachsen langsam, im vierten Jahr erreichen sie durchschnittlich 35 cm Länge. In der Zeit der intensivsten Nahrungsaufnahme, also im September, Oktober und März, fressen sie Fische. In der Vorbereitungszeit vor dem Laichen und kurz danach, im November, Dezember und Februar, leben sie von Würmern und Krustentieren. Sie halten sich in geringer Tiefe nahe des Ufers auf und sind auf extrem niedrige Temperaturen im Winter eingestellt, die auch unter den Gefrierpunkt sinken können. Sobald die Wassertemperatur 10 °C übersteigt, stellen sie das Fressen ein. Oft kann man diese Dorsche in Gebieten mit wenig salzhaltigem Wasser fischen, besonders kurz vor der Laichzeit, wenn sie sich auf Wanderung begeben. Zuweilen schwimmen sie auch in die Mündungen großer Flüsse. Im nördlichen Teil des Stillen Ozeans lebt die verwandte Art *E. gracilis,* die eine robustere Gestalt hat. Die Europäische Nawaga besitzt nur lokale Bedeutung und wird vorwiegend im Herbst und Winter gefangen, wenn das Fleisch den besten Geschmack hat.

Größe: 30−35 cm, max. 45 cm
Gewicht: 0,5−1 kg
Fruchtbarkeit: 6000−90 000 Eier
D_1 12−16; D_2 14−21; D_3 20−22; A_1 19−23; A_2 19−26
Synonym: *Gadus navaga*
Verbreitung: vom Weißen Meer bis zur Obmündung

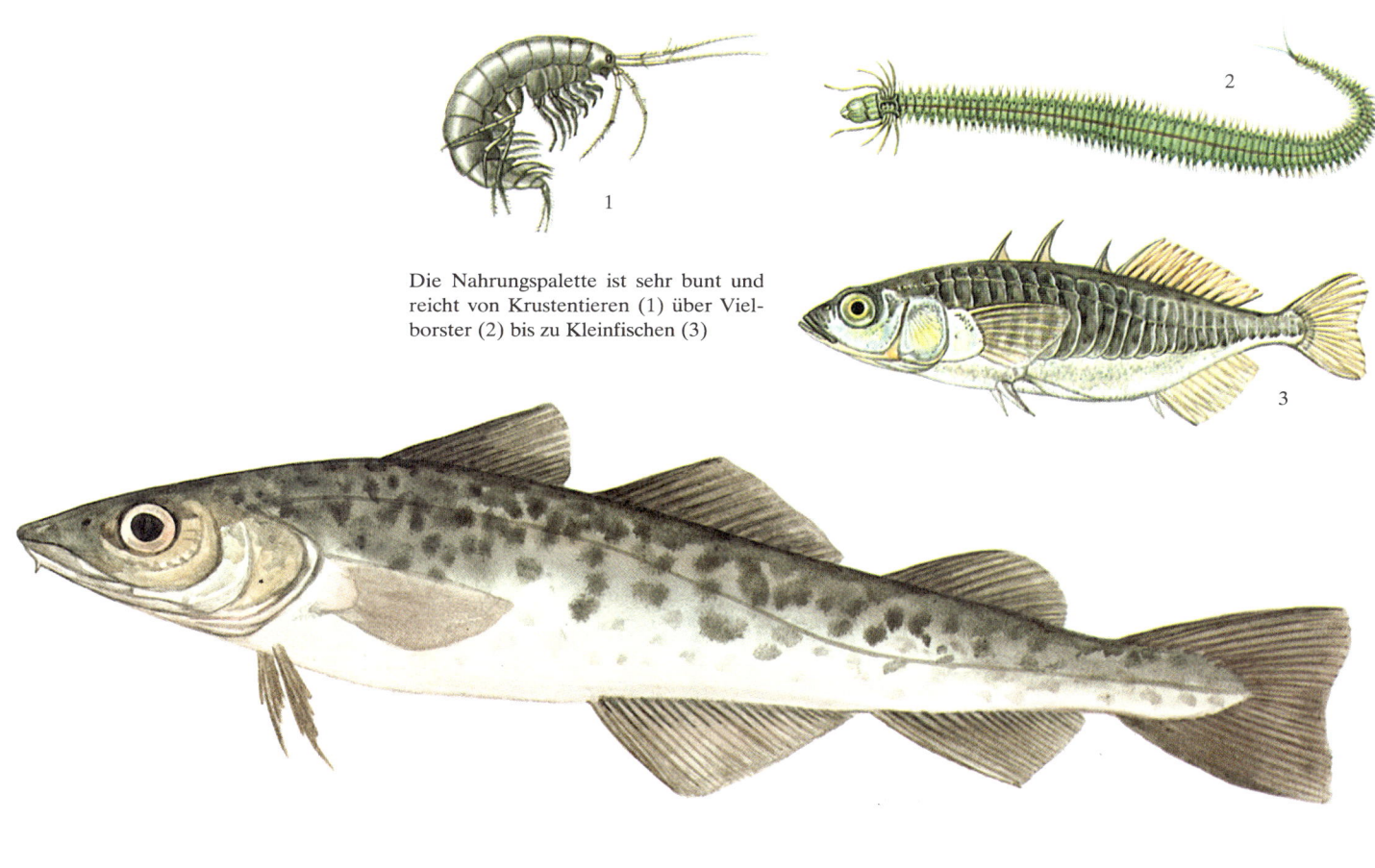

Die Nahrungspalette ist sehr bunt und reicht von Krustentieren (1) über Vielborster (2) bis zu Kleinfischen (3)

Lumb

Eine lange Rückenflosse und eine lange Afterflosse, ein kräftiger und gestreckter Körper charakterisiert den Lumb. Am Kinn befindet sich eine lange Bartel. Auf der Höhe des Afterflossenansatzes macht die Seitenlinie einen Knick nach unten. Der Rücken ist graubraun gefärbt, die Seiten ebenfalls, jedoch in einem helleren Ton, der Bauch ist grauweiß. Rücken- und Afterflosse sind von einem dunklen und darüber einem weißen Streifen umrandet. Zum Rand hin werden die Bauchflossen dunkler. Im gesamten Verbreitungsgebiet laicht der Lumb in einer Tiefe von 100−400 m, bei 4−9 °C und hohem Salzgehalt. In der Umgebung von Murmansk laicht er von Mai bis August, südlicher von April bis Juli. Seine großen Eier haben einen orangeroten Fetttropfen und entwickeln sich an der Wasseroberfläche. Nach einem Jahr erreichen die Larven 8−10 cm Länge. Mit fünf Jahren messen die Fische

34−37 cm. Geschlechtsreif sind sie mit 6 Jahren bei einer Körperlänge von 40−50 cm, insgesamt werden sie bis zu 20 Jahren alt. Lumbs halten sich in Tiefen von 200 bis 500 m, nur sehr selten bis 1000 m auf. Die in kleinen Schwärmen lebende Art bevorzugt steinigen Grund. Gefischt wird sie vor allem in Norwegen, der UdSSR und vor Island in einer Menge bis zu 10 000 t jährlich. Meist wird der gefangene Fisch gesalzen und getrocknet.

Größe: 40−60 cm, max. 110 cm
Gewicht: 1−2 kg, max. 12 kg
Fruchtbarkeit: 800−3000 Eier
D 85−107; A 62−77
Verbreitung: nördlicher Teil des Atlantischen Ozeans entlang der Küsten Europas bis nach Norddänemark, England und Irland, Ostküste von Südgrönland sowie vor Labrador

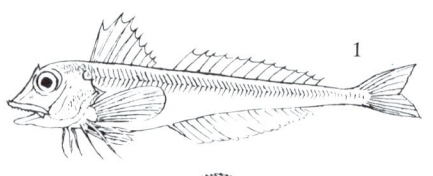

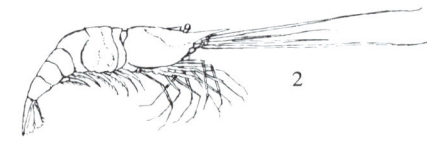

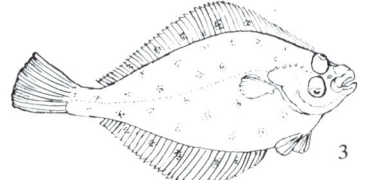

Nährtiere des Lumbs: *Aspitrigla cuculus* (1), der Kleinkrebs *Pandalus borealis* (2) und die Scholle (*Pleuronectes platessa*) (3)

Leng

Molva molva

In Körperform und Lebensweise ähnelt der Leng der Quappe *(Lota lota)* aus den Binnengewässern. Doch besitzt er, wie auch die anderen *Molva*-Vertreter, keine Seitenlinienporen am Kopf und es fehlen ihm auch die röhrenartigen, an Barteln erinnernden Verlängerungen der Nasenöffnungen. Der Oberkiefer steht ein wenig vor, das Kinn trägt einen Bartfaden. Die erste Rückenflosse ist kurz, die zweite lang. Die kurzen Bauchflossen reichen nicht bis zum Ende der Brustflossen. Auch die Augen sind nicht allzu groß und ihr Durchmesser entspricht etwa der Hälfte der Schnauzenlänge. Die Rückenseite des Lengs ist grünbraun bis grau und mit hellen Flecken versehen, der Bauch ist hell gefärbt. Am hinteren Rand der beiden Rückenflossen und der Afterflossen befindet sich je ein dunkler Fleck mit hellerem Rand. Lenge sind wenig beweglich und halten sich meist in 100−500 m Tiefe über hartem, steinigem Grund auf. Sie laichen von März bis Juni bei einer Wassertemperatur von 5−10 °C und zeichnen sich durch eine große Fruchtbarkeit aus. Die im Durchmesser 1 mm großen Eier entwickeln sich in den Oberflächenschichten, etwa ab 8 cm Länge leben die Larven dann am Boden. Beide Geschlechter reifen im Alter von 8−10 Jahren und mit einer Größe von 80−100 cm. Überwiegend werden die Lenge mit Hakenschnüren, Trawlnetzen sowie von Sportfischern mit der Angel gefangen. Jährlich werden 50−60 Tausend Tonnen an Land gebracht. Das Fleisch ist von guter Qualität.

Größe: 120−180 cm, max. bis 2 m
Gewicht: 30−40 kg
Fruchtbarkeit: 5−60 Millionen Eier
D_1 13−16; D_2 60−70; A 57−66; P 18−21
Synonym: *Gadus molva*
Verbreitung: europäische Küsten des Nordatlantiks von der Barentssee und Island bis zum Golf von Biscaya

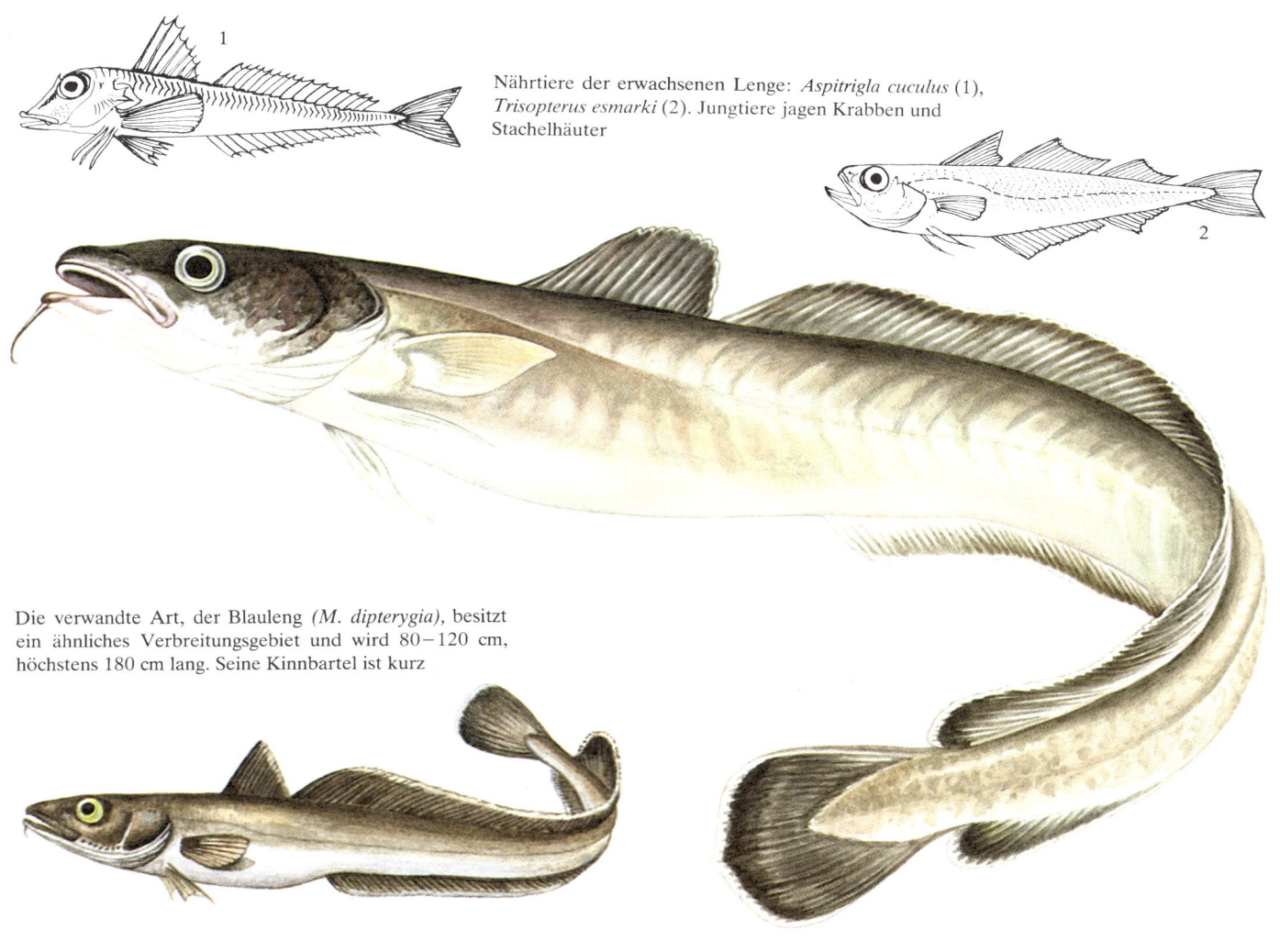

Nährtiere der erwachsenen Lenge: *Aspitrigla cuculus* (1), *Trisopterus esmarki* (2). Jungtiere jagen Krabben und Stachelhäuter

Die verwandte Art, der Blauleng *(M. dipterygia),* besitzt ein ähnliches Verbreitungsgebiet und wird 80−120 cm, höchstens 180 cm lang. Seine Kinnbartel ist kurz

Mittelmeerleng   *Molva macrophthalma*

Während der Leng *(Molva molva)* der größte Vertreter der Gattung *Molva* ist, ist der Mittelmeerleng der kleinste. Sein gestreckter Körper ist deutlich niedriger als beim Leng, der Kinnbartfaden ist kürzer. Andererseits hat er im Vergleich zur Kopflänge ziemlich große Augen, deren Durchmesser etwa der Schnauzenlänge entspricht. Unterschiedlich ist auch die Zahl der Flossenstrahlen der ersten Rückenflosse, von denen der Mittelmeerleng nur 10–12 besitzt. Der Unterkiefer und besonders die Bauchflossen sind ebenfalls länger als beim Leng, letztere reichen weit über die Brustflossen hinaus. Der Rücken ist braungrün, der Bauch silberweiß und hat zuweilen einen gelben Hauch. Rücken-, After- und Schwanzflosse sind braungrau. In ihrem Verbreitungsgebiet sind sie die einzigen Angehörigen der Gattung *Molva*, deren übrige Vertreter eher im Nordatlantik beheimatet sind. Sie leben hauptsächlich in tieferen Wasserschichten in der Nähe des steinigen oder lehmigen Grundes, besonders in Tiefen von 200–1200 m. Die Laichplätze befinden sich ebenfalls im tiefen Wasser am Rande des Kontinentalschelfs. Ihre Eier leben pelagisch. Genauere Angaben über die Vermehrungsbiologie sind nicht bekannt. Mittelmeerlenge jagen meist kleinere Fische und Wirbellose. Ihr Fleisch besitzt mittlere Qualität. Größere Bedeutung als Nutzfisch besitzt die Art nur im Mittelmeer, dort besonders in Spanien, vor dessen Küsten sie am häufigsten auftritt. Vorwiegend werden sie mit dicht über dem Grund geführten Schleppnetzen gefischt.

Größe: 50–70 cm, max. 90 cm
Gewicht: bis 7 kg
D_1 10–12; D_2 76–83;   A 75–79;   P 16–18;   V 6–7
Synonyme: *Molva elongata, Gadus elongatus*
Verbreitung: im Mittelmeer, im Atlantik im Golf von Biscaya und entlang der Küste Nordafrikas

Der verwandte Froschdorsch *(Raniceps raninus)* lebt im Norden bis an die Grenzen Mittelnorwegens, im Süden bis zur Biscaya. Er wird bis 35 cm groß und hält sich am Grund bis in 100 m Tiefe auf

Das Verbreitungsgebiet von *M. macrophthalma* (rot) liegt südlich der englischen Küste, im Mittelmeer und entlang der Küste Nordafrikas. Zusammen mit seinem Verwandten *M. molva* (blau) kommt er nur im Golf von Biscaya und vor der südenglischen Küste vor

Dreibärtelige Seequappe

Gaidropsarus vulgaris

In der ersten der zwei Rückenflossen befindet sich bei der Dreibärteligen Seequappe ein einziger Flossenstrahl von auffälliger Länge, während die anderen Strahlen dieser kurzen Flosse kurz und freistehend sind, ohne durch Hautstücke verbunden zu sein. Die zweite Rückenflosse sowie die Afterflosse sind sehr lang. Von den drei Barteln befindet sich eine am Kinn und zwei vor den Nasenöffnungen. In der Bauchflosse zählt man 20−22 Strahlen, wodurch man diese Art von der verwandten Mittelmeer-Seequappe *(G. mediterraneus)* unterscheiden kann, deren Brustflosse 15−17 Strahlen hat. Nördlich des Areals der Dreibärteligen Seequappe lebt eine weitere Art *G. argentatus,* die 22−24 Flossenstrahlen hat. Insgesamt umfaßt die Gattung *Gaidropsaurus* 14 Arten. Gefärbt ist die Dreibärtelige Seequappe lachsrot bis braunrot, hier und da mit einem helleren Hauch und mit dunkelbraunen Querbinden und Flecken auf dem Rücken. Die kälteliebenden Fische laichen im Winter von Dezember bis Februar. Laich und Larven leben zunächst pelagisch und sind auch zu dieser Zeit wie alle pelagischen Fische silbrig gefärbt. Erreichen sie 5−6 cm Körperlänge, sinken sie zum Grund hinab, um nun eine benthische Lebensweise zu führen. Als erwachsene Tiere halten sie sich in Küstennähe (wenn auch nicht direkt am Ufer) in einer Tiefe von 10−50 m auf. Ihre Nahrung besteht aus größeren benthischen Krustentieren und Kleinfischen. Wirtschaftliche Bedeutung besitzt die Dreibärtelige Seequappe nicht, wird aber bisweilen mit der Angel gefangen.

Größe: 35−40 cm, max. 55 cm
Gewicht: 0,5−1 kg
P 20−22
Verbreitung: in der Nordsee von der Küste Mittelnorwegens bis Gibraltar, im Westteil des Mittelmeeres im überwiegenden Teil des Atlantischen Ozeans. Im Mittelmeergebiet ist sein Vorkommen mit dem von *G. mediterraneus* identisch

G. vulgaris (1) besitzt längere Kiefer und mehr Strahlen in der Brustflosse als *G. mediterraneus* (2)

Mittelmeer-Seequappe   *Gaidropsarus mediterraneus*

Die Mittelmeer-Seequappe erinnert in ihrer Körperform an die Quappe (*Lota lota*). Die erste Rückenflosse der Mittelmeer-Seequappe bildet einen deutlich herausragenden Strahl, dem in einer Längsfurche des Rückens zahlreiche kleine und schwache Weichstrahlen folgen. Die zweite Rückenflosse und die Afterflosse sind lang und werden von gleichmäßig hohen Strahlen gestützt. Am Vorderrand der Nasenlöcher steht je eine Bartel, eine dritte befindet sich wie bei den anderen Quappen am Kinn. Die Schwimmblase ist nur rudimentär ausgebildet, der Unterkiefer ist kürzer als der Oberkiefer, die Seitenlinie senkt sich in einem Bogen vor dem Ansatz der Afterflosse. Sehr wechselhaft ist die Hautfärbung. Rücken und Seiten sind meist mehr oder weniger dunkelbraun, der Bauch ist heller. Über den ganzen Körper und die Flossen sind zahlreiche helle und dunkle Flecken verschiedener Größe verteilt. Mittelmeer-Seequappen leben an felsigen Küsten über steinigem Grund in Tiefen bis 30 m, vereinzelt auch über anderem Boden oder in größeren Tiefen. Zum Laichen entfernen sie sich von der Küste, meist geschieht dies in den Sommermonaten, an mehreren Standorten aber auch schon im Herbst oder Frühling. Laich und Larven leben pelagisch, die Jungfische halten sich bevorzugt an der Oberfläche auf. Mit 4—5 cm ziehen sie näher zur Küste und steigen zum Grund hinab. Sie ernähren sich jetzt vor allem von kleinen Fischarten, Krustentieren, Würmern und Krabben. In den Fischernetzen finden sie sich nur selten. Ihr Fleisch gilt als schmackhaft. Da sie sich in manchen Jahreszeiten in großen Mengen an der Küste ansammeln, spielen sie dort in der Ökologie als Konsument oder als Nahrungsquelle eine wichtige Rolle. Ihre systematische Einordnung ist noch nicht ganz geklärt.

Größe: 30—40 cm, max. 60 cm
Gewicht: 0,4—1 kg
Fruchtbarkeit: 100 000—450 000 Eier
D_1 17—19; D_2 54—60; A 44—49; P 15—17
Synonyme: *Onos mediterraneus, Onos maculatus, Onos tricirratus, Gaidropsarus tricirratus*
Verbreitung: Atlantikküste Europas und Nordamerikas von Mittelnorwegen bis Marokko, das Schwarze und Mittelmeer

Verbreitungskarte der Mittelmeer-Seequappe

Fünfbärtelige Seequappe   *Onos mustela*

Am gestreckten Körper der Fünfbärteligen Seequappe befinden sich zwei Rückenflossen, deren erste wie bei der Dreibärteligen und Mittelmeer-Seequappe von einem deutlich längeren Flossenstrahl und vielen dünnen und selbstständigen Strahlen gebildet wird. Kleine, dünne Schuppen bedecken den Körper der Fünfbärteligen Seequappe, die Seitenlinie senkt sich am Ansatz der Afterflosse mit einem ziemlich scharfen Bruch bis etwa zur Körpermitte und verläuft in dieser Höhe bis zur Schwanzwurzel. Die Länge des relativ kurzen Kopfes macht weniger als ein Fünftel der Körperlänge aus. An seinem Vorderrand sitzen in Maulnähe 5 fleischige Barteln, zwei davon am Vorderrand der Nasenlöcher, zwei an der Oberlippe und eine am Kinn. Die Farbe des Rückens ist dunkelbraun (zuweilen mit einer rötlichen Schattierung), der Bauch ist graublau gefärbt. Maulöffnung und Kiemenhöhle sind innen hellgelb. Die Art lebt in der Flutzone an Küsten jeder Art, häufig im Pflanzenbewuchs. Mit Vorliebe suchen die Fische harten, steinigen Grund in 5–20 m Tiefe auf. Sie laichen von Januar bis April in Untiefen vor der Küste oder in Flußmündungen. Eier und Larven sind pelagisch, die silberfarbenen Jungfische mit grünlichem Rücken leben bis zu einer Länge von 3–4 cm unter der Wasseroberfläche und gehen erst dann zu einem Leben am Boden über. Erwachsen geworden, leben sie überwiegend von Krustentieren und Kleinfischen. Aufgrund ihrer kleinen Ausmaße haben die Fünfbärteligen Seequappen keine Bedeutung für die Wirtschaft. Die im Frühling in großen Schwärmen in den Oberflächenschichten auftretende Fischbrut ist jedoch eine wichtige Nahrungsquelle einiger Meeresvögel.

Größe: 20–25 cm, ausnahmsweise bis 30 cm
Gewicht: bis 400 g
Fruchtbarkeit: 100 000–400 000 Eier
D_1 15–17; D_2 45–56; A 40–46; P 14–17; V 6–8
Synonyme: *Ciliata mustela, Gadus mustela*
Verbreitung: im Atlantischen Ozean an den Küsten Europas von Nordnorwegen bis Südportugal

Die verwandte Vierbärtelige Seequappe *(O. cimbrius)* ist von Island bis zur Küste Norwegens und Englands sowie vor der Ostküste der USA und Kanadas verbreitet. Sie wird 30–40 cm, höchstens aber 50 cm lang und hat am Oberkiefer nur drei Barteln. Ihr erster Strahl der ersten Rückenflosse ist auffallend langgezogen

Quappe

Lota lota

Der einzige Süßwasservertreter der Dorschfamilie, die Quappe, besitzt einen runden Körper mit zwei Rückenflossen, deren zweite ebenso wie die Afterflosse sehr lang ist. Die Bauchflossen setzen vor den Brustflossen an und ihr zweiter Flossenstrahl ist fadenartig in die Länge gezogen. In der Kinnmitte entspringt ein Bartelfaden. Körper und Flossen sind graubraun bis grünlich mit einer auffallenden Marmorierung versehen. Quappen führen ein verstecktes Leben, sie kommen in den Oberläufen und Mittelläufen von Flüssen, in einigen Teichen, in höher gelegenen Stauseen und manchmal auch in den Unterläufen der Flüsse vor. Ziemlich häufig sind sie in der Donau und einigen ihrer Nebenflüsse, wo sie nach Beobachtungen von Tauchern sich nicht einzeln zwischen den Steinen verstecken, sondern in Gruppen zu fünft und mehr in Baumwurzeln oder angeschwemmtem Holz leben. Sie laichen nachts und in der Dämmerung am häufigsten noch unter dem Eis und über Sandboden von Dezember bis März bei einer Wassertemperatur zwischen 2,8 und 6 °C. Die befruchteten Eier werden von der Strömung fortgetragen und sinken an stillen Stellen zum Grund hinab. In Abhängigkeit von der Temperatur des Wassers schlüpfen die Larven nach 1—2 Monaten. Im Unterschied zu den meisten anderen Fischen nehmen die Quappen die meiste Nahrung im kalten Wasser in den Herbst- und Wintermonaten zu sich. Im Sommer fallen sie zuweilen in einen „Sommerschlaf". Besonders nachts sind sie aktiv. Quappen sind sehr gefräßig und können sogar Fische erjagen und verschlucken, die nur wenig kleiner sind als sie selbst. Das Fleisch und besonders die Leber sind sehr schmackhaft. Trotzdem und obwohl sie zu beträchtlicher Größe heranwachsen können, haben die Quappen keine besondere wirtschaftliche Bedeutung. Die Ursache liegt daran, daß sie wegen ihres Nachtlebens nur schwer zu fangen sind. Aufgrund des hohen Gehaltes an Vitamin A wurde die Leber früher zur Augenheilung verwendet.

Größe: 60—70 cm, max. 120 cm
Gewicht: 2—5 kg, max. 24 kg
Fruchtbarkeit: 30 000—3 000 000 Eier
D_1 9—16; D_2 67—90;   A 65—79
Verbreitung: Flüsse Europas, Asiens und Nordamerikas. In Europa fehlt die Art auf der Balkan- und Pyrenäenhalbinsel, ferner im überwiegenden Teil Englands und Norwegens

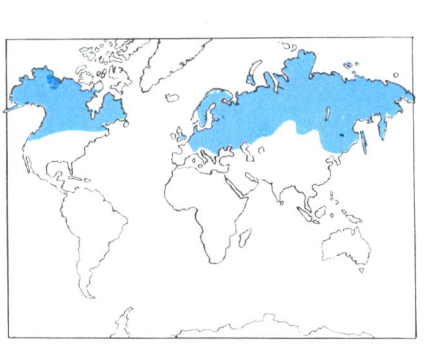

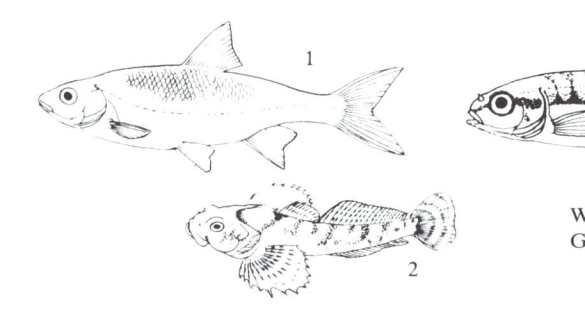

Wichtige Nährfische: Hasel (1), Groppe (2) und Elritze (3)

Verbreitungskarte der Quappe

Die Familie der Seehechte (MERLUCCIIDAE) umfaßt 4 Gattungen mit etwa 10 Arten, die in den gemäßigten und subtropischen Gewässern des Atlantiks und Pazifiks verbreitet sind. Von den Dorschen unterscheidet sie, daß am Kinn keine Bartel vorhanden ist und daß sie nur zwei Rückenflossen besitzen. Von einigen Systematikern werden sie als Unterfamilie der Familie der Dorsche (GADIDAE) zugeordnet.

Seehecht, Hechtdorsch

Merluccius merluccius

Der Seehecht, der einzige in Europa lebende Vertreter der Seehechte, hat einen schlanken Körper, großen Kopf und ein Maul mit starken, zurückgebogenen Zähnen. Seine Körperform erinnert an die des Hechts, so daß er bereits im Mittelalter mit dem Namen maris lucius (Seehecht) bedacht wurde, der die Grundlage für seine wissenschaftliche Bezeichnung und für die Benennung in vielen europäischen Sprachen bildete. Die erste Rückenflosse ist kurz und dreieckig, die zweite Rückenflosse und die Afterflosse sind lang und leicht eingebuchtet. Der Rücken ist graublau gefärbt, Bauch und Seiten sind silberweiß. Seehechte leben in ihrer Mehrheit am Rande des Kontinentalschelfs in 150–550 m Tiefe, im Sommer aber in flacheren Gewässern. Diese Tiere sind ausgezeichnete Schwimmer, halten sich tagsüber am Grund auf und unternehmen nachts Wanderungen zur Oberfläche auf der Suche nach Nahrung. Größere Wanderungen absolvieren sie im Laufe des Jahres. Sie laichen im Frühling, im Norden ihres Areals auch im Sommer und immer in Ufernähe in 100–800 m Tiefe. Die Männchen werden mit einer Länge von 40 cm geschlechtsreif, die Weibchen erst bei 70 cm. Seehechte haben wenig fettes und sehr gut schmeckendes Fleisch, das in letzter Zeit besonders als gefrorenes Fischfilet auf den Markt kommt. Vorwiegend werden die Fische mit Trawlnetzen gefangen, pro Jahr belaufen sich die Fangmengen auf rund 120 000 Tonnen, früher waren es noch mehr. Im letzten Vierteljahrhundert wurden die Bestände nämlich durch unüberlegtes, industriemäßiges Überfischen stark reduziert.

Größe: 1–1,20, vereinzelt bis 1,50 m
Gewicht: 5–8 kg, max. 11 kg
D_1 9–11; D_2 36–40; A 36–40; P 12–14; V 7
Synonyme: *Gadus merluccius, Gadus merlus*
Verbreitung: im Atlantischen Ozean von der Nordwestküste Afrikas bis Island und den Lofoten

Als Nahrung dienen überwiegend pelagische Fischarten, vor allem junge Makrelen (1), Anchovis (2), Heringe (3) und junge Exemplare der Mittelmeer-Bastardmakrele (*Trachurus mediterraneus* – 4)

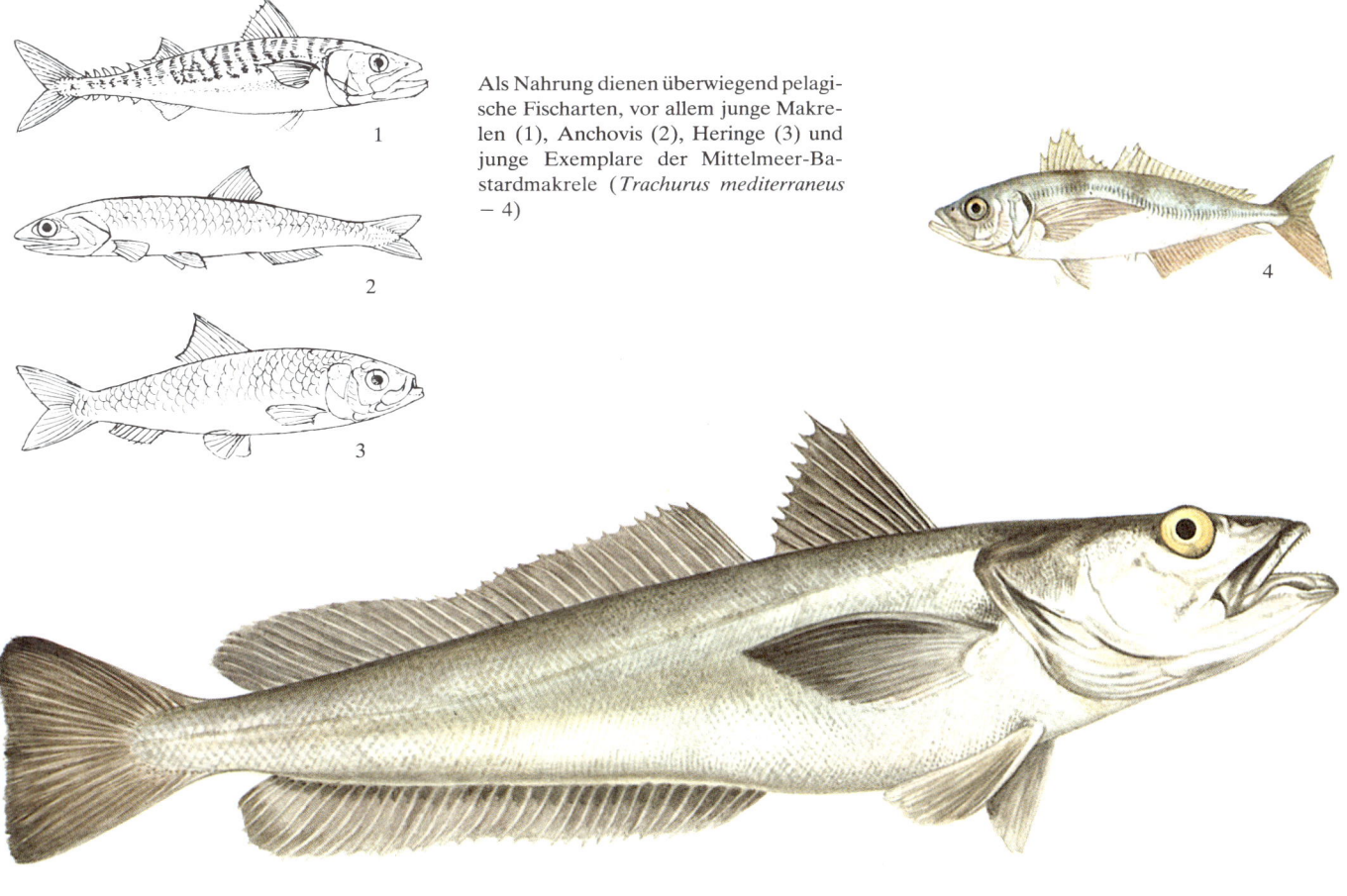

Die Ordnung GASTEROSTEIFORMES (Stichlingsartige) zählt an die 200 kleine Arten mit auf der Brust befindlichen oder weiter zum Bauchansatz verschobenen Bauchflossen. Viele Arten tragen Knochenschilde. Der Familie GASTEROSTEIDAE (Stichlinge) gehören Meeres- und Süßwasserfische der nördlichen Halbkugel an. Bei den im Meer wohnenden Populationen sind die knöchernen Seitenschilde gut herausgebildet, bei den Süßwasserbeständen sind es nur wenige oder sie fehlen ganz. Die Männchen betreiben Brutpflege, sie kümmern sich um Laich und Larven.

Dreistacheliger Stichling
Gasterosteus aculeatus

Die Dreistacheligen Stichlinge lassen sich leicht an den drei freistehenden Dornen vor der Rückenflosse erkennen. An den Seiten ist der Körper durch Knochenplatten geschützt. Es werden eine Reihe von Formen unterschieden, die verschiedene Entwicklungsstufen der Knochenschilde, aber auch verschieden viele Stacheln vor der Rückenflosse aufweisen. Während der Rücken graublau, olivgrün oder gefärbt ist, sind Seiten und Bauch silberfarben. In der Laichzeit nimmt bei den Männchen die vordere Hälfte der Körperunterseite eine rote bis orangerote Farbe an, der Rücken wird stahlblau und die Kiemendeckel goldfarben. Stichlinge leben sowohl in küstennahen Bereichen der Ozeane als auch in salzigen Seen nahe des Meeres und auch im Süßwasser. Diese typische euryhaline Art bewohnt in Binnengewässern gewöhnlich kleine Tümpel oder tote Flußarme in einer Tiefe bis einen Meter. In manchen kleinen Binnengewässern bilden die Stichlinge zahlenstarke Bestände. Bekannt sind sie vor allem durch ihre Pflege der Nachkommenschaft. In der Laichzeit von April bis Juni baut das Männchen ein Nest aus Pflanzenresten, in das es dann mit einem Werbetanz die Weibchen lockt. Nach der Befruchtung verteidigt das Männchen sein Nest vor noch so großen Eindringlingen und entfernt die unbefruchteten Eier. Die Wachstumsgeschwindigkeit der Larven hängt vom Nahrungsangebot ab und ist im Meer gewöhnlich höher. In zwei bis vier Entwicklungsgruppen reifen die Eier heran. Ein großer Teil der Elterntiere geht nach dem Laichen ein. Ihre Geschlechtsreife erreichen die Stichlinge bereits am Ende des ersten Lebensjahres. Im Durchschnitt werden sie drei Jahre alt. Als Nahrung dienen ihnen kleine Krustentiere und der Laich verschiedener Fischarten.

Größe: 6,5–7,5 cm, max. 10–11 cm
Fruchtbarkeit: 60–600 Eier
D III/8–14; A I/6–11
Verbreitung: Küsten Europas, Ost- und Westküsten Nordamerikas und Ostasiens. Dringt über die Flüsse ins Binnenland ein

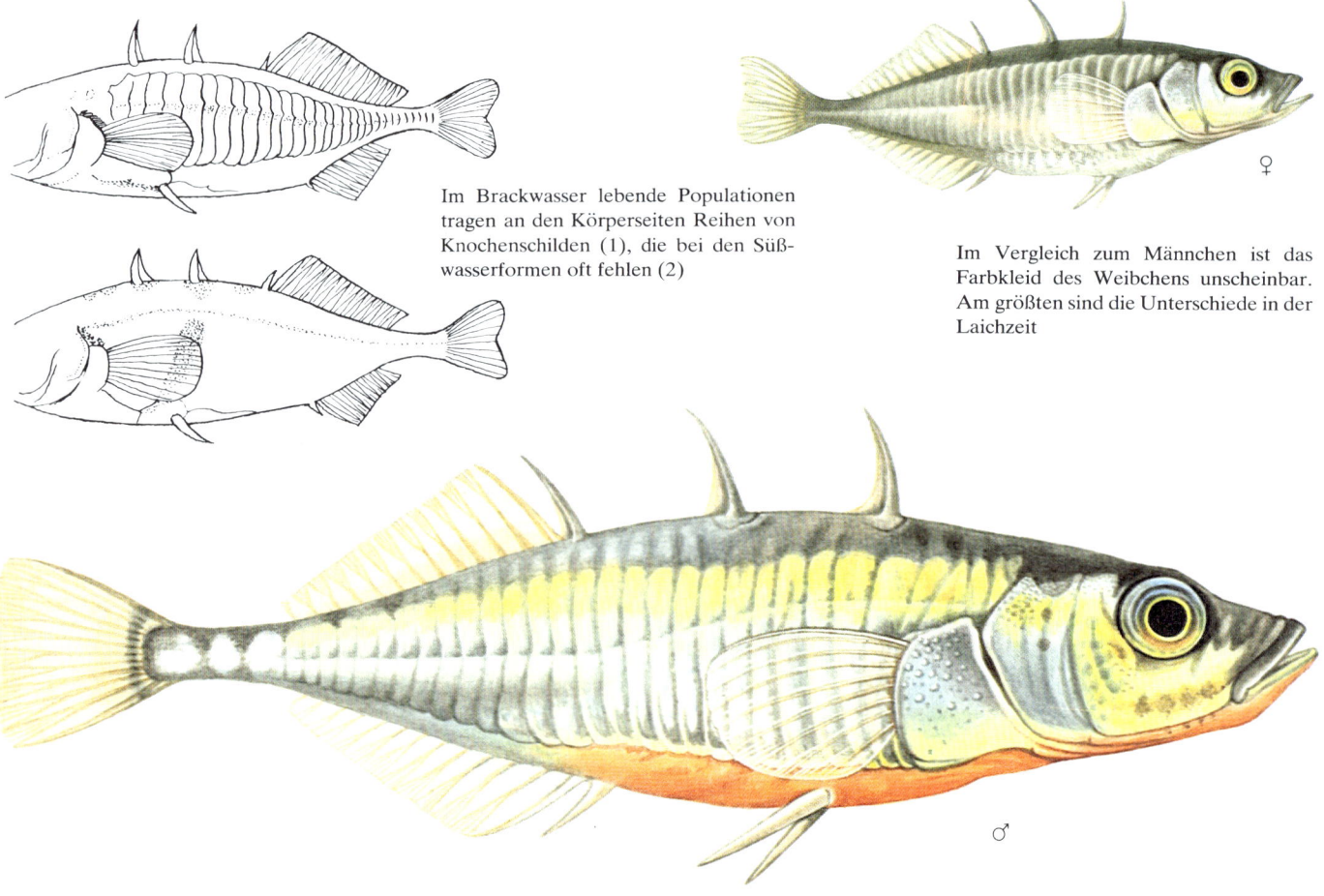

Im Brackwasser lebende Populationen tragen an den Körperseiten Reihen von Knochenschilden (1), die bei den Süßwasserformen oft fehlen (2)

Im Vergleich zum Männchen ist das Farbkleid des Weibchens unscheinbar. Am größten sind die Unterschiede in der Laichzeit

Kleiner Stichling, Neunstacheliger Stichling   *Pungitius pungitius*

Der Kleine Stichling trägt auf dem Rücken vor der Rückenflosse bis zu elf, meist aber neun selbständige Stacheln. Diese Dornen bezieht man in die Flossenformel der Rückenflosse ein. Der zweite Teil der Rückenflosse wird von verzweigten Weichstrahlen gebildet und ist annähernd ebenso lang wie die Afterflosse. Der Körper ist schuppenlos und nackt. Am recht kurzen und an der Wurzel dünnen Schwanzstiel befinden sich gekielte Schilde. Rücken und Seiten sind olivgrün mit einem graubraunen Unterton, der Bauch ist heller. In der Laichzeit werden die Farben beider Geschlechter intensiver. Das Männchen ist dann am Hals und einem Teil des Bauches dunkel bis schwarz, und die aus einem Stachel und einem Weichstrahl gebildeten Bauchflossen sind weiß bis hellblau. Der kleine Stichling lebt im Süßwasser und Brackwasser in der Umgebung von Flußmündungen, Meeresbuchten und Lagunen. Typische Standplätze sind Flüsse, Tümpel und Teiche, die im Sommer stark zuwach-

sen. In den dichten Pflanzenbeständen bauen die Männchen ihre Nester, in denen sie von Mai bis August mit einem oder mehreren Weibchen nacheinander ablaichen. Die Fischbrut wächst im ersten Lebensjahr auf 3,5 cm Länge heran. Ihre Nahrung ist ähnlich wie bei den übrigen Stichlingsarten zusammengesetzt, doch werden weniger Laich und Larven von fremden Arten gefressen. Die Kleinen Stichlinge selbst dienen vor allem den Saiblingen als Futter. Sie werden höchstens 3 Jahre alt. Wirtschaftlich sind sie bedeutungslos, bei massenhaftem Auftreten in nördlichen Gebieten werden sie gelegentlich als Futter für Hunde oder Geflügel genommen.

Größe: 5–7 cm, max. 9 cm
Fruchtbarkeit: 350–1000 Eier
D IX–XI/9–12;   A I/8–13;   P 9–11;   V I/1
Verbreitung: Einflußgebiet des Nördlichen Eismeeres

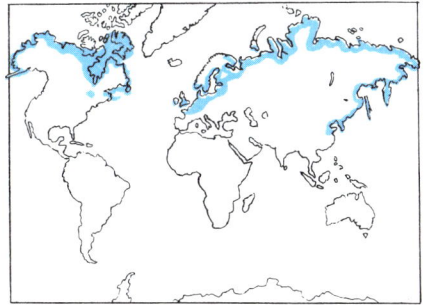

Verbreitungskarte des Kleinen Stichlings

Das Weibchen ist olivgrün gefärbt. Ein ähnliches Farbkleid tragen auch die Männchen außerhalb der Laichzeit

Südlicher Zwergstichling　　　　　　　　　　*Pungitius platygaster*

Der Südliche Zwergstichling besitzt, wie die vorige Art, vor der Rückenflosse 8–11, meist aber neun kurze, freistehende Stacheln. Rücken- und Afterflosse sind etwa gleichlang. Im Unterschied zum Kleinen Stichling *(P. pungitius)* ist jedoch der Körper des Südlichen Zwergstichlings seitlich mit schwer zu erkennenden Knochenschilden bedeckt und am Schwanzstiel fehlen die Seitenkiele ganz. Die Anzahl der Knochenplättchen beträgt 29–32, manchmal sind sie jedoch nur vorn vorhanden und dann sind es nur 6–15. Im Farbkleid überwiegt Graugrün bis Graubraun mit unregelmäßigen dunkleren Flecken. Die Rücken-, Schwanz- und Afterflosse sind oft unregelmäßig mit kleinen dunklen Punkten versehen. Allerdings ist die Färbung sehr veränderlich und wird in der Laichzeit besonders bei den Männchen intensiver. Auch das Verbreitungsgebiet des Südlichen Zwergstichlings ist ein völlig anderes als das vom Kleinen Stichling. Die Vermehrung dieser Art verläuft von Mitte Mai bis Mitte August. In dieser Zeit baut das Männchen über dem Grund ein Nest aus Wasserpflanzenstücken, in das er nacheinander mehrere Weibchen zum Laichen treibt. Das Laichen geht portionsweise vor sich und das Männchen bewacht nach der Befruchtung Laich und Larven. Die klein bleibenden Fische reifen mit einem Jahr geschlechtlich heran und laichen zweimal bis dreimal im Leben. Sie ernähren sich hauptsächlich von kleinen Krustentieren, Insektenlarven, Fischeiern und Fischlarven. Selbst sind sie Nährtiere größerer Süßwasser- und Meerestiere. Wirtschaftlich sind sie bedeutungslos.

Größe: 4–6 cm, max. 7 cm
Fruchtbarkeit: 300–900 Eier
D VIII–XI/7–10;　A I/6–9;　P 10–11;　V I/0–1
Verbreitung: an den Küsten des Schwarzen, Kaspischen und
　Asowschen Meeres

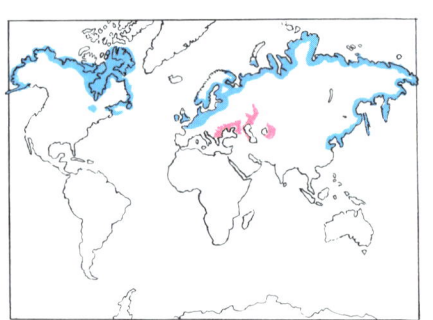

Verbreitungsgebiet des Kleinen Stichlings (blau) und des Südlichen Zwergstichlings (rot)

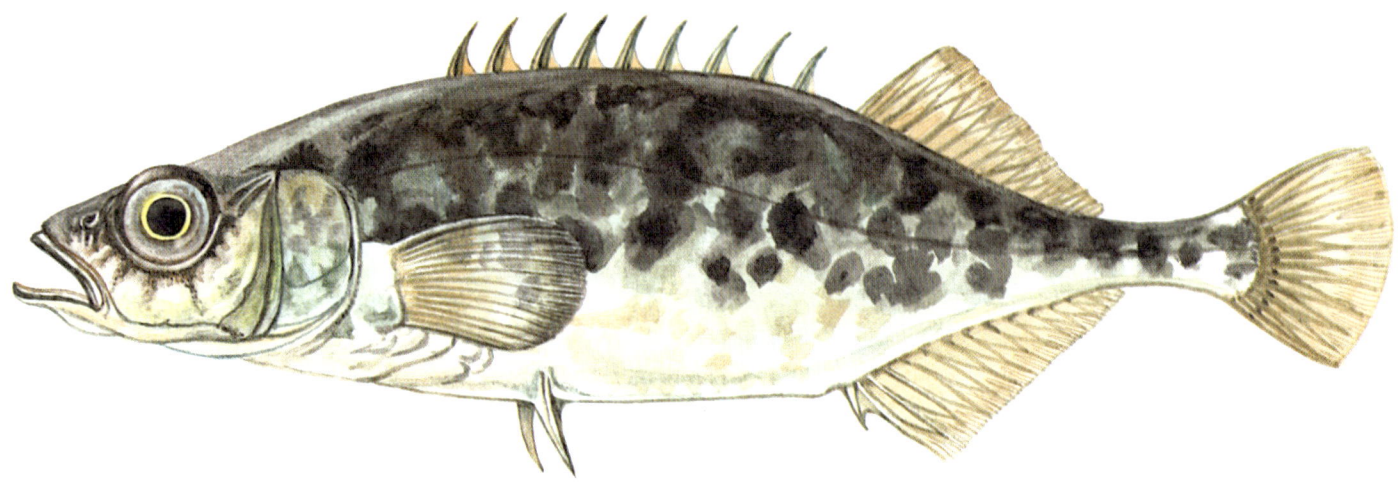

Seestichling *Spinachia spinachia*

Im Unterschied zu den Stichlings-Arten der Gattungen *Pungitius* und *Gasterosteus* ist der Seestichling ein reiner Meeresbewohner, der nie in Binnengewässer vordringt. Sein Körper ist stark gestreckt, im Querschnitt fünfeckig mit einer Kante auf dem Rücken und zwei an jeder Seite und dem Bauch. Seitlich wird der Körper von einer Reihe Knochenplättchen geschützt. Je eine Reihe Knochenschilde befinden sich auch auf Ober- und Unterseite des dünnen, langen Schwanzstiels und vereinen sich hier zu einem Knochenpanzer. Vor der Rückenflosse stehen 14–17, meist 15 kurze und freie Stacheln. Der Kopf ist gestreckt mit einer langen und zugespitzen Schnauze. Rücken und Schwanzstiel sind braun bis grünbraun, der Bauch ist gelblich. Im Vorderteil der dreieckigen Rücken- und Afterflosse befinden sich braune Flecken. Seestichlinge leben in Untiefen und küstennahen Gewässern, wo sie nicht tiefer als 10 m gehen. Hier suchen sie sich Algenbewüchse und Wasserpflanzen, zwischen denen das Männchen in der Laichzeit nicht mehr als 1 m vom Grund

entfernt ein etwa faustgroßes Nest errichtet. Es besteht aus Algen, Pflanzenteilen und kleinen Steinchen, die mit einem weißlichen Sekret verklebt werden, das nach einigen Angaben von den Nieren, nach anderen von Drüsen neben der Kloake ausgesondert wird. Nach Fertigstellung des Nestes treibt das Männchen die Weibchen hinein. In Abhängigkeit von der Wassertemperatur liegt die Laichzeit zwischen April und Juli. Das Gelege wird vom Männchen bewacht. Diese Art ernährt sich meist von verschiedenen Wirbellosen, in geringerem Maße auch von Kleinfischen. Vor Winterbeginn ziehen sich die Seestichlinge aus den flachen Küstengewässern in größere Tiefen zurück.

Größe: 10–15 cm, max. 20 cm
Fruchtbarkeit: 100–300 Eier
D XIV–XVII/5–8; A I/5–8
Verbreitung: im nordwestlichen Atlantischen Ozean entlang der europäischen Küsten, Ostsee

Die drei Gattungen *Gasterosteus*, *Pungitius* und *Spinachia* lassen sich leicht anhand der Zahl ihrer freistehenden Stacheln vor der Rückenflosse erkennen. Bei der Gattung *Gasterosteus* (1) sind es drei, *Pungitius* (2) acht bis neun und bei *Spinachia* (3) um die fünfzehn

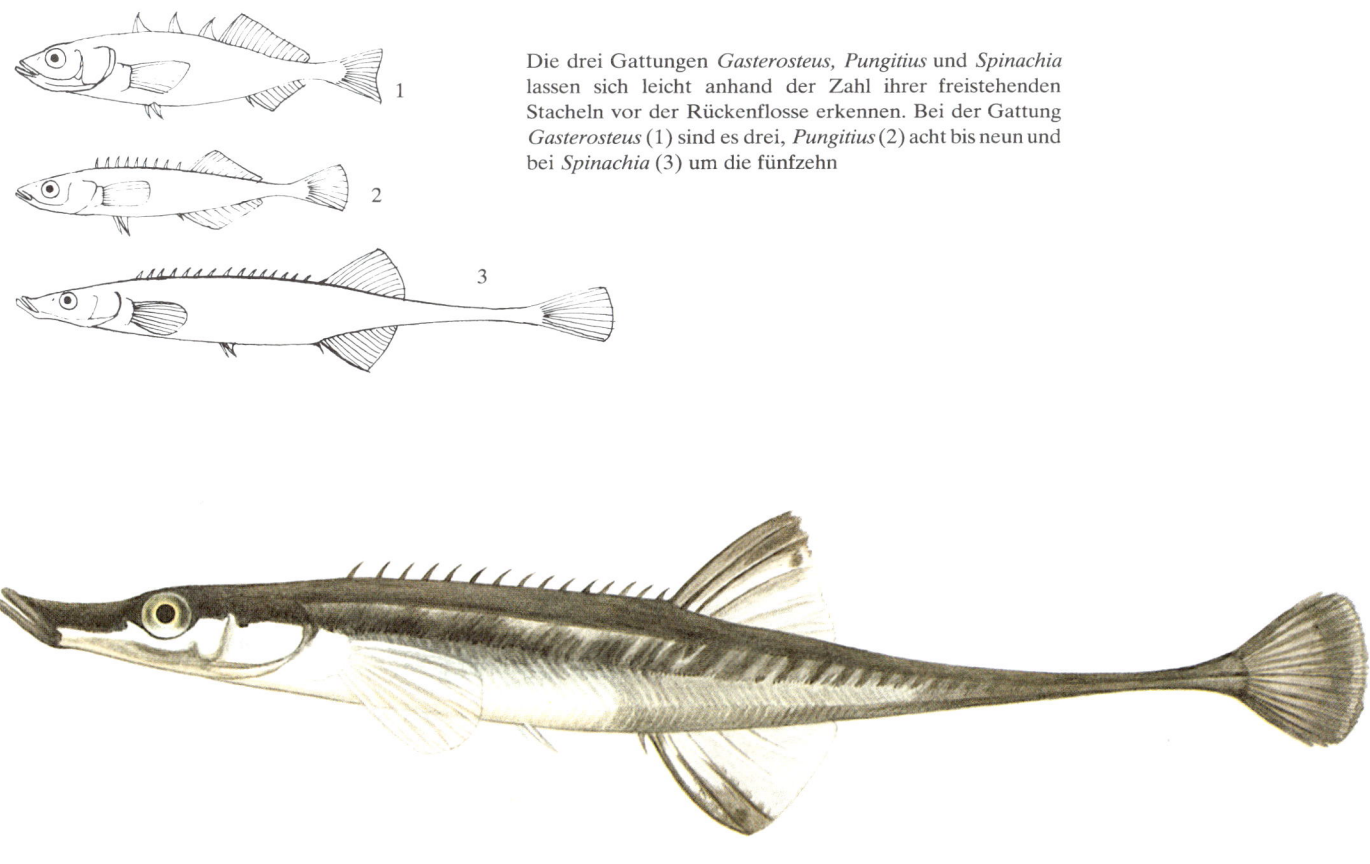

Die Ordnung der Büschelkiemenartigen (SYNGNATHIFORMES) ist nicht allzu artenreich. Die meisten leben im Meer, ihre Kiefer sind röhrenartig in die Länge gezogen. Die Familie MACRORHAMPHOSIDAE vereint etwa 10 Arten meist in den tropischen und subtropischen Meeren lebender Fische. Charakteristisches Merkmal ist die dünne, lange Schnauze, der seitlich abgeflachte Körper mit kleinen Flossen und ein langer, stachelartiger Dorn in der Rückenflosse.

Schnepfenfisch   *Macrorhamphosus scolopax*

Der Schnepfenfisch, eine recht kleine, hochrückige Art, die eine lange Schnauze hat, an deren Ende sich die kleine Maulöffnung befindet. Ein auf der Rückseite gezähnter, spitz endender Stachel in der Rückenflosse reicht bis über den Ansatz der Schwanzflosse oder sogar noch darüber hinweg. Rhombusförmige Schuppen bedecken den Körper, die längste Flosse ist die Afterflosse. Schnepfenfische kommen in geringen Zahlen vor der Nordwestküste Europas vor und sind hier die einzige Art ihrer Familie. Selten verirren sie sich bis vor die Südküste Norwegens und Schwedens. Rücken und Seiten sind braun, der Bauch ist heller gefärbt. Verendete Fische verlieren rasch ihre Farbe. Die Bauchseite ist silbern gefärbt. Meist kommen die Fische in 100−250 m Tiefe vor, ausnahmsweise werden sie auch schon in 25−50 m Tiefe oder umgekehrt in rund 600 m angetroffen. Schnepfenfische leben in kleineren Schwärmen und fressen winziges Zooplankton, mit Vorliebe Krustentiere. Sie halten sich nur über dem Kontinentalschelf auf. Über ihre Vermehrung und Lebensweise gibt es nur wenige konkrete Angaben. Für die Wirtschaft sind sie ohne Bedeutung.

Größe: 8−12 cm, max. 15 cm
Verbreitung: Atlantikküste, Mittelmeer

Verbreitungskarte des Schnepfenfisches

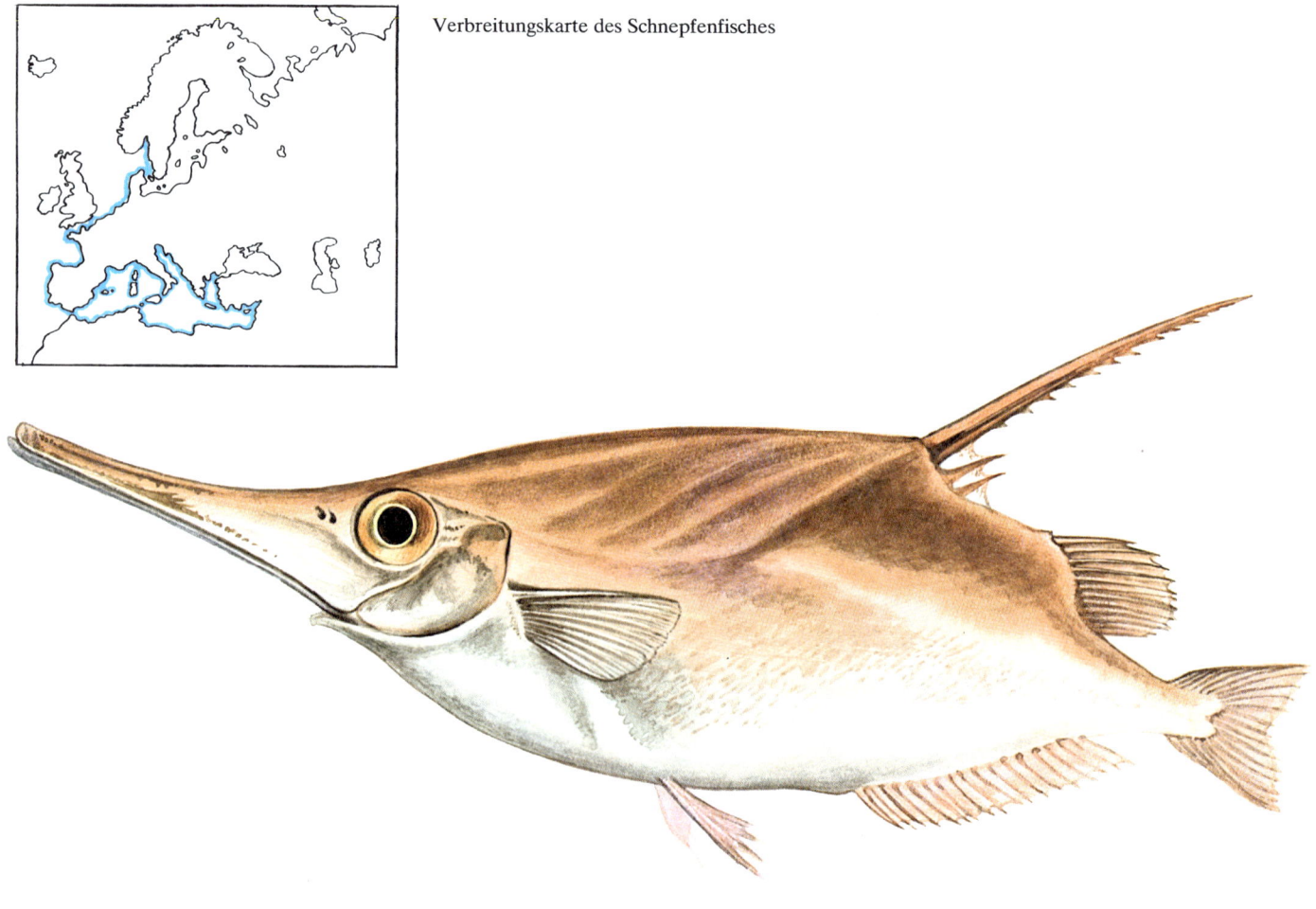

Die Seenadeln (Familie SYNGNATHIDAE) sind Fische mit ungewöhnlich langem Körper und röhrenförmiger, langgestreckter Schnauze. Der schuppenlose Körper wird von knöchernen Hautplättchen geschützt, die zu Knochenringen verwachsen sind. Am Rumpf bilden 7 und am Schwanz 4 Platten je einen Ring. Die Röhrenschnauze endet in einer kleinen, zahnlosen Maulöffnung. Eine Bauchflosse fehlt, die Afterflosse ist entweder verkümmert oder fehlt ebenfalls. Man kennt rund fünfzig Seenadelarten aus allen Meeren.

Große Seenadel   *Syngnathus acus*

Der Körper der Großen Seenadel ist dünn und im Querschnitt sechseckig. Die Tiere haben eine kleine Schwanzflosse und eine verkümmerte Afterflosse, 19–21 Rumpfringe und 43–46 Schwanzringe. Die Körperfarbe ist stark variabel und schwankt von Grau über Grün bis Hellbraun und Rot, zuweilen ist sie auch schwarz mit bräunlichen Streifen. Erwachsene Exemplare leben in seichten Küstengewässern, meist im Bewuchs von Algen und Wasserpflanzen, doch kommen sie auch im offenen Wasser vor. Süßerem Brackwasser weichen sie aus. Interessant ist die Art ihrer Fortpflanzung. Von Mai bis August legen die Weibchen ihre Eier in eine Bruttasche des Männchens, die sich an dessen Schwanzunterseite befindet und von Hautfalten und Knochenschilden geschützt wird. Während ihrer Entwicklung in der Bruttasche werden die Eier mit Sauerstoff versorgt, der aus den die schleimige Bruttaschenwand durchziehenden Adern stammt. Die geschlüpften Larven leben pelagisch und kehren nicht wieder in die Bruttasche zurück. Kleine Krustentiere sowie der Laich verschiedener Fischarten sind die Nahrung der Großen Seenadel. Ihre Beute saugt sie mit der röhrenförmigen Maulöffnung wie mit einer Pipette an. Wirtschaftliche Bedeutung hat sie nicht, manchmal wird sie in Meeresaquarien gehalten.

Größe: 30–40 cm, vereinzelt bis 45 cm
Fruchtbarkeit: 100–250 Eier
D 35–42; P 11–14
Synonym: *Syngnathus tenuirostris*
Verbreitung: an den europäischen Atlantikküsten von Mittel-
        norwegen bis Nordspanien

♂

Die Bruttasche des Männchens

Grasnadel   *Syngnathus typhle*

Eine ähnliche Körperform wie die Große Seenadel hat auch die Grasnadel. Auch bei ihr ist der Körper von ringbildenden Knochenhautplättchen bedeckt. Die Grasnadel wird allerdings nicht so lang und hat 16—18 Rumpfringe und 33—39 Schwanzringe. Auch die Kopfform ist anders: Die Schnauzenhöhe erreicht nicht die Kopfhöhe hinter den Augen. Bei beiden Arten ist die Schnauze doppelt so lang wie der übrige Kopf. Das Farbkleid ist wieder recht veränderlich, am häufigsten aber graugrün mit dunklen Flecken. Das Verbreitungsgebiet der Grasnadel ist größer als das der Großen Seenadel. Grasnadeln suchen mit Vorliebe Pflanzenbestände in Ufernähe auf, wo sie sich meist in senkrechter Lage aufhalten. In Lebensweise, Nahrungsspektrum und Fortpflanzung ähneln sie stark den Großen Seenadeln. Die Männchen sind schon im Alter von einem Jahr geschlechtsreif, bei einer Länge von 13 cm und mehr. Bei ihnen bildet sich an der Schwanzunterseite eine Bruttasche. Beim Laichen, das sich von Mai bis August abspielt, pressen sich die Tiere mit den Bäuchen aneinander. Das Weibchen legt dabei dem Männchen 100—200 ziemlich große Eier in die Bruttasche, aus denen sich in Abhängigkeit von der Wassertemperatur nach 3—4 Wochen die Larven entwickeln. In dieser Zeit ist die Bruttasche hermetisch abgeschlossen, so daß kein die Brut gefährdendes Meerwasser eindringen kann. Wirtschaftlich sind die Grasnadeln bedeutungslos. Manchmal werden die 2—3 Jahre alt werdenden Tiere von Aquarianern gehalten.

Größe: 20—25 cm, in Ausnahmefällen bis 30 cm
Fruchtbarkeit: 100—200 Eier
D 28—41;   P 12—16
Verbreitung: Atlantikküsten Europas südlich von Norwegen, Ostsee, Mittelmeer und Schwarzes Meer

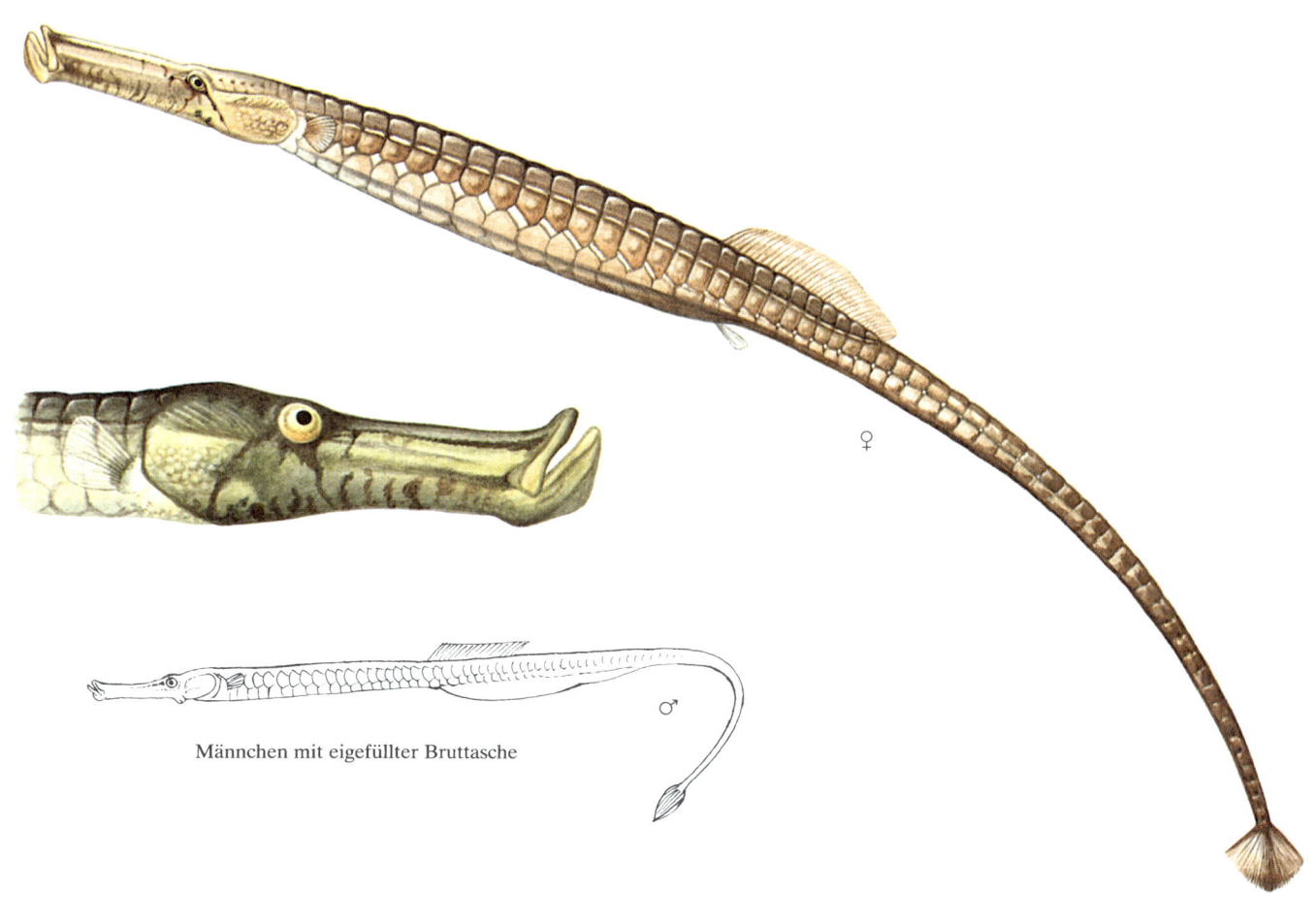

♀

♂

Männchen mit eigefüllter Bruttasche

Kleine Schlangennadel

Nerophis ophidion

Der schlangenförmige Körper der Kleinen Schlangennadel endet im Unterschied zu den Arten der Gattung *Syngnathus* in einer flossenlosen Schwanzspitze. Der Schwanz ist einrollbar und dient zum Festhalten an Wasserpflanzen. Brustflossen fehlen ganz. Charakteristisch für diese Art ist ein schmaler Wulst der Schnauze kurz vor den Augen. Es sind 28–32 Rumpfringe vorhanden und 68–77 Schwanzringe. Die Körperfarbe ist Grünbraun bis Grünblau mit Querbinden, in der Laichzeit färbt sich der Körper der Weibchen blau. Die Tiere leben im Salz- und Brackwasser in 1 bis mehrere Dutzend Meter Tiefe, meist findet man sie jedoch in flachem Wasser mit dichtem Pflanzenbewuchs. Gegen Frühlingsende und zu Sommerbeginn laichen sie etwas weiter vom Ufer weg. Dabei klebt das Weibchen seine Eier dem Männchen auf dessen Bauch im vorderen Körperteil, wo sie das Männchen bis zum Schlüpfen trägt. Eine spezielle Bruttasche besitzt die Kleine Schlangennadel nicht. Ihre Nahrung besteht überwiegend aus Zooplankton. Die gewöhnlich drei Jahre alt werdenden Tiere sind für den Menschen ohne Bedeutung, werden allerdings von einigen Fischarten gefressen. In europäischen Gewässern leben noch einige weitere Arten der Gattung *Nerophis,* von denen manche sehr schön gefärbt sind, z. B. die Gefleckte Schlangennadel (*N. maculatus*), und deshalb gelegentlich in Aquarien zu sehen sind. In den meisten Fällen werden die Weibchen größer als die Männchen.

Größe: Männchen 20–25 cm, Weibchen bis 30 cm
Fruchtbarkeit: 50–200 Eier
D 34–42
Verbreitung: im Atlantischen Ozean von der nördlichen Küste Norwegens bis zur nordwestlichen Küste Afrikas, Ostsee, Mittelmeer und Schwarzes Meer sowie im Einzugsgebiet dieser Meere

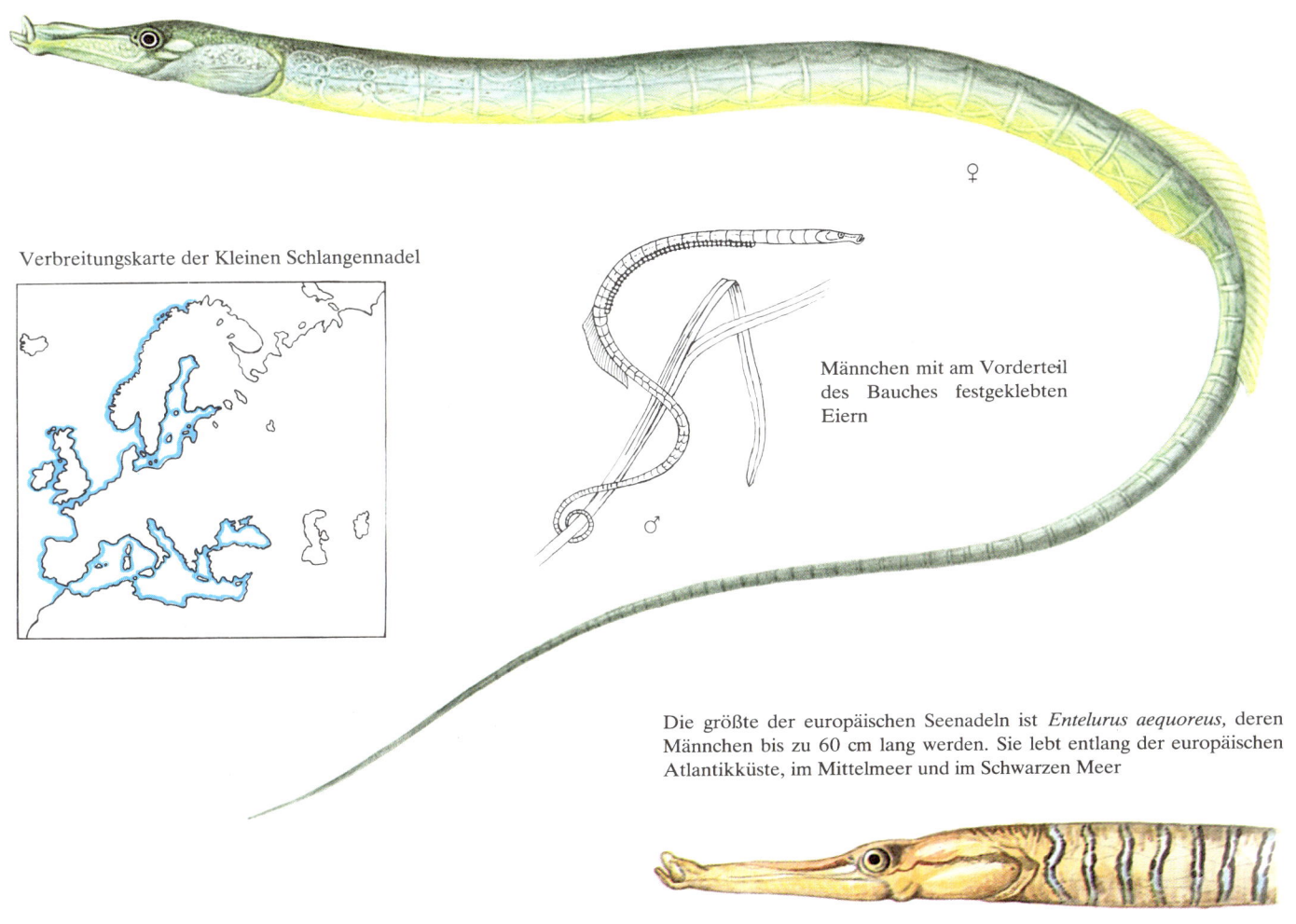

Verbreitungskarte der Kleinen Schlangennadel

Männchen mit am Vorderteil des Bauches festgeklebten Eiern

Die größte der europäischen Seenadeln ist *Entelurus aequoreus,* deren Männchen bis zu 60 cm lang werden. Sie lebt entlang der europäischen Atlantikküste, im Mittelmeer und im Schwarzen Meer

Langschnauziges Seepferdchen *Hippocampus guttulatus*

Die Seepferdchen stellen eine interessante Fischgattung dar, denen die Schwanzflosse fehlt und deren Körperende bauchwärts gedreht ist. Der Kopf steht senkrecht zur Körperachse, so daß der Fisch an einen Springer im Schachspiel erinnert. Körper und Schwanz sind in Knochenringen eingeschlossen. Insgesamt gibt es 25 Arten in tropischen und subtropischen Meeren. In europäischen Gewässern leben drei Arten. Das Langschnauzige Seepferdchen unterscheidet sich vom Kurzschnauzigen Seepferdchen *(H. hippocampus)* durch die größere Anzahl der Strahlen in Rücken- und Brustflosse, durch die längeren Röhrenkiefern und durch fadenförmige Hautauswüchse am Kopf und auf dem Rücken. Der Körper ist dunkelbraun mit einem Hauch ins Rötliche, manchmal ist er auch grau oder graubraun. Die Bauchseite ist heller, an den Seiten sind zahlreiche helle Flecken, die sich zuweilen zu unregelmäßigen Streifen vereinen. Auf der Rückenflosse erkennt man zwei Längsbinden, die erste ist dunkel und von einem hellen Streifen gesäumt. Die Langschnauzigen Seepferdchen laichen vom Frühjahr bis in die Sommermonate in geringer Tiefe zwischen Wasserpflanzen. Während des Hochzeitsspiels legt das Weibchen seine Eier in die Bruttasche des Männchens, die sich in Höhe der ersten 7 oder 8 Knochenringe auf der Bauchseite befindet. Hier entwickeln sich die befruchteten Eier und auch die Larven. Das Männchen kann 100—200 Eier in seiner Tasche haben. Als Nahrung dient den Seepferdchen Plankton. Den größten Teil ihres Lebens halten sie sich in der Nähe der Küste zwischen Meeresalgen auf, an denen sie sich mit ihrem Greifschwanz festhalten. Nur selten werden sie auf hoher See gefischt. Hier und da werden sie in Aquarien gehalten, einerseits wegen ihrer interessanten Körperform und andererseits, weil sie sehr tiefe Töne mit einer Amplitude von 500—400 Hz ausstoßen, die an Fingerschnippen erinnern. Diese Töne geben sie besonders in der Fortpflanzungszeit von sich.

Größe: bis 15 cm, gewöhnlich 10—12 cm
Fruchtbarkeit: 100—300 Eier
D 18—21; A 16—18
Synonyme: *Hippocampus punctulatus, Syngnathus hippocampus*
Verbreitung: Atlantikküste Europas von England bis Gibraltar, Mittelmeer und Schwarzes Meer

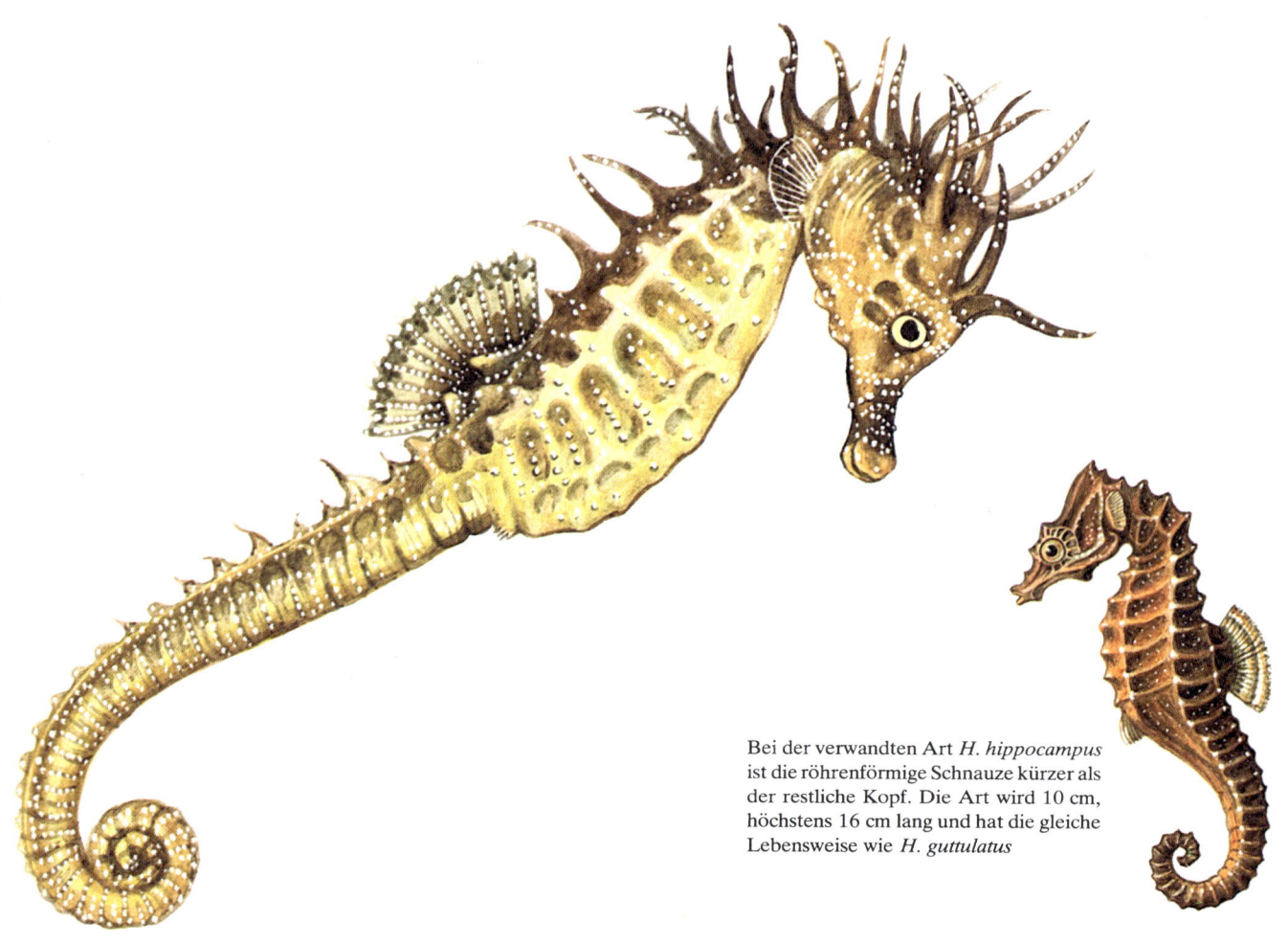

Bei der verwandten Art *H. hippocampus* ist die röhrenförmige Schnauze kürzer als der restliche Kopf. Die Art wird 10 cm, höchstens 16 cm lang und hat die gleiche Lebensweise wie *H. guttulatus*

Zur Ordnung der Meeräschenartigen (MUGILIFORMES) gehören pelagisch lebende Meeresfische mit zwei weit voneinander entfernten Rückenflossen. Eine Reihe von ihnen besitzt große wirtschaftliche Bedeutung. Die Arten der Familie SPHYRAENIDAE sind mittelgroße bis große Raubfische mit gestrecktem Körper, der von kleinen Cycloidschuppen bedeckt ist. Die großen Kiefer tragen zahlreiche Zähne. Der Familie gehören etwa 20 in tropischen und subtropischen Meeren lebende Fischarten an.

Gemeiner Pfeilhecht   *Sphyraena sphyraena*

Die Pfeilhechte werden mit Recht als sehr gefährliche Fische bezeichnet, da sie eine Reihe von Unfällen mit Menschen verursacht haben. Die von ihnen zugefügte Wunde hat keinen zackigen Rand wie die eines Haifisches. Auch unternehmen die Pfeilhechte immer nur einen einzigen Angriff auf ihr Opfer. Sie verstehen es, schnell anzugreifen und mit ihren starken und mit scharfen Zähnen versehenen Kiefern gefährliche Wunden zu schlagen. Alle Pfeilhechte haben eine hechtähnliche Körperform, was ihnen ihren Namen eingebracht hat. Der Gemeine Pfeilhecht ist der kleinste seiner Gattung und auch weniger unter den Tauchern gefürchtet. Nur selten greift er sie an, meist dann, wenn sie harpunierte Fische bei sich tragen. Mit Vorliebe verfolgen sie aber aus nächster Nähe das Tun der Taucher. Laichzeit ist von April bis September, die Weibchen legen in mehreren Raten pelagische Eier ab. Von früh auf ernähren sich die Jungtiere von Fischen. Das zarte Fleisch ist sehr wohlschmeckend. Zusammen mit dem Barrakuda *(S. barracuda)* werden in europäischen Gewässern jährlich ca. 2000—3000 Tonnen gefischt. Auch die Sportangler schätzen ihn als Fangobjekt.

Größe: 30—60 cm, max. 1 m
Gewicht: bis 10—15 kg
Fruchtbarkeit: 50 000—300 000 Eier
D_1 V; D_2 I/8—9; A I—II/8; P 12—13
Synonyme: *Sphyraena vulgaris, Esox sphyraena*
Verbreitung: im Mittelmeer und Schwarzen Meer, an der Atlantikküste Spaniens, Portugals und Südfrankreichs

Die verwandte Art *S. guachancho* wird maximal 1 m lang und 5 kg schwer. Ihr Areal ist ähnlich wie bei *S. sphyraena,* doch hält sie sich eher an der Küste auf

Die Familie MUGILIDAE umfaßt an die 100 Arten, deren Körperbau und Lebensweise sich stark ähnelt. Unterschiedlich sind vor allem Körperfarbe und wenige anatomische Merkmale, die auf den ersten Blick schwer zu erkennen sind.

Goldmeeräsche *Mugil auratus*

Die Goldmeeräsche besitzt zwischen Kopf und Rumpf einen regelmäßigen, eiförmigen Körperquerschnitt. Die Oberlippe ist dünn und weniger stark als der Augendurchmesser. Am ersten Kiemenbogen befinden sich rund 140 Kiemenreusendornen. Die Unterlippe ist von Schuppen bedeckt. Nach vorn gedreht reichen die Brustflossen bis an den Hinterrand der Augen, wo ein sehr dünnes Fettlid zu erkennen ist. Im Farbkleid fallen einige charakteristische graubraune Längsstreifen an den Seiten und besonders große, golden leuchtende Flecken auf dem Kiemendeckel sowie goldene Farbtöne an der Kopfunterseite und an den Seiten auf. Wie alle Meeräschen leben die Goldmeeräschen bevorzugt in Küstengewässern, in Meeresbuchten, in der Nähe von Häfen und dringen auch in Flußmündungen ein. Sie leben überwiegend von Detritus, den sie vom Boden aufsammeln, wie später bei der Dicklippigen Meeräsche *(M. labrosus)* genauer beschrieben werden

wird. Verarbeitet wird er im speziell eingerichteten Verdauungsapparat, in dem die Darmlänge 450 % der Körperlänge ausmacht. Das Laichen verläuft je nach Standort zu verschiedenen Jahreszeiten, die Eier sind pelagisch. Das gut schmeckende Fleisch wird sehr geschätzt und überwiegend frisch verzehrt. Bis zu 80 % des Gesamtfanges stammt aus dem Schwarzen Meer, während der Fisch in Nordeuropa und um die Britischen Inseln relativ selten vorkommt.

Größe: 30−40 cm, max. 52 cm
Gewicht: 1−2 kg, vereinzelt bis 2,3 kg
Fruchtbarkeit: 150 000−1 000 000 Eier
D_1 IV; D_2 I/8−9; A III/9; P 17−18; V I/5
Synonyme: *Liza aurata, Mugil breviceps*
Verbreitung: Schwarzes Meer und Mittelmeer, vor der Atlantikküste Europas und Afrikas

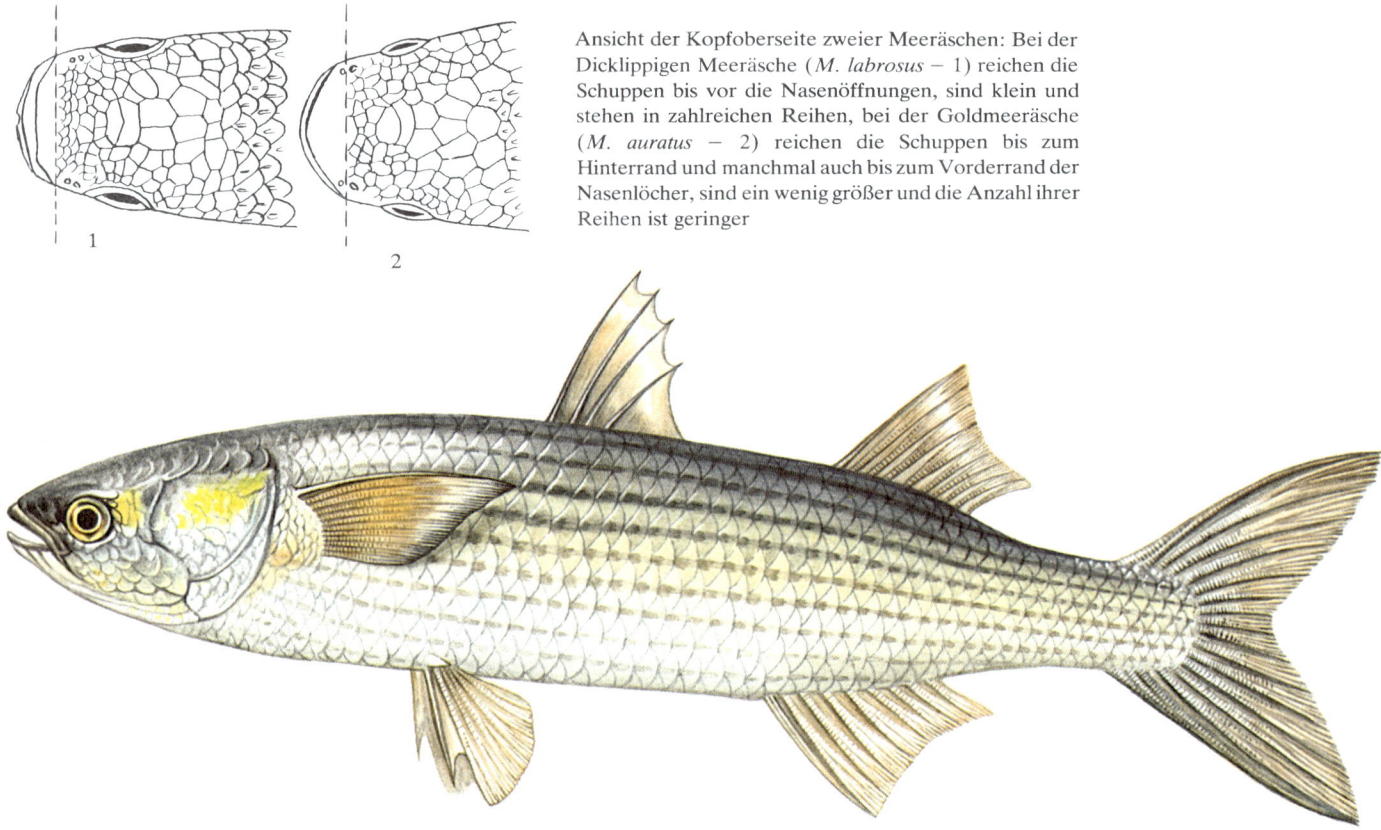

1

2

Ansicht der Kopfoberseite zweier Meeräschen: Bei der Dicklippigen Meeräsche (*M. labrosus* − 1) reichen die Schuppen bis vor die Nasenöffnungen, sind klein und stehen in zahlreichen Reihen, bei der Goldmeeräsche (*M. auratus* − 2) reichen die Schuppen bis zum Hinterrand und manchmal auch bis zum Vorderrand der Nasenlöcher, sind ein wenig größer und die Anzahl ihrer Reihen ist geringer

Dünnlippige Meeräsche

Mugil ramada

Bei der Dünnlippigen Meeräsche hat der Körper hinter dem Kopf einen eiförmigen Querschnitt, der jedoch weniger gleichmäßig ist wie bei der Goldmeeräsche *(M. auratus)*. An den Augenrändern befindet sich ein sehr schwach entwickeltes Fettlid, die Oberlippe ist dünn und ohne Hautwarzen. Schuppen bedecken den Unterkiefer und reichen auf der Kopfoberseite in der Mitte bis zu den vorderen Nasenöffnungen, über die sie seitlich sogar hinausreichen, dort jedoch ganz winzig sind. Nach vorn verdreht, reicht die kurze Brustflosse nicht bis zum Auge. Der Rücken ist graugrün bis blau gefärbt, an den Seiten sind graubraune Längsstreifen auf graublauem Grund, der metallisch silbern opalisiert, zu sehen. Der Bauch ist hell, der Kiemendeckel ohne Goldfleck. Diese Art schwimmt sehr gern vom Meer in die Zuflüsse und dringt ziemlich weit gegen die Strömung vor, im Nil z. B. bis Kairo. In Europa ist sie die verbreitetste Art unter den Meeräschen. Im Laufe des Jahres absolviert sie Nahrungs- und Laichwanderungen und laicht im Vergleich zu anderen Meeräschen weit nördlich (z. B. vor der Küste Großbritanniens). Das Laichen verläuft im Meer meist nachts und wie bei allen Meeräschen überwiegen in den Laichschwärmen die Männchen, die kleiner als die Weibchen sind. Kleiner deshalb, weil sie meist um ein Jahr früher geschlechtsreif sind als die Weibchen. Das Zahlenverhältnis der Geschlechter in den Laichschwärmen beträgt 1 : 3 bis 1 : 5. In Abhängigkeit von der geographischen Lage ist die Laichzeit sehr variabel, in Europa fällt sie gewöhnlich in die Zeit von Juni bis August. Der Laich ist pelagisch und kommt meist in großen Mengen vor. In Frankreich und anderen südeuropäischen Ländern wird der Rogen zusammen mit dem anderer Meeräschenarten gesalzen und als billiger Kaviarersatz angeboten. In manchen Gegenden wird sogar der Darminhalt als besondere Delikatesse verspeist. Das Fleisch ist wohlschmeckend und wird von Berufsfischern gefangen.

Größe: 30−50 cm, max. 70 cm
Gewicht: 1−2 kg, max. 3 kg
D_1 IV; D_2 I/7−9; A III/8−9; P 17
Synonyme: *Mugil capito, Liza ramada*
Verbreitung: im Atlantischen Ozean vor den Küsten Europas und Afrikas von Südnorwegen bis zum Kap der guten Hoffnung, im Mittelmeer und Schwarzen Meer

Kopfansicht von der Seite und von oben mit der charakteristischen Form und Anordnung der Schuppen

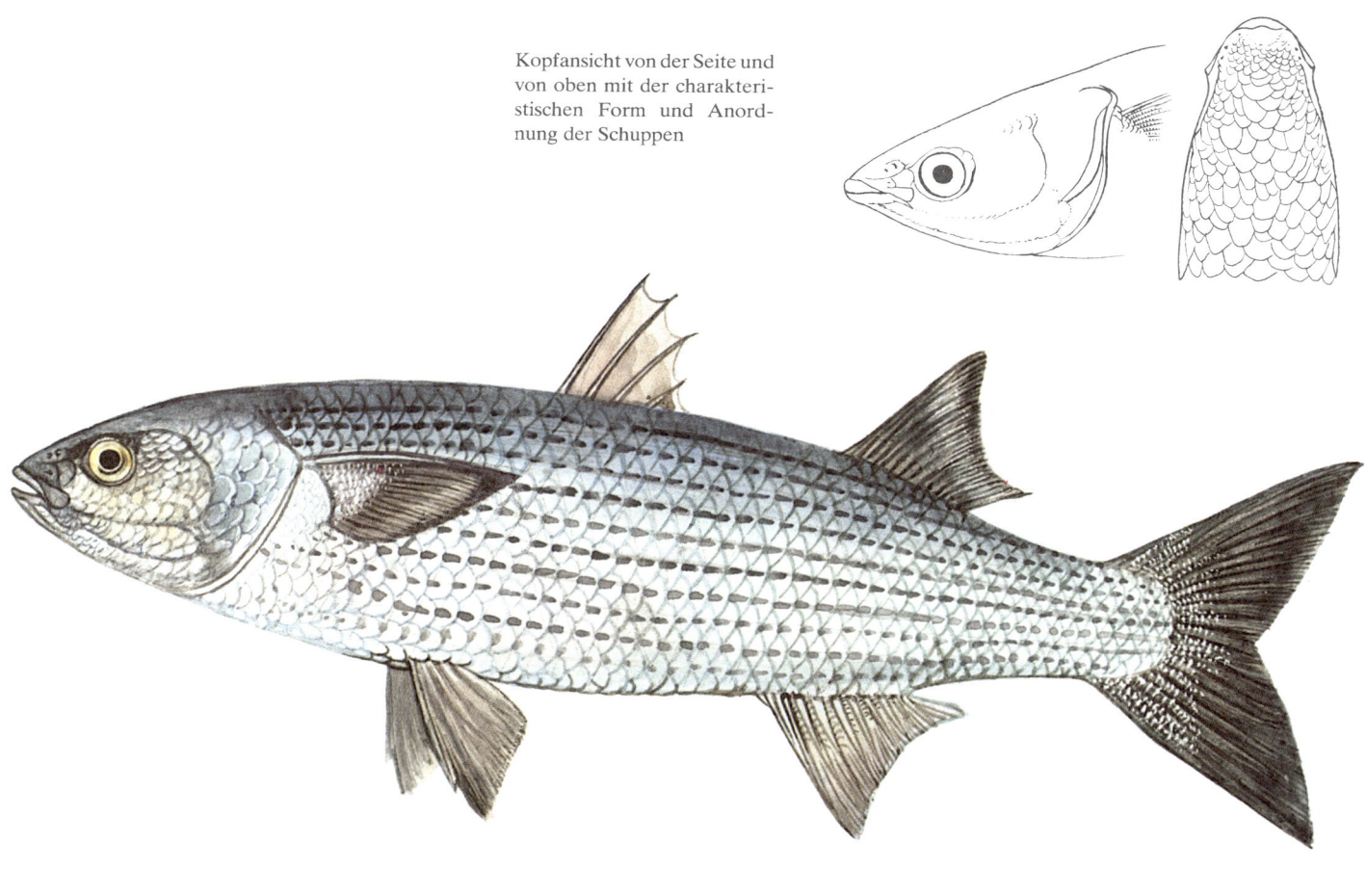

Springmeeräsche

Mugil saliens

Die Körperform der Springmeeräsche ähnelt ganz der anderer Meeräschen-Arten, nur der Kopf erscheint von oben gesehen mehr zugespitzt. Die Schuppen reichen bis zur vorderen Nasenöffnung, manchmal noch weiter bis zur Schnauzenspitze. Die letzten 8–10 Schuppenreihen sind äußerst klein. Die Oberlippe ist dünn und die Seiten des Unterkiefers sind von Schuppen bedeckt. Am ersten Kiemenbogen sind 65–70 Reusendornen zu finden, das Fettlid ist rudimentär. Rücken und Seiten sind graubraun bis graublau gefärbt und haben Längsbinden auf goldfarbenem Grund. Auch auf dem Kiemendeckel befinden sich mehrere goldene Flecken. Springmeeräschen laichen von Juni bis September auf ähnliche Weise wie die übrigen Meeräschen. Auch die Nahrungszusammensetzung und die Art, sie zu sammeln, ist gleich. Meist treten die Fische in größeren Schwärmen auf und unternehmen Nahrungswanderungen im Laufe des Jahres. Gefischt werden sie gewöhnlich bei diesen Wanderungen, überwiegend mit verschiedenen Ringwadennetzen und Schleppnetzen. Gute Ergebnisse bringen insbesondere sogenannte Umstellungsnetze, mit denen im Meer große Abschnitte erfaßt werden können. Dabei nutzt man aus, daß diese Meeräschen flache Hindernisse niemals unterschwimmen, sondern versuchen, sie zu überspringen. Stoßen die Fische an eine Netzsperre, so springen sie über diese hinweg und fallen in weitere, auf dem Wasser schwimmende Netze. Auch Sportangler fangen diese Art, obwohl es recht schwierig ist, sie an die Angel zu bekommen. Gemeinsam mit weiteren Meeräschenarten werden sie in zunehmendem Maße in einigen Meeresbuchten und Lagunen halbkünstlich vermehrt und gehalten.

Größe: 20–30 cm, max. 40 cm
Gewicht: bis 1,5 kg
D_1 IV; D_2 I/8–9; A III/8–9
Verbreitung: im Atlantischen Ozean entlang der gesamten Westküste Afrikas, an europäischen Küsten bis zum Golf von Biscaya, im Mittelmeer, Schwarzen Meer und Asowschen Meer. Zusammen mit *M. auratus* und *M. cephalus* wurde die Springmeeräsche in das Kaspische Meer ausgesetzt, wo sie sich ebenso wie *M. auratus* gut akklimatisierte und sogar schneller wächst als an ihren ursprünglichen Standorten

Die Graue Meeräsche *(M. labeo)* hat eine glatte und sehr dicke Oberlippe sowie Augen ohne Fettfalte. Sie lebt an den Meeresküsten von England bis Griechenland

Dicklippige Meeräsche   *Mugil labrosus*

Wie schon der Name verrät, ist das charakteristische Merkmal dieser Meeräsche ihre auffällig verdickte, hohe Oberlippe, deren Höhe mehr als die Hälfte des Augendurchmessers beträgt. Hautwarzen bedecken die Unterseite der Lippe. Ein Fettlid ist nur schwach an den Augenrändern ausgebildet, die Maulöffnung ist klein und reicht bei weitem nicht bis zum Auge. Beim Anblick von oben ist der Kopf stärker zugespitzt als bei der Gewöhnlichen Meeräsche *(M. cephalus)*. Der Unterkiefer ist schuppenlos. Am Rücken ist der Fisch dunkelgrün bis blau gefärbt, die Seiten sind hellblau bis silbrig und mit 7−8 dunkelgrauen Längsstreifen versehen. Im Frühjahr ziehen die Tiere auf der Suche nach Nahrung nordwärts, im Herbst kehren sie dann wieder in den Süden zurück. Sie leben wie die anderen Meeräschen von Detritus, einem Zerfallsprodukt aus Pflanzenresten, Tierresten und Mikrobenthos sowie von dem Bewuchs kleiner Pflanzen und Tieren am Boden. Sie kratzen die Nahrung vom Boden ab und saugen sie zusammen mit Wasser auf und filtern sie schließlich durch das dichte Sieb der Kiemenreusendornen. Das überflüssige Wasser wird von den Schlundzähnen aus der Nahrung herausgepreßt und diese selbst im muskulösen, starkwandigen Magen und im sehr langen Darm weiterverarbeitet. Bei erwachsenen Fischen ist die Nahrungsaufnahme Tag und Nacht gleich intensiv. Sie richten dabei den Kopf in einem Winkel von etwa 45° schräg zum Grund. Die Fischbrut ernährt sich von Zooplankton, und zwar nur tagsüber, da sie sich dabei mit dem Gesichtssinn orientiert. Im Mittelmeer und in den nordeuropäischen Gewässern ist die Dicklippige Meeräsche ein wichtiger Industriefisch.

Größe: 50−75 cm, max. 90 cm
Gewicht: 2−4 kg, max. 8 kg
D_1 IV; D_2 I/8−9; A III/9−10
Verbreitung: im Mittelmeer und im Atlantischen Ozean an Europas und Afrikas Küsten vom norwegischen Trondheim bis nach Dakar, vor Island, Madeira, den Azoren und Kanarischen Inseln. Ein Vorkommen im Schwarzen Meer oder in Binnengewässern ist nicht nachgewiesen

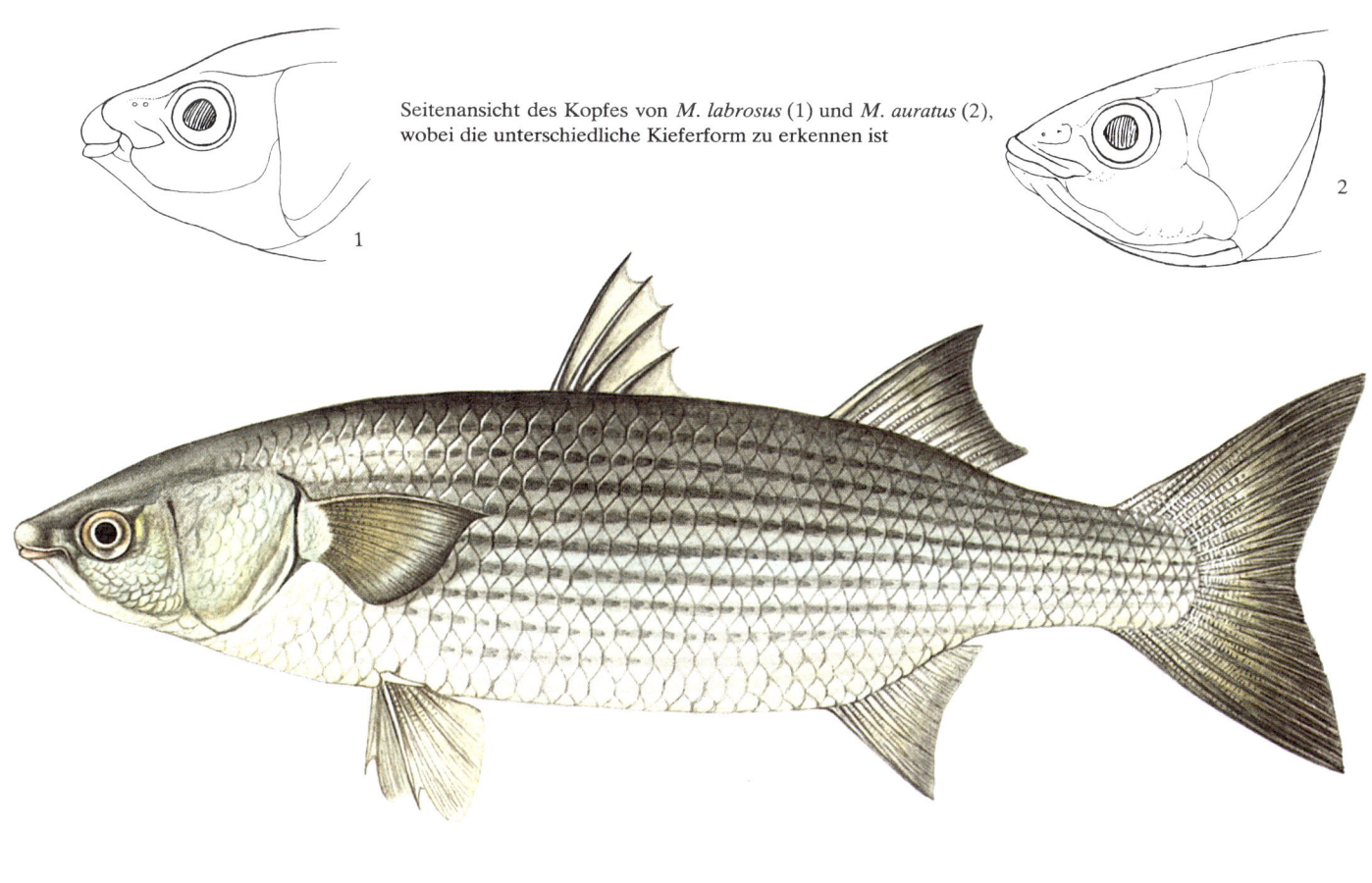

Seitenansicht des Kopfes von *M. labrosus* (1) und *M. auratus* (2), wobei die unterschiedliche Kieferform zu erkennen ist

Gewöhnliche Meeräsche

Mugil cephalus

Von allen Meeräschen ist die Gewöhnliche Meeräsche die meistgefischte Art. Ihr Körper ist von idealer Spindelform, die Maulöffnung ist groß und erreicht ganz oder fast ganz den vorderen Augenrand. Die Oberlippe ist dünn, die Abzweige des Unterkiefers sind von winzigen Schuppen bedeckt. Große Fettlider bedecken die Augen bis zur Pupille. Der Rücken ist aschgrau, an den Seiten erkennt man 7–9 grünbraune Längsstreifen, zwischen denen goldene bis himmelblaue Schattierungen aufblitzen. Der Kiemendeckel ist silbrig bis goldfarben. Die Gewöhnliche Meeräsche kommt in allen tropischen und warmen Meeren und Ozeanen der Welt vor. Die Gewöhnliche Meeräsche kann sowohl im Meerwasser als auch im Süßwasser der Unterläufe einiger Flüsse leben, da sie, wie andere Meeräschen auch, große Unterschiede und Schwankungen im Salzgehalt des Wassers vertragen (bis 50 ‰, in Ausnahmefällen bis zu 83 ‰ Salzgehalt in einigen Meeresbuchten). Obwohl sie wärmeliebend sind, verkraften sie große Temperaturschwankungen. Im Schwarzen Meer wurden sie bei 3,5 °C beobachtet, ja sogar in einigen zugefrorenen

Buchten unter Eis gefangen. Die Männchen werden im Alter von 6–7 Jahren geschlechtsreif, die Weibchen ein Jahr später. Vermehrung und Nahrungsaufnahme sowie die Nahrungszusammensetzung sind in etwa dieselben wie bei den anderen Meeräschen. Im Unterschied zu einigen Verwandten gehen sie auf lange Wanderungen auf der Suche nach Nahrung und Laichplätzen. Ihre Bedeutung für den Menschen ist erheblich. Sie kommt auf der ganzen Welt vor und stellt einen großen Anteil am Gesamtfang der Meeräschen, der sich in den letzten Jahren um 120 000 Tonnen bewegt. Das weniger fette Fleisch wird als das am besten schmeckende Meeräschenfleisch angesehen.

Größe: 40–60 cm, max. 75 cm
Gewicht: bis 5 kg, ausnahmsweise bis 8 kg
Fruchtbarkeit: 3–7 Millionen Eier
D_1 IV/1; D_2 I/8–9; A III/8; P 16–17
Verbreitung: in tropischen und warmen Meeren und Ozeanen der Welt

Der stumpf endende Kopf ist bis zum vorderen Schnauzenrand mit Schuppen bedeckt. Ihre Zahl nimmt in Richtung Spitze ab, die Anzahl der Schuppenreihen vergrößert sich

Verbreitungskarte der Gewöhnlichen Meeräsche

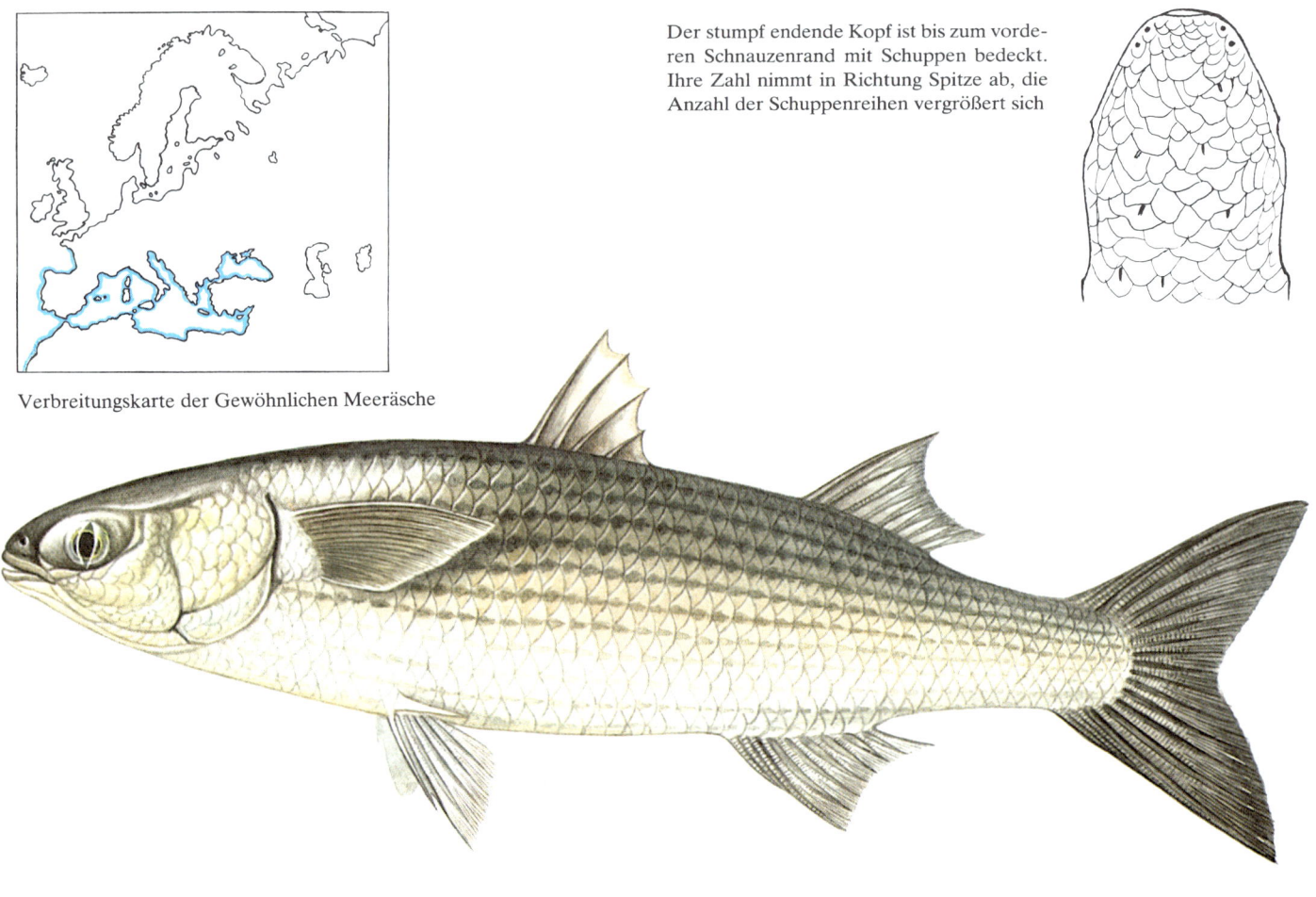

Gewöhnliche Meeräsche

Zur Ordnung ATHERINIFORMES gehörende Fische besitzen zwei weit voneinander entfernte Rückenflossen. Ihre großen Eier haben an der Eihaut zahlreiche fadenförmige Auswüchse, mit deren Hilfe sie sich an Wasserpflanzen festhalten. Von den beiden Unterordnungen umfaßt ATHERINOIDEI etwa 150 Arten. Zur Familie ATHERINIDAE gehören an die 140 Arten, die im Meerwasser, Brackwasser und Süßwasser leben. Es fällt an ihnen ein sich über die Körpermitte ziehender silbriger Streifen auf.

Streifenfisch, Priesterfisch　　　　　　　　　　　　　*Atherina presbyter*

Der Streifenfisch ist der häufigste Vertreter seiner Familie, der in nordeuropäischen Gewässern vorkommt. Er hat einen gestreckten, schlanken Körper mit zwei mit Cycloid-schuppen bedeckten Rückenflossen. Sein Rücken ist graugrün gefärbt, die Schuppen sind schwarz umrahmt. An den Seiten zieht sich ein deutlich sichtbarer silbriger Streifen hin, die Bauchseite ist ähnlich silbrigweiß. Die Streifenfische laichen vom späten Frühjahr bis Ende Juli. Ihre Eier haften mit speziellen Haarfasern an Wasserpflanzen (etwa wie bei der Gattung *Belone*). Kleine Krustentiere und ab und zu auch Fischlaich bilden ihre Nahrung. Über Sand- und Lehmboden in Küstennähe treten sie bis in 20 m Tiefe massenhaft auf und lassen sich leicht mit Ringwaden fangen. Ihre Bedeutung ist angesichts der geringen Größe unwesentlich, zuweilen werden sie zu Fischmehl verarbeitet. Auch dienen sie größeren Fischarten als Nahrung.

Größe: 12−15 cm, max. 22 cm
Gewicht: 50−70 g, max. 110 g
D_1 VII−VIII;　D_2 13−15;　A I/14−16;　l.l. 54−62
Verbreitung: Atlantikküste Europas und Nordafrikas von Nordengland bis zum Kap Verde, westlicher Teil des Mittelmeeres

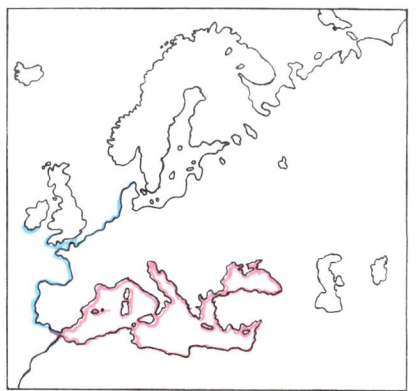

Verbreitungskarte von *A. mochon* (rot) und *A. presbyter* (blau)

Kleiner Ährenfisch   *Atherina mochon*

In seiner Körperform ähnelt der Kleine Ährenfisch dem vorher beschriebenen Streifenfisch. Seine Augen sind jedoch etwas größer und an der Seitenlinie befinden sich weniger Schuppen. Sein Rücken ist blaugrün bis grau gefärbt, der Bauch ist silbrig. Der silbrige Längsstreifen nimmt in Körpermitte die Breite einer Schuppenreihe ein und hat nicht die deutlich braunen Flecken der verwandten Art *A. bonapartei*. Der langsamwüchsige Kleine Ährenfisch wird nach einem Jahr etwa 5 cm lang, nach zwei 8 cm, nach drei Jahren an die 11 cm und mit vier Jahren 13 bis 15 cm lang. Männchen wie Weibchen erreichen im zweiten Lebensjahr die Geschlechtsreife. Die Laichperiode ist sehr langgezogen und dauert von Ende März bis zum September. Angesichts der verschieden großen Eier in den Eierstöcken läßt sich annehmen, daß portionsweise gelaicht wird. Die Fische suchen sich dazu vor der Küste Plätze mit dichtem Algenbewuchs aus, an denen die Eier mit ihren Fadenanhängen haften bleiben. An den Laichplätzen finden sich zuerst die größten Weibchen ein und

die kleineren folgen nach und nach. Die Brut hält sich in Massen am Ufer auf, von dem sie sich regelmäßig nachts entfernt, um am nächsten Tag wieder zurückzuschwimmen. Im selben Bereich, nur etwas tiefer, halten sich die erwachsenen Tiere auf. Während sich die Brut vom kleinsten Zooplankton ernährt, fressen die erwachsenen Exemplare außer größeren Zooplanktonarten auch Würmer, Larven der Rankenfußkrebse und Fischlaich. Die Art ist ohne größere wirtschatliche Bedeutung. Wegen der riesigen Bestände werden die Fische örtlich zur Fischmehlherstellung gefangen. Sie stellen aber ein wichtiges Glied in der Nahrungskette dar.

Größe: 10−15 cm, max. 16 cm
Fruchtbarkeit: 50−2000 Eier
D_1 VII−IX; D_2 10−12;   A II/13−15;   l.l. 44−52
Verbreitung: im Mittelmeer, im Schwarzen und Asowschen Meer sowie in einigen brackigen und Binnengewässern in der Nähe ihrer Küsten

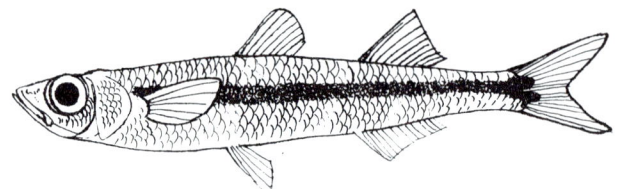

Eine verwandte Art, der Große Ährenfisch *(A. hepsetus)*, kommt im Mittelmeer, im Schwarzen Meer und im daran angrenzenden Teil des Atlantischen Ozeans vor. Sie hat kleine Schuppen. Der silbrige Seitenstreifen ist breiter als eine Reihe der kleinen Schuppen

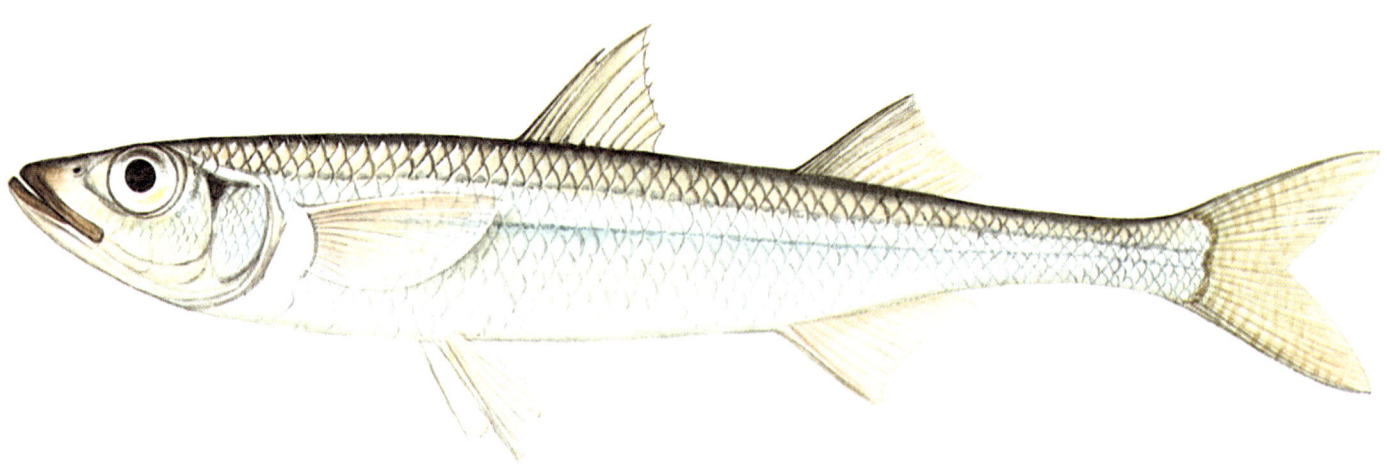

Die mit etwa 50 Arten wenig artenreiche Ordnung ZEIFORMES der Peters- und Eberfische steht den Barschen nahe. Gewöhnlich ist der Körper seitlich stark zusammengedrückt und die Bauchflossen sind lang. Alle Arten bewohnen den Rand des Kontinentalschelfs. Zur Familie CAPROIDAE gehören vier Gattungen mit einigen wenigen hochrückigen Meeresfischarten mit kleinen runden Schuppen. Auf den ersten Blick erinnern sie an eine andere Familie der Ordnung – GRAMICOLEPIDAE – von denen sie sich allerdings durch ihre geringere Wirbelanzahl (21–23 gegenüber 45–46 bei GRAMICOLEPIDAE) unterscheiden.

Eberfisch

Capros aper

An dem hochrückigen Körper des Eberfisches sitzt ein relativ kleiner Kopf, dessen Kiefer (besonders der Unterkiefer) nach vorn gestreckt sind und eine Saugröhre bilden. Die erste Rückenflosse wird von kräftigen Hartstrahlen gestützt, die zweite besitzt nur Weichstrahlen. Das Auge ist auffällig groß, die runden Schuppen sind klein, ihr hinterer Rand ist angehoben und mit einem winzigen kleinen Dorn versehen. Weitere, etwas größere Dornen stehen in der Schuppenmitte, so daß sich die Haut wie Sandpapier anfaßt. Die gelbbraunen Männchen haben dunkle Querstreifen. Laichzeit ist von Juni bis August. Die pelagischen Eier besitzen einen gelblichen Fetttropfen. Die nur 2–2,5 mm langen Larven ernähren sich von kleinem Zooplankton. Eberfische treten recht zahlreich am Rand des Kontinentalschelfs in 100–400 m Tiefe auf. Es ist nicht ausgeschlossen, daß sie sich auch zwischen Korallenriffen aufhalten. Ziemlich häufig werden sie in Trawlnetzen gefunden, auch wurden sie schon in Thunfischmägen festgestellt.

Größe: 10–12 cm, max. 16 cm
D_1 IX; D_2 23; A III/23
Synonym: *Zeus aper*
Verbreitung: Mittelmeer, Atlantikküste von Südskandinavien bis zu den Kanarischen Inseln

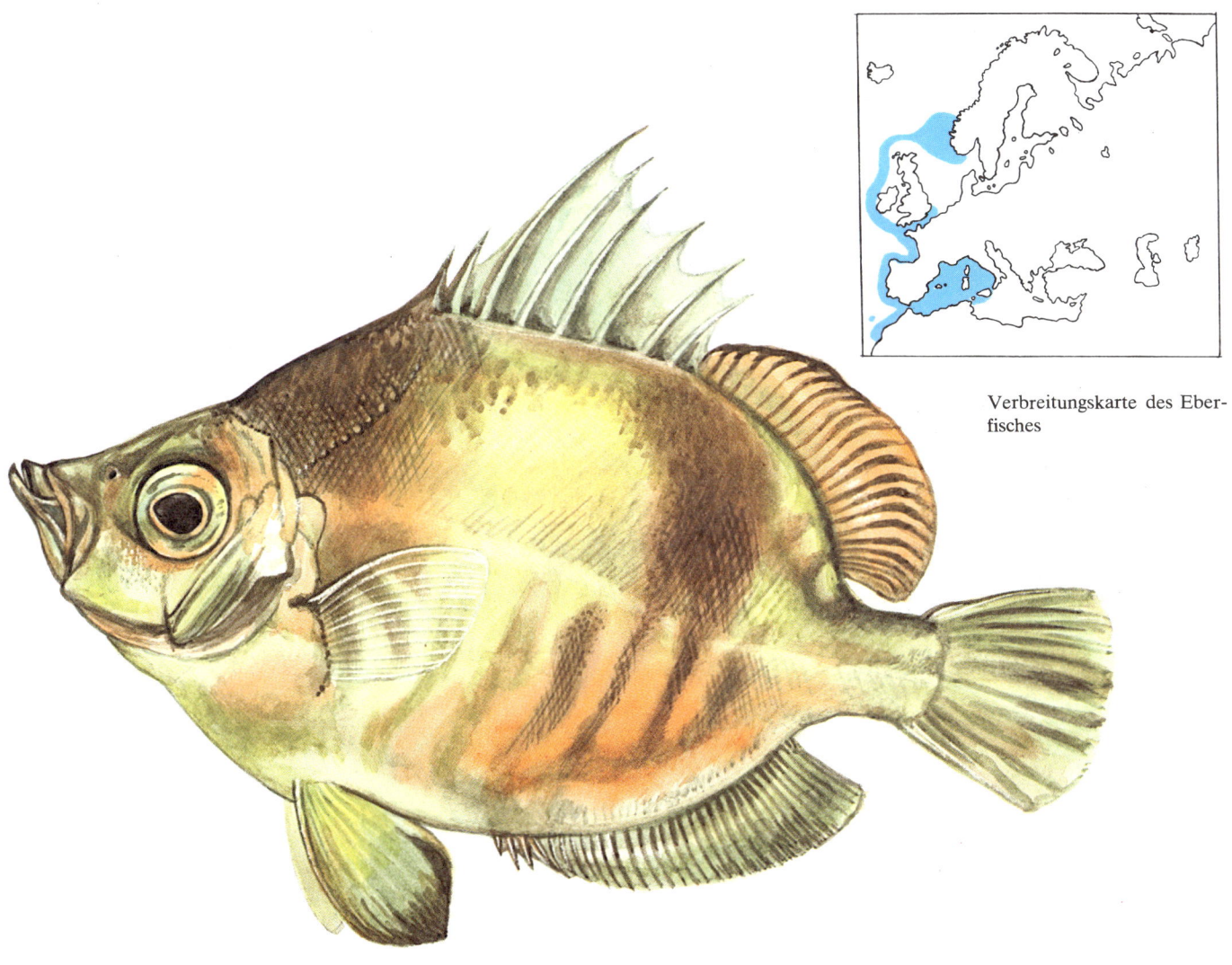

Verbreitungskarte des Eberfisches

Die Familie ZEIDAE vereint Fischarten mit verhältnismäßig kurzem und hochrückigem, seitlich zusammengedrücktem Körper. Vor der Rückenflosse und vor der Afterflosse stehen 3–5 Hartstrahlen, die manchmal von der Flosse selbst getrennt sind. Von den 10 in den Tropen und Subtropen lebenden Gattungen ist die aus dem östlichen Atlantik stammende Gattung der Heringskönige am bekanntesten.

Heringskönig, Petersfisch

Zeus faber

Der Heringskönig, ein mittelgroßer Meeresfisch mit hochrückigem, seitlich abgeflachtem Körper hat hohe, hervorstehende Kiefer. Von den zwei Rückenflossen besitzt die erste 9 oder 10 kräftige Stacheln, die erste der beiden Afterflossen wird von 3–4 kräftigen Stacheln gebildet, die durch eine Haut verbunden sind. Die zweite Afterflosse besitzt nur Weichstrahlen. Zwischen Bauch- und Afterflossen sowie entlang der Basis von Rücken- und Afterflossen zieht sich beiderseits eine Reihe großer, mit Stacheln bewehrter Schuppen hin. Diese Stacheln stehen auch vor und hinter dem Auge sowie auf dem Kiemendeckel. Kopf und Rücken sind dunkelbraun bis braungelb gefärbt, an den Seiten befinden sich hellere Streifen, der Bauch ist silbergrau. Seitlich ist ein großer, oft rotbrauner Fleck mit gelblichem Rand. Die Heringskönige leben pelagisch in der Küstenzone, für gewöhnlich in Tiefen von 10–50 m, können aber bis 200 m hinabsteigen. Zuweilen kommen sie auch bis an die Oberfläche. Gern halten sie sich in kleinen Schwärmen auf, sie können aber auch einzeln leben. Sie schwimmen nur langsam und legen sich beim Ruhen auf den Boden, aber auch in Bewegung auf die Seite. Kleine Schwarmfische bilden ihre Hauptnahrung. Heringskönige laichen von März bis Juni in mehreren Portionen, die Eier sind pelagisch. Ihr Fleisch ist von guter Qualität und erinnert im Geschmack an Krabben und Hummer. Vorwiegend werden sie in Schleppnetzen gefangen, die jährliche Fangmenge schwankt zwischen 1000 und 5000 t. Die dicke Haut wird zuweilen zu Galanteriewaren verarbeitet.

Größe: 30–50 cm, Weibchen bis 65 cm
Gewicht: 1–2 kg, max. 8 kg
D_1 IX–X; D_2 22–24; A_1 III–IV; A_2 20–23;
 P 12–14; V I/5–7
Verbreitung: im Atlantik vor den Küsten Europas und Afrikas von Südnorwegen bis zum Kap der guten Hoffnung, im Mittelmeer und im Schwarzen Meer

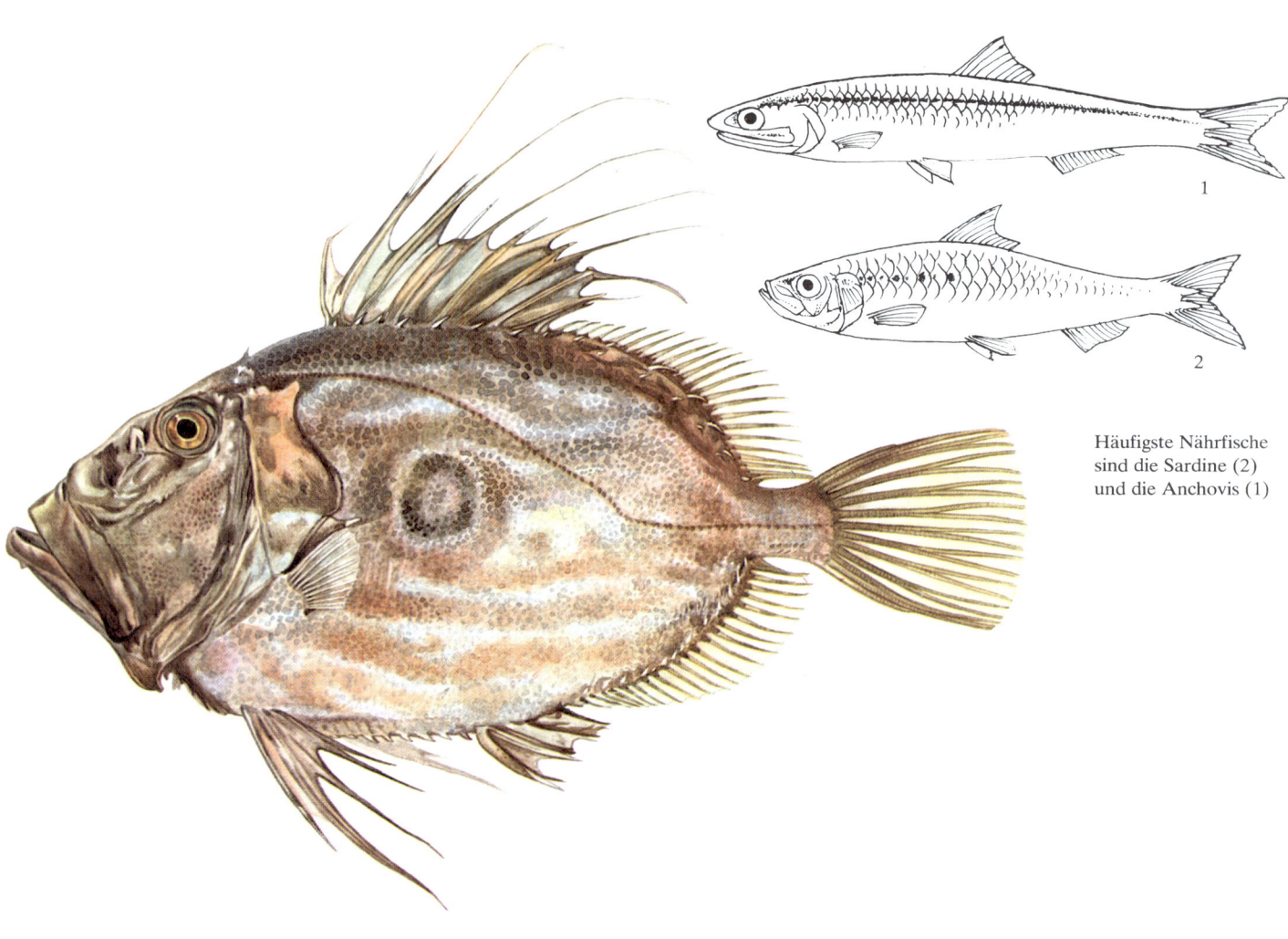

Häufigste Nährfische sind die Sardine (2) und die Anchovis (1)

Zur Ordnung LAMPRIDIFORMES gehören Meeresfische, die sich meist in größeren Tiefen aufhalten. Die Ordnung ist künstlich geschaffen worden und ihre Verwandtschaftsbeziehungen zu anderen Ordnungen sind unklar. Die Charakteristik der Familie LAMPRIDAE stimmt mit der der Ordnung überein.

Gotteslachs

Lampris guttatus

Diese einzige bekannte Art der Familie *Lampridae,* der Gotteslachs, ist ein auffallendes Tier, sowohl, was die Körperform als auch und vor allem das Farbkleid betrifft. Der Körper ist hoch und fest gebaut, mit einer vorne hohen Rückenflosse und einer niedrigen Afterflosse sowie langen, sichelartig zurückgebogenen Brust- und Bauchflossen. In allen Flossen fehlen Hartstrahlen. Die Seitenlinie hebt sich in einem Bogen über die Basis der Brustflossen, wendet sich dann schräg nach unten und verläuft nun in der Körpermitte. Die Kiefer sind zahnlos. Die herrliche Färbung dieses Fisches läßt keine Verwechslung mit anderen Arten zu. Während die Rückenseite dunkelblau bis metallisch violett gefärbt ist, geht die Farbe der Seiten in einen zarteren blaugrünen Ton mit goldenem bis silbrigem Glanz über. Der Bauch ist rostfarben bis purpursilbern, alle Flossen sind blutrot. Über den Körper sind ohne Regel viele milchweiße, kreisrunde Flecken verstreut. Gotteslachse leben überwiegend in offener See in 100–400 m Tiefe. Am häufigsten werden sie vor Madeira, den Azoren und den Kanarischen Inseln gefangen, doch sind diese Fänge eher zufällig. Über ihre Biologie ist nicht viel bekannt. Ihre Fortpflanzungszeit fällt in die Wintermonate. Weichtiere, Kopffüßer und vor allem Fische sind ihre Nahrung. Das fette Fleisch schmeckt ausgezeichnet, ähnlich den Lachsfischen und wird hochgeschätzt. Selten wird ein Gotteslachs mit der Angel gefangen und gelingt es einem Sportfischer, ein größeres Exemplar zu angeln, so gelangt er in den Besitz einer wertvollen Trophäe. Besonders nach Stürmen werden auch vereinzelt ans Ufer geschwemmte Gotteslachse gefunden.

Größe: 80–100 cm, vereinzelt 150–180 cm
Gewicht: bis 50–100 kg, in Einzelfällen bis 270 kg
D 52–54   A 39–41
Synonyme: *Lampris regius, Lampris luna*
Verbreitung: Meere der tropischen und gemäßigten Zone

Verbreitungskarte des Gotteslachses

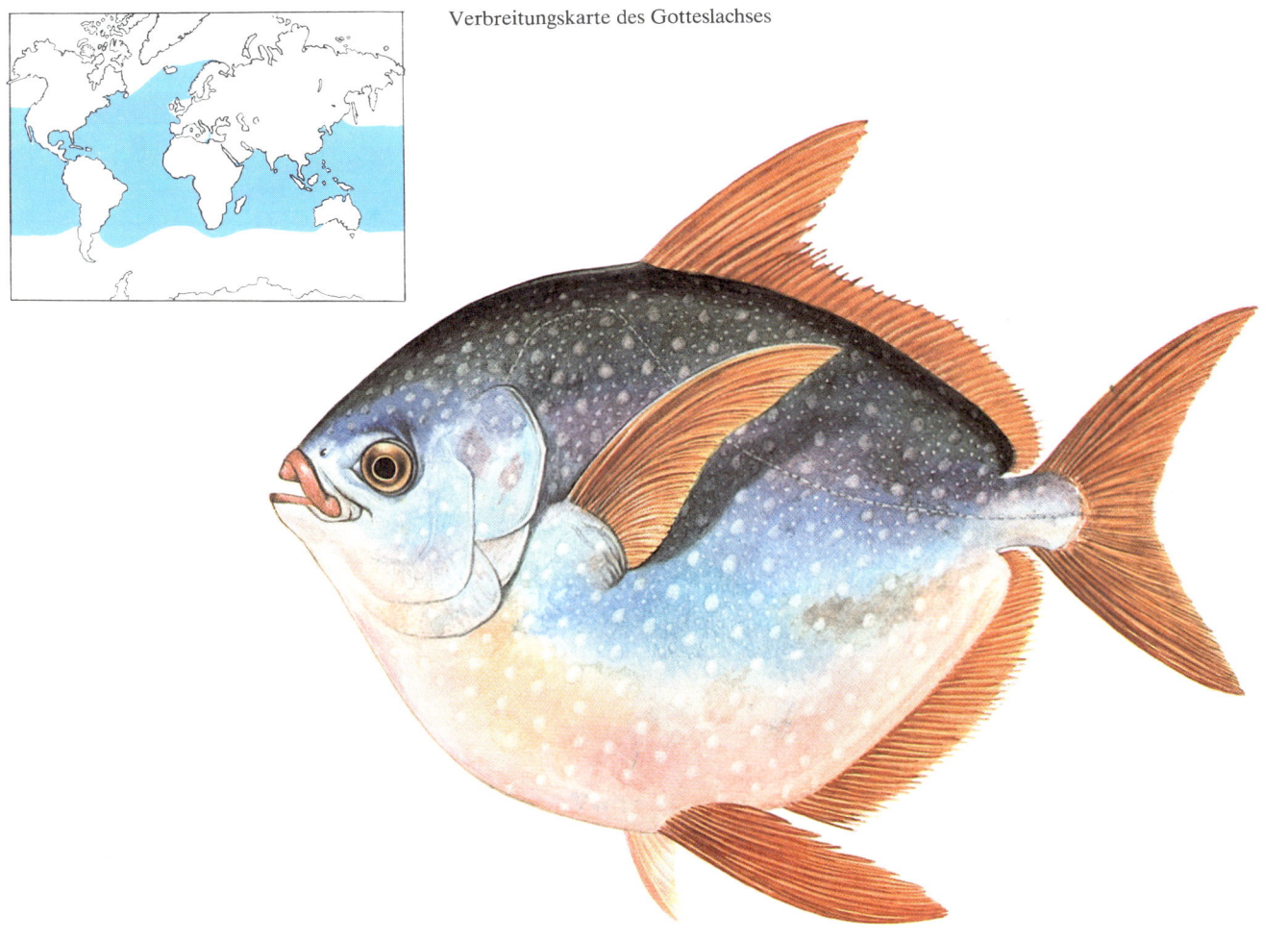

Der Familie REGALECIDAE gehören lediglich zwei Gattungen Meeresfische an, die alle einen beträchtlich langen und dünnen Körper besitzen. Meist schwimmen sie in fast vertikaler Lage und oft halten sie sich in Heringsschwärmen auf.

Riemenfisch

Regalecus glesne

Einer der größten Tiefseefische, der Riemenfisch, hat einen sehr langen, bandartig langgezogenen, seitlich stark zusammengedrückten Körper. Wegen seiner Form wird er in mehreren Sprachen Europas Riemenfisch genannt. Die entsprechend lange Rückenflosse hat 250−300, nach einigen Quellen sogar bis 400 Flossenstrahlen, von denen die ersten 10−15 stark in die Länge gezogen sind. Am Ende sind sie mit einem flachen Häutchen versehen und bilden über dem Kopf eine federbuschartige Krone, die dem Fisch in manchen Sprachen die Bezeichnung Heringskönig eingebracht hat. Die unter den kleinen Brustflossen anliegenden Bauchflossen werden von einem einzigen, fadenähnlich langgezogenem Flossenstrahl gestützt, an dessen Ende sich eine fleischige Verdickung befindet. Schwanz- und Afterflosse fehlen, die Afteröffnung liegt annähernd unter dem 80. Rückenflossenstrahl. Auch die Zähne an den Kiefern fehlen. An den Körperseiten verlaufen dunkle Längsstreifen, die mit zahlreichen kleinen Buckeln bedeckt sind. Sonst ist der Riemenfisch silberfarben, mit unregelmäßigen kurzen Querbinden und Flecken, die Flossen sind dunkelrot. Es heißt, daß er besonders in 300−600 m Tiefe lebt. Strömungen tragen ihn jedoch nach oben und die meisten gefangenen Exemplare stammen aus den Oberflächenschichten. Andere werden vom Sturm ans Land geworfen und hier gefunden. Über Vermehrung und Lebensweise ist kaum etwas bekannt, der Laich treibt auf offener See. Kleinere Tiere werden zuweilen im Magen von Thunfischen gefunden.

Größe: 2−4,5 m, höchstens 7 m
Synonyme: *Regalecus gladius, Gymnetrus longiradiatus*
Verbreitung: alle Weltozeane

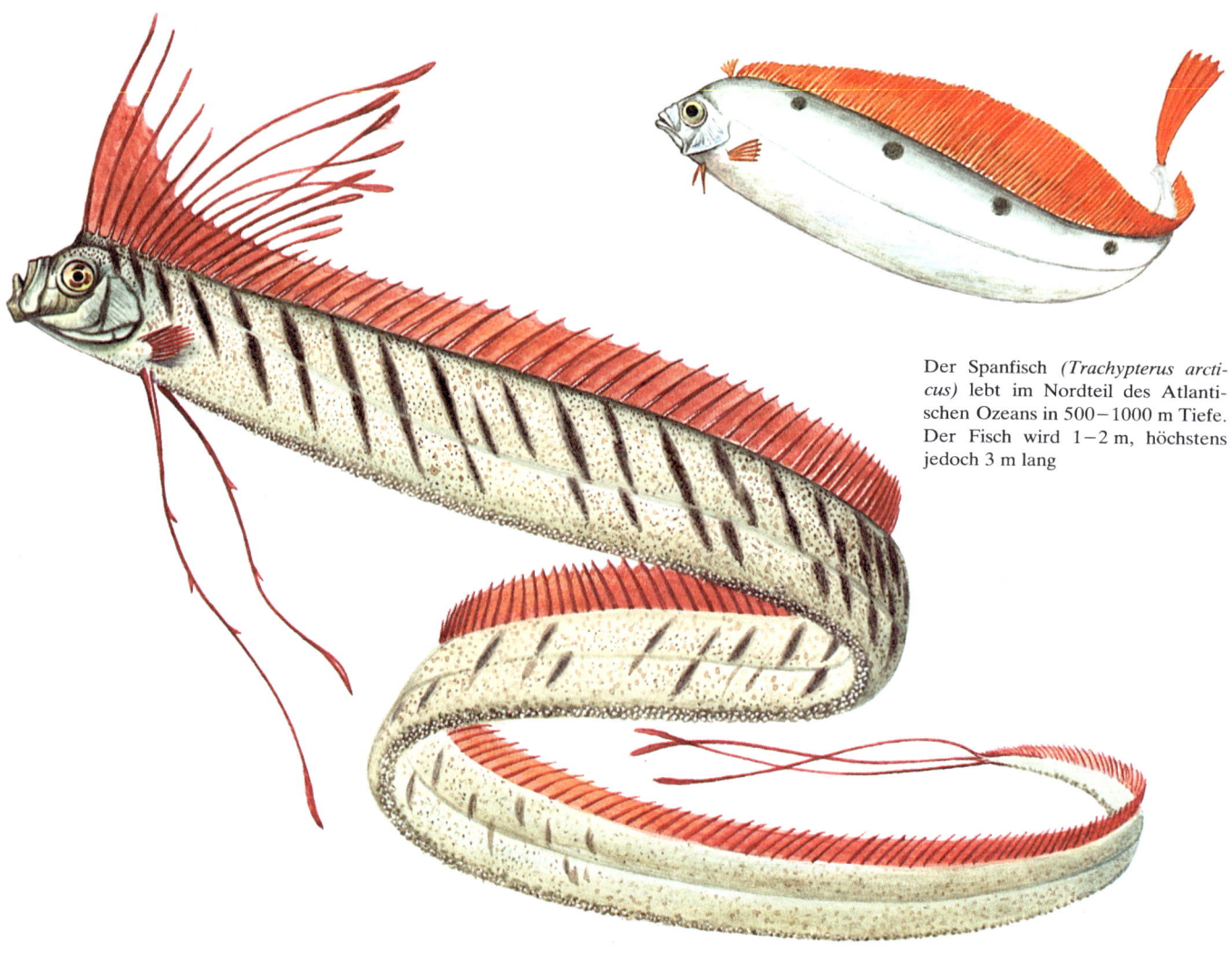

Der Spanfisch *(Trachypterus arcticus)* lebt im Nordteil des Atlantischen Ozeans in 500−1000 m Tiefe. Der Fisch wird 1−2 m, höchstens jedoch 3 m lang

Die größte Ordnung der Knochenfische sind die Barschartigen (PERCIFORMES), die mehr als 6000 Arten umfassen. Man unterteilt sie in etwa 20 Unterordnungen. Die Körperform ist sehr unterschiedlich, die Schuppen können cycloid oder ctenoid sein. Die rund 75 Gattungen mit etwa 400 Arten der Familie SERRANIDAE sind meist in den Meeren der Tropen und Subtropen heimisch.

Schriftbarsch   *Serranus scriba*

Der Schriftbarsch, ein hochrückiges, mit seitlich zusammengedrücktem Körper versehenes Tier, hat einen großen Kopf mit einem breiten Maul. Während der Vorkiemendeckel am Hinterrand gesägt ist, trägt der Hauptkiemendeckel drei deutlich zu sehende Stacheln, von denen der mittlere hervorragt. Beide Rückenflossen sind zu einem Ganzen vereint, die Schwanzflosse hat einen gerade abgeschnittenen bis wenig gewölbten Rand. Das Farbkleid wechselt je nach Milieu. Rücken und Seiten sind meist rostrot bis gelbbraun mit 5 oder 6, vereinzelt bis 8 dunklen Querbinden, die sich bis in die Rückenflossen fortsetzen. An den Seiten des Kopfes befinden sich unregelmäßige blaue bis grünliche Streifen, die von einer dunklen, für gewöhnlich rotbraunen Zeichnung umsäumt sind. Die bläuliche Färbung des Bauches weitet sich bis zu den Flanken aus. Schriftbarsche leben zwischen Steinen und Felsen an Stellen mit hartem, zuweilen von Algen bewachsenem Grund, meist in 20–30 m Tiefe, selten bis 100 m. Mit Vorliebe verstecken sie sich hinter Steinen und stürzen sich von dort aus auf ihre Beute, meist Fische von vergleichsweise großen Ausmaßen. Die Schriftbarsche sind Hermaphroditen, d.h. männliche und weibliche Geschlechtsdrüsen entwickeln sich in ein und demselben Tier. Zuweilen reifen die männlichen und weiblichen Geschlechtsprodukte gleichzeitig, so daß es zur Befruchtung der Eier (Rogen) mit den Samen desselben Exemplares kommen kann. An den europäischen Küsten laichen die Fische von Mai bis August. Ihr Fleisch schmeckt gut, doch werden diese Barsche nur selten gefangen.

Größe: 20–30 cm
Gewicht: bis 0,5 kg
Fruchtbarkeit: 17 500–100 000 Eier
D X/14–15; A III/7–8
Synonyme: *Perca scriba, Paracentropristis scriba*
Verbreitung: Küsten des Atlantiks vor Europa und Afrika von Großbritannien bis Senegal, im Mittelmeer und im Schwarzen Meer

Die verwandte Art *S. aeneus* stammt aus dem Mittelmeer und der Atlantikküste von Portugal bis zum Südzipfel Afrikas. Sie wird bis 90 cm lang und bis 10 kg schwer

Sägebarsch

Serranus cabrilla

Der Sägebarsch unterscheidet sich von dem eng verwandten Schriftbarsch in seiner Farbe und in der Schwanzflossenform. Beim Sägebarsch ist die Schwanzflosse schwach eingebuchtet, beim Schriftbarsch ist sie gerade abgeschnitten oder leicht ausgebuchtet. Der Sägebarsch ist ziemlich gleichmäßig quergestreift. Die 7–9 etwa gleichbreiten Querbinden sind rotbraun gefärbt. Entlang den Seiten verlaufen drei (manchmal nur zwei) gelbrote Streifen bis zum Schwanz. Weitere 3–4 ähnlich gefärbte, doch schräge Streifen überziehen die Kopfseiten. Bei den Männchen ist die Streifenbildung intensiver als bei den Weibchen und die Farben sind auch heller. Bei beiden Geschlechtern ist der Grundton hellbraun bis grau. Sägebarsche halten sich gern über Unterwasserfelsen, in der Nähe gesunkener Wracks und in den Ruinen versunkener Gebäude auf. Meist kommen sie in Tiefen von 20–60 m vor, steigen aber auch vereinzelt bis 100 m unter den Meeresspiegel hinab. Als Nahrung dienen ihnen überwiegend kleinere Fischarten. Im Mittelmeer vermehren sie sich von Mai bis August mit einem Höhepunkt im Juni, an den nördlicheren Standorten zieht sich die Laichzeit bis in den September hin. Wie der Schriftbarsch ist auch der Sägebarsch hermaphroditisch. Die Eierstöcke sind ungleich größer als die Hoden. Aus den verschieden großen Eiern im Eierstock läßt sich schließen, daß das Laichen in mehreren Etappen abläuft. Es kann auch zur Selbstbefruchtung kommen. Das Fleisch schmeckt gut und wird besonders im Mittelmeergebiet geschätzt. Meist werden die Sägebarsche mit der Angel gefangen.

Größe: 25–35 cm, max. 45 cm
Gewicht: bis 0,7 kg
Fruchtbarkeit: 20 000–100 000 Eier
D X/13–15; A III/7–8; P 14–15; V I/5
Synonyme: *Perca cabrilla, Paracentropristis cabrilla, Pseudoserranus cabrilla*
Verbreitung: Atlantikküste Europas und Afrikas von Großbritannien bis Senegal, Schwarzes, Rotes und Mittelmeer

Die verwandte Art *Epinephelus alexandrinus* ist im Mittelmeer und im angrenzenden Teil des Atlantiks verbreitet. Sie wird bis einen Meter lang und 10 Kilo schwer

Sägebarsch

Brauner Zackenbarsch, Großer Sägebarsch   *Epinephelus guaza*

Der mit den Zackenbarschen der Gattung *Serranus* eng verwandte Braune Zackenbarsch wurde früher wiederholt in diese Gattung eingeordnet. Ein gemeinsames Merkmal ist die einzige Rückenflosse, deren Vorderteil von stacheligen, unverzweigten Flossenstrahlen gestützt wird. In der Körperform erinnert er an Arten der Gattung *Serranus*. Auch der hinten gesägte Vorkiemendeckel und die drei großen Stacheln am Ende des Hauptkiemendeckels sind mit *Serranus*-Arten gleich. Unterscheidungsmerkmale der beiden Gattungen sind die Schuppen am Unterkiefer, die größeren Ausmaße und das Farbkleid. Quer- oder Längsstreifen fehlen. Rücken und Seiten sind dunkelzimtbraun gefärbt, während Bauch und Unterkiefer gelblich sind. Den ganzen Körper bedecken helle Flecken verschiedener Größe, alle Flossen sind hell umrandet. Die Braunen Zackenbarsche leben in 8–150 m Tiefe, maximal 200 m tief und bevorzugen steinigen Grund mit reichen Felsgebilden, Verstecken und Höhlen, in die sie gern hinein-

schwimmen. Meist führen sie ein Einzelgängerleben. Hauptnahrungsquelle sind Fische, in geringerem Maße auch größere Krustentiere und Weichtiere. Das Fleisch ist schmackhaft, aber bei älteren Fischen ziemlich trocken und faserig. Gefangen werden sie besonders mit Schleppnetzen und Hakenschnüren, in letzter Zeit betragen die Jahresfänge 1000–2000 t. Sportfischer fangen sie auch mit der Angel und im Mittelmeer werden sie besonders gern von Sporttauchern mit der Harpune verfolgt.

Größe: 80–100 cm, max. bis 150 cm
Gewicht: 3–10 kg, vereinzelt bis 40 kg
D XI/15–16;   A III/8–9
Synonyme: *Serranus guaza, Epinephelus gigas*
Verbreitung: im Atlantischen Ozean an den Küsten Europas und Westafrikas, im Mittelmeer und vor den Kanarischen Inseln. Die Nordgrenze bildet die Südküste Irlands und Großbritanniens

Promicrops lanceolatus ist der größte Vertreter dieser Familie. Er erreicht eine Länge bis 3,6 m und kann bis 350 kg schwer werden. Der Fisch kommt im Indischen und Stillen Ozean vor

Brauner Zackenbarsch,

Wolfsbarsch, Seebarsch *Dicentrarchus labrax*

Die in verschiedenen europäischen Sprachen als Wolfs- oder Seebarsch bezeichnete Art ist tatsächlich von der Systematik und vom Äußeren her mit dem Flußbarsch, einem der bekanntesten Süßwasserfische unseres Kontinents, verwandt. Von den ebenfalls verwandten *Serranus*-Arten unterscheidet ihn, daß er zwei Rückenflossen und Zähne auf der Zunge hat, sowie die Bauchflossen, die erst hinter der Brustflossenbasis ansetzen. Der Körper ist seitlich zusammengedrückt, die Rückenflossen sind durch eine kleinere Lücke getrennt, der Kopf ist oben und an den Seiten mit Cycloidschuppen bedeckt, am Kiemendeckel befinden sich meist unten zwei oder mehr stachelartige Auswüchse. Zum großen Teil ist der Fisch silberfarben, der Rücken ist dunkelgrau bis oliv gefärbt und trägt bei jüngeren Exemplaren bisweilen schwarze Flecken. Auf der Unterseite des Kiemendeckels befindet sich ein dunkler Fleck. Wolfsbarsche leben und jagen in kleineren Schwärmen im Bereich des Kontinentalschelfs. Hauptsächlich fressen sie Sardinen, zu deren Schwärmen sie im Sommer Wanderungen unternehmen. Sie laichen von Mai bis August, im Mittelmeer und vor der afrikanischen Küste schon ab Ende Februar, häufig im Brackwasser vor einer Flußmündung. Im stark mit Süßwasser vermischten Meerwasser sinken die Eier auf den Grund, während sie im Salzwasser schweben. Nach 4–7 Tagen schlüpfen die Larven, die dank ihrer beträchtlichen Gefräßigkeit sehr schnell wachsen. Die Fische werden etwa 20, gelegentlich auch mehr Jahre alt. Das Fleisch der Seebarsche schmeckt ausgezeichnet. Besonders Sportfischer fangen sie mit der Angel oder mit der Unterwasserharpune. Ins Netz geraten die Fische äußerst selten.

Größe: 80 cm – 1 m
Gewicht: 10–12 kg
Fruchtbarkeit: 500 000–2 000 000 Eier
D_1 VIII–X; D_2 I/12–14; A III/10–12; P 15–16
Synonyme: *Morone labrax, Perca labrax, Labrax lupus, Dicentrarchus lupus*
Verbreitung: im Atlantik vor den Küsten Europas und Nordafrikas, im Mittelmeer und im Schwarzen Meer

Im tropischen und gemäßigten Bereich beider Atlantikküsten ist die verwandte Art Wrackbarsch *(Polyprion americanum)* heimisch. Sie wird 60–100 cm, höchstens aber 2 m lang und bis zu 40 kg schwer

Zur Familie PERCIDAE gehören ungefähr 100 in Süß- und Brackwasser lebende Arten. Mit Ausnahme des Kaulbarsches besitzen sie zwei Rückenflossen, ihre Afterflosse hat 1−3 Hartstrahlen. Die Schuppen sind ctenoid.

Zander

Stizostedion lucioperca

Der Zander ist in Europa der größte Süßwasserfisch unter den Barschen. Sein Körper ist für eine rasche Fortbewegung in verschiedenen Wasserschichten ideal gebaut. Das Maul ist reich bezahnt, endständig, am Ende des Unterkiefers befinden sich zwei auffällig große und scharfe sogenannte Hundszähne. Der Oberkiefer reicht bis hinter das Auge, die Seitenlinie endet anders als beim Barsch stets erst an der Schwanzflossenbasis. Der Rücken ist graugrün, an den Seiten erkennt man 8−12 schwarzbraune Querbinden, die sich zu Flecken auflösen und auch auf der Schwanz- und den beiden Rückenflossen vorhanden sind. Der sonst weiße Bauch wird in der Laichzeit besonders bei den Männchen dunkler. Die meiste Zeit des Tages hält sich der Zander am Boden versteckt. Morgens und am frühen Abend steigt er zur Jagd an die Oberfläche. Die Laichzeit liegt meist im April und Mai. In dieser Zeit legt das Männchen eine Nestgrube von etwa 50 cm Durchmesser und 5 cm Tiefe an, in die gesäuberte Wurzelstücke kommen. Auf diese legt das Weibchen seine Eier ab, die das Männchen nach dem Schlüpfen sorgfältig bewacht und durch Wedeln der Flossen mit Frischwasser versorgt. Kurze Zeit lebt die Fischbrut von Zooplankton, beginnt

aber schon mit 3−5 cm Länge fremden Laich zu fressen. Erwachsene Fische ernähren sich ausschließlich von anderen Fischarten. Die in kleinen Schwärmen lebenden Zander halten sich im Gegensatz zum Hecht weiter weg vom Ufer auf. Sie werden 10−15, vereinzelt bis 20 Jahre alt. Sie gehören zu den wertvollsten und wirtschaftlich wichtigsten europäischen Süßwasserfischen. In jüngster Zeit verschwinden sie von vielen Standorten oder vermehren sich dort nicht mehr auf natürliche Weise.

Größe: 80−100 cm, max. 130 cm
Gewicht: 12−15 kg, max. 18 kg
Fruchtbarkeit: 200 000−1 000 000 Eier (110−220 Tausend je Kilo Körpergewicht des Rogners)
D_1 XIII−XV; D_2 I−III/19−23; A II/10−13; l.l. 80−95; P 15−16; V I/5
Synonym: *Lucioperca lucioperca*
Verbreitung: ursprünglich vom Aralsee bis zum Einzugsgebiet der Elbe. Heute auch in große Teile Westeuropas und den USA eingeführt. Zander kommen an tieferen Stellen in fließenden und stehenden Binnengewässern und in Meeresbuchten vor

Nährtiere sind größere Arten des Zooplanktons (z.B. *Leptodora* − 1), Fischlaich und später auch Fische (Plötzen − 2, Barsche − 3 und Ukeleis)

Wolgazander   *Stizostedion volgense*

Im Körperbau ähnelt der Wolgazander stark dem Zander, doch ist der Körper kleiner, kürzer und hochrückiger. Gewöhnlich reicht der Oberkiefer nicht weiter als bis unter die Augenmitte. Die Schuppen sind etwas größer als beim Zander, so daß von ihnen in der Seitenlinie nur 70−83 im Gegensatz zu den 80−95 beim Zander stehen. Außerdem unterscheiden sich beide Arten in der Anzahl der After-flossenstrahlen. Andererseits gleichen sie sich in der Färbung sehr, der Wolgazander hat jedoch weniger dunkle Streifen an den Seiten, die sich auch nicht zu Flecken auflösen und deren Farbe deutlicher ist. Wolga-zander leben in geringen Tiefen über Sand- oder Steinbo-den an Stellen mit langsam fließendem Wasser. Sie sind nachts und abends aktiv, tagsüber halten sie sich in ihren Verstecken am Grund auf. Als Räuber leben sie von Kleinfischen, besonders Plötzen, Ukeleis und Barschen. Größere Exemplare greifen sie nicht an, da sie ebenso wie die Zander einen engen Schlund besitzen. Die Brut ernährt sich von Zooplankton und Wasserinsektenlarven. Mit 3−4 Jahren werden sie geschlechtsreif, Weibchen gewöhnlich ein Jahr später als Männchen. Wolgazander laichen im April und Mai im flacheren Wasser ruhiger Buchten und zugewachsener Flußarme. Ihre Fortpflan-zung ist noch nicht genau erforscht, doch unterscheidet sie sich wohl kaum von der des Zanders. An den meisten Standorten kommen die Tiere nur selten vor und werden dann oft von den Anglern mit dem viel verbreiteteren Zander verwechselt. Ihr Fleisch ist schmackhaft und von guter Qualität.

Größe: 35−40 cm, vereinzelt bis 50 cm
Gewicht: 0,5−1,5 kg, max. 2 kg
D_1 XII−XIV; D_2 I−II/20−22; A II/9−10; l.l. 70−83;
  P 14−15; V I/5; l.l. 70−83
Synonym: *Lucioperca volgense*
Verbreitung: in den nördlichen Zuflüssen des Kaspischen und Schwarzen Meeres vom Ural bis zur Donau. Hält sich überwiegend im Süßwasser auf, nur aus der Wolgamün-dung gelangt er in die anliegenden Teile des Kaspischen Meeres

Unterscheidung der beiden Zanderar-ten: Der Zander (1) hat einen nackten Vorkiemendeckel und sogenannte Wolfszähne, der Vorkiemendeckel des Wolgazanders (2) ist mit Schuppen be-deckt und seine Zähne sind alle etwa gleichgroß

Flußbarsch, Barsch   *Perca fluviatilis*

Der Flußbarsch ist in fast ganz Europa weit verbreitet und häufig. Sein Rumpf ist ziemlich hoch, die Höhe der Rückenwölbung schwankt allerdings stark mit den wechselnden Lebensbedingungen. Am keilförmigen Kopf mit dem endständigen, gut bezahnten Maul befinden sich große Augen, die beiden Rückenflossen sind deutlich voneinander getrennt. Auf der ersten von ihnen, die ausschließlich stachelartige, unverzweigte Hartstrahlen aufweist, ist hinten ein charakteristischer schwarzer Fleck zu sehen. Der Körper ist graugrün bis gelbgrün gefärbt, der Rücken ist dunkler, an den Seiten sind 5−9 schwarze Querbinden, der Bauch ist heller gefärbt. Brust-, Bauch-, After- und Schwanzflosse sind orangegelb bis rot. Flußbarsche kommen an den verschiedensten Standorten in fließenden und stehenden Gewässern vor, und zwar in stilleren Tümpeln ebenso wie in den Oberläufen von Bächen und Flüssen oder in Teichen und Stauseen. Sie bevorzugen Stellen mit üppiger Vegetation, mit versunkenen Bäumen und Unterwasserwurzeln, denn ihre gestreifte Färbung paßt sich an solche Licht- und Schattenbedingungen an. Zur Laichzeit im Frühjahr, meist von April bis Mai, versammeln sie sich zu größeren Schwärmen. Die sich von Plankton ernährende Brut bildet Schwärme, die sich nachts wieder auflösen. Flußbarsche verharren in der Nacht bewegungslos am Gewässergrund und vereinen sich erst in der Morgendämmerung wieder zu Schwärmen. Lediglich alte und große Exemplare leben allein. Sobald sie etwa 20 cm lang werden, ernähren sie sich von kleineren Fischen, sogar vom eigenen Nachwuchs. An vielen Stellen herrscht starke Überbevölkerung und die Tiere wachsen infolge Nahrungsmangel nur langsam. Wegen ihres wohlschmeckenden, festen und weißen Fleisches werden die Flußbarsche gern geangelt.

Größe: 30 cm, einzeln bis 40 cm, max. 50 cm
Gewicht: 300−500 g, selten 1−2 kg, max. 4−5 kg
Fruchtbarkeit: 80 000−250 000 Eier je Kilo Gewicht des Weibchens
D_1 XIII−XVII; D_2 I−III/13−16; A II/8−9;
l.l. 54−77; P 14; V I/5
Verbreitung: in Europa außer Schottland, Norwegen und den südeuropäischen Halbinseln. In Sibirien bis zur Kolyma

Der Laich wird in Streifen auf lebende und tote Vegetation oder auf Steine abgelegt, in denen die Eier in einer Gallertmasse gebettet und so vor Freßfeinden geschützt sind

Häufige Bestandteile der Nahrung sind Krustentiere (*Leptodora* − 1, *Daphnia* − 2) und Fischlaich (3), Kleinfische (4) und Insektennymphen (5)

Flußbarsch, Barsch

195

Kaulbarsch, Rotzbarsch   *Gymnocephalus cernua*

Der Körper des Kaulbarsches ist seitlich abgeflacht und hat einen leicht gewölbten Rücken und nur eine Rücken-flosse. Die Farbe des Rückens ist graugrün bis graubraun mit dunklen Flecken, die Seiten sind bräunlich bis grün-lich. Zahlreiche feine dunkle Flecken bedecken die paari-gen Flossen, der Bauch ist weißgelb, der Kiemendeckel leicht bläulich mit metallischem Glanz. Die Tiere sind sehr langsamwüchsig, sie erreichen erst im fünften bis sechsten Jahr 10 cm Länge. Die Männchen sind bereits Ende des ersten Lebensjahres laichreif, Weibchen erst im zweiten Jahr. Im April und Mai legt das Weibchen seine befruchte-ten Eier auf Sand- oder Steinboden ab. In den Laich-schwärmen vereinen sich vierzig bis einige Hundert Tiere in bis zu 2 m Tiefe. Die von den Eltern unbeachteten Eier haben im Durchmesser etwa 1 mm. Je nach Wassertempe-ratur schlüpfen die Larven nach ein bis zwei Wochen. Nach Verzehr des Dottersacks stellen sie sich auf feinstes Zooplankton um. Erwachsene Exemplare fressen Insek-tenlarven, Würmer, Brut und Eier von Fischen. Kaulbar-sche halten sich vorwiegend am Grund von Flußunterläu-fen, aber auch in Teichen und Stauseen auf. In manchen Karpfenteichen bilden sie sehr zahlenstarke Bestände und konkurrieren mit dem Karpfenbesatz und anderen Fi-schen. Sie sind auch mit weniger klarem Wasser zufrieden, da sie bei der Jagd nicht so abhängig vom Gesichtssinn sind wie etwa der Flußbarsch. Vor direktem Licht flüchten die Tiere und suchen daher im Sommer tieferes Wasser auf. Wenn das Wasser im Sommer 20−25 °C überschreitet, ziehen sich die Kaulbarsche in die Tiefe zurück. Den Winter überdauern sie in den Mündungen großer Flüsse oder in Wasserlöchern der Seen und Teiche. Ihr Fleisch ist von ausgezeichneter Qualität.

Größe: 15−18 cm, max. 25 cm
Gewicht: 100−150 g, max. 200 g
Fruchtbarkeit: 1000−6000 Eier
D XI−XVI/11−15;   A II/5−6;   l.l. 35−40
Synonym: *Acerina cernua*
Verbreitung: Flüsse Europas und Asiens vom nordöstlichen Frankreich bis zum Fluß Kolyma in Ostsibirien. Fehlt auf den europäischen Halbinseln

Verbreitungskarte der zwei verwandten Arten *G. cernua* (blau) und *G. schraetser* (rot)

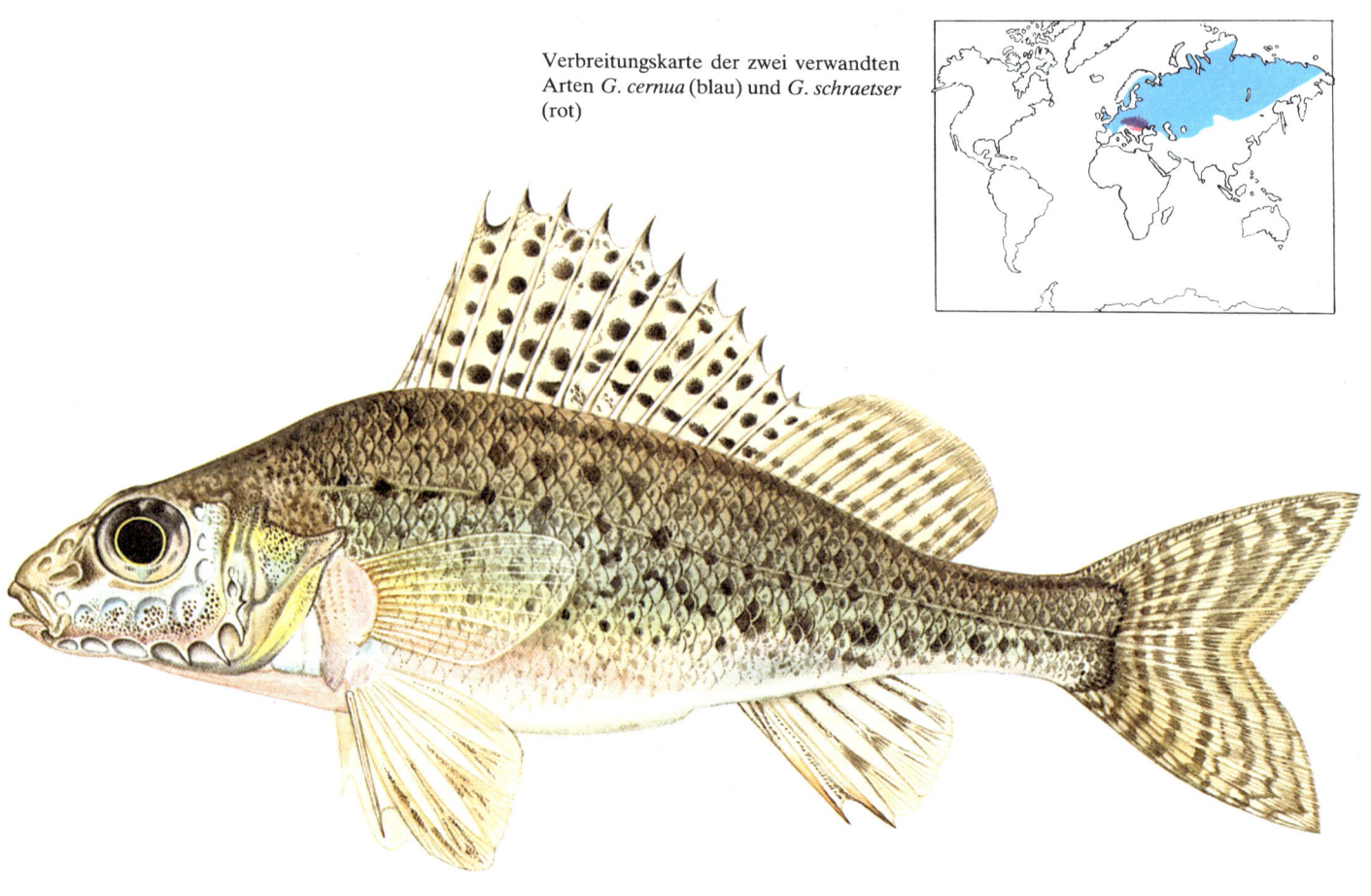

Schrätzer

Gymnocephalus schraetser

Der Körper des Schrätzers ist seitlich abgeflacht und relativ niedriger als bei der vorherigen Art, das Maul ist auffällig langgezogen. Da die Schuppen kleiner sind, sind von ihnen in der Seitenlinie anderthalb mal soviel wie beim Kaulbarsch (55—60). Auch der vordere Rückenflossenteil ist länger und besitzt mehr Hartstrahlen. Die Rückenseite ist olivgrün, die Seitenpartien sind gelb und besitzen 3—4 schwarze, zuweilen unterbrochene Längsstreifen. Auf der Rückenflosse stehen vorn in regelmäßigen Reihen ovale, dunkle Flecken. Der Schrätzer bewohnt tiefere Stellen in schnellfließendem Wasser mit steinigem oder sandigem Grund. An einigen Stellen tritt der in kleineren Schwärmen lebende Fisch gemeinsam mit dem Kaulbarsch auf. Seine Nahrung sind Insektenlarven, Eier und Brut verschiedener Fischarten. Doch sind seine Bestände nie so zahlreich, als daß er ein ernstzunehmender Futterkonkurrent für die anderen Fischarten sein könnte. In Fischteichen kommt er nicht vor. Über die Fortpflanzung sind bis jetzt keine Einzelheiten bekannt, doch kann man voraussetzen, daß das Laichverhalten ähnlich dem des Kaulbarsches ist, mit dem Unterschied, daß der Schrätzer Flußabschnitte mit größerer Strömung bevorzugt. Wirtschaftlich ist er ohne Bedeutung, nur vereinzelt wird er mit der Angel gefangen. In den Zuflüssen des Schwarzen Meeres ist noch ein weiterer Vertreter der Gattung beheimatet, der Don-Kaulbarsch *(G. acerina),* dessen Körperform der des Schrätzers ähnelt, er hat allerdings keine Längsstreifen. Auch er bevorzugt schnellfließendes Wasser, laicht zeitig im Frühjahr und seine Eier bleiben nach dem Laichen am Grund kleben. Bei 14 °C Wassertemperatur entwickeln sich die Eier 7—8 Tage und weitere 9—10 Tage verzehren die Larven den Dottersack. Die Art ist sehr geschätzt als Suppenfisch.

Größe: 10—20 cm, max. 24 cm
Gewicht: bis 150 g
Fruchtbarkeit: 2000—10 000 Eier
D XVII—XIX/12—13;   A II/6—7;   l.l. 55—62
Verbreitung: im Einzugsgebiet der Donau von Bayern bis in ihr Delta

Die verwandte Art *G. baloni* lebt nur in der Donau

Wichtige Nährtiere sind Larven von Eintagsfliegen (1), Schwarmmückenlarven (2) und Wasserflöhe (3)

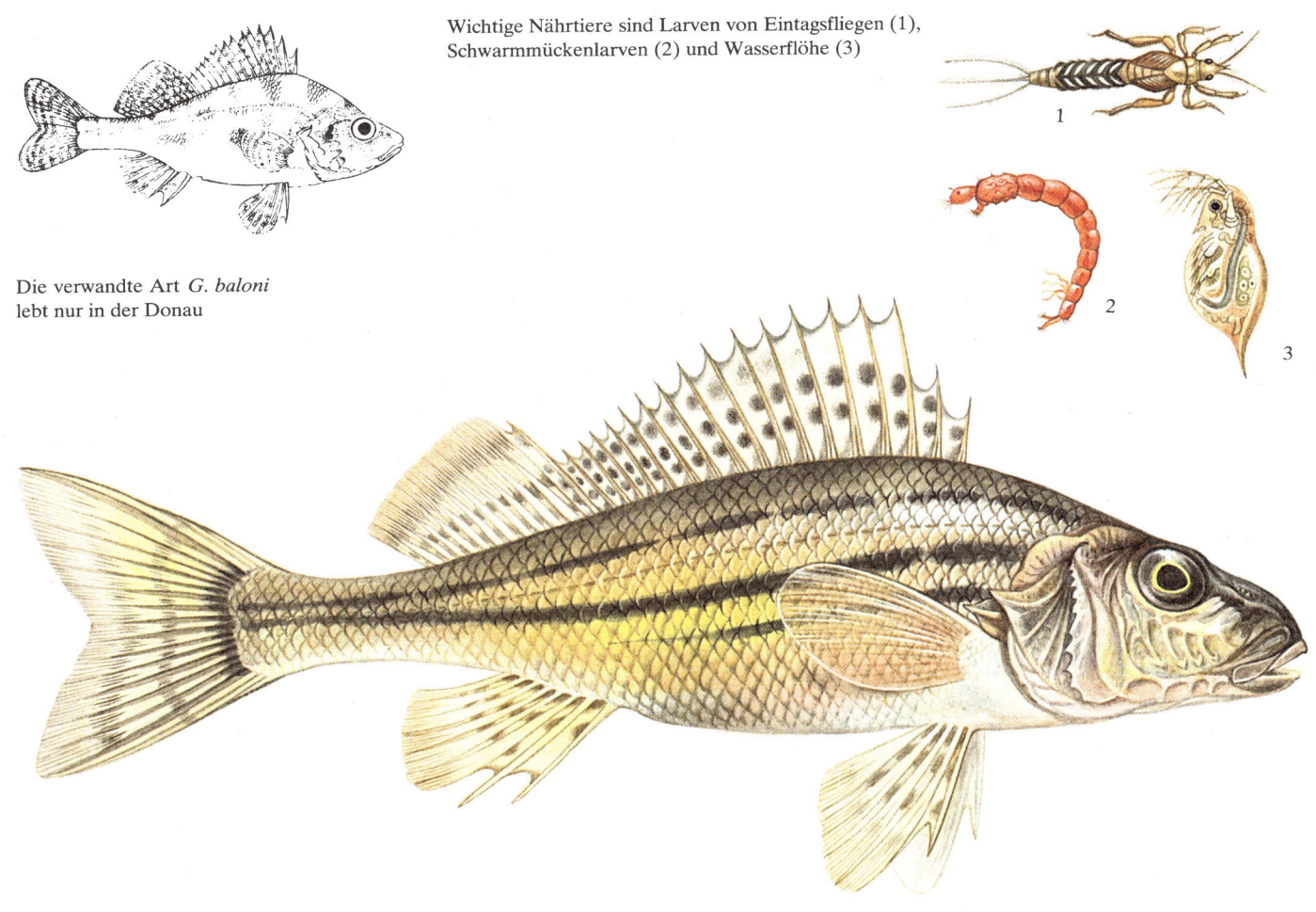

Streber

Der spindelförmige Körper des Strebers ähnelt sehr dem des verwandten Zingels, doch ist der Rumpf sichtbar niedriger, länger und schmaler. Die Schwanzwurzel ist stäbchenartig schlank. Auch ist der Vorderbauch schuppenlos. Die Grundfarbe des Körpers ist gelbbraun oder graubraun, vier oder fünf dunkle Streifen verlaufen deutlich sichtbar schräg über die Flanken. Kleine schwarze Flecken sind nicht vorhanden. Außer Farbe und Form des Körpers unterscheiden den Streber vom Zingel noch die geringere Anzahl an Flossenstrahlen in der After- und in den Rückenflossen sowie die kleinere Schuppenzahl in der Seitenlinie. Lebensweise und Art der Nahrung sind wieder ähnlich wie beim Zingel. Allerdings lebt der Streber oft auch in tieferen, schneller fließenderen Abschnitten von Vorgebirgsflüssen, so daß man annimmt, daß er empfindlicher gegen Wasserverschmutzung ist und höhere Ansprüche an den Sauerstoffgehalt stellt. Er wächst langsamer und wird anscheinend höchstens fünf Jahre alt. In der Laichzeit im März und April erscheinen bei beiden Geschlechtern an Kopf, Rumpf und Brustflossen Laichwarzen, die bei den Männchen größer sind. Streber und Zingel kommen hauptsächlich in der Donau vor. Außer in der Donau und deren Zuflüssen kommen sie noch im Dnestr, Prut und Nardar vor. Für das Sportfischen ist der Streber ungeeignet. Überdies gehen seine Bestände immer mehr zurück. Als wertvolle endemische Art und einzigartiges Beispiel der Anpassung europäischer Barsche an schnellströmendes Wasser verdient er vollen Schutz.

Größe: 12–17,5 cm
Gewicht: bis 170 g
Fruchtbarkeit: 600–4200 Eier
D_1 VII-IX; D_2 I–II/11–13; A I/10–11; l.l. 70–82
Synonym: *Aspro streber*
Verbreitung: Gewässer der Donau, Dnjestr, Nardar und Prut

In der Rhône hat der verwandte Rhônestreber *(Z. asper)* seine Heimat. Der Fisch wird bis 25 cm lang und hat einen kürzeren Schwanzstiel als *Z. streber*

Zingel

Zingel zingel

Der gestreckte, spindelförmige, fast drehrunde Rumpf des Zingels setzt sich im relativ großen, von oben abgeflachten Kopf mit unterständigem Maul und hervorstehender Schnauze fort. Der Rumpf, ein Teil des Kopfes und des vorderen Bauches sind mit sich rauh anfühlenden ctenoiden Schuppen bedeckt. Die beiden Rückenflossen sind ein Stück voneinander entfernt. Die vordere wird ausschließlich von Hartstrahlen gestützt. Im Farbkleid dominiert Gelbgrau, der Rücken hat einen leicht bräunlichen Ton. Über den Körper verteilen sich unregelmäßig dunkle Punkte. Meist sind auch vier dunkle Querbinden vorhanden, die allerdings oft kaum zu erkennen sind. Die Zingel leben nur in Flüssen mit starker Strömung und Kies- oder Sandgrund, mit Ausnahme der Uferzone. Ihre kurzen Sprünge am Grund wirken ungeschickt, sie sind eine Auswirkung der verkümmerten Schwimmblase. Am Tag verstecken sie sich in Bodenlöchern und unter Steinen, auf Jagd gehen sie erst mit der Dämmerung. Besonders aktiv sind sie in der Nacht, wovon die überwiegend nachts gemachten Fänge der Angler zeugen. Zingel leben zum Großteil von wirbellosen Bodentieren und kleinen Fischen. Im April und Mai legt das Weibchen große, klebrige Eier auf den Kiesgrund ab. Nach mehreren Literaturstellen sollen sie die Eier ähnlich den Lachsfischen in den Boden eingraben. Wegen ihrer Seltenheit werden sie nur vereinzelt mit der Angel gefangen. Ihr Fleisch wird als wohlschmeckend eingeschätzt. Die Bestände sind in den letzten Jahren als Auswirkung der Wasserverschmutzung ständig zurückgegangen, so daß die Art vom Aussterben bedroht ist.

Größe: 30−40 cm, ausnahmsweise bis 45 cm
Gewicht: bis 1 kg
Fruchtbarkeit: 500−5000 Eier
D_1XIII−XV; D_2I/18−20; A I/11−14; l.l. 82−95
Synonym: *Aspro zingel*
Verbreitung: im Einzugsgebiet von Dnestr und Donau

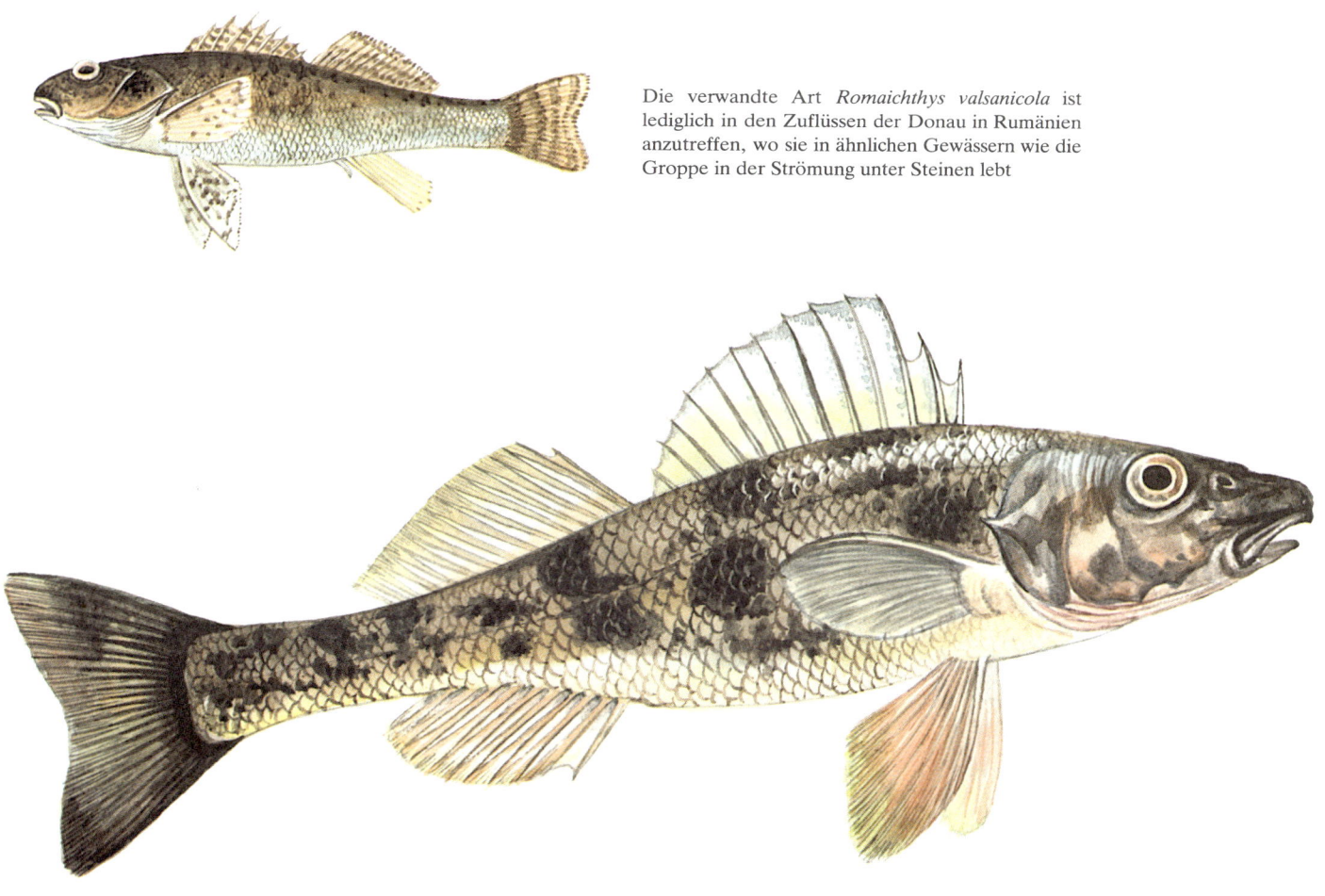

Die verwandte Art *Romaichthys valsanicola* ist lediglich in den Zuflüssen der Donau in Rumänien anzutreffen, wo sie in ähnlichen Gewässern wie die Groppe in der Strömung unter Steinen lebt

Der Familie CENTRARCHIDAE gehören Süßwasserarten mit einer Rückenflosse, deren Vorderteil niedriger ist, an. Ihr Körper ist hochrückig, seitlich zusammengedrückt. Ursprünglich stammen sie aus Nordamerika, doch wurde eine Reihe von ihnen in Europa und anderswo eingeführt und haben sich dort akklimatisiert. Insgesamt gibt es 32 Raubfischarten, die sich von Fischen oder wirbellosen Tieren ernähren.

Forellenbarsch   *Micropterus salmoides*

Ende des vorigen Jahrhunderts wurde der Forellenbarsch aus Nordamerika nach Europa eingeführt. Ursprünglich lebte er im Gebiet des Mississippi und der Großen Seen. Seine Körperform erinnert an den robusten Flußbarsch. Der vordere, stachelige Teil der Rückenflosse ist deutlich niedriger und durch einen tiefen Einschnitt vom mit verzweigten Flossenstrahlen bestückten hinteren Teil getrennt. Die Winkel des großen Maules reichen bis hinter die Augen, die Kiefer sind gut bezahnt. Rauhe Schuppen reichen in 10 Reihen bis auf die Kiemendeckel. Die Körperfarbe ist grünlich, die Seiten glänzen meist golden oder silbriggrün, der Bauch ist weißgelb gefärbt. Bei erwachsenen Fischen verläuft vom Auge bis zur Schwanzwurzel ein dunkler Streifen, über den ganzen Körper verteilen sich dunkle Flecken und auch auf dem Kiemendeckel befindet sich stets ein großer schwarzer Fleck. Die Körperfarbe ist jedoch stark veränderlich und paßt sich der Umgebung an. Ursprünglich sollte der Forellenbarsch in Europa die Zahl der wirtschaftlich und sportlich interessanten Fischarten erhöhen. Diese Absicht verwirklichte sich nicht ganz, da diese Art auf unserem Kontinent weniger groß wird und durch ihre Freßgewohnheiten mit den einheimischen Raubfischen konkurriert. Unter europäischen Bedingungen wird er im dritten oder vierten Lebensjahr geschlechtsreif und laicht dann von Mai bis Juli. Ähnlich dem Zander bereitet das Männchen im Boden ein rundes Nest von 30−90 cm Durchmesser vor, in das es mehrere Weibchen nacheinander zum Ablaichen lockt. Bis die Larven selbständig sind, hütet es auch das Gelege. In der Nahrung haben neben Wasserinsekten und Fischen auch Frösche und Kaulquappen einen großen Anteil, die sonst von anderen Fischarten nur selten gefressen werden.

Größe: 30−35 cm, vereinzelt bis 50 cm (in Nordamerika bis 80 cm)
Gewicht: 1−2,5 kg in Europa, 8−10 kg in Nordamerika
Fruchtbarkeit: 30 000−60 000 Eier je kg Körpergewicht des Weibchens
D X−XI/12−13; A III/10−11; l.l. 57−68
Verbreitung: im Donaugebiet und den meisten Ländern Westeuropas, in Großbritannien wurde er erst 1934 eingeführt

Die Umsiedlung des verwandten Schwarzbarsches *(Micropterus dolomieu)* nach Europa Ende des 19. Jahrhunderts glückte nicht. In seiner Heimat, dem Osten Nordamerikas, wird er 20−38 cm groß

Sonnenbarsch

Lepomis gibbosus

Der Sonnenbarsch, der ursprünglich aus dem Osten Nordamerikas stammt, gehört heute wohl zu den farbigsten europäischen Süßwasserfischen. Er behält sein buntes Farbkleid im Unterschied zu Elritze, Äsche oder Saibling das ganze Jahr über. Der hochrückige, von der Seite fast runde Rumpf ist stark abgeflacht und trägt große Schuppen und eine lange Rückenflosse. Meist ist der Rücken olivgrün gefärbt, die Seiten sind bläulich mit runden orangefarbenen bis rotbraunen Flecken. Auf dem Kiemendeckel leuchten blaue bis blaugrüne wellenförmige Längsstreifen. Auf dem langen, nach hinten gerichteten Ausläufer des Kiemendeckels befindet sich ein roter Fleck mit einem schwarzen Rand. Der Bauch ist rosa- bis orangefarben. Sonnenbarsche sind vor allem an flachen, zugewachsenen Stellen in Flüssen und Seen mit sauberem stehendem oder langsamfließendem Wasser anzutreffen. Sie leben von Plankton, Wirbellosen des Bodens und Fischbrut. Geschlechtsreif werden sie im dritten oder vierten Lebensjahr, die Laichzeit fällt in den Mai und Juni. Vom Boden entfernen die Männchen allen Unrat und legen an dieser Stelle eine flache Laichgrube von 20−40 cm Durchmesser an. Oft liegen die Nester in kleinen Kolonien dicht nebeneinander. Während der Bauzeit und auch eine gewisse Zeit danach vertreiben die Männchen in heftigen Angriffen andere Fische einschließlich der arteigenen Weibchen. Mit der Zeit werden die Angriffe auf die sich nähernden Weibchen weniger wütend, bis sie von den Männchen selbst zur Laichgrube gedrängt werden. Beim Laichakt liegt das Weibchen seitlich in der Laichgrube unter dem Männchen und beide Fische lassen, am Körper bebend, in kurzen Intervallen Rogen und Milch ab. Der Laichvorgang dauert 15−30 Minuten und anschließend verjagt das Männchen die Partnerin und bewacht das Gelege bis zum Schlüpfen der Larven.

Größe: 15−20 cm, max. 25 cm
Gewicht: 200−300 g, max. 500 g
Fruchtbarkeit: 500−5000 Eier
D X/10−13; A III/10−12; l.l. 35−46
Verbreitung: ursprünglich im Osten Nordamerikas beheimatet. Nach Europa wurde die Art Ende des vorigen Jahrhunderts eingeführt als Zierfisch in Parkteichen, Gartenbecken und Aquarien. Von hier aus gelangte sie in freie Gewässer, so daß sie heute inselartig in West-, Mittel- und teilweise auch in Osteuropa sowie auf den Britischen Inseln verbreitet ist

Nach Europa wurde auch der Verwandte *Amploplites rupestris,* der aus dem östlichen Teil Nordamerikas stammt, gebracht. In Nordamerika wird er bis 30 cm lang und an die 500 g schwer. In der Fortpflanzungszeit baut das Männchen ebenfalls eine Laichgrube

Die Fische der Familie BRAMIDAE sind hochrückig und haben lange Rücken- und Afterflossen. Ihr gehören etwa 10 in offener See lebende Arten an.

Brachsenmakrele _Brama brama_

Die Brachsenmakrele zeichnet sich durch einen hohen, seitlich abgeflachten Körper aus. Die Rücken- und Bauchflossen sind lang, die Schwanzflosse ist stark eingeschnitten. Alle Flossen sind schuppenbedeckt. Meist leben die Fische in den oberen und mittleren Schichten des offenen Meeres. Ihr Rücken ist graublau, zuweilen graugrün gefärbt und Bauch und Seiten glänzen bläulich. Verendete Fische verlieren ihren Silberglanz und dunkeln nach. Brustflossen und Augen haben einen goldfarbenen, Rücken- und Afterflosse oft einen dunklen Rand. Das Laichen spielt sich in der Tiefe bei etwa 20 °C ab. Man fand den Laich in Tiefen bis zu 2700 m sowohl im Mittelmeer als auch im mittleren Atlantik. Als Nahrung dienen kleine Schwarmfische. Brachsenmakrelen leben auf offener See in 100–300 m Tiefe, im Norden ihres Areals auch noch tiefer. An den Küsten Westeuropas werden bisweilen verendete Fische gefunden, die von den Herbstströmungen ans Ufer gespült wurden. Auch in der Nordsee hat man sie schon in Trawlnetzen gefunden. Im Mittelmeer sind sie häufiger. Ihr Fleisch wird oft von parasitischen Würmern befallen, wodurch sich ihr Wert als Nutzfisch verringert. Spezielle Fischzüge auf die Brachsenmakrele werden an der Westküste der Iberischen Halbinsel veranstaltet, wobei Ende des Winters und zum Frühlingsbeginn Hunderte kleiner Schiffe Hakenschnüre legen, deren Haken in 90–110 m Tiefe ansetzen. Manchmal werden je 100 Haken 60–70 Fische gefangen.

Größe: 65–70 cm, max. 80 cm
Gewicht: 2–4 kg, max. 6 kg
Synonym: _Brama raji_
D III–V/30–33;   A II–III/27–30;   l.l. 70–85
Verbreitung: im Mittelmeer, im nordöstlichen Atlantik von Skandinavien bis Madeira, vor Island

Häufige Nährtiere: _Alosa pseudoharengus_ (1), Heringe (2) und Makrelen (3)

In die Familie CENTRACANTHIDAE gehören zwei Gattungen mit sieben Arten, die die Ostküste des Atlantischen Ozeans bewohnen. Ihr Körper ist buggestreckt, seitlich abgeflacht.

Schnauzenbrasse   *Spicara alcedo*

Die Schnauzenbrasse, ein kleiner Fisch, hat einen barsch-ähnlichen, gestreckten und niedrigen Körper (dessen Höhe 17−20 % der Körperlänge ausmacht). Der Augendurchmesser ist kleiner als der Abstand zwischen Auge und Schnauzenspitze. Der Rücken ist graubraun bis blaugrau gefärbt, an den Seiten befinden sich hellere Querbinden, besonders bei den Weibchen in der Laichzeit. Bei den Männchen an den Flanken oberhalb der Brustflossenspitzen fällt ein dunkler Fleck auf. Die Fische halten sich in küstennahen Gewässern auf, wo sie Algenbestände und Seegras über Sand- oder Schlammgrund bevorzugen. Hier laichen sie auch in der Zeit von April bis Juni. Die Männchen legen dann mit der Schwanzflosse ein tellerförmiges Nest am Grund an. Das Laichen wird über Nacht unterbrochen. Die befruchteten Eier bleiben am Boden kleben. Ähnlich den übrigen Vertretern dieser Gattung entwickeln sich aus dem Laich der Schnauzenbrassen nur Weibchen. Diese sind Ende des ersten Jahres leichreif. Im Alter von 3 Jahren kommt es bei einer Körperlänge von

13−15 cm zur Umkehrung des Geschlechts, so daß die Fische über 16 cm ausschließlich Männchen sind (proterogynischer Hermaphrodit). Aus der gesamten Familie besitzt diese Art das wohlschmeckendste Fleisch und wird im Mittelmeer und im Schwarzen Meer intensiv gefischt. Obwohl Fische dieser Art den Großteil der *Spicara*-Fänge ausmachen, sind sie ohne größere wirtschaftliche Bedeutung.

Größe: 14−16 cm (Weibchen), bis 20 cm (Männchen)
Gewicht: 50−120 g
Fruchtbarkeit: 2500−12 000 Eier
D X−XIII/9−12;   A III/8−10;   l.l./80−94
Synonym: *Maena smaris*
Verbreitung: im Mittelmeer, Schwarzen Meer und im Atlantischen Ozean an der spanischen und portugiesischen Küste

Die verwandte auffällig hochrückige Gefleckte Schnauzenbrasse *(S. maena)* stammt aus dem Mittelmeer, dem Schwarzen Meer und den angrenzenden Teilen des Atlantischen Ozeans. Sie wird bis 25 cm lang. In der Laichzeit gräbt das Männchen im Sandboden ein kreisförmiges Nest von ca: 50 cm Durchmesser

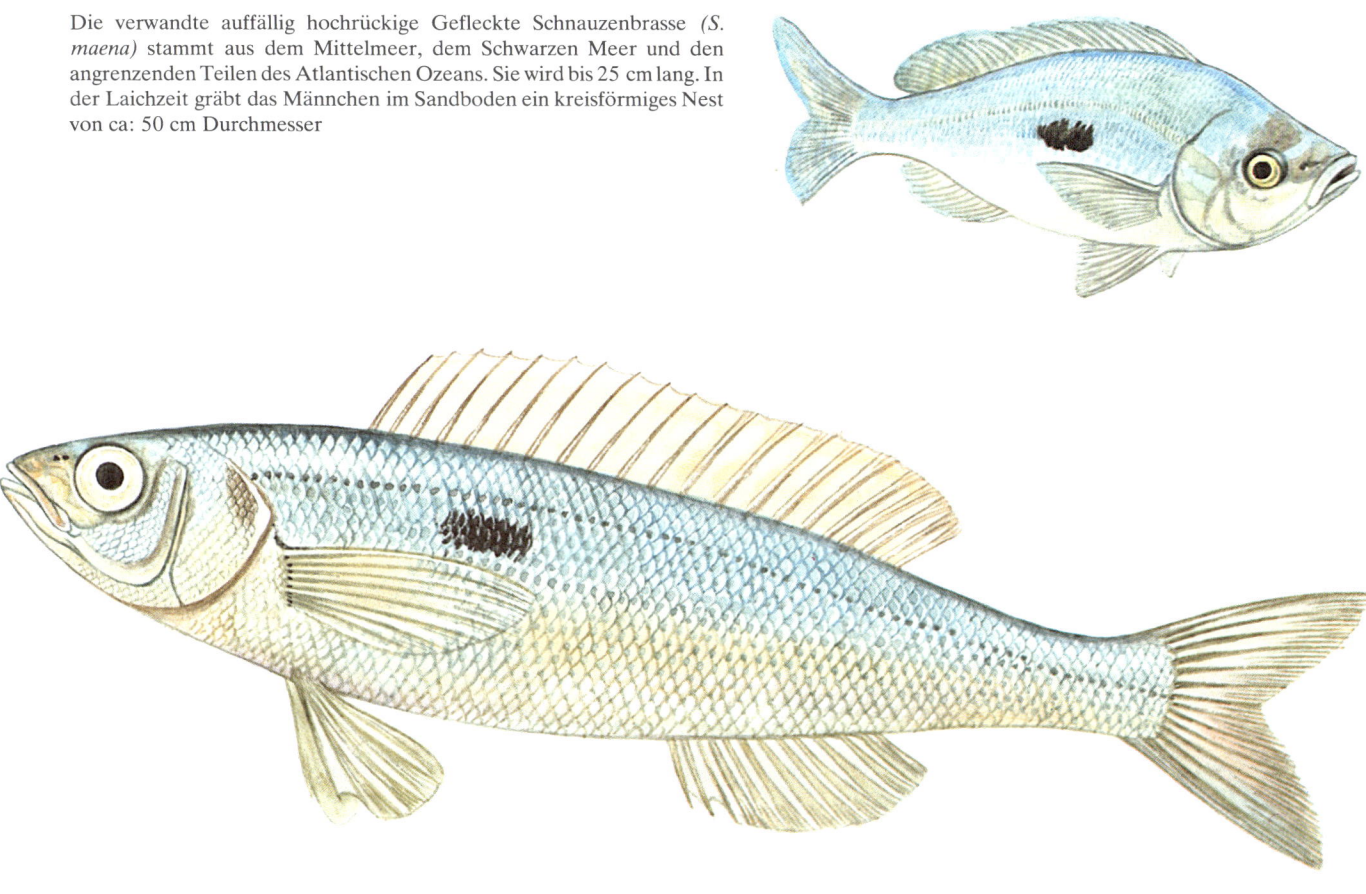

Smaris

Spicara smaris

In Körperform und Lebensweise ähnelt der Smaris sehr der verwandten Schnauzenbrasse. Der Augendurchmesser gleicht oder übertrifft allerdings den Abstand zur Schnauzenspitze. Auch das in der Laichzeit sich intensiv färbende Farbkleid ist unterschiedlich. Am Rücken ist es graubraun bis dunkelgelbbraun, an den Seiten heller mit einem gelben Farbton und blauen Längsstreifen. Über dem Ende der Brustflossen befindet sich ein deutlicher dunkler Fleck und manchmal auch einige kaum erkennbare Querbinden. Auf Rücken- und Afterflosse sind bläuliche Flecken zu finden. Der Smaris lebt in Küstengewässern an ähnlichen Stellen wie die vorige Art, schwimmt aber auch in die Flußmündungen hinein. Bei beiden Arten ist die Vermehrungsbiologie gleich. Im Lauf des Jahres unternehmen die Fische Laich- und Nahrungswanderungen, besonders intensiv im Frühjahr und im Herbst. Vor dem Winter ziehen sie sich in tieferes Wasser zurück, bei Wassertemperaturen unter 10 °C fehlen sie vor der Küste ganz. Ihre Nahrung besteht aus Zooplankton und kleinen Bodenlebewesen. Die wissenschaftliche Benennung der Art ist recht kompliziert, da früher bei diesen Fischen Unterschiede im Farbkleid bei den Geschlechtern oder während der Jahreszeiten für verschiedene Arten gehalten wurden und von verschiedenen Autoren unter unterschiedlichen Artnamen beschrieben wurden. Die Situation wird durch den erwähnten Hermaphroditismus noch komplizierter.

Größe: 13−16 cm (Weibchen), 15−20 cm (Männchen)
Gewicht: 50−100 g
Fruchtbarkeit: 1000−10 500 Eier (nach anderen Quellen 6000−63 000 Eier)
D X−XII/10−12; A III/8−10; l.l. 70−82
Synonyme: *Spicara flexuosa, Maena chryselis*
Verbreitung: im Mittelmeer und Schwarzen Meer, auch im Asowschen Meer. Im Atlantik an der Westküste der Pyrenäenhalbinsel

Von allen behandelten Arten der Gattung *Spicara* ist *S. smaris* (blau) die verbreitetste. Die beiden übrigen Arten wurden nur im Westteil des Schwarzen Meeres festgestellt (rot)

Die Fische der Familie CARANGIDAE besitzen zwei Rückenflossen, die erste kurz und die zweite lang. Auch die Afterflosse ist lang. Insgesamt umfaßt die Familie etwa 200 Arten meeresbewohnender Fische.

Bastardmakrele, Stöcker

Trachurus trachurus

Zu den Kennzeichen der Bastardmakrelen gehört ein schlanker, seitlich stark zusammengedrückter Körper, eine schmale Schwanzwurzel und besonders die gekrümmte und von Knochenschilden gesäumte Seitenlinie. Besonders am Schwanz sind die Knochenplättchen mit nach hinten gerichteten scharfen Dornen bewehrt. Eine der sechs an europäischen Küstengewässern auftretenden Stachelmakrelen-Arten ist die Bastardmakrele. In ihrer Körperfarbe überwiegt eine graublaue Schattierung. An Kopf, Brust- und Schwanzflosse kommt noch ein gelblicher Hauch hinzu. Die pelagische, meist in offenen Gewässern über dem Kontinentalschelf lebende Art bildet große Schwärme und unternimmt lange Wanderungen. Zum Sommeranfang ziehen sie sich auf der Nahrungssuche in den Norden zurück, mit der allmählichen Abkühlung des Wassers kehren sie wieder in den Süden zurück. Sie fressen Zooplankton, größere Tiere dann Kleinfische, besonders Heringsartige. In der gemäßigten Zone beschränkt sich die Laichzeit auf den Sommer, in tropischen Gewässern vermehren sich die Fische das ganze Jahr über. Die Eiablage geschieht schubweise. Die Bastardmakrelen sind wichtige Industriefische, von denen jährlich 120 000−250 000 t angelandet werden. Ihr Fleisch ist wohlschmeckend.

Größe: meist 25−30 cm, vereinzelt bis 50 cm
Gewicht: bis 1,5 kg
Fruchtbarkeit: 3000−130 000 Eier
D_1 VIII D_2 I/28−34 A_1 II A_2 I/23−29   V I/5
    P 20−21
Synonyme: *Scomber trachurus, Caranx trachurus*
Verbreitung: im Ostatlantik vom norwegischen Trondheim bis nach Südafrika, im Mittelmeer und im Schwarzen Meer, vor der argentinischen und brasilianischen Küste

Die verwandte Art *T. capensis* wird zuweilen lediglich als Unterart von *T. trachurus* angesehen. Sie kommt an der Küste Afrikas vom Äquator im Westen bis nach Mosambik in Ostafrika vor und wird 25−30 cm lang, höchstens aber 50 cm

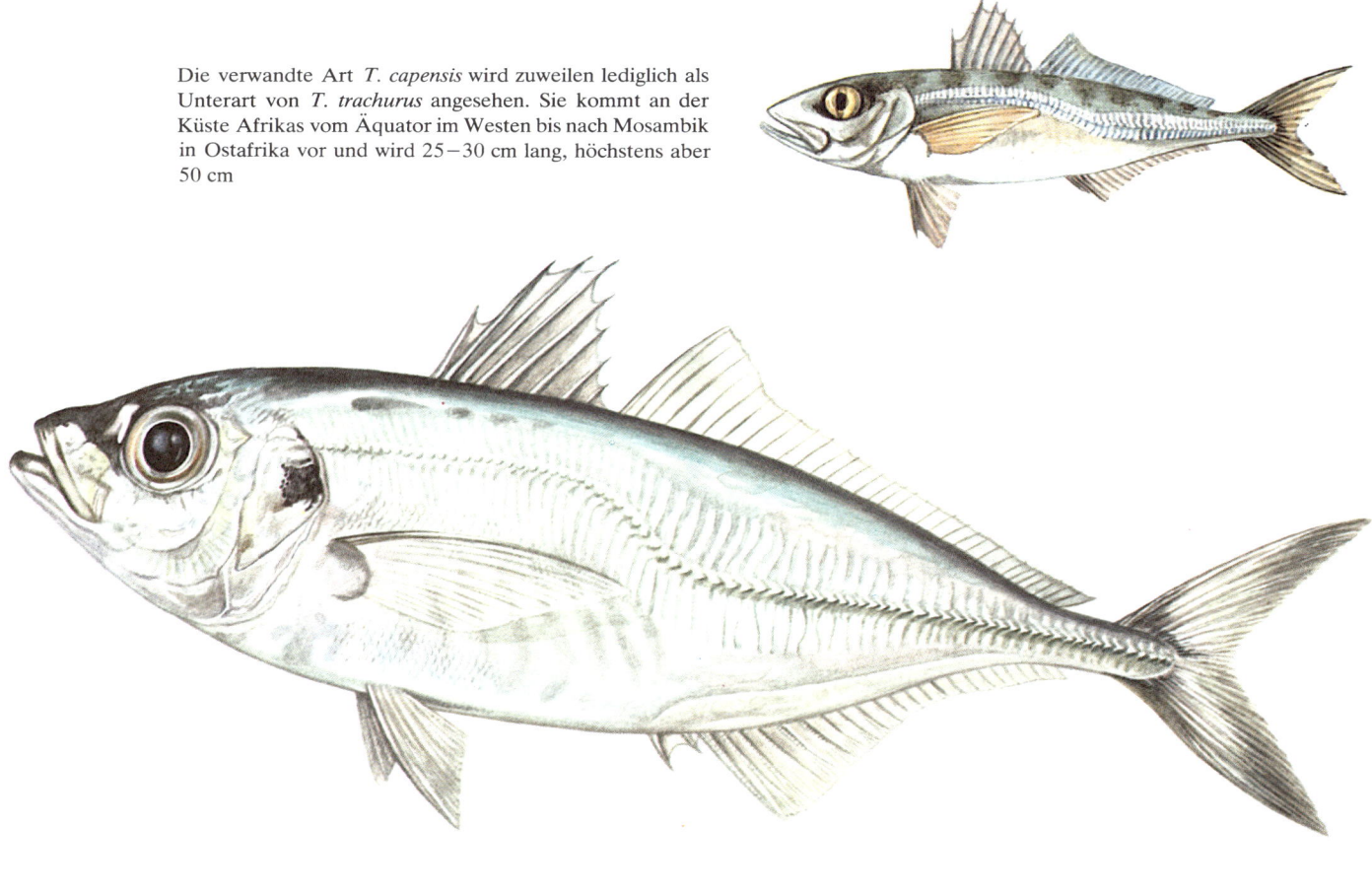

Mittelmeer-Bastardmakrele

Trachurus mediterraneus

In Farbe, Form und Größe ähnelt die Mittelmeer-Bastardmakrele sehr der vorigen Art. Sie unterscheidet sich von ihr vor allem durch die deutlich kleineren Knochenschilde, die die gekrümmt verlaufende Seitenlinie schützen. Auch dieser Vertreter der Gattung *Trachurus* hat zwei Rücken- und zwei Afterflossen. Auf der Suche nach Nahrung begeben sich die Mittelmeer-Bastardmakrelen auf längere Wanderungen. Im Jugendstadium ernährt sie sich von Zooplankton, bei den erwachsenen Exemplaren überwiegen Kleinfische. Im Schwarzen Meer z. B. gehören zu ihrer Nahrung am häufigsten junge Anchovis und Grundeln. Geschlechtsreif sind sie im Alter von zwei Jahren, im Mittelmeer und im Schwarzen Meer laichen sie von Mai bis August. Zur Eiablage kommt es schubweise, gewöhnlich in den Abendstunden. Larven und Brut bis zum Alter von 1 Jahr halten sich oft in großen Mengen unter den Glocken von Medusen auf (besonders von der Art *Rhizostoma pulmo*), wo sie vor Feinden geschützt sind. Im Schwarzen Meer existieren zwei ökologische Formen (große und kleine Tiere), die in getrennten Schwärmen leben und außer durch ihre Größe sich auch in Fruchtbarkeit und Lebensdauer unterscheiden. Die Fische der kleinen ökologischen Rasse werden 7−8 Jahre alt, die der großen 13−14 Jahre. Ebenso wie andere Gattungen aus der Familie der Stachelmakrelen erinnern die Bastardmakrelen auf den ersten Blick an Makrelen und werden daher auch in einigen Sprachen (z.B. im Englischen und Russischen) Pferde- oder Stachelmakrelen genannt. Die Brut und kleinere Exemplare sind eine häufige Beute fischfressender Vögel, besonders von Möwen.

Größe: 30−40 cm, in Ausnahmefällen bis 55 cm
Gewicht: 1−2 kg
Fruchtbarkeit: 100 000−200 000 Eier bei der kleinen Form,
    100 000−2 000 000 Eier bei der großen Form
D_1 VIII; D_2 I/26−34; A_1 II; A_2 I/21−31
Verbreitung: im Mittelmeer und im Schwarzen Meer, vor der
    Westküste Europas und in der Nordsee

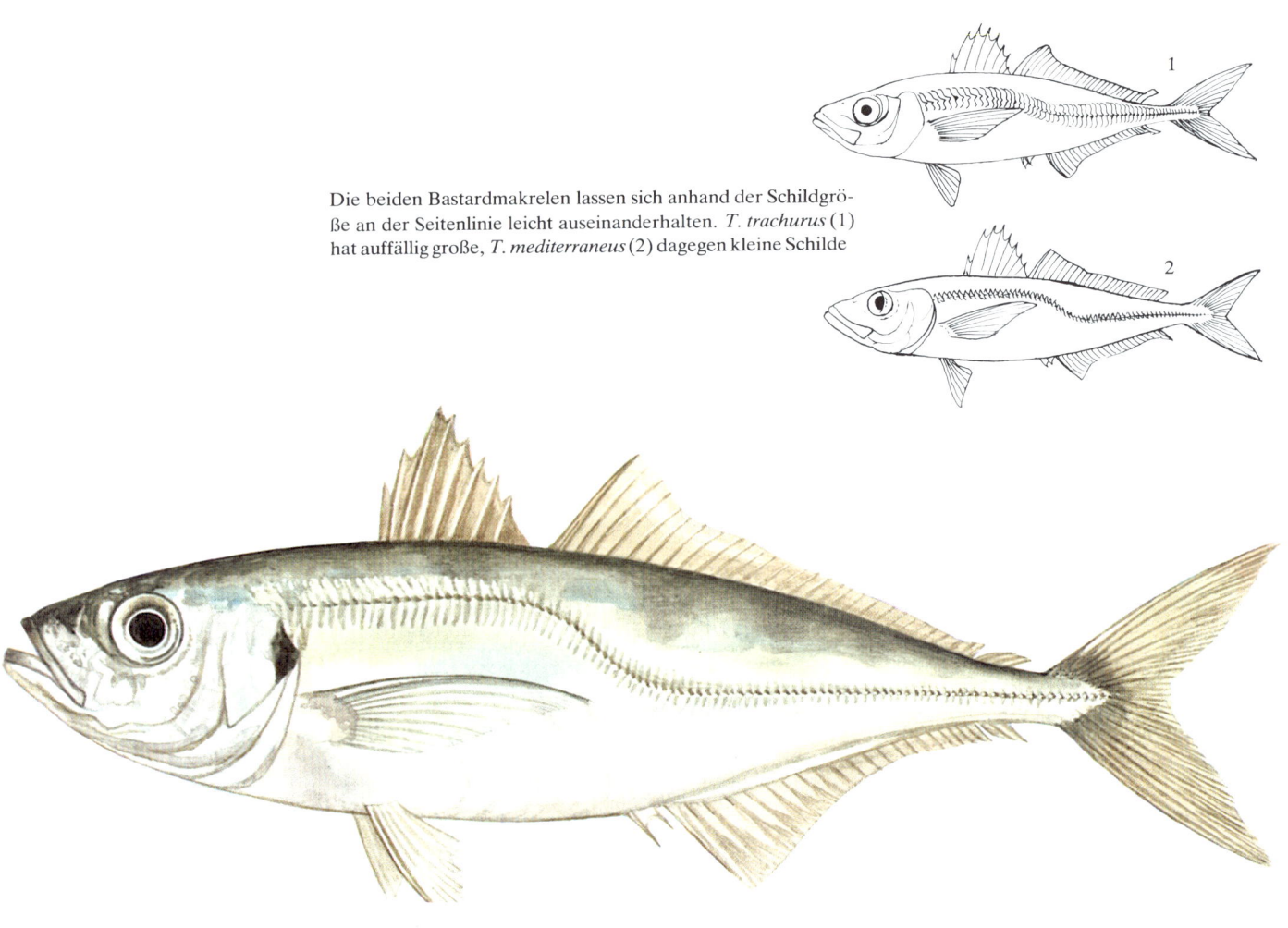

Die beiden Bastardmakrelen lassen sich anhand der Schildgröße an der Seitenlinie leicht auseinanderhalten. *T. trachurus* (1) hat auffällig große, *T. mediterraneus* (2) dagegen kleine Schilde

Lotsenfisch, Pilotenfisch   *Naucrates ductor*

Der spindelförmige Körper des Lotsenfisches ist rund und die Seiten des Kopfes sind schuppenbedeckt. Zu beiden Seiten des Schwanzstiels zieht sich über die Mitte ein fleischiger Kiel. Das Vorderteil der Afterflosse wird von 2 und die Rückenflosse von 3–5 kurzen, nicht durch eine Haut verbundene Hartstrahlen gebildet. Die Grundfarbe des Körpers ist graublau bis graugrün, in der unteren Hälfte überwiegt das Silbrige. Typisch für den Lotsenfisch sind jedoch die 5–7 breiten, dunklen Querbinden. Verbreitet ist die Art in allen Weltmeeren mit einer Wassertemperatur über 18 °C. In kältere Gewässer verirrt sich der Fisch nur selten. Lotsenfische durchqueren in langen Wanderungen die Ozeane und sind dadurch bekannt, daß sie in kleinen Schwärmen große Tiere (vor allem Haifische und Delphine), aber auch Schiffe über beträchtliche Entfernungen begleiten. Man erklärt sich das auf verschiedene Weise. Es überwiegt die Ansicht, daß sie sich von den Nahrungsresten der Großtiere und den Abfällen der Schiffe ernähren. Das verträgt sich jedoch nicht mit der Tatsache, daß im Magen gefangener Lotsenfische kleine

Fischarten gefunden wurden. Daß sie sich häufig in der Nähe des Kopfes der Haie bewegen und nicht angefallen werden, erklärt man mit ihrer großen Wendigkeit und mit ihrer Nützlichkeit für diese Raubfische, von deren Körper sie Parasiten absammeln. Ein weiterer Grund für das Begleiten der großen Tiere und Schiffe kann darin bestehen, daß sie ihnen als Träger und „Beschützer" ihrer Eier dienen, die mit klebrigen Auswüchsen an diesen haften bleiben. Larven und Brut unterscheiden sich stark von den erwachsenen Fischen und wurden in der Vergangenheit wiederholt als selbständige Arten beschrieben.

Größe: 30–50 cm, max. 70 cm
Gewicht: 0,5–1,5 kg, in Ausnahmefällen bis 2,5 kg
D III–V+I–II/26–28;   A II+I/16–18;   V 5–6
Synonym: *Gasterosteus ductor*
Verbreitung: Kosmopolit

Lotsenfische, die einen Haifisch begleiten

Die Familie POMATOMIDAE ist systematisch mit den Familien CARANGIDAE und SERRANIDAE eng verwandt. Die einzige Gattung POMATOMUS ist monotypisch, d.h. sie enthält nur eine Art.

Blaubarsch   *Pomatomus saltatrix*

Der Blaubarsch, ein pelagisch lebender Fisch erreicht mehr als 1 m Körperlänge. Rumpf und Kopfseiten sind mit kleinen Cycloidschuppen bedeckt, Kiefer und Gaumen sind mit kräftigen und scharfen Zähnen bewaffnet. Die erste Rückenflosse ist kürzer und niedriger als die zweite und wird von Hartstrahlen gebildet. Der Rücken ist grünlich bis graugrün gefärbt, Bauch und Seiten unterhalb der Seitenlinie sind silbrig. Am Brustflossenansatz befindet sich ein dunkler Fleck. Blaubarsche leben meist in größeren Schwärmen in der offenen See, wo sie Schwärme anderer pelagischer Fische verfolgen, die ihre Nahrung darstellen. In manchen Jahren erscheinen sie zu einer bestimmten Zeit in großen Massen auch am Ufer. Sie unternehmen ziemlich weite Wanderungen auf Nahrungssuche, doch ist deren Verlauf bisher noch nicht genau erforscht. Es scheint, daß sie im Sommer nach Norden ziehen, von wo sie im Herbst in südlichere Breiten zurückkehren. Im Frühjahr und Sommer laichen sie, wahrscheinlich auf hoher See, ihre Eier sind pelagisch. Die Brut hält sich zunächst in größerer Tiefe auf und nähert sich erst mit einer Körperlänge von 10 cm der Küste. Von da an ernähren sich die Fische von fremder Fischbrut, vorher fraßen sie vor allem Krustentiere und Larven von Weichtieren. Blaubarsche werden industriell gefischt, besonders an der amerikanischen Atlantikküste, wo sie mit Schleppnetzen gefangen werden. Die jährlichen Fangmengen belaufen sich insgesamt auf 30 000–40 000 t. Sportfischer und Taucher jagen sie auch gern mit Angel und Harpune.

Größe: 60–90 cm, max. 120 cm
Gewicht: bis 12–15 kg, vereinzelt bis 25 kg
Fruchtbarkeit: 100 000–200 000 Eier, nach anderen Angaben bis 1,2 Millionen Eier
D_1 VII–VIII; D_2 I/24–28; A II–III/26–28; VI/5
Synonyme: *Perca saltatrix, Temnodon saltator*
Verbreitung: tropische und subtropische Gewässer des Atlantischen, Stillen und Indischen Ozeans

Verbreitungskarte des Blaubarsches

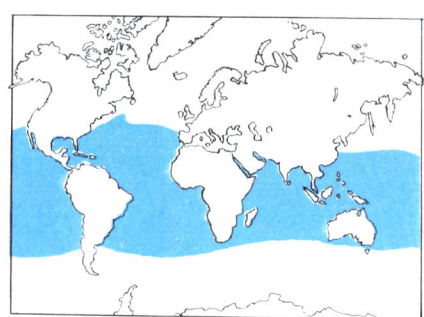

Die Fische der Familie SCIAENIDAE leben überwiegend in tropischen, teils auch in gemäßigten Teilen aller Ozeane. Ihre Körperform ähnelt der der Barsche, die lange Rückenflosse ist durch einen tiefen Einschnitt in zwei Teile unterteilt, der vordere ist kürzer und höher, in der Form eines Dreiecks, während der hintere Teil etwas niedriger und bedeutend länger ist. Charakteristisch für die Familie ist, daß die Fische in der Lage sind, mit Hilfe besonderer Muskeln an der Schwimmblase weithin hörbare Laute von sich zu geben, die von der Schwimmblase noch verstärkt werden. Man kann sie sogar noch über dem Wasser hören. Der Familie gehören die 150 Arten an, die im Meer leben (von denen einige auch in die Mündungen größerer Flüsse schwimmen).

Seerabe, Meerrabe *Sciaena umbra*

Die Körperfarbe des Seeraben ist meist dunkelgrau bis gelbgrün gefärbt, der Bauch ist heller. Die ersten Strahlen der dunklen Bauch- und Afterflossen sind weiß. Seeraben leben in Schwärmen über dem Schelf, gewöhnlich in Tiefen von 2−10 m, seltener auch tiefer. Sie bevorzugen als Lebensraum Pflanzenbewuchs auf steinigem Grund. Ihre Nahrung besteht aus Krabben, Weichtieren und kleineren Fischen. Die Laichzeit liegt in den Sommermonaten. Größere wirtschaftliche Bedeutung hat die Art nicht, obwohl das weiße Fleisch recht gut schmeckt. Im Vergleich zum Fleisch der übrigen Adlerfische wird es allerdings weniger geschätzt. Seeraben sind sehr beliebt bei den Harpunenjägern.

Größe: 30−50 cm, max. 70 cm
Gewicht: 1−2 kg, selten bis 4 kg
D X−XI/22−25; II/6−8; l.l. 60−66
Synonym: *Johnius umbra*
Verbreitung: vom Golf von Biscaya entlang der Westküste Europas und Afrikas bis zum Äquator, im Mittelmeer und im Schwarzen Meer

Der verwandte Adlerfisch *(S. hololepidotus)* wächst zu 70−150 cm Länge und bis zu 50 kg Gewicht heran. Er lebt im Mittelmeer und im Atlantischen Ozean entlang der afrikanischen Küste bis nach Angola

Schattenfisch, Bartumber   *Sciaena cirrhosa*

Der Körperbau des Schattenfisches erinnert sehr an den des Seeraben, doch sind in der Färbung beide Arten leicht zu unterscheiden. Beim Schattenfisch ziehen sich gold-orangefarbene Schrägstreifen von oben schräg nach vorn, der Untergrund ist graublau gefärbt. Auch alle Flossen haben einen goldorange farbenen Hauch. Die Schwanzflosse ist hinten leicht gewölbt, während sie beim Seeraben schwach eingeschnitten ist. Charakteristisch für den Schattenfisch ist auch der kurze und kräftige Bartfaden am Unterkiefer. Er lebt in Küstengewässern über weichem, schlammigem oder sandigem Grund, der mit Pflanzen bewachsen ist. Häufig kommen sie auch im Brackwasser der Flußmündungen vor. Ihre Nahrung besteht aus Weichtieren und Kleinfischen. Die Laichzeit fällt in die Sommermonate, kann sich aber auch bis in den Herbst ziehen. Kühlt sich das Wasser ab, ziehen sich die Fische in die Tiefe

zurück. Ihr Fleisch ist weiß und wohlschmeckend. Größere Bedeutung hat die Art allerdings nicht, obwohl sie gelegentlich ins Netz geraten, geangelt oder harpuniert werden. Meist findet man sie in etwa 150 m Tiefe. Von den Verwandten ist die südamerikanische Art *S. canosai* von Bedeutung, von ihr werden z. B. in Argentinien jährlich 5000 t gefangen. Somit zählt sie dort zu den wichtigen Industriefischarten.

Größe: 30−70 cm, max. über 1 m
Gewicht: 1−4 kg, max. über 20 kg
D_1 X−XI; D_2 II/21−23;   l.l. 50−56
Synonym: *Umbrina cirrhosa*
Verbreitung: Mittelmeer, Schwarzes und Rotes Meer, Atlantikküste Europas und Afrikas vom Golf von Biscaya bis Guinea

Verbreitungskarte von *S. umbra* (rot) und *S. cirrhosa* (blau)

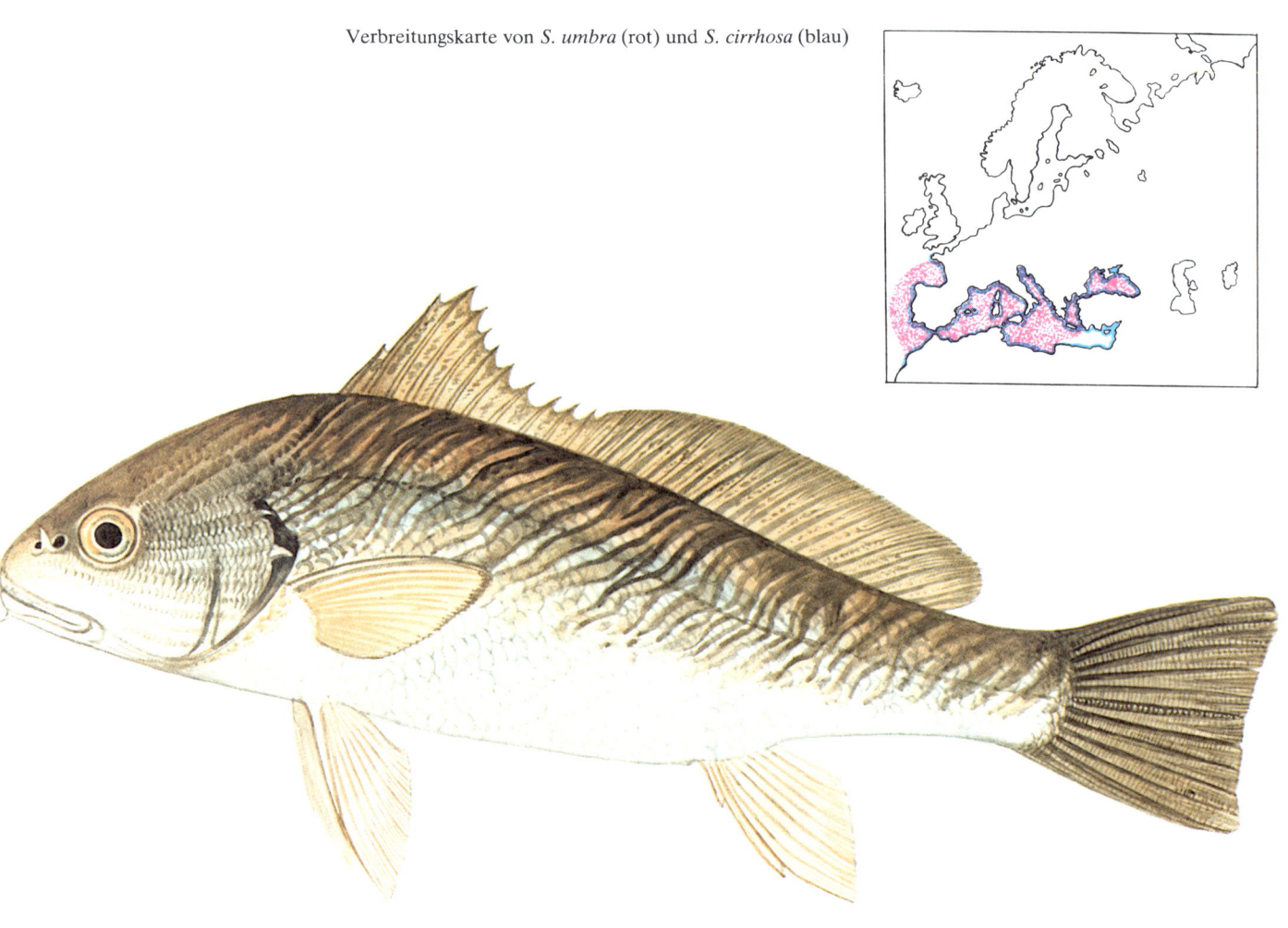

Schattenfisch, Bartumber

Die sehr artenreiche Familie SPARIDAE vereint vor allem tropische und subtropische Arten, die großenteils im östlichen Atlantik vorkommen. Die Meerbrassen bewohnen ausschließlich die Schelfzone. Ihre Länge beträgt 15 cm – 1,5 m. Bei allen Arten entwickeln sich anfangs beide Geschlechtsdrüsen. Einige von ihnen sind von beträchtlicher wirtschaftlicher Bedeutung.

Zahnbrasse

Dentex dentex

Die Zahnbrasse hat einen stattlichen Körper und einen großen Kopf. In Richtung Schnauze fällt die Rückenlinie steil nach unten ab. Im großen Maul befinden sich vorn 4 – 6 große Zähne, hinter denen noch kleine Zähne folgen. Die Tiere haben eine Rückenflosse. Die Ctenoidschuppen sind relativ klein. Außer der Stirn ist der ganze Kopf mit Schuppen bedeckt. Der Rücken der Zahnbrasse ist grau-blau, der Bauch hell, die Seiten sind silbern gefärbt, sie haben blaue Flecken. Die Rückenflosse ist hellblau bis hellblaugelb, die Brustflossen sind rötlich. Bei erwachsenen Tieren befindet sich auf dem Kiemendeckel ein großer gelblicher Fleck. Der große Fisch wird mehr als einen Meter lang. Über seine Biologie ist nur wenig bekannt. Sie hält sich in kleinen Schwärmen über Felsboden in etwa 200 m Tiefe auf. Im Frühjahr schwimmt die Zahnbrasse zum Ufer hin in geringere Tiefen, im Winter zieht sie sich wieder ins freie Wasser zurück. Sie jagt andere Fische und Tintenfische. Ihr Fleisch schmeckt ausgezeichnet, gelangt aber wegen der geringen Bestände nur selten auf die Fischmärkte. Zur Gattung *Dentex* gehören insgesamt 15 mittelgroße bis große Arten.

Größe: bis 1 m, max. 1,40 m
Gewicht: bis 10 kg
D XI/11; A III/8; l.l. 62 – 64
Synonym: *Dentex vulgaris*
Verbreitung: im Mittelmeer, Schwarzen Meer und im Atlantischen Ozean vom Kap Verde bis zur Bretagne

Die verwandte Art *D. macrophthalmus* ist 25, höchstens 40 cm lang, hat auffällig große Augen und kleine Schuppen. Ihr Lebensraum deckt sich mit dem von *D. dentex*

Ringelbrasse   *Diplodus annularis*

Die Ringelbrassen haben einen kräftigen, ziemlich hoch-
rückigen Körper, der sich rasch zur Schnauze hin absenkt.
Die Rückenflosse nimmt mehr als die Hälfte der Rückenlinie ein, die Afterflosse ist wesentlich kürzer. An jedem
Kiefer stehen 8 breite Zähne und große, abgerundete
Mahlzähne. Die Seiten sind gelbbraun mit einer silbrigen
Schattierung, der dunklere Rücken hat einen goldenen
Ton. Am Schwanzstiel befindet sich an beiden Seiten ein
großer schwarzer Fleck. Die Art gehört zu den kleinen
Vertretern der Familie, in deren Geschlechtsdrüsen sich
männliche wie weibliche Geschlechtszellen befinden. Bei
einem Teil der Population werden erst die männlichen und
danach die weiblichen Geschlechtszellen reif. Die meisten
Fische sind jedoch eingeschlechtig. Sie laichen von Juni bis
September in den Abendstunden im wärmeren Wasser
nahe des Ufers. Die Eier sind pelagisch, man kann sie bei
Wassertemperaturen über 20 °C beobachten. Wahrscheinlich laichen die Ringelbrassen in Schüben. Ihre
Larven bewegen sich im Oberflächenwasser in 10–12 m
Tiefe. Die Brut hält sich am Sandboden oder zwischen den
Schalen abgestorbener Muscheln auf. Im Oktober erreichen sie 3–5 cm Länge. Erwachsene Fische ernähren sich
von Algen, Kieselalgen, Meeresschwämmen, Würmern
und Garnelen, aber auch von Flohkrebsen. Sie bevorzugen
algenbewachsene Küstenstreifen, ziehen sich im Winter
aber in größere Tiefen zurück. Wirtschaftlich kaum von
Bedeutung, werden sie lokal geangelt.

Größe: 7–14 cm, max. 35 cm
D X–XI/11–12; A III/10–11; l.l. 50–55
Synonyme: *Sparus annularis, Sargus annularis*
Verbreitung: im Atlantischen Ozean von Südfrankreich bis
    zum Kap Verde, Mittelmeer und Schwarzes Meer

Die Verbreitungsgebiete aller drei Arten der Gattung *Diplodus* sind sehr ähnlich. Im
Schwarzen Meer ist besonders *D. annularis* beheimatet, die beiden übrigen Arten leben
nur in Ausnahmefällen in dessen westlichem Teil

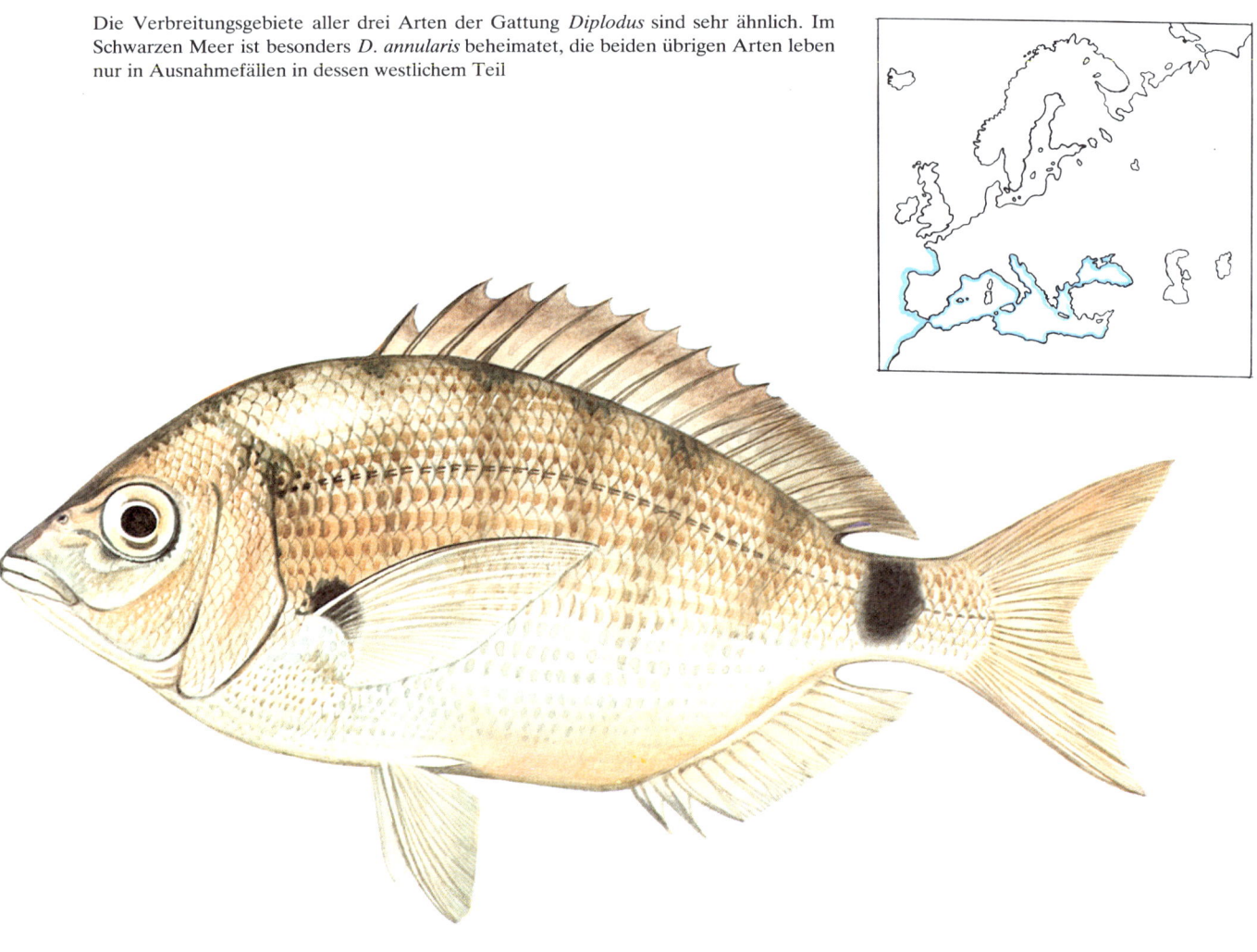

Große Geißbrasse

Diplodus sargus

Von den vorherigen Arten kann man die Große Geißbrasse gut anhand der Schuppenzahl an der Seitenlinie unterscheiden, die bei ihr über 60 ausmacht (die Ringelbrasse hingegen hat weniger als 55). Der Körper ist auch hochrückiger. Rücken- und Afterflosse haben mehr Strahlen als bei den vorher beschriebenen Arten, die Zähne sind ähnlich geformt. Die Körperseiten sind silbergrau, zuweilen goldfarben. An den Seiten unter der Rückenflosse sind 8–9 dunkle Querstreifen. Die Bauchflossen sind grau, die Schwanzflosse ist dunkel umrandet. Auf dem Schwanzstiel befindet sich auf der Rückenseite beiderseits ein großer dunkler Fleck, beide Flecken sind über den Rücken verbunden. Auch diese Art besitzt in den Geschlechtsdrüsen männliche und weibliche Geschlechtszellen. Von April bis Juni laichen die Fische über felsigem oder mit

Algen bewachsenem Grund. Sie leben von Algen, Flohkrebsen, Weichtieren und Fischen und halten sich in 2 bis 20 m Tiefe auf. Die Brut bildet kleine Schwärme, die erwachsenen Tiere leben als Einzelgänger. Zu Sommerbeginn dringen sie ins Brackwasser ein. Für den Menschen sind sie ohne Bedeutung. Hier und da werden sie von einem Sportangler gefangen oder gehen einem Fischer ins Netz.

Größe: 20–30 cm, max. 45 cm
Gewicht: bis 2 kg
D IX–XII/12–15;   A III/12–14;   l.l. 65–72
Verbreitung: im Atlantischen Ozean von Südfrankreich bis Angola, im Schwarzen Meer und im Mittelmeer

Die verwandte Zweibindenbrasse _(D. vulgaris)_ fällt durch ihre zwei breiten dunklen Querbinden auf, von denen sich eine in Höhe der Kiemendeckel, die andere am Schwanzstiel befindet. Der bis 30 cm lange Fisch lebt im flachen Uferstreifen, wo er sich von Benthos und Algen ernährt

Gelbstriemen

Boops boops

Der Rumpf des Gelbstriemens ist gestreckt und seitlich nicht abgeflacht. Auffallend groß sind die Augen, deren Durchmesser die Länge des Oberkiefers übertrifft. Auf beiden Kiefern haben die Zähne mehrere sägeartige Einschnitte. Der verwandte Goldstriemen *(B. salpa)* ist hochrückiger, seitlich abgeflacht und hat ein kleineres Auge sowie nur 11 Hartstrahlen in der Rückenflosse (beim Gelbstriemen sind es mehr als 13). Der Rücken des Gelbstriemens ist olivfarben gelblich, bisweilen grünlich gefärbt, die Seiten sind heller mit einem Gelbton und Silberglanz, der Bauch ist silberweiß, unterhalb der Seitenlinie liegen 3—4 goldfarbene Längsstreifen. Diese Art kommt im Atlantischen Ozean von den Küsten im Süden Europas bis nach England und Skandinavien, vor Afrika bis Senegal (Kap Verde) und Angola sowie im Mittelmeer und Schwarzen Meer vor. Besonders im Mittelmeer sind sie häufig, wo sie in Schwärmen von 100 und mehr Fischen leben. Sie bevorzugen küstennahe Gewässer und Tiefen bis 150 m über Sandboden. In der Nordsee und im Schwarzen Meer sind sie selten. Im Mittelmeer fällt die Laichzeit in den April. Geschlechtsreife Exemplare sind 12—15 cm lang. Ihre Geschlechtsdrüsen beinhalten männliche und weibliche Zellen, doch entwickelt sich nur ein Teil davon weiter, so daß die Tiere eingeschlechtig sind. Im Schwarzen Meer kann man noch von Juli bis September Larven finden, die sich von Pflanzen und Tieren, etwa Krustentieren des Planktons, ernähren. Wirtschaftliche Bedeutung besitzen die Gelbstriemen nur im Mittelmeerraum.

Größe: 20—30 cm, max. 60 cm
D XIII—XIV/14—17;   A III/16—17;   l.l. 74—82
Synonyme: *Box boops, Sparus boops*
Verbreitung: Im Atlantischen Ozean vor den Küsten Europas
  und Afrikas

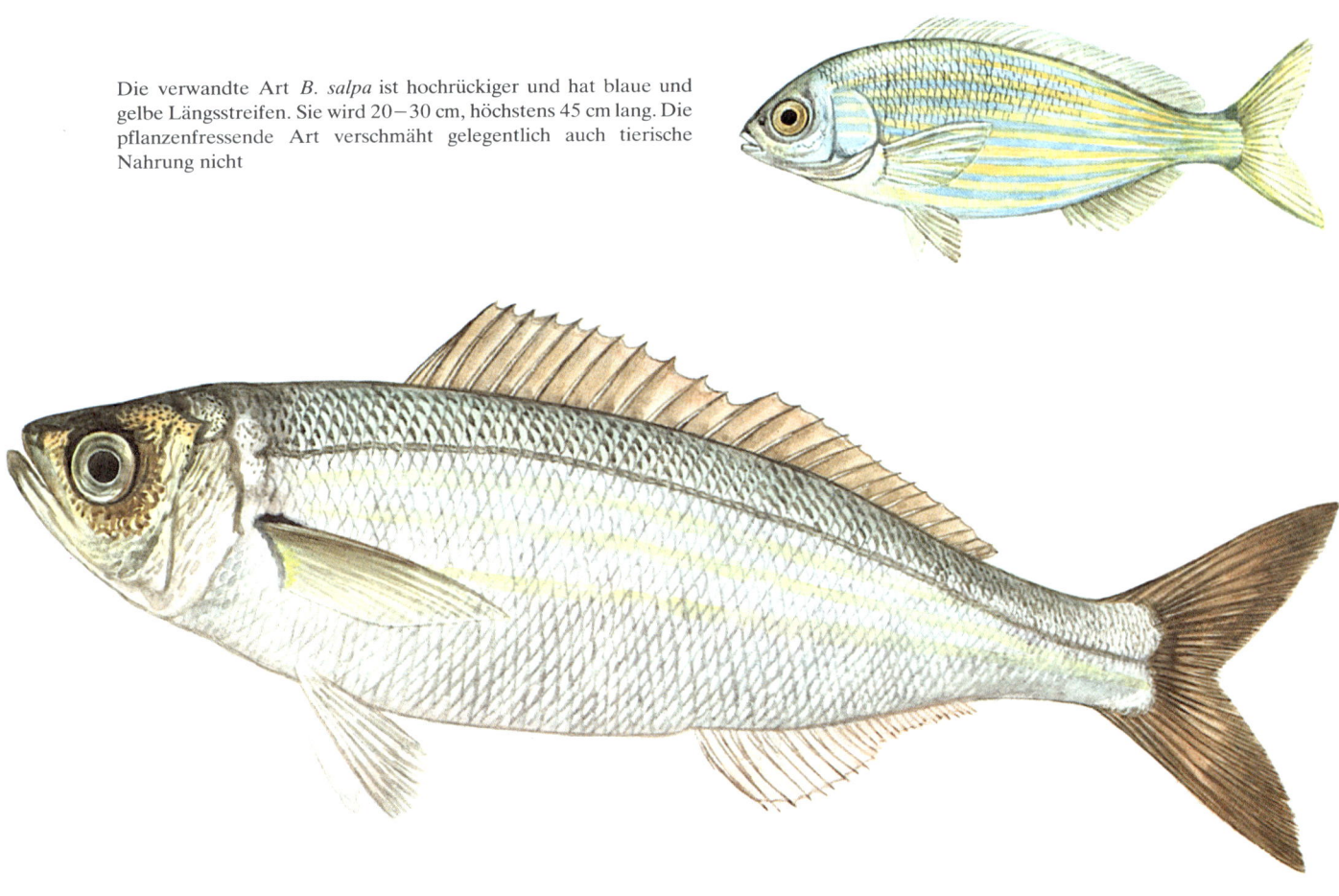

Die verwandte Art *B. salpa* ist hochrückiger und hat blaue und gelbe Längsstreifen. Sie wird 20—30 cm, höchstens 45 cm lang. Die pflanzenfressende Art verschmäht gelegentlich auch tierische Nahrung nicht

Rotbrasse

Pagellus erythrinus

Der Körper der Rotbrasse erinnert stark an den verwandten Seekarpfen. Sie hat aber einen größeren, etwas stärker abgeschrägten Kopf, kleinere Augen, 2−5 Weichstrahlen weniger in der Afterflosse und längere Brustflossen, deren Strahlen bis zum Ansatz der Afterflosse reichen, ja diesen zuweilen übertreffen. Zwischen den Augen reichen die Schuppen bis zum Vorderrand der Augen. Die obere Körperhälfte ist rot gefärbt, die untere hat eine hellere rosasilbrige Farbe. Auf dem Rücken und dem Oberteil der Seiten blitzen stellenweise blaugrüne Flecken auf, die Mundhöhle ist schwarz. Über die Biologie der Rotbrassen wurden bisher nur wenige Angaben gewonnen. In europäischen Gewässern halten sie sich den Winter über in größerer Ertfernung vom Ufer auf, dem sie sich im Frühjahr wieder nähern. Sie leben in Tiefen von 10−120 m über Sand- oder Lehmboden, wurden aber auch schon über Felsengrund beobachtet. Als Hermaphroditen funktionieren ihre Geschlechtsdrüsen in den ersten Lebensjahren als Eierstöcke und später als Hoden.

Im Mittelmeer laichen sie vom Frühjahr bis zum Sommerende mit einem Höhepunkt im Juli und August. Die Brut hält sich in dichten Schwärmen im seichten Wasser auf. Rotbrassen leben von Krustentieren, kleineren Weichtieren und Bodenfischen. In der Fortpflanzungszeit sind ihre Eingeweide angeblich giftig. Sie werden vor der afrikanischen Küste und in geringerem Maße auch im Mittelmeer gefischt, meist mit Schleppnetzen. Ihr Fleisch ist von mittlerer Qualität. Jährlich werden 25 000−30 000 t dieses Fisches angelandet.

Größe: 20−30 cm, max. 60 cm
Gewicht: bis 1−2 kg, vereinzelt bis 5 kg
D XII/9−11;   A III/8−10;   V I/5
Synonyme: *Sparus erythrinus, Pagellus bellotti*
Verbreitung: im Mittelmeer und Schwarzen Meer, im Golf
  von Biscaya, vor den Britischen Inseln, an der Südküste
  Norwegens, entlang der afrikanischen Küste bis Angola

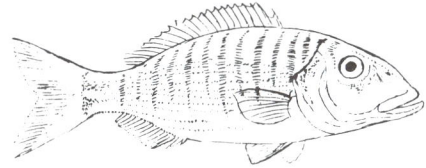

Die verwandte Marmorbrasse *(P. mormyrus)* ist vom Golf von Biscaya bis Angola, im Mittelmeer und im Schwarzen Meer beheimatet. Der 20−40 cm lange, maximal 50 cm erreichende Fisch fällt durch seine Querstreifung auf. Häufig wird er unter dem Gattungsnamen *Lithognathus* geführt

Seekarpfen

Pagellus bogaraveo

Im Vergleich zur Rumpfhöhe ist beim Seekarpfen der Kopf relativ klein. Die Augen sind groß, ihr Durchmesser übertrifft die Schnauzenlänge. Die den Körper bedeckenden Schuppen reichen auf der Kopfoberseite bis zwischen die Augen. Die Brustflossen sind lang, reichen aber nicht bis zum Afterflossenansatz wie bei der Rotbrasse. Dagegen ist die Anordnung der Zähne bei beiden Arten gleich. Die Vorderzähne sind nicht allzu lang, gebogen und spitz, an den Kieferseiten stehen 2−3 Reihen kleiner, abgerundeter Mahlzähne. Rücken und Flossen des Seekarpfens sind rosarot bis orangerot gefärbt, die Seiten sind heller, der Bauch silbrig, manchmal mit einem Hauch ins Bläuliche. Zwischen Brustflossenansatz und Oberrand des Kiemendeckels besitzen besonders ältere Exemplare einen großen schwarzen Fleck. Am Ansatz der kräftig eingeschnittenen Schwanzflosse befindet sich ein dunkler Streifen. Jungfische sind von hellerer Farbe. Die Brut wird meist in der Uferzone über steinigem Grund in 30−40 m Tiefe beobachtet und gefischt. Erwachsene Fische leben weiter weg vom Ufer in Tiefen von 100−300 m, entweder pelagisch oder nahe des Grundes. Sie fressen verschiedene andere Fischarten, jüngere Seekarpfen leben auch von Krustentieren. Über die Fortpflanzung wie auch über die Lebensweise ist nicht viel bekannt. Südlich von England laichen sie gegen Sommerende, im Süden ihres Areals etwas früher. Im Golf von Biscaya und im Mittelmeer gehen sie zuweilen in größeren Stückzahlen in die Schleppnetze und werden auch mit der Angel gefangen. Ihr weißes Fleisch hat einen guten Geschmack.

Größe: 30−35 cm, max. 50 cm
Gewicht: 1−2 kg, vereinzelt bis 4,5 kg
D XII−XIII/11−12; A III/11−12; V I/5
Synonym: *Sparus bogaraveo*
Verbreitung: Atlantikküste von Südnorwegen bis Dakar, Mittelmeer

Verbreitungskarte des Seekarpfens

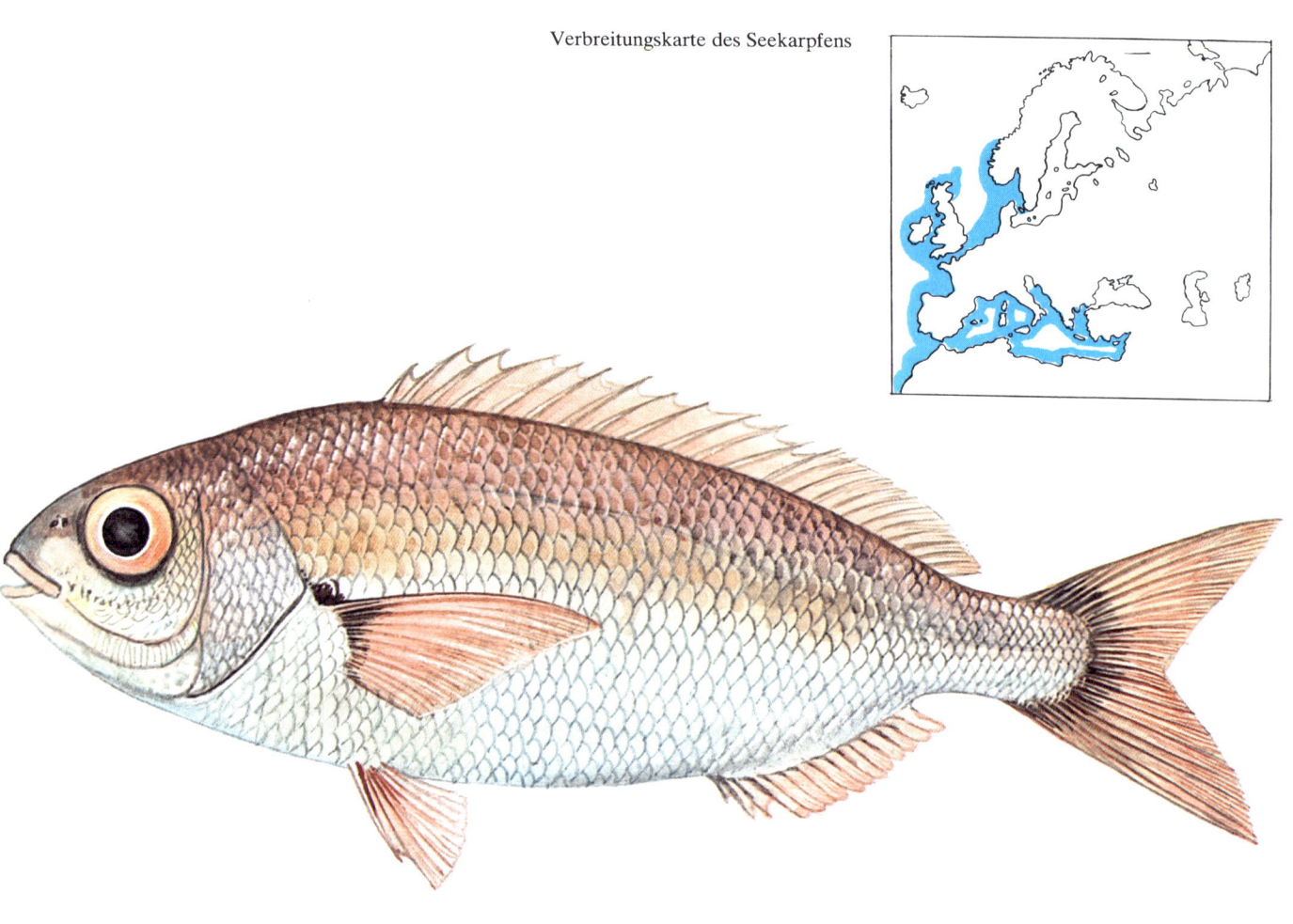

Graubarsch

Pagellus centrodontus

In der Lebensweise und Körperform ähnelt der Graubarsch den anderen Arten der Gattung *Pagellus*. Der Körper ist im Vergleich zum Seekarpfen höher und gedrungener. Die Brustflossen sind zwar lang, doch reichen sie im Unterschied zur Rotbrasse nie bis zur Afteröffnung. Das Farbkleid ähnelt sehr dem des Seekarpfens, doch lassen sich beide Arten durch den dunklen großen Fleck oberhalb der Brustflossenbasis am Beginn der Seitenlinie des Graubarsches gut unterscheiden. Die Seitenlinie verläuft im oberen Drittel des Rumpfes und ist gut sichtbar, da durch die Schuppenöffnungen die dunklere Grundfarbe hindurchscheint. Der Rücken ist rotbraun bis ziegelrot gefärbt, die Seiten und der Bauch sind silberweiß. Alle Flossen sind rot bis orangerot. Die Art lebt meist in Tiefen von 100−300 m in der Küstenzone, jüngere Exemplare auch in geringeren Tiefen näher zum Ufer hin. Die Fische unternehmen vertikale und horizontale Wanderungen. Sie können bis 15 Jahre alt werden. Je nach geographischer Lage verläuft die Fortpflanzung vom Frühjahr bis zum späten Herbst mit einem Höhepunkt im Juli und August. Ähnlich wie bei allen Arten der Gattung sind die Eier pelagisch. Als Nahrung dienen den Larven Algen und kleine Wirbellose und den älteren Fischen auch Larven und erwachsene Exemplare kleinerer Fischarten. Man fängt sie vor allem in Schleppnetzen vor der Küste Irlands, im Golf von Biscaya und vor der Atlantik- und Mittelmeerküste Spaniens. Jährlich werden in letzter Zeit 12 000−15 000 t gefangen, wovon der Hauptteil von der spanischen Fischereiflotte stammt. Das Fleisch ist weiß und schmackhaft.

Größe: 30−40 cm, max. 60 cm
Gewicht: 1−2 kg, vereinzelt bis 5 kg
D XII/10−13; A II/12; V I/5−6
Synonyme: *Sparus centrodontus, Pagellus cantabricus*
Verbreitung: an den Ostküsten des Atlantiks von Südnorwegen bis Marokko, im Mittelmeer und im Schwarzen Meer.
   Besonders häufig im Süden des Areals

Die verwandte Achselfleckbrasse *(P. acarne)* hat ein ähnliches Verbreitungsgebiet (im Schwarzen Meer fehlt sie jedoch). Zu Beginn der Seitenlinie fehlt der dunkle Fleck, die Schwanzflosse ist dunkler. Sie wird bis zu 30 cm lang

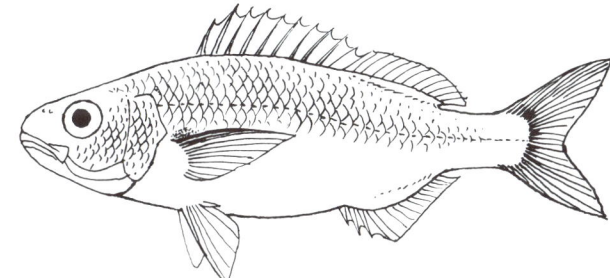

Gemeine Seebrasse

Pagrus pagrus

In der Körperform ähnelt die Gemeine Seebrasse dem verwandten Goldbrassen. Beide haben ein steiles Kopfprofil mit einem scharfen Knick. In Rücken- und Afterflosse befinden sich bei der Gemeinen Seebrasse weniger verzweigte Weichstrahlen. An beiden Kiefern sitzen vorn 4–6 kräftige Fangzähne, dahinter zwei Reihen flacher Mahlzähne, die in der Lage sind, die Schalen von Weichtieren zu zermalmen. Von der Goldbrasse unterscheidet sich die Gemeine Seebrasse vor allem in der Färbung, in der Rosarot überwiegt, das an den Seiten durch einen Silberglanz ergänzt wird. Der Rücken ist dunkler, die Flossen sind rötlich. Zumeist leben die Fische über Sand- oder Lehmboden in 20–50 m Tiefe, in Ausnahmen bis in 150 und mehr Metern Tiefe. Häufig suchen sie auch mit Algen und Wasserpflanzen bewachsene Stellen auf. Wie die Goldbrasse, ist die Gemeine Seebrasse hermaphroditisch, doch gibt es über ihre Vermehrung und Lebensweise kaum Angaben. Zur Fortpflanzung kommt es zum Sommerende und im Herbst, die Eier sind pelagisch. Die Larven entwickeln sich in seichterem Wasser als die erwachsenen Fische, die sich mit nahendem Winter in größere Tiefen zurückziehen. Sie leben von Fischen und vor allem von Weichtieren und Krabben, deren Schalen und Panzer sie mit ihrem kräftigen Gebiß leicht zermalmen. Das weiße Fleisch schmeckt ausgezeichnet. Man fängt die Fische überwiegend mit Schleppnetzen, hauptsächlich vor den Küsten Mauretaniens und Senegals, wo jährlich 10 000–12 000 Tonnen in die Netze gehen. Im Mittelmeer schwanken die Fänge zwischen 1000 und 2000 t. Ziemlich häufig werden sie auch geangelt.

Größe: 40–50 cm, ausnahmsweise bis 75 cm
Gewicht: 1–3 kg, max. 7 kg
D XII/9–11; A III/8–9; V I/5
Synonyme: *Sparus pagrus, Pagrus vulgaris*
Verbreitung: im Atlantischen Ozean an den Küsten Europas und Afrikas, vom Golf von Biscaya bis Angola, im Mittelmeer, besonders im Westteil

P. ehrenbergi lebt im Schwarzen Meer, im Mittelmeer und im angrenzenden Teil des Atlantiks bis Angola. Die Art wird 30–50 cm, maximal 60 cm lang und erreicht 1–4 kg Gewicht. Sie hält sich in mittleren Tiefen von 50 bis 200 m auf

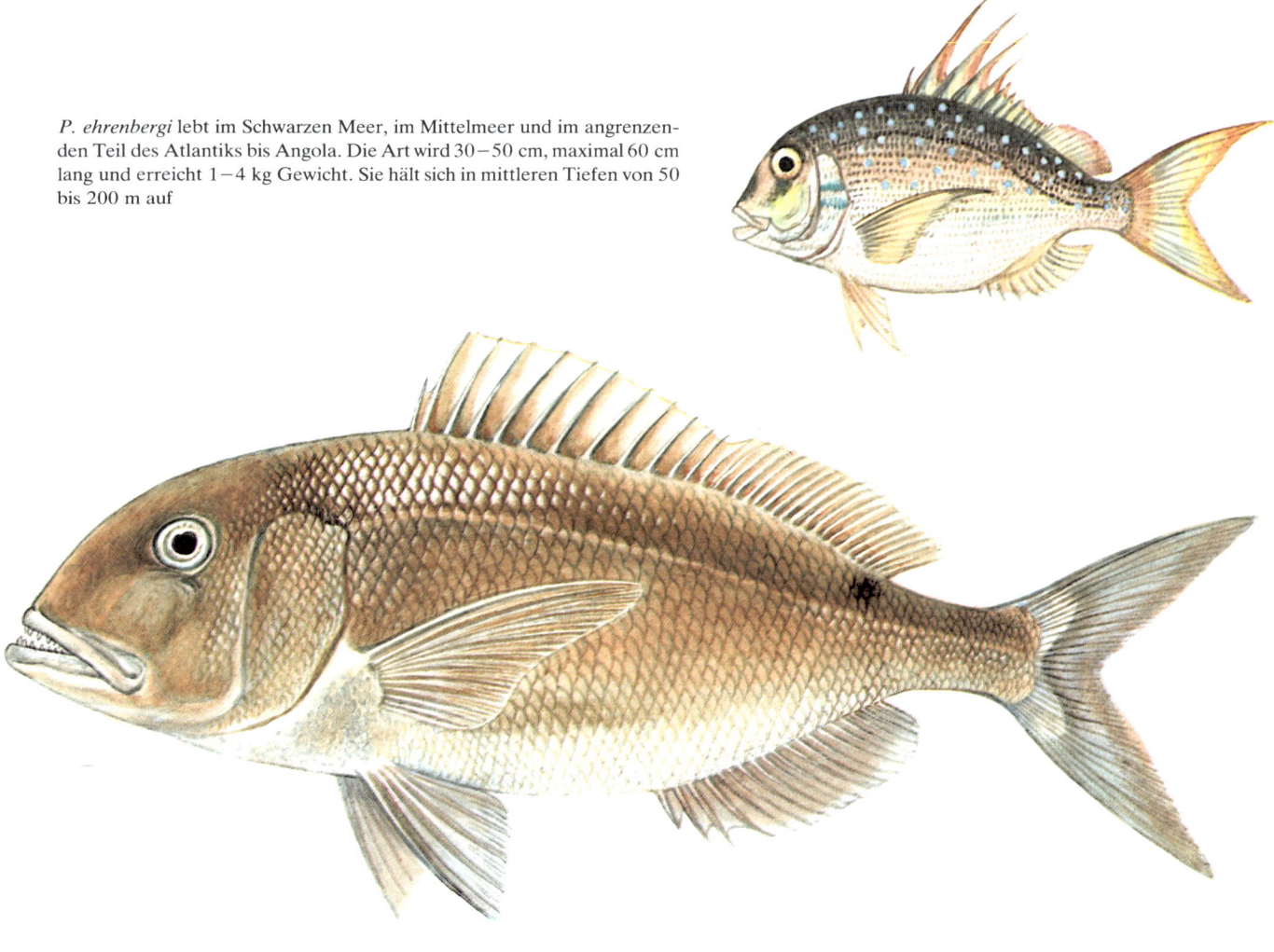

Goldbrasse

Pagrus aurata

Die Goldbrasse zeichnet sich durch einen hochrückigen Körper mit langer Rückenflosse, bogenförmig gekrümmtem Rücken und hohem Kopf mit steilem Profil aus. Jeder Kiefer trägt vorn 6 kräftige, an der Basis breite, spitz zulaufende Zähne, die wesentlich größer sind als die folgenden, in drei Reihen stehenden flachen Mahlzähne. Seitlich des Kopfes reichen die Schuppen bis unter die Augen, am Scheitel bis zum hinteren Augenrand. Körper und Flossen sind graublau gefärbt und glänzen besonders am Bauch und an den Seiten silbrig. Über der Brustflossenbasis befinden sich am Oberrand des Kiemendeckels zwei dunkle Flecken. Zwischen den Augen verläuft von oben nach unten ein Goldband. Flecken und Goldband verblassen nach dem Tode rasch. Goldbrassen bevorzugen Sand- und Felsboden und leben zumeist in rund 30 m Tiefe. Meist halten sie sich in Schwärmen auf und schwarmweise schwimmen sie im Frühjahr zum Ufer. Mit Einsetzen der kalten Witterung wandern sie in umgekehrter Richtung zurück. Gern schwimmen sie auch in Fluß-mündungen und Lagunen, wo das Wasser weniger salzig ist. Sie vermehren sich von Oktober bis Dezember auf freiem Meer in größeren Tiefen. Im oberen und vorderen Teil der Geschlechtsdrüse entwickeln sich zunächst die Hoden und dann im übrigen Teil die Eierstöcke. Sie fressen Fische, Krustentiere und Weichtiere. Wirtschaftliche Schäden können die Fische in Austernzuchten anrichten, da sie die Austernschalen leicht aufknacken können. Ihr Fleisch ist von gutem Geschmack, die Jahresfänge schwanken zwischen 2000 und 5000 Tonnen.

Größe: 25–35 cm, max. 70 cm
Gewicht: 0,5–3 kg, max. 6 kg
D XI/12–14;   A III/11–12
Synonyme: *Sparus auratus, Chrysophrys aurata*
Verbreitung: im Atlantischen Ozean an den Küsten Europas und Afrikas. Nach Norden bis zu den Britischen Inseln, nach Süden bis zum Golf von Guinea. Am häufigsten im westlichen Mittelmeer, wenig zahlreich im Schwarzen Meer

Hauptnährtiere sind Krabben, z. B. *Cancer pagurus* (1) und *Portunus* sp. (2), Fische der Gattung *Sardinella* und Weichtiere

Streifenbrasse, Brandbrasse

Spondylosoma cantharus

Bei dieser hochrückigen Streifenbrasse reichen die Kiefer bis unter den Augenvorderrand. Die relativ kleinen Zähne sind alle etwa gleichgroß, scharf und leicht gebogen. Nur die Vorderzähne sind etwas größer und dienen zum Abbeißen der Algen. Der Körper ist grau gefärbt mit einem dunkleren Ton auf dem Rücken und einem helleren Grau mit einem goldenen Ton an den Seiten. Die Stirn ist meist dunkelrot bis braun. Unterhalb der Seitenlinie befinden sich 3−4 graublaue Längsstreifen, auf der dunklen Rücken- und Afterflosse stehen in zwei bis drei Reihen noch oft dunklere Streifen. Die Schwanzflosse ist dunkel umsäumt, die paarigen Flossen sind grau gefärbt. In den nördlichen Teilen seines Verbreitungsgebietes hält sich die Streifenbrasse nur im Sommer auf. Sie bevorzugt felsige Küsten, doch kann man sie auch auf Sandbänken zwischen Algenbewuchs antreffen. Sie gehört zu den wenigen Arten ihrer Familie, bei denen das Männchen eine Laichgrube anlegt, gewöhnlich eine flache Grube im Sandboden. Das Männchen bewacht auch die befruchteten Eier und geschlüpften Jungen, die sich noch mehrere Wochen in der Nähe des Nestes aufhalten, bevor sie sich zerstreuen. Je nach Wassertemperatur laichen die Fische von Februar bis Mai. Junge Exemplare ernähren sich von Zooplankton, erwachsene Tiere fressen stückchenweise Meeresalgen mitsamt den darauf befindlichen Kleintieren. In manchen Gebieten werden sie geangelt und geraten gelegentlich auch ins Netz. Ihre Bestände sind jedoch zu klein, als daß die Art wirtschaftliche Bedeutung erlangen könnte.

Größe: 30−40 cm, max. 50 cm
D XI−XII/10−13;   A III/9−10;   l.l. 68−75
Synonyme: *Sparus cantharus, Cantharus vulgaris*
Verbreitung: Atlantikküste Europas und Afrikas, von Trondheim bis Angola, Mittelmeer und Schwarzes Meer

Verbreitungskarte der Streifenbrasse

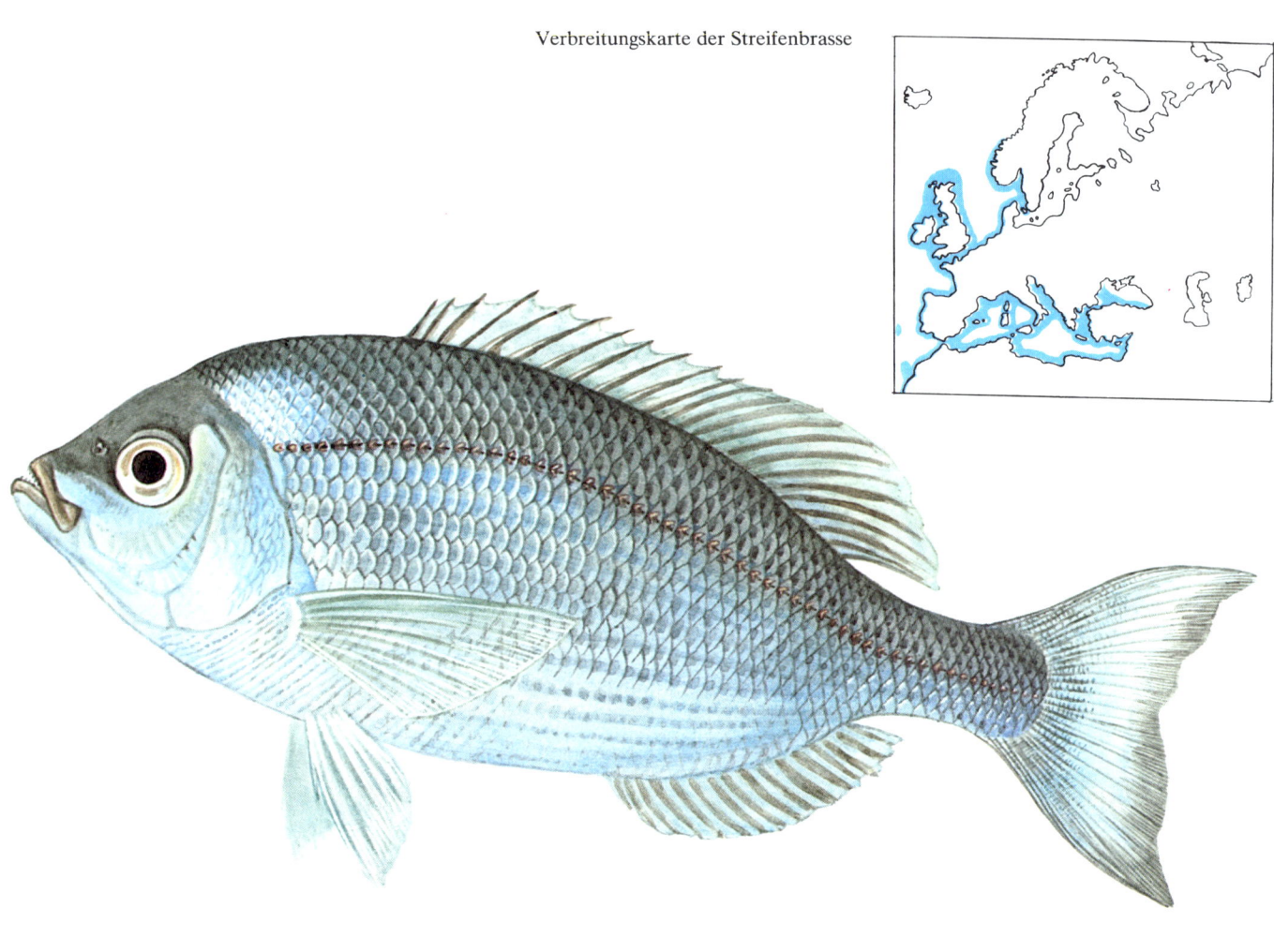

Die zur Familie MULLIDAE gehörenden ca. 60 Arten sind kleine Bewohner aus den Küstengewässern tropischer und subtropischer Meere. Nur wenige Arten kommen auch in kälteren Wassern vor. Ihr Körper ist seitlich abgeflacht, mit relativ großen, dünnen Schuppen bedeckt, das Kopfprofil ist steil und bogenförmig, an der Kopfunterseite steht ein Paar langer Bartfäden. Von den beiden Rückenflossen wird die erste von unverzweigten Hartstrahlen gebildet. Die Bauchflossen befinden sich vor den Brustflossen, die Schwimmblase fehlt.

Rotbarbe, Rote Meerbarbe   *Mullus barbatus*

Die Grundfarbe der Rotbarbe ist ein auffälliges Purpurrot bis Rotbraun mit einem gelben bis silbrigen Hauch an den Seiten und einem helleren Bauch. Die Flossen sind normalerweise rötlich bis goldgelb. Mit wechselnder Tiefe, Tageszeit und Umgebung ändert sich auch die Färbung sehr stark. Die Rotbarben leben zumeist in kleinen Schwärmen entlang der Küste über sandigem bis schlammigem Grund. Sie halten sich in geringen Tiefen (2–20 m) auf und steigen nur selten in Tiefen bis 100 und mehr Metern. Ihre Laichzeit dauert von Mai bis September, die portionsweise Eiablage geht in der Nacht vor sich. Larven und Brut führen eine pelagische Lebensweise, mit 3,5 bis 5 cm Länge stellen sie sich auf das Leben am Grund um. Rotbarben leben von verschiedenen wirbellosen Bodentieren, vor allem Weichtieren, Würmern und kleineren Krustentieren. Bei der Nahrungssuche kommen ihre Barteln an der Kopfunterseite als Tastorgan zur Geltung. Die Fische wühlen kleine Gruben in den Grund, so daß die Fischer an der Wassertrübung erkennen können, wo größere Schwärme weiden. Die Rotbarbe ist ein wichtiger Industriefisch, denn sie besitzt ausgezeichnet schmeckendes Fleisch. Zusammen mit der Streifenbarbe werden jährlich 30 000–40 000 t gefischt.

Größe: 20–30 cm, max. 40 cm (Weibchen)
Gewicht: bis 1–1,5 kg
Fruchtbarkeit: 4000–90 000 Eier, nach anderen Angaben bis 1 Million Eier
D_1 VII–VIII; D_2 I/7–8; A II/6–7
Verbreitung: im Mittelmeer, Schwarzen und Asowschen Meer

Die beiden Arten der Gattung *Mullus* lassen sich an der Länge der Bartfäden, der Schrägung der Stirnlinie und anhand der Rückenflossenfarbe unterscheiden (*M. barbatus* – 1, *M. surmuletus* – 2)

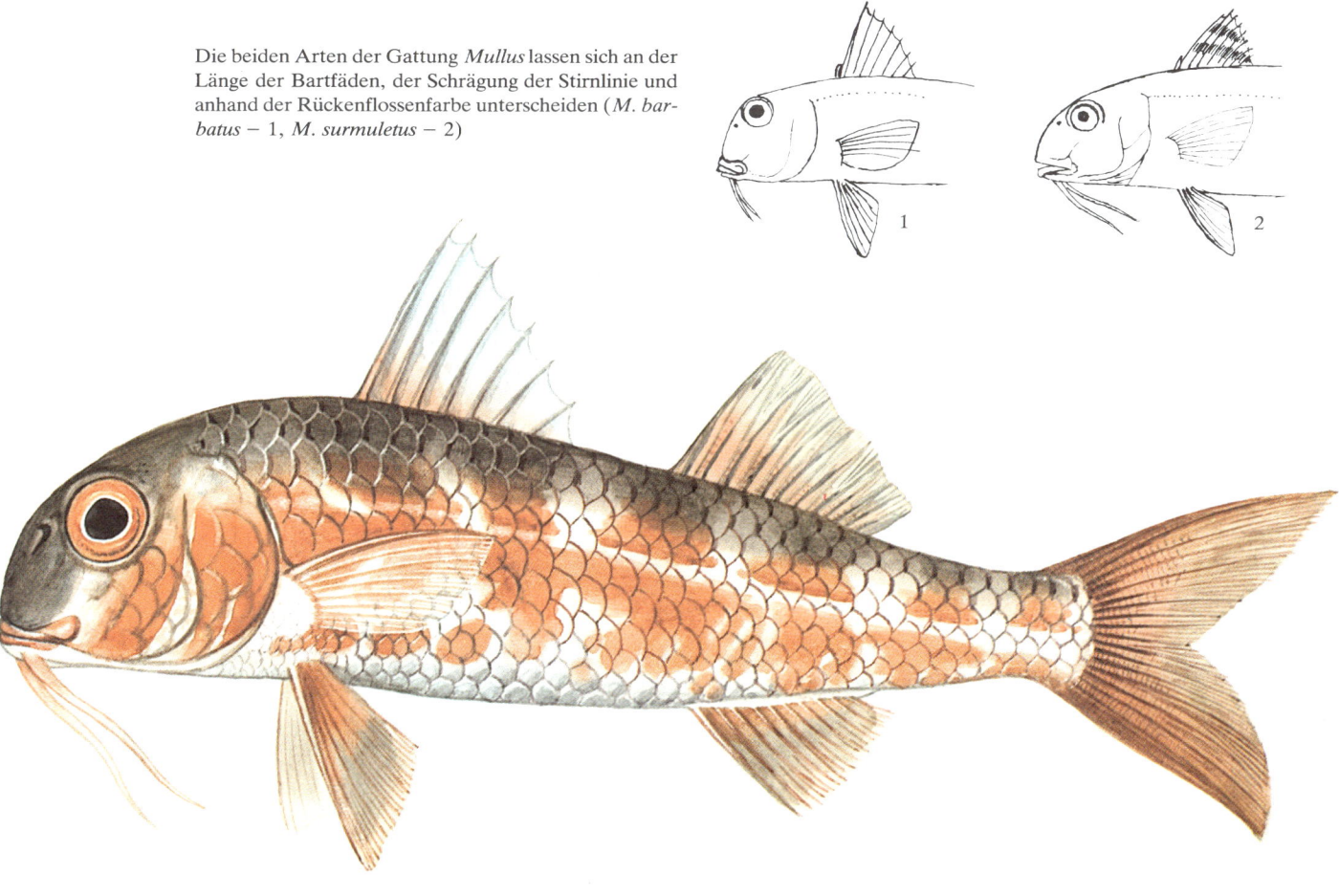

Streifenbarbe, Gestreifte Meerbarbe *Mullus surmuletus*

Die Streifenbarbe, eine nahe Verwandte der Rotbarbe unterscheidet sich von ihr durch ihre Farbe und den weniger steil abfallenden Vorderkopf, der mit der Körperlängsachse einen Winkel von 40°–52° bildet, während er bei der Rotbarbe 44–58° ausmacht. Auch einige anatomische Merkmale unterscheiden beide Arten (z.B. die Anzahl der pylorischen Darmanhängsel) sowie die Zahl der kleinen Schuppen unter dem Auge (die Streifenbarbe hat zwei, die Rotbarbe hat drei). Sonst ähneln sich beide Arten in Körperform und Lebensweise sehr. Tagsüber ist der Körper der Streifenbarben rotbraun gefärbt und hat drei bis vier gelbe Längsbinden von den Augen bis zur Schwanzflosse. Nach der Dämmerung zerfallen diese Streifen und die Seiten erscheinen marmoriert. Auf der ersten Rückenflosse befinden sich meist am oberen Rand ein braunroter und ein gelber Längsstreifen. Jedoch ist das Farbkleid sehr variabel und ändert sich mit dem Standort, der Wassertiefe und der Jahreszeit. Streifenbarben leben in kleinen Schwärmen in 3–100 m Tiefe auf Sandböden. Mit Hilfe ihrer langen Tastbarteln sondieren sie in den Bodenablagerungen nach Nährtieren und schaben – wenn sie solche entdeckt haben – ziemlich tiefe Gruben in den Grund. Sie fressen vornehmlich verschiedene benthische Lebewesen, einschließlich der Brut einiger Fischarten. In den Sommermonaten laichen sie in 10 bis 60 m Tiefe, wo sie pelagische Eier ablegen. Die an der Oberfläche lebende Brut hat einen bläulichen Rücken und silbrige Seiten. Das Fleisch der Streifenbarbe ist sehr schmackhaft und galt bereits im Altertum als Delikatesse. Die Römer hielten diese Fische in Lagunen, denn sie vertragen das salzarme Wasser ausgezeichnet. Heute werden sie besonders im Mittelmeer und im Golf von Biscaya mit Schleppnetzen und Angeln gefangen.

Größe: 25–35 cm, max. 50 cm
Gewicht: 0,5–1 kg, selten bis 1,5 kg
D_1 VII–VIII; D_2 I/7; A II/5–6; P 17–18
Verbreitung: Atlantikküste Europas und Afrikas von Südnorwegen bis Senegal, Mittelmeer

Verbreitungskarte der Streifenbarbe

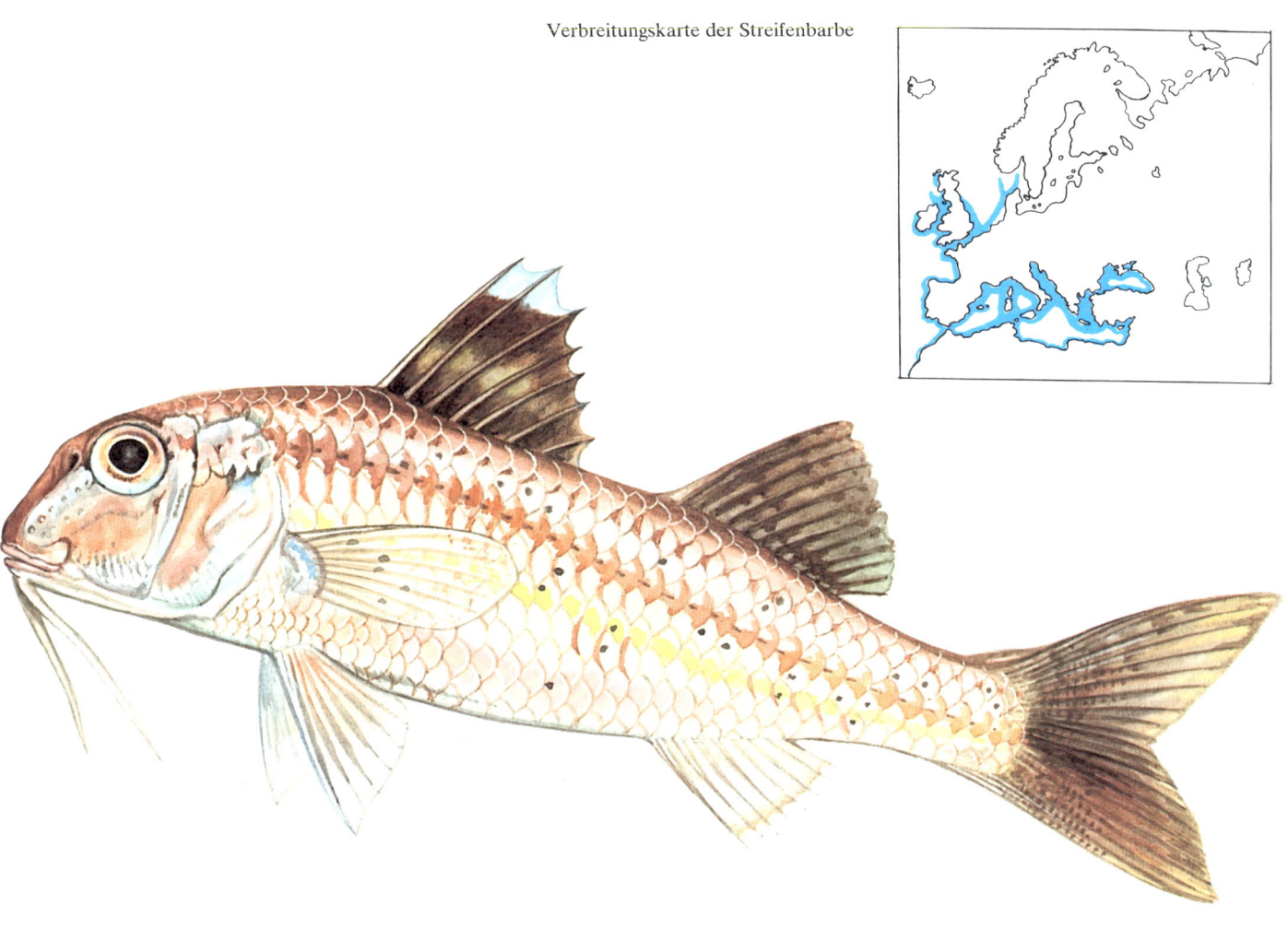

Die zur Familie CEPOLIDAE gehörenden Arten leben im freien Wasser der küstennahen Meeresgebiete. Die Familie umfaßt zwei Gattungen mit 5–6 Arten. Der Körper ist gestreckt, seitlich aber abgeflacht, die Rücken- und Afterflosse sind verbunden, die Tiere haben keine Schwanzflosse. Die Familie ist im Pazifik und Atlantik verbreitet.

Roter Bandfisch

Cepola rubescens

Der aalartige Körper des Roten Bandfisches hat eine sehr lange Rücken- und Afterflosse, von der jede über 60 Flossenstrahlen besitzt. Die großen Augen nehmen ein Drittel der Kopflänge ein. Die Schuppen sind winzig. Der Rücken ist rot gefärbt, die Seiten sind hellrot und haben einen silbrigen Glanz, der Bauch ist orange oder gelb. Auch die Rückenflosse ist gelb, die Brustflossen sind rötlich. Der Rote Bandfisch laicht im Juni in Küstennähe, die Eier sind mit einem kleinen Fetttröpfchen ausgestattet und sind pelagisch. Die erwachsenen Fische leben in senkrechten Höhlen, die sie selbst anlegen, oder sie benutzen verlassene Höhlen anderer Tiere. Sie bevorzugen Tiefen von 20–200 m und führen meist ein Nachtleben. Zur Nahrungssuche verlassen sie ihre Schutzlöcher. Sie sind wirtschaftlich ohne Bedeutung, werden jedoch von Zeit zu Zeit von Anglern gefangen. Sie dienen anderen Fischarten als Nahrung. Ihre Verwandten kommen an japanischen Küsten vor und werden dort auf den Fischmärkten angeboten. Nach starken Stürmen kann man ans Ufer geworfene tote Bandfische finden.

Größe: 30–50 cm, max. 70 cm
D 67–74; A 60–70
Verbreitung: im Mittelmeer und in den Küstengebieten des Atlantiks von England zum Senegal (Kap Verde)

Zur Nahrung gehören planktische Krustentiere vor allem aus der Gruppe *Copepoda* sowie deren Larven (Nauplien)

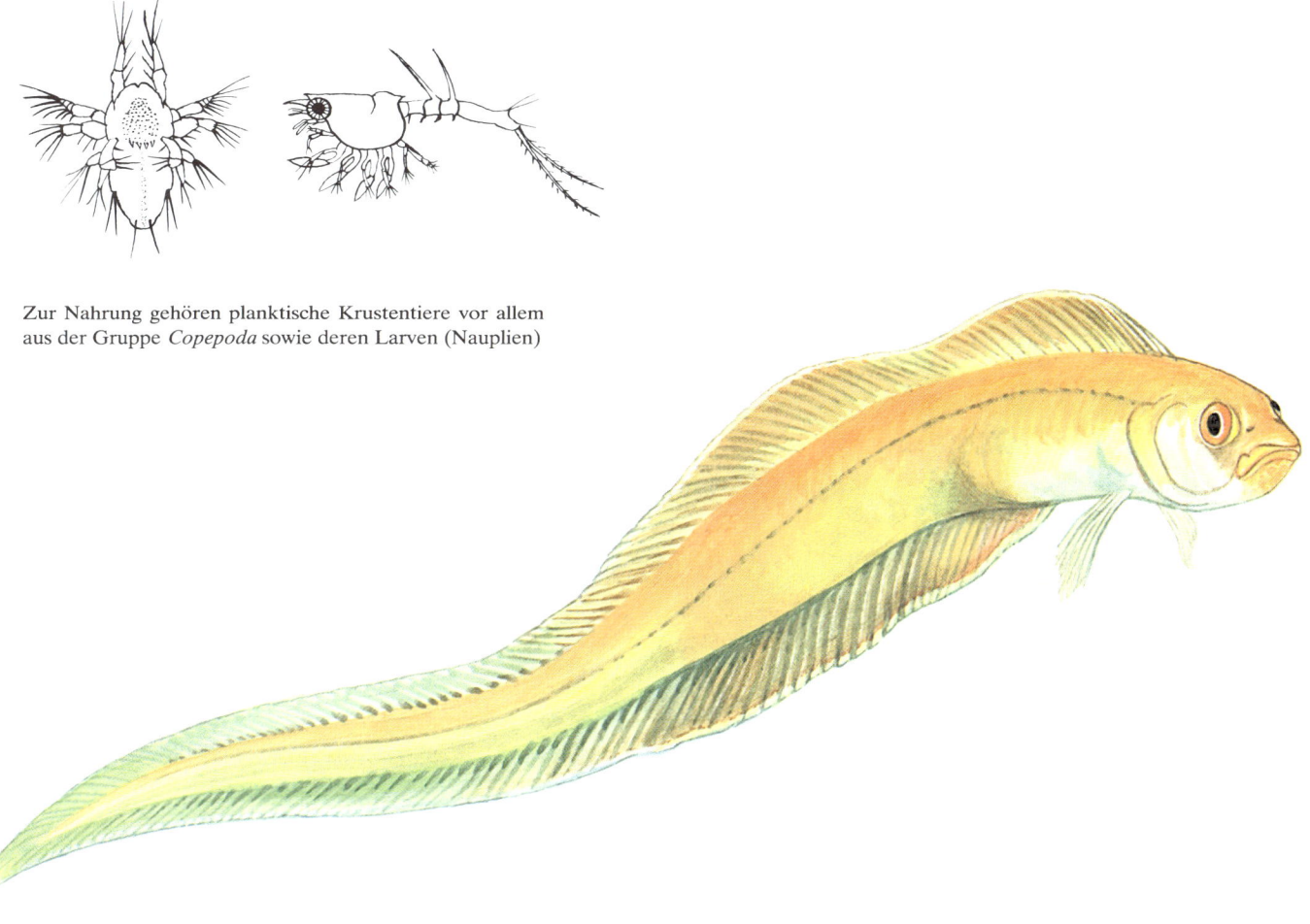

Die Familie ECHENEIDAE ist eine interessante Gruppe, sie umfaßt etwa 10 Arten, deren erste Rückenflosse zu einer speziellen Saugscheibe am stark abgeplatteten Kopf und am Nacken umgebildet worden ist. Alle Arten leben im Meerwasser.

Schiffshalter   *Echeneis naucrates*

Der Schiffshalter, ein mittelgroßer Meeresfisch, besitzt einen schlanken, langgestreckten Körper mit einer charakteristischen Saugscheibe am Scheitel und Vorderrücken. Diese ist aus der ersten Rückenflosse entstanden und von ovaler Form. Die Flossenstrahlen wurden in 21–28 Querleisten umgewandelt, die an eine Jalousie erinnern. Beim Anpressen der Leisten an einen Untergrund entsteht dort ein Unterdruck und der Fisch wird angesaugt und festgehalten. Das Ansaugen und Freiwerden der einzelnen Leisten wird durch Druckänderungen in den Hohlräumen unterhalb der Saugscheibe reguliert und ist vom Seitenlinienorgan beeinflußt. Der Körper ist graubraun mit Streifen, die Bauchseite ist heller. Die Fische saugen sich an Haifischen, Rochen und anderen großen Fischarten, an Schildkröten, Walen und Schiffen fest und lassen sich von ihnen befördern. Zuweilen entfernen sie die Parasiten ihres Gastgebers, sonst leben sie von den Nahrungsresten der großen Tiere sowie von Wirbellosen und kleinen Fischen. Gelangen sie in die Nähe eines Beutetieres, lassen sie rasch von ihrem Wirt ab und fallen darüber her. Die Eier sind pelagisch, genaueres ist über ihre Vermehrung nicht bekannt. Das recht fette Fleisch wird heute kaum noch gegessen, im Altertum war es hochgeschätzt. Den Schiffshaltern wurde früher nachgesagt, daß sie den Schiffskurs beeinflußen könnten und der Tod des römischen Kaisers Caligula wurde mit ihnen in Zusammenhang gebracht.

Größe: 30–40 cm, max. 70 cm
Gewicht: 1–2 kg
Synonyme: *Echeneis remora, Naucrates ductor*
Verbreitung: nicht allzu häufig in allen tropischen und subtropischen Meeren, vereinzelt im Mittelmeer und im Atlantischen Ozean bis zur englischen Küste

Die verwandte Art, der Küstensauger *(Remora remora)* besitzt in ihrer Saugscheibe nur 16–20 Lamellen. *E. naucrates* hat 21–28, eine abgerundete Brustflosse und einen Einschnitt in der Schwanzflosse. Der 20–40 cm lang werdende Fisch lebt in denselben Gebieten wie *E. naucrates*

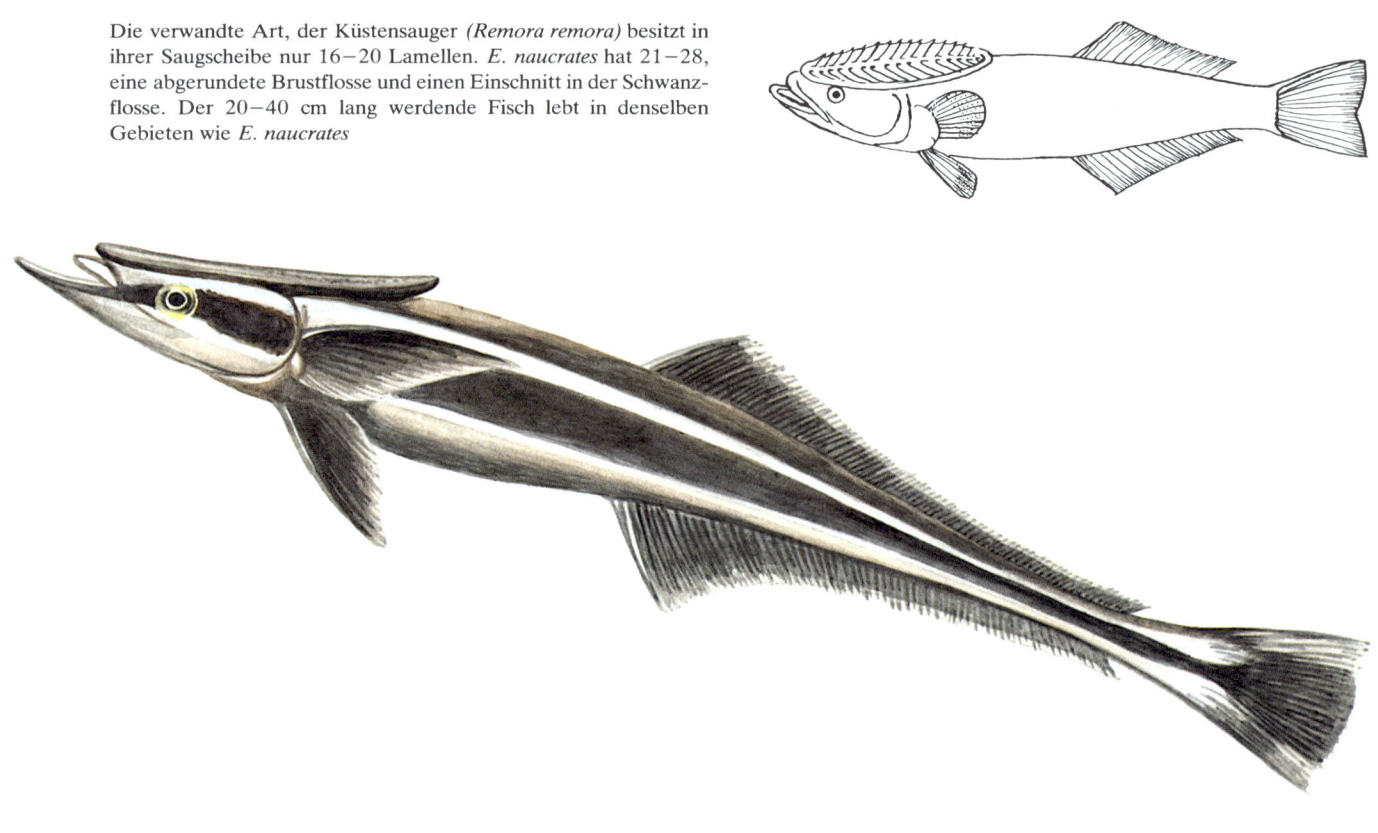

Die umfangreiche Familie LABRIDAE vereint etwa 600 Arten. Unter ihnen gibt es 6–7 cm lange Zwerge und bis 3 m lange und über 100 kg schwere Riesen. Sie besitzen Cycloidschuppen und vorstülpbare Kiefer (ähnlich wie die Weißfische) mit fleischigen Lippen. Die meist herrlich gefärbten Fische bewohnen überwiegend die Uferzonen der Meere, wo sie sich in Meeresalgenbewüchsen aufhalten. Alle Arten weisen Territorialverhalten auf, d. h. sie verteidigen ihren Standort das ganze Leben lang gegen die Artgenossen.

Goldmaid, Schwarzäugiger Lippfisch   *Crenilabrus melops*

Die Goldmaid hat einen verhältnismäßig hochrückigen Körper und der hintere und untere Rand des Vorderkiemendeckels ist fein gesägt. Die Färbung ist sehr veränderlich und richtet sich nach dem Aufenthaltsort, dem Alter und Geschlecht des Fisches sowie nach der Jahreszeit. Die Grundfarbe ist grünlich oder grünbraun, manchmal ins Rote spielend. Männchen haben hellblaue Streifen an der Kopfunterseite und am Bauch. Hinter dem Auge und auf dem Schwanzstiel befindet sich je ein dunkler Fleck. Die Fische laichen von Frühlingsende bis Sommeranfang. Wie bei den anderen Arten der Lippfische baut das Männchen zwischen Felsen ein Nest aus Wasserpflanzen und bewacht es bis zum Schlüpfen der Jungen. Zunächst lebt die Brut pelagisch, im Herbst kehrt sie dann zum Ufer zurück. Die

Fische ernähren sich vorwiegend von Weichtieren und kleinen Krustentieren. Es handelt sich um eine verbreitete Art, die auch vor den nordeuropäischen Küsten häufig ist. Sie hält sich zwischen Felsen in der Flutzone in bis zu 30 m Tiefe auf. Wirtschaftlich ist sie bedeutungslos.

Größe: 15–20 cm, max. 25 cm
Gewicht: bis 400 g
D XIV–XVII/8–10;   A III/9–10;   l.l. 34–36
Synonym: *Symphodus melops*
Verbreitung: Atlantikküste Europas und Afrikas von Mittelskandinavien bis Marokko, Küste von England und Irland, Westgebiete des Mittelmeers und der Ostsee

Verbreitungskarte der Goldmaid

Der verwandte Augenlippfisch *(C. ocellatus)* ist im Mittelmeer und im angrenzenden Teil des Atlantiks sowie im Schwarzen Meer verbreitet. Beide Geschlechter tragen auf dem Kiemendeckel einen großen dunklen Fleck

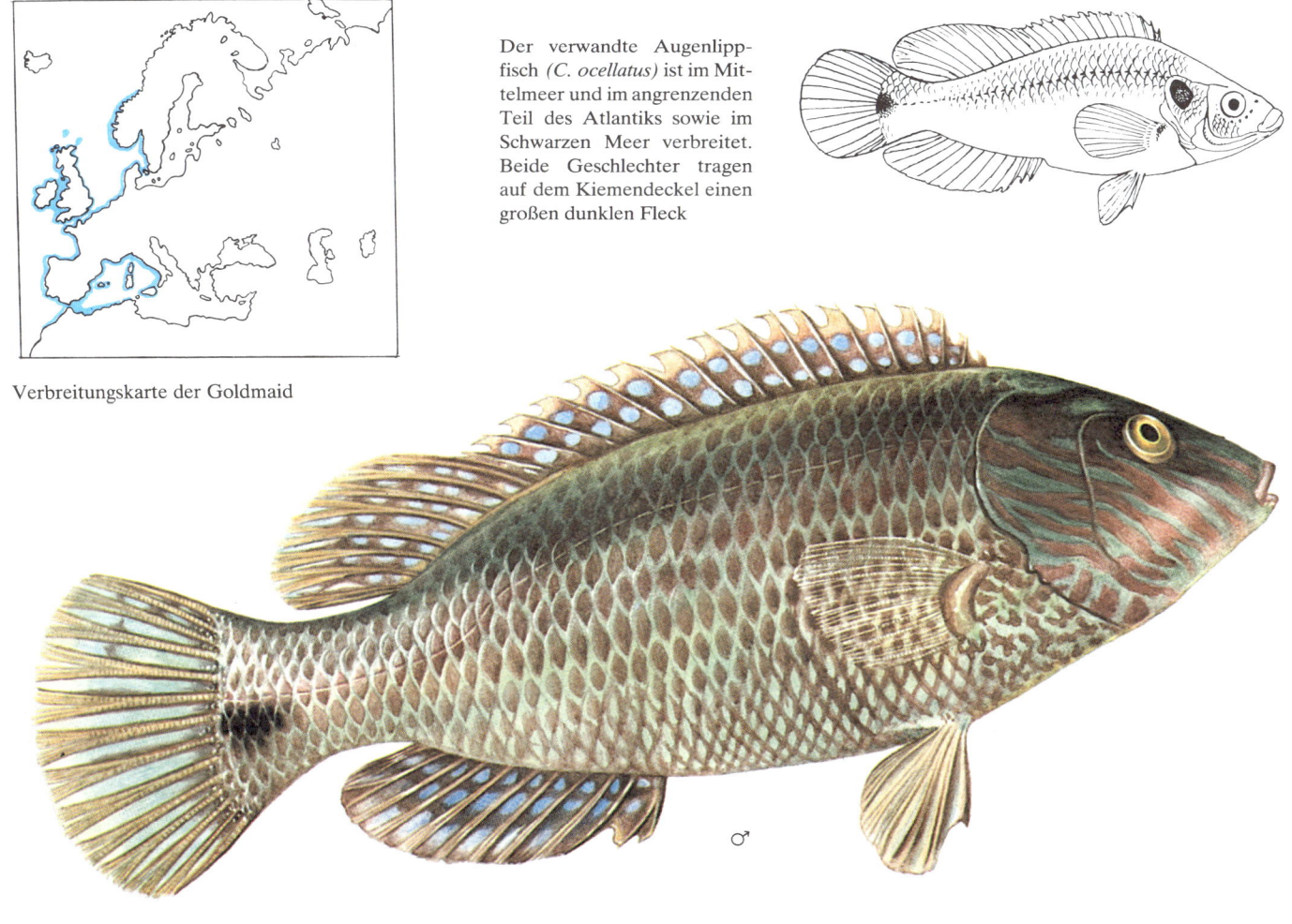

Fünffleckiger Lippfisch

Crenilabrus quinquemaculatus

Der Körper des Fünffleckigen Lippfisches ist hochrückig, seine Höhe macht etwa ein Drittel seiner Länge aus. Der Vorderteil der langen Rückenflosse wird von Stachelstrahlen gebildet, der hintere Teil von Weichstrahlen. Er hat eine Afterflosse. Hinter- und Unterrand des Vorderkiemendeckels sind fein gesägt. Bei den Männchen ist die Grundfarbe grünbraun, bei den Weibchen graubraun. In fünf Querreihen stehen braune Flecken. Ein weiterer Fleck befindet sich auf dem Kiemendeckel. Am Anfang der zweiten Hälfte trägt die Rückenflosse zwei große schwarze Flecken, zwei kleinere hellere findet man auf der Afterflosse. Der Teil der Rückenflosse mit den Hartstrahlen ist dunkelbraun mit einem roten Hauch. Laichzeit ist von März bis Mai. In 15 cm bis 2 m Tiefe bauen die Männchen ein Nest im Sandboden oder zwischen Steinen. Um das aus Wasserpflanzen errichtete Nest herum legt es einen mit Kieselsteinen und Algen befestigten halbmondförmigen Wall an. Die im Juni auftretende Brut mißt 40 bis 65 mm. Die Fruchtbarkeit der Weibchen hängt von ihrer Größe ab, bei 12,0−16,5 cm langen Tieren bewegt sie sich zwischen 6600 und 36 000 Eiern. Wahrscheinlich erfolgt das Laichen schubweise, denn man kann in den Eierstöcken Eier verschiedenen Reifegrades finden. Bei einer Wassertemperatur von 16−18 °C dauert die Embryonalentwicklung etwa 5 Tage. Mit Vorliebe halten sich die Fische am Ufer zwischen Felsen in den Grünalgenbeständen auf.

Größe: bis 21 cm
Fruchtbarkeit: 5000−40 000 Eier
D XIV−XV/8−10;   A III/8−10;   l.l. 32−34
Synonym: *Symphodus roissali*
Verbreitung: im Mittelmeer, im Schwarzen Meer und im angrenzenden Teil des Atlantikufers

Den überwiegenden Teil der Nahrung dieser und ihr verwandter Arten machen Weichtiere aus, z. B. aus den Gattungen *Cardium* (1), *Mytilus* (2) und *Ostrea* (3)

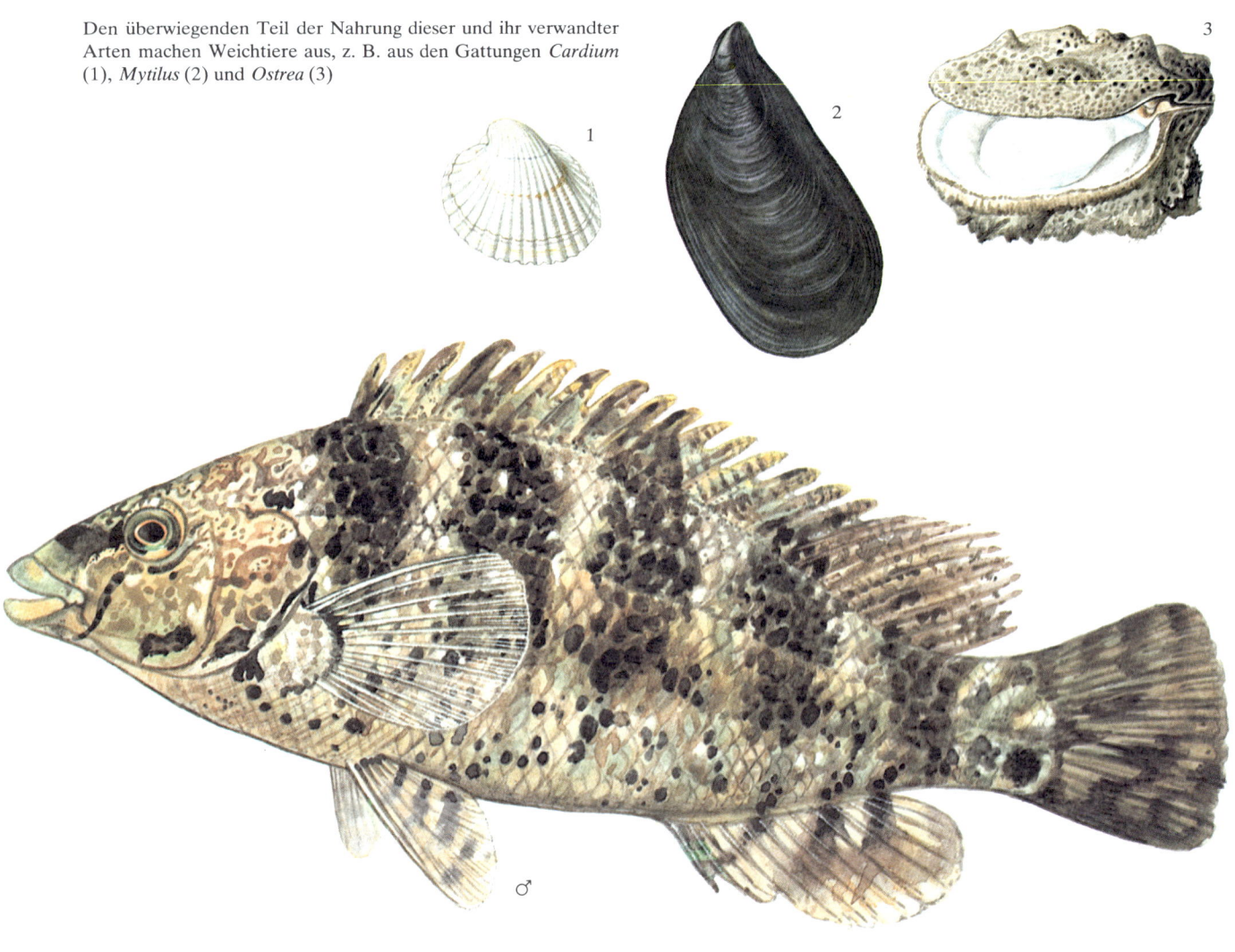

Pfauenlippfisch

Crenilabrus tinca

Die Rückenflosse des Pfauenlippfisches hat kleine dunkle Flecken. Die roten Flecken am Körper verschmelzen zu zwei seitlich gelegenen Längsstreifen. Die Färbung ist sehr variabel. Die Grundfarbe ist grünlich bis sattgrün, auf dem Rücken ist sie dunkler, am Bauch heller, manchmal auch gräulich. Bei den Männchen befinden sich zwischen den beiden Streifen noch mehrere hellblaue Flecken. Die Weibchen besitzen in Reihen stehende braune Flecken. Am Ansatz der Schwanzflosse haben die Männchen unterhalb der Seitenlinie einen rotbraunen und die Weibchen einen braunen Fleck. Entlang des Randes der Rücken- und der Afterflosse befindet sich bei den Männchen ein Streifen kleiner roter und noch kleinerer hellblauer Tupfen. Rote Flecken haben sie auch am Kopf. Die Brustflossen sind gelb, die der Weibchen heller, die Bauchflossen sind bei den Männchen hellblau mit roten Flecken, bei den Weibchen hellgrün mit braunen Flecken. Die Pfauenlippfische laichen von April bis Juni in drei bis vier Schüben. Die Embryonalentwicklung der in Nestern abgelegten Eier dauert im Schwarzen Meer 5−9 Tage, im Mittelmeer nur 4 Tage. Als Nahrung dienen den erwachsenen Fischen Wirbellose des Benthos, meist kleine Weichtiere, die mehr als Dreiviertel des Futters ausmachen. In geringerem Maße fressen sie auch Krustentiere und Würmer. Als Uferfisch leben sie zwischen Felsgebilden im Pflanzenwuchs. Hier oder etwas tiefer überwintern sie auch. Im Unterschied zu einigen anderen Lippfischen, die sich in Verstecken aufhalten, schwimmt der Pfauenlippfisch als Einzelgänger meist im freien Wasser. Die Brut lebt in den ersten Monaten pelagisch. Hier und da wird der Fisch von Sportfischern mit der Angel gefangen.

Größe: 10−15 cm, max. 30 cm
Gewicht: bis 300 g
Fruchtbarkeit: 12 000−58 000 Eier
D XIV−XV/10−12; A III/9−11; 1.1. 34−37
Synonym: *Symphodus tinca*
Verbreitung: im Mittelmeer und in den angrenzenden Teilen der europäischen Atlantikküste entlang der Pyrenäenhalbinsel sowie vor Nordafrika

Die Weibchen sind weniger bunt gefärbt als die Männchen, ihren Flossen fehlt der blaue Saum und die roten Tupfen

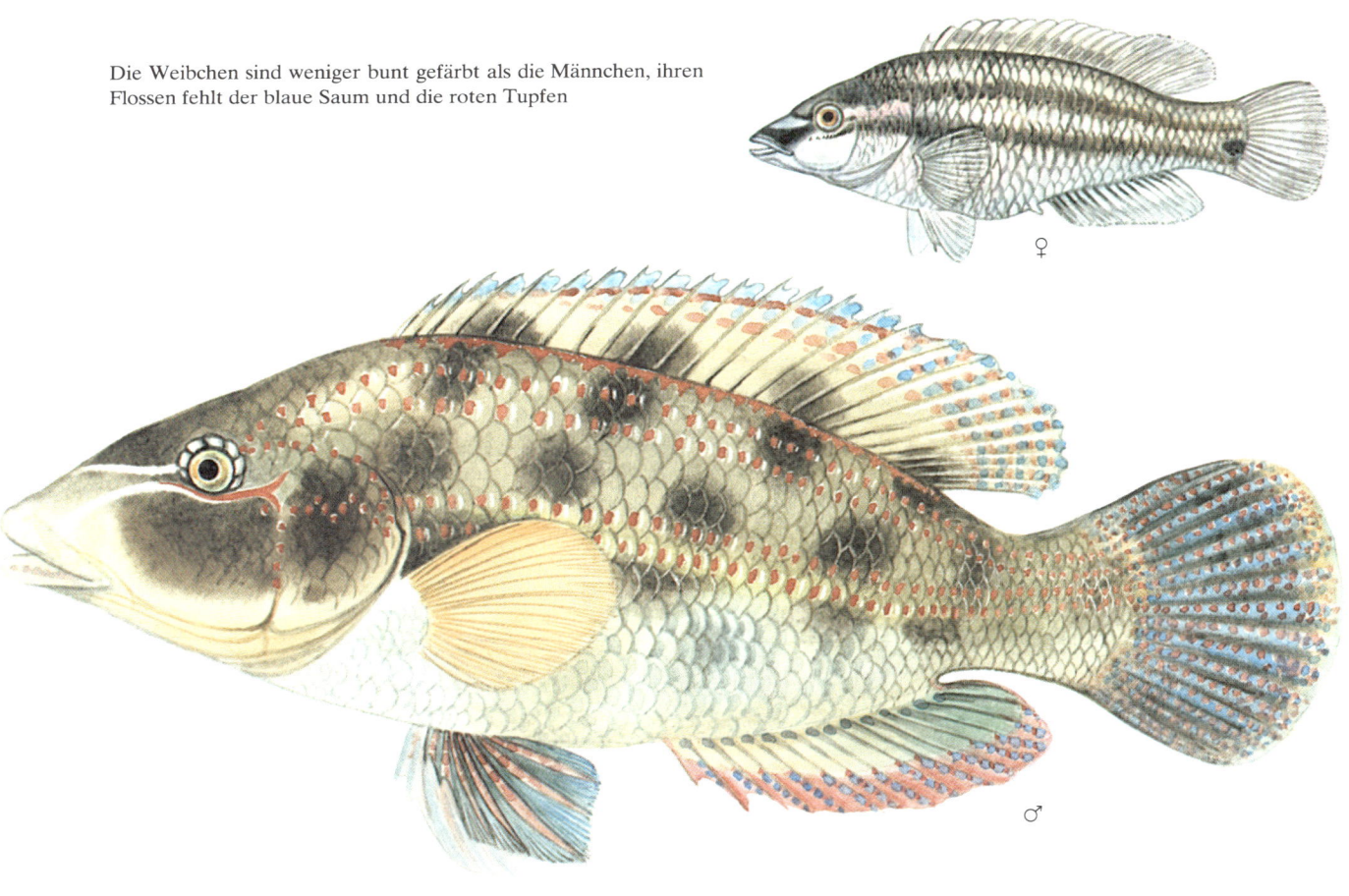

Klippenbarsch   *Ctenolabrus rupestris*

Der Klippenbarsch unterscheidet sich gut durch seine in zwei Reihen stehenden Zähne von den übrigen Lippfischarten mit einreihigen Zähnen. Das Maul ist klein und der Rumpf ist gestreckt. Nach hinten ist der Vorderkiemendeckel mit kleinen Dornen ausgestattet. Der Körper ist braun bis rotorange, bisweilen mit einer goldenen Schattierung, der Rücken ist dunkler. Alle Flossen sind rötlich, auf der Rückenflosse befindet sich vorn ein schwarzer Fleck. Ein ähnlicher Fleck wiederholt sich an der Schwanzflossenbasis. Manchmal befinden sich über den Seiten mehrere vertikale dunkle Streifen oder eine hellere Binde zieht sich in der Körpermitte vom Kopf bis zur Mitte der Rückenflosse. Vom Frühling bis in den späten Sommer ist Laichzeit. Die Eier sind pelagisch, das Männchen bewacht sie nicht, es baut auch kein Nest. Man kann die Eier in Küstennähe beobachten, manchmal auch auf offener See. In den Sommermonaten schlüpfen die Larven sehr rasch, praktisch innerhalb zweier Tage.

Weichtiere und Krustentiere dienen ihnen als Nahrung. In Nordeuropa ist der Klippenbarsch einer der verbreitetsten Lippfische. Doch ist er nur an bestimmten Stellen seines Areals häufig. Er hält sich zwischen Steinen und Wasserpflanzen in 10–50 m Tiefe auf. Vor felsigen Ufern kommt er häufig in noch geringeren Tiefen vor. Im Winter schwimmt er in tieferes Wasser, ungeachtet dessen wurden auch in der kalten Jahreszeit in Mägen von Möwen Klippbarsche gefunden, so daß sie nicht allzu tief gewesen sein können. Zuweilen treten die Fische in kleinen Trupps auf. Sie besitzen keinerlei wirtschaftliche Bedeutung.

Größe: bis 10 oder 12 cm, max. 18 cm
D XVI–XVIII/8–10;   A III/7–8;   l.l. 38–40
Verbreitung: Atlantikküste Europas von Gibraltar bis zu den Lofoten, Westgebiete der Ostsee, Mittelmeer und Schwarzes Meer

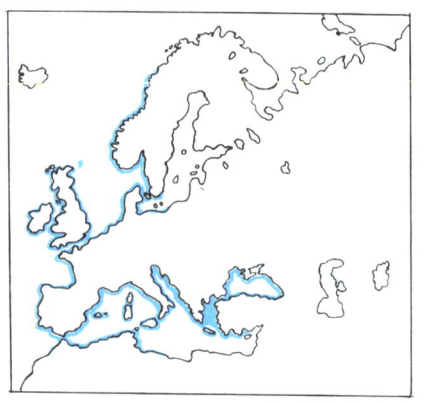

Verbreitungskarte des Klippenbarsches

Miesmuscheln der Gattung *Mytilus* (1) und Krustentiere der Gattung *Pandalina* (2) sind die häufigste Nahrung

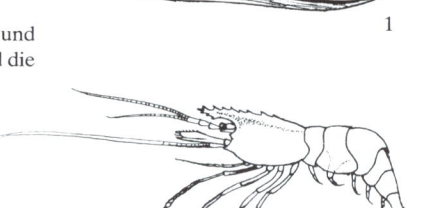

1

2

Streifenlippfisch   *Labrus bimaculatus*

In Körperform und Lebensweise ähnelt der Streifenlippfisch sehr dem Gefleckten Lippfisch. Jedoch hat der Streifenlippfisch einen gestreckteren Kopf und ein größeres Maul, dessen Winkel fast bis zum vorderen Rand der Augen reichen. Auch die Anzahl der Hart- (16—18) und Weichstrahlen (11—14) in der langen Rückenflosse und besonders die bei beiden Geschlechtern deutlich verschiedene Körperfarbe unterscheiden die beiden Arten. Laichreife Männchen besitzen am Kopf und an den gleichfarbigen Seiten unregelmäßige blaue Flecken und Längsstreifen, während die Weibchen und noch unreife Männchen einen gelbblauen Kopf und einen orangeroten bis roten Rumpf mit bläulicher Zeichnung und drei dunklen Flecken am Rücken haben. Meist leben die Streifenlippfische über hartem Grund nahe von Felsen und Riffen in einer Tiefe von 10 bis 100 m, in Ausnahmen bis 180 m. Kleinere Exemplare und die Brut kommen auch in der Flutzone vor. Mit Winterbeginn ziehen sich die Fische in größere Tiefen im Rahmen der angegebenen Zahlen zurück. In der Laichzeit baut das Männchen in Bodenvertiefungen ein Nest, in das er die Weibchen lockt und von dem er andere Männchen vertreibt. Die Tiere leben überwiegend von Krustentieren und Weichtieren, wachsen nur langsam und werden im Norden ihres Verbreitungsgebietes bis zu 17 Jahre alt. Ihr Fleisch ist zwar genießbar, doch ist die Art ohne Bedeutung für den Menschen. Wegen der schönen Färbung wird sie manchmal in Aquarien gehalten. Doch sind die Tiere sehr aggressiv, was ihre Zucht erschwert.

Größe: 20—35 cm, Männchen bis 40 cm
Gewicht: bis 1 Kilo
D XVI—XVIII/11—14;   A III/10—12;   P 16;   V I/5
Synonyme: *L. mixtus, L. ossifagus, L. lineatus*
Verbreitung: in der Küstenzone des Mittelmeers und des Atlantiks vor Europa und Afrika von Mittelnorwegen bis Dakar, vor Madeira, den Azoren und den Kanarischen Inseln

Die Weibchen unterscheiden sich im Farbkleid deutlich von den geschlechtsreifen Männchen. Besonders gut zu erkennen ist die weniger kräftige Farbe und die drei dunklen Flecken am hinteren Rücken

♀

♂

Gefleckter Lippfisch   *Labrus berggylta*

Der Gefleckte Lippfisch ist die größte europäische Art der nicht allzu artenreichen Gattung *Labrus*. Er ist wie alle Lippfische hochrückig und hat eine zugespitzte Schnauze. Die Maulöffnung ist klein und reicht bis zu den vorderen Augenrändern. Der erste Teil der langen Rückenflosse besteht aus unverzweigten Weichstrahlen, der zweite Teil aus verzweigten Weichstrahlen. Die Strahlenzahlen sind wichtige systematische Unterscheidungsmerkmale der einzelnen Arten der Gattung *Labrus*. Ihr Hauptmerkmal ist jedoch die Färbung, obwohl sie in Abhängigkeit von Umgebung, Alter und Geschlecht der Fische stark variiert. Als Grundfarbe sieht man beim Gefleckten Lippfisch auf Rücken und Seiten gewöhnlich einen grünlichen bis grünbraunen Ton, der Bauch ist heller und gelbgrün. Ein Teil der Seiten ist mit einigen unregelmäßigen dunkleren Querbinden bedeckt. Kurze rote Streifen bilden unten und seitlich am Kopf ein unregelmäßiges Muster, auch die Schuppen am Bauch und am Unterteil der Seiten sind rot gesäumt. Überwiegend leben die Gefleckten Lippfische über felsigem Grund mit Algen- und Pflanzenbewuchs in 2–30 m Tiefe. Das Männchen errichtet am Boden ein Nest aus Pflanzen, in das in der Laichzeit (von Mai – August) das Weibchen seine Eier ablegt. Die Larven leben für eine gewisse Zeit pelagisch und in Schwärmen, erwachsene Fische bilden kleinere Schwärme oder leben als Einzelgänger nahe am Boden. Als Nahrung bevorzugen sie Weichtiere und kleine Krabben, deren Schalen und Panzer sie mit ihren starken Zähnen zermalmen. Sie werden auch von Sportfischern geangelt, da ihr Fleisch von guter Qualität ist.

Größe: 30–40 cm, max. 60 cm (Weibchen)
Gewicht: 1–2 kg, max. 3,5 kg
D XIX–XXI/9–11; A III/8–10; P 14–15; V I/5
Synonym: *Labrus maculatus*
Verbreitung: im Nordostatlantik von Mittelnorwegen bis Südmarokko, im größten Teil des Mittelmeers

Der Grüne Lippfisch *(L. turdus)* ist im Atlantischen Ozean südlich vom Golf von Biscaya und im Mittelmeer heimisch, als einziger Vertreter der Gattung *Labrus* kommt er auch im Schwarzen Meer vor. Sein buntes Farbkleid ist sehr veränderlich. Er wird bis 45 cm lang (im Schwarzen Meer höchstens 35 cm)

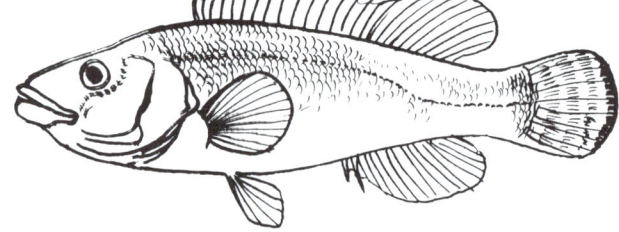

Brauner Lippfisch

Labrus merula

Körperform, Lebensweise und Verhalten des Braunen Lippfisches sind ähnlich wie bei den übrigen Arten der Gattung *Labrus*. Die Tiere haben ein kleines Maul, das mit starken Zähnen bewehrt ist, aber bei weitem nicht bis zu den Augen reicht. Die Länge des Kopfes entspricht etwa der Körperhöhe. Von seinen an ähnlichen Standorten lebenden Verwandten läßt sich der Braune Lippfisch anhand seiner Färbung gut unterscheiden. Rücken und Seiten sind meistens hellblau bis hellolivgrün gefärbt und haben eine schwache, unregelmäßige Marmorierung. Der Bauch ist meist heller gefärbt. Diese Lippfische leben in kleineren Trupps, häufig auch allein in Küstengewässern über bewachsenen Sand- oder Steingründen. Ende des Frühjahrs und im Laufe des Sommers bauen sie sich Nester und laichen über diesen. Das Männchen wird größer als das Weibchen und errichtet das Nest in einer Bodenvertiefung oder in Felsspalten, wozu es Algen und Pflanzenteile benutzt. Nach der Fertigstellung schwimmt es hin und her und treibt laichreife Weibchen über sein Nest. Die Larven leben eine bestimmte Zeit pelagisch und beginnen erst mit etwa 4 cm Länge ihr Leben am Grund zu führen. Die tagaktiven Fische verbergen sich nachts zwischen Steinen oder im Pflanzenbewuchs. Sie sind sehr scheu und ziehen sich auch tagsüber bei der geringsten Störung blitzschnell in ihr Versteck zurück. Obwohl sie den Fischern bisweilen ins Netz gehen, haben sie keine wirtschaftliche Bedeutung, vor allem wegen ihrer geringen Größe.

Größe: 15–25 cm, max. 30 cm
Gewicht: 0,5–0,8 kg
D XVIII–XIX/11–13; A III/9–10; V I/5
Verbreitung: im Mittelmeer, vor der europäischen und afrikanischen Atlantikküste vom Süden der Britischen Inseln bis nach Mauretanien

Die starken Zähne dienen zum Zerkleinern der Schalen von Meerestieren, die zur Nahrung der Braunen Lippfische gehören, wie z.B. Rankenfüßer (1), Weichtiere wie Käferschnecken (Chiton – 2) und Krustentiere (3)

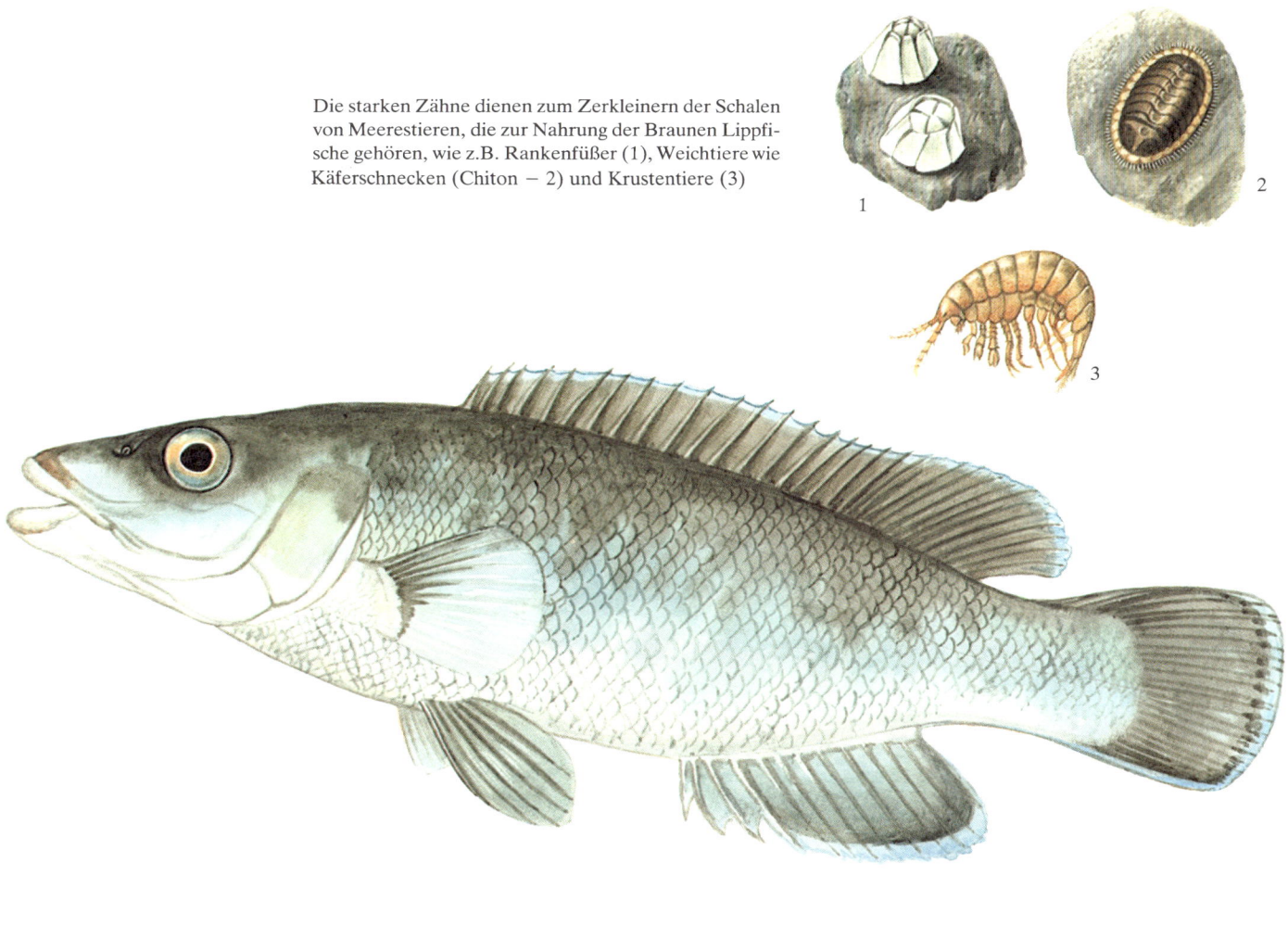

Meerjunker   *Coris julis*

Der Meerjunker hat einen gestreckten Körper und eine lange Rückenflosse, die anders als bei den übrigen Lippfischgattungen weniger als 10 Stachelstrahlen hat. Insgesamt gehören der Gattung *Coris* 10 Arten aus tropischen und subtropischen Meeren an. Bei den Männchen sind die ersten drei Hartstrahlen in der Rückenflosse verlängert. In der äußeren Reihe stehen konische und scharf zugespitzte Zähne, die beiden Vorderzähne und in geringerem Maße auch zwei Zähne der zweiten Reihe erinnern an nach vorn gerichtete Stoßzähne. Die Körperfarbe wechselt mit dem Geschlecht, dem Alter und der Wassertiefe. Erwachsene Weibchen haben meist einen blaugrünen Rücken, über die Seiten zieht sich vom Auge bis zur Schwanzflosse ein breiter orangegelber Streifen. Darunter befindet sich eine kürzere und schmalere schwarze Binde. Der Bauch ist silbrigweiß. Am Rand des Kiemendeckels ist ein leuchtend hellblauer Fleck. Auf der Rückenflosse befindet sich beim Männchen ein großer, ovaler entweder schwarzer oder grauer Fleck, der den Weibchen fehlt. Sie haben einen braunen Rücken und beiderseits am Bauch einen goldenen Streifen. Die Männchen sind größer als die Weibchen. Beide Geschlechter sind so verschieden gefärbt, daß sie als zwei selbständige Arten beschrieben wurden – die Männchen als *C. julis*, die Weibchen als *C. giofredi*. Meerjunker sind Zwitter, die zuerst weibliche und später männliche Geschlechtsdrüsen entwickeln. Beide Drüsentypen befinden sich an der gleichen Stelle. Nach der Degenerierung der Eierstöcke nehmen die männlichen Geschlechtszellen rasch ihren Platz ein. Fische bis 8 cm sind ausschließlich Weibchen, solche über 15 cm nur Männchen. Exemplare zwischen 8 und 15 cm sind zu zwei Drittel Männchen. Bei einigen Männchen bleibt das weibliche Farbkleid erhalten. Die Meerjunker laichen im Laufe des April, ihre Eier sind pelagisch. Krustentiere und Weichtiere dienen ihnen als Nahrung. Die tagaktiven Fische leben in 3 bis 120 m Tiefe zwischen Riffen im Pflanzenbewuchs. Wirtschaftlich sind sie ohne Bedeutung.

Größe: bis 25 cm
D IX/12;   A III/12;   l.l. 73−80
Verbreitung: im Schwarzen Meer, im Mittelmeer und in den
　angrenzenden Teilen der europäischen Atlantikküste

Einige Angehörige der Gattung *Coris* stechen durch ihre bunten Farben hervor und werden daher oft in Meeresaquarien gehalten. Ein Beispiel dafür ist *C. gaimard* aus den tropischen Gewässern des Stillen und des Indischen Ozeans. Die Art wird 35−40 cm lang

♂

Zur Familie POMACENTRIDAE gehören hochrückige Meeresfische mit auffällig großen Augen und kleinen Kiefern. Die unteren Schlundzähne sind zu einer Zahnplatte verwachsen, an jeder Körperseite befindet sich nur eine Nasenöffnung, anstatt der üblichen zwei. Etwa 10 Gattungen die Küstengewässer bewohnende sogenannte Korallenfische gehören hierher. Meist stammen sie aus tropischen oder subtropischen Gewässern.

Mönchsfisch

Chromis chromis

Der Mönchsfisch ist ein kleiner Fisch mit einem hochrückigen, ovalen, seitlich abgeflachten Körper. Die Schwanzflosse ist gabelartig tief eingeschnitten, ein wesentlicher Teil der langen Rückenflosse wird von unverzweigten Hartstrahlen gebildet. Der ganze Rumpf, die Flossenansätze und der Kopf mit Ausnahme der Umgebung der Nasenlöcher sind mit Schuppen bedeckt, die an den Seiten ziemlich groß und am hinteren Rand schwarz gesäumt sind. Das endständige Maul ist klein, die Seitenlinie verläuft bis zum Beginn des weichen Teils der Rückenflosse zusammenhängend. Am Schwanzstiel zerfällt sie zu einzelstehenden Poren. Der Mönchsfisch ist der einzige europäische Vertreter der Rabenfische. Seine Farbe ist schwarzbraun, seitlich zum Teil mit einem silbervioletten Glanz. Rücken- und Schwanzflosse haben helle Ränder. Mönchsfische leben in seichten, ufernahen Gewässern, wo sie meist in kleinen Schwärmen im freien Wasser oder über steinigem Grund auftreten. Ihre Fortpflanzungszeit dauert von Juni bis August, sie laichen in 1−6 m Tiefe, wo die Männchen ein geeignetes Revier besetzen und dort mit den Lippen die Oberfläche eines Steines oder Felsblockes säubern. Dann lockt es ein laichreifes Weibchen mit tanzartigen Bewegungen über die gereinigte Stelle. Die ovalen Eier bleiben mit ihren fadenähnlichen Auswüchsen am Untergrund haften und werden dort vom Männchen längere Zeit bewacht. Es vertreibt Eindringlinge und wedelt mit den Brustflossen Unrat weg und Sauerstoff hinzu. Larven und erwachsene Fische leben von Algen und Zooplankton. Vor Einsetzen des Winters schwimmen die Fische von den Küstenuntiefen fort, da sie bei 5−6 °C Wassertemperatur verenden. Angesichts ihrer geringen Größe sind sie ohne wirtschaftliche Bedeutung, doch gelangen sie ab und zu ins Netz.

Größe: 8−10 cm, max. 16 cm
D XIV/9−11;   A II/9−11
Verbreitung: im Mittelmeer und Schwarzen Meer, im Atlantik an der Südwestküste der Pyrenäenhalbinsel und vor der Nordwestküste Afrikas bis Dakar, vor Madeira, den Azoren und den Kanarischen Inseln

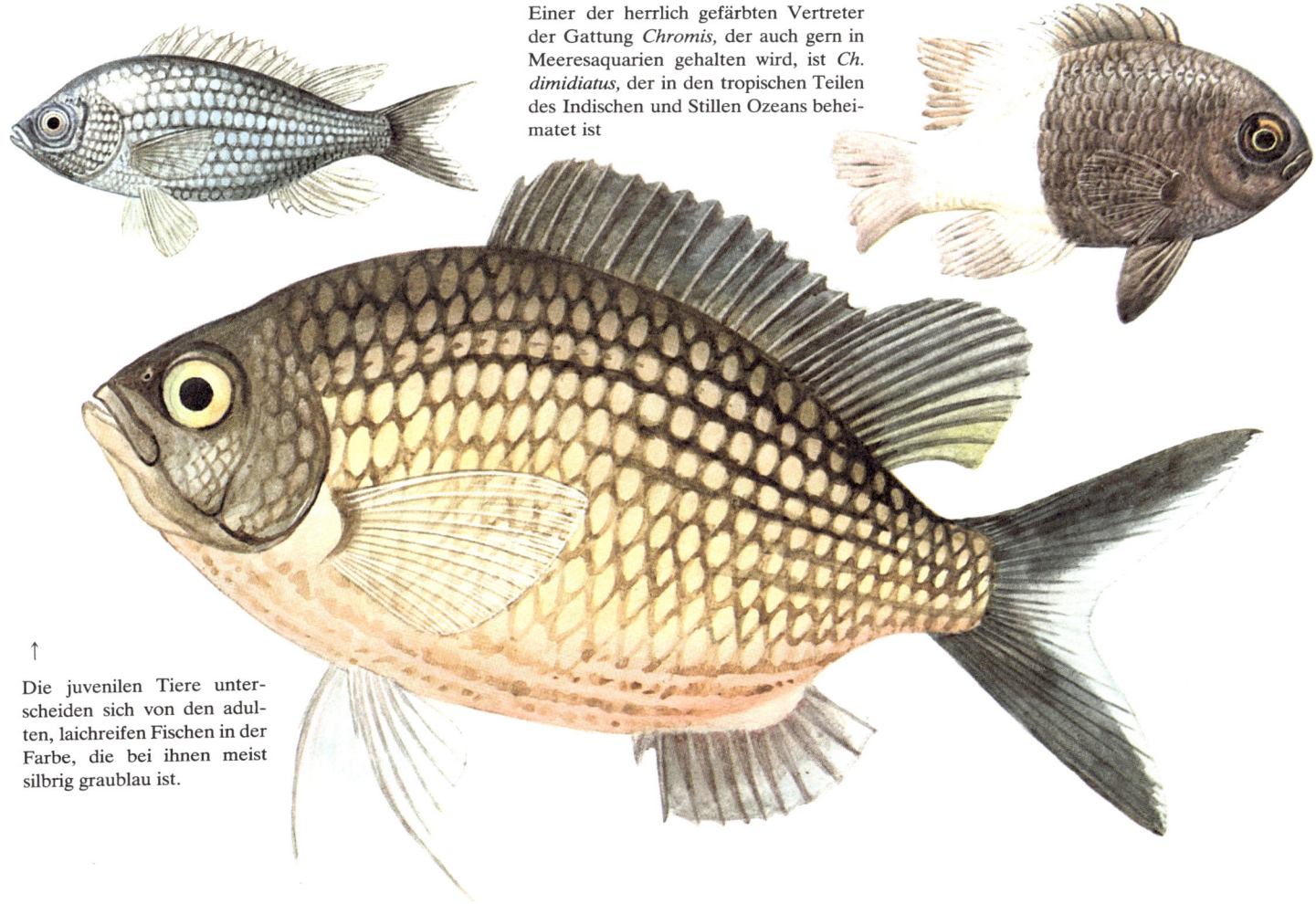

Einer der herrlich gefärbten Vertreter der Gattung *Chromis,* der auch gern in Meeresaquarien gehalten wird, ist *Ch. dimidiatus,* der in den tropischen Teilen des Indischen und Stillen Ozeans beheimatet ist

↑
Die juvenilen Tiere unterscheiden sich von den adulten, laichreifen Fischen in der Farbe, die bei ihnen meist silbrig graublau ist.

Die Familie TRACHINIDAE umfaßt am Boden lebende Arten, die oberständige Mäuler und auf der Oberseite des Kopfes befindliche Augen haben. Es gibt in dieser Familie nur eine Gattung.

Petermännchen
                                                                                            Trachinus draco

Das Petermännchen hat einen seitlich zusammengedrückten, gestreckten Körper und eine auffällig lange zweite Rückenflosse und eine ebensolange Afterflosse. Unterhalb der Brustflossen befinden sich am Hals die Bauchflossen. Cycloidschuppen bedecken den Körper, eine Schwimmblase fehlt. Charakteristisch für diese Art sind zwei kleine Stacheln vor den Augen, die den übrigen drei rezenten Vertretern der Gattung *Trachinus* fehlen und eine größere Anzahl schmaler dunkler Streifen, die an den Seiten schräg nach hinten verlaufen. Tagsüber verharren die Petermännchen meist im Sand eingewühlt, aus dem nur die auf dem Scheitel befindlichen Augen hervorragen. Nachts schwimmen sie dann in die oberen Wasserschichten. Im Sommer leben sie in Untiefen vor der Küste, im Herbst ziehen sie sich in tieferes Wasser zurück, so daß sie zuweilen in bis zu 100 m Tiefe angetroffen werden. Laichzeit ist von Juni bis August, die Eier sind pelagisch. Petermännchen ernähren sich von Kleinfischen, Sandgarnelen und weiteren Krustentieren. An der Basis der Brustflossen und der ersten Rückenflosse sowie an den Stachelausläufern des Kiemendeckels befinden sich Giftdrüsen. Ihr Sekret wirkt als starkes Blut- und Nervengift und kann bei Verletzungen oft zu größeren Problemen führen. Trotz ihrer Giftigkeit werden die Petermännchen ihres wohlschmeckenden Fleisches wegen gefangen. Dabei muß man aber mit dem Fisch sehr vorsichtig umgehen. Größere wirtschaftliche Bedeutung haben die Fische nicht, bisweilen findet man sie in Aquarien.

Größe: 20−30 cm, max. 45 cm
Gewicht: 0,3−0,8 kg
D_1 V−VII; D_2 29−33; A II/30−35; l.l. 76−79
Verbreitung: Schelfe des Atlantischen Ozeans von Mittelnorwegen bis zum südlichen Afrika, Mittelmeer und Schwarzes Meer

Verbreitungskarte des Petermännchens

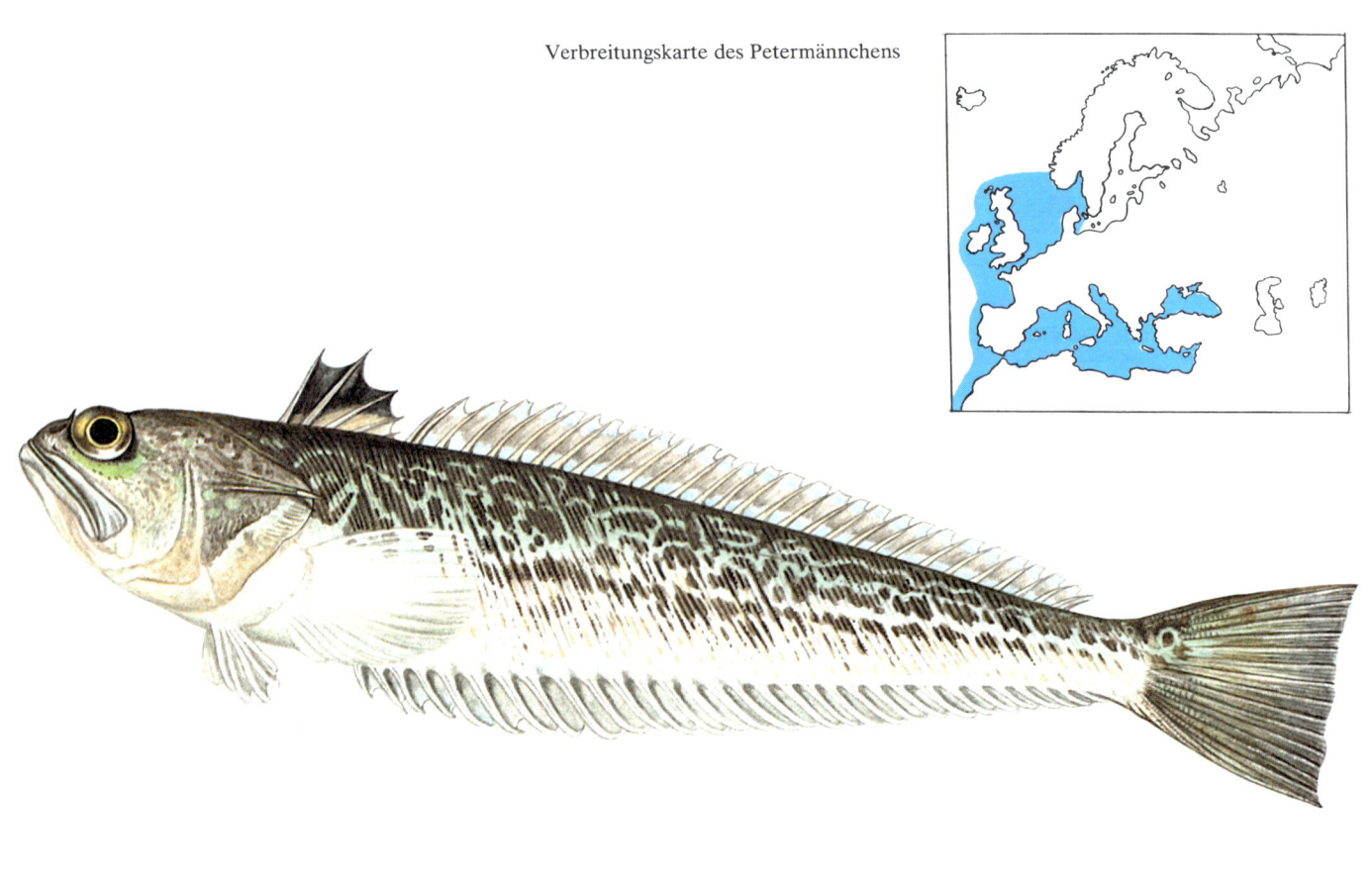

Viperqueise *Trachinus vipera*

In der Körperform erinnert die Viperqueise an das Petermännchen. Außer der Farbe unterscheidet die beiden Arten die verschiedene Brustflossenform und das Fehlen der kleinen Stacheln vor den Augen, die das Petermännchen auszeichnen. Die erste Rückenflosse ist bei beiden Arten fast schwarz, doch ist sie von anderer Form und hat verschieden lange Flossenstrahlen. Die Schwanzflosse ist gewöhnlich schwarz gesäumt. Anders als ihre Verwandten hält sich die Viperqueise ständig im Flachwasser im Sandboden eingegraben auf und ist häufig die Ursache für gefährliche Verletzungen. Am Brustflossenansatz und an den Kiemendeckelausläufern besitzt sie Giftdrüsen, deren Sekret von sehr starker Wirkung ist und diese Art zu einem der giftigsten Fische überhaupt macht. Nach verschiedenen Autoren ist die Viperqueise der giftigste Fisch in Europa. Bei einer Verletzung wird empfohlen, die Wunde aufzuschneiden, das Blut herauszupressen und rasch ärztliche Hilfe aufzusuchen. Die Laichzeit liegt in den Monaten Mai bis September, Eier und Larven entwickeln sich pelagisch. Überwiegend sind wirbellose Bodentiere die Nahrung der Fische. Zuweilen finden sie sich in den Fängen der Fischer, wegen ihrer geringen Zahl und ihrer Kleinheit sind sie aber bedeutungslos.

Größe: 8−15 cm, max. 20 cm
Gewicht: bis 300 g
D_1 VI−VII; D_2 21−25; A I/24−26; l.l. 64−67
Verbreitung: im Atlantik von Südschweden bis zum Süden Afrikas, im Mittelmeer. Fehlt im Schwarzen Meer

Das am besten schmeckende Fleisch hat angeblich *T. araneus,* die Spinnenqueise, die auch die größte Länge erreicht (bis zu 50 cm). Diese Art lebt hauptsächlich im Mittelmeer und ist an den 6−7 dunklen Flecken an der Körperseite zu erkennen

Die zur Familie URANOSCOPIDAE gehörenden Arten ähneln denen der zuvor beschriebenen Familie. Einige sind am Kopf mit einem elektrischen Organ ausgestattet, das Schläge bis zu 50 Volt austeilen kann. Etwa 35 Meeresfische gehören zu der Familie.

Gemeiner Himmelsgucker, Sternseher   *Uranoscopus scaber*

Von den nahe verwandten Drachenfischen (der Gattung *Trachinus*) unterscheidet sich der Gemeine Himmelsgukker besonders durch die deutlich kürzere zweite Rückenflosse und die ebenfalls kürzere Afterflosse, den massigen Kopf und durch das Fehlen der Giftdrüsen unter den stachelartigen Flossenstrahlen der ersten, schwarzen Rückenflosse. Der abgeflachte Kopf hat ein oberständiges Maul und nach oben gerichtete Augen. Charakteristisch ist für den Gemeinen Himmelsgucker auch ein langer, fleischiger Fortsatz der Unterkieferschleimhaut, der in der Mundhöhle versteckt ist. Er kann aus dem Maul herausgestreckt werden und dient als Köder bei der Jagd. Seine Länge erreicht bis zu einem Drittel der Kopflänge. Die Farbe des Gemeinen Himmelsguckers ist überwiegend graubraun mit unregelmäßig verstreuten hellen Flecken. Der Fisch lebt in seichten Küstengewässern, meist in den sandigen oder schlammigen Grund eingewühlt, so daß nur der obere Kopfteil mit den Augen und dem lockenden Fortsatz herausschauen. Beutetiere sind am häufigsten Kleinfische, Krabben und andere Wirbellose. Die Vermehrungszeit liegt in den Sommermonaten, die Eier sind pelagisch. Während an der Basis der Stachelstrahlen der ersten Rückenflosse die Giftdrüsen fehlen, sind sie an den kräftigen Dornen des Kiemendeckels vorhanden. Sie verursachen schmerzhafte Verletzungen, die allerdings wesentlich weniger gefährlich sind als die von den Drachenfischen zugefügten. Größere wirtschaftliche Bedeutung haben die Himmelsgucker nicht, zuweilen werden sie in den Netzen gefunden. Ihr Fleisch wird besonders für die Zubereitung von Suppen geschätzt.

Größe: 15–25 cm, max. 35 cm
Gewicht: 0,1–0,5 kg, max. 0,8 kg
Fruchtbarkeit: 18 000–125 000 Eier
D_1 IV; D_2 13–15; A 13–14; P 14–16
Verbreitung: im Mittelmeer, Schwarzen Meer und im Atlantik an der ganzen Westküste Afrikas

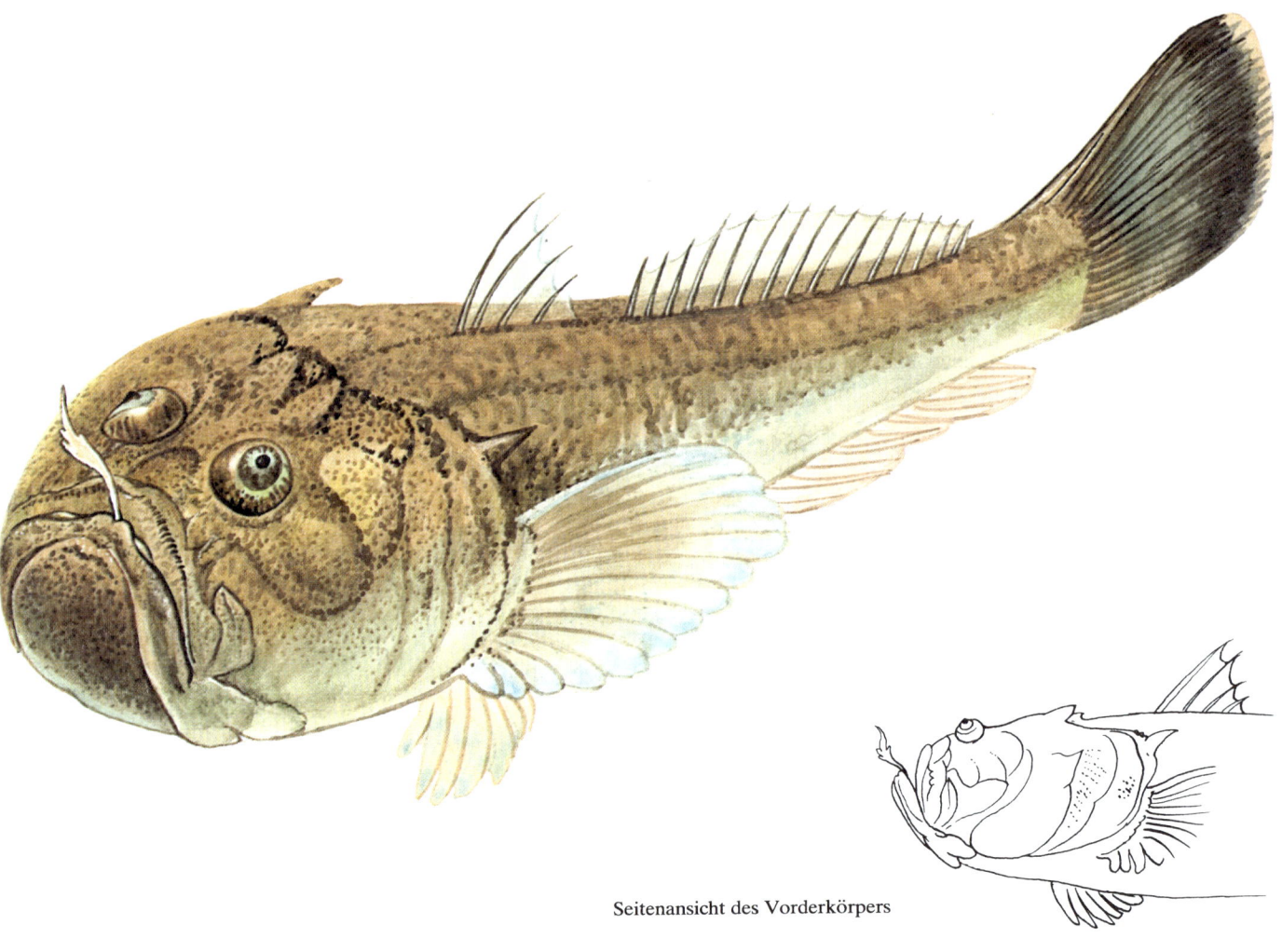

Seitenansicht des Vorderkörpers

Der Familie BLENNIIDAE gehören über 400 meist kleinere Fischarten der Küstenbereiche der gemäßigten und warmen Zone an. Ihr nackter schuppenloser Körper wird von einer starken Schleimschicht geschützt. Einige Arten bewegen sich bei Ebbe über die Felsen von Lache zu Lache, um dort Nahrung zu suchen.

Schan   *Blennius pholis*

Der Schan ist die einzige Art dieser Familie, die keine fleischigen Fortsätze über den Augen hat. Die Stirn ist gewölbt, der fleischige Kamm auf ihr ist nur schwach entwickelt. Die Rückenflosse ist auf ihrer gesamten Länge etwa gleichhoch mit Ausnahme des Einschnittes an der Übergangsstelle zwischen Hartstrahlen und Weichstrahlen. Auf den Kiefern stehen 15−24 Zähne. Die Hautfarbe ist sehr variabel, auch hängt sie vom Meeresgrund ab. Gewöhnlich ist der Rücken dunkelbraun bis grün, Seiten und Bauch sind heller. Der gesamte Körper ist durch helle und dunklere Flecken marmoriert. Schane laichen im Frühjahr und im Sommer. Ihre Eier kleben sie an die Unterseite von Baumstämmen oder an die Decke kleiner Höhlen. Das Männchen beschützt die Eier und wedelt ihnen mit den großen Brustflossen Frischwasser zu. Meist lebt die Brut von Krustentieren. Erwachsene Fische fressen kleine Krabben, Würmer und Weichtiere. Die weit verbreitete Art lebt in der Uferzone auf steinigem Grund vor felsigen Ufern, doch kann man sie auch auf Sandboden in flachen Buchten antreffen, wenn dort nur Steine, Zweige oder anderes Material als Verstecke vorhanden sind. Sie kommen bis in 30 m Tiefe vor. Wirtschaftlich sind sie bedeutungslos, sie dienen den Raubfischen als Nahrung.

Größe: 10−15 cm, max. 18 cm
D XII/17−19;   A III/19−21
Verbreitung: vor den Küsten West- und Südwesteuropas, im westlichsten Teil des Mittelmeers und vor der nordafrikanischen Atlantikküste

Der verwandte Pfauenschleimfisch *(B. pavo)* lebt im Schwarzen Meer, im Mittelmeer und in den angrenzenden Teilen des Atlantischen Ozeans. Die Männchen tragen auf dem Kopf einen auffälligen fleischigen Kamm. Die Tiere werden bis zu 13 cm lang und sind oft in Aquarien zu finden

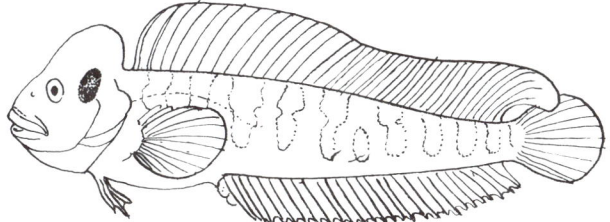

Flußschleimfisch, Süßwasserschleimfisch   *Blennius fluviatilis*

Der Flußschleimfisch hat über den Augen sehr kleine Anhängsel, dahinter einen fleischigen Kamm. Die Rückenflosse ist ohne Einschnitt, die Stachelstrahlen gehen übergangslos in die Weichstrahlen über. Rücken und Seiten sind olivbraun gefärbt, die Seiten sind heller, der Bauch ist weißgelb. Über den ganzen Körper verteilen sich braungrüne runde oder ovale Flecken. Bei den Männchen ist der Kopfkamm höher als bei den Weibchen. Während der Laichzeit werden alle geeigneten Stellen (Steine, Wurzeln oder Höhlen unter dem Ufer) von den in dieser Zeit kräftig braunschwarz gefärbten Männchen verteidigt. Nach dem Bau des Nestes lockt es ein Weibchen mit dem von reifen Eiern angeschwollenen Bauch über das Nest. Das Weibchen klebt die abgelegten Eier an die obere Nestwandung, wo sie das Männchen befruchtet. Bis zum vollständigen Schlüpfen der Brut beschützt das Männchen das Nest und wedelt mit den Brustflossen frisches, sauerstoffreiches Wasser heran und entfernt die unbefruchteten und beschädigten Eier. Bei 20 °C schlüpfen die Larven nach 14 Tagen, bis dahin nimmt das Männchen keine Nahrung zu sich. Während dessen mästet sich das Weibchen intensiv, ohne sich um den Nachwuchs zu kümmern. Die Flußschleimfische bewohnen kleine Seen und Kanäle mit langsam fließendem Wasser sowie kleine Bäche. Sie benötigen sauberes, nicht allzu tiefes Wasser. Erwachsene Exemplare leben einzeln zwischen großen Steinen, unter Wurzeln und an ähnlichen Stellen. Die Brut hält sich in Schwärmen in der Uferzone auf. Zunächst ernährt sie sich von Zooplankton. Später fressen die Fische Larven von Eintagsfliegen, Köcherfliegen, Steinfliegen und anderen am Boden lebenden Kleintieren. Die Art besitzt keine wirtschaftliche Bedeutung.

Größe: 10–12 cm, max. 15 cm
D XII/17–18;   A II/16–18
Verbreitung: in Binnengewässern des Mittelmeerraumes von
    Südspanien bis Kleinasien, in Marokko und Algerien

Der Gestreifte Schleimfisch *(B. gattorugine)* kommt außer im Mittelmeer auch vor der Atlantikküste Spaniens, Portugals und im Golf von Biscaya vor. Er ist dort relativ häufig. Der bis 20 cm lange Fisch unterscheidet sich von dem Flußschleimfisch durch den Lebensraum, die Farbe, die Rückenflossenform und vor allem durch die auffälligen fächerförmigen Anhängsel über den Augen

Seeschmetterling

Blennius ocellaris

Der Körper des Seeschmetterlings ist hochrückig, über den Augen befindet sich je ein fleischiges Anhängsel, das Fransen am hinteren Rand hat. Unterhalb des Beginns der Rückenflossen befindet sich auf der Bauchseite beiderseits je ein kurzer fransenartiger Fortsatz. An der Grenze zwischen Hart- und Weichstrahlen hat die Rückenflosse eine Einbuchtung. Vorn ist die Flosse hoch, besonders der erste Flossenstrahl ist lang. Die Brustflossen reichen bis zur Afteröffnung. Der Kopf ist abgerundet. Auf dem Oberkiefer befinden sich 33−45 Zähne, auf dem Unterkiefer 32−41. Der Rücken ist grünbraun und die Seiten sind etwas heller gefärbt, der Bauch ist schmutziggelb. Über die Seiten ziehen sich 5−7 dunkle Querstreifen. Auf der Rückenflosse befindet sich ein schwarzer Fleck, der hellblau oder weiß umrandet ist. Im Mittelmeer laichen die Seeschmetterlinge noch in den letzten Wintermonaten, in den nördlichen Gebieten ihres Areals pflanzen sie sich zu Frühlingsende und im Sommer fort. Ähnlich wie bei den anderen Schleimfischen werden die Eier an einen geschützten Ort gebracht und vom Männchen bewacht. Nach dem Schlüpfen halten sich die Larven im freien Wasser auf und gehen erst nach einigen Wochen auf eine benthische Lebensweise über. Anfangs lebt die Brut von Larven und Eiern der Krustentiere, später von ausgewachsenen kleinen Krustentieren, von Würmern, Algen und Kleinfischen. Der Seeschmetterling ist der einzige Schleimfisch, den man in jeder Tiefe zwischen 10 und 100 Meter antreffen kann. Er bevorzugt einen Boden mit alten Weichtiergehäusen und Algenbewuchs, aber auch Sandboden, wo er zwischen einzelnen Steinen oder in verlassenen Gehäusen, in alten Konservendosen und anderem sich heute in den Meeresbuchten befindlichem Abfall Verstecke findet.

Größe: 12−15 cm, max. 20 cm
D XI/14−15; A II/15−16; 32−33 Wirbel
Verbreitung: im Schwarzen Meer, im Mittelmeer und in den anliegenden Teilen der Atlantikküste bis Südengland

Der verwandte Sphinxschleimfisch *(B. sphinx)* aus den Küstengewässern des Mittelmeeres und des Schwarzen Meeres wird bis 8 cm lang und unterscheidet sich von *B. ocellaris* außer durch sein Farbkleid auch durch die Form der Rückenflosse und die unverzweigten Stirnfühler

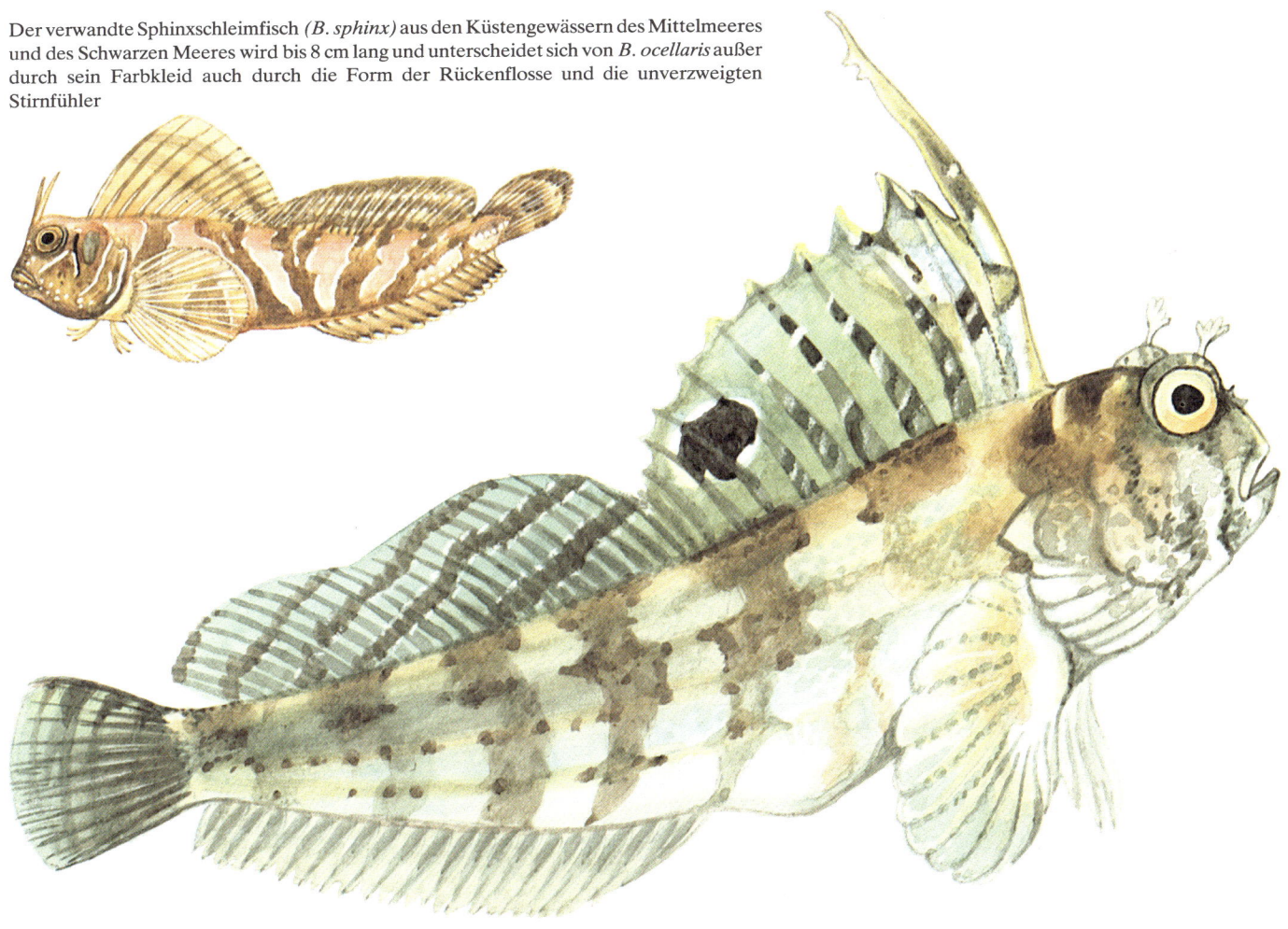

Blutstriemenschleimfisch

Blennius sanguinolentus

Der Blutstriemenschleimfisch hat einen gedrungenen Körper. Die Stirnfühler verzweigen sich bereits an ihrer Basis. Sie sind meistens 4−7fingrig und sind kürzer als die Augen breit sind. Am Hinterrand der vorderen Nasenlöcher befindet sich noch ein Auswuchs, der 2−5 Verzweigungen am Ende hat. Die Rückenflosse ist ohne Einschnitt durchgehend und nicht mit der Schwanzflosse verbunden. An den Kiefern befinden sich je 31−44 Zähne. Die Grundfarbe des Körpers ist grünlich oder graugelb bis olivfarben. Der Bauch ist gelblich, an den Seiten und auf dem Rücken sind dunkle Flecken. Die Rückenflosse ist ebenso gefärbt wie der Rücken, die Afterflosse ist gelblich, zuweilen rötlich und hat oft kleine Flecken. Die Schwanzflosse und die Brustflosse sind gelblich, erste trägt 3−5 Reihen rötlicher Flecken, die Bauchflossen sind ebenfalls gelblich. Der Blutstriemenschleimfisch beginnt mit dem Laichen früher als die anderen Schleimfische, die Fortpflanzungsperiode dauert von April bis Juni. Vor der Küste werden die Eier in leere Weichtiergehäuse oder auf die Unterseite von Steinen gelegt. Bis zum Schlüpfen der Larven nach 15−20 Tagen bewacht das Männchen das Gelege, in dem sich 46−61 Eier je cm² befinden. Insgesamt werden 3000−12 000 Eier abgelegt, von denen höchstens 200 unbefruchtet bleiben. Wie bei den anderen Arten auch legen die Weibchen ihre Eier in drei Schüben ab. Anfangs lebt die Brut pelagisch. Noch mit 2−2,5 cm Länge kann man sie bis 30 km von der Küste entfernt finden. Zur Ernährung dienen ihr vor allem Algen, tierische Nahrung spielt eine zweitrangige Rolle, meist handelt es sich dann um Weichtiere. Während die Männchen das Gelege bewachen, nehmen sie keine Nahrung zu sich. Die Fische leben in der Küstenzone zwischen Felsen in größeren Tiefen als die übrigen Schleimfische. Wirtschaftlich sind sie ohne Bedeutung.

Größe: 15−20 cm, max. 25 cm
Fruchtbarkeit: 3000−12 000 Eier
D XII−XIII/20−22; A II/20−21
Verbreitung: im Schwarzen Meer, Mittelmeer und im angrenzenden Teil des Atlantischen Ozeans

Der Schwarzkopf-Schleimfisch *(B. nigriceps)* wird höchstens 4 cm lang und fällt durch sein prächtiges Farbkleid auf, das ihn zum schönsten der Schleimfische macht. Der Kopf (bisweilen nur die obere Hälfte) ist schwarz gefärbt, ändert aber in der Laichzeit seine Farbe und wird tigerartig gefleckt mit häufig zitronengelben Wangen

Montagui-Schleimfisch, Marmorierter Schleimfisch   *Coryphoblennius galerita*

Im Genick des Montagui-Schleimfisches befindet sich vom hinteren Augenrand beginnend ein länglicher Kamm, an dessen Anfang sich ein großer, meist dreieckiger Auswuchs befindet. In Richtung Rückenflosse setzen sich 3−9 fadenförmige, manchmal auch verzweigte Anhängsel fort. Am hinteren Ende der röhrenförmigen vorderen Nasenlöcher befindet sich ein kurzer, an seiner Spitze verzweigter Fortsatz. Ein ähnlicher, noch kürzerer Fortsatz ist am Vorderrand der Nasenlöcher. Am Übergang zwischen Hart- und Weichstrahlen ist die Rückenflosse tief eingeschnitten. Die Hartstrahlen sind kürzer als die Weichstrahlen. Die Brustflossen reichen bis zum Ansatz der Afterflosse, bei Jungfischen sogar bis zu deren 10.−12. Strahl. Am Oberkiefer stehen 55−65 Zähne, am Unterkiefer 35−45. Die Grundfarbe ist graugelb bis rotbraun mit zwei Reihen brauner Flecken, die sich in Grüppchen zu 2−3 oben und unten am Körper befinden. Der Kopfkamm ist oft blau, bläuliche Flecken sind über den Körper verteilt. Seine Eier klebt der Montagui-Schleimfisch an die Unterseite von Steinen oder in kleine Höhlen, das Männchen bewacht dann das Gelege. In der Laichzeit von April bis Juli lockt das Männchen hintereinander mehrere Weibchen zum Nest. Es schiebt sich dabei aus dem Nest, bewegt sich hin und her und stößt das sich nähernde Weibchen mit der Schnauze. Zeigt das Weibchen kein Interesse, verläßt das Männchen sein Nest ganz und bemüht sich, die Partnerin ins Nest zu locken. Diese legt sich im Nest auf den Bauch und legt ihre Eier auf die Unterseite eines Steines oder der Höhle. Erst dann werden sie vom Männchen befruchtet. Es beschützt sie bis zum Schlüpfen der Jungen, die pelagisch leben und bis zu 150 km vom Ufer entfernt gefunden werden. Die Nahrung dieser im ufernahen Litoral lebenden Schleimfische besteht aus planktischen Krustentieren. Häufig kann man sie auch außerhalb des Wassers auf Steinen oder in Häfen auf Hafenanlagen beobachten.

Größe: 6−8 cm, max. 9 cm
D XII−XIII/16−18;   A II/18−19;   36−38 Wirbel
Synonym: *Blennius galerita*
Verbreitung: Westküste Europas ab Südengland, Mittelmeer und Schwarzes Meer

Der Gehörnte Schleimfisch oder Läppchenschleimfisch *(C. tentacularis)* lebt in etwa demselben Areal wie *C. galerita* und wird bis 15 cm lang. Außer in der Färbung unterscheidet er sich besonders in der Form der Rückenflosse, die beim Gehörnten Schleimfisch gleichmäßig hoch und ohne Einschnitte ist. Über den Augen befinden sich zwei lange, nicht allzu reich verzweigte Tentakel, die bis dreimal so lang sein können wie der Augendurchmesser

Montagui-Schleimfisch,

Die nicht allzu artenreiche Familie PHOLIDAE vereint kleine Fische mit gestrecktem, seitlich stark abgeflachtem Körper, die an seichten Stellen vor der Küste im nördlichen Teil des Atlantiks und Pazifiks leben.

Butterfisch

Pholis gunellus

Der Butterfisch hat einen kurzen Kopf und ein kleines, schräg nach unten gerichtetes Maul. Die von kurzen Hartstrahlen gestützte Rückenflosse zieht sich fast über den ganzen gestreckten Körper. Etwa halb so lang wie die Rückenflosse ist die Afterflosse, die Brustflossen sind kurz, die Bauchflossen nur rudimentär ausgebildet. Eine Seitenlinie fehlt. Eine anatomische Besonderheit ist, daß die seitlichen Ausläufer (Parapophys) der Rumpfwirbel zu einem Hämalkanal verwachsen sind. Der Butterfisch ist gelbbraun bis graugrün gefärbt und hat unregelmäßige Querbinden, die an den Seiten eine Art Netzstruktur bilden. Am Rückenflossenansatz befinden sich hintereinander 9–15 schwarze, augenähnliche Flecken mit weißem Rand. Zwischen Auge und Maul zieht sich ein schwarzer Streifen entlang. Die Butterfische kommen recht häufig auf küstennahen Sandbänken, dicht unterhalb der Ebbelinie, in bis zu 80–100 m Tiefe vor. Sie bevorzugen Stellen mit Wasserpflanzen und zahlreichen Verstecken, oft findet man sie bei Ebbe in Pfützen unter Steinen verborgen. Sie laichen von November bis Februar, die Weibchen legen ihre Eier zwischen Steine oder in leere Weichtiergehäuse. Beide Eltern oder nur das Weibchen bewachen das Gelege ein oder zwei Monate lang. Die Larven leben pelagisch und stellen sich mit ungefähr 35 mm auf das Leben am Boden um. Erwachsene Butterfische ernähren sich von verschiedenen Würmern, Weichtieren, kleinen Krustentieren und Fischlaich. Ab und zu gelangen sie in die Trawlnetze.

Größe: 15–20 cm, max. 25 cm
Gewicht: bis 250 g
Fruchtbarkeit: 100–200 Eier
D 75–82;   A II/39–45;   P 9–12;   VI/1
Verbreitung: Atlantikküste Europas von der Barentssee bis Nordfrankreich, an der Küste von Island, Grönland und Atlantikküste Nordamerikas

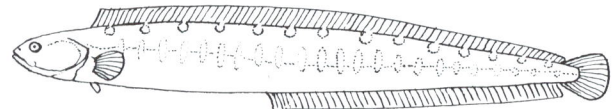

Die verwandte Art *P. laeta* lebt in den Küstengewässern des östlichen Pazifiks. Sie wird 25 cm groß und hält sich in Tiefen bis 50–70 m auf

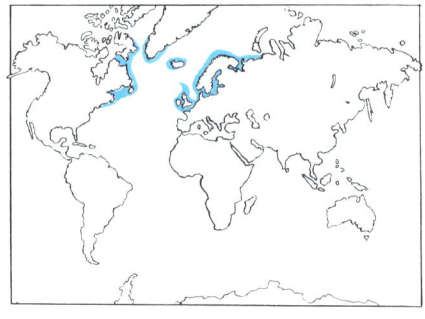

Verbreitungskarte des Butterfisches

Nur fünf mittelgroße Meeresfischarten gehören der Familie ANARRHICHADIDAE an. Sie fallen durch ihre zahlreichen kräftigen Zähne auf. Drei Arten sind im nördlichen Teil des Atlantiks heimisch, die beiden übrigen im Norden des Pazifiks.

Seewolf, Kattfisch   *Anarrhichas lupus*

Von den fünf Vertretern der Familie ist der Seewolf in Europa der verbreitetste. Er hält sich meist auf Sandbänken zwischen Steinen oder in Felslöchern auf, manchmal in Tiefen bis über 200 m. Sein gestreckter Körper trägt eine lange Rückenflosse, die sich vom Kopfende bis fast zur Schwanzflosse zieht, von der sie sich aber deutlich abhebt. Bauchflossen sind wie bei den anderen Arten dieser Familie nicht vorhanden, die Schuppen sind verkümmert. Ein charakteristisches Kennzeichen ist das breite Maul mit den starken, kegeligen Zähnen auf den Kiefern. Seewölfe sind dunkelgelbgrün gefärbt und haben mehrere dunkle, dorsoventral verlaufende Streifen. Der Bauch ist hellgelb. Wahrscheinlich laicht der Seewolf in der letzten Winterhälfte in ziemlich großer Tiefe. Seine Eier haben einen Durchmesser von 5,5−6 mm und sinken zu Boden, manchmal bleiben sie an Algen hängen. Die Larven schlüpfen mit bis zu 12 mm Länge und fallen durch ihren großen Dottersack auf, der ihnen über dreieinhalb Monate als Nahrung dient. Seewölfe bewegen sich durch Wellenbewegungen des ganzen Körpers, ähnlich wie der Aal fort. Ihre Wanderungen sind bekannt, aber noch nicht genügend erforscht. Man nimmt an, daß sie im Frühjahr nach Osten schwimmen und im Herbst wieder nach Westen zurückkehren. Im Nordatlantik gelangt der Seewolf oft beim Dorschfischen in die Trawlnetze. Sein Fleisch schmeckt ausgezeichnet und in Skandinavien wird seine Leber als Delikatesse verspeist. Die feste und dicke Haut wird zu Taschen, leichten Damenschuhen und Büchereinbänden verarbeitet.

Größe: 80−110 cm, ausnahmsweise bis 120 cm
Gewicht: 4−10 kg, max. 21 kg
Fruchtbarkeit: 10 000−25 000 Eier
D 69−79; A 42−48; 74−75 Wirbel
Verbreitung: von Grönlands Küsten bis zur Insel Nowaja
    Semlja in Sibirien, nach Süden bis vor Frankreich

Hauptnahrungsquelle sind Weichtiere und Krustentiere, deren Hartschalen von den kräftigen Kegelzähnen zermahlen werden (z.B. Weichtiere der Gattung *Cyprina* (1), *Buccinum* (2), Einsiedlerkrebse aus der Familie *Paguridae* (3).

Eine Seewolfschuppe mit den charakteristischen Zuwachsringen aus mehr oder weniger voneinander entfernten Skleriten, nach denen sich das Alter und die Wachstumsgeschwindigkeit des Fisches bestimmen lassen

Gefleckter Seewolf

Anarrhichas minor

Das Verbreitungsgebiet des Gefleckten Seewolfes ist mit dem des Seewolfes identisch, doch steigt er in größere Tiefen hinab (bis 450 m). Er wächst auch schneller und erlangt größere Körpermaße. Seine Zähne sind sichtbar schwächer als die des Seewolfs, da er nur Weichtiere mit dünneren Schalen frißt. Hauptsächlich ernährt er sich jedoch von Stachelhäutern. Seine entfernt an die Fangzähne der Wölfe erinnernden Zähne brachten der Familie in vielen Sprachen der Welt ihren Namen ein (Wolfsfisch, Seewolf u.ä.). Bei allen Seewolfarten werden die Zähne beim Zerknacken der harten Schalen ihrer Nahrung stark abgenutzt und fallen daher den Fischen alljährlich aus und wachsen sofort wieder nach. Bis sie ausreichend erhärten, müssen die Seewölfe mit weicher Kost Vorlieb nehmen oder fasten. Über der grünlichen bis graubraunen Grundfarbe sind am ganzen Körper und auf der Rückenflosse dicht an dicht dunkle Flecken verteilt, selten kommen sie auch an den übrigen Flossen vor. Die Brut und junge Fische sind allerdings wie der Seewolf dunkel gestreift. Gegen Winterende laichen die Gefleckten Seewölfe an den gleichen Stellen wie die Seewölfe. Ihr Fleisch ist ebenfalls von sehr guter Qualität und schmeckt in jeder Art der Zubereitung. Die Haut wird wie beim Seewolf genutzt. Die Haut des Pazifischen Seewolfs *A. orientalis* nähen die Eskimos in die Nähte ihrer wasserundurchlässigen Kleider und Schuhe ein, weil diese angefeuchtet anschwillt und die Nähte so abdichtet. In den letzten Jahren beliefen sich die Jahresfänge auf durchschnittlich 12 000 Tonnen.

Größe: 1,00–1,80 m, in Ausnahmefällen bis 2 m
Gewicht: bis 3–17 kg, max. 45 kg
Fruchtbarkeit: 15 000–50 000 Eier
D 74–80;   A 45–47;   78–79 Wirbel
Verbreitung: Nordatlantik

Die verwandte Art *A. latifrons* stammt ebenfalls aus dem Norden des Atlantischen Ozeans. Sie kommt bis in 800 m Tiefe vor und wird 80–120, höchstens 180 cm lang. Ihr Fleisch ist von geringerer Qualität, sehr wäßrig (bis 92 % Wasser) und wird nur zur Fischmehlerzeugung verwandt

Die Fische aus der Familie ZOARCIDAE haben einen gestreckten, mit kleinen Cycloidschuppen bedeckten Körper. Einige sind eierlegend, andere lebendgebärend. Insgesamt gehören etwa 200 meist benthische Arten hierher. Ihre Stellung im System ist bisher noch nicht völlig geklärt. Manchmal werden sie zu den Dorschartigen gezählt, manchmal zu den Meergrundeln.

Aalmutter, Aalquappe   *Zoarces viviparus*

Die Aalmutter besitzt einen gestreckten Körper und einen leicht abgeflachten Kopf. Rücken-, Schwanz- und After-flosse sind zu einem einzigen Flossensaum zusammenge-wachsen, in dem zwischen Rücken- und Schwanzflosse mehrere Flossenstrahlen deutlich verkürzt sind. Die klei-nen Bauchflossen befinden sich vor den Brustflossen an der Kehle. Die Aalmutter ist sehr variabel gefärbt. Meist überwiegt ein graugrüner Ton mit unregelmäßigen hellen Flecken. Mit Vorliebe suchen sie Stellen mit Pflanzenbe-wuchs auf und kommen auch oft im Brackwasser nahe von Flußmündungen vor. Beide Geschlechter unterscheiden sich durch verschieden große Analpapillen, die bei den Männchen größer sind und zur inneren Befruchtung der Weibchen dienen. Vier Monate nach dem Laichen, von August bis September werden die 4–5 cm großen Jungfi-sche geboren, die sich in den Ovarialkammern des Weibchens entwickelt haben. Sie leben zunächst am Grund. Man nimmt an, daß sie während ihrer Entwicklung in den Eierstöcken von einem Sekret aus deren Wänden ernährt werden. Die Jungen werden in mehrere Schüben

geboren, ihre Gesamtzahl hängt von der Größe des Weibchens ab. Die Aalmütter sind mit zwei Jahren geschlechtsreif. In ihrer Nahrung überwiegen wirbellose Tiere. Jährlich werden ungefähr 8000 t gefangen. Ihr ziemlich fettiges Fleisch wird vor allem geräuchert ge-schätzt. Allerdings bekommen die Gräten bei Erhitzung eine grünliche Farbe. Früher wurden die Fische angesichts ihrer Ähnlichkeit mit den Aalen und deren ungeklärter Fortpflanzung als die Mütter der Aale angesehen.

Größe: 25–30 cm, ausnahmsweise bis 50 cm
Gewicht: 1–1,5 kg
Fruchtbarkeit: 20–400 Larven
D+C 72–85+0–XVII+16–24;   A 80–95;
    P 16–22;   V 3
Synonym: *Blennius viviparus*
Verbreitung: in der Küstenzone des Nordatlantiks vom Weißen Meer bis zum Golf von Biscaya. Im Sommer halten sich die Tiere in Ufernähe auf, im Winter steigen sie in größere Tiefen ab. Weite Wanderungen unternehmen sie allerdings nicht

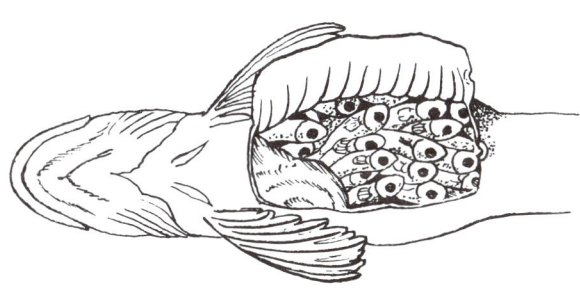

Bauchhöhle eines Weibchens mit Jungen

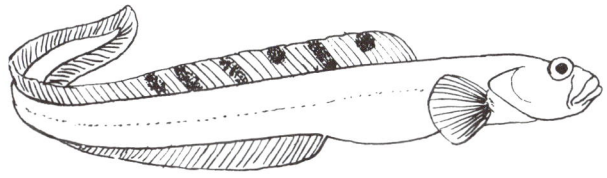

Die verwandte Art *Gymnelis viridis* lebt im Nördlichen Eismeer und im Nordatlantik. Die 10–20, höchstens 30 cm lange Art ist ohne Bauchflossen

Lycodes esmarkii

Systematisch gehört diese Art zur Unterfamilie *Lycodinae,* deren Vertreter sich von den Aalmüttern der Gattung *Zoarces* vor allem dadurch unterscheiden, daß alle Flossenstrahlen im Flossensaum, der durch das Zusammenwachsen von Rücken-, Schwanz- und Afterflosse entsteht, gleichlang sind. Ansonsten ähneln die Tiere mit ihrem gestreckten Körper, dem großen breiten Kopf, den großen Brustflossen und den kleinen Bauchflossen am Hals sehr der Aalmutter. *L. esmarkii* hat dicke, fleischige Lippen und über den ganzen Körper verteilt zahlreiche tief in der Haut eingelagerte Schuppen, die auch die unpaaren Flossen und die Basis der Brustflossen bedecken und auf der Innenseite sogar über ein Drittel der Flossenlänge hinausreichen. Die obere Linie der doppelten Seitenlinie verläuft etwa in der Körpermitte bis zur Schwanzwurzel, die untere senkt sich hinter den Brustflossen bogenförmig nach unten und verläuft über den Bauch bis über zwei Drittel des Schwanzes. Die Körperfarbe ist dunkelbraun, der Bauch ist gelbweiß. Auf der Rückenseite befinden sich 6–8 gelbe Doppelschrägstreifen, die besonders bei jungen Fischen die Form eines auf dem Kopf stehenden Ypsilons haben. Gemeinsam mit anderen Arten der Gattung, wie der Wolfsfisch *(L. vahlii),* gehört *L. esmarkii* zu den wärmeliebenden Fischen. Die Art ist ziemlich selten und lebt über Lehmboden in 250–550 m, das Laichen findet im Herbst statt. Überwiegend ernährt sie sich von Stachelhäutern, vor allem von Seeigeln, Seesternen und Schlangensternen. Wirtschaftlich sind sie bedeutungslos.

Größe: 50–65 cm, max. 75 cm
Gewicht: 2–3 kg
Fruchtbarkeit: bis 1200 Eier (im Durchmesser bis 6 mm)
D+1/2; C 113–118; A+1/2; C 97–102; P 22–23
Verbreitung: im Nordatlantik vor den Küsten Europas und Amerikas, nach Norden bis zum 73° n.B

Die verwandte Art *L. vahlii* hat ein ähnliches Areal wie *L. esmarkii.* Sie lebt in Tiefen bis 500 m am Boden und wird 20–25, maximal 50 cm lang

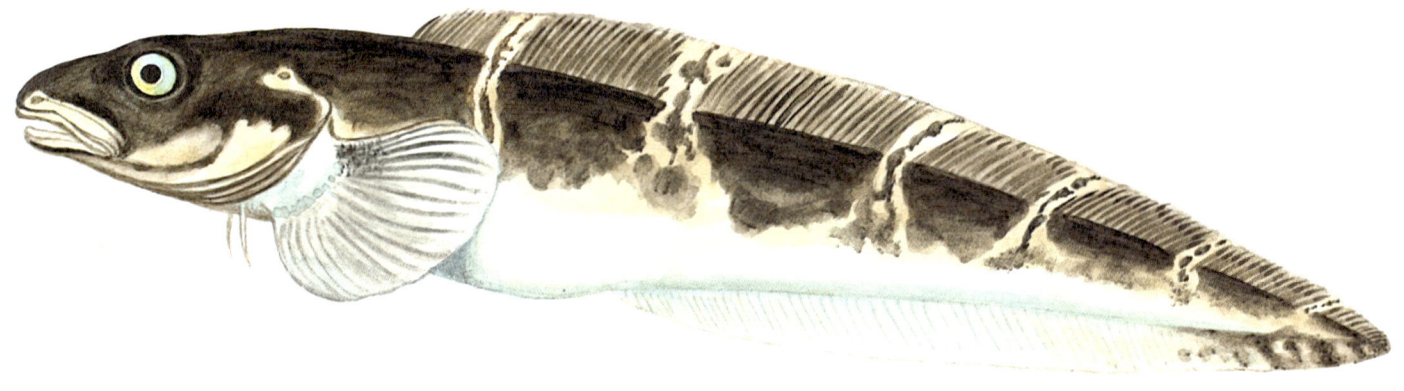

Die Familie AMMODYTIDAE umfaßt kleine Meeresarten, die meist auf der nördlichen Halbkugel zu Hause sind. Ihr Körper ist gestreckt und mit kleinen Cycloidschuppen bedeckt. Die Schwimmblase, gewöhnlich auch die Bauchflossen fehlen. Etwa 6 Gattungen leben im Atlantik, Indik und Pazifik.

Kleiner Sandaal, Tobiasfisch   *Ammodytes tobianus*

Der gestreckte Körper des Kleinen Sandaales hat eine lange Rücken- und Afterflosse, die Bauchflosse fehlt ganz. Der Oberkiefer ist beweglich und läßt sich nach vorn ausschieben. Der Rücken ist gelb bis blaugrau, die Seiten und der Bauch sind silbrigweiß. In den verschiedenen Teilen seines Areals überwiegen entweder die Frühlings- oder die Herbstformen, die danach benannt sind, daß sie im Frühjahr oder im Herbst laichen. Beide Formen laichen in etwa 20 m Tiefe auf Sandboden, wobei die Eier an Sandkörnern haften bleiben. Sandaale leben von Zooplankton, im Winter auch von Algen und Larven einschließlich der eigenen. Sie halten sich über Sandböden bis 30 m unter der Oberfläche auf. Sie graben sich in den Sand ein oder schwimmen über ihm mit gesenktem Kopf. Für

Makrelen, Heringe, Dorsche und fischfressende Meeresvögel sind sie wichtige Nährtiere. Man fängt sie in großen Mengen vor den Küsten Westeuropas, Japans, Koreas und Chinas. Meist wird der Fang zu Fischmehl verwertet. Vor den Küsten Nordeuropas und Ostgrönlands ist der verwandte Sandaal *(A. marinus)* heimisch, der über mehr Wirbel (68−73) und mehr Rückenflossenstrahlen (59−64) verfügt.

Größe: 13−18 cm, max. 20 cm
D 50−57; A 25−31; 60−65 Wirbel
Verbreitung: vor Europas Küsten vom Golf von Biscaya über England, Island und Skandinavien bis Murmansk, in der Ostsee bis zum Finnischen Meerbusen

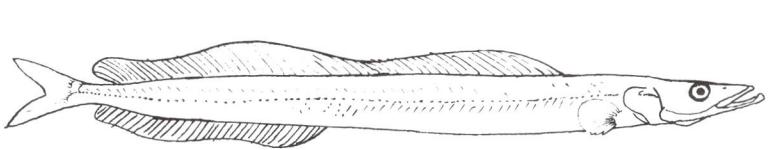

Der verwandte Mittelmeer-Sandaal *(A. cicerellus)* hat vor allem ein ganz anderes Verbreitungsgebiet (im Mittelmeer und im Schwarzen Meer kommt er allein vor, im Atlantik gemeinsam mit *A. tobianus* bis Südnorwegen). Er wird bis 18 cm lang

Großer Sandaal

Hyperoplus lanceolatus

Der Oberkiefer des Großen Sandaales ist nicht beweglich, der Unterkiefer ist länger als die Brustflossen (beim Kleinen Sandaal ist er kürzer). Auf dem Pflugscharbein befinden sich zwei starke, an Zähne erinnernde Auswüchse. Die Brustflossenspitzen reichen kaum oder gar nicht bis zum Ansatz der Rückenflosse. Rücken und obere Körperseite sind blaugrün, Bauch und untere Seitenpartien silbrigweiß gefärbt. An den Seiten des Vorderkopfes befindet sich je ein leuchtend schwarzer Fleck. Die Großen Sandaale laichen am Frühlingsende und im Sommer in 20–200 m Tiefe, wobei sie ihre Eier auf Sand ablegen. Die Larven leben pelagisch und ernähren sich anfangs von kleinen Planktonorganismen, Eiern und Larven fremder Fischarten. Später gehen sie auf größere

Nährtiere über, vor allem Krustentiere. Erwachsene Exemplare fressen oft den Kleinen Sandaal. Der große Sandaal kommt von der Ebbelinie bis in 150 m Tiefe vor, er lebt meist auf Sandboden, wo er Verstecke und Nahrung findet. Wirtschaftlich ist die Art von geringer Bedeutung, schon wegen ihrer kleinen Zahlenstärke.

Größe: 20–30 cm, max. 35 cm
Gewicht: max. 120 g
Fruchtbarkeit: 15 000–35 000 Eier
D 52–61;   A 28–33;   66–69 Wirbel
Synonym: *Ammodytes lanceolatus*
Verbreitung: Atlantikküste Europas vom Golf von Biskaya
    bis zur Nord- und Ostsee, Küstengewässer von Island

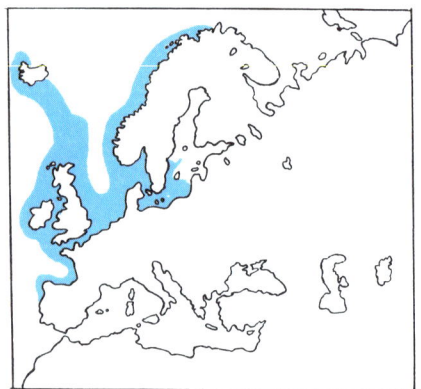

Die Verbreitungskarte zeigt, daß der Große Sandaal an die seichten Küstengewässer gebunden ist

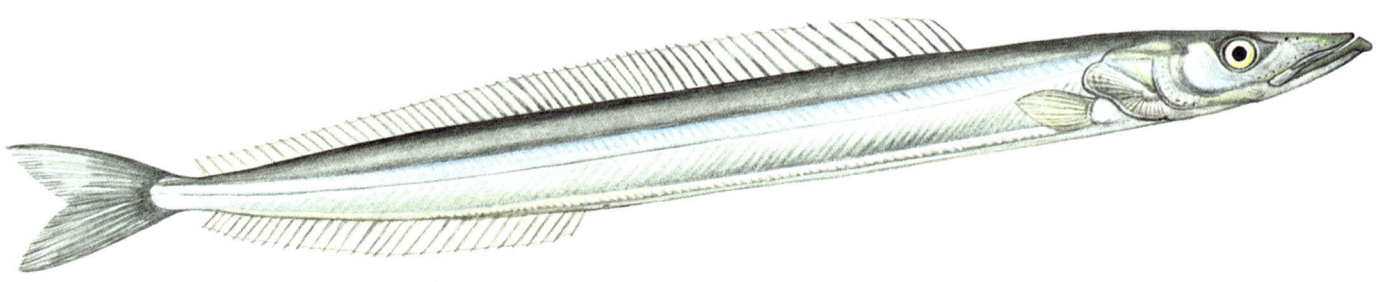

Zur Familie SCOMBRIDAE gehören etwa 40 Arten pelagisch lebender Meeresfische. Alle sind schnelle Schwimmer mit einem spindelförmigen Körper und einem charakteristischen Schwanzstiel und einer tief eingeschnittenen Schwanzflosse. Man erkennt sie leicht an den Flösseln zwischen hinterer Rücken- und Schwanzflosse sowie zwischen Schwanzflosse und Afterflosse. Die Pelamiden sind wichtige Arten des industriellen und sportlichen Fischfangs.

Pelamide

Sarda sarda

Die Pelamide ist ein naher Verwandter der Makrelen und Thunfische, denen sie in der Körperform und der größeren Flösselzahl oben und unten am Schwanzstiel ähnelt. Von den sechs bekannten Arten dieser Gattung leben nur zwei im Atlantik, die Pelamide ist von ihnen die wirtschaftlich bedeutungsvollste. Sie hat eine charakteristische Färbung mit 7−9 dunklen Schrägstreifen auf der oberen Körperhälfte. Sie ist ein ausgezeichneter Schwimmer und ernährt sich schon mit 2−3 Monaten von Fischen. Sie frißt vor allem Sardellen, Sardinen und Makrelen. Als schnellwüchsiger Fisch mißt sie mit 3 Monaten bereits bis zu 35 cm und wiegt etwa 1/2 Kilo. Die Laichzeit beginnt im April mit einem Höhepunkt im Juni. Danach lösen sich die Schwärme auf und die Fische kommen näher ans Ufer. Vor dem Winter entfernen sie sich wieder von der Küste. Das Fleisch der Pelamide ist sehr schmackhaft und recht fett. Meist werden die Fische mit Schleppnetzen und Wadennetzen gefangen. Jährlich liegen die Fangquoten zwischen 35 und 60 000 t, wovon ein Großteil auf europäische Gewässer entfällt.

Größe: 40−50 cm, max. 85 cm
Gewicht: 1−3 kg, ausnahmsweise bis 7 kg
Fruchtbarkeit: 400 000−500 000 Eier
D_1 XXI−XXIV; D_2 II/13−16; A II/11−13;
   53−54 Wirbel
Verbreitung: an der Ost- und Westküste des Atlantiks in Gewässern über 15 °C, in der Nordsee, im Mittelmeer und in manchen Jahren im Schwarzen Meer

Das Farbkleid des Jungfisches. Die Streifen an den Seiten sind im Unterschied zu denen der erwachsenen Fische senkrecht

Atlantische Makrele

Scomber scombrus

Die Atlantische Makrele hat zahlreiche kleine Flössel hinter der zweiten Rückenflosse und der Afterflosse sowie den kräftigen, langen Schwanzabschnitt mit einer halbmondförmig tief ausgeschnittenen Schwanzflosse. Die Rückenflossen sind ziemlich weit voneinander entfernt, die erste verfügt über mehr als 9 Flossenstrahlen. Eine Schwimmblase fehlt. Auf der oberen Körperhälfte befinden sich auf blaugrünem Untergrund deutliche dunkle Streifen in Zickzacklinie. Die Atlantischen Makrelen halten sich in großen Schwärmen meist in der Küstenzone auf und schwimmen nur selten über die Schelfgrenze hinaus. Mit Vorliebe bewegen sie sich dicht unter dem Wasserspiegel, dank der fehlenden Schwimmblase können sie von hier rasch bis in 300 m Tiefe hinabsteigen. Im Laufe des Jahres unternehmen sie große Laich- und Nahrungswanderungen. Sie fressen Zooplankton und Kleinfische, vor allem Sardinen und Sardellen. Im Alter von 3–4 Jahren sind sie laichreif, die Laichzeit ist von Mai bis Juli, ihre Larven leben pelagisch. Nach dem Laichen ziehen sie nach Norden ihrer Nahrung nach, vor dem Winter ziehen sie sich wieder in den Süden zurück und steigen in größere Tiefen ab. Ihre wirtschaftliche Bedeutung ist beträchtlich, sie zählen zu den zehn am stärksten befischten Arten der Welt. Im Durchschnitt werden jährlich ungefähr 1 000 000 t gefangen. In letzter Zeit wurden die Bestände überfischt, so daß Höchstfangquoten festgelegt werden mußten. Das Fleisch schmeckt ausgezeichnet und ist fett und saftig. Man bereitet es auf die verschiedenste Art zu. Häufig werden die Atlantischen Makrelen auch von Raubfischen gefressen.

Größe: 30–40 cm, max. 60 cm
Gewicht: 1–1,6 kg
Fruchtbarkeit: 200 000–500 000 Eier
D_1 X–XV; D_2 II/10–12; A II/8–13; 30–32 Wirbel
Verbreitung: im Nordatlantik von den nordamerikanischen Küsten bis vor Europa, wo die Fische bis Nordnorwegen vordringen

Larvenstadien, 8 und 19 mm lang, und juveniler Fisch. Die Larven unterscheiden sich von den erwachsenen Fischen durch die zusammenhängende Rücken- und Afterflosse, die bis zum Schwanzflossenansatz reichen. Im Jugendstadium beginnen sich die Flössel an der Schwanzwurzel zu differenzieren

8 mm

19 mm

70 mm

Thunmakrele, Mittelmeermakrele

Scomber japonicus

In Form und Lebensweise ähnelt die Thunmakrele sehr der Atlantischen Makrele. Im Unterschied zu dieser besitzt sie jedoch eine Schwimmblase, größere Augen, weniger als 9 Flossenstrahlen in der ersten Rückenflosse und wesentlich größere Schuppen im Bereich zwischen Kiemendeckel, Brust- und Bauchflossen. Auch das Farbkleid ist anders, unterhalb der Seitenlinie und am Bauch befinden sich dunkle, graublaue Flecken. Die dunklen Zickzackstreifen auf dem Rücken treten weniger deutlich hervor. Die Thunmakrele ist kosmopolitisch in den gemäßigten und warmen Gewässern aller Ozeane verbreitet, nach Norden reicht ihr Areal aber nicht so weit wie das der Atlantischen Makrele. Thunmakrelen sind mit 3—4 Jahren geschlechtsreif und laichen meist schon im Februar und März, vorwiegend nachts und in mehreren Schüben. Oft wandern sie vorher näher zum Ufer, manchmal über größere Entfernungen. Im Sommer ziehen sie ihrer Nahrung nach, die aus Zooplankton und Fischen (Sardinen, Anchovis u.ä.) besteht. Auf diesen Wanderungen legen sie täglich bis zu 30 km zurück, wobei die Schwärme von zahlreichen Möwen begleitet werden. Mit einsetzender kühlerer Witterung steigen sie aus den Oberflächenschichten in größere Tiefen hinab (bis 100 und mehr m). Thunmakrelen sind außerordentlich wichtig für die menschliche Ernährung. Im letzten Jahrzehnt befanden sie sich an fünfter Stelle unter den meistgefangenen Fischen der Welt. Ihre jährlichen Fangmengen bewegen sich durchschnittlich um 2 000 000 t, hohe Fangzahlen werden besonders vor den Küsten Chinas und Japans erzielt. Sie werden vor allem mit Schlepp- und Zugnetzen gefischt. Das Fleisch schmeckt vorzüglich.

Größe: 30—50 cm, max. 60 cm
Gewicht: bis 1,7 kg
Fruchtbarkeit: 350 000—2 500 000 Eier
D_1 IX—X; D_2 II/9—10; A I—II/9—10; 31—32 Wirbel
Synonyme: *Pneumatophorus japonicus, Scomber colias*
Verbreitung: Kosmopolit

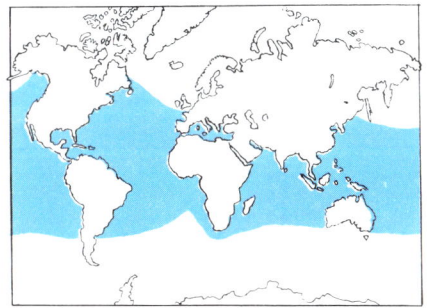

Verbreitungskarte der Thunmakrele

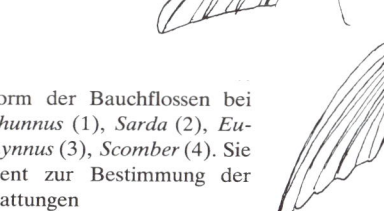

Form der Bauchflossen bei *Thunnus* (1), *Sarda* (2), *Euthynnus* (3), *Scomber* (4). Sie dient zur Bestimmung der Gattungen

Die Familie der Thunfische (THUNNIDAE) umfaßt 13 Arten, die 4−5 Gattungen zugeordnet werden. Diese nicht sehr großen, den Makrelen ähnlichen Fische haben ein interessant gestaltetes System der Blutadern, die die Seitenmuskeln mit Blut versorgen. Ihr Körper hat eine ideale aerodynamische Form für schnelles und ausdauerndes Schwimmen und einen optimal gelegenen Schwerpunkt.

Roter Thun, Thunfisch   *Thunnus thynnus*

Der Rote Thun ist der größte und schnellwüchsigste, so daß er mit 3 Jahren bis zu 1 m lang wird. Wie alle Thunfische ist er ein ausgezeichneter Schwimmer. Ihr ganzes Leben lang kommen die Thunfische praktisch nicht zum Ruhen, denn ihre Atmung hängt in großem Maße davon ab, daß ständig Wasser durch das geöffnete Maul in die Kiemenhöhle strömt. Je schneller sie schwimmen, desto mehr Sauerstoff verbrauchen sie, desto schneller erneuert sich aber auch das Wasser in der Kiemenhöhle. Darüber hinaus besitzen die Kiemen eine sehr große Atmungsfläche und von allen Fischen haben die Tunfische das meiste Hämoglobin im Blut, so daß sie mehr Sauerstoff dem Wasser entnehmen können. Die geringste je gemessene Geschwindigkeit wär 2,2 m/s (8 km/h), für kurze Zeit können die Fische Geschwindigkeiten von 60−80, nach einigen Literaturangaben sogar bis 90 Stundenkilometer entwickeln. Rücken- und Afterflossen werden beim Schwimmen in besondere Rillen gedrückt, bei schneller Fortbewegung werden auch die Brustflossen dicht an den Körper gezogen. Vor und nach der Laichzeit begeben sie sich auf lange Wanderungen, die quer über den ganzen Ozean führen können. Wieder eingefangene markierte Thunfische bestätigten, daß die Tiere von der mexikanischen bis zur japanischen Küste oder von Florida bis zum Golf von Biscaya ziehen. Es wurden auch vertikale Bewegungen festgestellt, tagsüber leben sie in tieferem Wasser und nachts an der Oberfläche. Im Frühjahr nähern sie sich der Küste, wo sie je nach Wassertemperatur von April bis August laichen. Ihre Nahrung besteht aus kleinen Schwarmfischen. Der Rote Thun ist ein wichtiger Industriefisch, den man auf die verschiedenste Art fängt. Jährlich werden 50 000 bis 70 000 Tonnen des sehr gut schmeckenden Fisches verarbeitet.

Größe: 2−3 m, ausnahmsweise bis 5 m
Gewicht: 300−500 kg, vereinzelt bis 900 kg
D_1 XII−XIII; D_2 I−II/13−15+7−9; A II/11−13+6−8
Synonym: *Scomber thynnus*
Verbreitung: lebt in allen Ozeanen. Bevorzugt Gebiete mit etwa 30 °C warmem Wasser, kommt aber auch in 5 Grad warmen Gewässern vor

Der verwandte Gestreifte Thunfisch *(Euthynnus pelamis)* ist in den warmen Gewässern der Weltmeere heimisch. In Europa kommt er bis zur Südküste Englands vor. Er wird 60−70, maximal 100 cm lang und bis 25 kg schwer. Die Fänge dieses viel gefischten Thuns betragen bis 600 000 t

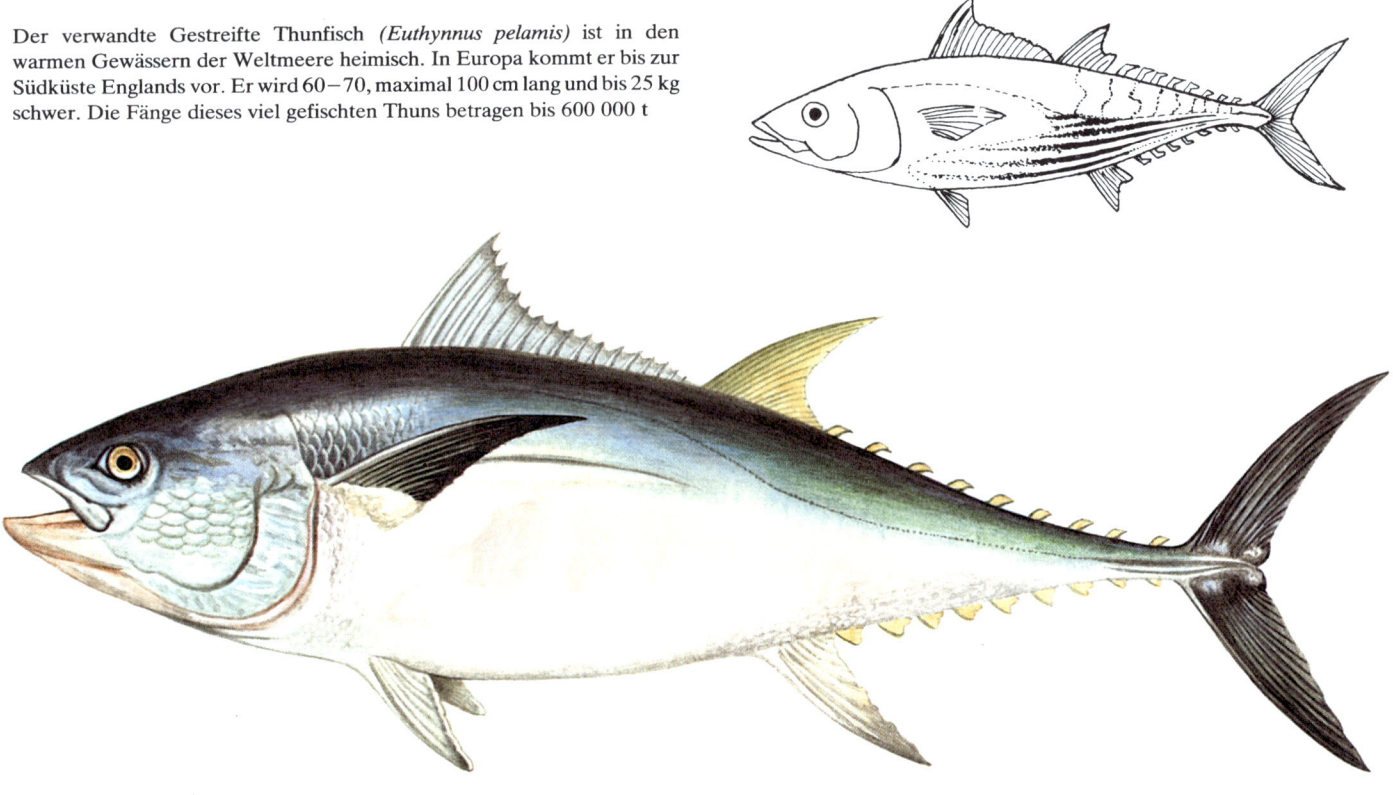

Weißer Thun

Thunnus alalunga

In vielen Sprachen trägt diese Art auch den Namen Langflossiger Thun, den er den außergewöhnlich langen Brustflossen, die bis hinter die zweite Rückenflosse reichen, verdankt. Er hat eine größere Schwimmblase und im Unterschied zum roten Muskelfleisch weißes Fleisch, das hochgeschätzt wird und ihm seinen deutschen Namen eingebracht hat. Im Vergleich zum Roten Thun liebt er wärmeres Wasser und kommt daher in Gewässern mit weniger als 15 °C selten vor. Auf beiden Halbkugeln überquert er fast nie den 40. Breitengrad. In europäischen Gewässern kommt er nur ausnahmsweise nördlich des Golfes von Biscaya vor. An den Grenzen des Areals leben an der Oberfläche meist junge, noch nicht geschlechtsreife Exemplare. Die erwachsenen Fische halten sich überwiegend in den Tropen in 150−200 Meter Tiefe auf. Die Laichzeit ist im Mai und Juni, die Eier messen im Durchmesser 0,94 mm. Der Weiße Thun ist ein ausgezeichneter Schwimmer, der sich auf lange Wanderungen begibt. Täglich legt der Schwarm oft 28−30 km zurück und auch bei der Nahrungsaufnahme bewegen sich die

Tiere mit erheblicher Geschwindigkeit. Die beim Schwimmen am stärksten beanspruchten Seitenmuskeln werden von einem speziellen, reichverzweigten Hautgefäßnetz mit Sauerstoff und Nährstoffen versorgt, daß auch bei der Wärmeregulierung zwischen Körper und Wasser eine große Rolle spielt. Diesem System ist es zu verdanken, daß bei schneller Fortbewegung die Körpertemperatur ansteigt und um 10−12 °C höher liegen kann als die des umgebenden Wassers, was bei wechselwarmen Lebewesen etwas ganz Ungewöhnliches ist. Nach weltweiten Statistiken steht der Weiße Thun an zweiter bis dritter Stelle der am meisten gefischten Thunfische. Jährlich erreichen die Fangmengen bis 200 000 t.

Größe: 60−100 cm, vereinzelt bis 130 cm
Gewicht: 4−15 kg, vereinzelt bis 45 kg
D_1 XIV−XV; D_2 12−16+8−9; A 12−15+7−9
Synonyme: *Germo alalunga, Scomber germo*
Verbreitung: in den tropischen und subtropischen Gebieten aller Ozeane

Die verwandte Art *T. albacares* lebt als Kosmopolit in den warmen Gewässern der Weltmeere. Sie wird 100−150, maximal 250 cm lang und 30−40 kg, höchstens 200 kg schwer. In letzter Zeit wurden jährlich 250 000−350 000 t gelandet, wovon der Großteil aus dem Stillen Ozean kommt

Weiße Thune jagen verschiedene Kopffüßer und Fischarten, so *Liligo forbesi* (1) und *Cypselurus heterurus* (2)

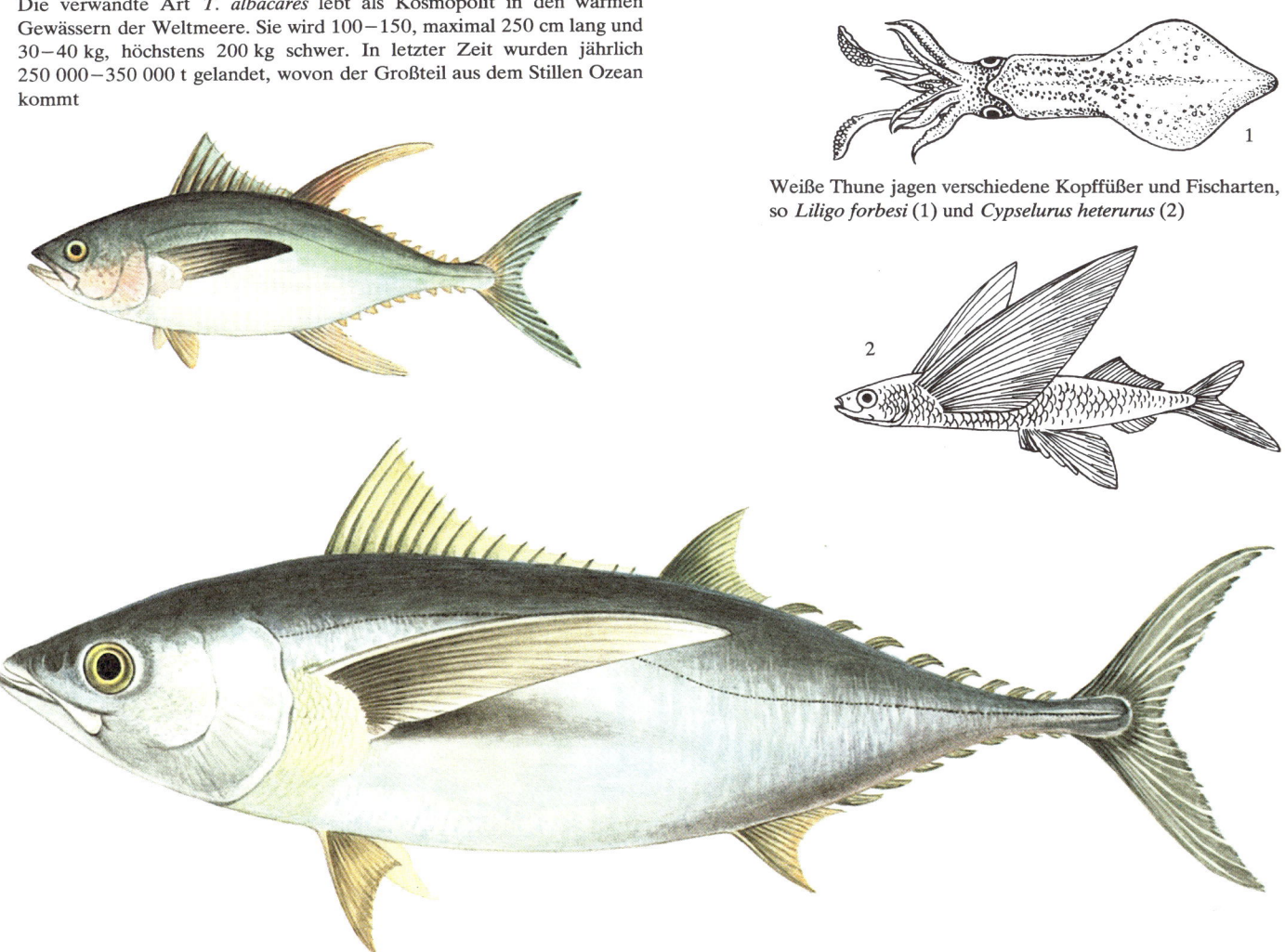

Xiphias gladius, die einzige heute lebende Art der Familie XIPHIIDAE ist in den offenen Meeren der tropischen, subtropischen und gemäßigten Zone verbreitet. Vom Mittelmeer aus gelangt sie bisweilen auch ins Schwarze Meer, selten wird sie in den Küstengewässern angetroffen.

Schwertfisch   *Xiphias gladius*

Der stark gestreckte und abgeflachte Oberkiefer in der Form eines Schwertes hat dem Schwertfisch zu seinem Namen verholfen. Der Oberkiefer nimmt etwa ein Drittel der Körperlänge ein und ist keine funktionslose Verzierung. Er dient vor allem zum Töten der Fische, von denen er sich ernährt sowie als Stabilisator beim Schwimmen. Weitere Kennzeichen der Schwertfische sind das Fehlen der Bauchflossen und Schuppen sowie bei erwachsenen Tieren der Zähne. Die Rückenseite der erwachsenen Tiere ist blau- bis braunschwarz gefärbt, die Seiten sind oben stahlblau angehaucht und unten heller. Schwertfische sind ausgezeichnete Schwimmer, die lange Wanderungen zu ihren Jagdgründen unternehmen. Dank der torpedoähnlichen Körperform und der großen, halbmondförmigen Schwanzflosse können sie auf kurzen Strecken bis zu 130 km/h erreichen. Sie ernähren sich überwiegend von Fischen und Kopffüßern, so jagen sie Makrelen, Dorsche, Thunfische und selten auch Haifische. Auf der Suche nach

ihnen gehen sie bis 800 m unter den Meeresspiegel. In den Tropen und Subtropen laichen sie in den Sommermonaten. Durch ihre Schnelligkeit vermögen die Schwertfische mit ihrem scharfen Schwertkiefer selbst blechbeschlagene Bootswandungen zu durchschlagen und häufig kann man in den Museen im Holz steckende Oberkieferteile bewundern. Bei einem zufälligen Aufeinandertreffen mit Schwimmern oder Tauchern kann es zu tödlichen Verletzungen kommen. Wegen ihres wohlschmeckenden Fleisches und ihrer beträchtlichen Größe werden die Schwertfische häufig gefangen. Jährlich werden an die 34 000 t angelandet.

Größe: 4−5 m, ausnahmsweise noch mehr
Gewicht: 400−500 kg (Rekordfang 537 kg)
Fruchtbarkeit: bis 16 Millionen Eier
Verbreitung: Kosmopolit

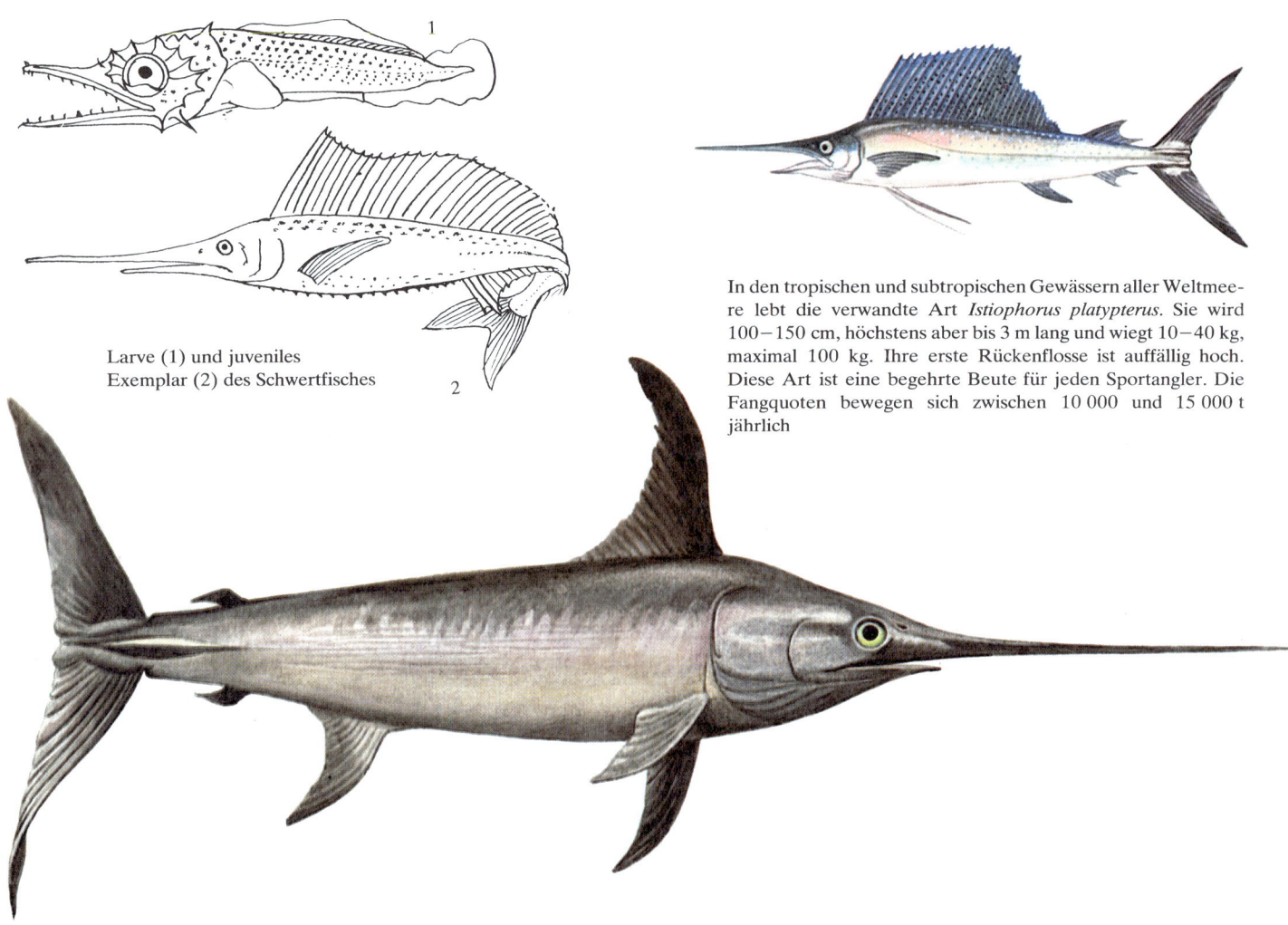

Larve (1) und juveniles
Exemplar (2) des Schwertfisches

In den tropischen und subtropischen Gewässern aller Weltmeere lebt die verwandte Art *Istiophorus platypterus*. Sie wird 100−150 cm, höchstens aber bis 3 m lang und wiegt 10−40 kg, maximal 100 kg. Ihre erste Rückenflosse ist auffällig hoch. Diese Art ist eine begehrte Beute für jeden Sportangler. Die Fangquoten bewegen sich zwischen 10 000 und 15 000 t jährlich

Die Familie GOBIIDAE umfaßt kleine Fischarten, deren Bauchflossen zusammengewachsen sind und eine Saugscheibe bilden. Diese ermöglicht es ihnen, sich in der Brandungszone zu halten. Die über 200 Arten leben meist im Meer, einige aber ständig im Süßwasser (Gattung PROTERORHINUS). Vor dem Laichen bauen sie Nester, die meistens von den Männchen bewacht werden.

Flußgrundel   *Gobius fluviatilis*

Die Flußgrundel ist ein kleiner Fisch mit einem großen Kopf, zwei Rückenflossen, deren hintere sich zum Schwanz hin schnell senkt. Rücken und Seiten sind dunkel braungrau bis gelbgrau gefärbt mit einem schwach hervortretenden Mosaik aus ineinander übergehenden Flecken. Die Seiten bedecken 10—12 größere und getrennte dunkle Flecken. Auch auf den Flossen befinden sich kleine dunkle Flecken. Die Männchen sind in der Laichzeit fast schwarz und tragen auf den unpaaren Flossen einen gelben Saum. Die Tiere leben in den Zuflüssen und im Küstenbereich des Schwarzen und Kaspischen Meeres. Die Fortpflanzungszeit dauert von April bis Juli, im Asowschen Meer von Mai bis Juni. Vor dem Laichen baut das Männchen ein Nest im sandigen Uferstreifen, wo sich hier und da auch einige kleine Steine befinden, auf deren Unterseite die Eier angeklebt werden. In jedes Nest legen mehrere Weibchen ihre Eier ab und das Männchen beschützt dann das Gelege. Die Eier sind groß. Flußgrundeln werden mit zwei Jahren und etwa 10 cm Länge laichreif. Sie leben vor allem von Krustentieren, aber auch von Würmern, Zuckmückenlarven und Weichtieren. Sie selbst dienen Raubfischen wie dem Zander oder verschiedenen Stören als Nahrung. Wirtschaftlich haben die Flußgrundeln größere Bedeutung. Im Schwarzen Meer werden jährlich 30 000 t gefangen.

Größe: 14—16 cm, max. 20 cm
Fruchtbarkeit: 400—3000 Eier
D_1 VI; D_2 I/15—18; A I/13—16; l.l. 58—65
Verbreitung: im Schwarzen, Asowschen und Kaspischen Meer und in sie mündende Flüsse

Verbreitung von *G. fluviatilis* (rot) und *G. ophiocephalus* (blau)

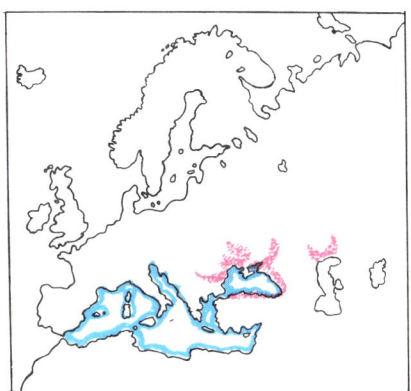

♀

Schwarzmundgrundel

Gobius melanostomus

Am Ende der ersten Rückenflosse der Schwarzmundgrundel befindet sich ein großer, schwarzer Fleck. Die Stirn ist leicht gewölbt, der Unterkiefer steht nicht vor. Die Zunge ist vorn glatt abgeschnitten oder leicht eingeschnitten. Der dunkelbraungraue oder dunkelgelbbraune Körper trägt dunkle Flecken. Bei jungen Fischen ist der schwarze Fleck auf der Rückenflosse weiß umrandet. In der Laichzeit sind die Männchen sehr dunkel und haben vergrößerte unpaare Flossen mit weißer Umrandung. Die Schwarzmundgrundeln beginnen im Frühjahr zu laichen, sobald das Wasser sich auf 6 °C erwärmt hat. Die Laichzeit liegt von Ende März bis August, wenn das Wasser mindestens 10−12 °C warm ist. Nach dem Laichen verlassen die Weibchen die Nähe der Küste. Die Eier werden in Nester in der Küstenzone auf die Unterseite von Steinen in Felsspalten oder Klüften, aber auch auf Unebenheiten am Grund oder an ins Meer gelangten Gegenständen abgelegt. Auch hier schützt das Männchen das Nest und führt den Eiern mit den Bewegungen seiner großen Brustflossen frisches, sauerstoffreiches Wasser zu. Da im Gelege verschieden alte Eier liegen, schlüpfen die

Larven nicht gleichzeitig. Schwarzmundgrundeln erreichen im zweiten Lebensjahr mit über 5 cm Länge ihre Geschlechtsreife. Im Winter fasten sie und beginnen erst im Frühjahr bei Wassertemperaturen um 8 °C wieder Nahrung aufzunehmen. Am stärksten mästen sie sich in den Sommermonaten. Vor allem fressen sie Weichtiere, Würmer und in geringerem Maße auch Krustentiere. Die Brut ernährt sich von Zooplankton. Während des Laichens und beim Beschützen des Nestes nimmt das Männchen keine Nahrung zu sich, es magert schnell ab und ein nicht geringer Prozentsatz der Tiere verendet. Diese Art ist die verbreitetste Grundel im Schwarzen Meer. Sie wird intensiv befischt und jährlich werden bis 50 000 t gefangen. Auf den Markt kommen die Schwarzmundgrundeln meist als Konserve in Tomatensoße.

Größe: 11−17 cm, max. 25 cm
Fruchtbarkeit: 200−4000 Eier
D_1 VI; D_2 I/12−17; A I/10−14; l.l/45−57
Verbreitung: entlang der Schwarzmeerküste und in den Zuflüssen

Die Krötengrundel *(G. batrachocephalus)* ist der größte im Schwarzen Meer vorkommende Vertreter der Gattung. Sie wird 25−30 cm lang, höchstens aber 35 cm. Die Art kommt im Asowschen Meer und in den Dardanellen vor, geht aber im Unterschied zu *G. melanostomus* nur selten in das Süßwasser

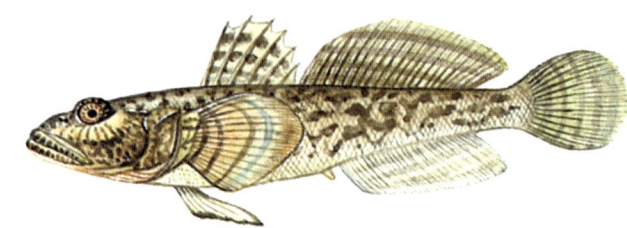

♀

Schwarzgrundel, Schwarzküling   *Gobius niger*

Am Körper der Schwarzgrundel fällt der recht hohe Schwanzstiel und die großen Schuppen auf, von denen, anders als bei den übrigen Grundeln, sich weniger als 45 in der Seitenlinie befinden. Der vierte Hartstrahl der ersten Rückenflosse ist verlängert. Die Zunge ist vorn abgerundet. Rücken und Seiten sind dunkelbraun und haben einen grauen Hauch. Seitlich stehen dunkle Flecken, auf der ersten Rückenflosse vorn befindet sich ein deutlicher schwarzer Fleck. Praktisch während der ganzen Saison laicht die Schwarzgrundel, meist in vier Etappen. Ihre Eier sind winzig, so daß die Fruchtbarkeit sehr hoch ist. Ähnlich wie bei den übrigen Grundelarten legen die Weibchen ihre Eier in Nester auf die Unterseite von Steinen in Felsklüften oder in Schalen von Weichtieren ab. Während die Männchen das Gelege bewachen, stellen sie das Fressen ein und viele von ihnen gehen ein. Die Larven leben in der ersten Zeit pelagisch (anders als bei vielen anderen Grundeln) und ernähren sich von Zooplankton. Erwachsenen Fischen dienen Weichtiere, Krevetten, kleine Krabben, Vielborster und Fischlaich als Nahrung. Die Schwarzgrundeln bewohnen küstennahe Gebiete mit Sand- oder Lehmboden, sehr gern suchen sie Stellen mit Meeresalgen 2–80 m tief auf. Ins Süßwasser dringen sie nicht vor, leben aber auch im schwach salzigen Wasser der Ostsee und des Asowschen Meeres. Wirtschaftlich sind sie bedeutungslos, da sie keine zahlenstarke Populationen bilden. Größeren Fischarten dienen sie als Nahrung.

Größe: 8–12 cm, max. 15 cm
Fruchtbarkeit: 15 000–20 000 Eier
D_1 VI; D_2 I/11–13; A I/9–13; l.l. 33–45
Verbreitung: von der Küste Mittelnorwegens bis zum Kap Verde im Senegal, in der Ostsee, dem Mittelmeer und dem Schwarzen Meer

♂

Das Männchen ist in der Laichzeit ganz dunkel mit einem orangefarbenen Rand der ersten Rückenflosse

Die Paganellgrundel *(G. paganellus)* hat ein etwas kleineres Areal als *G. niger* und kommt von der Südküste Norwegens bis Gibraltar vor. Sie wird 15 cm lang.

257

Schlangenkopfgrundel

Gobius ophiocephalus

Die Schlangenkopfgrundel gehört zu den großen Meergrundeln. Ihr Kopf ist seitlich abgeflacht, Scheitel, Genick, Hals und Brustflossenbasis sind mit Cycloidschuppen bedeckt. Die Rückenflossen sind verhältnismäßig hoch, die zweite wird in Richtung Schwanz noch höher. Die aus den zusammengewachsenen Bauchflossen entstandene Saugplatte reicht nicht bis zur Afteröffnung. Die Kiefer sind fast oberständig, d.h. der Unterkiefer steht etwas vor. Die Grundfarbe ist grünbraun, der Körper zeigt eine dunkelbraune Marmorierung. Rücken-, Schwanz- und Afterflosse tragen dunkelbraune Längsstreifen aus ineinanderlaufenden Flecken. Schlangenkopfgrundeln leben im Schwarzen Meer an den Ufern der Krim, des Kaukasus, Bulgariens und Rumäniens, im Asowschen Meer, im Mittelmeer und in den angrenzenden Teilen des Atlantischen Ozeans. Sie kommen auch in den Deltas großer Flüsse, die in diese Meere fließen, vor. Meist halten sie sich in den Beständen der Meeresalgen auf. Sie laichen von März bis Juni je nach Wassertemperatur im Alter von zwei und mehr Jahren. Wie bei den anderen Meergrundeln baut das Männchen zuvor ein Nest aus Algenresten, in das 5−10 Weibchen ablaichen. Brut und Jungfische ernähren sich hauptsächlich von Plankton, erwachsene Exemplare leben räuberisch und jagen kleine Fische, z. B. Grundeln aus den Gattungen *Pomatoschistus*, Krustentiere und kleine Weichtiere. Die wirtschaftliche Bedeutung der Schlangenkopfgrundeln ist gering. Sie werden nur gelegentlich dort gefischt, wo sie größere Populationen bilden.

Größe: 20−25 cm
Fruchtbarkeit: 7000−22 000 Eier
D_1 VI; D_2 I/13−16; A I−II/11−16; l.l. 51−69
Verbreitung: im Schwarzen, Asowschen und Mittelmeer, das angrenzende Gebiet des Atlantischen Ozeans

Die Große Meergrundel *(G. cobitis)* lebt im Schwarzen Meer und im Mittelmeer sowie in den angrenzenden Gewässern des östlichen Atlantiks vom Golf von Biscaya bis Marokko. Sie wird meist 15 bis 20 cm, höchstens aber 28 cm lang und meidet das Süßwasser

Strandgrundel, Strandküling

Pomatoschistus microps

Die Arten der Gattung *Pomatoschistus* zeichnen sich durch ihre symmetrische Schwanzflosse und dadurch aus, daß ihre vorderen Nasenlöcher nicht röhrenartig verlängert sind. Während die Seiten des Körpers mit ctenoiden Schuppen bedeckt sind, bleiben Kopf, Hals, Bauch und die Brustflossenbasis meist nackt. Die Bauchflossen wachsen zu einer Saugscheibe zusammen, mit deren Hilfe sich die Fische an Steinen und anderen Gegenständen am Boden festhalten. Die Strandgrundel ist ein kleiner Fisch mit festem Körper und recht langem Schwanz. Die Saugscheibe ist am Rand glatt und ohne Vorsprünge. Im Verhältnis zur Körpergröße sind die Schuppen mittelgroß und stehen in der über die Körpermitte verlaufenden Reihe zu 39−52. Die Grundfärbung schwankt von hellgrau über sandgelb bis zimtbraun. Über den Körper breitet sich ein netzartiges Muster kleiner Tupfen und heller, sattelartiger Flecken auf dem Rücken sowie dunkler Striemen auf den Seiten aus. Die Männchen sind von den Weibchen etwas verschieden gefärbt, an den Seiten haben sie Querbinden und am Hinterrand ihrer ersten Rückenflosse befindet sich

ein dunkler Fleck. Die Strandgrundeln kommen sehr nahe dem Ufer auf Sand-, Ton- oder Schlammgrund sowie in Flußmündungen vor. Das Laichen findet in der Zeit von April bis August (meist im Mai oder Juni) statt, wobei die Weibchen ihre Eier in leere Weichtiergehäuse, z. B. in Austernschalen legen. Eine gewisse Zeit bewacht das Männchen das Gelege und auch die geschlüpften Larven. Wegen ihrer geringen Größe haben die Strandgrundeln nur Bedeutung als Nahrungsquelle anderer im Litoral lebender Fischarten. Zuweilen kann man sie auch in Meeresaquarien bewundern.

Größe: 3−5 cm, vereinzelt bis 8 cm
Fruchtbarkeit: 500−1000 Eier
D_1 VI; D_2 I/8−10; A I/8−10
Synonyme: *Gobius leopardinus, Gobius microps*
Verbreitung: an der europäischen Atlantikküste südlich vom Polarkreis, in der Ostsee, dem Mittelmeer, Schwarzen Meer und Asowschen Meer

Das Männchen weist an den Seiten deutliche dunkle Querstreifen auf

Sandgrundel, Sandküling   *Pomatoschistus minutus*

Die Sandgrundel ist ein kleiner schlanker Fisch, dessen Bauchflossen zu einer Saugscheibe verwachsen sind und an deren Vorderrand sich kurze, fingerartige Auswüchse befinden. Die Schuppen sind winzig und in der mittleren Schuppenreihe zählt man 58–70, dies ist bedeutend mehr als bei den verwandten Arten Strand- und Bändergrundel. Anders als bei diesen bedecken die Schuppen auch das Genick und die Brust. Die Grundfarbe des Körpers ist sandbraun mit einer Marmorierung aus dunklen Tupfen und sattelartigen Flecken auf dem Rücken. Über die Körpermitte zieht sich eine Reihe größerer Flecken, über beide Rückenflossen verlaufen 4 schmale, dunkle Schrägstreifen. Bei den Männchen befindet sich hinten auf der ersten Rückenflosse, vor allem in der Laichzeit, ein dunkelvioletter bis schwarzer Fleck mit hellem Rand. Ähnlich wie die Strandgrundeln kommen die Sandgrundeln auch im Süßwasser der Flußdeltas vor. Meist leben sie jedoch im Meer nahe der Küste 5–12 m tief, vereinzelt auch über 100 m tief, bis 100 m vom Ufer entfernt. Sie schwimmen in mehr oder weniger großen Schwärmen dicht über dem Boden, im Winter ziehen sie sich in größere Tiefen zurück. Das Laichen findet von März bis Juli in Tiefen bis 40 m statt. Die Weibchen legen ihre Eier auf Steine oder Algen ab, häufig auch in Weichtierschalen. Meist laichen sie in 3–4 Schüben. Das Gelege und die Larven werden vom Männchen bewacht. Bis zu einer Länge von 17 mm leben die Larven im freien Wasser. Die 2–3 Jahre alt werdenden Sandgrundeln sind mit einem Jahr laichreif. Überwiegend leben sie von kleinen Krustentieren, selbst werden sie von größeren Fischen gefressen.

Größe: 6–8 cm, in Ausnahmefällen bis 10 cm
D_1 VI; D_2 I/9–11; A I/9–11; V 5–6
Synonym: *Gobius minutus*
Verbreitung: Atlantikküste Europas von Nordnorwegen bis Gibraltar, Mittelmeer und Schwarzes Meer

Verbreitungskarte der Sandgrundel

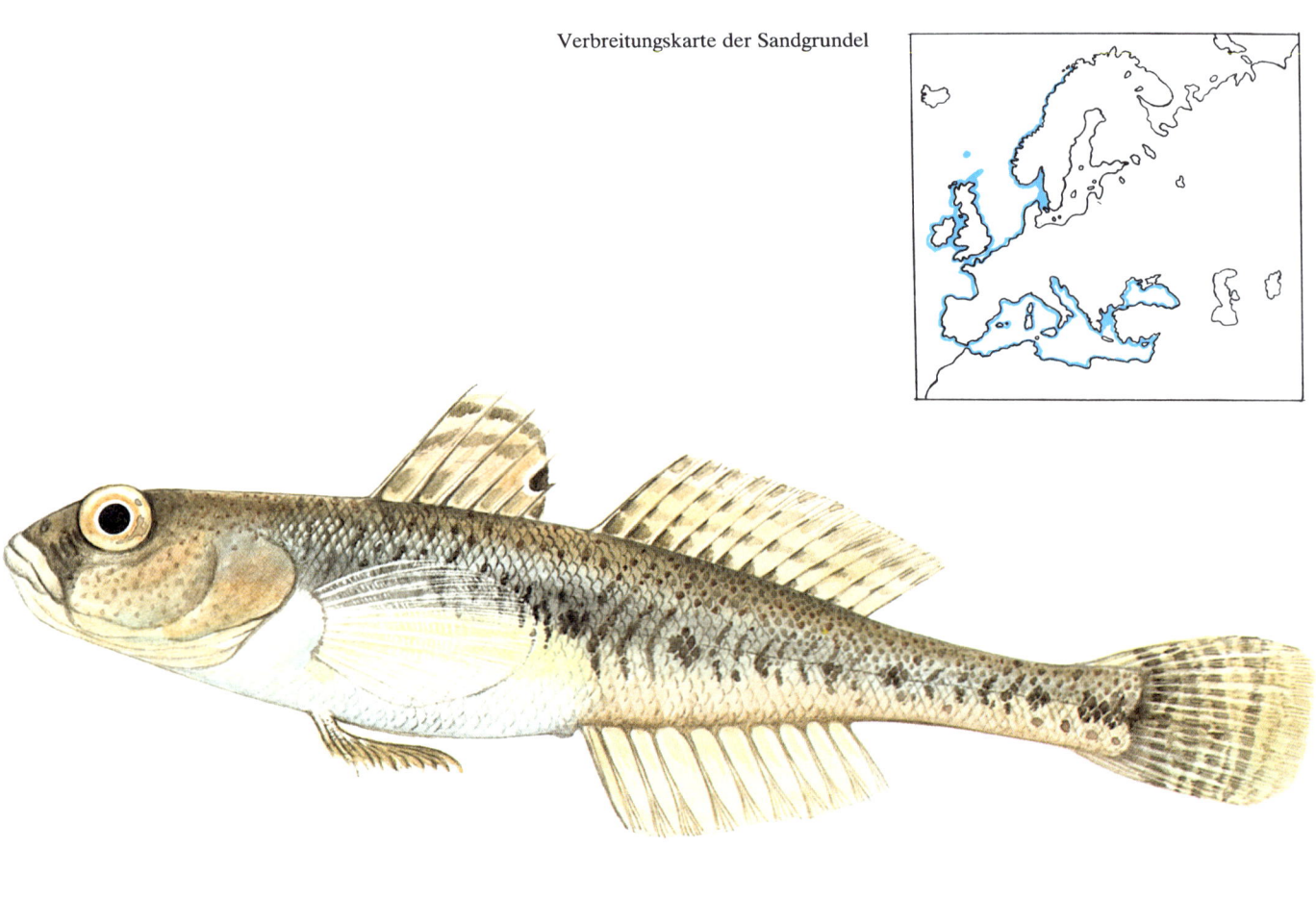

Bändergrundel

Pomatoschistus pictus

Die Bändergrundel ist sehr klein, sie hat einen gedrungenen Körper und eine gut entwickelte Saugscheibe mit glattem Vorderrand. Von den relativ großen Schuppen befinden sich 36−43 Stück in der über die Körpermitte verlaufenden Reihe. Die Körperfarbe schwankt von braun bis hellgelb und wird durch eine unregelmäßige Zeichnung aus dunklen Tupfen ergänzt. Die Schuppenränder sind dunkel, 4−5 Gruppen größerer dunkler Flecken befinden sich an den Seiten, die erste liegt unter den Brustflossen. Auf den beiden Rückenflossen sind ebenfalls zwei dunkle Fleckenreihen zu sehen und nach oben schließen die Flossen mit einem orangefarbenen Streifen ab. Die Männchen sind heller und kräftiger gefärbt. Die Bändergrundeln leben in der Uferzone von der Ebbelinie bis in 50 m Tiefe, sie gehen nur selten tiefer. Mit Vorliebe bewohnen sie harten Grund mit Felsbrocken, die oft mit Algen bewachsen sind, sie kommen aber auch auf Sandboden vor. Im Unterschied zur Strandgrundel schwimmen sie nie in die Flußmündungen. Sie laichen von April bis Juli, wobei das Weibchen, ähnlich wie bei der Strand- und Sandgrundel, seine Eier in Weichtierschalen ablegt, wo sie bis zum Schlüpfen vom Männchen bewacht werden. Die frischgeschlüpften Larven sind etwa 3 mm lang und leben bis zu einer Größe von 12 mm pelagisch. Danach stellen sie sich auf das Leben am Boden um. Wie andere *Pomatoschistus*-Arten auch, ist die Bändergrundel kurzlebig, sie wird nur 1−2 Jahre alt. Wirtschaftlich ist sie ohne Bedeutung, dient aber anderen Fischarten als Nahrung.

Größe: 5−7 cm, max. 9,5 cm
Fruchtbarkeit: 500−1100 Eier
D_1 VI; D_2 I/8−10; A I/10
Synonym: *Gobius pictus*
Verbreitung: Atlantikküste Europas vom Golf von Biskaya bis Trondheim

Verbreitungskarte der Bändergrundel

Marmorierte Grundel   *Proterorhinus marmoratus*

Die Marmorierte Grundel hat einen kleinen, spindelförmigen und seitlich abgeflachten Körper. Die Schuppen sind winzig und rauh. Von oben gesehen ist der Kopf nach den Seiten hin verbreitert. Zwei charakteristische Merkmale sind die röhrchenartigen, wie Fühler langgezogenen vorderen Nasenlöcher und die unpaare Saugscheibe unter den breiten, schaufelartigen Brustflossen. Eine Seitenlinie ist nicht vorhanden. Die Schuppen stehen zu 36–48 in Querreihen. Meist ist die Farbe des Körpers gelbgrau mit mehreren unregelmäßig verteilten, dunklen, hochstehenden Flecken. An der Basis der Schwanzflosse befindet sich ein schwarzer Fleck. Wird der Fisch aus dem Wasser gezogen oder auch nur beunruhigt, verbleichen oft die Farben. Marmorierte Grundeln werden maximal 5 Jahre alt. Meistens sterben beide Geschlechter nach dem ersten Laichen im Alter von 2–3 Jahren. Die Weibchen legen von März bis Mai im seichten Wasser ihre Eier in Nester am Boden, häufig auch in Muschelschalen oder auf Steine ab. In der Laichzeit führen die Männchen untereinander Rivalenkämpfe aus, die befruchteten Eier werden angeblich von einem der Eltern beschützt. Die Geschlechter kann man anhand der Form der Afterpapille unterscheiden, die bei den Männchen länger, dünner und zugespitzt

ist. Bei kleineren Exemplaren sind jedoch außerhalb der Fortpflanzungszeit die Geschlechtsmerkmale mit dem bloßen Auge nur schwer zu erkennen. Die nachtaktiven Fische verstecken sich tagsüber meist unter Steinen. Sie leben in den ufernahen Bereichen der Meere und Flüsse, aber auch in dicht bewachsenen Sümpfen, Entwässerungskanälen, und verschlammten Gewässern in Überschwemmungsgebieten. Sie sind schlechte Schwimmer und bewegen sich meist mit seltsamen Sprüngen über den Grund. Aufgestört, verschwinden sie allerdings mit einem blitzschnellen Sprung in einem Versteck. Sie ernähren sich von kleinen Insektenlarven, Würmern und Weichtieren. Gelegentlich fallen sie einem Raubfisch zum Opfer, zuweilen nimmt man sie als Köderfisch und ab und zu werden sie in Aquarien gehalten.

Größe: 8–10 cm, ausnahmsweise bis 12 cm
Fruchtbarkeit: bis 2500 Eier
D_1 VI–VII; D_2 I/14–17; A I/11–16
Verbreitung: in den Küstengewässern des Schwarzen, Asowschen und Kaspischen Meeres sowie in den Zuflüssen, in denen die Fische bisweilen bis in die Vorgebirgsregion aufsteigen

Blick auf den vorderen Unterkörper mit der typischen einzelnen Saugscheibe, die aus den zusammengewachsenen Bauchflossen gebildet ist

♂

Die Familie CALLIONYMIDAE ist eine kleine Gruppe von Fischen, die in den Küstenbereichen leben. Sie haben einen nackten, schuppenlosen Körper und große, auf der Oberseite des Kopfes stehende Augen. Das Maul ist klein und vorstülpbar. Am Vorderkiemendeckel stehen 2−4 spitze Knochenstacheln. Die Leierfische bewohnen die Meere der gemäßigten und tropischen Zonen, insgesamt sind sie in 9 Gattungen mit etwa 45 Arten aufgeteilt.

Gefleckter Leierfisch

Callionymus maculatus

Der Körper des Gefleckten Leierfisches ist auf der Bauchseite leicht abgeflacht, der Schwanzstiel hat jedoch einen runden Querschnitt. Am Vorderkiemendeckel befinden sich 4 knöcherne Stacheln, von denen 3 nach oben und einer nach unten gerichtet ist. Die erste Rückenflosse ist ebenso hoch wie die des verwandten Gestreiften Leierfisches. Beim Gefleckten Leierfisch übertrifft aber nur ihr erster Hartstrahl die zweite Rückenflosse an Höhe, während beim Gestreiften Leierfisch die zweite Rückenflosse deutlich kürzer als die erste ist. Die Afterpapille ist bei beiden Geschlechtern entwickelt. Junge Fische und Weibchen haben einen gelbbraunen Rücken, an ihren Seiten befinden sich zahlreiche kleine, hellbraune Flecken, die in zwei Streifen stehen. Außer braunen Flecken sind auch blaue Flecken über die Seiten verteilt. Erwachsene Männchen sind sehr variabel gefärbt. Auf beiden Rücken-

flossen befinden sich vier Reihen abwechselnd dunkel- und hellblauer Flecken. Die Laichzeit dauert von April bis Juni, Eier und Brut sind pelagisch und werden von den Eltern nicht behütet. Die Gefleckten Leierfische halten sich in größeren Tiefen auf als die Gestreiften Leierfische, man kann sie zwischen 50 und 300 m unter dem Meeresspiegel antreffen. Sie halten sich über sandigem Grund unweit des Ufers auf. Wirtschaftlich sind sie ohne Bedeutung.

Größe: 8−12 cm, max. 16 cm (Männchen)
D_1 IV; D_2 9;   A 8−9
Verbreitung: im Atlantischen Ozean von den Küsten Mittel-
    norwegens und Islands bis Gibraltar sowie im Mittelmeer,
    im Schwarzen Meer fehlend

C. bairdii ist in der Karibik beheimatet, wo er sich zwischen Wasserpflanzen, auf Sandbänken und Korallenriffen aufhält. Man findet die Art häufig in Aquarien

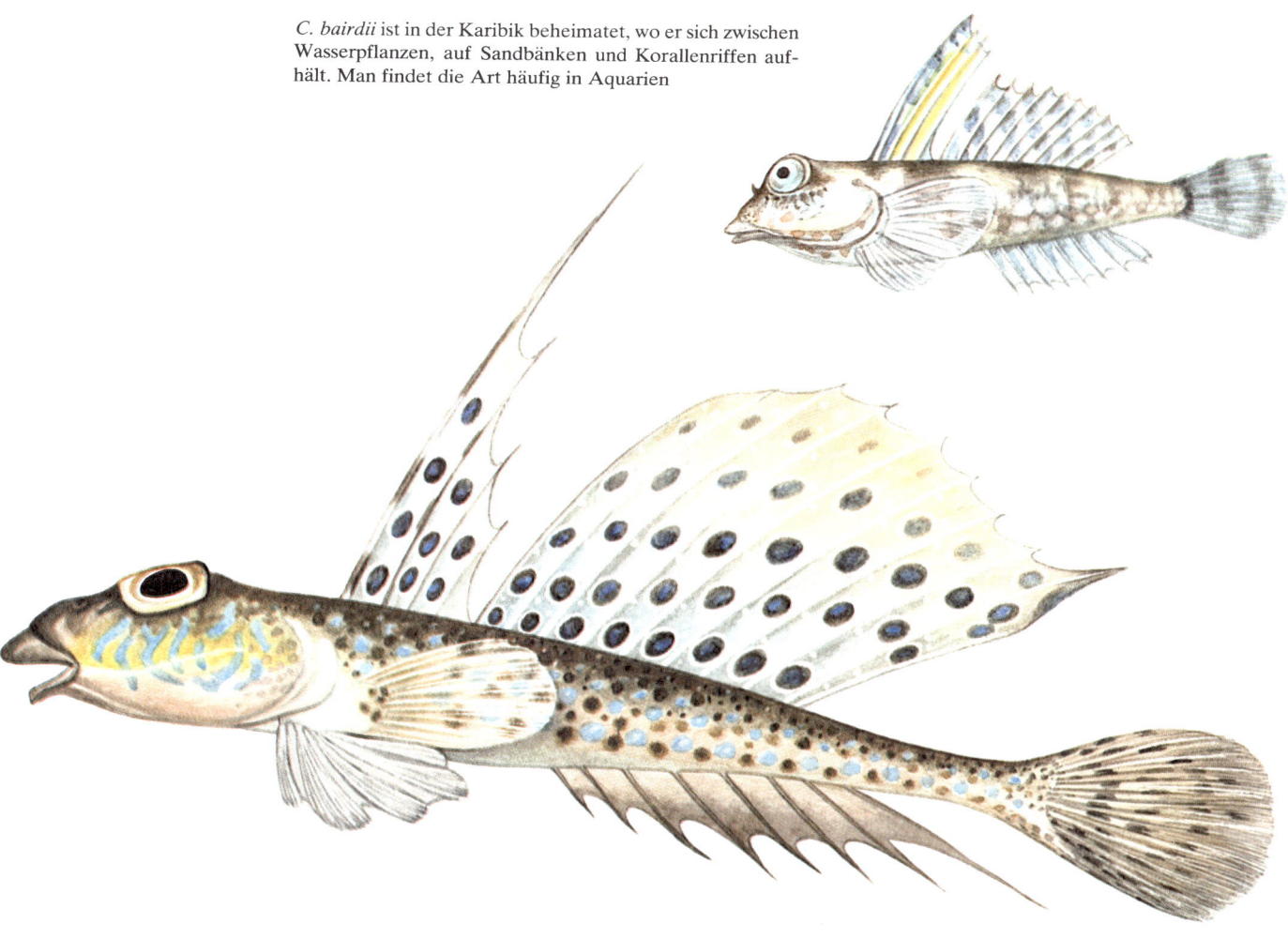

Gestreifter Leierfisch

Callionymus lyra

Beim Gestreiften Leierfisch ist der Rumpf auf der Bauchseite leicht abgeflacht, der Kopf ist relativ groß. Auf dem Vorderkiemendeckel befinden sich vier Knochenstacheln, von denen jedoch zwei nach oben, einer nach hinten und einer unter der Haut versteckt nach vorne weist. Die Männchen haben eine stark entwickelte Afterpapille, die bei den Weibchen kaum erkennbar ist. Die Körperfärbung ist sehr veränderlich. Der Rücken der Männchen ist dunkel mit einem rötlichen Ton und hellblauen oder hellvioletten Flecken. Über die Seiten zieht sich ein orangefarbener Streifen, der oben und unten von einem blauen Streifen begleitet wird. Die erste Rückenflosse ist apfelsinenfarben mit schwarzen oder hellblauen Binden, die zweite Rückenflosse verfügt über vier hellblaue Längsstreifen. Die Afterflosse ist dunkel umrahmt, die Schwanzflosse ist bläulich. Die Weibchen sind bräunlich, an den Seiten heller, am Bauch schmutzigweiß. Vor der norwegischen Küste laichen die Fische von November bis Dezember, in dänischen Gewässern von April bis August und im Ärmelkanal von Januar bis Juni. In dieser Zeit trägt das Männchen ein herrliches Farbkleid. Beide Partner schwimmen dicht nebeneinander senkrecht zum Wasserspiegel, wobei das Weibchen von den männlichen Bauchflossen umfaßt wird. Die befruchteten Eier steigen an die Oberfläche. Die Larven leben pelagisch, mit 10 mm Länge sinken sie auf den Grund und führen von nun ab ein Leben am Grund. Männchen werden 4−6 Jahre alt, Weibchen 6−8 Jahre. Die Männchen sind etwas schnellwüchsiger als die Weibchen und erreichen mit vier Jahren etwa 20 cm, die Weibchen werden nur etwa 15 cm lang. Ihre Nahrung besteht aus Krustentieren, Würmern und Weichtieren. Für den Menschen sind sie ohne Bedeutung, die Gestreiften Leierfische dienen Raubfischen als Nahrung.

Größe: 15−20 cm, vereinzelt bis 30 cm (Männchen)
D IV, 9;   A 9
Verbreitung: im Schwarzen Meer, im Mittelmeer und in den angrenzenden Teilen des Atlantiks von Mittelnorwegen und Island bis zum Kap Verde (Senegal)

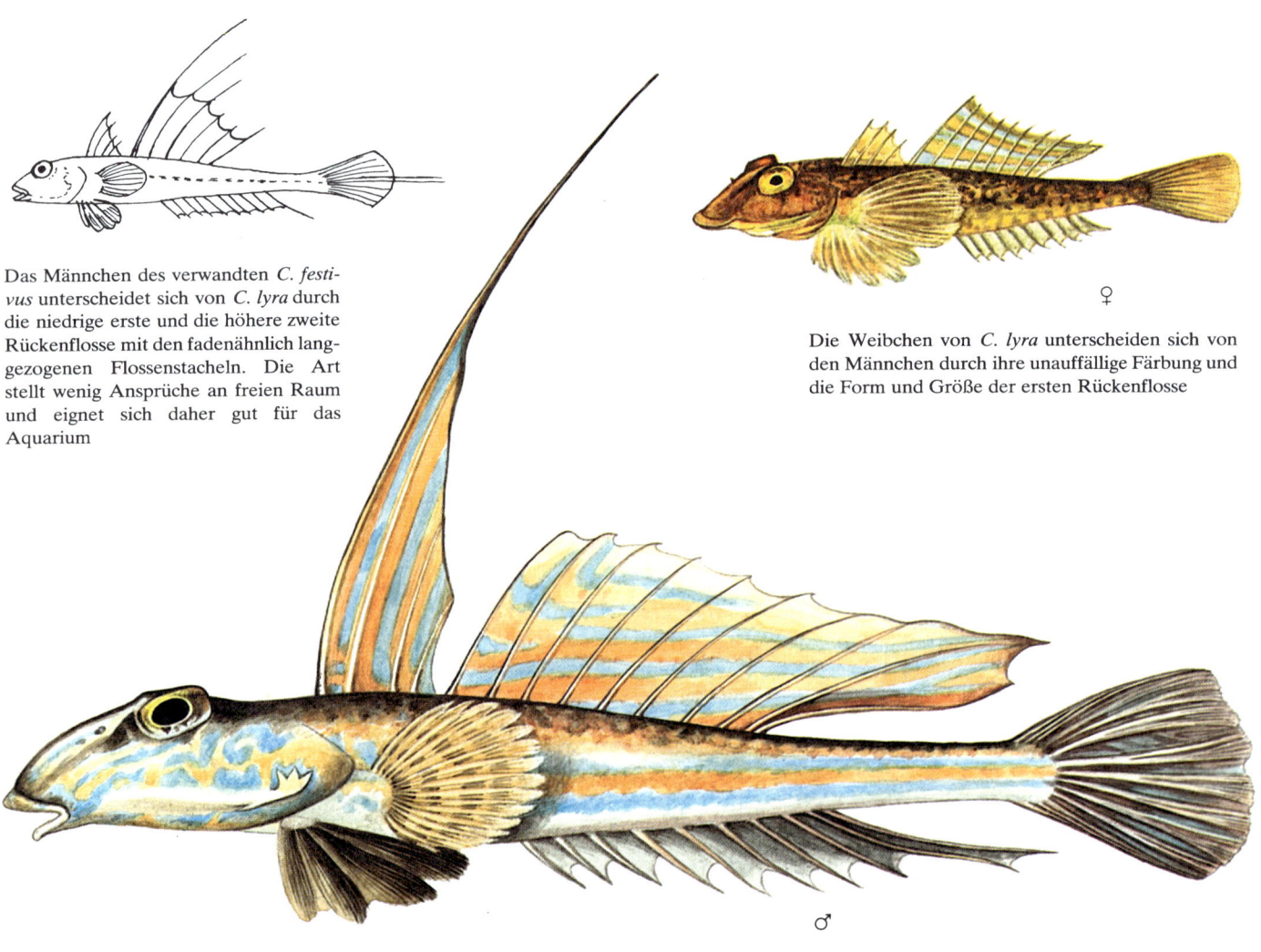

Das Männchen des verwandten *C. festivus* unterscheidet sich von *C. lyra* durch die niedrige erste und die höhere zweite Rückenflosse mit den fadenähnlich langgezogenen Flossenstacheln. Die Art stellt wenig Ansprüche an freien Raum und eignet sich daher gut für das Aquarium

♀

Die Weibchen von *C. lyra* unterscheiden sich von den Männchen durch ihre unauffällige Färbung und die Form und Größe der ersten Rückenflosse

♂

Die Ordnung SCORPAENIFORMES (Panzerwangen) umfaßt mehr als 1000 meist am Grunde lebender Fischarten. In der Regel haben sie einen großen Kopf und breite Brustflossen. In die Familie SCORPAENIDAE werden etwa 350 meist aus dem Pazifik und Indischen Ozean stammende Meeresfische eingeordnet. Sie sind den Barschen (PERCIDAE) sehr ähnlich. Nach ihrer hellroten Farbe werden sie in verschiedenen Sprachen Meeresbarsche oder Rotbarsche genannt. Viele Arten sind giftig. Verletzt man sich an den Dornen am Kopf oder an den unverzweigten Rückenflossenstrahlen, in deren Nähe sich Giftdrüsen befinden, entstehen schmerzhafte und schwer heilende Wunden, ja es kann sogar zur Lähmung der Finger kommen.

Rotbarsch, Goldbarsch   *Sebastes marinus*

Die meisten Vertreter der Gattung *Sebastes* leben im Norden des Stillen Ozeans. Der Rotbarsch gehört jedoch zu den vier im Atlantik heimischen Arten. Er hält sich bei einer Wassertemperatur von 2−6 °C 100−600 m tief auf, selten steigt er in 700−900 m hinab, wobei die jüngeren Fische das flachere Wasser bevorzugen und die älteren das tiefere. Sie wachsen langsam und werden bis 30 Jahre alt, nach anderen Angaben auch bis 60 Jahre. In ihrem Farbkleid überwiegt das Rot, das am Rücken am intensivsten ist. Ihr Laichgebiet liegt vor den Lofoten und Island, an den nordamerikanischen Küsten und an weiteren Stellen. Die Weibchen gebären eine größere Zahl voll ausgeformter Larven mit fast gänzlich aufgebrauchtem Dottersack. Meeresströmungen tragen die Larven nord-

wärts, wo sie sich weit entfernt vom Ufer in den oberen Wasserschichten aufhalten. Rotbarsche haben schmackhaftes Fleisch und besitzen große wirtschaftliche Bedeutung. Man fängt sie vor allem in Schleppnetzen, jährlich werden an die 500 000 t dieses Fisches angelandet.

Größe: meist 40−60 cm, max. 80−100 cm
Gewicht: 2−5 kg, max. 15 kg
Fruchtbarkeit: 30 000−350 000 Larven
D XIV−XVI/14−16;   A III−IV/7−9;   l.l. 80−90
Synonyme: *Perca marina, Sebastes norvegicus, Perca norvegica*
Verbreitung: nordwestlicher Atlantik, an den Küsten Grönlands und Nordamerikas bis Neufundland

Rotbarsche bis 30−35 cm ernähren sich vor allem von pelagischen Wirbellosen (z. B. von Garnelen der Gattung *Pandalus* − 1), von der Brut der Heringe und Dorsche. Bei größeren Exemplaren überwiegen Fische (2) als Nahrung

Die verwandte Art *S. mentela* ist in den kalten und subarktischen Gewässern des Nordatlantiks verbreitet. Sie wird 30−50 cm, höchstens aber 70 cm lang und erreicht ein Alter von etwa 20 Jahren

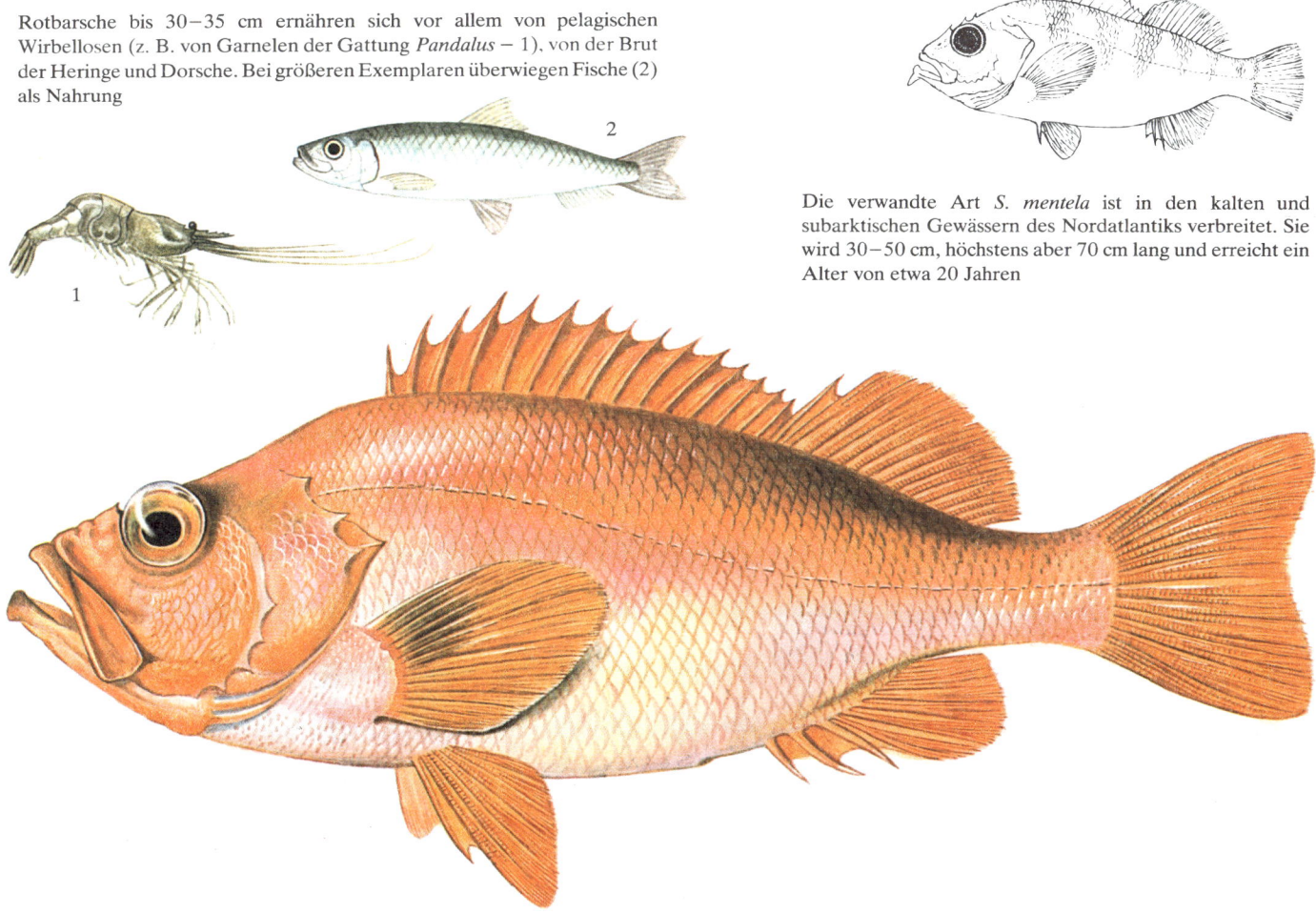

Brauner Drachenkopf, Kleine Meersau   *Scorpaena porcus*

Der Braune Drachenkopf hat einen kleinen Körper, der von kleinen ctenoiden Schuppen bedeckt wird, die am Hals, an der Brust und an der Basis der Brustflossen fehlen. Auf dem großen Kopf sowie am Körper, besonders unter der Rückenflosse und über der Seitenlinie befinden sich zahlreiche Hautanhängsel. Der größte und auffälligste ist über den Augen entwickelt, am Unterkiefer fehlen sie ganz. An der Basis des Stachelteils der Rückenflosse und an den Stacheln am Kiemendeckel befinden sich Giftdrüsen. Ihr Sekret gelangt mit den Stacheln in die Wunde und ruft schmerzhafte Entzündungen hervor. Die Tiere sind graubraun gefärbt und haben dunkle Tupfen und Flecken, die zuweilen in 2–3 undeutlichen und unregelmäßigen Querreihen angeordnet sind. Auch die Flossen weisen bisweilen dunkle quer oder längs verlaufende Fleckenstreifen auf. Die Braunen Drachenköpfe leben in Ufernähe zwischen Steinen versteckt, in Pflanzenwuchs, manchmal auch teilweise in den Sandboden eingewühlt. Sie bevorzugen Tiefen von 20–50 m, vereinzelt auch bis 100 m und tiefer. Sie laichen von Mai bis September in Schüben, die Eier sind pelagisch. Die Larven führen ebenfalls ein pelagisches Leben bis sie 12–15 mm lang geworden sind und sich auf den Grund zurückziehen. Mit drei Jahren (die Männchen teilweise schon mit zwei Jahren) sind die Fische laichreif. Als Jungtiere ernähren sie sich von kleinen Wirbellosen, später von Krabben, Garnelen und kleineren Fischen. Sie sind besonders in der Dämmerung aktiv. Während ihres Wachstums häuten sie sich periodisch in Abhängigkeit von der Nahrungsaufnahme. Das Fleisch ist von mittlerer Qualität und wird in einigen südeuropäischen Ländern konsumiert. Größere wirtschaftliche Bedeutung hat die Art jedoch nicht.

Größe: 15–25 cm, max. 30 cm
Gewicht: 0,3–0,7 kg
Fruchtbarkeit: 2500–180 000 Eier
D XI–XII/8–10; A III/5; P I/15–16; V I/5
Verbreitung: im Atlantik vom Golf von Biscaya nach Süden entlang der afrikanischen Küste, im Mittelmeer und im Schwarzen Meer

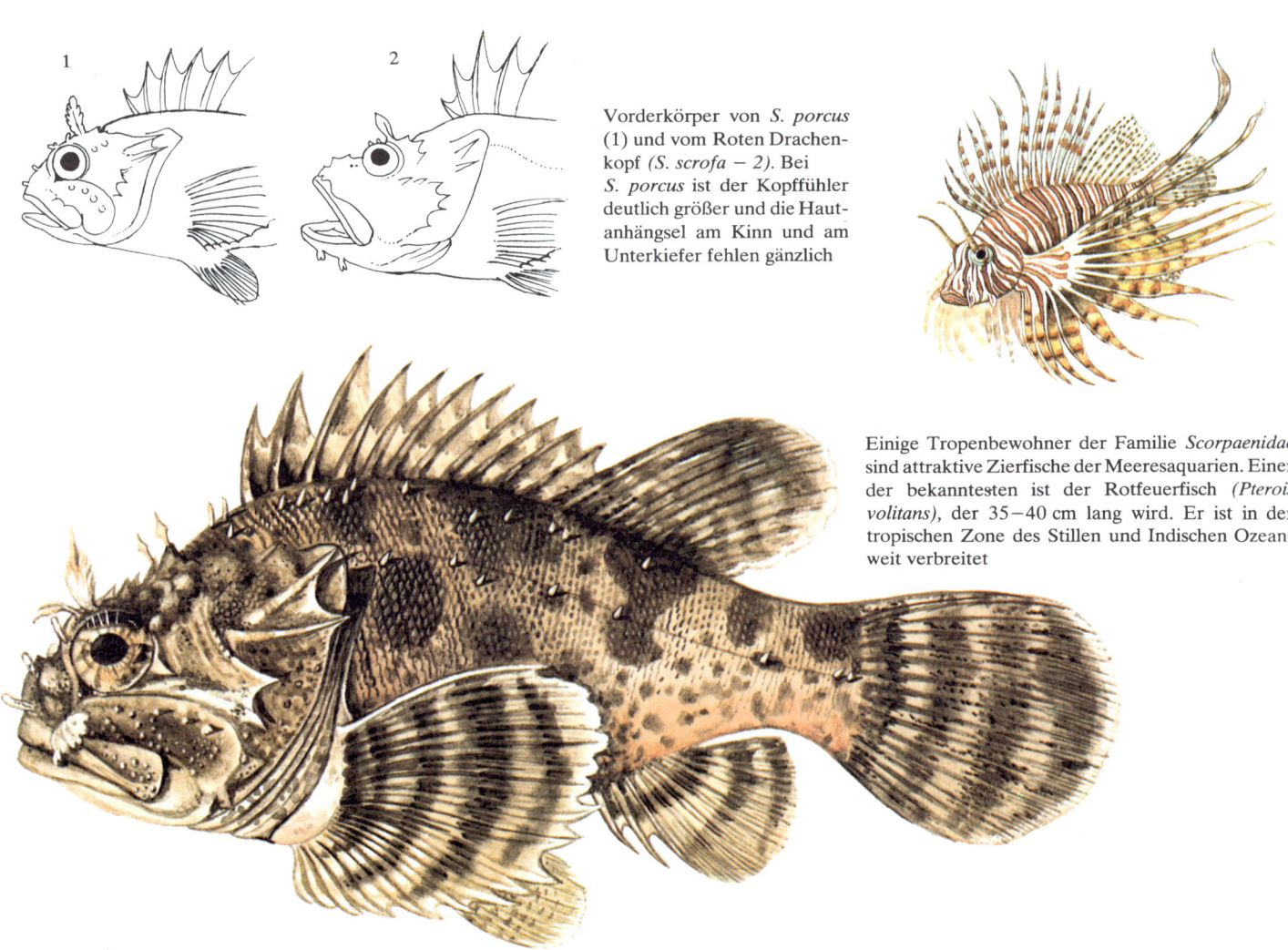

Vorderkörper von *S. porcus* (1) und vom Roten Drachenkopf (*S. scrofa* – 2). Bei *S. porcus* ist der Kopffühler deutlich größer und die Hautanhängsel am Kinn und am Unterkiefer fehlen gänzlich

Einige Tropenbewohner der Familie *Scorpaenidae* sind attraktive Zierfische der Meeresaquarien. Einer der bekanntesten ist der Rotfeuerfisch (*Pterois volitans*), der 35–40 cm lang wird. Er ist in der tropischen Zone des Stillen und Indischen Ozeans weit verbreitet

Roter Drachenkopf, Großer Drachenkopf, Große Meersau   *Scorpaena scrofa*

Vom Braunen Drachenkopf unterscheidet sich der Rote Drachenkopf in der Farbe, den größeren Ausmaßen und durch die zahlreichen Hautanhängsel an Unterkiefer und Kinn. Auch ist der Überaugenfühler weniger auffällig. Der ganze Fisch ist dunkelrotbraun gefärbt und dunkel marmoriert, nur der Bauch ist heller. Das Farbkleid ändert sich schnell und paßt sich der Umgebung an. Die Roten Drachenköpfe leben auf pflanzenbewachsenem Sandboden, in 20–100 m Tiefe, ausnahmsweise auch bis 200 und mehr Meter. Meist treten sie in kleineren Trupps auf und überfallen ihre Beute aus der Deckung von Pflanzen oder Steinen. Bisweilen graben sie sich teilweise in den Grund ein. Sie leben vor allem von Fischen, Krabben und Garnelen. Ihr breites Maul ermöglicht es ihnen, Beutetiere zu verschlucken, die mehr als halb so groß sind wie sie selbst. Sie laichen von Mai bis August in mehreren Schüben, ihre Eier sind pelagisch. Eine biologische Besonderheit, die auch anderen Drachenköpfen zukommt, ist, ähnlich wie bei den Schlangen und anderen Kriechtieren, das regelmäßige Häuten. Durchschnittlich häuten sich die Fische alle vier Wochen, manchmal auch zweimal im Monat, je nach der Freßintensität. Neben den Stacheln der Rücken- und Afterflosse sowie an einigen Kopfstacheln befinden sich Giftdrüsen. Ihr Sekret ist weniger giftig als das der Fische aus der Gattung *Trachinus*. Sticht man sich an den Stacheln, verursacht es jedoch stark schmerzende Entzündungen, die für empfindlichere Menschen gefährlich sein können. Meistens werden Fischer verletzt, während Badende praktisch nicht gefährdet sind. Jährlich werden von diesen Fischen, deren Fleisch mittlere Qualität aufweist, 2000–4000 t gefangen.

Größe: 25–30 cm, max. 50 cm
Gewicht: bis 1,5 kg
Fruchtbarkeit: 10 000 bis 200 000 Eier
D XI–XII/8–10;   A III/5–6;   V I/5
Verbreitung: vor der Südküste Großbritanniens und im Golf von Biscaya, an der Nordwestküste Afrikas und im westlichen Mittelmeer, im Schwarzen Meer nicht

Der Kleine Rote Drachenkopf *(S. ustulata)* hat ein ähnliches Areal. Er wird 15–20 cm lang und lebt meist in 50–300 m Tiefe. Ähnlich wie *S. scrofa* besitzt er an den Stacheln der Rückenflosse und an einigen Stacheln am Kopf Giftdrüsen, deren Absonderungen zu schmerzhaften Entzündungen führen

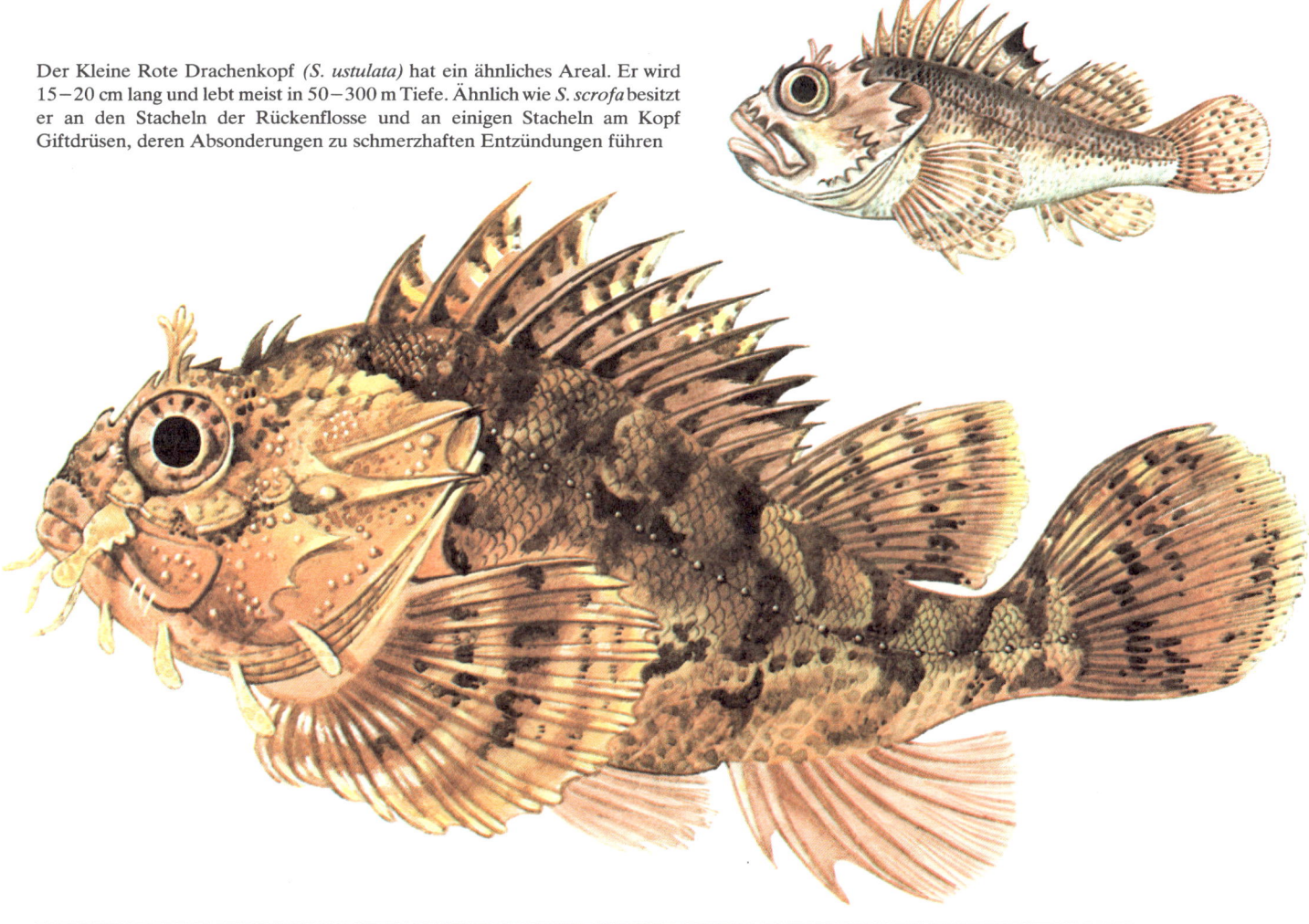

Die Familie TRIGLIDAE umfaßt etwa 85 im Meer lebende Arten, die dem Leben auf dem weichen Grund der Küstengewässer angepaßt sind. Ihr Körper ist von Kammschuppen oder Knochenplättchen geschützt, letztere haben besonders am Kopf zahlreiche scharfe Stachelauswüchse. Die ersten drei Strahlen der Brustflossen sind verstärkt, freistehend und mit Sinneszellen ausgestattet, die Geschmacks- und Geruchseindrücke registrieren. Außerdem funktionieren sie als fingerförmige Schreitorgane zur Fortbewegung am Meeresgrund und zum Aufwühlen der Oberschicht auf der Suche nach Nahrung. Die Knurrhähne können mit Hilfe besonderer Muskeln der Schwimmblase knurrende Laute erzeugen. Diese von der Schwimmblase verstärkten Knurrlaute helfen den Tieren besonders in der Laichzeit, den Schwarm beieinander zu halten.

Seekuckuck
Trigla cuculus

Beim Seekuckuck bedecken kleine Schuppen den Körper, an der Seitenlinie sind sie auffallend vergrößert. Die erste Rückenflosse ist kurz und hoch, die zweite niedrig und lang. Die Brustflossen reichen nur bis zur Afteröffnung. Rücken, Kopf und Seiten sind dunkelrot, der Bauch graurosa. Manchmal schmückt ein dunkler Saum die Bauchflossen. Der Seekuckuck ist einer der kleinsten europäischen Knurrhähne. Er laicht in den Sommermonaten, nachdem er mit 3−4 Jahren geschlechtsreif geworden ist, wobei Männchen schneller heranreifen als die Weibchen. Im ersten Lebensjahr erreicht er etwa 10 cm Länge, im zweiten 15 cm und im dritten an die 20 cm. Seine Larven leben von Nauplien und kleinen Ruderfüßern,

erwachsene Fische von verschiedenen, am Grund lebenden Tieren. Seekuckucke halten sich in Küstennähe in 20 bis 250 m Tiefe auf, wo sie Sand-, Stein- und Tonböden bevorzugen. Die nicht allzu häufigen Tiere geraten ab und zu in ein Trawlnetz oder an einen Angelhaken.

Größe: 20−30 cm, max. 40 cm
Gewicht: bis 1 kg
D_1 VIII−IX; D_2 18;   A 16−17;   l.l. 73−76
Synonym: *Trigla pini*
Verbreitung: vor Europas Küsten von Norddänemark und England bis zum Kap Verde in Westafrika, im Mittelmeer mit Ausnahme der am weitesten östlichen Gebiete

Kopf und Vorderkörper von *T. cuculus* (1) und *T. obscura* (Langflossen-Knurrhahn − 2), dessen zweiter Rückenflossenstrahl auffällig lang ist und dessen Seitenlinienschuppen anders gefärbt sind. *T. obscura* wird bis 30 cm lang

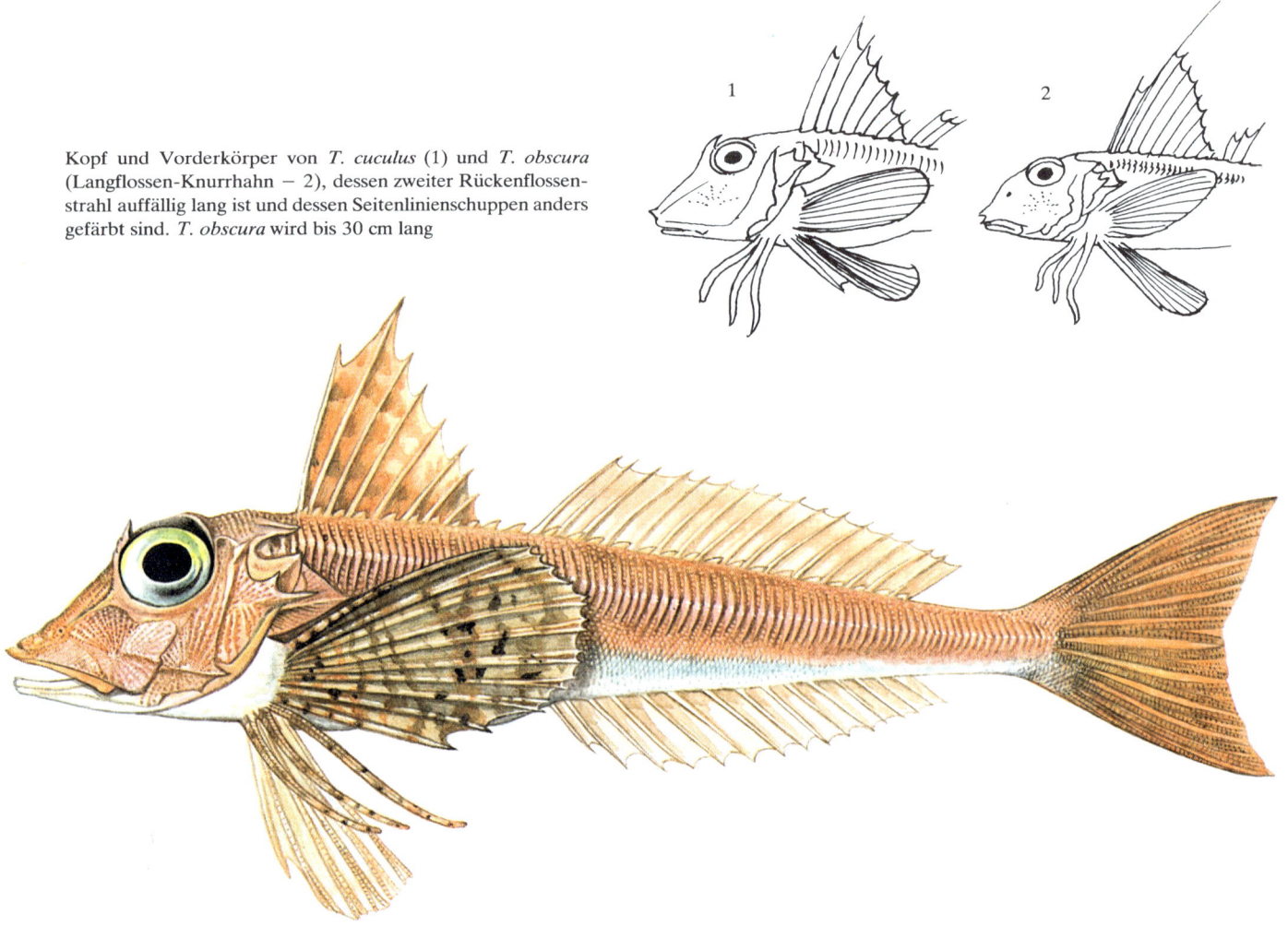

Grauer Knurrhahn   *Trigla gurnardus*

Die Brustflossen des Grauen Knurrhahns reichen nicht bis zum Ansatz der zweiten Rückenflosse. Charakteristisch für diese Art sind die mit Knochenspitzen versehenen rauhen Schuppen der Seitenlinie und die silbrig phosphoreszierenden und weißlichen Flecken auf der Rückenseite. Ansonsten ist der Körper recht variabel gefärbt, wobei graugrüne Töne überwiegen. Der Bauch ist weißlich. Man kann die Grauen Knurrhähne im seichten Wasser mit Sandboden antreffen, ebenso aber auch im freien Wasser bis in 150 m Tiefe. Im Frühjahr nähern sie sich den Küsten, um sich im Herbst zurückzuziehen Die Männchen sind im dritten Lebensjahr mit 18 cm laichreif, die Weibchen erst im vierten Jahr mit etwa 24 cm Länge. Wie bei allen Knurrhähnen zieht sich das Laichen in mehreren Schüben über den gesamten Sommer hin. Die Weibchen sind in den Schwärmen viel zahlreicher als die Männchen. Eier und Larven sind pelagisch, die Jungfische leben am Grund. Das Fleisch ist wohlschmeckend und es werden jährlich etwa 4000–6000 t davon angelandet. Ein Großteil davon wird zu Fischmehl verarbeitet. Einige Wissenschaftler ordnen den Knurrhähnen auch die verwandten Flughähne *(Dactylopteridae)* zu, von denen in europäischen Gewässern besonders der Flughahn *(Dactylopterus volitans)* bekannt ist.

Größe: 25–40 cm, ausnahmsweise bis 55 cm
Gewicht: bis 1 kg
Fruchtbarkeit: 200 000–300 000 Eier
D_1 VII–IX; D_2 18–20; A 17–20; P 10–11+3; V I/5
Synonyme: *T. milvus, Eutrigla gurnardus*
Verbreitung: nach Norden bis zum Polarkreis. Kommt über dem Schelf vom sowjetischen Murmansk bis zu den Südgrenzen Marokkos, im Mittelmeer und im Schwarzen Meer vor

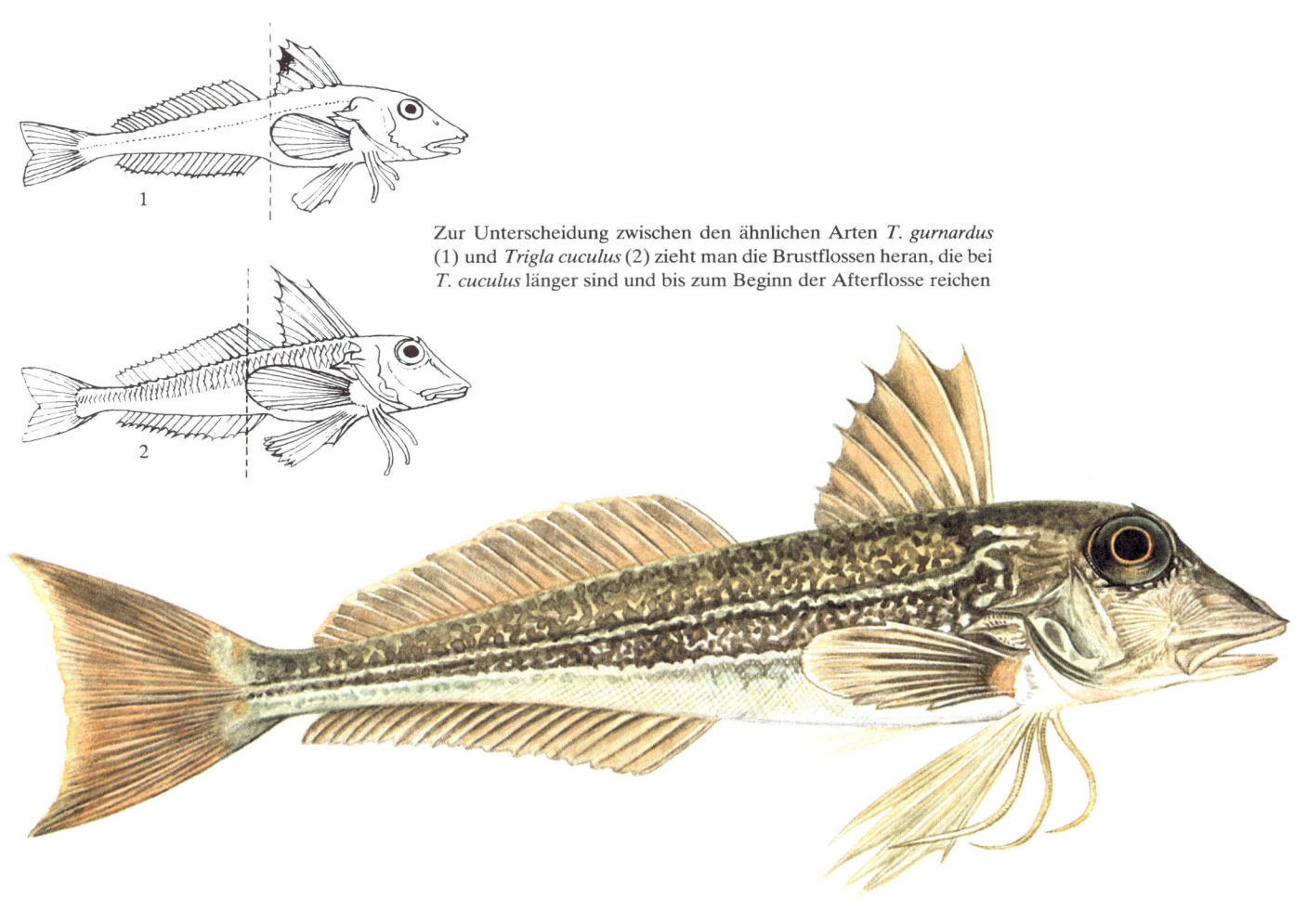

Zur Unterscheidung zwischen den ähnlichen Arten *T. gurnardus* (1) und *Trigla cuculus* (2) zieht man die Brustflossen heran, die bei *T. cuculus* länger sind und bis zum Beginn der Afterflosse reichen

Roter Knurrhahn, Seeschwalbenfisch   *Trigla hirundo*

Der Rote Knurrhahn, die größte Art dieser Familie, wird bis zu 75 cm lang. Im Unterschied zum Seekuckuck, Grauen Knurrhahn und weiteren Arten ist die Seitenlinie des Roten Knurrhahns mit sichtbar glatten, unvergrößerten Schuppen bedeckt. Die langen Brustflossen weisen eine charakteristische, wechselnde Färbung auf, aus den Farben Schwarz, Blau und Rot mit weißlichen Flecken. Die Brustflossen reichen bis zu den ersten Strahlen der zweiten Rückenflosse. Auch die Farbe des Rumpfes ist sehr variabel und reicht von überwiegend Rotbraun bis Orange. Der Bauch ist heller. Die Roten Knurrhähne suchen meist felsigen und sandigen Schelfboden, auf den sie sich mit ihren fingerartigen Brustflossenstrahlen stützen. Man kann sie jedoch auch im freien Wasser in verschiedenen Tiefen antreffen. Die recht gewandten Schwimmer ernähren sich vorwiegend von Fischen. Wie bei den anderen Knurrhähnen zieht sich das schubweise

Laichen stark in die Länge. In europäischen Gewässern währt es von Mai bis August, vor Afrika vermehren sich die Fische auch im Winter. Eier und Larven sind pelagisch, die Jungfische orientieren sich dann auf ein Leben am Grund um. Die relativ verbreiteten Roten Knurrhähne bilden den überwiegenden Teil der gefangenen Knurrhähne. In Europa gehen jährlich etwa 13 000 t in die Netze. Man fischt sie vor allem an den spanischen Küsten. Das Fleisch schmeckt vorzüglich.

Größe: 30−60 cm, ausnahmsweise bis 75 cm
Gewicht: 0,7−0,9 kg, vereinzelt bis 1,5 kg
Fruchtbarkeit: bis 150 000 Eier
D_1 IX−X; D_2 15−18; A 14−17; P 10−11+3; V I/5
Synonyme: *T. lucerna, T. hyrax, T. corax*
Verbreitung: im Mittelmeer, Schwarzen Meer und im Atlantischen Ozean von Mittelnorwegen bis Äquatorialafrika

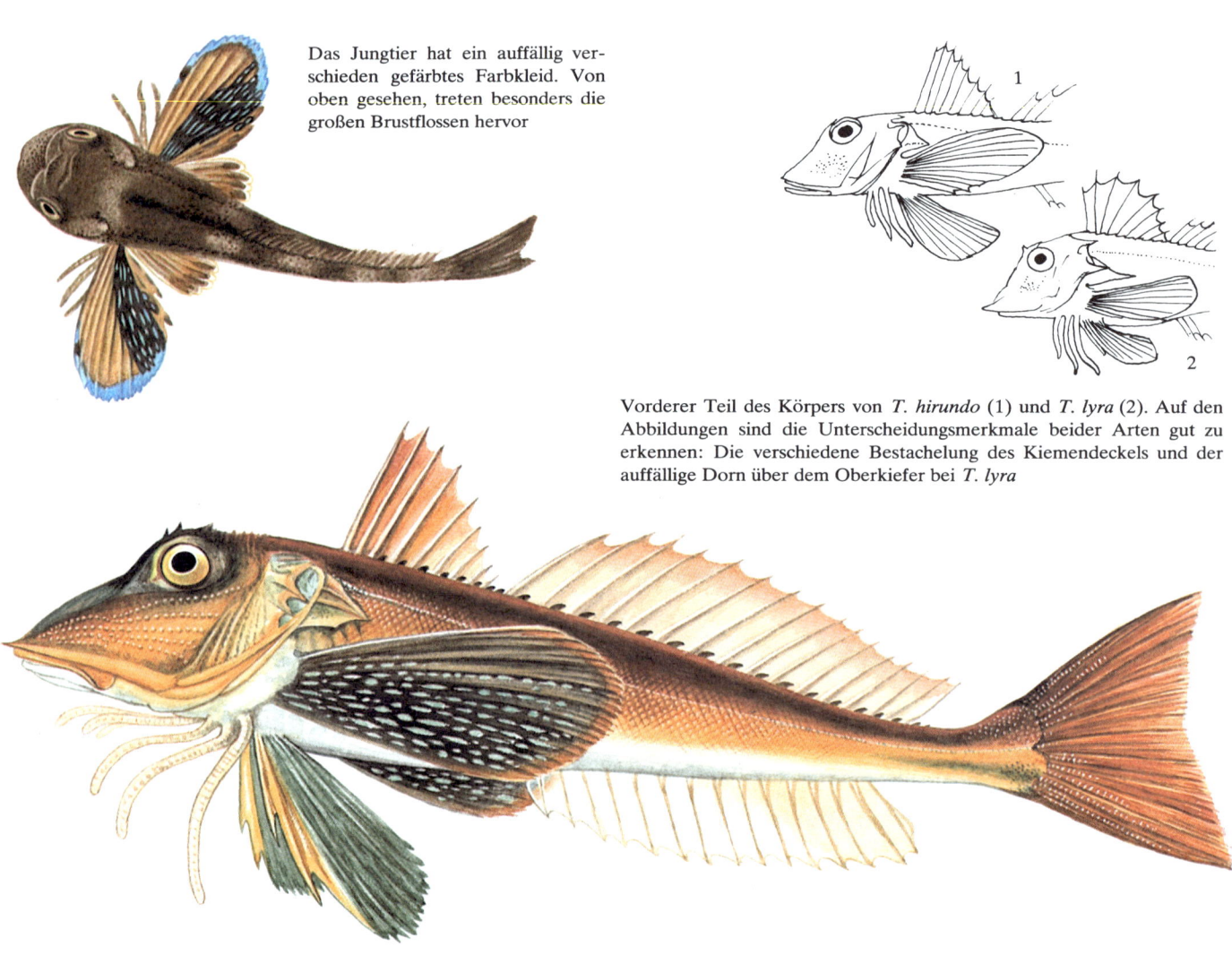

Das Jungtier hat ein auffällig verschieden gefärbtes Farbkleid. Von oben gesehen, treten besonders die großen Brustflossen hervor

Vorderer Teil des Körpers von *T. hirundo* (1) und *T. lyra* (2). Auf den Abbildungen sind die Unterscheidungsmerkmale beider Arten gut zu erkennen: Die verschiedene Bestachelung des Kiemendeckels und der auffällige Dorn über dem Oberkiefer bei *T. lyra*

Der Familie COTTIDAE gehören etwa 200 Meeres- und Süßwasserfischarten an, die meistens an der Bauchseite abgeflacht sind. Sie haben eine dicke, schuppenlose Haut, die mit einer Reihe von Knochenstacheln versehen ist. Die meisten Arten leben in den Gewässern des nördlichen Pazifiks, fünf Gattungen sind in den Binnengewässern Eurasiens und Nordamerikas heimisch.

Groppe, Westgroppe, Mühlkoppe   *Cottus gobio*

Die Groppe, ein kleiner Süßwasserfisch mit spindelartiger Körperform, hat einen großen, breiten Kopf und glatte, schuppenlose Haut. Der Körper ist meist grau oder hellbraun gefärbt und hat eine unregelmäßige, dunklere Marmorierung mit vier undeutlichen dunklen Querstreifen. Die Flossen sind überwiegend hellgrau und gefleckt. Groppen kommen vor allem in seichten Gebirgs- und Vorgebirgsflüssen und Bächen mit gegliedertem, steinigem Grund vor. Tagsüber verstecken sie sich unter Steinen, in den Abend- und Nachtstunden werden sie aktiv. Ihr Versteck verlassen sie, wenn sie gestört werden, wobei sie sich dann mit kurzen Sprüngen zur nächsten Deckung bewegen. Die Groppen besitzen keine Schwimmblase und sind sehr schlechte Schwimmer. Die zuweilen bis 8 Jahre alt werdenden Fische laichen von März bis Mai. Für gewöhnlich legt das Weibchen die Eier auf die Unterseite eines Steines ab. Bis zum Schlüpfen werden sie vom Männchen behütet. Diese unterscheiden sich von den Weibchen durch ihren größeren Kopf, das breitere Maul und vor allem durch die röhrchenartig verlängerte Genitalpapille. In früheren Jahren wurden die Groppen von den Fischern als Forellenlaichräuber und Futterkonkurrenten für die Forellen und andere Salmoniden angesehen. Ihre Schädlichkeit wurde sicher überbewertet. Das Groppenfleisch ist von gutem Geschmack. Gelegentlich verwenden Angler diese Art als Köderfisch, für die Salmoniden ist sie eine wichtige Nahrungsquelle.

Größe: 12−14 cm, max. 16 cm
Fruchtbarkeit: 100−1300 Eier
D_1 V−IX; D_2 13−19; A 10−15
Verbreitung: Großteil Europas

Verbreitung von *C. gobio* (blau)
und *C. poecilopus* (rot)

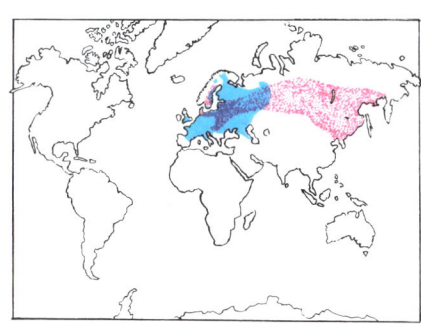

Ostgroppe, Buntflossengroppe, Sibirische Groppe   *Cottus poecilopus*

Die Ostgroppe ähnelt stark der Westgroppe, sie hat jedoch ein breiteres Maul, eine meist unvollständige Seitenlinie und vor allem längere Bauchflossen, die bis zur Afteröffnung oder weiter reichen. Am Rand der vorderen Rückenflosse besitzen besonders die Männchen einen auffallenden orangefarbenen Saum. Die Männchen haben gegenüber den Weibchen einen größeren und breiteren Kopf, längere Flossen und sind dunkler in der Farbe. Der Rücken ist bei beiden Geschlechtern braun bis olivgrün gefärbt und mit braunen Tupfen versehen. Der Bauch ist weiß oder gelblich, an den Seiten befinden sich meist 4−5 dunkle Flecken. Die Ostgroppen leben vor allem in Bergflüssen und -bächen, wo sie oft bis ins Quellgebiet vordringen, also höher als die Westgroppe. Beide Arten treten gemeinsam in den kurzen Abschnitten des Übergangs zur Vorgebirgszone auf. Auch die Lebensweise, die Standorte und die Nahrung sind ähnlich. Doch ist die Ostgroppe weniger häufig und stellt höhere Ansprüche an Sauerstoffgehalt und Reinheit des Wassers. Im Falle eines Angriffs spreizt sie ihre Kiemendeckel, richtet die Stacheln an deren Enden auf und wendet sich mit weit aufgerissenem Maul und auseinandergezogenen Brustflossen gegen den Feind. Hilft dies nichts, flieht sie mit kurzen Sprüngen in ein Versteck unter den Steinen. Laichreif sind die Ostgroppen im zweiten Lebensjahr. Sie laichen von März bis Mai in Gruben unter Steinen, die von den Männchen hergerichtet werden. Diese übernehmen auch den Schutz des Geleges bis zum Schlüpfen des Nachwuchses. Die Fische werden höchstens 6 Jahre alt.

Größe: 15 cm, max. 20 cm
Fruchtbarkeit: 200−800 Eier
D_1 VIII−IX; D_2 16−20;   A 12−15
Verbreitung: in Nordeuropa und Asien bis zum sibirischen Fluß Kolyma, vom Einzugsgebiet der Oder und der Donau bis zum Amur

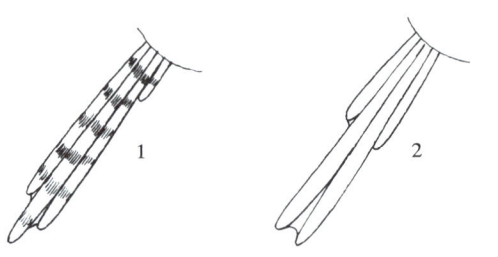

Eines der wichtigsten Unterscheidungsmerkmale der beiden Groppenarten (*C. poecilopus* − 1 und *C. gobio* − 2) ist die Ausbildung und Färbung der Bauchflosse

Seebulle

Aus der Gattung *Taurulus* leben an der europäischen Atlantikküste zwei Arten. Der Seebulle hat am Vorkiemendeckel einen starken, nach hinten gerichteten Stachel, dessen Länge den Augendurchmesser übertrifft. Dadurch unterscheidet er sich vom Zwergseeskorpion *(T. lilljeborgi)*, dessen Stachel stets kürzer als der Augendurchmesser ist. In der ersten Rückenflosse befinden sich ausschließlich Stachelstrahlen, in der zweiten nur Weichstrahlen. Die Bauchflosse hat vier Strahlen, beim Zwergseeskorpion sind es drei. Der Körper ist nackt. Die Männchen haben am Nacken einen Hautkamm, längere Flossen sowie eine Genitalpapille. Seebullen sind rotbraun gefärbt und tragen dunkle Querstreifen. In der Laichzeit ist der Bauch der Männchen orangerot mit hellblauen und weißen Flecken. Die Vermehrungszeit liegt früh im Jahr, sie findet im März und April statt. Das Weibchen klebt seine Eier an Steine oder Meeresalgen. Nach 6–7 Wochen schlüpfen die Larven, deren Entwicklung nicht vom Männchen bewacht wurde. Zuerst leben die Larven im Pelagial, mit 13 bis 14 mm kehren sie zur Küste zurück. Seebullen leben von Krustentieren (Flohkrebsen, Garnelen und Krabben), aber auch von Kleinfischen (Grundeln), gelegentlich von Schlangensternen oder Weichtieren. Sie bewohnen die Küstenzone bis 30 m Tiefe, wo sie sich zwischen Steinen und Algen aufhalten. Im Winter ziehen sie sich in größere Tiefen zurück. Der verwandte Zwergseeskorpion lebt in größerer Tiefe von 50–80 m, wo er auch laicht. Beide Arten haben für den Menschen keinerlei Bedeutung.

Größe: 12–15 cm, max. 20 cm
D_1 VII–X; D_2 10–14;   l.l. 32–35;   29–30 Wirbel
Synonym: *Cottus bubalis*
Verbreitung: Atlantikküste Europas vom Golf von Biskaya bis Nordnorwegen, Küstengewässer Englands, Irlands und Islands, Ostsee

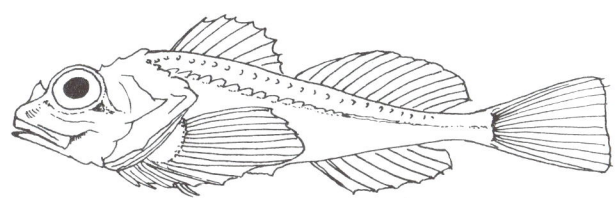

Der verwandte Zwergseeskorpion *(T. lilljeborgi)* hat ein ähnliches Areal wie der Seebulle. Er besitzt zwei Weichstrahlen in der Bauchflosse, während *T. bubalis* drei hat

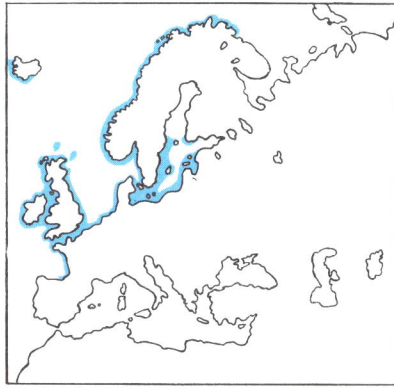

Verbreitungskarte des Seebullen

Icelus bicornis

Diese Art hat eine kleine charakteristische Körperform mit einem großen Kopf, der mit kräftigen Knochenstacheln bewaffnet ist. Ähnliche Stacheln befinden sich auch am Vorkiemendeckel. An den Seiten fallen zwei Reihen großer Schuppen mit kleinen Stacheln auf ihrer Rückseite auf, die den Anschein erwecken, der Fisch besäße zwei Seitenlinien, jedoch ist nur die untere Reihe eine echte Seitenlinie. Die Männchen verfügen über eine große Urogenitalpapille, die bis 1 cm aus dem Körper ragt. Auf dem gelbbraunen Rücken sind dunkelbraune Flecken, die Seiten sind ebenfalls gelbbraun, doch in einem helleren Ton. Die Art ist fast zirkumpolar verbreitet. In Europa kommt sie entlang der skandinavischen Atlantikküste bis Südnorwegen vor. Die Fische halten sich in Tiefen von einigen Metern bis 600 m auf. Junge Exemplare bevorzugen seichtere Gewässer, erwachsene Tiere sind vor allem 40−180 m tief anzutreffen. Diese ausgesprochen kälteliebende Art bevorzugt Wassertemperaturen um 0 °C, doch verträgt sie auch Minusgrade (bis zum Gefrierpunkt des Salzwassers). Die Höchsttemperatur liegt bei *I. bicornis* bei 7−9 °C. Der Salzgehalt des Wassers muß zwischen 3,3−3,5 % liegen, und nur ausnahmsweise kommen die Fische in weniger salzigen Gewässern mit 2,5−2,9 % Salzgehalt vor. An die Bodenbeschaffenheit stellen sie keine besonderen Ansprüche. Sie laichen von August bis Oktober, die Eier sind relativ groß, ihr Durchmesser beträgt 2,5−3 mm. *I. bicornis* ernährt sich von auf dem Meeresgrund lebenden Vielborstern und Krustentieren. Wirtschaftliche Bedeutung hat sie nicht.

Größe: bis 12 cm
Fruchtbarkeit: 150−300 Eier
D VII−X/17−23;   A 12−17;   l.l. 25−37
Verbreitung: Nördliches Eismeer, Nordatlantik

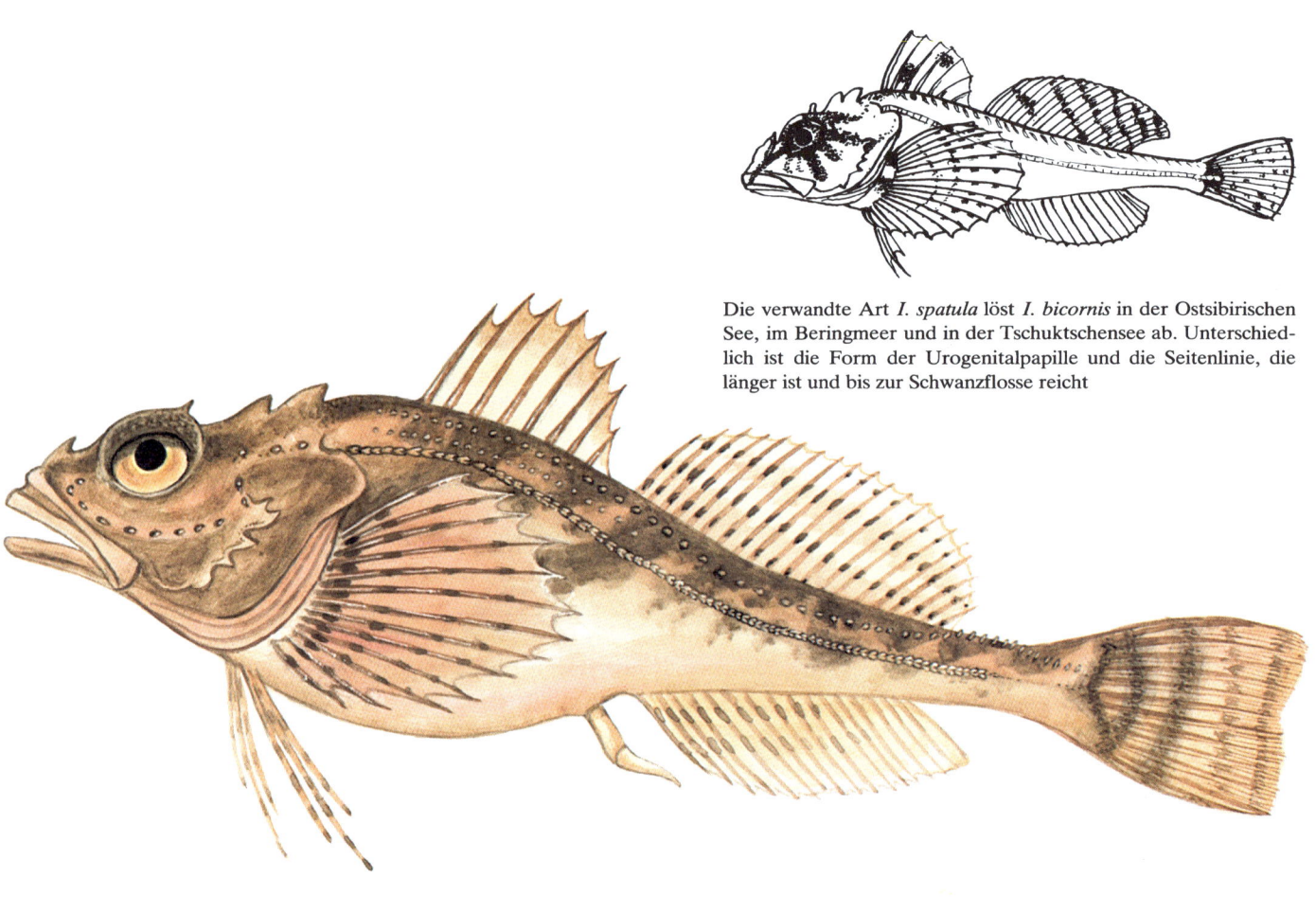

Die verwandte Art *I. spatula* löst *I. bicornis* in der Ostsibirischen See, im Beringmeer und in der Tschuktschensee ab. Unterschiedlich ist die Form der Urogenitalpapille und die Seitenlinie, die länger ist und bis zur Schwanzflosse reicht

Vierhörniger Seeskorpion

Die Form des Körpers des Vierhörnigen Seeskorpions verrät dessen Verwandtschaft mit den Süßwasser-Groppen der Gattung *Cottus*. Am breiten Kopf befinden sich auf den Kiemendeckelknochen 4 hornartige Höcker, nach denen der Fisch seinen Artnamen erhielt. Von oben und von der Seite sind am Kopf weitere Knochenhöcker hinter den Augen und im Genick zu sehen, die sich meist nach oben hin verbreitern. Die Genickhöcker sind oft größer, doch schwanken ihre Ausmaße recht stark. Über der Seitenlinie sind 1–2 Reihen Knochenplättchen, die mit gleichmäßig kleinen Zähnen bedeckt sind, zu finden. Unterhalb der Seitenlinie sind die Plättchen meistens in der Haut versteckt. Der Schwanzstiel ist lang und dünn, die zweite Rückenflosse ist besonders bei den Männchen langgestreckt, so daß sie, zum Körper hin umgeklappt, bis zur Basis der Schwanzflosse reicht. Ihre Flossenstrahlen sind mit spitzen Zähnen bedeckt, dieses Merkmal ist von den anderen Vertretern der Gattung nicht bekannt. Erwachsene Fische sind grünbraun bis braungrau gefärbt, sie haben keine deutlichen Flecken. Der Bauch ist hell und zumeist weißgelb. Mit Vorliebe besiedeln die Vierhörnigen Seeskorpione mit Algen und anderen Wasserpflanzen bewachsenen Felsenboden, wo sie zwischen Steinen versteckt leben. Besonders die Larven schwimmen gerne in Flußmündungen hinein. Das Laichen findet vom Ende des Herbstes bis in den Winter hinein statt. Die Eier werden auf den Grund abgelegt. Die pelagisch lebenden Larven schlüpfen im Frühling und sind im August 20–22 mm lang. Die Vierhörnigen Seeskorpione ernähren sich vorwiegend von Krustentieren und kleineren Fischen. Wirtschaftlich sind sie ohne Bedeutung, da sie zu selten ins Netz geraten. Ihr weißes Fleisch schmeckt jedoch recht gut.

Größe: 20–30 cm, Weibchen ausnahmsweise bis 35 cm
Gewicht: 150–200 g, vereinzelt bis 500 g
Fruchtbarkeit: 2000–6200 Eier
D_1 VII–IX; D_2 13–16; A 13–16; P 15–18
Synonym: *Cottus quadricornis*
Verbreitung: zirkumpolar im Arktischen Ozean, im Weißen Meer, der Barentssee und der Ostsee, in den skandinavischen und karelischen Seen (einschließlich des Onegasees und des Ladogasees) sowie in den nordamerikanischen Großen Seen. In den Seen und in der Ostsee als Reliktform der letzten Eiszeit

Kopfansicht von *M. scorpius* (1) und *M. quadricornis* (2). Deutlich ist die unterschiedliche Form der Kiemendeckeldornen sowie die verschiedene Größe der Überaugen- und Genickhöcker zu erkennen

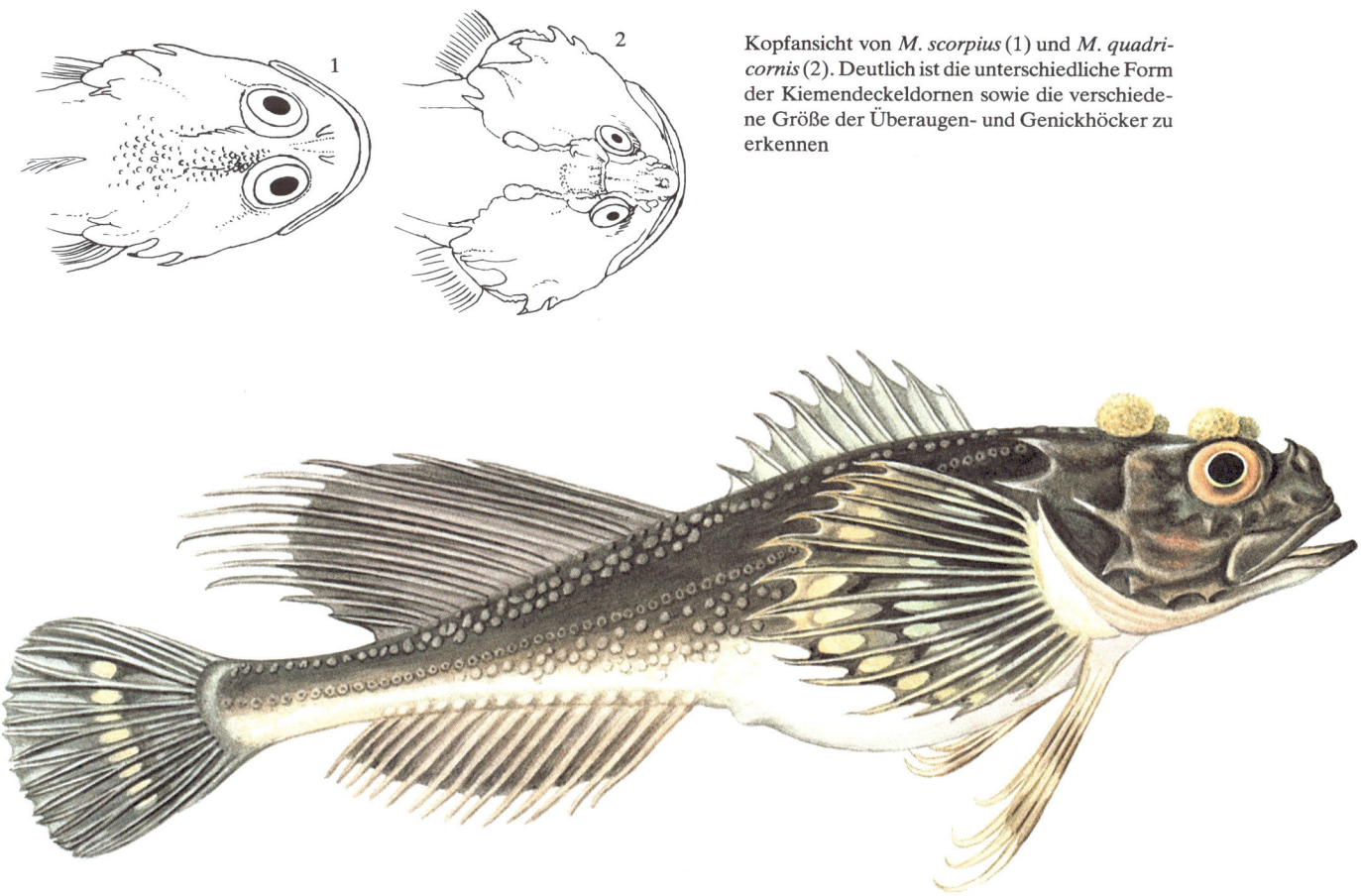

Seeskorpion   *Myoxocephalus scorpius*

Der Kopf des Seeskorpions ist nicht ganz so breit wie bei dem Vierhörnigen Seeskorpion. Die Kopfhaut ist entweder glatt oder mit warzenähnlichen Poren versehen. Überaugen- und Nackenhöcker sind weniger stark entwickelt als beim Vierhörnigen Seeskorpion, doch sind die Kiemendeckelstacheln länger und fügen beim Stechen größere Schmerzen zu. Der Schwanzstiel ist kurz und verhältnismäßig hoch. An den Seiten stehen über und unter der Seitenlinie aus der Haut Knochenplättchen hervor, die am Hinterende mit mehreren Dornen versehen sind. Männchen haben zumeist mehr und besser bewehrte Plättchen als die Weibchen, bei denen sie zuweilen ganz fehlen. Der obere Teil des Körpers ist grünbraun bis grau mit mehreren dunkleren Flecken. Bei den Männchen ist die Bauchseite kirschrot gefärbt, bei den Weibchen orangefarben. Beide Geschlechter haben größere weiße Flecken an Bauch und Seiten. Jedoch ist die Körperfarbe sehr variabel. Seeskorpione leben überwiegend in der Küstenzone bis 25 m tief, wurden aber auch schon in 100–250 m Tiefe gefangen. Sie vertragen größere Schwankungen der Temperatur und des Salzgehaltes des Wassers und kommen nicht selten auch im Brackwasser vor. Mit Vorliebe halten sie sich über steinigem Grund auf, in Häfen findet man sie an unter Wasser befindlichen Betonteilen der Molen und anderen Anlagen. Oft bleiben sie bei Ebbe in den Restpfützen. Ihre Laichreife erlangen sie mit 3–4 Jahren, sie vermehren sich von Dezember bis März. Das Männchen bewacht die vom Weibchen zwischen Steinen am Boden abgelegten Eier. Seeskorpione ernähren sich vor allem von Fischen, weniger von größeren Krustentieren und Würmern. Wirtschaftliche Bedeutung haben sie nicht, in den nordischen Ländern wird ihr Fleisch zuweilen, nachdem die Haut abgezogen ist, gegessen.

Größe: 25–30 cm, in arktischen Gewässern bis 60 cm
Gewicht: 300–500 g, ausnahmsweise bis über 1 kg
Fruchtbarkeit: 2000–3000 Eier
D_1 VII–XI; D_2 14–17; A 10–15; P 16–18
Synonym: *Cottus scorpius*
Verbreitung: in allen Meeren Nordeuropas und vor der Atlantikküste Nordamerikas. Nach Süden kommt die Art bis zum Golf von Biscaya vor, tritt auch in der Ostsee auf

Die verwandte Art *Phobetor tricuspis* ist in den subarktischen Gebieten des Atlantiks und Pazifiks verbreitet. Sie wird bis zu 25 cm lang und hält sich bis in 200 m Tiefe auf

Die Familie AGONIDAE ist klein, sie umfaßt etwa 50 Meeresfischarten, deren Körper von einem Knochenpanzer geschützt sind. Die kleinen benthischen Fische leben meistens in den Küstengebieten des nördlichen Atlantiks und Pazifiks. Größtenteils sind sie im Stillen Ozean heimisch, im europäischen Teil des Atlantiks sind nur zwei Arten bekannt.

Steinpicker

Agonus cataphractus

Der Kopf und der Vorderkörper des Steinpickers ist auf der Bauchseite abgeflacht. An der Schnauzenspitze sitzen zwei Paar kräftige Knochenstacheln. Ähnliche Stacheln befinden sich auf den Kiemendeckeln. An der Kopfunterseite befindet sich eine Bartelreihe. Auf der Brust verlaufen eine Reihe paariger Knochenschilde ohne Mittelreihe. Rücken und Flanken sind dunkelbraun gefärbt mit vier nicht immer deutlichen dunklen Streifen. Der Bauch ist hell, zuweilen mit dunkleren Flecken versehen. Dunklere Flecken oder Streifen schmücken auch die gelblichen Flossen. Die Steinpicker laichen von Februar bis Mai, die relativ großen Eier werden an Braunalgen abgelegt. Die gelblichen bis orangefarbenen Eier haben eine kräftige Eihülle, sie entwickeln sich sehr langsam, die Entwicklungszeit beträgt wahrscheinlich bis zu einem Jahr. Die Larven leben pelagisch, erst mit etwa 20 mm sinken sie auf den Grund, wo sie eine benthische Lebensweise führen.

Nach einem Jahr sind sie 6−7 cm lang, nach zwei 10 bis 11 cm. Mit 3−4 Jahren erreichen sie die Geschlechtsreife. Die Brut ernährt sich anfangs von Plankton, später von benthischen Krustentieren, Würmern, Weichtieren und Schlangensternen. In der Nordsee leben die Steinpicker in der Küstenzone 20−70 m, im Weißen Meer 3−35 m tief. Im Winter ziehen sie sich in tieferes Wasser (bis 270 m) zurück. Sie bevorzugen Sandboden, kommen aber auch über steinigem Grund vor. Die wirtschaftlich bedeutungslosen Fische geraten von Zeit zu Zeit beim Garnelenfang in die Trawlnetze.

Größe: 10−15 cm, max. 22 cm
Fruchtbarkeit: 500−2500 Eier
D_1 IV−VI; D_2 6−8; A 5−7; l.l. 32−35
Verbreitung: entlang der Nordwestküsten Europas bis Murmansk, im Westen der Ostsee

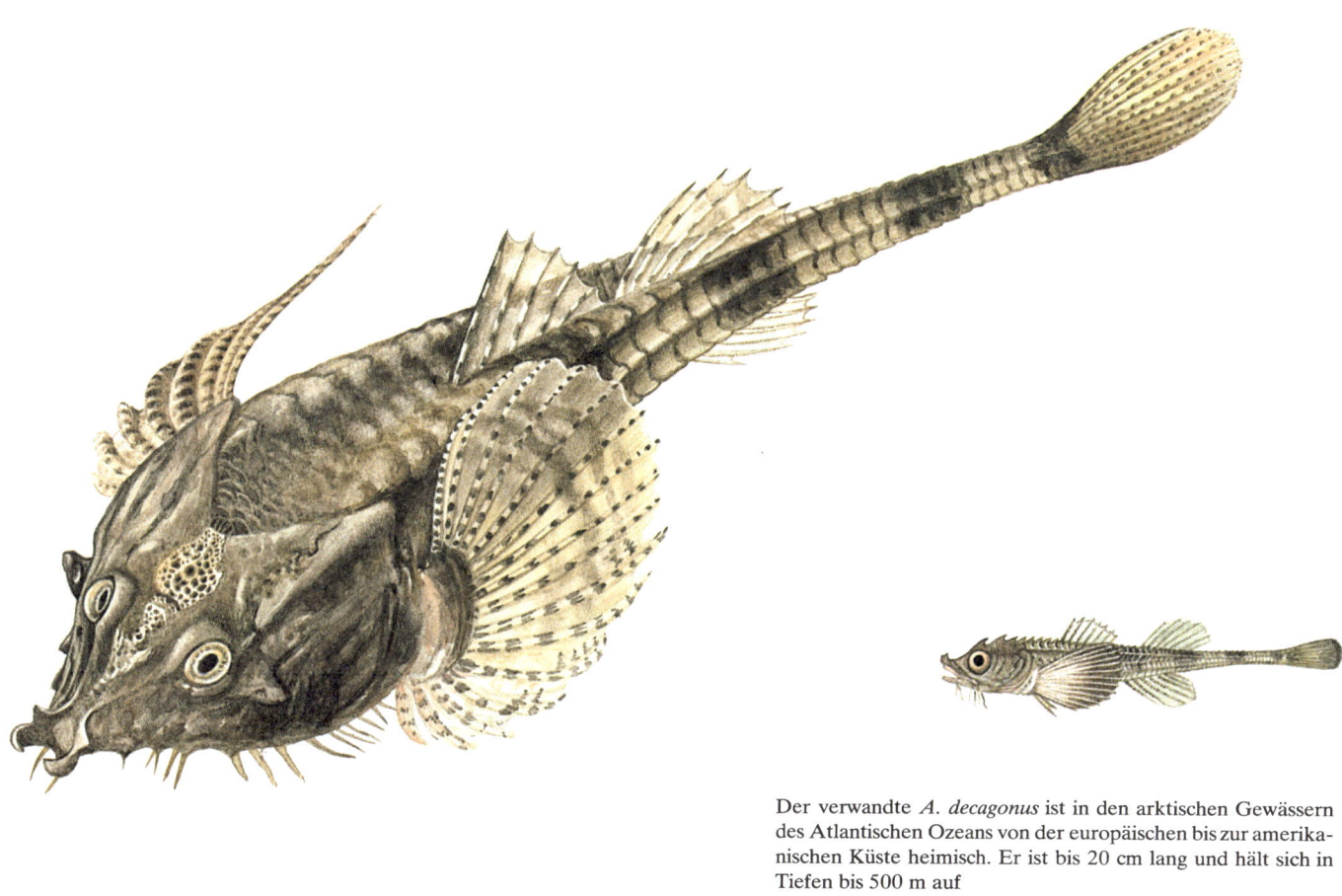

Der verwandte *A. decagonus* ist in den arktischen Gewässern des Atlantischen Ozeans von der europäischen bis zur amerikanischen Küste heimisch. Er ist bis 20 cm lang und hält sich in Tiefen bis 500 m auf

Die meisten Vertreter der Familie CYCLOPTERIDAE haben eine aus den Bauchflossen entstandene Saugscheibe. Sie bewohnen den Stillen und Atlantischen Ozean. Der Familie gehören etwa 25 Meeresfischarten an.

Seehase   *Cyclopterus lumpus*

Der Seehase hat einen hochrückigen und breiten Körper, an dem sich 7 Reihen von Knochenwarzen (eine am Rücken, zwei auf jeder Seite und zwei am Bauch) befinden. Erwachsene Tiere sind auf dem Rücken und an den Seiten blaugrau bis grauschwarz gefärbt und haben an den Flanken dunkle Flecken. In der Laichzeit sind Bauch und Flossen bei den Männchen ziegelrot und der Rücken ist fast schwarz. Larven und Jungfische sind olivgelb mit einem Silberstreifen am Kopf. Das Laichen spielt sich in mehreren Schüben bei 5−8 °C dicht an der Küste über steinigem Grund ab. Nach der Eiablage kehren die Weibchen ins tiefere Wasser zurück, die Männchen aber bleiben und beschützen das Gelege während der gesamten Embryonalentwicklung, was etwa zwei Monate dauert. Während dieser Zeit sterben viele Männchen, entweder ersticken sie bei tiefen Ebben oder werden von Vögeln gefressen. Die Seehasen ernähren sich besonders in der kalten Jahreszeit von kleinen Krustentieren, Würmern sowie dem Laich anderer Fischarten (größere Exemplare jagen auch Fische). Den Großteil seines Lebens verbringt der Seehase am Grund weit weg von der Küste in Tiefen von 50−200 m. Lediglich zum Laichen schwimmt er in seichtes Wasser. Erwachsene Fische saugen sich mit Hilfe ihrer am Bauch befindlichen Saugscheibe fest an den Untergrund, so daß sie zusammen mit großen Steinen ins Netz gelangen. Seehasen werden vor allem wegen ihres Laichs gefischt, der als Kaviarersatz dient.

Größe: 25−30 cm (Milchner), 30−40 cm (Rogner), maximal 60 cm
Gewicht: 1−5 kg
Fruchtbarkeit: 80 000−200 000 Eier
D_1 VI−VII; D_2 10−11; A 10−12
Verbreitung: im Nordatlantik bis zum 45. Grad n. B., in der Ostsee bis zum Finnischen Meerbusen

Unterseite des Weibchens und des Männchens. Gut zu erkennen sind die zu einer Saugscheibe zusammengewachsenen Bauchflossen, die unterschiedliche Körperfarbe und die Mündungen der Urogenitalorgane

Die Familie LIPARIDAE vereint an die 120 Meeresfischarten, die zum großen Teil (75 %) aus dem nördlichen Pazifik stammen. Sie zeichnen sich durch einen breiten Kopf und eine dünne, bisweilen sogar durchscheinende Haut aus. Ähnlich wie bei den vorhergehenden Familien bilden auch hier die Bauchflossen eine Saugscheibe.

Großer Scheibenbauch   *Liparis liparis*

Der Kopf des Großen Scheibenbauches ist verhältnismäßig breit, der vordere Teil des Rumpfes kräftig, der Bauch rundlich. Der hintere Teil des Rumpfes und der Schwanz dagegen sind seitlich stark abgeflacht. Rücken- und Afterflosse sind lang und stehen mit der Schwanzflosse in Verbindung, wobei die Rückenflosse bis zum ersten Fünftel der Schwanzflosse reicht, die Afterflosse sogar noch weiter. Die großen Brustflossen sind auf charakteristische Weise eingeschnitten, die Bauchflossen sind in ein rundes Saugorgan umgewandelt, dessen Durchmesser etwa 12 % der Gesamtlänge des Fisches ausmacht. Die Haut ist schlaff, faltig und mit kleinen Dornen versehen. Rücken und Seiten sind dunkelbraun mit vielen in Reihen angeordneten dunkleren Flecken, der Bauch ist heller. Dunkle Flecken und Streifen befinden sich auch auf den unpaaren Flossen. Die Großen Scheibenbäuche leben vorwiegend am Grund in der Nähe der Küste 5–10 m unter dem Wasser. Allerdings dringen sie nie in die Flutzone vor. Sie laichen von Januar bis März in Bodennähe. Die Eier werden auf Steine, Pflanzen und auch am Grund auf sich festhaltende Polypenstadien von Hohltieren abgelegt. Nach dem Schlüpfen leben die Larven pelagisch und wechseln erst mit mehr als 2 cm Länge auf das Leben am Boden um. Hier ernähren sich die Fische dann von Würmern und Krustentieren, ältere Exemplare auch von kleineren Fischen. Obwohl die Art an verschiedenen Stellen recht häufig ist, besitzt sie keine wirtschaftliche Bedeutung, da die Fische nicht sehr groß werden und ihr wäßriges Fleisch einen schlechten Geschmack hat.

Größe: 10–15 cm, max. 20 cm
Fruchtbarkeit: 500–800 Eier
D 35–43; A 29–37
Synonym: *Cyclopterus liparis*
Verbreitung: im nördlichen Teil des Atlantischen Ozeans und in den subarktischen Küstengewässern des Nördlichen Eismeeres

Der verwandte Scheibenbauch *L. callyodon* ist an der nordamerikanischen Pazifikküste verbreitet. Die Rückenflosse ist vorn dreieckig eingeschnitten. Die Art wird etwa 12 cm lang

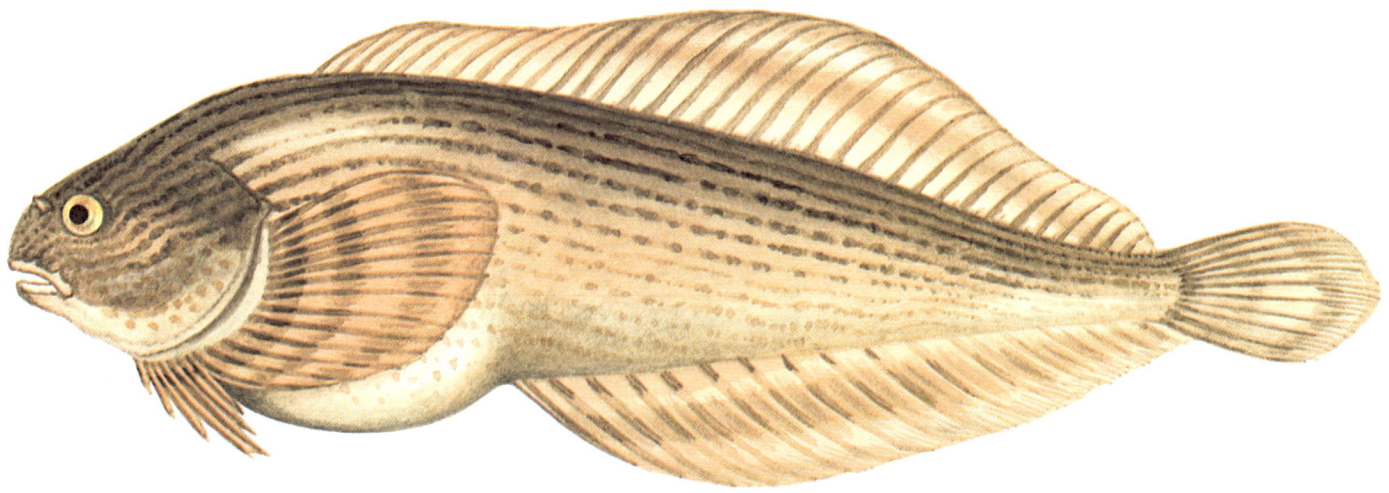

Die Ordnung DACTYLOPTERIFORMES besteht nur aus der einzigen Familie DACTYLOPTERIDAE mit zwei Gattungen und wenigen Arten der Subtropen und Tropen. Auf den ersten Blick erinnern diese Fische an Knurrhähne, doch ist der Kopf mit Knochenplättchen gepanzert und die Augen und die Brustflossen sind auffällig groß. Der Bau des Kopfes und die weitgefächerten Brustflossen verraten die primitive Stellung der Flughähne.

Flughahn   *Dactylopterus volitans*

Der Flughahn hat eine charakteristische Körperform, einen breiten, von einem Knochenpanzer umschlossenen Kopf mit großen Augen. Die Brustflossen bestehen aus zwei Teilen, der obere hat normal starke Flossenstrahlen, der untere wird von mehreren verdickten Strahlen gebildet. Vor der ersten Rückenflosse stehen zwei freie Stachelstrahlen. Rücken, Kopf und Flanken sind grau oder braungrün gefärbt und haben häufig dunkle Flecken, die mit hellen abwechseln. Die Bauchflossen sind schwach rötlich, auf den Brustflossen sind braune und hellblaue Tupfen, die in regelmäßigen Reihen angeordnet sind. Die Flughähne laichen in den Sommermonaten in seichten Küstengewässern. Als Nahrung dienen ihnen benthische Kleintiere. Gewöhnlich halten sich die Fische in 10 bis 30 m Tiefe über Sand- oder Tonboden auf. Sie kriechen mit Hilfe der frei endenden Brustflossenstrahlen über den Boden. Ihre Brut führt eine pelagische Lebensweise, sie entfernen sich nicht sehr weit von der Küste. Oft wird sie von pelagisch lebenden Fischen (Thunfischen oder Makrelen) gefressen. Die großen Brustflossen gaben früher Grund zu der Ansicht, daß diese Art über dem Wasser fliegen könne. Es konnte jedoch nur festgestellt werden, daß sich die Fische, wenn man sie aus dem Wasser auf eine feste Unterlage bringt, mit Hilfe ihrer langen Brustflossen mehrmals überschlagen können. Angesichts ihres massiven Rumpfes kann schwerlich angenommen werden, daß sie aus dem Wasser springen oder schnell schwimmen können. Der Flughahn benutzt seine großen Brustflossen zur Verteidigung gegen angreifende Raubfische, indem er sie auseinanderspreizt und so den Eindruck eines wesentlich größeren Fisches macht. In Europa sind sie ohne wirtschaftliche Bedeutung, doch finden sie z.B. in der japanischen Küche als Speisefisch Verwendung.

Größe: 20–30 cm, max. 45 cm
D_1 V–VI, davon 2 freie Strahlen; D_2 7–9; A 6
Verbreitung: im Mittelmeer, Ostgebieten des Atlantischen Ozeans von Angola bis zu den Britischen Inseln und von Florida zu Rio de Janeiro

Die verwandte Art *D. orientalis* kommt relativ häufig im Indischen Ozean und im Südwesten des Stillen Ozeans vor. Ihre großen Brustflossen sind zumeist buntgefärbt. Oft wird der 35–40 cm große Fisch mit *D. volitans* verwechselt und einige Autoren sehen ihn nur als eine Unterart an

Verbreitungskarte des Flughahns

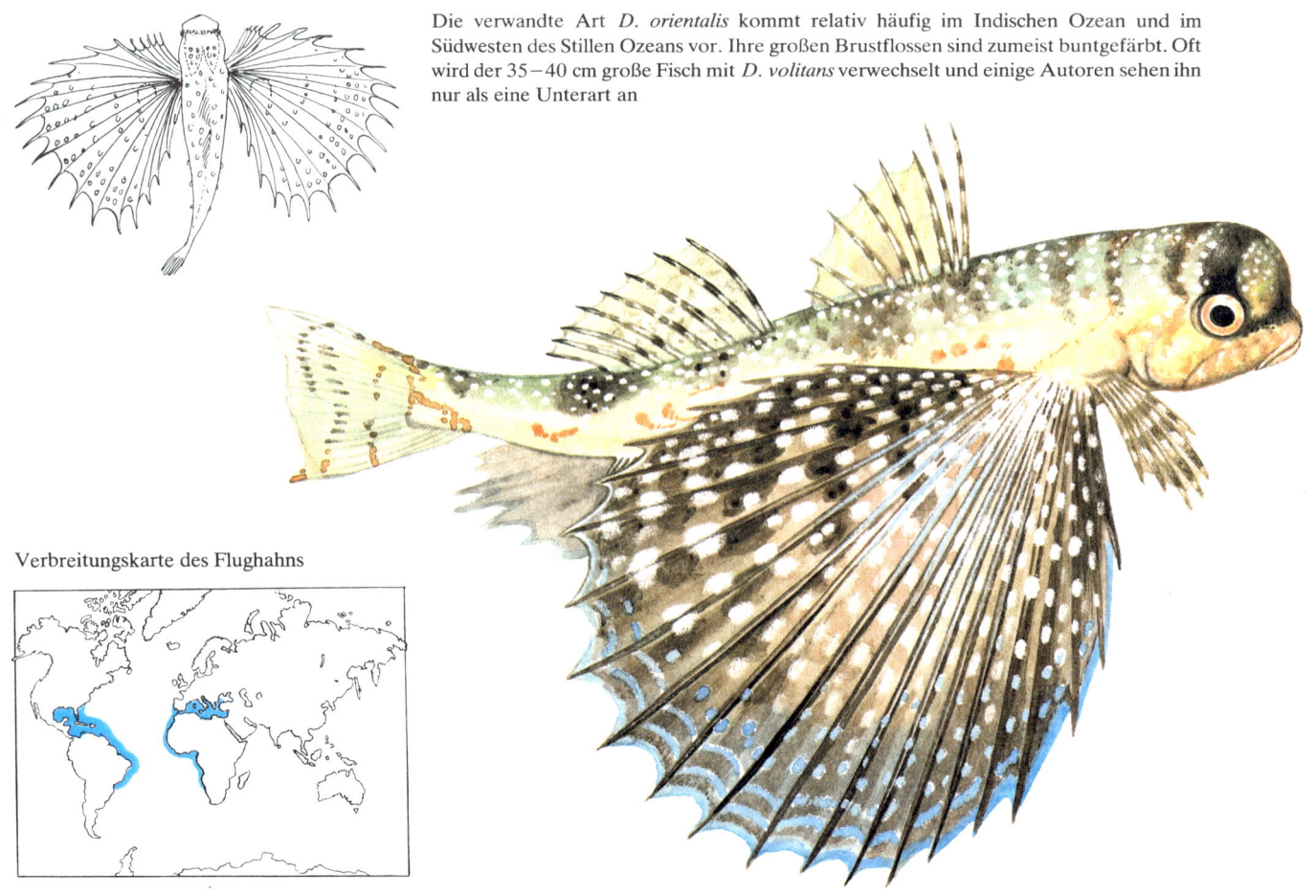

Zur Ordnung der Plattfischartigen (PLEURONECTIFORMES) gehören ca. 500 Arten, die in den Küstenzonen leben und die gelegentlich auch in Binnengewässer vordringen. Ihre Körper sind unsymmetrisch, seitlich stark abgeflacht, wobei sie auf einer Seite liegen und die andere den Rücken bildet. Es gibt kleine Arten, die bis 10 cm lang werden und andere, die bis 4,5 m lang und 330 kg schwer werden. Die Larven sind durchsichtig und symmetrisch, erst später kommt es zur Verschiebung der Körperachse und die Fische stellen sich auf die benthische Lebensweise um. Viele Arten haben schmackhaftes Fleisch und sind wirtschaftlich bedeutend. Die große Familie BOTHIDAE zählt etwa 200 Arten, deren Augen auf der linken Körperseite liegen. Ihre pelagischen Eier sind mit einem Fetttröpfchen ausgestattet. Die ausschließlich aus Weichstrahlen gebildete Rückenflosse setzt bereits am Kopf vor den Augen an. Die etwa 38 Gattungen bewohnen tropische bis gemäßigte Gewässer.

Lammzunge

Arnoglossus laterna

Auf der linken Seite des nicht sehr großen Kopfes der Lammzunge befinden sich beide Augen. Der Körper ist kräftig gebaut. Auf der Seite der Augen ist die Bauchflosse wesentlich größer als auf der anderen Seite. Die Hautfarbe ist hell, zuweilen gelblich oder braun bis grau mit einer Reihe dunklerer Flecken auf den Flossen. Die Lammzungen laichen von Mai bis Juli auf sandigem Grund. Ihre Larven leben pelagisch und stellen sich erst mit 15–30 mm Länge auf eine benthische Lebensweise um. Als Nahrung dient den Fischen anfangs Plankton und später benthische Krustentiere wie auch Kleinfische (Grundeln). Die Lammzungen leben auf Sandboden in Tiefen bis 60 m, manchmal kommen sie auch in größeren Tiefen bis 200 m vor. Wirtschaftliche Bedeutung besitzen sie nicht.

Größe: 12–15 cm, max. 20 cm
D 83–95; A 60–74; l.l. 50–56
Verbreitung: vor den europäischen Küsten von der Nordsee bis zum Mittelmeer

Die verwandte Art *A. imperialis* hat ein ähnliches Areal, sie kommt jedoch nicht im östlichen Mittelmeer und im Schwarzen Meer vor. Sie wird 12–18 cm, höchstens 25 cm lang und unterscheidet sich durch die auffallend langen und im oberen Teil freistehenden ersten Rückenflossenstrahlen sowie durch das insgesamt hellere Farbkleid

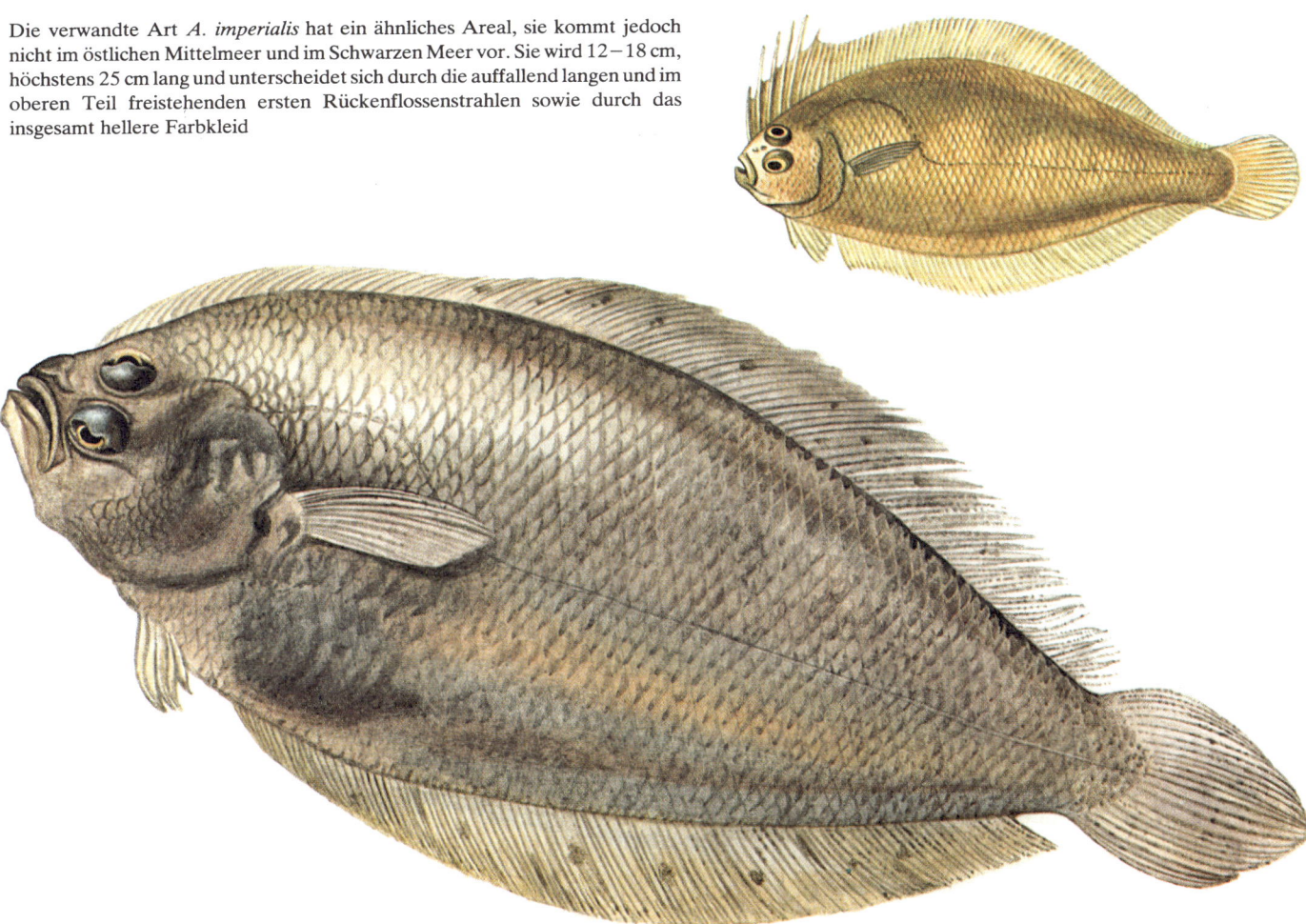

Die kleine Familie SCOPTHALMIDAE vereint Plattfische, deren Augen auf der linken Körperseite liegen. Beide Bauchflossen sind annähernd gleich groß (bei der vorhergehenden Familie der Butte war die Flosse auf der linken Körperseite länger).

Glattbutt, Kleist

Scophthalmus rhombus

Der Glattbutt ist dem Steinbutt sehr ähnlich, er unterscheidet sich von ihm durch die ersten Flossenstrahlen der langen Rückenflosse, die nur etwa bis zur Hälfte durch die Flossenhaut verbunden sind sowie durch das Fehlen der „Steine", der Knochenhöcker, zu beiden Seiten. Der Körper wird von kleinen Cycloidschuppen geschützt, die an der Unterseite des Fisches tief in die Haut eingelassen sind. Auf der Oberseite ist der Glattbutt grünbraun bis graubraun mit einer unregelmäßigen Marmorierung aus größeren dunklen und kleineren helleren Flecken. Die Unterseite ist cremeweiß. Glattbutte dringen auch ins Brackwasser nahe der Flußmündungen vor. Meist leben sie am Grund ca. 5−70 m tief. Im Mittelmeer laichen sie von März bis Juni, in den nördlicheren Verbreitungsgebieten von Mai bis August. Eier und Larven sind pelagisch, zur Verschiebung der Körperachse und Umstellung auf das Leben am Boden kommt es bei einer Länge von 20−35 mm. Die Brut ernährt sich vor allem von Krustentieren und anderen Wirbellosen, in der Nahrung der erwachsenen Glattbutte überwiegen Fische, besonders ihre Larvenstadien und kleinere Exemplare. Die erwachsenen Exemplare halten sich gewöhnlich an ein und derselben Stelle auf, wo sie dank ihrer perfekten Farbanpassung nur schwer vom Untergrund zu unterscheiden sind. Bisweilen graben sie sich teilweise in den Boden ein. Die Jahresfänge belaufen sich auf 1000 bis 2000 t, früher waren die Fangzahlen höher, durch Überfischen der Bestände gingen sie stark zurück. Damit sich die Bestände erholen, dürfen nur noch Tiere gefangen werden, die mindestens 30 cm lang sind.

Größe: 40−50 cm, ausnahmsweise bis 75 cm
Gewicht: 1,5−4 kg, vereinzelt bis 7,5 kg
Fruchtbarkeit: 1−10 Millionen Eier
D 70−84;   A 54−63;   P 11−12
Synonym: *Rhombus rhombus*
Verbreitung: im Atlantik an den Küsten Europas südlich des
    60. Breitengrades bis zur marokkanischen Küste, in der
    Ostsee, dem Mittelmeer und dem Schwarzen Meer

Die verwandte Art, der Zwergbutt *(S. norvegicus)*, lebt im nordöstlichen Atlantischen Ozean. Im Vergleich zu *S. rhombus* ist er kleiner, meist nur 12−15 cm

Steinbutt

Scophthalmus maximus

Der Körper des Steinbutts ist hochrückig, ziemlich kräftig, rund bis fast kugelförmig und mit einem großen Kopf versehen. Noch vor den Augen beginnt auf dem Kopf die Rückenflosse, deren erste Strahlen nicht frei stehen. Anstatt Schuppen wird die Körperoberseite von unregelmäßig verteilten, kleinen, kegelförmigen Knochenhökkern bedeckt. Die auf beiden Seiten verlaufende Seitenlinie macht über den Brustflossen einen Bogen. Je nach Untergrund ist die Färbung sehr verschieden. Die obere, linke Seite ist zumeist graubraun bis olivbraun mit zahlreichen dunkelbraunen Tupfen, die sich auch auf die Flossen ausdehnen. Dagegen ist die Unterseite meist hell und nicht pigmentiert. Steinbutte leben am Boden in seichten Küstengewässern und kommen bis in 80 bis 110 m Tiefe vor. Mit fünf Jahren sind sie laichreif, von April bis August laichen die Fische unweit der Küste in einer Tiefe von 10–40 m. Sie produzieren riesige Mengen an Eiern. Die Larven sind zunächst pelagisch, symmetrisch und mit einer Schwimmblase ausgerüstet. Bei einer Körperlänge von 25–30 mm kommt es bei ihnen zu einem Aufwärtswandern des rechten Auges und die Larven gehen zum Bodenleben über. Die Brut lebt auf Sandbänken nahe des Ufers und ernährt sich von wirbellosen Bodentieren. Steinbutte sind wegen ihres ausgezeichnet schmeckenden, weißen Fleisches sehr gefragt. Man fängt sie meist mit Schleppnetzen und Hakenschnüren, jährlich werden 8000–10 000 t angelandet.

Größe: 50–80 cm, max. 1 m
Gewicht: 2–12 kg, max. 25 kg
Fruchtbarkeit: 1–10 Millionen, max. 15 Millionen Eier
D 57–72; A 42–56; P 11–12
Synonyme: *Rhombus maximus, Psetta maxima*
Verbreitung: im Atlantischen Ozean von Mittelnorwegen bis Gibraltar, in der Ostsee, dem Mittelmeer und dem Schwarzen Meer

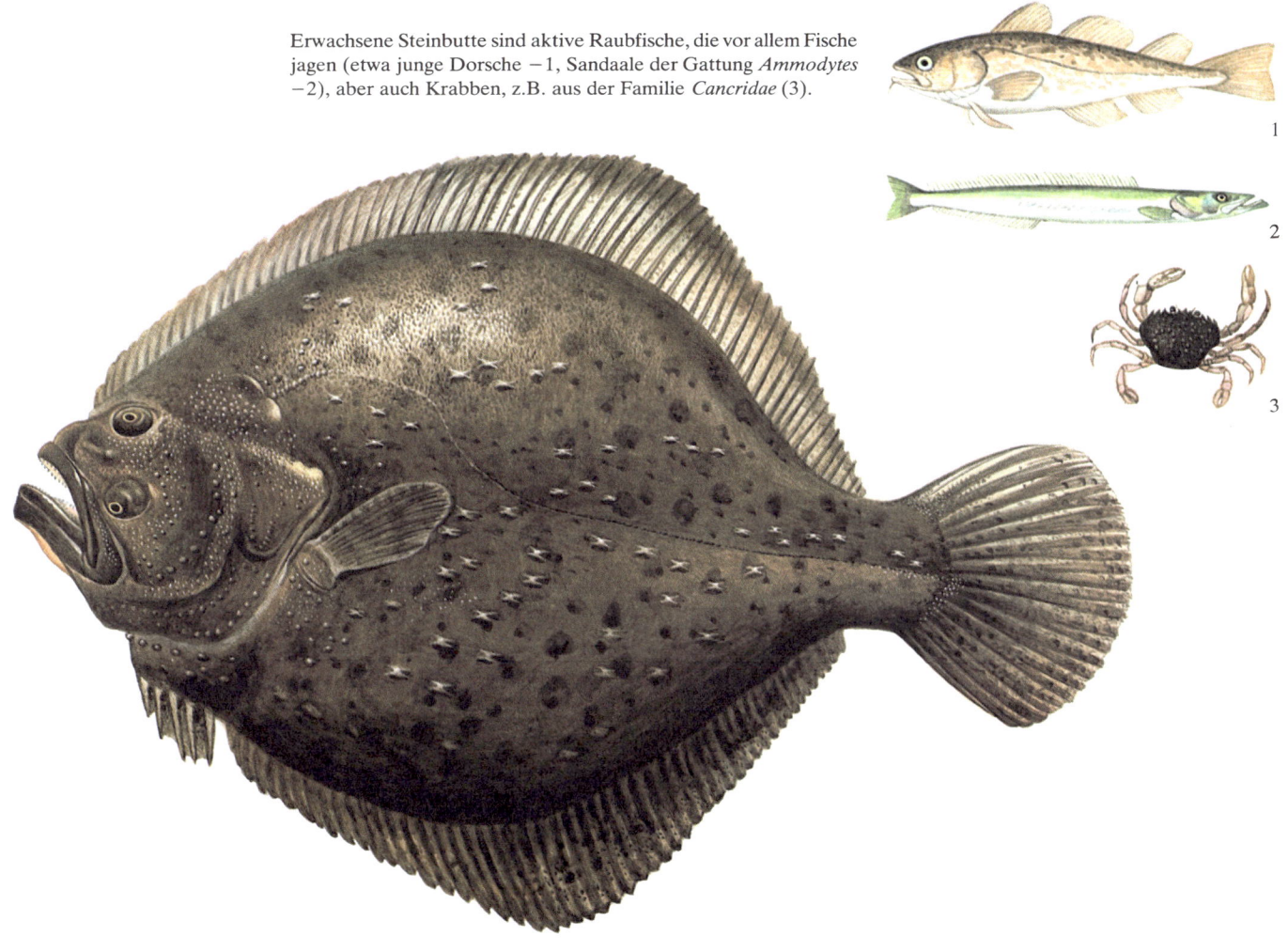

Erwachsene Steinbutte sind aktive Raubfische, die vor allem Fische jagen (etwa junge Dorsche –1, Sandaale der Gattung *Ammodytes* –2), aber auch Krabben, z.B. aus der Familie *Cancridae* (3).

Flügelbutt   *Lepidorhombus whiffiagonis*

Beim Flügelbutt liegen ebenso wie bei den Arten der Gattung *Scophthalmus* im Erwachenenstadium beide Augen auf der linken Seite. Sein Körper ist jedoch nicht rundlich, sondern länglich. Auch die Anzahl der Flossenstrahlen in Rücken- und Afterflosse ist größer und der Schwanzstiel ist länger. Die Schwanzflosse ist leicht rhombisch. Die Oberseite ist hellgelbbraun mit dunkleren Flecken, die Unterseite ist blaß bis weiß, zuweilen mit rötlichen Tupfen. Flügelbutte leben gewöhnlich in 50−300 m Tiefe, oft an der Grenze des Kontinentalschelfs. Sie suchen gern weicheren, sandigen oder tonigen Boden auf, in den sie sich häufig eingraben. Sie laichen von März bis Juni in größerer Tiefe, Eier und Larven sind pelagisch. Wie bei allen anderen Plattfischen sind die Larven zunächst zweiseitig symmetrisch, auf beiden Seiten gleichgefärbt, besitzen eine Schwimmblase und schwimmen normal. Erst ab einer bestimmten Größe (bei den Flügelbutten etwa ab 2 cm) beginnt der Körper seitlich abzuflachen, die Schwimmblase verkümmert, der Schädel entwickelt sich ungleichmäßig und ein Auge wandert über die Stirn in die Nähe des anderen auf die spätere Oberseite. Manche Plattfische entwickeln sogar ihre inneren Organe, die Kiefer und die paarigen Flossen ungleichmäßig. Die den Augen abgewandte Seite verliert allmählich ihre Farbe und die Fische legen sich mit ihr auf den Grund. In dieser Position verbringen sie den Großteil ihres Lebens. Die Flügelbutte ernähren sich, wie alle Plattfische, von kleineren Fischen und benthischen Wirbellosen. Jährlich fängt man überwiegend mit Trawlnetzen 20 000 t dieses Fisches, der wohlschmeckendes, aber etwas trockeneres Fleisch besitzt.

Größe: 30−45 cm, max. 60 cm
Gewicht: 1−2 kg, max. 5 kg
D 85−91; A 65−75; P 11−12
Synonym: *Rhombus megastoma*
Verbreitung: Westgebiete des Mittelmeeres, Atlantikküste Europas und Afrikas von Island und Nordnorwegen bis Marokko

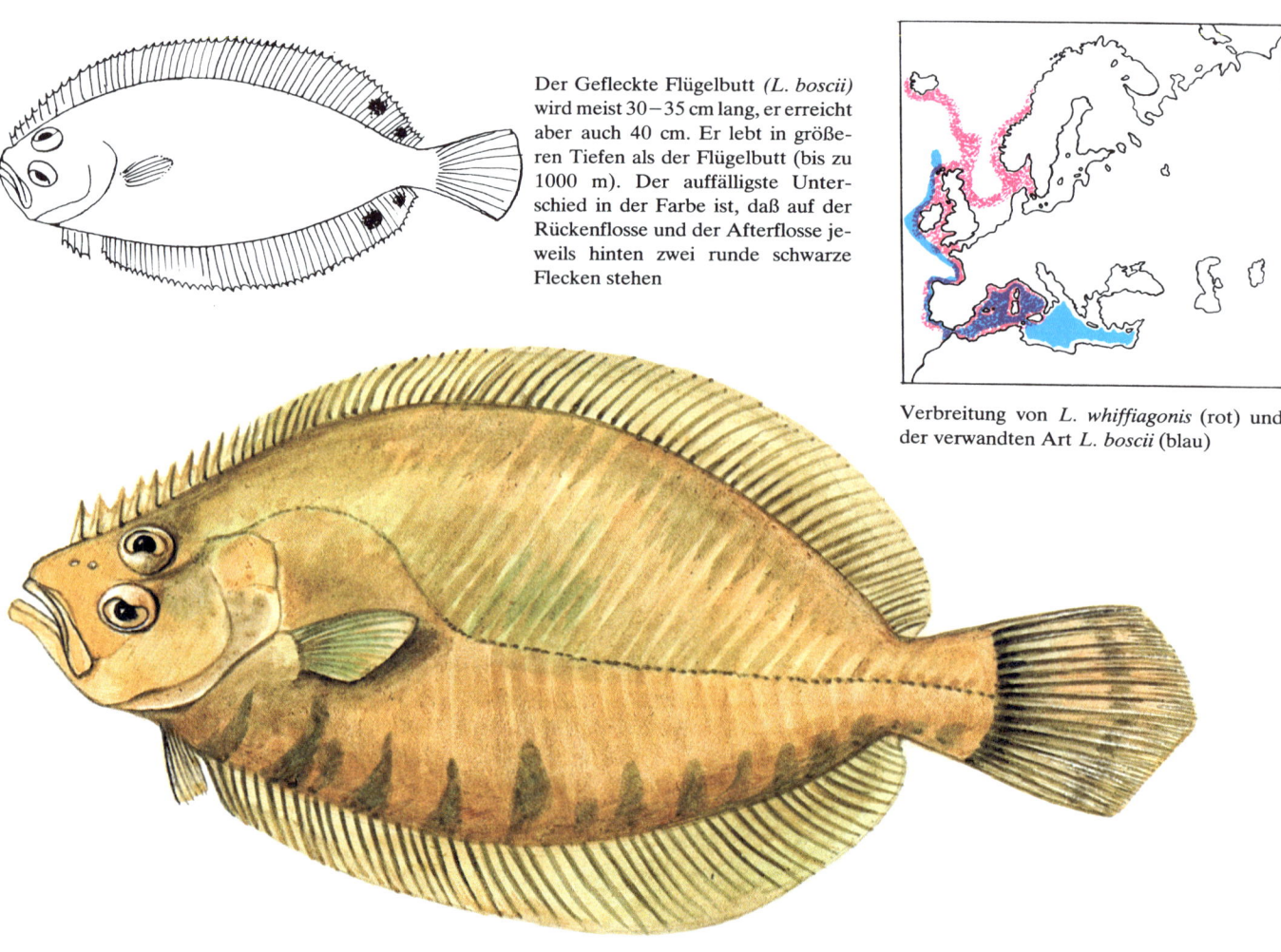

Der Gefleckte Flügelbutt *(L. boscii)* wird meist 30−35 cm lang, er erreicht aber auch 40 cm. Er lebt in größeren Tiefen als der Flügelbutt (bis zu 1000 m). Der auffälligste Unterschied in der Farbe ist, daß auf der Rückenflosse und der Afterflosse jeweils hinten zwei runde schwarze Flecken stehen

Verbreitung von *L. whiffiagonis* (rot) und der verwandten Art *L. boscii* (blau)

Die Fische der zahlenstarken Familie PLEURONECTIDAE haben ihre Augen auf der rechten Seite. Es existieren auch Ausnahmen, die ihre Augen auf der linken Seite haben.

Weißer Heilbutt   *Hippoglossus hippoglossus*

Der Weiße Heilbutt hat einen großen Körper, der seitlich abgeflacht ist. Die großen Kiefer reichen bis hinter die Augenmitte, der Unterkiefer überragt den Oberkiefer. Beide Kiefer tragen kräftige Zähne. Über den Brustflossen ist die Seitenlinie stark gewölbt. Während die Oberseite des Körpers grünlich braun, manchmal auch dunkelbraun bis schwarz gefärbt ist, zeigt die Unterseite eine schmutzigweiße Farbe. Weiße Heilbutte sind recht schnellwüchsig. Mit 10 Jahren erreichen die Männchen etwa 1 m Länge und 16 Kilo Gewicht, die Weibchen sind dann bis zu 1,30 m lang und wiegen bis 30 kg. Die Tiere laichen zum Winterende und im zeitigen Frühjahr in 300−700 m Tiefe bei einer Wassertemperatur von 5−7 °C. Ihre Eier sind 3,5−4,5 mm groß. Die Männchen werden mit 7−8 Jahren laichreif, die Weibchen mit 10−11 Jahren. Nach 2−3 Wochen embryonaler Entwicklung schlüpfen die pelagischen Larven, die dann mit etwa 4 cm Länge auf ein Leben am Boden übergehen, wo es zur mit der neuen Lebensweise verbundenen Metamorphose kommt, so daß der Fisch dann auf der linken Seite liegt. Jungfische leben vom zweiten bis vierten Lebensjahr in Küstennähe und entfernen sich dann allmählich mit wachsender Länge vom Ufer. Erwachsene Weiße Heilbutte halten sich dann in 100−1500 m Tiefe auf. Nach dem Laichen begeben sich beide Geschlechter auf der Suche nach Nahrung auf Wanderung, und zwar nach Norden in futterreichere Gebiete. Heute werden die Weibchen höchstens 30 Jahre alt, in Zeiten, als der Fang noch nicht so intensiv war, gab es bis zu 50 Jahre alte Exemplare. Jungtiere ernähren sich von großen Krustentieren (Krabben, Garnelen) und gehen bereits bei 30−35 cm Länge auf reine Fischnahrung über. Die Weißen Heilbutte halten sich auf sandigem bis steinigem Grund auf, sind jedoch nicht an das Leben dicht am Boden gebunden, sondern jagen auch im Freiwasser. Die Jahresfänge dieser sehr geschätzten Meeresfischart haben eine sinkende Tendenz. Von den einstigen 13 000−17 000 t sanken sie auf 7000 t. Das Fleisch ist fett und schmeckt ausgezeichnet.

Größe: 150−180 cm (Männchen), max. 470 cm
    200−230 cm (Weibchen)
Gewicht: 15−20 kg, max. 350 kg
Fruchtbarkeit: 1,3−3,5 Millionen Eier
D 96−108; A 71−83
Verbreitung: im Nordatlantik und in den angrenzenden Gebieten des Nördlichen Eismeeres in der Nordsee und vor der Küste Europas bis zum Golf von Biscaya. Zahlreich in der Umgebung Islands, Südgrönlands und entlang der Ostküste Nordamerikas bis New York

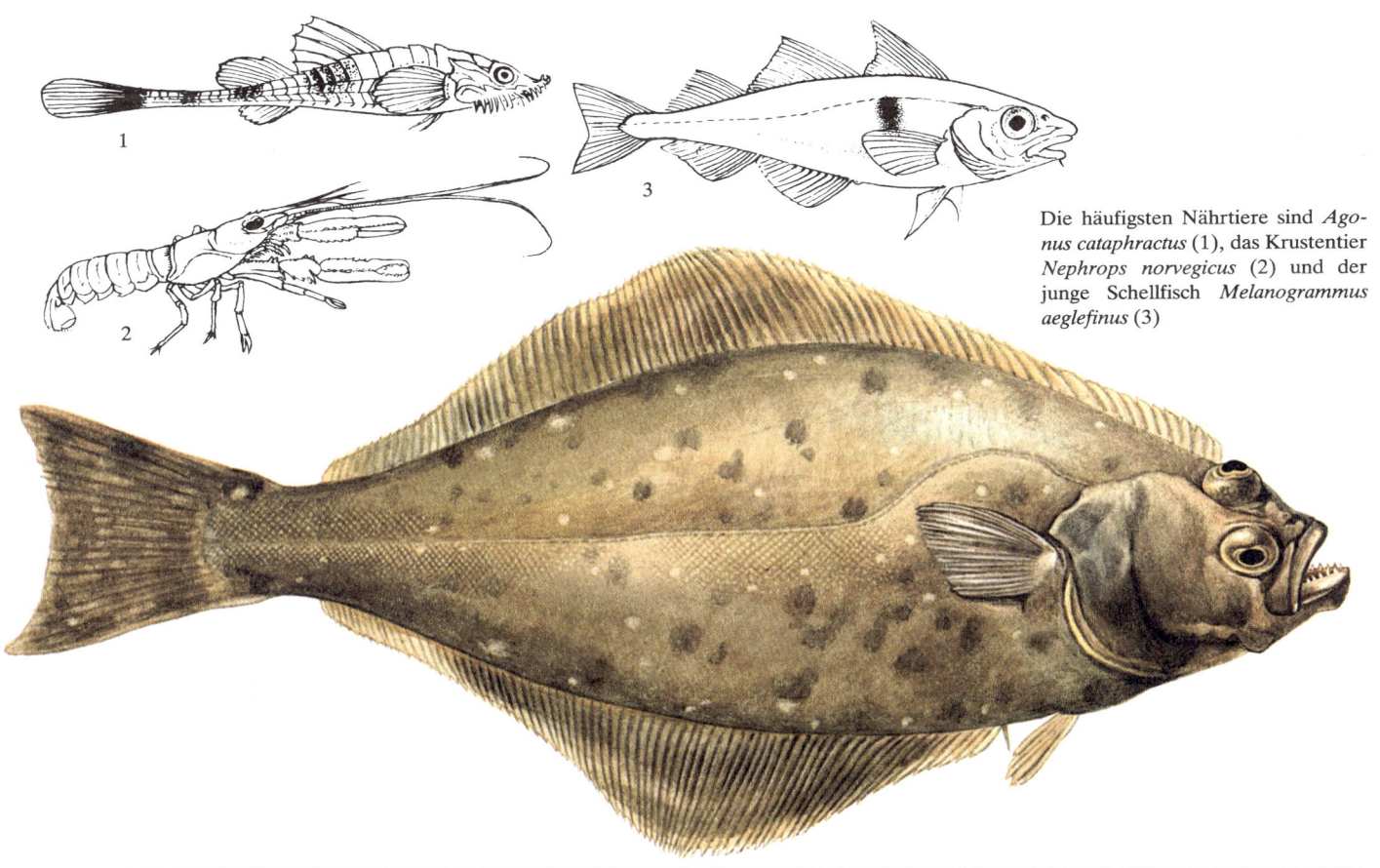

Die häufigsten Nährtiere sind *Agonus cataphractus* (1), das Krustentier *Nephrops norvegicus* (2) und der junge Schellfisch *Melanogrammus aeglefinus* (3)

Kliesche, Scharbe

Limanda limanda

Die Kliesche ähnelt sehr den Arten der Gattung *Pleuronectes*. Wie bei diesen setzt die Rückenflosse über den Augen an. Jedoch ist die Seitenlinie über den Brustflossen stark halbkreisförmig gewölbt. Den Körper bedecken kleine, sich überlappende Schuppen, die am Oberkörper gesägt sind, so daß sich die Haut rauh anfaßt. Auf der linken, unteren, augenlosen Seite ist die Haut nur am Körperrand rauh. Die kräftigen Kiefer haben eine größere Anzahl Zähne. Meist ist die Oberseite braun bis graubraun gefärbt und mit unregelmäßigen, deutlich dunkleren Flecken versehen. Die Unterseite ist weiß, die unpaaren Flossen sind von unten grau. Die Klieschen leben in der Küstenzone auf Sandboden, meist in einer Tiefe von 20–50 m. Kleinere Exemplare suchen gern flachere Stellen, ungefähr 2–25 m tief, auf. Große Fische kommen, besonders im Winter, aber auch in Tiefen von 150 bis 200 m vor. Im Süden des Areals tritt die Geschlechtsreife im Alter von 1–3 Jahren bei den Männchen und 3–4 Jahren bei den Weibchen ein. Im Norden reifen die Fische 1–2 Jahre später. Sie erreichen ein Alter von 10–12 Jahren. Die Fortpflanzung findet im Frühjahr und im Sommer, am häufigsten in einer Wassertiefe von 25–50 m statt, Eier und Larven sind pelagisch. Mit Erreichen einer Körperlänge von 13–18 mm wechseln die Jungfische auf das Leben am Boden um, wobei sie noch nicht ganz die asymmetrische Gestalt der erwachsenen Fische haben. Gefischt werden die Klieschen vor allem mit Trawlnetzen und Ringwaden, trotz ihrer geringeren Größe werden sie auch häufig geangelt, da sie an der Küste leben und den Köder gern nehmen. Die Fänge bewegen sich im Bereich von 15–18 000 t jährlich, besonders zahlreich sind diese Schollen in der Nordsee. Ihr Fleisch schmeckt vorzüglich.

Größe: 20–30 cm, max. 45 cm
Gewicht: 0,5–1 kg, vereinzelt bis 1,5 kg
Fruchtbarkeit: 50 000–150 000 Eier
D 65–80; A 50–61; P 10–13; V 6
Verbreitung: im Atlantischen Ozean von dem Weißen Meer bis zum Golf von Biscaya, im Nordsee und dem Westteil der Ostsee

Verbreitungskarte der Kliesche

Die Nahrung besteht aus benthischen Wirbellosen, z.B. den Vielborstern aus der Gattung *Amphitrite* (1), Schlangensternen (2), Weichtieren (3) und kleineren Fischarten

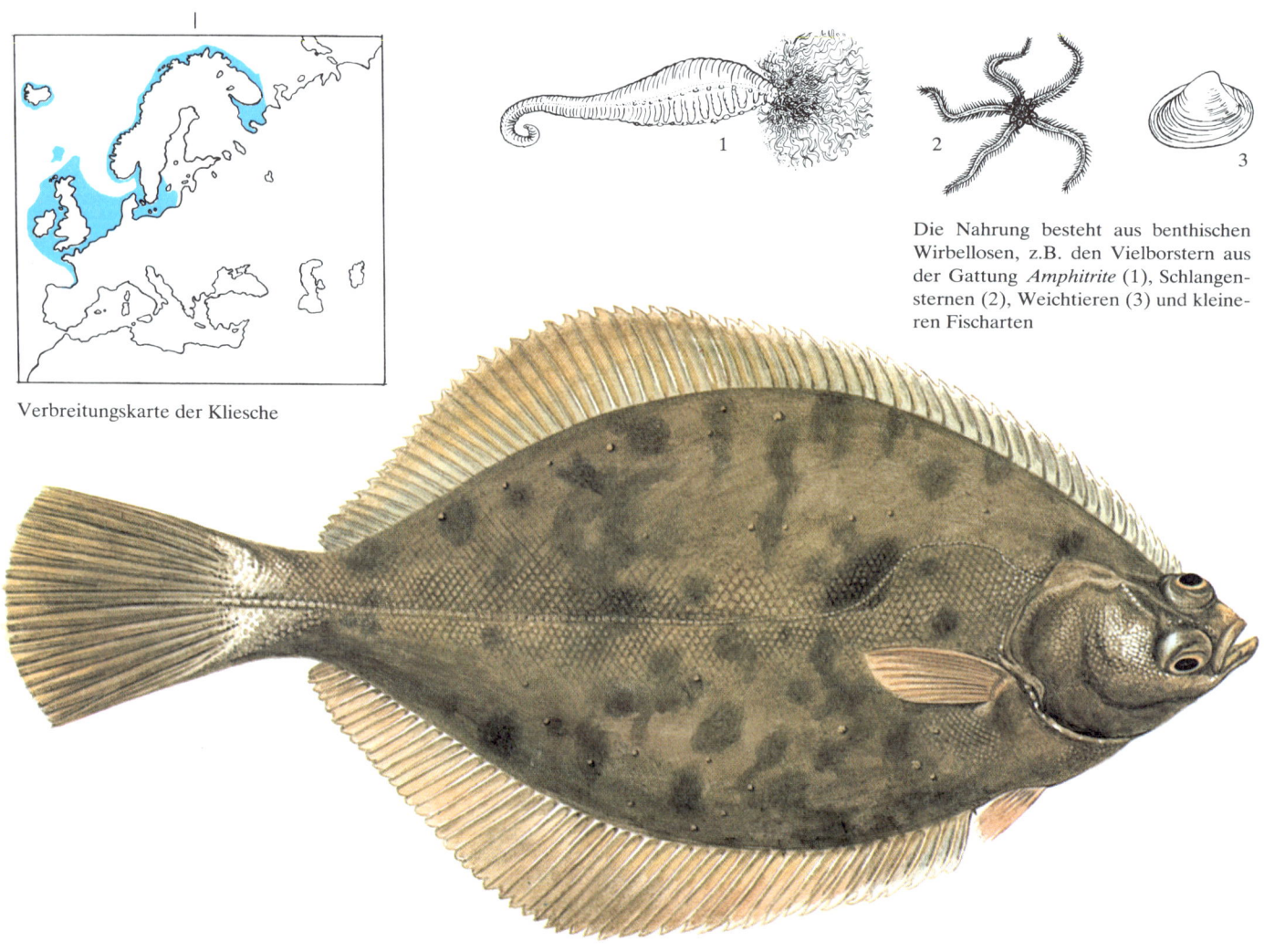

Limande, Rotzunge   *Microstomus kitt*

Von den verwandten Arten aus den Gattungen *Pleuronectes, Limanda, Liopsetta* und der Gattung *Microstomus* unterscheidet sich die Limande durch die fast elliptische Körperform und den sehr kurzen Schwanzstiel. Der Körper ist ansonsten relativ dick und fleischig, am kleinen Kopf stehen auf der rechten Seite die Augen und die sehr kleine Maulöffnung mit nach vorn gezogenen Lippen. Die Seitenlinie beschreibt über der Brustflosse einen kleinen Bogen, die den Körper bedeckenden Schuppen sind am Rande glatt. Gewöhnlich ist die Oberseite des Körpers braun bis rotbraun gefärbt und zeigt unregelmäßige, dunkle, manchmal auch hellere oder grünliche Flecken. Die Unterseite ist weiß. Ähnlich wie andere Plattfische auch, paßt sich die Limande farblich ihrem Untergrund ausgezeichnet an. Sie kann ihre Färbung recht schnell ändern, wobei sie sich mit dem Gesichtssinn orientiert. Dies wurde durch Versuche mit verschiedenen Plattfisch-Arten bewiesen, die geblendet wurden und dann nicht mehr in der Lage waren, sich der Bodenfarbe anzupassen. Die Limande tritt nur an einigen Stellen häufiger auf. Meist lebt sie an sandigen bis steinigen Stellen in 30 bis 200 m Tiefe. Die Männchen werden im Alter von 3–4 Jahren geschlechtsreif, die Weibchen mit 4–6 Jahren. Insgesamt werden die Fische bis zu 17 Jahre alt. Ihre Laichzeit währt von Frühlingsbeginn bis Sommerende. Bei den symmetrischen, pelagisch lebenden Larven kommt es bei einer Länge um 3 cm zur Metamorphose und dann zum Leben am Boden. Ihre Nahrung besteht meist aus verschiedenen Arten Würmer, Weichtiere und Krustentiere. Angesichts ihrer kleinen Maulöffnung fressen sie allerdings nur kleinere Tiere. Die Limande, im Handel auch Rotzunge genannt, ist von größerer wirtschaftlicher Bedeutung, ihre Fänge belaufen sich auf 8000–10 000 t pro Jahr. Mehr als die Hälfte davon wird von britischen Fischern erbeutet. Wegen der zurückgehenden Fänge wurde eine Mindestfanglänge von 25 cm vereinbart.

Größe: 30–40 cm, max. 65 cm
Gewicht: 1–2 kg, max. 2,5 kg
D 85–98; A 69–97; P 9–11; V 5–6
Synonyme: *Pleuronectes kitt, Pleuronectes microcephalus*
Verbreitung: im Atlantischen Ozean vom Weißen Meer bis zum Golf von Biscaya, Nordsee

Verbreitungskarte der Limande

M. *pacificus* unterscheidet sich von M. *kitt* in Körperform und -farbe. Dieser wirtschaftlich wertvolle Fisch ist vor der Pazifikküste Kanadas und der USA verbreitet. Er wird 25–50 cm lang, maximal jedoch 70 cm

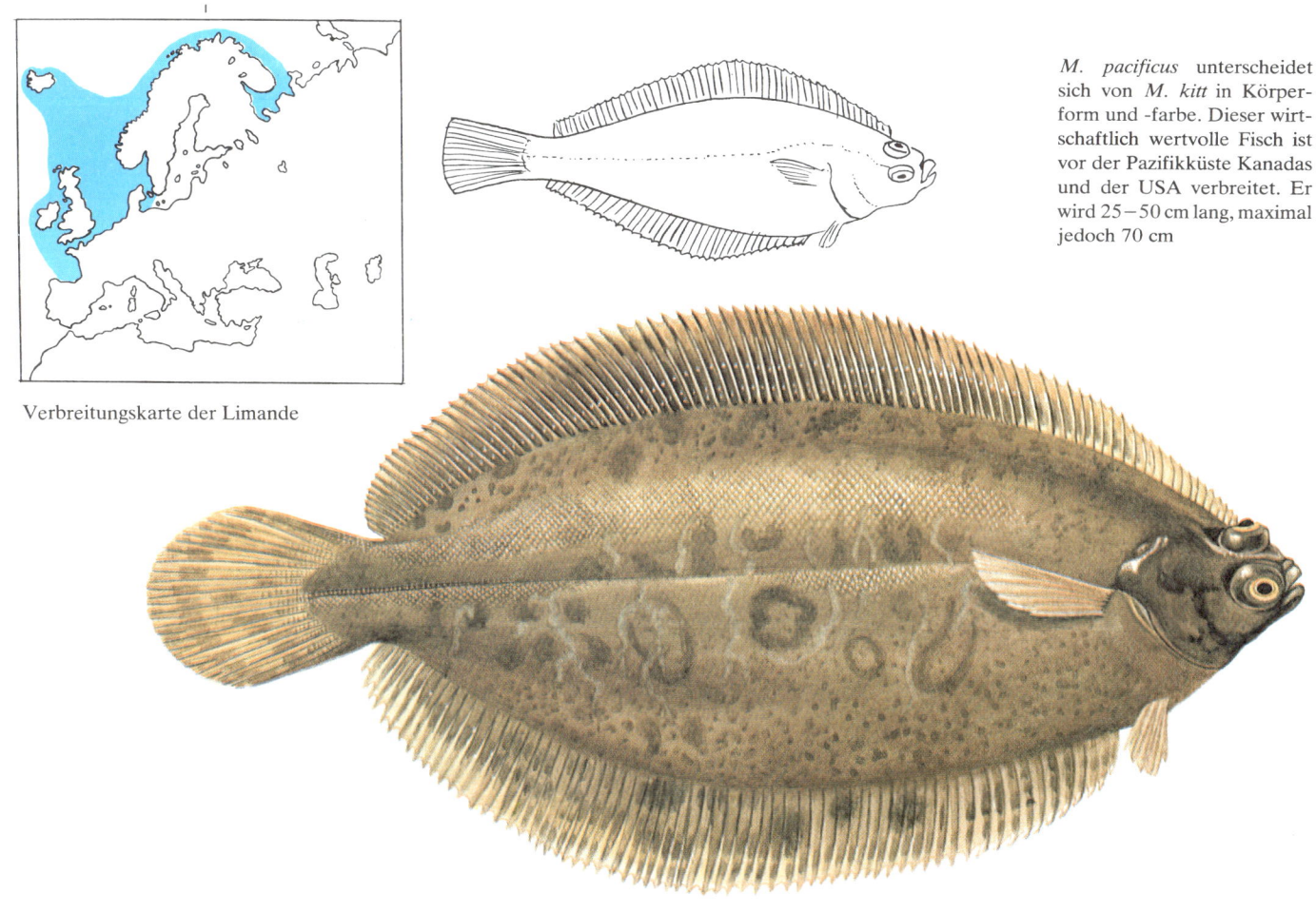

Polarscholle

Liopsetta glacialis

Die Polarscholle ist der einzige in europäischen Gewässern verbreitete Vertreter der nicht allzu artenreichen Gattung *Liopsetta*. Einige weitere Arten leben im nördlichen Teil des Stillen Ozeans. Polarschollen haben eine runde Körperform, die Augen sitzen auf der rechten Kopfseite, die Rückenflosse beginnt ungefähr über der Augenmitte und der Kopf ist klein. Die Seitenlinie ist fast geradlinig, nur im Bereich der Brustflossen ist sie leicht gewölbt. Die Schuppen sind bei den Männchen gewöhnlich ctenoid, bei den Weibchen cycloid. Die Körperoberseite ist braun oder dunkeloliv und weist eine große Zahl dunkler, sich auflösender runder Flecken auf, die sich auch auf die unpaaren Flossen erstrecken. Auf der weißen Unterseite zeigen sich bei manchen Exemplaren dunkle Flecken. Die Polarschollen sind kälteliebend und ertragen gut Minustemperaturen. Sie leben auf Sandbänken in der Nähe der Küste, wobei sie Tonboden bevorzugen und sich auch gern im süßeren Wasser vor den Flußmündungen aufhalten. Ihre Nahrung besteht aus am Boden lebenden Würmern, Weichtieren, Krustentieren und kleinen Fischen, auf die sie, im Schlamm oder Sand eingegraben, lauern. Mit ihrem Körper wirbeln sie die oberste Bodenschicht auf, deren Teilchen sich dann auf dem Körper absetzen und selbst ein aufmerksamer Beobachter sieht nur ihre Augen, die gespannt die Umgebung betrachten. Wie auch andere Plattfische können sie ihre Augen nach allen Seiten wenden und sogar jedes Auge selbständig bewegen. Die 12−14 Jahre alt werdenden Polarschollen erreichen ihre Laichreife mit 4−5 Jahren. Sie laichen meistens unter dem Eis von Januar bis März. Ihr Fleisch ist weiß und schmackhaft. Genauere Fangzahlen sind nicht bekannt, da eigene Statistiken für den Fang dieser Art nicht geführt werden. In den Fängen überwiegen 5−6jährige Fische.

Größe: 25−30 cm, max. 35 cm
Gewicht: 0,5−1 kg, max. 1,5 kg
Fruchtbarkeit: 50 000−200 000 Eier
D 50−62;   A 33−44;   P 8−12
Synonym: *Pleuronectes glacialis*
Verbreitung: in arktischen Gewässern von der Barentssee im Westen bis zur Tschuktschensee im Osten

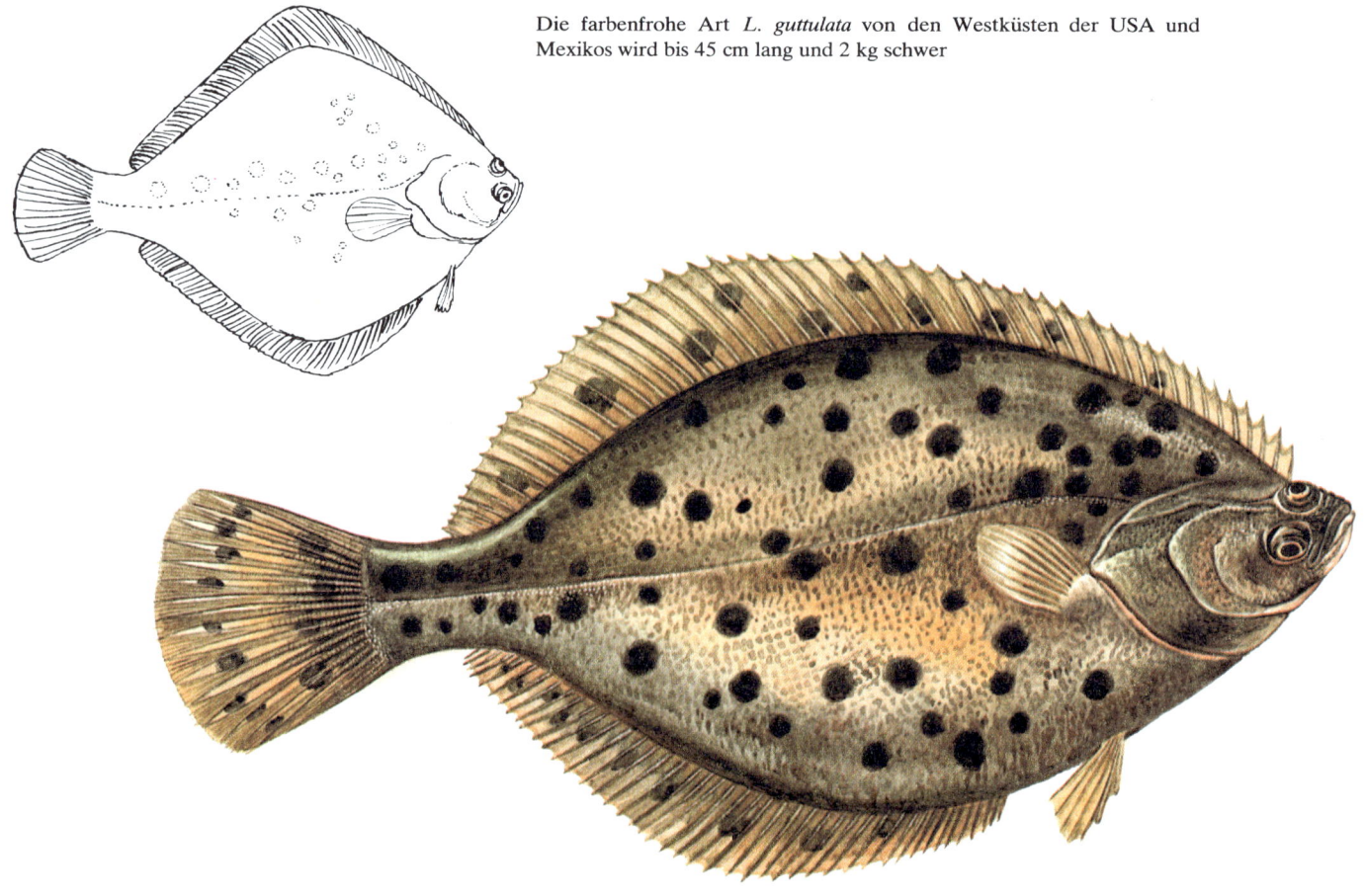

Die farbenfrohe Art *L. guttulata* von den Westküsten der USA und Mexikos wird bis 45 cm lang und 2 kg schwer

Flunder

Pleuronectes flesus

Die Flunder ähnelt in Körperform wie -farbe sehr der verwandten Scholle *(P. platessa)*. Am Kopf hat sie jedoch keinen Kamm aus Knochenhöckern, sondern sie besitzt an der Basis der Rücken- und Afterflosse eine Reihe kleiner, aber scharfer Warzen, die beim Abtasten deutlich spürbar sind. Auf beiden Seiten ist der Körper mit Rundschuppen bedeckt, die tief in der Haut stecken. Auf der Körperoberseite befinden sich am Kopf und entlang der fast gerade über die Körpermitte verlaufenden Seitenlinie mehrere dornige Knochenplättchen. Von allen Plattfischen hat die Flunder die am wenigsten einheitliche Augenstellung. Meist liegen sie auf der rechten Körperseite, doch gibt es auch zahlreiche Exemplare mit linksliegenden Augen. Das Auftreten von Exemplaren mit linksliegenden Augen nimmt nach Norden hin zu. Während im Schwarzen und Asowschen Meer bei 2,5 % der gefangenen Flundern die Augen linksseitig sind, sind es in der Barentssee 40−50 %. Flundern leben auf Sand- oder Tonboden von der Flutzone bis in 60 m Tiefe und sind besonders in der Nacht aktiv. Die größeren Exemplare verbringen den Tag im Sand vergraben. Im Küstenbereich ziehen sie bei Flut zum Ufer der Nahrung nach und kehren bei Ebbe in tiefere Gewässer zurück. Die Laichzeit währt meist von Januar bis Juni oder noch länger. An vielen Stellen kreuzen sich die Flundern mit den Schollen. Die daraus entstehenden Hybriden tragen die Kennzeichen beider Arten. Ansonsten sind Eier, Larven und Jungfische wie bei den meisten Plattfisch-Arten pelagisch. An einigen Standorten gehört die Flunder zu den wichtigen Nutzfischen. In der Ostsee zum Beispiel ist sie die meistgefischte Art der Schollen-Familie.

Größe: 25−35 cm, max. 50 cm
Gewicht: 0,5−2 kg, max. 3 kg
Fruchtbarkeit: 80 000−2 750 000 Eier
D 50−68; A 33−48; P 7−13; V 6
Synonym: *Platichthys flesus*
Verbreitung: vor Europas Küsten von der Barentssee bis Gibraltar und weiter im Mittelmeer, Schwarzen und Asowschen Meer sowie an der marokkanischen Küste. Mit Vorliebe dringen die Flundern in Binnengewässer ein und gelangen weit stromaufwärts, z.B. die Elbe hinauf bis Magdeburg

Die Nahrung setzt sich aus Bodentieren zusammen, z.B. Weichtieren oder Insektenlarven. Letztere fressen die Flundern besonders während ihres Aufenthaltes in den Flüssen

Otolith zeigt Jahreszuwachs dank der Abwechslung der hellen und dunklen Streifen. Er kann, genauso wie die Schuppen, der Bestimmung von Alter und Wachsgeschwindigkeit dienen.

Scholle, Goldbutt

Pleuronectes platessa

Die Scholle ist die meistgefischte Art der Plattfische nicht nur an den europäischen Küsten, sondern überhaupt. Eng verwandt ist sie besonders mit den Gattungen *Limanda* und *Liopsetta*. Wie deren Vertreter ist auch die Scholle rechtsseitig und nur bei einem geringen Prozentsatz der Fische verschieben sich die Augen auf die linke Körperseite. Hinter den Augen hat die Scholle einen niedrigen Knochenkamm, der am Ansatz der Seitenlinie endet und aus 4−8 Höckern besteht. Von beiden Seiten ist der Körper mit kleinen Rundschuppen bedeckt, die Seitenlinie verläuft mit Ausnahme eines kleinen Bogens über der Basis der Brustflossen regelmäßig der Körpermitte entlang. Auf dem Unterkiefer an der blinden Seite des Körpers sind die Zähne besser entwickelt. Die Oberseite der Schollen ist braun bis grünbraun gefärbt und weist große, hellrote oder orangefarbene Flecken auf, die unregelmäßig über Rumpf, Kopf und unpaare Flossen verteilt sind. Die Körperunterseite ist weiß. Überwiegend leben die Fische auf Sandboden in Tiefen von 1 bis 250 m (meist in 10−15 m Tiefe). Jüngere Exemplare vertragen gut den Aufenthalt im Brackwasser und schwimmen zuweilen in die Flußmündungen ein. Sie laichen in der Zeit von Januar bis Mai. Eier und Larven schwimmen zunächst in den Oberflächenschichten und gehen erst mit 13−17 mm Länge auf das Leben am Grund in Küstennähe über. An den südlichen Standorten erlangen die Männchen im Alter von 3−6 Jahren die Geschlechtsreife, die Weibchen mit 4−7 Jahren. Im Norden reifen sie später, die Männchen mit 8−10, die Weibchen mit 9−12 Jahren. Ihr Höchstalter beträgt 25−30 Jahre. In der Nahrung überwiegen Muscheln, deren Schalen mit Hilfe der kräftigen Schlundzähne zermalmt werden. In geringerem Maße werden auch Bodenfische gejagt. Die jährlichen Fangquoten liegen zwischen 150 000−170 000 t, wobei 6−12jährige Schollen überwiegen.

Größe: 40−60 cm, max. 100 cm
Gewicht: 1−3 kg, max. 7 kg
Fruchtbarkeit: 100 000−600 000 Eier
D 67−84;   A 45−61;   P 8−14;   V 6
Synonym: *Platessa platessa*
Verbreitung: in großen Teilen des Mittelmeers, in der Ostsee, im Atlantik von Gibraltar bis zur Barentssee. Auch in der Umgebung Islands und Südgrönlands

Die allmähliche Wanderung des Auges im Verlaufe der Entwicklung von der später blinden Seite auf den Scheitel des Kopfes

Scholle, Goldbutt

Schwarzer Heilbutt

Reinhardtius hippoglossoides

Der Heilbutt, der einzige Vertreter dieser Gattung, hat die Augen auf der rechten Körperseite, allerdings befindet sich das obere Auge direkt auf dem Scheitel. Die Rückenflosse setzt erst hinter diesem Auge an. Vom Kopfende bis zur gerade endenden Schwanzflosse verläuft die Seitenlinie praktisch in einer Geraden. Die Farbe der Oberseite schwankt zwischen braunen, graubraunen und grünbraunen Schattierungen. Im Erwachsenenstadium ist die Unterseite ebenfalls pigmentiert und nur wenig heller als die Oberseite. Die Schwarzen Heilbutte leben zumeist am Rande des Kontinentalschelfs in 200 bis 2000 m Tiefe in 0–3 °C warmem Wasser. Sie leben nicht ständig am Grund, sondern schwimmen die meiste Zeit im freien Wasser, wodurch sich auch die beidseitige Färbung und die relative Symmetrie erklärt. Die Fische schwimmen auch in der normalen Lage mit dem Rücken nach oben und nicht auf der Seite, wie das bei fast allen Plattfischen üblich ist. Sie leben überwiegend von Fischen. Während die Männchen mit 9–10 Jahren laichreif werden, tritt dies bei den Weibchen um zwei Jahre später ein. In der Zeit von Mai bis Juli laichen die Fische in Tiefen von 700–1500 m. Die Eier, Larven und Jungfische sind pelagisch. Zur Umwandlung des Körpers kommt es mit 6–8,5 cm Körperlänge, wobei auch die Farbe der Unterseite zu verblassen beginnt. Die Jungfische ziehen sich dann an seichte Stellen zurück und leben häufig am Grund. Später, mit einer Größe von 16–20 cm, beginnt die Körperunterseite wiederum zu dunkeln, was offensichtlich mit dem überwiegenden Aufenthalt im Pelagial zusammenhängt. Heute ist der Schwarze Heilbutt der zweitwichtigste Nutzfisch unter den Plattfischen. Sein weißes, saftiges Fleisch schmeckt ausgezeichnet und wird geräuchert besonders geschätzt. In den letzten Jahren belaufen sich die Fangzahlen auf jährlich 70 000–130 000 Tonnen.

Größe: 80–100 cm, max. 120 cm
Gewicht: 10–25 kg, vereinzelt bis 45 kg
Fruchtbarkeit: bis 300 000 Eier von 4–4,5 mm Durchmesser
D 90–103; A 66–79; P 13–15
Synonyme: *Hippoglossus groenlandicus, Pleuronectes hippoglossoides*
Verbreitung: im Nordatlantik von der Barentssee bis zur nordamerikanischen Küste. Besonders häufig vor der Südostküste Grönlands. Im Norden des Stillen Ozeans ist die Unterart *R. hippoglossoides matsuurae* heimisch

Die Vorderansicht läßt die Flossenstellung, die asymmetrische Verteilung der Augen und die gesamte Asymmetrie des Körpers erkennen

Pleuronectes platessa (1), *Arnoglossus imperialis* (2) und *Scophthalmus rhombus* (3). Die erste Art ist linksliegend, die anderen rechtsliegend

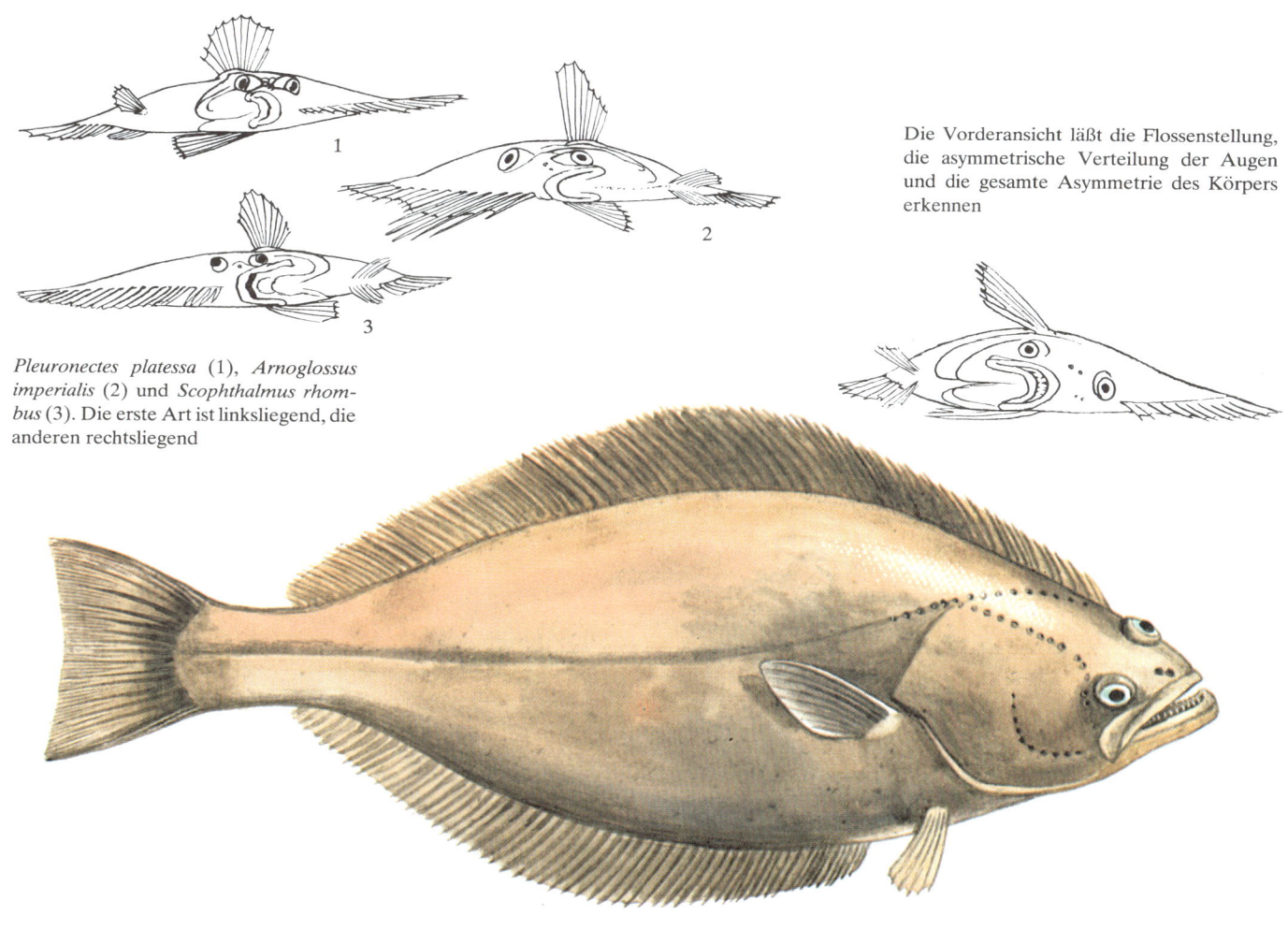

*Die Familie SOLEIDAE umfaßt 30 Meeresfischarten mit den Augen auf der rechten Körperseite. Ihre Nahrung beschaffen sie sich,
indem sie den Grund durchwühlen und nach Würmern, Weichtieren und kleinen Krustentieren suchen. Viele der Seezungenarten
leben vor der Küste Südafrikas. In Europa ist die bekannteste Art die Sandzunge.*

Seezunge   *Solea solea*

Der wissenschaftliche Name und auch die Bezeichnung in
den meisten europäischen Sprachen für diesen Fisch
spiegeln seine Körperform wieder. Häufig wird diese Art
Seezunge, -sohle oder -sandale genannt. Der kleine Kopf
ist abgerundet, er hat ein schiefes Maul und kleine Augen.
Bei der Futtersuche orientiert sich die Seezunge vorwiegend mit dem Geruch. Die Nasenöffnungen auf der
Körperunterseite sind leicht röhrchenartig gewölbt, jedoch nicht rosettenförmig. Nahe dem Maul wachsen auf
der Kopfunterseite kurze Hautstummel. Die Oberseite des
Körpers ist braun mit unregelmäßigen dunkleren und
helleren Flecken, am Ende der Brustflossen befindet sich
je ein schwarzer Fleck. Unten ist die Seezunge cremeweiß.
Sie lebt vorwiegend auf Sandgrund in 10 bis 100 m Tiefe,
ausnahmsweise auch bis 200 m tief. Bereits in 1,5 bis
3 m kann man die Jungfische oft antreffen. Von April bis
August laichen die Seezungen in Küstennähe etwa in
40−50 m Tiefe. Bei den zu Beginn pelagisch lebenden
Larven verschiebt sich das linke Auge auf die rechte Seite

bei Erreichen einer Körperlänge von 12−15 mm. Während dieser von weiteren adaptiven Veränderungen ge-
kennzeichneten Metamorphose gehen die Larven auf ein
Leben am Boden über. Erwachsene Tiere graben sich
tagsüber in den Grund ein und werden erst nachts aktiv,
dann kann man sie manchmal sogar an der Oberfläche
antreffen. In ihrer Nahrung überwiegen Würmer und
Weichtiere. Die Seezunge ist der meistgefischte Vertreter
der Familie *Soleidae*. Jährlich gehen 35 000 bis 45 000 in
die Netze.

Größe: 30−45 cm, max. 60 cm
Gewicht: 1−2 kg, max. 3 kg
Fruchtbarkeit: 10 000−150 000 Eier
D 70−87;   A 54−74;   P 6−10
Synonym: *Pleuronectes solea*
Verbreitung: Atlantikküste Europas und Afrikas, Mittel-
meer, Südgebiete der Nordsee, Westgebiete der Ostsee

Verbreitungskarte der Seezunge

Die Vorderansicht läßt die Flossenstellung und die Asymmetrie des Körperbaus deutlich werden

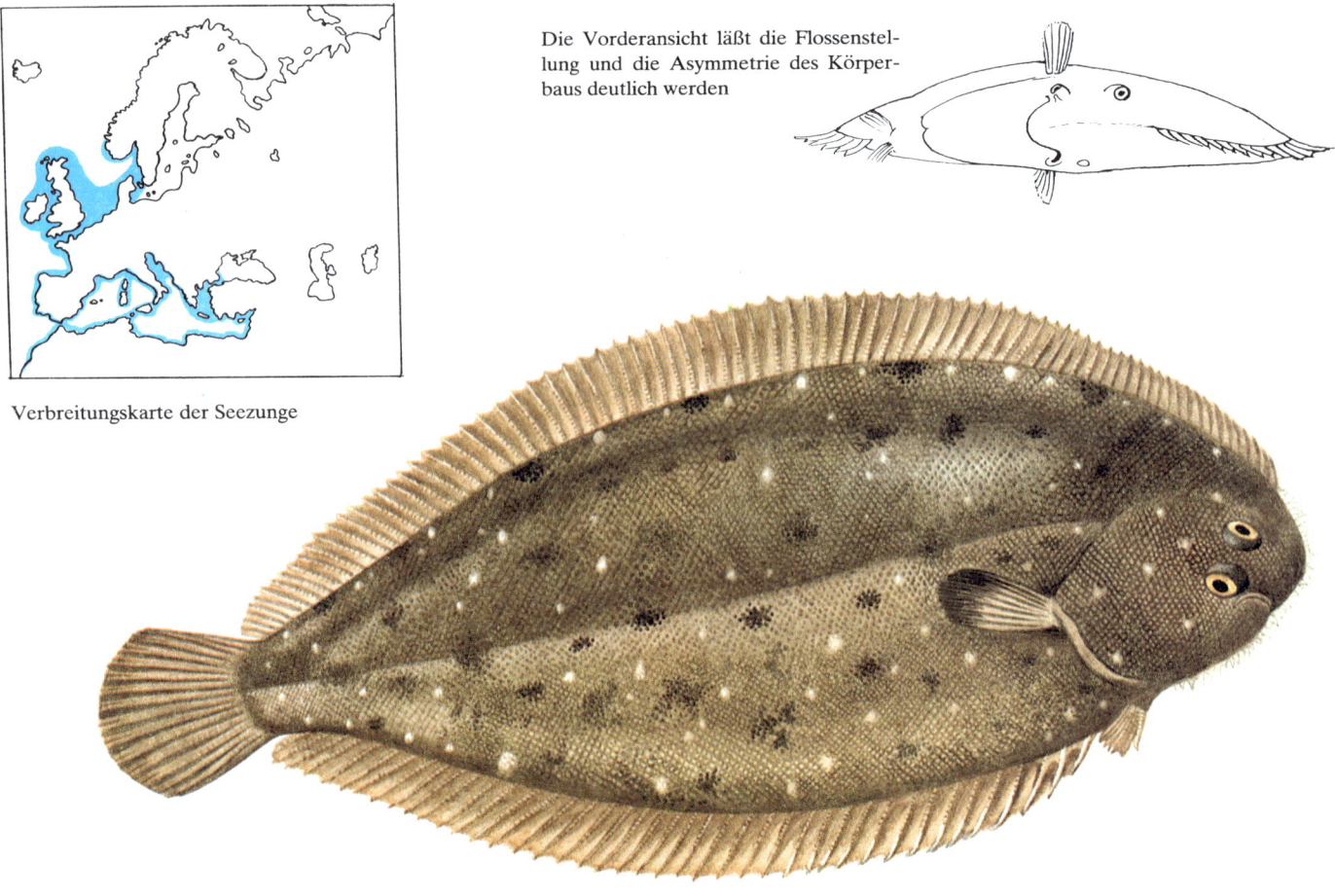

Sandzunge

Solea lascaris

Liegt die Sandzunge auf dem Grund, so unterscheidet sie sich auf den ersten Blick kaum von der viel häufigeren, verwandten Seezunge, *(S. solea)*. Der Kopf ist vorn abgerundet, die Rückenflosse beginnt noch vor den Augen und ist, wie die Afterflosse, durch eine schmale Haut mit der Basis der Schwanzflosse verbunden. Bei genauerer Betrachtung der unteren, „blinden" Seite stellen wir jedoch fest, daß die vorderen Nasenöffnungen gänzlich anders geformt sind. Beide Nasenöffnungen auf der oberen Körperseite sowie die hinteren sind röhrchenartig hervorstehend, also ähnlich wie bei der Seezunge. Unterschiede zwischen beiden Arten bestehen in der Färbung, die bei der Sandzunge hellbraun bis graubraun ist und durch größere dunkle und kleinere schmutzigweiße Flecken ergänzt wird. Auf den Brustflossen befindet sich in der Mitte je ein runder schwarzer Fleck. Sandzungen leben auf Sand- oder Tonboden im Schelf 30–250 m tief, im Sommer auch in flacheren Gewässern. Die Laichzeit währt lang, an manchen Standorten wurden die Paarungsspiele bereits im April beobachtet, während sie anderswo erst Ende September enden. Eier und Larven findet man in unterschiedlichen Wasserschichten, häufig in bedeutender Entfernung von der Küste (60–100 Meilen). Sandzungen leben zum Großteil von Würmern und Weichtieren, in geringerem Maße auch vom Laich am Boden lebender Fische. Ihr Fleisch ist recht schmackhaft, doch hat die Art angesichts der geringen Fangmengen keine größere wirtschaftliche Bedeutung.

Größe: 20–35 cm, max. 45 cm
Gewicht: 0,5–1,5 kg, max. 2 kg
D 67–76;   A 53–65;   P 7–10
Synonyme: *Pleuronectes lascaris, Pegusa lascaris*
Verbreitung: im Mittelmeer und vor den Küsten Europas und Afrikas von Irland und England bis Angola. Dringt auch in die Mündungen einiger Flüsse ein

Vorderteil der linken, „blinden" Seite des Kopfes von *S. lascaris*. Die große vordere Nasenöffnung ist am runden Ende stark verbreitert und rosettenartig von Fransen umgeben. In der Umgebung befinden sich zahlreiche winzige Hautanhängsel

Die verwandte Zwergzunge (*Monochirus luteus*) ist im Mittelmeer und im Atlantik von Südnorwegen bis Dakar verbreitet und wird etwa 15 cm lang

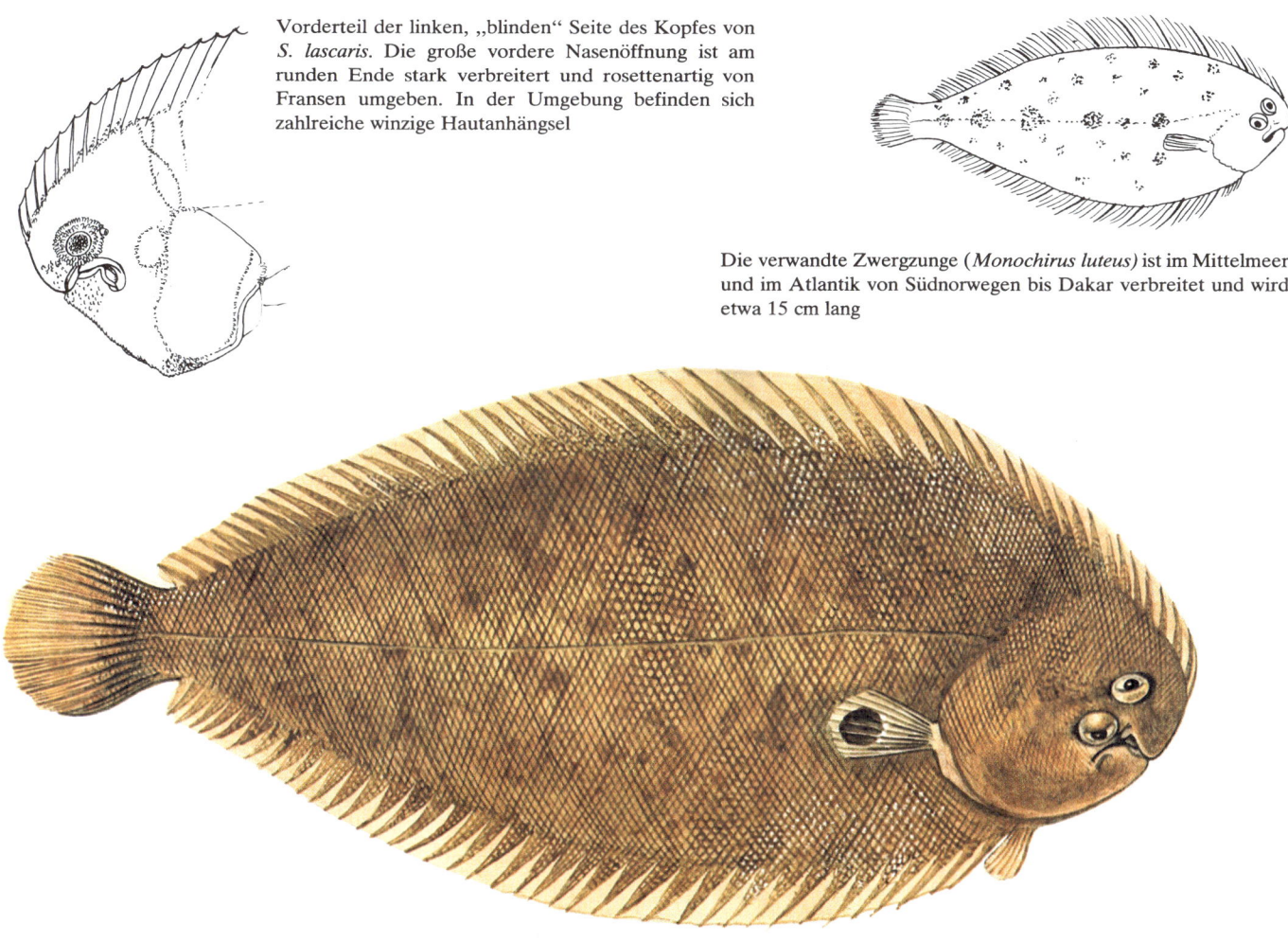

Die Ordnung GOBIESOFORMES (Schildfische) ist eine spezialisierte Gruppe vorwiegend die Meere bewohnender Fische kleinerer Größe, deren charakteristisches Kennzeichen die Bauchsaugscheibe ist. Diese entsteht aus den Bauchflossen und bei einigen Arten darüber hinaus aus den Knochen der Schulterblattregion. Die Familie GOBIESOCIDAE umfaßt fünf vor den europäischen Meeresküsten lebende Arten.

Blaufleckiger Ansauger   *Lepadogaster lepadogaster*

Trotz seiner geringen Größe gehört der Blaufleckige Ansauger zu den größten Vertretern seiner Familie. Der Körper ist dorsoventral abgeflacht, der verhältnismäßig große Kopf hat eine lange Schnauze, an der neben den vorderen Nasenöffnungen besonders bei den Männchen lange Fühler stehen. Rücken- und Afterflosse sind mit der Schwanzflosse verbunden, die Saugscheibe an der Körperunterseite ist gut entwickelt. Je nach dem Untergrund wechselt die Körperfarbe in beträchtlichem Maße. Meist ist die Grundfärbung Rosa bis Dunkelrot, kann aber auch Zimtbraun oder Grün sein. Auf dem Scheitel des breiten Kopfes befinden sich zwischen den Augen 2–3 blaue Flecken mit gelbem bis braunem Saum, weitere dunklere Flecken schmücken Rücken und Flanken. Die Blaufleckigen Ansauger leben hauptsächlich in der Brandungszone, angesaugt an die Unterseite von Steinen zwischen Algen, an manchen Stellen kommen sie in großer Anzahl vor. Selbst kräftige Brandungswellen vermögen sie nicht vom Untergrund loszureißen. Die Laichzeit liegt zwischen April und Ende Juli. Das Weibchen legt die Eier auf Steine und in leere Weichtiergehäuse. Es ist nicht ausgeschlossen, daß die Eiablage schubweise vor sich geht. Die schlechten Schwimmer sind in der Nacht aktiv, wenn sie Ringelwürmer und Krustentiere jagen. Sie können auch längere Zeit im Trockenen überleben, verenden jedoch im Süßwasser bereits nach 12 bis 15 Stunden. Gewöhnt man sie jedoch allmählich an immer salzärmeres Wasser, so vermögen sie mehrere Wochen im Süßwasser zu leben.

Größe: 6–8 cm, ausnahmsweise bis 10 cm
Fruchtbarkeit: 200–300 Eier
D 15–20;   A 9–12;   P 20–25;   V I/4
Synonym: *Cyclopterus lepadogaster*
Verbreitung: in den Küstengewässern des Atlantiks von den Britischen Inseln bis Dakar in Westafrika, im Mittelmeer und im Schwarzen Meer

Schematische Oberansicht des Kopfes von *L. lepadogaster* (1) und *L. decandollei* (2)

Der verwandte Rotfleckige Ansauger *(L. decandollei)* ist im Mittelmeer, im Schwarzen Meer und in den Küstenstrichen des Atlantischen Ozeans von Großbritannien bis Dakar verbreitet. Seine vorderen Nasenöffnungen enden in kurzen Röhrchen und im Unterschied zu *L. lepadogaster* befinden sich keine langen Hautanhängsel in ihrer Nachbarschaft. Rücken- und Afterflosse des 10–12 cm lang werdenden Fisches sind von der Schwanzflosse getrennt

Zur Ordnung LOPHIIFORMES (Armflosserartige) gehören etwa 225 Arten räuberischer Meeresfische mit einem charakteristischen, dorsoventral abgeflachten Körper. Vier Gattungen mit 12 benthisch lebenden Arten der gemäßigten und tropischen Zonen der Weltmeere bilden die Familie LOPHIIDAE. Es sind wenig bewegliche Fische mit großem flachem Kopf und auffällig großen Kiefern. Oft sind sie in bedeutenden Tiefen anzutreffen.

Seeteufel, Angler, Froschfisch   *Lophius piscatorius*

Der nackte Körper des Seeteufels ist stark abgeflacht und hat einen ungewöhnlich großen Kopf mit breitem, oberständigem und gut bezahntem Maul. Um den Unterkiefer und an den Flanken befindet sich eine Reihe fransiger Hautanhängsel, die Seegrasbüschel imitieren. Von den beiden Rückenflossen wird die erste von drei freistehenden und drei mit einer Haut verbundenen Stacheln gebildet. Die freien Stacheln sind fühlerartig gestreckt und der erste von ihnen trägt am Ende einen fleischigen, oft zerfransten Wimpel (licium). Mit Bewegungen dieser Angel lockt der Seeteufel die Beute in die Nähe des Maules. Seine Hautfarbe paßt er dem Untergrund an, über dem er sich bewegt. Die Bauchseite ist hell. Er bevorzugt flacheres Wasser in Küstennähe, wo sich der schlechte Schwimmer meist am Boden aufhält oder sich in Algenbüscheln versteckt. Zum Laichen zieht er im Herbst von den europäischen Küsten in tiefere Teile des Atlantiks (gewöhnlich 1000−2000 m). Seeteufel laichen im Januar und Februar und legen ihre pelagischen Eier in Schleimbändern ab, die sich zu 5 mm starken, 30−100 cm breiten und 4−15 m langen Bändern anhäufen. Nach ihrer komplizierten, etwa 4 Monate währenden Entwicklung gehen die Larven auf die benthische Lebensweise über. Trotz ihrer deutlichen Ungeschicktheit und der geringen Beweglichkeit sind die Seeteufel erfolgreiche Jäger von Wirbellosen, verschiedenen Fischen und sogar kleinen Haien, die sie alle mit ihrer Angel anlocken und blitzschnell mit dem riesigen Maul verschlingen, wobei der Beute nur eine minimale Fluchtchance verbleibt. Einige Exemplare sind so gefräßig, daß ihr Magen ein Drittel des gesamten Gewichts ausmacht. Das Fleisch ist relativ schmackhaft. Schon viele Jahre bewegt sich der Weltjahresfang zwischen 40 000−60 000 Tonen. Aus der Bauchspeicheldrüse der Seeteufel wurde das erste Insulin gewonnen.

Größe: 1,50 m, ausnahmsweise bis 2 m
Gewicht: 30−40 kg
Fruchtbarkeit: 1,3 Millionen Eier
D_1 III+III; D_2 11−13; A 9−11; P 23−27
Verbreitung: Atlantikküste Europas und Nordafrikas, Schwarzes Meer und Mittelmeer

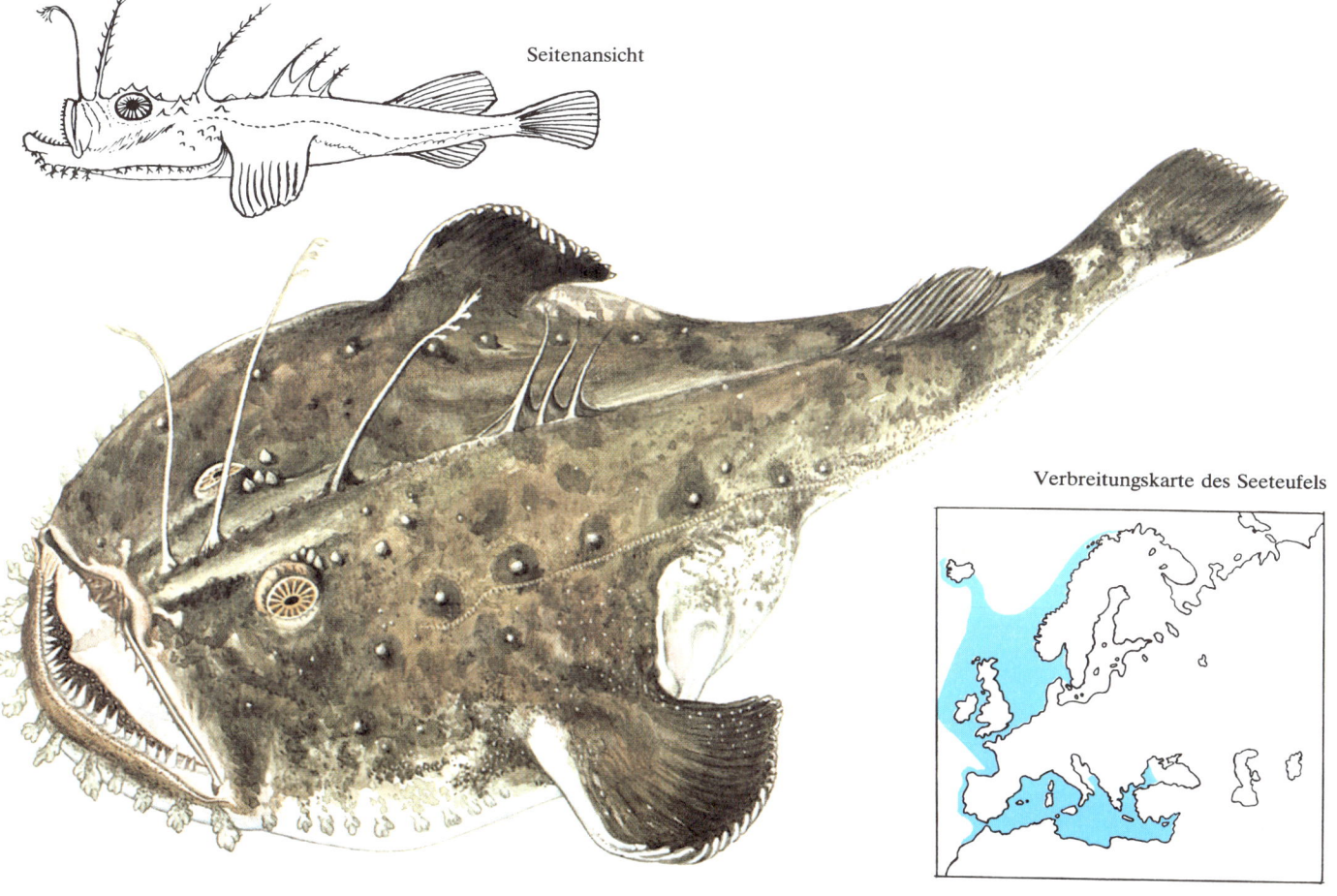

Seitenansicht

Verbreitungskarte des Seeteufels

Die Ordnung der Haftkieferartigen (TETRAODONTIFORMES) ist eine artenreiche Gruppe von Meeresfischen der Tropen und Subtropen mit kräftigem Gebiß. Die Angehörigen der Familie MOLIDAE haben einen typischen seitlich stark zusammengedrückten Körper, der hinten konvex eingeschnitten ist. Ursache dafür ist eine Atrophie (Organschwund) des hinteren Teiles der Wirbelsäule und des Schwanzes. Im Unterschied zu den übrigen Kugelfischverwandten haben die Mondfische kein aufblasbares Organ als Erweiterung des Darmes, das sie mit Luft oder Wasser füllen und so ihre Körperform verändern könnten.

Mondfisch   *Mola mola*

Der nackte, schuppenlose Körper des Mondfisches ist mit einer dicken, elastischen Haut bedeckt. Er ist graubraun und am Bauch heller. Rücken- und Afterflosse sind lang und gehen in die rudimentäre Schwanzflosse über. Oft schwimmt der Mondfisch unter der Oberfläche, so daß die Rückenflosse aus dem Wasser ragt, oder er liegt auf der Seite und läßt sich von den Wellen wiegen. Allerdings dringt er auch in große Tiefen vor. Seine Fruchtbarkeit ist die größte bei Fischen festgestellte. Seine Larven leben in den tiefen Schichten der freien Meere und unterscheiden sich von den erwachsenen Fischen in Farbe und Form des Körpers, der mit großen Dornen bedeckt ist. Diese schützen die Jungfische vor Räubern und sie verschwinden bei den Erwachsenen. Als Nahrung dienen dem Mondfisch

Zooplankton, Krustentiere, Kopffüßer und kleinere Fische. Oft werden im Verdauungstrakt auch Aallarven in großen Mengen gefunden. Mondfische werden nur selten im Netz gefunden. Zwar ist ihr Fleisch ungiftig, doch ist es praktisch ungenießbar.

Größe: 2,50 m, ausnahmsweise bis 4 m
Gewicht: 1400 kg, max. 2000 kg
Fruchtbarkeit: bis 300 Millionen Eier
D 16−18; A 14−18
Synonym: *Tetraodon mola*
Verbreitung: auf hoher See in allen tropischen und subtropischen Meeren. Gelangt mit dem Golfstrom bis zur Südküste Norwegens.

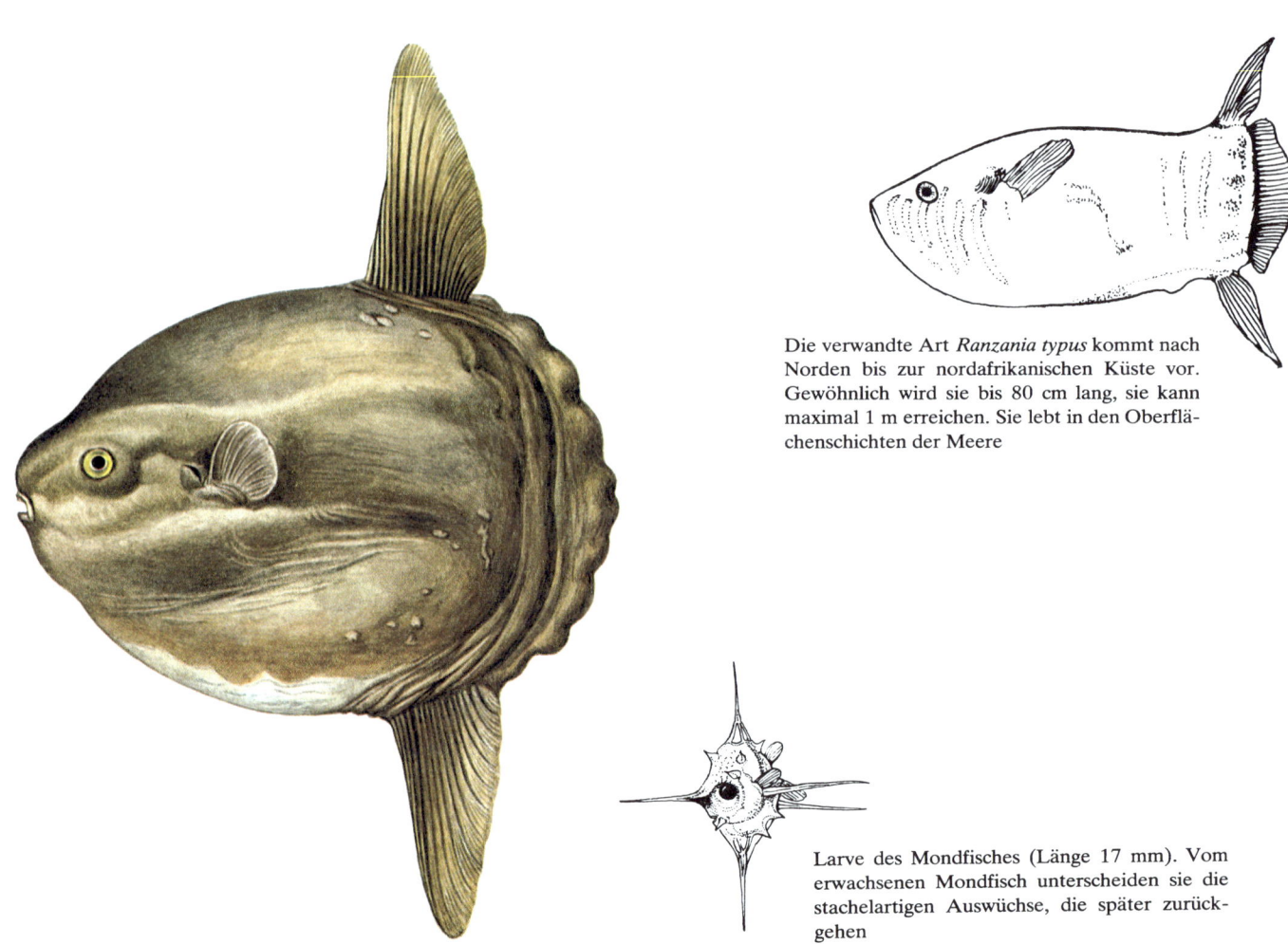

Die verwandte Art *Ranzania typus* kommt nach Norden bis zur nordafrikanischen Küste vor. Gewöhnlich wird sie bis 80 cm lang, sie kann maximal 1 m erreichen. Sie lebt in den Oberflächenschichten der Meere

Larve des Mondfisches (Länge 17 mm). Vom erwachsenen Mondfisch unterscheiden sie die stachelartigen Auswüchse, die später zurückgehen

Literaturverzeichnis

Andersson, K. A., Fiskar och Fiske i Norden. 1942. Stockholm

Bauch, G., Die einheimischen Süßwasserfische, 4.A. 1961, Radebeul, Neumann

Berg, L. S., Übersicht der Verbreitung der Süßwasserfische Europas, Zoogeographie 1, 1932

Bone, Q., u. Marshall, N.B., Biologie der Fische, 1985, Stuttgart, G. Fischer

Deckert, K., u. Sterba, G., Urania-Tierreich, Fische, 1967, Urania Leipzig, Jena, Berlin

Duncker, G., Ehrenbaum, E., Kyle, H. M., Mohr, E. W., Schnakenberg, W., Die Fische der Nord- und Ostsee, 1929, Leipzig

Ehrenbaum, E., Handbuch der Seefischerei Nordeuropas. Bd. II, Naturgeschichte und wirtschaftliche Bedeutung der Seefische Nordeuropas, 1936, Stuttgart

Grimpe, G., und Wagler, E. (Hrsg.) Die Tierwelt der Nord- und Ostsee, Teil XII, 1926—33, Leipzig

Grzimeks Tierleben, Bd. 4 = Fische I und Bd. 5 = Fische II und Lurche, 1970, Zürich und München, Kindler

Hackstock-Schellenberg, Franz, Die Süßwasserfische Mitteleuropas und ihr Fang, 1979, Stuttgart und Rüschlikon, A. Müller

Harder, Anatomie der Fische, in Handb. d. Binnenfischerei Mitteleuropas, 1964, Stuttgart, Schweizerbart'sche Verlagsbuchhandlung

Hrabě, S., Oliva, O., Opatrný, E., Klíč našich ryb, obojživelníků a plazů, 1973, SPN, Praha

Klausewitz, W., Fischartige und Fische, in: Handbuch der Biologie Bd. 6, 2, 1965, Frankfurt/M.

Ladiges, W. u. Vogt, W., Die Süßwasserfische Europas, 2.A. 1979, Hamburg und Berlin, P. Parey

Ladiges, Der Fisch in der Landschaft, 1984, Stuttgart, Kernen

Lagler, F. K., Bardach, J. E., Miller, R. R., Ichthyology, 1962, New York, London, Sydney

Le grand Livre de la Peche, I/II, 1975, Geneve, Edito Service S.A.

Levinton, J.S., Marine ecology, 1982, New Jersey

Lythgoe, J., Lythgoe, G., Meeresfische Nordatlantik und Mittelmeer, 1974, München

Maitland, P.S., Der Kosmos-Fischführer, 1977, Stuttgart

Marshall, N.B., Tiefseebiologie, 1957, Jena, G. Fischer

Migdalski, B.C., Fichter, G.S., The fresh and salt water fishes of the world. 1976, Hong Kong

Moyle, P.B., Cech, J.J., Fishes: An introduction to ichthyology. 1982, New Jersey

Müller, H., Fische Europas, 1983, Stuttgart und München, Deutscher Taschenbuchverlag

Muus, B. J., Dahlström, P., Meeresfische, 5.A. 1985, München, BLV

Muus, B. J., Dahlström, P., Süßwasserfische Europas, 5.A. 1981, München, BLV

Nikolski, G. W., Spezielle Fischkunde, 1957, Berlin, Deutscher Verlag der Wissenschaften

Norman, J.R., Die Fische, 1966, Berlin, P. Parey

Petrovický, Ivan, Wilkerling, Klaus, Pros, L., Aquarienfische, 1982, Hanau, Verlag Werner Dausien

Rass, T. S., Schisn schiwotnych. Tom 4, Ryby, 1983, Moskau

Rauther, Echte Fische, in Bronns Klassen u. Ordnungen d. Tierreiches, 1927—30

Riedl, R., Fauna und Flora der Adria, 1963, Hamburg und Berlin, P. Parey

Suworow, J. K., Allgemeine Fischkunde, 1959, Berlin, Deutscher Verlag der Wissenschaften

Vostradovský, J., Maly, J., Taschenatlas der Süßwasserfische 1985, Hanau, Verlag Werner Dausien

Wheeler, A., Das große Buch der Fische, 1977, Stuttgart, Ulmer

Wickler, W., Das Meeresaquarium, 1962, Stuttgart, Franckh'sche Verlagshandlung

Register der deutschen Namen

Register der lateinischen Namen